Lars Normann

Rechts im Spiegel von Links

Die Zeitschrift "blick nach rechts" als Symptom politischer Kultur der Bundesrepublik Deutschland

Dokument Nr. V89128 aus dem GRIN Verlagsprogramm

Lars Normann

Rechts im Spiegel von Links

Die Zeitschrift "blick nach rechts" als Symptom politischer Kultur der Bundesrepublik Deutschland

GRIN Verlag

Bibliografische Information Der Deutschen Bibliothek: Die Deutsche Bibliothek verzeichnet diese Publikation in der Deutschen Nationalbibliografie; detaillierte bibliografische Daten sind im Internet über http://dnb.ddb.de/ abrufbar.

1. Auflage 2008

http://www.grin.com/
Druck und Bindung: Books on Demand GmbH, Norderstedt Germany
ISBN 978-3-638-91876-3

Danksagung

Das vorliegende Buch ist die leicht überarbeitete Fassung meiner Dissertation, die von der Philosophischen Fakultät der Rheinischen Friedrich-Wilhelms-Universität Bonn im Januar 2008 angenommen worden ist. Mein Dank gilt meinem Betreuer Prof. Dr. Hans-Helmuth Knütter, der sich intensiv und engagiert für die Fortentwicklung der Untersuchung eingesetzt hat.

Weiterhin bedanke ich mich bei meiner Familie und Freunden für die unterstützenden Gespräche, die konstruktive Kritik und Inspiration. Zum Schluß bedanke ich mich bei den Gesprächspartnern und den benutzten Archiven: der Friedrich-Ebert-Stiftung, der Konrad-Adenauer-Stiftung und der Bundesbeauftragten für die Unterlagen des Staatssicherheitsdienstes der ehemaligen Deutschen Demokratischen Republik.

Demokratietheoretische Vorbemerkung

Die vorliegende Arbeit versteht sich als ein wissenschaftlicher Beitrag zur Analyse der politischen Kultur der Bundesrepublik Deutschland, zur Verteidigung des demokratischen, antitotalitären Grundkonsenses und der freiheitlichen demokratischen Grundordnung als Element der streitbaren Demokratie.

Sie ist von ihrer Zielsetzung her gekennzeichnet durch eine deutliche Abkehr von jedwedem Totalitarismus. Als eine Ausgestaltung der wehrhaften Eingriffspraxis zum Schutze der Verfassung, ist sie auf alle politischen Bestrebungen allgemein anzuwenden. Die freiheitlich demokratische Grundordnung wird zwar in einigen Artikeln des Grundgesetzes verwendet (z.B. Art. 11 II, Art. 18, und Art. 21 II), jedoch eine inhaltliche Definition des Begriffes ergibt sich hieraus nicht. Erst im Zusammenhang mit BVerfG-Urteilen (SRP-Urteil von 1952 und KPD-Urteil von 1956) wurden die grundlegenden Prinzipien hierzu ausgeführt. Das BVerfG definiert die freiheitliche demokratische Grundordnung zusammenfassend als eine Ordnung, die unter Ausschluß jeglicher Gewalt- und Willkürherrschaft eine rechtsstaatliche Herrschaftsordnung auf Grundlage der Selbstbestimmung des Volkes nach dem Willen der jeweiligen Mehrheit und der Freiheit und Gleichheit darstellt (BVerfGE 2, 1(10)). Damit verknüpft ist die Einhaltung bestimmter enumerativer Prinzipien, die einen Katalog von zentralen Werten dieser Ordnung darstellen. Dieser Katalog sorgt zusammenfassend für die Erhaltung der Offenheit und Freiheitlichkeit des demokratischen Meinungs- und Willensbildungsprozesses von der Volkswillensbildung in den Parteien und vorher bis zur Staatswillensbildung in allen drei Staatsgewalten.

Bonn, Januar 2008 Lars Normann

(A. Paul Weber, Rückgrat raus!, 1951)

Quelle: www.weber-museum.de/graf/wvl/w2074.jpg; 19.05.2006 u. Schumacher, Helmut; Dorsch, Klaus J.: A. Paul Weber. Leben und Werk in Texten und Bildern; Hamburg, Berlin, Bonn 2003, S. 223.

„Freiheit besteht im Recht des Volkes der Regierung zu sagen, was diese nicht hören will" (George Orwell).

„Ein streitbarer Demokrat bekämpft Meinungen, deren Vertreter wissen, daß und warum sie einer kritischen Analyse nicht standhalten und die darum das Verbot der Prüfung ihrer Prämissen zum Inhalt ihres Dogmas machen" (Eric Voegelin).

Inhaltsverzeichnis

1. Ausgangslage: Beweggründe – Hintergründe - Begriffe

In diesem ersten Teil der Untersuchung, welcher über eine normale themenhinführende Einleitung hinausreicht, wird bereits analysierend der Untersuchungsgegenstand vorgestellt. Zunächst werden anhand einer Problemlage die grundsätzlichen Fragestellungen dieser Studie entwickelt und in Thesenform am Ende des folgenden Abschnittes als Ausgangspunkt für die weitere Analyse zusammengefaßt.

1.1 Untersuchungsgegenstand – Problemlage - Thesen

Warum eine Arbeit über eine Zeitschrift wie den „blick nach rechts“ (bnr)?

Der bnr ist keine normale Publikumszeitschrift. Sie ist in keinem Zeitschriftenladen erhältlich, sondern muß abonniert werden. Die im schlichten Layout gehaltene, auf gelbem Papier gedruckte, meist zwischen 10 und 20 Seiten umfassende Schrift versteht sich vielmehr als ein Informationsdienst[1] für Multiplikatoren. Mit nur wenigen, aber dafür wichtigen Adressaten, welche als Meinungsträger Themen der politischen Agenda beeinflussen und setzen können, erscheint der bnr im Untersuchungszeitraum 1984 bis 2004[2] hauptsächlich in gedruckter Fassung unter der institutionellen Schirmherrschaft der „Sozialdemokratischen Partei Deutschlands“ und ist über die „vorwärts“-Verlagsgesellschaft zu 100% eingebunden in die parteieigene Mediengesellschaft DDVG (Deutsche Druck- und Verlagsgesellschaft mbH)[3]. Während andere Pressedienste - aus einem solchen hat sich der bnr entwickelt - von der SPD 1995 eingestellt wurden, existiert dieser seit 1984 kontinuierlich weiter. Dieser lange Zeitraum unterstreicht seine Stellung und Wichtigkeit innerhalb der Partei.[4] Neben seiner

---

[1] Z.B.: Untertitel des bnr 3/95-6/98: „Informationsdienst über Rechtsaußen“ oder „Spezialdienst“ vgl. Registeranschreiben für bnr Register Jahrgang 7, 23.01.1990, vgl. bnr Nr. 5/07.03.1995, S. 1: „IN EIGENER SACHE“: „...unseres Dienstes...“, vgl. bnr Nr. 7/04.04.1995, S. 10: „Wir, das sind Redaktion und Autoren dieses Rechtsextremismusdienstes...“; vgl. Lölhöffel, Helmut: Mit neuen Augen, bnr Nr. 6/25.03.1998, S. 1: „...ein anspruchsvoller Informationsdienst wie dieser...“; vgl. Wettig-Danielmeier, Inge: Aktiv gegensteuern, bnr 6/25.03.1998, S. 2: „Dieser Informationsdienst...erscheinende Dienst...“; vgl. Lölhöffel, Helmut: Aktiv gegen rechts, bnr 25, 26/2002, 12.12.2002, S. 1: „Wir werden nicht aufhören, mit diesem Informationsdienst aktiv gegen rechts einzutreten.“; vgl. Lölhöffel, Helmut: Neuer Blickwinkel, bnr 9/2004, 29.04.2004: „...die Umwandlung des „blick nach rechts“ in einen modernen, profilierten, attraktiven Internetdienst.“; vgl. Vereinsregisterakte, VR 4638 AG Bonn: Ablichtung, S. 53: „...die Absicht des Vorstandes begrüßt, den Dienst „blick nach rechts“ weiter zu unterstützen und auszubauen.“

[2] Seit bnr Nr. 10/13.05.2004 erscheint der „Informationsdienst“ hauptsächlich im Internet (www.bnr.de).

[3] Helmes, Peter: DGB-SPD-PDS: Macht-Kasse-Genossen!, Hamburg 2003, S. 54.

[4] BüSo (Hrsg.): Die BüSo-Gegner, einige Drahtzieher, www.bueso.de/seiten/medien/0204.-htm, 15.07.2005, neben dem bnr wird von der SPD der „Sozialdemokratische Pressedienst“ (von 1946-1995) und vom SPD-Parteivorstand der Informationsdienst der SPD „Intern“ herausgegeben, für SPD Mitglieder steht ein internes SPD-Onlineinformationsportal zur Verfügung; vgl. zur Einschätzung der Wichtigkeit der Zeitschrift: Backes, Uwe; Jesse, Eckhard (Hrsg.): Jahrbuch Extremismus & Demokratie, Bonn 1990, S. 451f.: Der bnr ist das „...derzeit wichtigste und aktuellste Periodikum zu Fragen des Rechtsextremismus.“; Helmut G. Schmidt (Geschäftsführer der Sozialdemokratischen Pressedienst GmbH) kündigt den Abonnenten des bnr in einem Schreiben vom 02.01.1995 an, daß das Präsidium der SPD beschlossen hat, die Publizierung von „Sozialdemokratischer Pressedienst“, „Sozialdemokratischer Pressedienst/Wirtschaft“, „Parlamentarisch-Politischer Pressedienst“, „Parlamentarisch-Politischer Pressedienst/Hintergrund“ zum 31.01.1995 einzustellen.

Rolle als internes Parteiinformationsorgan, genießt dieser eine weite Verbreitung in Politik, Verbänden und Behörden, wie z.B. dem administrativen Verfassungsschutz. In einer Antwort auf eine schriftliche Anfrage der Abgeordneten Erika Steinbach (CDU) wird eine Zusammenarbeit zwischen den Diensten und dem bnr bestätigt: „Es ist bekannt, daß Personen aus dem Dienstbereich des Bundesministeriums des Innern in dem vom privaten Institut für Information und Dokumentation herausgegebenen und verlegerisch vom Vorwärts-Verlag betreuten „blick nach rechts" Artikel veröffentlichen, mit denen sie ihre persönliche Meinung außerhalb des Dienstes verbreiten."[5] Ob diese Trennung zwischen Dienst und privatem Engagement stets eingehalten wird, muß bezweifelt werden.

Prägnantestes Beispiel für eine Verbindung zwischen bnr und Verfassungsschutz ist Peter Frisch, ehemaliger Präsident des Bundesamtes für Verfassungsschutz (BfV). Dieser wird in bnr 16/98 zitiert, als er vor einem Untersuchungsausschuß des Deutschen Bundestages aussagte, daß der Verfassungsschutz den bnr als eine Informationsquelle benutze, und vermutete, daß der Militärischer Abschirmdienst (MAD) den bnr ebenfalls zur Kenntnis nehme.[6] Den guten Kontakt unterstreicht Peter Frisch im Folgejahr: hier tritt er als Autor des bnr in Erscheinung und verfaßt einen Artikel auf der Titelseite zu rechtsextremen Jugendlichen in den neuen Bundesländern.[7]

Ergänzend zu Peter Frisch sei an dieser Stelle der bnr-Stammautor und spätere wissenschaftliche Mitarbeiter des Bundesamtes Armin Pfahl-Traughber genannt.[8] Daneben werden Erkenntnisse des Verfassungsschutzes benutzt, ohne daß die öffentliche Quelle genannt wird, daher muß der Verfasser von internen Nachrichten des Verfassungsschutzes ausgehen. Gernot Modery - „Anton Maegerle" portraitiert den Organisator des Berliner „Dienstags-Gesprächs" im Zusammenhang mit Jörg Haider unter Verwendung von „Erkenntnissen des Verfassungsschutzes".[9] Die Vermutung, daß dem bnr nichtöffentliche Informationen des Verfassungsschutzes zugänglich seien und von ihm auch verwertet würden, erhärtet sich durch eine Auflistung von „rechtsextremistischen Liedermachern" aus einer

---

Die GmbH wurde nachfolgend aufgelöst, vgl.: Schmidt, Helmut G.: Brief des Geschäftsführers der Sozialdemokratischen Pressedienst GmbH, 02.01.1995.

[5] Schriftliche Anfrage der Abgeordneten Erika Steinbach und Antwort des Staatssekretärs Dr. Kurt Schelter: Drucksache 13/762, 10.03.1995.

[6] Löwe, Hans: Ganz geheim, bnr 16/98, 12.08.1998, S. 7; Bach, Reiner: In einem Topf, bnr 10/98, 20.05.1998, S. 2.

[7] Frisch, Peter: Feindbilder, bnr 7/99, 08.04.1999, S. 1.

[8] Armin Pfahl-Traughber wird ausführlicher in der Akteursanalyse (2.3.2) dargestellt, inzwischen lehrt dieser an der FH des Bundes in Swisstal-Heimerzheim.

[9] Maegerle, Anton (A.M.): Grauzone, bnr 7/03, 03.04.2003, S. 5; vgl. Akteursanalyse (2.3.2).

„internen Studie" (Sommer 2003) des Bundesamtes für Verfassungsschutz[10] in der Rubrik „Meldungen" des bnr.
Beste Beziehungen zum Bundesministerium des Innern ergeben sich zunächst durch den ehemaligen Abteilungsleiter des BMI (Ministerialdirektor), u.a. zeitweiliger Büroleiter Willy Brandts und Leiter der Arbeitsgemeinschaft Rechtsextremismus der SPD, Klaus-Henning Rosen, welcher neben seiner Funktion als Autor auch den Kontakt zwischen Kurt Hirsch und der SPD herstellte.[11] Rosen ist die Person, welche nach dem Ausscheiden von Kurt Hirsch den bnr hauptsächlich in allen Belangen weiter fördert und betreut. Dies äußert sich z.B. in der aufwendigen Betreuung von Registerbänden, Jahresrückblicken, internen Mitteilungen und seiner Mitgliedschaft im eingetragenen Verein „Institut für Information und Dokumentation", dem späteren Herausgeber des Blattes.
Weiterhin sind Kontakte zu einzelnen Landesinnenministerien einschlägig. In während der 90er Jahre durchgeführten Verfassungsschutzprozessen gegen die Partei „Die Republikaner" wurden in Rheinland-Pfalz für die Bewertung der „Republikaner" als eine extremistische Partei u.a. die Einschätzungen des bnr ungeprüft zugrunde gelegt.[12]
Als letztes Beispiel sei die sehr gute Verbindung des bnr über die SPD zur Bundespolitik einführend dargestellt. Diese ergibt sich, neben der Einbindung durch den Verlag, durch die Projektgruppe/den Arbeitskreis „Bekämpfung von Rechtsextremismus und Gewalt" der SPD Fraktion. Exemplarisch seien an dieser Stelle die jeweiligen Sprecher der AG genannt, welche auch als Autoren im bnr veröffentlichen und diese Position nach Rosen als Nachfolger bekleiden: Siegfried Vergin (ehem. MdB) und später Sebastian Edathy (MdB). Neben dem vorgenannten Arbeitskreis, welcher direkt innerhalb des SPD-Vorstandes anzusiedeln ist, ermöglichen maßgebliche Kontakte zu den auch als Autoren des bnr auftretenden Mitgliedern des Bundestages Frau Dr. Sonntag-Wolgast,[13] zugleich Parlamentarische Staatssekretärin beim Bundesministerium des Innern, und Frau Wettig-Danielmeier, Schatzmeisterin der SPD und Mitglied im Parteivorstand des linken Göttinger SPD-Kreisverbandes. Diese beiden

---

[10] O.V.: Meldungen, bnr 18/03, 04.09.2003, S. 14; weiterhin werden vom bnr Erkenntnisse des Verfassungsschutzes weitergegeben, welche dieser erst aufgrund des Einsatzes von nachrichtendienstlichen Mitteln aktuell in Erfahrung bringen konnte, vgl.: O.V.: Tagebuch, bnr 12/96, 12.06.1996, S. 14.
[11] Wuttke, Roland: Nützliche und andere Idioten. Antifaschismus: Auf dem Weg in eine andere Republik, in: Opposition – Magazin für Deutschland, Heft 1/2001, 4. Jahrgang, Januar/Februar, S. 12; BüSo (Hrsg.): Die BüSo-Gegner, einige Drahtzieher, www.bueso.de/seiten/medien/0204.-htm, 15.07.2005.
[12] Kunze, Klaus: Geheimsache Politprozesse, Systemwechsel durch Uminterpretation: Verfassungsschutz und Gerichtsbarkeit nach dem linken Marsch durch die Institutionen am Beispiel der Republikanerverfolgung, Uslar 1998, S. 224.
[13] Als Cornelie Sonntag schrieb sie 1969 bereits emanzipatorische Artikel in der von der SEDmitfinanzierten Zeitschrift „konkret"; vgl.: Röhl, Bettina: So macht Kommunismus Spaß! Ulrike Meinhof, Klaus Rainer Röhl und die Akte Konkret, Hamburg 2006, S. 625; Frau Cornelie Sonntag war von 1998 bis 2002 Parlamentarische Staatssekretärin im Bundesinnenministerium. Sie ist nun Vorsitzende der „Aktion Gemeinsinn e.V.".

Autoren, welche nicht zu den prominentesten Gastautoren des bnr zählen, belegen die Wichtigkeit der Zeitschrift für die SPD.[14] Zudem betont Wettig-Danielmeier diese Einschätzung nach der Übernahme und Neustrukturierung durch Helmut Lölhöffel für das „Institut für Information und Dokumentation" in einem Gastbeitrag nach der neugestalteten Wiederauflage der Zeitschrift. Hier ergänzt sie zudem die Analysen zur Zusammenarbeit zwischen Behörden und bnr: „Dieser Informationsdienst bietet wertvolles Hintergrundmaterial zu Fakten und Tendenzen, Personen und Gruppen aus dem rechten Spektrum an. Wäre der ‚blick nach rechts' stärker verbreitet und beachtet worden, hätte manche Informationslücke in Behörden vermieden werden können." Die sehr guten Beziehungen bis in die Partei und Regierungsspitzen bestehen bis heute fort. Nach dem Neubeginn des bnr 2004 als Netzpublikation übernahm Ute Vogt, von 2002-2005 Parlamentarische Staatssekretärin des Bundesministers des Innern, aktuelle stellvertretende SPD Vorsitzende und SPD-Fraktionsvorsitzende in Baden-Württemberg, die personalisierte Schirmherrschaft über die Zeitschrift.

Durch die Vermischung von Journalistik und verwaltungsgemäßem/politischem Handeln, sowie die eigene Auffassung als ein „Dienst", die spätere Herausgabe durch ein „Institut" und schließlich durch eine teilweise staatliche Finanzierung ergibt sich, daß die Schranke zwischen dem privaten- und öffentlich-rechtlichen Bereich vom bnr unterminiert wird. Somit ist nicht auszuschließen, daß dem unbedarften Leser diese Zeitschrift als ein offiziöses Organ von Politik und Verwaltung, ähnlich einem monothematischem zweiwöchentlichen Verfassungsschutzbericht, erscheint. Weiterhin muß nach Analyse der vorgenannten Personen und ihren Funktionen der Eindruck entstehen, die SPD habe mit ihrem „Informationsdienst" ein eigenes offiziöses Instrument geschaffen, um den politischen Gegner zu bekämpfen. Durch die behördlichen Verknüpfungen treten an dieser Stelle Unterstützungshandlungen in beide Richtungen: Profiteure sind die SPD, bnr-Akteure und die in den Jahren 2001ff. gegründete Vielzahl von „Initiativen gegen Rechts", welche gemeinsam bis zur politischen Mitte vordringen, eine demokratische Rechte ausgrenzen/vorverurteilen und somit die alleinige Diskurskompetenz für sich in Anspruch nehmen. Aus dem alleinigen „Kampf gegen Rechts" leitet der bnr in der Hauptsache seine Legitimität ab.

---

[14] Die Taktik des SPD-bnr durch Gastbeiträge politischer-gesellschaftlicher Prominenz eine politische Wirkung bzw. mehr Gewicht zu erzielen, ist nicht neu. Schon Kurt Hirsch bemühte sich erfolgreich zumeist bei der SPD darum, Mitglieder für den PDI als Aushängeschild zu gewinnen, z.B. den heutigen Vorsitzenden der SPD-Fraktion Peter Struck, vgl.: Knabe, Hubertus: Der diskrete Charme der DDR. Stasi und Westmedien, Berlin 2003, S. 301; Die Führungsgremien der SPD nominierten im April 2007 Barbara Hendricks zur neuen Schatzmeisterin; ihre Wahl soll auf dem Parteitag im Oktober 2007 in Hamburg erfolgen, vgl.: Bannas, Günter: SPD nominiert neue Schatzmeisterin, Frankfurter Allgemeine Zeitung, 24.04.2007, S. 4.

Somit verstärkt der bnr indirekt ein einseitiges „edukatorisches Staatshandeln“[15], also eine staatliche Lenkungsform in bezug auf eine staatliche Förderung von demokratietheoretischer Moral auf dem Gebiet der geistig-politischen Auseinandersetzung des Staates gegen „Rechts“. Der bnr tritt als Hilfsorgan eines staatlichen Handelns durch Kommunikationsakte auf, da er nicht nur vermeintliche Tatsachen vermittelt, „sondern...gleichermaßen Empfehlungen, Ermahnungen und Appelle“[16] kommuniziert werden, welche sich an die Allgemeinheit richten. In diesen Fällen spricht man auch von einer öffentlichkeitsbezogenen Kommunikationstätigkeit. Anders als im schlichten staatlichen Verwaltungshandeln ist die Interaktion nicht von der Information beim bnr zu trennen, da der Leser explizit zur Mitarbeit, also Kooperation, aufgerufen wird.

In den Klassikern der Philosophie und Staatslehre finden sich keine Forderungen nach politischen Verboten oder Einschränkungen, vielmehr wird die Wichtigkeit einer frühen Form von geistig-politischer Auseinandersetzung eingefordert. Für den dauernden Bestand der Staatsform betonen Platon und Aristoteles – noch vor den zu schaffenden Institutionen – eine angemessene staatsbürgerliche Erziehung. Auf diesen Wurzeln beruht auch heutzutage noch die staatsbürgerliche Erziehung durch Institutionen wie die „Bundes- und Landeszentralen für politische Bildung“ oder durch den „pädagogischen“, „edukatorischen“, „informatorischen“ und „positiven“ Verfassungsschutz. Durch die erzieherischen und moralischen Werterhaltungen wird aus dem aufgeklärten Staat der aufklärende Staat. Diese gleichermaßen Interaktions- und Kommunikationsstellen wenden in der Hauptsache drei „Erziehungsinstrumente“ ihrer geistigen bzw. staatstheoretischen Herrschaftsausübung an: die amtliche Öffentlichkeitsarbeit, die staatlichen Warnungen und Empfehlungen. Als Beispiel für ein multifunktionales staatliches Instrument sind z.B. der Verfassungsschutzbericht und die übrigen Publikationen des Geheimdienstes zu werten. Hinter dieser Öffentlichkeitsmaxime steht der Gedanke, daß der Souverän, das Volk, seine Herrschaft nur dann ausüben kann, wenn es hinreichend informiert wird.[17] Hierzu muß dem Souverän jedoch die Möglichkeit gegeben werden, sich ein ganzheitliches Bild der unterschiedlichen Positionen zu machen. Sowohl beim rein staatlichen, als auch beim staatlich unterstützten

---

[15] Lüdemann, Jörn: Edukatorisches Staatshandeln, Baden-Baden 2005, S. 85ff.; Normann, Lars: Deutsche Sicherheitsstrukturen im 21. Jahrhundert. Streitbare Demokratie und ihre institutionelle Umsetzung durch den Verfassungsschutz, München 2006, S. 22f.; zum problematischen strafrechtlichen Staatsschutz in der BRD vgl.: Reuter, Dirk: Verbotene Symbole. Eine strafrechtsdogmatische Untersuchung zum Verbot verfassungswidriger Organisationen in § 86a StGB, Baden-Baden 2005, S. 25-35.

[16] Lüdemann, Jörn: Edukatorisches Staatshandeln, Baden-Baden 2005, S. 87.

[17] Hierzu zählt auch die Willensbildung, welche sich an dem Bild „von unten nach oben“ zu orientieren hat und nicht umgekehrt, BVerfGE 20, 56.

Informationshandeln, wie z.B. beim bnr, kann dies bezweifelt werden, da kein ausgewogenes Bild präsentiert wird, sondern extrem einseitig und interessengeleitet politisch gewichtet wird. In verstärkter Form gilt dies für die Warnungen und Empfehlungen, also die gezielte politische Verhaltenslenkung durch staatliche Strafnormen. Von einem liberalem Standpunkt aus widerspricht schon Kant in der „Metaphysik der Sitten“ dem Recht des Staates, eine bestimmte Gesinnung des Bürgers durch Recht zu erzwingen oder zum Anlaß für rechtliche Sanktionen zu nehmen, z.B. durch Meinungsäußerungsdelikte im StGB. Hieraus leiten sich die sogenannten „Propagandadelikte“ ab, welche zumeist einen undifferenzierten Vergleich der dichotomen Rechts- und Linksextremismusstatistiken gewichten.[18] Aber lediglich die drohende Erwähnung einzelner Namen von Personen gerade in (rechts-)extremistischen Zusammenhängen, wie z.B. im Verfassungsschutzbericht oder im bnr, ist geeignet, einen Konformitätsdruck zu erzeugen. Es droht ein ganzes Spektrum zum Teil unverhältnismäßiger und ungerechtfertigter sozialer Sanktionsmittel - von Zurechtweisungen oder der Behinderung beruflichen und gesellschaftlichen Aufstiegs bis hin zur körperlichen Gewalt. Also ändern (sozialmoralische/politische) edukatorische Maßnahmen nicht nur Handlungen, sondern auch Personen.[19] Somit unterstützt dieses Instrument mittelbar mit schlichter Herrschafts- und Machtausübung den Bestandsschutz des demokratischen Systems. Problematisch sind hierbei die gezeigten ungleichen Gewichtungen, die der bnr durch Beeinflussung der öffentlichen Meinungsbildung fördert und auf das politische System ausstrahlt, welches bis hin zu einem Bestandsschutz mit einer „Tendenz zum Totalitären“[20] reichen und nach Backes/Jesse auf „letzten Wertentscheidungen/normativen Prämissen“ mit einem Absolutheitsanspruch beruhen.[21]

Die Forderung nach einer staatsbürgerlichen Erziehung rekurriert auf die Gründungsgeschichte der Politikwissenschaft in der Bundesrepublik Deutschland. Jedoch ist die Politische Wissenschaft mehr als nur eine „Demokratiewissenschaft“. Diese entwickelte sich von ihren Wurzeln einer praktischen Philosophie (Aristoteles), nach Trennung des Naturrechts von der Moral und Politik, Wandlung im 17. Jahrhundert zu einer Staatslehre innerhalb der Philosophie mit einer Ordnung in die drei Disziplinen Ethik, Ökonomik und Politik. Im 19. Jahrhundert bildete sie sich von einer eigenständigen Staatswissenschaft bis zu

---

[18] Vgl. zu den asymmetrischen politischen Strafverfolgungsmaßnahmen: Pfeiffer, Georg: Asymmetrien des Gesetzes, Junge Freiheit, 05.05.2006.

[19] Vgl. zur Warn- und Sanktionsfunktion durch Veröffentlichungen im Verfassungsschutzschutzbericht: Normann, Lars: Deutsche Sicherheitsstrukturen im 21. Jahrhundert. Streitbare Demokratie und ihre institutionelle Umsetzung durch den Verfassungsschutz, München 2006, S. 80.

[20] Schüßlburner, Josef: Demokratie-Sonderweg Bundesrepublik. Analyse der Herrschaftsordnung in Deutschland, Künzell 2004, S. 115.

[21] O.V.: Frisch gepreßt, Junge Freiheit, 10.03.2006.

ihrer Auflösung in verschiedene Wissenschaften (Politeia-/Polizeywissenschaft, Nationalökonomie, öffentliches Recht, Soziologie)[22] um und mündete dann zunächst in einer Reduktion auf Außenpolitik/Auslandswissenschaften während der nationalsozialistischen Diktatur.[23] Nach 1945 kann von einer radikalen Zäsur mit einem gänzlich neuen Wissenschaftsparadigma für die Politikwissenschaften in der Bundesrepublik gesprochen werden. Dabei wurde die Politikwissenschaft als *re-education*-/„Demokratie-Wissenschaft" der USA[24] nach dem 2. Weltkrieg (ohne das Vorbild der *political sciences*) in der Bundesrepublik implementiert, die sich dann ab 1966 zu einer überwiegend „Kritischen Politikwissenschaft" entwickelte. In der Gegenwart wird auch von einer politikwissenschaftlichen Konsolidierung durch sozialwissenschaftliche Professionalisierung gesprochen: durch eine inhaltliche Differenzierung können hier als Beispiele die (internationalisierten) Fachgebiete „Politikfeldanalyse" und „Politikberatung" genannt werden. Offensichtlich strebt die deutsche Politikwissenschaft eine nachholende Entwicklung zu einer *political science* nach US-amerikanischem Vorbild an.

Insofern ist die Auseinandersetzung mit den edukatorischen Inhalten des bnr auch ein Stück politikwissenschaftlichte Ideengeschichte der Bundesrepublik, obwohl der Erziehungsansatz des bnr geradezu in Antithese zu ihr zu setzen ist.

Der bnr ergänzt mit seinem kommentierten Informationsangebot die zumeist schwerpunktmäßig einseitigen Veröffentlichungen des administrativen Verfassungsschutzes[25], welcher neben seinem geheimdienstlichen Handeln staatsbürgerliche Aufklärung durchführt, z.B. durch seine Tagungen, Ausstellungen und Publikationen wie die jährlich erscheinenden Verfassungsschutzberichte. In seinen Publikationen liegt seit Jahren ein Schwerpunkt auf der Beobachtung von rechtsextremistischen Bestrebungen, abgesehen von kleineren Abweichungen, die auf die aktuelle Zusammensetzung der jeweiligen Landesregierung zurückzuführen sind. Die Gründe für die asymmetrische Wahrnehmung der Dichotomie liegen in der linken Intellektuellendominanz der 68er und ihrem Marsch bis in die

---

[22] Hennis, Wilhelm: Politik und praktische Philosophie. Eine Studie zur Rekonstruktion der politischen Wissenschaft, Neuwied am Rhein und Berlin 1963, S. 24-34.

[23] Zur NS-ideologisierten Politischen Wissenschaft im „Dritten Reich" z.B. an der Deutschen Hochschule für Politik (DHfP) vgl.: Botsch, Gideon: „Politische Wissenschaft" im Zweiten Weltkrieg. Die „deutschen Auslandswissenschaften" im Einsatz 1940-1945, Paderborn 2006; vgl. zur Gründung eines „Auslandswissenschaftlichen Instituts": Hachmeister, Lutz: Der Gegnerforscher. Die Karriere des SS-Führers Franz Alfred Six, München 1998, 116ff..

[24] von Schrenck-Notzing, Caspar: Charakterwäsche. Die amerikanische Besatzung in Deutschland und ihre Folgen, Stuttgart 1965, S. 147 u. 273; Arndt, Hans-Joachim: Die Besiegten von 1945. Versuch einer Politologie für Deutsche samt Würdigung der Politikwissenschaft in der Bundesrepublik Deutschland, Berlin 1978, S. 117-133; vgl. auch die wissenschaftsgeschichtliche Gesamtwürdigung von: Bleek, Wilhelm: Geschichte der Politikwissenschaft in Deutschland, München 2001.

[25] Hauke, Frank: Die Augen rechts, Focus, 30.09.2000, S. 54.

bundesrepublikanischen Behördenstrukturen.[26] Auch der Zusammenbruch des Kommunismus änderte nicht nachhaltig diese Einschätzung. Erst durch die islamistische Terrorzäsur scheint sich die politische Grundstruktur, zumindest außerparlamentarisch, zu verändern. Der durch die „geistige Herrschaftsausübung" entstehende Konformitätsdruck durch den bnr im Untersuchungszeitraum muß sich im Gegensatz zum rein staatlichen Handeln nicht am Grundgesetz oder Demokratieprinzip messen lassen, so daß derjenige, der durch die (Um-) Erziehung in seinen Freiheitsräumen eingeschränkt wird, keine Möglichkeit hat, eventuelle Grundrechtseingriffe, z.B. in die Meinungsfreiheit nach Art. 5 GG, durch die Indoktrination geltend zu machen.

Weiterhin gilt der bnr als ein beliebtes Zitierorgan u.a. für linksextreme Medien[27] und kritische Wissenschaftler. Seit dem „Aufstand der Anständigen" im Jahre 2000 ist der Informationsdienst z.B. über den Verein „Gegen Vergessen-Für Demokratie e.V." eingebunden in die von Rot-Grün initiierte (Karriere und Dauerwahl-)Kampagne „Kampf gegen Rechts"/„Bündnis für Demokratie und Toleranz: Gegen Rassismus und Gewalt" der ehemaligen Regierungskoalition.

Von seinem Selbstverständnis her unterscheidet sich dieser „Pressedienst" von anderen reinen Ausschnittdiensten, er sammelt nicht nur Informationen, sondern kommentiert die ohnehin monothematisch ausgerichteten Informationen einseitig. Der bnr enthält Analysen, Berichte, Interviews, Buchbesprechungen, Hinweise auf Tagungen/Seminare und kommentierte Kurzmeldungen. Diese redaktionell bearbeitete und selektierte Auswahl von Nachrichten behandelt, wie der Titel der Zeitschrift schon suggeriert, rechte bis rechtsextreme Politik. Dabei haben die jeweiligen Autoren nicht nur ein sehr weites Verständnis von extremer Politik, sondern verfolgen das Ziel eines ganzheitlichen Beobachtungsansatzes. Neben den rechtsextremen Parteien NPD, DVU, FAP und Themen wie Antisemitismus, rechtsextreme Subkultur, Verbandswesen und Auslandsnachrichten als Hauptbeobachtungsfelder, geraten auch rechtskonservative demokratische Parteien, Gruppen, Wissenschaftler und Medien ins Visier des bnr. Diese Themenstruktur steht unter der von Kurt Hirsch etablierten und von Klaus-Henning Rosen/Helmut Lölhöffel fortgeführten rückwärtsgewandten Prophetie rekurrierend auf die nationalsozialistische Diktatur. Sie betreiben eine mystifizierende Aufklärungsarbeit, welche nicht unterscheidet zwischen der „moralischen, aus der Vergangenheit sich herleitende[n] Berechtigung eines Schuldvorwurfs und seiner politischen

---

[26] Jesse, Eckhard: Blick nach links mit geschlossenen Augen, Focus, 11.11.1996, S. 104.

[27] In „Lotta" Nr. 21, Herbst/Winter 2005, S. 37 wird der bnr als Fachdienst bezeichnet; der „Informationsdienst gegen Rechtsextremismus" (IDGR) speist sich fast ausschließlich aus den Informationen des bnr, Margret Chatwin (Herausgeberin des IDGR) schreibt selber, neben mind. 8 weiteren Autoren des IDGR für den bnr; der IDGR wurde von Margret Chatwin am 27.09.2006 aus dem Netz genommen.

Instrumentalisierung, in deren Zuge das menschlich berechtigte Verdikt zu einer Waffe im Kampf um die Durchsetzung ganz gegenwärtiger Interessen wird".[28]

Eine besondere Thematik bildet an dieser Stelle die Auseinandersetzung mit der sogenannten „Neuen Rechten". Demokratische Gruppen und Personen der „anderen Hälfte" der politischen Demokratie werden durch die Bearbeitung und Kommentierung im bnr stigmatisiert: „In der Krise wächst die Neigung, den Meinungsgegner zum Dissidenten zu machen, zum Abgesonderten, und das geschieht wirksam durch ‚moralische Ächtung'."[29] In der gegenwärtigen Epoche „moralhypertropher Aufgeregtheit", die erst seit den islamistischen Terroranschlägen und dem Ende linksdominierter Gesellschaftsträume ihr vorläufiges Ende zu finden scheint, steht der Gegner „rechts". Anschaulich verdeutlicht, wird diese Einschätzung durch den Titel/Untertitel des Analysegegenstandes und dessen Implikationen unterstützt: Alles, was sich nicht mehr einer politischen (Neuen) Mitte oder der Linken zuordnen läßt, wird allgemein als rechts und damit ist rechts e x t r e m gemeint – diffamiert. Damit wird dem rechten Flügel im demokratischen System das Existenzrecht entzogen.

Das einigende politische Ethos finden demokratische Linke und Linksextreme im „Antifaschismus". Hinter diesem Begriff verbirgt sich, neben einer gesellschaftlich-moralischen Rolle, ein politischer Machtkampf. Dieses Ringen manifestiert sich auch in einer Diffamierung der demokratischen Rechten als „rechter Gefahr" oder schlicht als „rechtsextrem". Linke Interpretationen bemühen sich, diese Gefahr bis in die „Mitte" der Gesellschaft zu plazieren und den politischen Gegner, z.B. die Unionsparteien, FDP, konservative Institutionen und Wissenschaftler, zu desavouieren und unter Generalverdacht zu stellen.[30] Konservative Parteien werden an einen rechten Rand gedrängt. Diese unterstehen seit einer multikausalen Erosion des Parteien-Politiksystems einem „antifaschistischen Erklärungsnotstand" und Konformitätsdruck.

Seit dem Analysebeginn dieser Arbeit (1990) wird, auch im bnr, verstärkt ein, nach DIETER STEIN, „polemischer Kampfbegriff"[31] diskutiert, welcher ein „Brückenspektrum" zwischen extremer und demokratischer Rechter bilden soll: die „Neue Rechte". Dieser Begriff wird von diversen linken Publikationen bis hin zum Verfassungsschutz diskutiert, durchweg aber zumeist ohne sich mit diesem inhaltlich, sondern überwiegend deskriptiv,

---

[28] Krause Landt, Andreas: Holocaust und deutsche Frage. Ein Volk will verschwinden, Merkur. Deutsche Zeitschrift für europäisches Denken, Stuttgart, Dezember 2005, S. 1123.

[29] Gehlen, Arnold: Moral und Hypermoral. Eine pluralistische Ethik, Frankfurt am Main, Bonn 1969, S. 41

[30] Exemplarisch seien hier die gescheiterten konservativen ideenpolitischen Vorschläge – von der „formierten Gesellschaft" über den „Mut zur Erziehung", die „geistig moralische Wende" bis zur „Leitkultur" genannt. Erst die Vereinigung mir der DDR brachte eine ansatzweise Würdigung der „Historikerdebatte", immer noch uneinheitlich tritt man bei der sogenannten „Rechtschreibreform" auf.

[31] Stein, Dieter: Phantom „Neue Rechte". Die Geschichte eines politischen Begriffs und sein Mißbrauch durch den Verfassungsschutz, Berlin 2005, S. 11.

auseinanderzusetzen. Abgeleitet wird der Begriff „Neue Rechte" in diesem Zusammenhang von dem in Frankreich von Zeitungen geprägten Begriff „*Nouvelle Droite*". In der Bundesrepublik finden sich linke bis linksextreme Zeitungen, welche diesen Begriff wörtlich übersetzen und ihn vereinfachend auf die gesamte uneinheitliche politische Rechte bis hin zum Rechtsextremismus anwenden. Der bnr ist Vorreiter dieses Interpretationsschemas von Links. Ziel und Zweck dieser Vereinfachung ist nicht nur die Diskreditierung von allem, „was rechts ist", sondern es sollen konkrete Brücken aus dieser, für den politischen Laien im Diffusen liegenden, „Neuen Rechten" zu dem politischen Gegner der SPD gebildet werden[32]. Mit der Verwendung der Begrifflichkeit „Neue Rechte" durch den bnr sollen die Grenzen zwischen Nationalsozialismus und einem Rechtskonservativismus verwischt werden, um letzteren in einen dubiosen Graubereich einzuordnen und letztlich zu diskreditieren.
In dieser empirisch–analytischen Arbeit soll die Herausgabe des bnr zu der Wahrnehmung von demokratischen Rechten durch die SPD in Beziehung gesetzt werden. Dabei wird vermutet, daß der bnr zur Verschiebung des politischen Koordinatensystems beigetragen hat und weiterhin beiträgt, u.a. mit der Propagierung eines „Antifaschismus", welcher inzwischen in dieser Ausformung bis in die Regierungsspitzen hineinragt. Obwohl die SPD eine Personalunion mit der linksextremen „autonomen" Antifa-Bewegung offiziell bestreitet, wird diese im bnr offen praktiziert.
ARNOLD GEHLEN hat in seiner letzten Monographie der „Gegenaufklärung" (Isaiah Berlin) für Druckmedien wie den bnr eine Beschreibung gefunden, welche gleichzeitig auf deren Wirkungsweise und Selbstverständnis hinweist. Es könnte sich danach beim bnr um einen „gedruckten Katechismus" einer moralischen Gruppe innerhalb des Pluralismus, welcher allem Anschein nach ein offizielles Organ und „Stimme der Wahrheit"[33] in der Bundesrepublik geworden ist, handeln. Leider besitzt dieses „Lehrbuch" wenige oder keine Definitionen, besonders deutlich wird diese Beobachtung an der Darstellung der „Neuen Rechten". Die moralische Gruppe, hier die Herausgeber und Autoren des bnr, sind durch den „Antifaschismus" zu charakterisieren. Der hier von GEHLEN gewählte religiöse Begriff für ein Lehrbuch: „Katechismus" eröffnet in Verbindung mit „Antifaschismus" die Möglichkeit,

---

[32] „Neu" besitzt in diesem Zusammenhang eine bedrohliche Konnotation, vgl. Neo-Nazi, von einigen Autoren des bnr (z.B. Volkmar Wölk) wird die Ansicht vertreten, es gäbe keinen Unterschied zwischen „Neuer" und „Alter" Rechten, womit sie Nationalsozialisten im Dritten Reich meinen, diese Autoren setzten „Neu" ebenfalls dann in Anführungszeichen; insgesamt spielte die Auseinandersetzung zwischen „Neuer Rechten" und linker Politik sich bislang in einem politischen Parallelbereich ab, welcher von „etablierten Medien"/Bundespolitik nicht kommentiert wird: seit dem Generationswechsel innerhalb der SPD durch JUSO-Mitglieder wird, bislang erfolglos, versucht, das Thema „Neue Rechte" auf die bundespolitische Agenda zu plazieren, vgl. SPD-Antrag, der JF keine Interviews zu geben, oder SPD-Unvereinbarkeitsantrag bzgl. korporativer Mitglieder; weiterhin spielt dieser Begriff nur eine Rolle als „polemischer Kampfbegriff des Verfassungsschutzes" und der extremen Linken, aus diesem Grund wird er in dieser Arbeit durchgehend in Anführungsstrichen gesetzt.
[33] Gehlen, Arnold: Moral und Hypermoral. Eine pluralistische Ethik, Frankfurt am Main, Bonn 1969, S. 10.

diesen als einen Ausdruck politischer Theologie/Religion zu verstehen (vgl. 1.4 Annex: „Antifaschismus" als politische Theologie/Religion). Des weiteren determiniert GEHLEN als Ursache der gegenwärtigen Dekadenz die erwähnte moralische Gruppe, welche einen „aggressiven Humanitarismus", der unbesehen ethische Wertungen von Familien bzw. anderen Kleingruppen auf den Staat bzw. Völker überträgt und damit zu einem moralischen Eudaimonismus führen würde: „Den Raum der Öffentlichkeit besetzt...die Ethik der Publizisten mit ihrer Intellektuellen-Moral,...[welche] sich...als die allgemeine Wahrheit ausgibt."[34] Diese „Gegenaristokratie der Intellektuellen" agiert danach als Trägerschicht der „Moralhypertrophie", also den übersteigerten Anspruch von Innengültigkeiten, mit einer Intoleranz, welche an die Ideologie eines „Dr. phil." aus Max Frischs „Biedermann und die Brandstifter" erinnert. Diese Intoleranz orientiert sich an einer „Gesinnungsethik", d.h. der Lehre einer unbedingten Vorranggeltung eines bestimmten Ethos mit Ablehnung von Alltagskompromissen.[35]

Sowohl an einer Monographie zum bnr und als auch an einer Darstellung der hier geführten Auseinandersetzung „Antifaschismus" vs. Demokratischer Rechter fehlt es. Hierbei soll gezeigt werden, daß der bnr ein Symptom[36] für die politische Kultur der BRD darstellt und er eine „Zeitschrift" im eigentlichen Wortsinne darstellt, nämlich eine Schrift seiner Zeit.

Es liegen einige wenige Presseartikel und sonstige Quellen[37] zum bnr vor, keine Sekundärliteratur. Daher muß sich diese Arbeit hauptsächlich mit den Inhalten und den Akteuren des bnr selbst befassen. So möchte diese Untersuchung einen Beitrag leisten den Mangel an Sekundärliteratur zu diesem Thema zu beseitigen.

Hierzu wurden vom Verfasser zunächst die 21 erschienenen Jahrgänge von 1984-2004 gesichtet und eine an qualitativen und quantitativen Maßstäben orientierte Themenkonzeption auf 60 Seiten im Spiegelstrichverfahren als Untersuchungskorpus entwickelt. Gemäß dieser Konzeption wurden jahrgangsweise Inhalte, Formalien, Akteure und prominente Autoren des bnr untersucht. Die jeweiligen Inhalte wurden dabei selektiert und überwiegend rechtsdemokratische Thematiken und Gruppierungen für eine Fallbeispielanalyse berücksichtigt. Der Komplex der Vertriebenenpolitik erschien dem Verfasser zu weitreichend

---

[34] Gehlen, Arnold: Moral und Hypermoral. Eine pluralistische Ethik, Frankfurt am Main, Bonn 1969, S. 72.
[35] Gehlen, Arnold: Moral und Hypermoral. Eine pluralistische Ethik, Frankfurt am Main, Bonn 1969, S. 142, 149 u. 168.
[36] Im Sinne von Krankheitszeichen, krankhafte Veränderung.
[37] Z.B. Aktenrecherchen/-studium aus dem Vereinsregister und Handelsregister unterschiedlicher Amtsgerichte, welche dem Verfasser in Ablichtungen zur Verfügung stehen und als unveröffentlichte Dokumente im eigenen Archiv des Verfassers geführt werden, Aktenrecherchen bei der Bundesbeauftragten für die Unterlagen des Staatssicherheitsdienstes der ehemaligen Deutschen Demokratischen Republik (BStU) und die Auswertung weiterer parlamentarischer Drucksachen.

für eine einzelne Fallstudie, so daß diese Inhalte nicht berücksichtigt werden.[38] Die Aktivitäten hinsichtlich NS-Vergangenheitspolitik sowie rechtsextreme Subkultur und Parteienlandschaft wurden überblicksartig dem jeweiligen Jahrgang zusätzlich zugeordnet, um ein Gesamtbild des bnr-Inhalts im Korpus zu erzeugen. Darüber hinaus finden diese Thematiken keinen Eingang in die vorliegende Studie.

Der Verfasser ist der Ansicht, daß auch fortgeschrittene empirische Prüfungsarbeiten sich einschränken müssen, um nicht nach der Untersuchung des x-ten Fallbeispiels redundante Ergebnisse und Folgerungen zu präsentieren. Daher erfolgte neben einer strengen Selektion von Inhalten eine Auswahl der zu untersuchenden Autoren sowie der Jahrgänge. Die inhaltliche Analyse dieser Arbeit wird den Zeitraum der Jahrgänge 1990 bis 2004, der Zeitpunkt der überwiegenden Umstellung auf ein elektronisches Zeitschriftenformat im Internet, umfassen (bnr 9/2004). Der Verfasser hofft aufgrund der zeitlichen Einschränkungen möglicherweise auch Rückschlüsse auf die politische Kultur der Gegenwart schließen zu können. Eine genaue Untersuchung der 80er Jahre erscheint aufgrund der Epochenzäsur 1989 an dieser Stelle nicht hilfreich. Auch aufgrund der Quellenlage wird es bei dieser Untersuchung maßgeblich auf eine Auflösung (*analysis*) und systematische Untersuchung der Zeitschrift hinsichtlich aller einzelnen charakteristischen Komponenten ankommen.[39]

Schwerpunkt dieser Arbeit bildet die Inhaltsanalyse der strukturierten einzelnen definierten Fallbeispiele aufgrund einer Primärdatenanalyse.[40] Nach dem qualitativen Ansatz wird analysiert, wie und was über demokratische Rechte im bnr berichtet wird. Zu unterscheiden sind zwei charakteristische Artikelansätze des bnr: Handelt es sich lediglich um kommentierte Ankündigungen von Veranstaltungen, oder thematisiert der Artikel/die Artikelreihe einzelne Personen/Institutionen, deren politische und/oder publizistische Vita „enttarnt" wird, etwa durch das Verfahren des *„naming names"*? Neben einzelnen Personen werden auch inhaltliche Beiträge verknüpfend und kommentierend zu einzelnen Thematiken im bnr präsentiert. Weiterhin wird sich ein Kapitel mit den linksextremistischen/„antifaschistischen" Tendenzen im bnr beschäftigen. Hierzu werden die einschlägigen Gruppierungen und Akteure analysiert.

Die Arbeit teilt sich in zwei große Abschnitte: Im Nachfolgenden wird zunächst eine überwiegend deskriptive Beschreibung des Untersuchungsgegenstandes vorgenommen, um

---

[38] Zudem nimmt die Berichterstattung im Untersuchungszeitraum von 1990-2004, neben der Auseinandersetzung um ein Zentrum gegen Vertreibung, im Vergleich zum vorherigen Zeitraum im bnr ab.

[39] Vgl. zum Begriff Analyse auch: Gehlen, Arnold: Moral und Hypermoral. Eine pluralistische Ethik, Frankfurt am Main, Bonn 1969, S. 142: „Das bedeutet...Analyse, auseinandernehmen, um zu verstehen."

[40] Sekundärliteratur liegt über dem bnr nicht vor, die wenigen recherchierten Erwähnungen, zumeist in Zeitungsartikeln, werden unterstützend zur Analyse der Fallbeispiele herangezogen.

sich der Zeitschrift zu nähern und den Beobachtungen aus der Formalanalyse erste Schlußfolgerungen zu entnehmen. Diese Untersuchung stützt sich auf eine, durch Recherchen ergänzte Formalauswertung, welche bei Erstellung der Themenkonzeption/des Untersuchungskorpus gleichzeitig erarbeitet wurde. Neben dem äußeren Erscheinungsbild und der Erscheinungsweise werden an dieser Stelle u.a. Methode des bnr, Rubriken, Impressum (Herausgeber/Redaktion) usw. fokussiert. Dieser Beschreibung folgt eine Analyse des SPD Verlagswesens. Ziel dieses Kapitels soll eine Einordnung des Verlagssystems sowie eine Darstellung des Erscheinungsumfeldes sein, um Schlußfolgerungen zu Stellung und Wichtigkeit des bnr innerhalb der SPD zu erhalten. Erst dann, also nach einer intensiven Beschäftigung mit dem Analysegegenstand, erscheint es sinnvoll, deduktiv den Schlüsselbegriffen ein eigenes Kapitel zu widmen. Nach der Erkenntnis, daß das Symbol den Ursprung des Mythos bildet, bestätigt LUDWIG KLAGES 1921 in einem Abschnitt einer Vorlesung, bildet der Begriff den Ausgangspunkt wissenschaftlicher Forschung[41]. Die Definitionen der Begrifflichkeiten „Linksextremismus", „Antifaschismus", „demokratische Rechte" und „Neue Rechte" bilden das Fundament für die anschließende inhaltliche Auseinandersetzung mit dem bnr in den ausgewählten Fallstudien im zweiten Teil der Untersuchung. Durch eine erweiterte Darstellungsweise sollen diese Erläuterungen einen einleitenden Charakter für die Arbeit entwickeln.

Im zweiten Abschnitt dieser Arbeit wird der Verfasser zunächst die linksextremen Zitierpublikationen einführend erläutern, um als nächstes in einem geschichtlichen Rückblick zum bnr die Entstehungszeit und seine rechtsdemokratischen Beobachtungskonstanten von 1968, dem Gründungsjahr des PDI (Presseausschuß demokratische Initiative) durch Kurt Hirsch, bis zum Analysebeginn 1990 zu beleuchten. Danach erfolgt in getrennten Kapiteln die Inhalts- und die Akteursanalyse, welche den Schwerpunkt dieser Arbeit darstellen. Kern der Inhaltsanalyse ist eine Auswahl von Fallbeispielen, welche repräsentativ das Thema demokratischer Rechter im bnr und Linksextremismus/„Antifaschismus" des bnr behandeln. In der Akteursanalyse bemüht sich der Verfasser nicht nur darum, einzelne Publikationen den Autoren zuzuordnen, sondern auch ihre Hauptaussagen zu beleuchten. Ebenso hat der Verfasser mit Herausgebern, Autoren und Kritikern Gespräche zum Thema geführt, um die Thesen, Beobachtungen und Schlußfolgerungen mit Fakten zu untermauern.

---

[41] Die nicht neue Erkenntnis wurde auch schon von Fichte und nach Klages ebenfalls von Adorno vertreten, vgl.: Klages, Ludwig: Vom kosmogonischen Eros, Bonn 1981, S. 118.

Thesen im Überblick

- Der bnr ist ein „offiziöses" Organ und Hilfsmittel der geistig-politischen Auseinandersetzung des Staates gegen „Rechts". Aus diesem monothematischen Ansatz schöpft der bnr seine alleinige Legitimität.

- Der bnr ist eine Publikation der SPD – diese Tatsache wird aus Gründen eines überparteilichen Wirkungsanspruches verschleiert.

- Durch prominente Gastautoren versuchen Herausgeber und Redaktion dem bnr politische Beachtung und Gewicht zu verschaffen.

- Rechtsdemokratische Politik wird durch den bnr in diffamierender Absicht als rechtsextrem dargestellt, die intellektuelle Rechte („Neue Rechte"), ein Teil der demokratischen Rechten, wird als ein „Grauzonen-", „Scharnier-" oder „Brückenspektrum" fokussiert.

- Im Godesberger und Berliner Programm der SPD wird die Totalitarismustheorie als Fundament der fdGO zum demokratischen Fundament erklärt (doppelter Antitotalitarismus) die Partei grenzt sich offiziell von einer Zurückweisung des Totalitarismusbegriffs und der Ersetzung des Faschismusbegriffes ab als Folge wurden Abgrenzungen zu linksextremen Gruppierungen verfaßt; im Gegensatz hierzu unterstützt und kooperiert die SPD durch die Herausgabe des bnr mit (kommunistischen) Linksextremen und „autonomen" militanten Antifaschisten bis in die Parteispitzen und Regierung hinein.

- der bnr erodiert als Verbindungsmedium zwischen linksextremen Gruppierungen und politischem System das politische Koordinatensystem, indem es „Antifaschismus" zum Dogma erklärt, somit wird der bnr zu einem Symptom für die politische Kultur der BRD.

1.2 Beschreibung des Untersuchungsgegenstandes - Analyse der Formalien

Um die Zeitschrift nicht als ein abstraktes Gebilde zu präsentieren, werden nachfolgend Ausführungen zu den Formalien des bnr gemacht. Dieser Teil wurde maßgeblich aufgrund der mitbeobachteten Formalien in der Themenkonzeption erarbeitet. Ergänzend wurden Aktenrecherchen im Vereinsregister und unterschiedliche telefonische und schriftliche Expertenbefragungen durchgeführt.

Der bnr ist, wie schon erwähnt, keine typische Publikumszeitschrift. Mit einer Auflage von ca. 1.500[42]-2.000[43] Exemplaren auf gelbem Papier, im DIN-A4 Format mit zwei Spalten und

---

[42] Vgl.: Jansen, Frank: „Das gilt doch nur für Latinos". Der Tagesspiegel, 16.02.2001, S. 30; Verfasser des vorgenannten Artikels ist auch Autor im bnr und wurde für sein Engagement mit dem Bundesverdienstkreuz ausgezeichnet; Auflagenangaben werden zu keiner Zeit im Heft geäußert, der Verfasser ließ sich die Angaben durch den Vertrieb bestätigen, hiernach gab es am 01.07.2005: 1.257 Netzwerkkunden, also Nutzer des bnr-Internetangebots und 570 Altabonnenten, welche sich noch eine abgespeckte Druckausgabe zusenden lassen, Gedächtnisprotokoll des Telefoninterviews mit Frau Drost: Berliner vorwärts Verlagsgesellschaft mbH, am 01.07.2005; vgl. zu den Druckauflagenzahlen auch: Hansen, Claudia: Katzenjammer bei der Antifa, Preußische Allgemeine Zeitung, 24.01.2004.

keinen Abbildungen, wendet er sich eher an „Fachleute auf dem Gebiet des Rechtsextremismus“[44], auch wenn eine weitere Verbreitung, aufgrund des Missionscharakters der Zeitschrift und der Steigerung der Abonnentenzahlen (Kosten), von den Herausgebern ausdrücklich gewünscht wird.[45] Subtrahiert man nämlich von den 1.500 - 2000 Heften die Exemplare, welche an sämtliche Bundes- und Landtagsabgeordneten sowie an die Parteibüros der SPD, viele Gewerkschafter und Journalisten und die 17 Ämtern des administrativen Verfassungsschutzes gesendet werden[46], bleiben nicht mehr viele Bezahlabonnenten übrig. Im übrigen ist eine unbekannte Anzahl von Unterstützungsabnahmen (z.B. bis zur Wende durch das MfS, vgl. 2.2 Geschichte des bnr) wahrscheinlich. Es stellt sich die Frage der Finanzierung einer solchen Zeitung.

Finanzierung

Betrachtet man die Preisgestaltung dieses Heftes über die Jahre 1984-2004, ist eine äußerst moderate Preispolitik auffällig. Der bnr wurde im Sommer 1985 von der SPD-Pressedienst GmbH zum Jahrespreis von 117,- DM zzgl. Porto und Mehrwertsteuer in einem Begleitschreiben und seit Ausgabe 14/85 ausschließlich im Abonnement angeboten. Ob die seit September 1984, also Ausgaben 1/84 bis 13/85, vom selben Verlag herausgegebenen Ausgaben kostenfrei versendet wurden kann nicht mehr beurteilt werden. Erst ab 6/98 erfolgte eine geringfügige Preissteigerung nach 13 Jahren um 8,- DM (!) im Jahresabonnement zum Preis von 125,- DM, Vorzugspreis für Schüler, Studenten usw. zum Preis von 64,- DM. Mit bnr 1/2002 erfolgte die Umstellung auf die Euro-Währung. Der Preis erhöhte sich für das nun seit bnr 6/1995 im Umfang auf 16 Seiten erweiterte, im Erscheinungsbild viele Male umgestaltete (Details) und in höherer Papierqualität erscheinende Heft nicht wesentlich. Im Jahresabonnement kostete es nun 75,- Euro (ca. 147,- DM), ermäßigt 43,- Euro nun sogar inklusive Porto.[47] Die Kostensteigerungen werden mit wenigen im bnr veröffentlichten Abonnentenwerbebriefen (Leser werben Leser-Aktionen) versucht aufzufangen. Charakteristisch ist ein Werbebrief, abgedruckt in bnr 21/91, welcher von Chefredakteur Helmut G. Schmidt verfaßt wurde. Neben der Werbeaussage enthält der Brief ein wichtiges

---

[43] Eigenangabe von Helmut Lölhöffel, vgl.: O.V.: Blick ins Web, Focus, 02.02.2004, S. 148; Diese Abonnentenzahl dürfte nach Ansicht von Dr. Eckart Strohmaier zu hoch angesetzt sein. Für den Zeitraum 1986 bis 1992 betrug die Abonnentenzahl lediglich 800, Gedächtnisprotokoll des Telefoninterviews mit Dr. Eckart Strohmaier: Chefredakteur des bnr von 1986 bis 1992 am 28.04.2007.

[44] Vgl. Antwort der Bundesregierung auf die Kleine Anfrage von Unions Abgeordneten und Fraktion, BT-Drucksache 15/4010, 22.10.2004, S. 4.

[45] Vgl. z.B.: Undatierter Brief von Helmut Lölhöffel, Institut für Information und Dokumentation e. V., bnr 6/1998, 25.03.1998 o. Wettig-Danielmeier, Inge: Aktiv gegensteuern in derselben Ausgabe, S. 2.

[46] BüSo: Verleumdung aus der Stasi-Küche, www.bueso.de/bw/stasi.html, 21.12.2005, S. 3.

[47] Seit der Umstellung auf das „Online-Abo“ des bnr kostet dieses jährlich lediglich 9,80 Euro, die im Umfang reduzierte, also ohne aktuelle Meldungen versendete, Druckausgabe des „bnr.de“ kostet im Jahresabonnement inkl. Porto (ca. 12 Seiten) 39,- Euro.

Charakteristikum des bnr, welches an dieser Stelle nicht unterschlagen werden soll. Auffallend unterscheidet Schmidt in dieser Mitteilung nicht zwischen demokratischer und extremistischer Rechten: „Als wir [der SPD-Pressedienst, Anm. L.N.] vor acht Jahren die Redaktion des „blick nach rechts" übernommen haben, ahnten wir nicht, daß wir uns 1991 mit der Reaktion der deutschen Rechten auf die Vereinigung Deutschlands befassen müssen."[48] Diese Unterscheidung wurde vom selben Autor auch schon in einem Schreiben an die Leser 1984 zur Übernahme des bnr vom PDI - Verlag durch die SPD nicht gemacht. Grundannahme des damaligen Geschäftsführers der SPD Pressedienst GmbH Schmidt, welche klar erkennen läßt, daß der Kampf gegen die „rechte Gefahr" sich hier in erster Linie gegen die damalige Bundesregierung richten sollte, war: die Bundesregierung der CDU/FDP-Koalition tritt der ungestörten positiven Entwicklung von Rechtsextremisten und Neonazis nicht entgegen. Der bnr „will auf diese Entwicklung von rechts, die durch die Bundesregierung verharmlost und damit begünstigt wird, aufmerksam machen. Mit Informationen, Kommentaren und Analysen will der „Blick nach rechts" einen Beitrag leisten, die Entwicklung nach rechts abzuwehren". Schmidt schließt diesen Brief mit einem Werbe - Appell: „Deshalb: Wenn Sie unsere Ansicht teilen, daß die rechte Gefahr bekämpft werden muß, unterstützen Sie unsere Arbeit mit Ihrem Abonnement...Der „Blick nach rechts" wird Ihnen helfen, die rechte Gefahr noch entschiedener zu bekämpfen."[49] Hintergrund für diese fehlende Unterscheidung zwischen Konservativen und Rechtsextremen waren linke Befürchtungen zur 1982 anläßlich der Regierungsübernahme durch Bundeskanzler Helmut Kohl angekündigten „geistig – moralischen Wende", die rückblickend betrachtet bekanntermaßen ausblieb. In diesen Warnungen vor einer „rechten Gefahr" wird rechtskonservative Politik unter Zugzwang gesetzt, indem ihnen vorgehalten und unterstellt wird, in der Weimarer Republik als „Steigbügelhalter des NS-Systems" fungiert zu haben. Hierin besteht die linke Dauerforderung, sich deutlich abzugrenzen und sich immer weiter in die eine politische Mitte zu positionieren bzw. sich zu „sozialdemokratisieren". Die Mittel der *political correctness* und Versuche der demokratische Rechten Verbindungen zu nichtdemokratischen Gruppierungen nachzuweisen, wird in der Fallanalyse gezeigt. In dieser Formalanalyse werden die inhaltlichen Grundaussagen des bnr durch die verantwortlichen Meinungsträger, bezüglich einer Mitverantwortung von Rechtsdemokraten für eine vermeintlich starke rechtsextreme Szene bereits ansatzweise deutlich.

Die laufenden Kostensteigerungen konnten nicht allein durch Werbebemühungen im Heft durch oben beschriebene appellativen Abonnementsschreiben oder Öffentlichkeitsarbeit des

---

[48] Vgl. bnr 21/90, 07.10.1991.

[49] Schmidt, Helmut G.: Brief des Geschäftsführers der Sozialdemokratischen Pressedienst GmbH, 03.09.1984.

„Instituts für Information und Dokumentation" aufgefangen werden. Offensichtlich versiegten der maroden DDR ebenfalls die Staatsmittel, mit denen bis in die 80iger Jahre noch gegen den „Klassenfeind" intrigiert wurde, indem man z.B. Zeitschriften wie den bnr unterstützte (vgl.2.2).

Die Produktion einer Zeitschrift kostet Geld: Druck, Bürokosten, Telefon, Porto und Personalkosten/Honorar für Redakteure. Diese Kosten lassen sich mit sehr optimistisch geschätzten 1.000 Bezahlabonnenten bei einer äußerlich schlichten Zeitung wie dem bnr, also ohne Vielfarbdruck und Druck von Bildern auch ohne, oder mit sehr wenigen Anzeigen[50] nicht bestreiten. Offensichtlich auch dann nicht, wenn man wie der bnr in ein Verlagssystem eingebunden ist, welches die Kosten für die technische und verlegerische Abwicklung übernimmt, und wenn die Redakteure und Mitarbeiter nicht von einem erwirtschafteten Gewinn der Zeitung leben müssen, sondern andere Einkünfte haben und für eine Aufwandsentschädigung oder überwiegend ehrenamtlich arbeiten.[51] In der Tat schreiben die meisten Redakteure (überwiegend Journalisten) entweder für linke(-liberale) Tageszeitungen,[52] Zeitschriften oder linksextreme Publikationen und veröffentlichen Buchpublikationen zum Thema „Rechtsextremismus"/Antisemitismus. Weiterhin werden Beiträge in verschiedenen Medien wiederverwertet. Hieraus entstehen inhaltliche Synergien für den bnr, welche an dieser Stelle nicht weiter thematisiert werden. Der Zusammenhang zwischen Verlagssystem und bnr wird im folgenden Abschnitt dargestellt. Weiterhin finanziert sich der bnr über unterschiedliche Zuschüsse, Spenden und Zuwendungen.[53] So teilte die Bundesregierung in ihrer Antwort auf eine Kleine Anfrage der Unionsfraktion mit, daß der bnr im Jahr 2000 aus Mitteln des Bundesministeriums des Innern mit 56.497, 75 DM gefördert wurde.[54] Diese Förderung wurde vom „SPD-eigenen antifaschistischen Informationsblatt" bnr verwendet, um die defizitäre Druckversion in ein elektronisches Format zu überführen. Der Herausgeber Helmut Lölhöffel beklagt in 2004, daß der bnr 100.000 Euro Verlust pro Jahr erwirtschaftet. Als Grund nennt er Abonnementkündigungen

---

[50] Vgl. z.B. kommerzielle Anzeigen in bnr 17 und 18/98 für ein taz-Journal: „Die Grüne Gefahr. Eine Partei auf dem Weg zur Macht" oder eine ebenfalls ganzseitige Werbung für Einlagen für die taz Genossenschaft in bnr Doppelnummer 25, 26/98. Sonstige Anzeigen in eigener Sache bewerben eine Achiv CD bnr 3/99, den Verein „Gegen Vergessen Für Demokratie e.V.", bnr 25, 26/99 und in fast allen Ausgaben des bnr 2003 oder einen Jugendwettbewerb „Du gegen rechts" in fast allen Ausgaben des bnr in 2001.

[51] Vgl. bnr-Redaktion: Titelblatt, Register für Jahrgang 7 (1990) u. 9 (1992), S. 1: „Ihre Arbeit ist von viel Idealismus getragen. Wir verhehlen nicht, daß unsere Honorare dem nur unzureichend entsprechen".

[52] Auffallend sind Synergien zu den Tageszeitungen „Frankfurter Rundschau", „Der Tagesspiegel" und „Das Parlament", weitere Erkenntnisse zu diesem Thema (besonders zu linksextreme Medien) werden ausführlich in der Akteurs/Autorenanalyse vorgenommen.

[53] Hansen, Claudia: Katzenjammer bei der Antifa, Preußische Allgemeine Zeitung, 24.01.2004.

[54] Vgl. Antwort der Bundesregierung auf die Kleine Anfrage von Unions Abgeordneten und Fraktion, BT-Drucksache 15/4010, 22.10.2004, S. 4.

von Schulen, Vereinen und Aktionsbündnissen, die ihrerseits Einsparungen vorgenommen hätten.[55] Dem Leser werden ergänzend zu den finanziellen Gründen in einem internen Beitrag auch die geänderten Informationsgewohnheiten als Umstellungsgrund genannt. Hiermit meint der Autor sicherlich auch die erheblich vereinfachten Suchfunktionen in elektronischen Dokumenten, die zudem ein aufwendig zu erstellendes Jahresregister überflüssig machen. Die elektronische Umsetzung wurde von dem Medienunternehmen „wegewerk" realisiert, welches u.a. auch die Netzseiten von linken Organisationen wie der Gewerkschaft Nahrung Genuß Gaststätten (NGG) und DDVG verantwortet und bis Juni 2004 selbst eingebunden war in die SPD-Medienholding DDVG. Zum Abschluß dieses Abschnitts läßt sich zusammenfassen, daß der bis 1984 von Kurt Hirsch geführte Pressedienst, nachfolgend maßgeblich finanziell durch die SPD, private Spenden und Bundeszuschüsse unterstützt worden ist und nicht annähernd durch Abonnementverkäufe den Bestand sichern konnte. Daher lag in Zeiten knapper werdender Kassen und defizitären Wirtschaftens eine Komplettumstellung des bnr auf eine elektronische Erscheinungsweise nahe. Wie dargestellt, wurde selbst diese Umstellung durch Bundesmittel finanziert.

Der bnr im Internet

Seit März 1998, also lange vor der Komplettumstellung der Druckversion des bnr im Jahre 2004 in das ausschließlich elektronische Format, implementierte der bnr Mithilfe der Medienagentur „wegewerk" eine Netzpräsentation der Zeitschrift, welche das Druckangebot ergänzte. Der Auftritt mit seinen weiteren Verweisen auf andere linke bzw. linksextreme Netzseiten sorgte immer wieder für Kritik. Ein Journalist der Tageszeitung „Stuttgarter Nachrichten" recherchierte linksextreme Verweise der bnr-Seiten auf die militanten Gruppierungen „Aquadrat" aus Stuttgart und die „Antifaschistische Aktion Ravensburg" und löste damit Reaktionen des Landesamtes für Verfassungsschutz Baden-Württemberg aus.[56] Er deckt in seinen Artikeln im Jahr 2001 ebenfalls auf, daß die internen Verweise auf gewaltbereite linksextreme Gruppierungen zur offiziellen bnr-Politik gehören und trotz gegenteiliger Ankündigung von Helmut Lölhöffel erst nach der Berichterstattung lediglich kurzfristig entfernt werden.[57] Die Tatsache, daß die Zusammenarbeit mit linksextremen Gruppen zum alltäglichen fortgesetzten Geschäft beim bnr gehört, wird auch im Folgenden von der Tages- und Wochenpresse berichtet, eine nachhaltige Änderung in dieser Sache kann aber auch nach 2004 nicht beobachtet werden. Neben einigen lokalen Gruppierungen wie z.B.

---

[55] O.V.: Blick ins Web, Focus, 02.02.2004, S. 148.

[56] Krause, Frank: Aktion gegen rechts mit dubiosen Linken, Stuttgarter Nachrichten, 17.05.2001.

[57] Krause, Frank: Linksradikale aus dem Netz verbannt, Stuttgarter Nachrichten, 18.05.200; Krause, Frank: SPD-Infodienst weiterhin unterwandert, Stuttgarter Nachrichten, 25.08.2001.

die „Antifa Eberswalde“, „Antifa Düsseldorf“, „Antifa Görlitz“ tritt wiederholt die vom Verfassungsschutz beobachtete, bundesweit tätige, orthodox-kommunistische Gruppierung VVN-BdA (Vereinigung der Verfolgten des Naziregimes–Bund der Antifaschisten) in Erscheinung.[58] Diese von der DKP dominierte Gruppierung steht im direkten Zusammenhang mit der ab 2004 agierenden Schirmherrin des bnr, der einstigen Parlamentarischen Staatssekretärin Ute Vogt (SPD). Zudem ist die VVN-BdA über einzelne Autoren, wie z.B. mit dem ehemaligen VVN-BdA Funktionär Volkmar Wölk, welcher unter mehreren Scheinnamen im bnr und anderen linksextremen Publikationen veröffentlicht sowie Bücher publiziert, mit dem bnr verbunden. Bislang sind folgende Pseudonyme bekannt: „Andreas P. Zaleshoff“, „Jean Cremet“ und „Sönke Braasch“[59], welche u.a. auch als Artikelkennzeichnungen im bnr verwendet werden und somit Volkmar Wölk als einen Stammautor im bnr definieren. Die Fallgruppenanalyse und Akteursanalyse zeigt hierzu weitere Zusammenhänge in den Druckausgaben des bnr und determiniert damit die regelmäßige Zusammenarbeit zwischen „Antifaschisten“, „militanten Autonomen“ (gewaltbereite „Antifaschisten“) und dem bnr. Durch diese Zusammenarbeit und Unterstützung der militanten Gruppierungen kann der bnr als „antifaschistische“ und tendenziell linksextreme Zeitschrift eingeordnet werden.

Kurios in diesem Zusammenhang ist, daß sich der bnr im Zuge einer „Rechtshysterie“ gegen einen indirekten rechtsextremen Verweis erwehren mußte. Hierzu erklärte der Geschäftsführer der Internetagentur „Wegewerk“ auf Seite 1 des bnr 17/2000, daß „Dritte“ sich eine Netzseite reserviert und diese auf die Verweisliste umgeleitet hätten. Auf die Deaktivierung dieses Verweises gerieten die bnr-Netzseiten wiederum unter Zensurverdacht. Dieser Kritik wurde aber mit der „Hausordnung“ der bnr Seiten entgegnet, die besagt, daß

---

[58] Heinen, Guido: Panne im Innenministerium, Die Welt, 18.09.2004; Ochsenreiter, Manuel: Klick nach links, Junge Freiheit, 08.10.2004; O.V.: „Blick Nach Rechts“ fürchtet „schiefes Licht“, Junge Freiheit, 12.11.2004; Ochsenreiter, Manuel: Extremisten gegen Rechts, Junge Freiheit, 12.11.2004; Nowak, Peter: Angriffe auf „Blick nach Rechts“, Frankfurter Rundschau, 21.12.2004; Mann, Torsten: Rot-grüne Lebenslügen. Wie die 68er Deutschland an die Wand gefahren haben, Rottenburg 2005, S. 88-90.

[59] Volkmar Wölk war von 1990-1992 verantwortlich im „Bundessprecher/innen/kreis“ des VVN-BdA für das Aufgabengebiet „Neofaschismus/Rassismus“, vgl. Bundesamt für Verfassungsschutz (Hrsg.): „Vereinigung der Verfolgten des Naziregimes – Bund der Antifaschistinnen und Antifaschisten. Organisation-Entwicklung-Aktionsfelder-Wirkungen 1947-1997, S. 25, 57, 62 und 67: zu „Sönke Braasch“; Jesse, Eckhard: Die extreme Rechte im Aufwind? – Der Rechtsextremismus und die Partei der Republikaner, in: Backes, Uwe; Jesse, Eckhard (Hrsg.): Jahrbuch Extremismus & Demokratie, Bonn 1990, S. 251 u. 252; Studentenbund Schlesien (Hrsg.): Nachrichten des Studentenbundes Schlesien, Nr. 3/90, S. 21: zu „Andreas P. Zaleshoff“; Wuttke, Roland: Nützliche und andere Idioten. Antifaschismus: Auf dem Weg in eine andere Republik, in: Opposition – Magazin für Deutschland, Heft 1/2001, 4. Jahrgang, Januar/Februar, S. 12; Wolfschlag, Claus-M.: Das „antifaschistische Milieu“. Vom „Schwarzen Block“ zur „Lichterkette“ - Die politische Repression gegen „Rechtsextremismus“ in der Bundesrepublik Deutschland, Graz-Stuttgart 2001, S. 17, FN 7; Autorenkollektiv gegen Totalitarismus: Antifa heißt Gewalt. „Feuer und Flamme für jeden Staat“, Tübingen 2002, S. 90: zu „Jean Cremet“.

hier „...prinzipiell keine Links auf rechte Websites...um den Zugriff darauf zu erleichtern“[60] veröffentlicht werden.
Zudem wurde ein elektronisches Spiel „ploppatack“ eingerichtet, um „rechten“ Argumentationen spielerisch trainiert entgegentreten zu können. Sekundiert wird dieses Spiel durch eine wohlwollende Vorstellung und Werbung für dieses Spiel in der linksliberalen Tageszeitung „Der Tagesspiegel“ von dem Mitarbeiter des bnr Frank Jansen. Grund für die Implementierung des Spiels ist, nach Jansen, die Gewinnung neuer, jüngerer Nutzer des bnr-Angebotes. Offensichtlich provoziert das Spiel jedoch zumeist eine Nutzerklientel, welche sich nicht von politisch korrekten vorgedruckten Stereotypen konditionieren lassen möchte.[61]
Werbung in eigener Sache für die Neugestaltung dieser Netzseiten 2001 werden in einem nicht namentlich gekennzeichneten Beitrag in bnr 3/2001 veröffentlicht. In diesem Artikel werden die einzelnen Inhalte der Netzseiten kurz vorgestellt. Weiterhin wird der, auch in der Druckfassung des bnr zu analysierende, Aktivierungs- und Gemeinschaftsanspruch zu einer Netzwerkorganisation und –identifikation deutlich, wodurch der Multiplikatorencharakter des „Informationsdienstes“ betont werden soll. Siebenmal schafft es dieser Beitrag nicht zwischen Rechts und Rechtsextrem zu unterscheiden, dies allein ist symptomatisch für den bnr: „Der „blick nach rechts“ verfügt seit Jahresbeginn über ein neues und ergänztes Internetangebot. Auf unserer Homepage www.bnr.de können Sie sich *online* über die rechte Szene informieren. Eine komfortable Suchmaschine erleichtert Ihnen die Recherchearbeit. Zusätzlich zu den bereits vorhandenen Angeboten finden Sie eine erweiterte Linkliste zu anderen Initiativen und Organisationen, die sich gegen rechts engagieren. Außerdem bieten wir einen Überblick über Aktivitäten der Rechten im Internet. Als weiteres Angebot sind in einer Karte Brennpunkte rechter Aktivitäten sowie Gegenprojekte dargestellt. Damit Sie gegen rechte Parolen nicht sprachlos bleiben, geben wir Argumentationshilfe mit Hintergrundinformationen. Und mit unserem online-Spiel plopatttack! Können Sie selbst testen, ob Sie gegen rechts sattelfest sind. Organisationen, Projekte und Initiativen können sich in unserer Community eintragen und somit helfen, ein starkes Netz gegen rechts zu knüpfen.“ Dieser Artikel zeigt zudem, daß nicht nur neue Techniken beim bnr Einzug gehalten haben, sondern man sich zusätzlich bemüht, neue, jüngere Benutzergruppen durch die Verwendung von „Werbedeutsch“ mit Anglizismen anzusprechen. Die Betonung eines

---

[60] Maier, Juri: Links nach rechts, bnr 17/2000, 24.08.2000, S. 1.
[61] Jansen, Frank: „Das gilt doch nur für Latinos“, Der Tagesspiegel, 16.02.2001; kritisch zu der Neugestaltung des Netzauftrittes mit einer Besprechung des Spiels ploppattack: Heinen, Guido: Ausländerfreundlichkeit leicht gemacht, Die Welt, 30.03.2002.

„Community"-Gedankens zeigt den Willen, sich als eine vernetzte Gemeinschaft zu begreifen, welche aktiv die Konfrontation mit dem (politischen) Gegner aufnimmt.
Veränderungen im Druckmedienbereich werden von den Lesern aus verschiedenen Gründen immer sehr kritisch beurteilt. Der bnr, welcher 20 Jahre lang lediglich geringfügige Änderungen im Erscheinungsbild vornahm und textorientiert seine Inhalte auf gelben Papier erschienen ließ, mußte Ende 2003 in starken finanziellen Schwierigkeiten stecken, um die grundlegende Veränderung einer Umstellung von einer gedruckten Fassung zu einem Netzformat zu wagen. Offensichtlich wurde zu defizitär gearbeitet und auch die Vertriebsbemühungen des „Instituts" brachten keinen nachhaltigen Erfolg. Diese Gesamtumstellung wurde den Lesern in Etappen im Jahrgang 2004 vermittelt, wohl wissend wie prekär eine solch gravierende Veränderung durch Anwendung moderner Technik für die Lesergemeinschaft ist.
Helmut Lölhöffel bereitet ab bnr 1/2004 die Umstellung auf das elektronische Format in einzelnen Beiträgen vor. So kündigt er die vollständige Umstellung auf das elektronische Format an und die vollständige Aufgabe des Versandes einer gedruckten Ausgabe. Als Gründe nennt er neben Kosten die veränderten Informationsgewohnheiten. Auf beide genannten Gründe geht er aber nicht genauer ein. Einen Anreiz bietet er den Lesern durch mehr Informationen und einen günstigeren Bezug über das Internet.[62] Weiterhin kündigt er hierzu Erläuterungen in den folgenden Ausgaben an.
Die bnr Redaktion bringt in bnr 4/2004 mehr Informationen zur Umstellung, ohne genauer auf die Gründe einzugehen. Lediglich bei den Anreizen für eine Umstellung wird nachgelegt: „...Dadurch sind wir in der Lage, schneller Informationen zu liefern. Aktuelle Kurznachrichten werden von uns regelmäßig ins Netz gestellt und sind kostenfrei zu lesen." Weiterhin werden die Altabonnenten mit einer gedruckten Fassung vertröstet, welche aber preislich „...deutlich über dem der Online-Ausgabe" liegt.[63] Mit der Betonung der positiven Aspekte der Umstellung möchte die bnr-Redaktion möglichst viele Leser von der Sinnhaftigkeit einer Umstellung und eines elektronischen Abonnements überzeugen, gerade die Preise für Papierkosten, Druck und Versand seien auf dem Zeitschriftenmarkt enorm gestiegen. Aufgrund der schon beschriebenen Preisgestaltung des bnr über 20 Jahre ist es grundsätzlich verwunderlich, daß diese Zeitschrift nicht schon früher die Umstellung vollziehen mußte.
In bnr 8 und 9/2004 wird ganzseitig durch Abdruck einer Erklärung zur Umstellung und ein Bestellformular für die Umstellung geworben. Daneben informiert Helmut Lölhöffel in bnr

[62] Lölhöffel, Helmut: Verantwortung, bnr 1/2004, 08.01.2004, S. 1.
[63] O.V.: In eigener Sache, bnr 4/2004, 19.02.2004, S. 4.

9/2004 erneut und abschließend im letzten gedruckten Heft. Die Kostengründe werden in diesem Beitrag nicht mehr genannt. Der Tenor des Artikels ist überwiegend ein werbender für ein Abonnement der zukünftigen elektronischen Form um „noch mehr Menschen zu erreichen" und das „Dauerthema Rechtsextremismus" zu vermitteln. Dabei besteht der Anspruch, so Lölhöffel, einen Internetdienst [!] zu implementieren, der ebenso wie die Druckausgabe „bei einem interessierten Fachpublikum geschätzt und...[in] den Medien als erstklassige Quelle anerkannt" wird. Also wird genauso wie bei der Druckfassung an dem offiziösen Anspruch eines Dienstes festgehalten, der sich nur einem kritischen Leser erschließt, welcher dieses Moment auch tatsächlich beobachtet und Rückschlüsse hieraus ziehen kann. Die Druckfassung für die Altabonnenten wird nicht nur einen höheren Preis als die elektronische Fassung besitzen, sondern auch einen „verminderten Umfang" haben. Am Schluß seines Beitrages wird die damalige Parlamentarische Staatssekretärin des BMI Ute Vogt (SPD) als Schirmherrin des „neuen bnr" vorgestellt.[64]

Seitenzahl/Gestaltung

Ab 1984 erscheinen 14tägig zunächst 8 einzeln beschriebene Seiten geheftetes graues Umweltschutzpapier, mit gelb bedruckter Titelseite. Zum Jahresende erscheinen in allen gedruckten Jahrgängen „Doppelnummern" mit einem erweiterten Umfang von 12 Seiten. Zwischen 1987 und 1988 erscheint der bnr häufig mit 10 Seiten. Diese Erweiterung im Umfang ist zumeist auf die Einfügung einer doppelseitigen ausführlichen „Dokumentation" zurückzuführen.[65] Ab bnr 14/85 erscheint die Zeitung durchgängig auf gelben Umweltschutzpapier bei doppelt bedruckten Seiten. Ab 26/89 erscheint der bnr auf einer besseren Papierqualität. Ab 1989 wird der Umfang auf 10 bzw. 12 Seiten erhöht. Ab bnr 3/1990 werden die Schrifttype und Absätze verkleinert. Seit bnr 3/95 erfolgt nicht nur eine grundlegende Änderung des Impressums, sondern auch Gestaltung und Papierqualität werden verbessert und der Umfang der Zeitschrift wird auf 16 erhöht. Diese Anhebung der Seitenzahl entsteht durch eine Erweiterung der Rubrik: „TAGEBUCH", in dem Kurzmeldungen ohne Autorenangabe aus dem In- und Ausland zum jeweiligen Thema kommentiert werden.

Ab bnr 5/95 ändert sich das Erscheinungsbild des bnr gänzlich. Die Doppelnummern am Jahresende erscheinen mit 20 Seiten. Bei dem nun verwendeten Papier handelt es sich jetzt um eine hochglanzähnliche Qualität. Auf der Titelseite erscheinen keine Beiträge, sondern sie ist einem Inhaltsverzeichnis vorbehalten, welches sich über die ganze Seite erstreckt. Rechts unten sind auf der ersten Seite in einem Kasten Preis und Verlagsadresse angegeben. Das

---

[64] Lölhöffel, Helmut: Neuer Blickwinkel, bnr 9/2004, 29.04.2004, S. 1.
[65] Vgl. bnr 11, 21, 23, 24/87 u. 2, 3, 5, 10-12, 15-17, 19-26/88.

Blatt erscheint zudem nun im Dreifarbdruck: Gelb, Schwarz und Weiß, z.B. werden Interviews, Kommentierungen und Buchrezensionen weiß unterlegt. Insgesamt wird für den Leser der Eindruck von einer gesteigerten Wertigkeit des Heftes durch ein übersichtlicheres Erscheinungsbild und ein sorgfältigeres Lektorat vermittelt. Daß diese Änderungen angeblich ohne Kostensteigerungen durchgeführt werden konnten, wurde im Abschnitt zur Finanzierung bereits thematisiert, soll an dieser Stelle aber noch einmal in Erinnerung gerufen werden.
Offensichtlich konnte diese hohe Heftqualität aus finanziellen Gründen nicht lange durchgehalten werde, so daß die Herausgeber ab bnr 12/97 auf das Hochglanzpapier verzichteten und wieder zur Zweifarbigkeit (Gelb-Schwarz) zurückkehrten. Ansonsten wird der weiterhin erweiterte Umfang beibehalten. Offensichtlich hat sich der Herausgeberkreis darauf verständigt, lieber am Papier und Druck Kosten zu sparen, anstatt am Umfang.
Seine bis zur Einstellung der Druckversion endgültige Ausgestaltung in Form, Papier und Seitenzahl enthält der bnr mit der Übernahme des personifizierten Herausgebers für das „Institut für Information und Dokumentation" durch Helmut Lölhöffel. Auffällig ist zunächst die Umbenennung der zweiten Überschrift, statt „INFORMATIONSDIENST ÜBER RECHTSAUSSEN" in „Aufklärung über rechtsextreme Aktivitäten". Durch diese Umbenennung könnte man den Eindruck gewinnen, der bnr würde von seinem offiziösen Anspruch eines Dienstes abrücken, sowie die Beobachtung auf speziell rechtsextreme Bestrebungen konzentrieren. Diese Vermutung wird in dem einführenden Heftbeitrag, welcher ab bnr 6/98 wieder regelmäßig auf der Titelseite abgedruckt wird, korrigiert. In diesem Artikel beklagt Lölhöffel den geringen Medientenor des bnr, betont nach wie vor den Anspruch eines missionsartigen Dienstes bei grundsätzlicher Kontinuität der Tendenz und des Inhalts. Diese Ausrichtung wird in Zukunft also auch einen weiteren Beobachtungseinschluß von demokratischen Rechten beinhalten: „Wir werden ohne Rücksicht auf Wahltrends und Meinungswillen unsere Aufklärungsarbeit fortsetzen. Obwohl wir wissen, daß in einer Medienwelt, die nach Einschaltquoten schielt und auf Rekordauflage setzt, ein anspruchsvoller Informationsdienst wie dieser nur schwer Aufmerksamkeit findet....Den Titel, der manchen mißverständlich vorkommt, behalten wir, weil er eine eindeutige Aussage enthält. Das Äußere des Blattes wird verändert, ohne das bewährte inhaltliche Konzept zu verlassen."[66]
Die vielversprechenden Änderungsmaßnahmen des Äußeren können nicht festgestellt werden, der bnr erscheint auch weiterhin in gelb mit schwarzer Schrift und den gewohnten Zwei-Spalten. Es entfallen nun die Morsecode ähnlichen Balkenunterteilungen. Die Titelseite

[66] Lölhöffel, Helmut: Mit neuen Augen, bnr 6/98, 25.03.1998, S. 1.

enthält neben dem einführenden Artikel, der zumeist von Helmut Lölhöffel, anderen Redakteuren/Journalisten und mehr oder weniger prominente Gastautoren verfaßt wird, rechts einen grau unterlegten Kasten mit einem Inhaltsverzeichnis. Weiterhin werden als Stilmittel schwarze Kästchen als Orientierungspunkte für Zwischenüberschriften, Unterteilungen u.ä. verwendet. Im Gegensatz zu den vorherigen Ausgaben werden die einzelnen Artikel wieder Rubriken zugeordnet und das „Tagebuch" umbenannt in „Meldungen".

Rubriken

Die Rubriken werden ab 3/1990 nicht mehr schwarz unterlegt und nun einheitlich in Großbuchstaben gedruckt. Eine für diese Arbeit relevante Rubrik: „AUS DER NEUEN RECHTEN" wird ab bnr 5/1990 eingeführt[67]. Ab bnr 3/1992 wird der schwarze Seitenrahmen, welcher die Artikel links umrahmt entfernt.

Die früheren Rubriken lassen in den ersten Ausgaben noch keine Systematik erkennen und ändern sich von Ausgabe zu Ausgabe. Interessant für den zu untersuchenden Schlüsselbegriff „Neue Rechte" und die Fallgruppen im inhaltlichen Teil dieser Arbeit ist die Rubrik „Brücken Nach Rechts", die den dort zu thematisierenden „Brückenkopf/Grauzonen/Scharnier" - Ansatz früh erkennen läßt. Insgesamt wirkt das Heft in dieser frühen Form, eher wie ein zusammenkopierter Brief, denn wie eine Zeitschrift. Es wird zudem offensichtlich kein Lektorat durchgeführt, die Beiträge enthalten Tippfehler und sonstige Nachlässigkeiten, wie unterschiedliche Schreibweisen von Autoren, nicht einheitliche Angaben im Impressum[68], falsche Angaben im beigefügten Register[69], falsche Jahrgangsangaben[70], oder unzulängliche Quellennennungen bei nicht namentlich gekennzeichneten Beiträgen[71]. Der bnr teilt sich generell in zwei inhaltliche Abschnitte: in einem redaktionellen Teil werden Nachrichten, Veranstaltungen, Personen, Parteien und Gruppierungen usw. beschrieben und kommentiert, nicht immer sind die Beiträge namentlich gekennzeichnet. Im zweiten Teil unter der Rubrik „tagebuch", später „Meldungen", werden nationale und internationale Themen in Kurzform verbreitet. Durch die Verwendung einer leicht verständlichen Sprache möchten die Herausgeber offensichtlich ein breiteres Publikum für das Thema begeistern. Die Teils „flapsige Sprache" besonders von Rosen und Modery-„Maegerle" zeugt nicht von einem bemüht sachlichen Umgang mit der Materie, sondern möchte eher polemisieren und

[67] Vgl. bnr 5/90, 27.02.1990, S. 4.

[68] Vgl. bnr 25/86: Koordination: Felicitas Englisch (nur bis bnr 17/85) oder bnr 3/87: Verantwortlich: Rudolf Schwinn (schon ab Ausgabe 23/86 ersetzt durch Dr. Eckart Strohmaier).

[69] Die im Registeranschreiben für Jahrgang 6, 1989 vom 03.01.1990 angekündigten „neuen" Autorinnen und Autoren schrieben schon im Jahr 1988 für den bnr.

[70] Vgl. z.B. bnr 12/91, 03.06.1991, S. 1.

[71] Vgl. bnr 7/95, 04.04.1995, S. 10: unvollständige Angabe einer Bundesdrucksache, gemeint ist hier: BT-Drucksache 13/762.

polarisieren, teils sogar provozieren. Mit zunehmenden Jahrgängen ist eine teilweise Verwissenschaftlichung der Beiträge zu analysieren. Verantwortlich hierfür sind die Buchrezensionen, welche zumeist von Armin Pfahl-Traughber stammen. Zudem sorgen die Gastbeiträge u.a. von Christoph Butterwegge (Universität Köln), Bernd Wagner[72], Siegfried Jäger (DISS) für einen wissenschaftlichen Jargon und somit zu einer Steigerung des Sprachniveaus.

Mit Rückkehr zu einem günstigeren Papier (bnr 12/97) werden einige Rubriken eingespart bzw. die meisten Beiträge werden nicht mehr einer solchen zugeordnet, diese werden zum Teil durch einführende Zweit-Überschriften ersetzt. Beibehalten wird: Hinweis (z.B. auf linke Veranstaltungen), Zwischenruf, Zeitschriftenschau (vom bnr werden lediglich einige ausgewählte Zeitschriften ausge(be-)wertet: durchgängig und regelmäßig wird nur die „Junge Freiheit" (JF) i.V.m. vermeintlichen oder tatsächlichen rechtsextremen Publikationen wie „Europa vorn" (EV) oder „Nation+Europa" (NE)), Bücherschau (Buchrezensionen überwiegend von Armin Pfahl-Traughber), Tagebuch (mit den schon erwähnten Kurzmeldungen aus dem In-und Ausland).

Nach der Herausgeberübernahme durch Helmut Lölhöffel bnr 6/98 werden alle Texte wieder grau unterlegten Standard-Rubriken zugeordnet. Diese sind: Einblicke (Titelseite), NS-Vergangenheit, Hintergrund, Aktivitäten, Demokratische Initiativen (Besonders der Verein „Gegen Vergessen–Für Demokratie"), Aus der Szene, Grauzone (diese Rubrik, ähnlich wie die vorherig benutzte „Aus der Neuen Rechten" erscheint dem Verfasser für die Bearbeitung der Fallbeispiele von besonderem Interesse, denn es werden in diesen Texten die vermeintlichen „fließenden Grenzen zwischen Rechten und Rechtsextremen" aufgezeigt), Zeitschriftenschau (außer der Besprechung einer Ausgaben EV, lediglich NE und JF), Ausland, Bücherschau und Meldungen (früher „Tagebuch"). Diesen Standardrubriken werden bei Bedarf, noch weitere hinzugefügt, wie z.B.: Wahlergebnisse, Verfassungsschutz, Seitenblick, Am Rande, Analyse, Innere Sicherheit, Gastbeitrag, Veranstaltungshinweis, Zwischenruf und In eigener Sache.

Ursprüngliche Herausgeber

Der Herausgeber, der sich wesentlich aus dem Redaktionsbeirat des PDI (Presseausschuß Demokratische Initiative) rekrutiert, wird bis bnr 8/85 in einer linken Spalte über dem Impressum angegeben, in den nachfolgenden Ausgaben wird an dieser Stelle eine Inhaltsübersicht („In dieser Ausgabe") abgedruckt. Dieser Redaktionsbeirat wird aus

---

[72] Ehemaliger Mitarbeiter des DDR-Innenministeriums für den Bereich „Rechtsextremismus", bis 1992 Leiter der Abteilung Staatsschutz des gemeinsamen LKA der neuen Bundesländer, danach Vorsitzender des Berlin-Brandenburger Bildungswerkes, nun Geschäftsführer des „Zentrum Demokratische Kultur" in Berlin.

folgenden Personen gebildet[73]: Ingeborg Drewitz (Schriftstellerin, Berlin), Freimut Duve (MdB, Hamburg), Bernt Engelmann[74] (Schriftsteller, Rottach-Egern), Christian Goetz (Mitglied des Geschäftsführenden HBV-Hauptvorstandes, Düsseldorf), Detlev Hensche (stellv. Vorsitzender der IG Druck und Papier, Stuttgart), Dieter Hildebrandt (Kabarettist, München), Martin Hirsch (Bundesrichter a. D., Karlsruhe), Horst Klaus (Mitglied des Geschäftsführenden Hauptvorstandes der IG Metall, Frankfurt), Ursula Pausch-Gruber (MdL, Erlangen (SPD)), Hans Preiss (Mitglied des Hauptvorstandes der IG Metall, Frankfurt), Peter Riemer (stellv. Vorsitzender der IG Holz und Kunststoff, Düsseldorf), Klaus- Henning Rosen (Bonn), Fritz Sänger (ehem. Chefredakteur der dpa, München), Henning Scherf (Senator für Jugend und Soziales, Bremen), Klaus Staeck (Grafiker, Heidelberg), Johano Strasser (Professor, Berlin) und Ernst Waltemathe (MdB, Bremen (SPD)). Aus dem breit angelegten Redaktionsbeirat ist das Bemühen zu erkennen, möglichst aus vielen gesellschaftlich relevanten Gruppen, Personen benennen zu können um dem bnr ein möglichst breites Reputationsspektrum und damit (Ge-)Wichtigkeit einzuräumen. Dieses Spektrum kann aber nicht über die linke Schwerpunktbildung durch Partei- und Gewerkschaftsmitglieder aus dem linksextremen kommunistischen bis sozialdemokratischen Umfeld hinwegtäuschen. Rechtsdemokratische oder liberale Mitglieder sucht man vergeblich in der Aufzählung, so daß kein politisch ausgewogenes Herausgeberfundament festgestellt werden kann. Diese Einschätzung wird 1984 vom damaligen SPD Pressedienst Geschäftsführer Helmut G. Schmidt anders beurteilt. Er argumentiert mit einer fragwürdigen „Überparteilichkeit", welche höchstens in ihrem Wortsinn für eine Minderheit der früheren Mitglieder des Redaktionsbeirates des PDI Geltung besitzt, zudem kündigt er in diesem Brief an die Leser gerade die parteiliche Übernahme durch die SPD an: „Der „Blick nach rechts", dessen Herausgeberkreis parteipolitische Unabhängigkeit verbürgt, will auf die Entwicklung...aufmerksam machen."[75]

Impressum

Unter dieser Namensspalte bzw. später dann der erwähnten Inhaltsübersicht, erscheint der bnr 1/84 bis 3/95 mit folgenden Verlagsangaben: Verlag (ab bnr 14/85 auch Redaktion): Sozialdemokratischer Pressedienst GmbH, Heussallee 2-10/217, 5300 Bonn 1, Chefredakteur: Helmut G. Schmidt, Verantwortlich: Kurt Hirsch, Rudolf Schwinn (in bnr 2/84-17/85 ergänzt

---

[73] Die Personenangaben in den Klammern sind den jeweiligen bnr Ausgaben entnommen.
[74] Freimut Duve und Bernt Engelmann waren in den 60er Jahren enge Wegbegleiter von Klaus Rainer Röhl und in seinen damaligen Zeitschriften, der linksextremen Zeitschrift „konkret" und seinem späteren Nachfolgeblatt „Das Da" eingebunden, vgl.: Röhl, Klaus Rainer: Fünf Finger sind keine Faust, Köln 1974, S. 219, 222, 377 u. 449; Röhl, Bettina: So macht Kommunismus Spaß! Ulrike Meinhof, Klaus Rainer Röhl und die Akte Konkret, Hamburg 2006, S. 625.
[75] Schmidt, Helmut G.: Brief des Geschäftsführers der Sozialdemokratischen Pressedienst GmbH, 03.09.1984.

durch: Koordination: Felicitas Englisch), Anschrift der Redaktion: Heussallee 2-10/217, 5300 Bonn 1, Postfach 120408, Telefon: (0228) 215036 Telex: 0886846 ppbn d, ab bnr 14/85 ergänzt durch: Erscheint 14tägig. Bezug nur im Abonnement. Preis DM 117,- jährl. zuzüglich MwSt. und Versand. Ab bnr 23/86 wird Rudolf Schwinn ersetzt durch Dr. Eckart Strohmaier und ab bnr 8/87 und nicht wie später von Klaus-Henning Rosen schon in Ausgabe bnr 4/87 behauptet, erscheint Kurt Hirsch nicht mehr im Impressum. Erst in bnr 13/87 erfolgt eine nicht namentlich gekennzeichnete redaktionelle Mitteilung: „Kurt Hirsch hat aus gesundheitlichen und Altersgründen darum gebeten, ihn aus der Redaktion des „blick nach rechts" zu entlassen. Im Hinblick darauf wird auch das Münchner Büro des „bnr" geschlossen. Wir freuen uns, daß uns Kurt Hirsch bis zum Jahresende als Berater weiterhin zur Verfügung stehen wird. Wir alle, denen antifaschistische Arbeit ein wichtiges Anliegen ist, bedauern seine Entscheidung."[76]

Erst sieben Jahre später werden die wahren Gründe für das Ausscheiden Kurt Hirschs in einem Beitrag von Klaus-Henning Rosen „IN EIGENER SACHE" unter der Überschrift „Der „blick nach rechts"–Organ des Ministeriums für Staatssicherheit?"[77] Eine Erklärung erzwungen hatte eine NDR Panorama Sendung vom 03.02.1994, in der Kurt Hirsch als Mitarbeiter des MfS enttarnt wurde und Strafverfolgungsmaßnahmen gegen ihn eingeleitet waren. Erstaunlich selbstsicher und sachlich stellt Rosen den Sachverhalt dar und erklärt, daß die Redaktion schon 1987 Kenntnis von Hirschs Tätigkeiten gehabt hätte und lediglich die Alters- und Gesundheitsgründe vorgeschoben waren, es sich also um eine Falschinformationen handelte. Gerechtfertigt wird dieses Vorgehen mit dem „Engagement gegen Rechts"[!], „Es hätte der Republik gut angestanden, wenn dies früher die Unterstützung aller Demokraten gefunden hätte."[78] Weiterhin wird offen gelegt, daß der bnr von Kurt Hirsch „vermutlich" mit DDR-Geld gegründet wurde und „...möglicherweise planvoll gesteuert- angeblich in wirtschaftliche Schwierigkeiten geraten war..."[79] und 1984 von der SPD erworben wurde. Darüber hinaus wird von Rosen behauptet, daß diese Vorgänge die Arbeit des bnr nicht beeinträchtigt hätten.

Offenbar sieht sich der bnr erst ein Jahr später nach einem Verfahren der Bundesstaatsanwaltschaft[80] und parlamentarischen Anfragen[81] zu den Stasi Steuerungen

---

[76] Vgl. bnr 13/87, 22.06.1987, S. 8.
[77] Vgl. bnr 4/94, 15.02.1994, S. 7.
[78] Vgl. bnr 4/94, 15.02.1994, S. 8.
[79] Vgl. bnr 4/94, 15.02.1994, S. 8.
[80] Knabe, Hubertus: Der diskrete Charme der DDR, Berlin 2003, S. 297f., Übach, Siegfried: Gut für den sozialistischen Stallgeruch, Junge Freiheit, 07.06.2002, Mühlbauer, Robert: Desinformation als Kampfauftrag, Junge Freiheit, 10.10.2003, BüSo (Hrsg.): Die BüSo-Gegner, einige Drahtzieher,

bemüßigt sich offiziell im bnr zu den Anschuldigungen zu äußern. Der „Schadenfreude" der Kritiker wird in einem nicht namentlich bekannt gemachten Beitrag jovial begegnet, indem man die MfS-Mitarbeiter der CDU aufrechnet. Allerdings unterhält die CDU im Unterschied zur SPD aber keinen „Informationsdienst" mit öffentlichen - privaten Verbindungen. Der schriftlichen Frage der CDU-Abgeordneten Erika Steinbach wurde unterstellt, daß ihr Informationsbedürfnis in Wirklichkeit von der rechtsdemokratischen „Jungen Freiheit" (JF) herrührt. Hierzu wird ein Erkenntnisinteresse zwischen der späteren Gesprächspartnerin und der JF konstruiert. Weiterhin wird in diesem Schreiben die zynische Bitte geäußert, man solle im Interesse des bnr die Redaktion auf linksextremistische Bestrebungen aufmerksam machen, hierzu würden die Inhaltsverzeichnisse Aufklärung über die Autoren bieten.[82] Die hier gemeinten Autoren- und Sachregister werden weiter unten gesondert thematisiert.
Die weiteren Änderungen des Impressums werden nicht erklärt. Ab bnr 9/92 wird Dr. Eckart Strohmaier ersetzt, durch die Redakteure: Gabriele Nandlinger (verantwortlich) und Rudolf Schwinn, der wieder in das Impressum zurückkehrt. Gabriele Nandlinger ist bis heute verantwortliche Redakteurin geblieben und auch später mit nach Berlin umgezogen.
In Ausgabe bnr 2/1994 wird über dem Impressum daraufhingewiesen, daß Verlag und Redaktion, also der Sozialdemokratische Pressedienst GmbH, umgezogen ist in die Schumannstr. 2b, 53113 Bonn, Postfach 190167, 53037 Bonn und damit nicht mehr im Pressehaus der SPD firmieren.
Wie oben schon angekündigt, werden das Impressum und das Erscheinungsbild des bnr ab 3/95 grundsätzlich geändert. Herausgeber ist nun ein eingetragener Verein am Amtsgericht Bonn: das „Institut für Information und Dokumentation e.V." und der bnr erscheint zudem durch die Vorwärts Verlag GmbH, Südstraße 133, 53175 Bonn[83] unter der Redaktionsleitung von Gabriele Nandlinger (verantwortlich), Telefon (0228)225653, FAX 91520-12, Satz und Lithos übernimmt DAVIS Bonn GmbH und den Druck die Braunschweig-Druck GmbH. „In eigener Sache" wird zu diesen Änderungen auf der Titelseite, welche ab dieser Nummer lediglich eine Inhaltsübersicht und Kurzangaben des Impressums enthält, in einem weiß unterlegten Kasten von der Redaktion kurz Stellung genommen: „Die nachhaltige Auseinandersetzung mit dem Rechtsextremismus ist dem Vorwärts-Verlag und der Redaktion

---

www.bueso.de/seiten/medien/0204.-htm, 15.07.2005, BüSo (Hrsg.): Verleumdungen aus der Stasi-Küche, www.bueso.de/bw/stasi.html, 21.12.2005.
[81] Schriftliche Frage des Abgeordneten Josef Hollerith und Antwort des Staatsekretärs Dr. Kurt Schelter: Drucksache 12/7633, 20.05.1994; Schriftliche Frage der Abgeordneten Erika Steinbach und Antwort des Staatssekretärs Dr. Kurt Schelter: Drucksache 13/762, 10.03.1995.
[82] Bnr 7/1995, 04.04.1995, S. 10.
[83] Die beiden vormaligen Adressen in der Schumannstraße und Südstraße lassen nach Besuch des Verfassers keine Rückschlüsse auf den SPD-Pressedienst oder den Vorwärts Verlag mehr zu. An ihrer Stelle firmieren nun privatwirtschaftliche Unternehmen, wie z.B. Unternehmensberater.

des „blick nach rechts" ein wichtiges politisches Anliegen. Wir haben deshalb dem „blick nach rechts" ein neues Aussehen verpaßt. Des weiteren haben wir uns entschlossen, den Umfang unseres Dienstes [!] künftig erheblich zu erweitern. Ab der Ausgabe 6/95 erhalten unsere Leserinnen und Leser alle zwei Wochen den „blick nach rechts" auf 16 Seiten zum bisherigen Preis." Auf die Problematik des Verständnisses als ein Informationsdienst und die fraglichen Finanzierungsquellen wurde bereits eingegangen. Die Umstellung auf den Vorwärts-Verlag wird dem Leser erst in einem beiliegendem Brief des Verlagsleiters Dr. Ansgar Burghof erläutert: „...es gibt viel Neues zu berichten. Ab der Ausgabe 3/95 erscheint der „blick nach rechts" im Vorwärts Verlag. Die Auflösung der Pressedienst GmbH legte diesen Schritt nahe. Alle Beteiligten waren der Überzeugung, daß der „blick nach rechts" politisch zu wichtig ist, um ihn sang- und klanglos von der publizistischen Bühne verschwinden zu lassen...".[84] Durch diese Umstellung erfährt der bnr die bereits beschriebenen aufgewerteten Elemente wie gesteigerte Papierqualität, erhöhter Seitenumfang, übersichtlicheres Layout, sorgfältigeres Lektorat, Dreifarbigkeit. Insgesamt muß von einer deutlich besseren Aufmachung des Heftes gesprochen werden.

In einem namentlich nicht gekennzeichneten Beitrag werden im bnr 7/1995 eine Begründung für die Übernahme der Herausgabe durch den eingetragenen Verein Institut für Information und Dokumentation von der SPD dargelegt und weitere konzeptionelle Änderungen angekündigt: „Die Herausgeberschaft hat das Institut für Information und Dokumentation der SPD abgenommen. Das trägt, so ist zu hoffen, noch mehr dazu bei, die überparteilichen Zielsetzungen des Dienstes zu verdeutlichen...Es war dies ganz gewiß kein parteipolitisch einseitiges Anliegen." Insofern wird an dieser Stelle verdeutlicht, daß die Redaktion die Problematik ihrer Parteilichkeit erkennt. Durch die Übernahme der Herausgabe durch den eingetragenen Verein wird lediglich nach außen die Verbindung zur SPD verborgen. Die inneren Strukturen erschließen sich nur bei einem Einblick in das Verlagswesen der SPD (DDVG/Vorwärts-Verlag), in den Verein „Institut für Information und Dokumentation e.V." und den weiteren personellen Verbindungen, z.B. über Klaus-Henning Rosen und den diversen weiteren Autoren der SPD. Diese Informationen können bei einem Durchschnittsabonnenten nicht vorausgesetzt werden. Inwiefern ein parteipolitisches Anliegen besteht, kann nicht aufgrund einer Auswertung der Formalien bestimmt werden, hierzu müssen die Erkenntnisse der Fallbeispielanalyse herangezogen werden.

Ab bnr 1/1997 erfolgt eine weitere Impressumsänderung ohne weitere Erklärung oder Begründung durch die bnr Redaktion. Der Vorwärts Verlag zieht nach Berlin, in die

---

[84] Undatierter Brief der Verlagsleitung des Vorwärts Verlages: Dr. Ansgar Burghof.

Wilhelmstraße 140, 10963 Berlin. Weitere Impressumsänderungen erfolgen später im Jahr, zeitgleich mit der Umstellung auf das qualitativ minderwertigere Papier. Das Impressum, welches auf der letzten Seite abgedruckt wird, enthält ab bnr 12/97 folgende Neuerungen: Satz: Vorwärts Verlag GmbH Berlin; Heidemarie Lehmann; Druck: OPS GmbH Hamburg. Also wird der Satz nun vom SPD Verlag übernommen, während der Druck nicht mehr in Braunschweig, sondern in Hamburg erfolgt.

Ab bnr 21/97 erfolgt dann eine Verlagsumbenennung in: Berliner vorwärts Verlagsgesellschaft mbH und ab bnr 24/97 erscheint die Zeitschrift im Verlag: Deutsche Druck- und Verlagsgesellschaft mbH, also ist es letztendlich wieder die SPD-Medienholding DDVG, welche den bnr verlegt.

Im Impressum des bnr 9/1995 werden neue ergänzende Angaben zur Redaktionsanschrift gemacht. Redaktionsleitung: Gabriele Nandlinger (verantwortlich), Winterstr. 35, Telefon (0228)9510416, FAX 314523. Ab bnr 2/1998 kehrt die Redaktionsleitung wieder in das SPD Pressehaus zurück und ist damit weiterhin örtlich vom Berliner Verlag getrennt, also: Heussallee 1-10, Pressehaus I/216, 53113 Bonn, Telefon (0228) 2422130, FAX 2422131.

Zwei Jahre später als der Verlag, zieht nun die Redaktion in das Verlagsgebäude nach. Offensichtlich wurde für den Arbeitsplatz Frau Nandlingers eine „überzeugende Perspektive“[85] seitens des „Instituts“ in Berlin gefunden. An ihrer bisherigen Tätigkeit für den bnr läßt sich aufgrund der Angaben im Impressum jedoch keine qualifizierte Änderung feststellen, lediglich die Anschrift und die immer noch aktuellen Telefon- und Faxnummern ändern sich: Redaktion: Gabriele Nandlinger (verantwortlich), Stresemannstr. 30, 10963 Berlin, Telefon (030) 25594-174, FAX 25594-499.

Ab bnr 3/2000 wird das Impressum um die langgedienten Autoren des bnr namentlich und mit Ortsangabe ergänzt. Es sind die Kommentatoren: Ralf Bachmann (Berlin) und Heiner Lichtenstein (Köln). Letzterer fungiert, neben seiner Tätigkeit beim bnr, als Redaktionsmitglied und Stammautor des Quartalsperiodikums „Tribüne – Zeitschrift zum Verständnis des Judentums“. Mit diesen Beobachtungen schließt dieser Abschnitt zum Impressum des bnr. Kleinere Änderungen, welche sich auf den Vertrieb beziehen, schließen sich zwar noch bis 2004 an, doch sind diese vernachlässigbar, da sie kein Erkenntnisinteresse für diese Arbeit besitzen. Die Entwicklung der Impressumsänderungen zeigt deutlich das Bemühen seitens der Herausgeber und der Redaktion, dem bnr nach außen eine überparteiliche Fassade zu verleihen. Zudem kann weiterhin beobachtet werden, daß nach der Gründungsphase um Kurt Hirsch die Leitung des bnr von Klaus-Henning Rosen übernommen

---

[85] Vereinsregisterakte, VR 4638 AG Bonn: Ablichtung, S. 70.

wurde. Dieser ist, auch in der Zeit nach redaktioneller Übernahme durch die als Personalkonstante zu charakterisierende Gabriele Nandlinger als eine Art Übervater stets präsent. Erst durch die Ergänzung im Herausgeberkreis des „Instituts" um Helmut Lölhöffel können konzeptionelle Neuerungen, bei Beibehaltung der Grundausrichtung, beobachtet werden. Stellvertretend sei an dieser Stelle der Netzauftritt des bnr genannt.

Mitteilungen der Herausgeber und Redaktion

Regelmäßig werden die Leser des bnr durch ein internes Begrüßungsschreiben am Jahresanfang mit Zusendung eines Registers (Autoren, Namen, Organisationen) auf die Wichtigkeit der Arbeit des bnr hingewiesen und an sie erinnert. In diesen Schreiben wird stets ein weiterer Anstieg rechtsextremer Aktivitäten beobachtet[86]. Mit dieser Eigendarstellung rechtfertigt die Redaktion im Untersuchungszeitraum jährlich ihre Arbeit und ihr Engagement, neben der parteiinternen Unterstützung gegen „rechts". Zusätzlich zu diesen Motivationsschreiben lassen sich noch drei weitere Mittel der „Daueremotionalisierung" im bnr analysieren, welche geeignet sind, eine „Stimmungs- und Meinungspression" zu erzeugen, die Thematiken: Antisemitismus, diverse Sprachanprangerungen und die Erinnerung an die NS-Zeit. Diese Themen, welche immer wieder im bnr bearbeitet werden, erscheinen zweckmäßig „den Bürger grundsätzlich seiner ruhigen Überlegung und seiner vernünftig abwägenden Urteilsbildung"[87] berauben zu können.

Weiteres Beispiel für eine „Daueremotionalisierung" der Leser ist ein erster offizieller Jahresrückblick in der Geschichte des bnr von Klaus-Henning Rosen, welchem in bnr 1/1995 die ersten zwei Seiten gewidmet werden. Neben einer Charakterisierung der Arbeitsweise des bnr, nämlich die Themen einer „wertenden Betrachtung [zu] unterziehen", wird zunächst ein Fazit aus den Ergebnissen der letzten 19 nicht im einzelnen von Rosen spezifizierten Wahlen des Jahres 1994 gezogen: bei diesen hätten REP, DVU und NPD keine nennenswerten Ergebnisse erzielen können. Jedoch verweist Rosen warnend darauf, sich nicht dem falschen Schluß hinzugeben, daß dem bnr ein großer Erfolg gelungen sei. Im folgenden wird aufgezeigt, daß Rechtsextremismus „wesentlich deutlicher außerhalb der Parteien" stattfindet. Als Grund hierfür wird ein erhöhter Verfolgungsdruck genannt, welcher sich in Zukunft noch stärker entwickeln könnte. Mit konkreten Motiven für ein Engagement in diesen Gruppierungen setzt sich der Verfasser nicht weiter auseinander. Für ihn zählen lediglich die Statistiken der Sicherheitsbehörden. Auch ein wirkliches Hinterfragen der Gründe für rückläufige Zahlen in rechtsextremen Gruppierungen findet nicht statt. Sie scheinen dem

---

[86] Vgl. Registeranschreiben für Jahrgang 6, 03.01.1990 u. für Jahrgang 7, 23.01.1991.
[87] Schelsky, Helmut: Der Mensch in der wissenschaftlichen Zivilisation, Köln und Opladen 1961, S. 30.

Verfasser auch in Wirklichkeit egal zu sein. Zudem widerspricht sich Rosen in seiner Argumentation, denn er beobachtet weiter oben im Jahresrückblick rechtsextreme Abwanderungsbewegungen weg von den Parteien, hin zu losen Gruppierungen und belegt diese Beobachtung durch ein personelles Anwachsen dieser Gruppierungen. Dahingegen behauptet er im nächsten Abschnitt ein allgemeine Schwächung dieser Gruppierungen: „Rückläufig ist weiterhin die Zahl der Mitglieder in rechtsextremen Gruppen, ob es der gewachsene Verfolgungsdruck oder die personellen Schwierigkeiten in den Organisationen sind, steht dahin."[88] Nach diesen Versuchen, den Leser gänzlich über die wahren Entwicklungen zu verwirren, stellt der Verfasser als weiteren Bestandsschutz für den bnr die bedenkliche Situation in Europa dar. Namentlich kommentiert er in Halbsätzen die politische Situation von Österreich, Italien, Belgien, Frankreich und warnt vor extremen Kräften in Osteuropa.

Als einen weiteren Erfolg verbucht Rosen die Verschärfung des Straftatbestandes der Volksverhetzung (§ 130 StGB). Insbesondere ist ihm eine vermutete Bekämpfung von zukünftigen revisionistischen Debatten, welche nun, im fünfzigsten Jahr nach Kriegsende stattfinden sollen, Hauptrechtfertigung für die Strafschärfung. Kritiken, welche sich von „der Tageszeitung bis zur FAZ" finden, entgegnet er, daß es ihm nicht um die Erzwingung von *political correctness*[89], - „ein alberner Modebegriff" - so Rosen, ginge, sondern um Opferschutz. In dieser Arbeit ist nicht der Raum für eine ausführliche Diskussion der in der Rechtswissenschaft umstrittenen Paragraphen des StGB zum politischen/symbolischen Strafrecht[90], jedoch sei zum einen darauf hingewiesen, daß sich in Frankreich nach den kulturellen Konflikten im Herbst/Winter 2005 Historiker und Philosophen, z.B. Alain Finkielkraut, gegen eine politische Einmischung des Staates auf ihre Forschung in Bezug auf

[88] Vgl. bnr 1/95, 10.01.1995, S. 2.

[89] Gerade in den 90er Jahren setzt sich der bnr unter Lölhöffel stark für eine politisch korrekte Sprache ein, z.B. Ablehnung der Begriffe „Reichstag" und „Berliner Republik", vgl. Lölhöffel, Helmut: Der Bundestag, bnr 5/99, 11.03.1999, S. 1; zur Begriffsgenese des verordneten Sprachwandels (PC) vgl.: Pommering, Ingo: Historische Entwicklung der Political Correctness in Amerika, freiheit der wissenschaft, März 2006, S. 4-11; zur Sprachnormierung und Sprachmelioration der PC allgemein vgl.: Röhl, Klaus Rainer: Deutsches Phrasenlexikon. Lehrbuch der Politischen Korrektheit für Anfänger und Fortgeschrittene, Berlin 1995; Groth, Klaus J.: Die Diktatur der Guten. Political correctness, München 1996; Behrens, Michael; Rimscha, Robert v.: Politische Korrektheit in Deutschland. Eine Gefahr für die Demokratie, Bonn 1995.

[90] Ähnlich problematisch in diesem Kontext ist der § 86 a StGB zu bewerten, vor allem hinsichtlich einer Mißachtung der Totalitarismustheorie. Dirk Reuter spricht sich in seiner Dissertation für eine enge Anwendung aus (Eine starke Ausdehnung des Bereichs des strafbaren Verhaltens und die Bestrafung einer Manifestation der Gesinnung ist zu vermeiden.) für ihn muß ein ausdrücklicher Bezug etwa zu einer konkreten Organisation bestehen; vgl. Reuter, Dirk: Verbotene Symbole. Eine strafrechtsdogmatische Untersuchung zum Verbot verfassungswidriger Organisationen in § 86a StGB, Baden-Baden 2005, S. 24, 35 u. 272; In der einschlägigen Kommentierung wird vor einer Tabuisierung auf der Ebene der Tatbestandsbegrenzung gewarnt, welche das instrumentelle Verständnis der Anwendung des Paragraphen als Gegenstück zum staatlich dekretierten Antifaschismus der DDR wertet; vgl.: Fischer, Thomas: Strafgesetzbuch mit Nebengesetze, München 2001, § 86a StGB, Rdnr. 6.

die Bewertung der französischen Kolonialgeschichte und des Holocaust wehren[91]. Am 12.12.2005 veröffentlichte eine Gruppe von 19 französischen Historikern einen Aufruf gegen globalisierte „Gedenkgesetze". Unter dem Motto: „Freiheit für die Geschichte" fordern sie u.a.: „Geschichte ist nicht Gedenken...Die Geschichte ist nicht Moral...Die Geschichte ist kein Rechtsgegenstand. In einem freien Staat ist es weder Sache des Parlaments noch der Justiz, geschichtliche Wahrheit zu definieren."[92] Zum anderen wird zuletzt von Andreas Krause-Landt[93] und Horst Meier[94] in beachteten Aufsätzen die Wirkung des Holocaust in der Bundesrepublik soziologisch und normativ untersucht.

Krause-Landt analysiert eine Vergangenheitsbewältigungsspirale durch eine interventionistische Dauerversöhnung mit offenem Ende. Diese sei gepaart mit der Kollektivschuldthese („Tätervolk") und damit einer utopischen Ersetzung von Deutschsein durch eine Schuldgemeinschaft, welche einen „unerträglichen Druck" erzeugt. Seit es üblich ist, statt von einer Schuld von einer Verantwortung zu sprechen, hätte sich, nach Landt, das Problem auf den Gebiete der historischen Forschung und der materiellen Entschädigung bemerkbar gemacht. Er fordert einen klugen Umgang mit der deutschen Schuld durch Emanzipation, jenseits einer Schuldspirale, die eine Vergangenheit rechts denkt: Ausfluß einer *conditio humana,* die eine Schuld links denkt.

Meier wendet sich in seinem Beitrag der rechtlichen Behandlung im Strafrecht zu, indem er das Thema am Beispiel der Versammlungs- und Meinungsfreiheit am Berliner Holocaustdenkmal konkretisiert. Er attestiert spätestens der Strafrechtsverschärfung von 1994 sogar ein Überschreiten der Grenze zum „Gesinnungsstrafrecht". Meier sieht in dieser Rechtsentwicklung eine Ausbildung einer „antinazistischen Staatsräson", der noch Vorrang vor den Grundrechten eingeräumt würde. Insbesondere der von Rosen erwähnte Opferschutz wird nach Meier „nur noch als Phrase bemüht".[95] Meier plädiert für eine Meinungsäußerungsfreiheit der „häßlichen Deutschen" und tritt für eine Entsakralisierung des Stelendenkmals ein. Gegen eine „Tribunalisierung" und „Verrechtlichung der Vergangenheit" mit ihren absurden Folgen wenden sich inzwischen auch auf der explizit linken Diskursarena

[91] Helm, Jochen: Rasse oder Klasse, Die Welt 07.12.2005; Lepenies, Wolf: Gesetz der Schande, Die Welt 16.12.2005; Mishani, Dror; Smotriez, Aurelia: Ein Pogrom gegen die Republik, Die Welt, 10.12.2005.
[92] de Benoist, Alain: Nur noch Opfer, Richter und Schuldige, Junge Freiheit, 17.02.2006.
[93] Krause Landt, Andreas: Holocaust und deutsche Frage. Ein Volk will verschwinden, Merkur. Deutsche Zeitschrift für europäisches Denken, Stuttgart, Dezember 2005, S. 1113-1125, Busch, Oliver: Schuldflucht ist Fahnenflucht, Junge Freiheit, 16.12.2005, S. 17.
[94] Meier, Horst: Rechtskolumne. Holocaustgedenken und Staatsräson, Merkur. Deutsche Zeitschrift für europäisches Denken, Stuttgart, Dezember 2005, S. 1167-1172; Meier, Horst: Unser Weg ins Gesinnungsstrafrecht, Frankfurter Allgemeine Sonntagszeitung, 11.12.2005, S. 15.
[95] Meier, Horst: Unser Weg ins Gesinnungsstrafrecht, Frankfurter Allgemeine Sonntagszeitung, 11.12.2005, S. 15.

einzelne Stimmen[96] und verteidigen einen Liberalismus, für welchen die Liberalen in diesem Land offensichtlich aus Furcht vor einer Diffamierung im voraus schon kapitulieren und gerade durch ein solches konditionierte Verhalten dem Extremismus die Tür öffnen.

Rosen verkennt, zumindest scheinbar, in seinem Beitrag, daß es in diesem Fall nicht um eine schlichte Einschränkung durch *political correctness* geht, wie zum Beispiel in Fällen eines ebenfalls im bnr zu analysierenden „Sprachprangers". Darunter versteht man das Verwendungsverbot bestimmter inkriminierter Begrifflichkeiten, welche geeignet erscheinen, über einer Sprachzerstörung zu einer Sprachlosigkeit zu führen.[97] Bei diesem Gesetz handelt es sich aber u.a. um die einseitige staatliche Einschränkung von Meinungs(äußerungs)- und Forschungsfreiheit, die einem „überragenden Normalisierungsverbot" entspricht und geeignet ist, den moralischen und politischen Einfluß von Interessengruppen und Publikationen wie dem bnr zu manifestieren und den politischen Gegner zu diskreditieren: „Als Verkünder maximaler Schuld kann sich der Debattenstratege im imaginären Raum der Medien auf die sichere Seite schlagen."[98] In seinen Äußerungen z.B. zur Geschichtsbewältigung unterliegt Rosen der fälschlichen Annahme, Ereignisse der Vergangenheit nach dem Maßstab heutiger Werte und Gefühle zu beurteilen, indem er zeitgenössische Begriffe von Gerechtigkeit und Moral auf sie anwendet. Dabei sollten historische Ereignisse *ad fontes* aus ihrem jeweiligen Zeit- und Wertekontext beurteilt werden. Zudem verteilt ein rein retrospektiver Blick auf die Geschichte die Gewichtung recht willkürlich, so daß man fast zwangsläufig zu einer Prädispositionsthese eines „deutschen Wesens" gelangt. Die Idee der Aufklärung wirkt durch einen Humanitarismus hypermoralisierend, welcher nach der Arie des Sarastros im 2. Akt der Zauberflöte verfährt: „Wen solche Lehren nicht erfreun, verdienet nicht, ein Mensch zu sein." Oder moderner: „Und willst du nicht mein Bruder sein, dann schlage ich dir den Schädel ein."

Klaus-Henning Rosen verfaßt auch im Weiteren „Gedanken zum Jahresbeginn", so in bnr 1/1996 auf einer Spalte. In diesem Grußschreiben der „Redaktion und Mitarbeiter" an die „Leserinnen und Leser" gelingt Rosen erneut ein Spagat. Zum einen verweist er auf einen angeblichen Erfolg des bnr, im vergangenen Jahrgang noch mehr Informationen über den Rechtsextremismus veröffentlicht zu haben. Zum anderen muß er diesen Erfolg begründen, sprechen doch die offiziellen Zahlen von sinkenden Straftaten aus dem rechtsextremistischen

---

[96] Walther, Rudolf: Geschichte per Gesetz, die tageszeitung, 25.02.2006; ausgehend vom Irving-Urteil in Österreich, thematisiert er die historische Erinnerung aufgrund von Strafrechtsnormen beispielhaft anhand der Türkei, der Schweiz, Frankreichs und Ruandas.

[97] Vgl. Gehlen, Arnold: Moral und Hypermoral. Eine pluralistische Ethik, Frankfurt am Main, Bonn 1969, S. 178: „Schließlich und nicht zuletzt sind da die Sieger der Geschichte, die jeweils ihren Ideenvorrat, der mitgesiegt hat, durchdrücken und deren Handlanger jeden verbellen, der unerwünschte Dinge sagt."

[98] Krause Landt, Andreas: Holocaust und deutsche Frage. Ein Volk will verschwinden, Merkur. Deutsche Zeitschrift für europäisches Denken, Stuttgart, Dezember 2005, S. 1120.

Umfeld. Rosen analysiert nachfolgend eine neue Bedrohungslage durch das Internet: „Angesichts des erwachten Rechtsstaats hat sich der Rechtsextremismus längst neue Formen der Kommunikation gesucht...Angesichts erschwerter Zugänglichkeit dürften sie Opas Rechtsextremismus an Gefährlichkeit übertreffen.“[99] Die hier indirekt eingeforderten Zensurmaßnahmen für „rechte“ Netzinhalte erinnern eher an diktatorische Staaten, als an einen demokratischen Rechtsstaat. Doch solange Einschränkungen und Verbotsforderungen in eine bestimmte Richtung, nämlich gegen „Rechts“ erfolgen, scheinen sie für Rosen gerechtfertigt zu sein. Zudem blendet er bei seiner Analyse der Bedrohung durch das Internet völlig aus, daß Linksextremisten schon viel früher dieses Medium für sich genutzt haben und schon bedeutend länger miteinander vernetzt sind. Rechtsextremisten hingegen kopieren oftmals die virtuellen Plattformen. Nach Rosens Ausführungen muß beim Leser der Eindruck entstehen, es handle sich um eine gänzlich neue Art der Bedrohung, dabei standen nach Erkenntnissen des Verfassungsschutzes die ersten Bombenbauanleitungen von Linkextremisten im Netz.[100]

Daß für Rosen alles verdächtig erscheint, was sich politisch rechts von einem „Antifa-Konsens“[101] bewegt, zeigen seine weiteren Ausführungen, in dem er FDP, CDU und namentlich den bayerischen Ministerpräsidenten Stoiber in rechten Populismusverdacht nimmt. Ein zweites Argument für das behauptete erweiterte Engagement durch den bnr betreffen die Haider-„Kopisten“ aus CDU und FDP, in denen Schönhuber und Frey in einer gemeinsamen Gemengelage aufgeführt werden, um im drohenden Rechtsextremismus zu kulminieren, welcher abzugrenzen ist von Rosens beschworenem Ziel: der „Einigkeit der Demokraten“.

Zum Jahresbeginn 1997 erscheint eine ähnliche Mitteilung, diesmal ohne Angabe eines Autors, aber mit gleicher Struktur. Am Anfang wird die Vermutung geäußert, das neue Jahr werde wieder mehr Arbeit bzgl. des Beobachtungsgegenstandes bereiten. Es folgt ein Hinweis auf neue „Kommunikations- und Propagandaformen“ durch neue Techniken. Danach richtet sich eine erneute Warnung an diejenigen, welche den „Rechtsextremismus intellektualisieren wollen und sich dabei gerne auch eines vorgeblich demokratischen Mäntelchens bedienen. Die Grenzen bis zum rechtskonservativen Lager sind bekanntlich fließend.“[102] Am Ende der Mitteilung appelliert ihr Verfasser an die Unterstützung und weitere Verbreitung durch die Leser.

---

[99] Rosen: Klaus-Henning, Gedanken zum Jahresbeginn, bnr 01/1996, 10.01.1996, S. 2.
[100] Hauke, Frank: Die Augen rechts, Focus, 30.09.2000, S. 54.
[101] Vgl. zum „Antifa-Konsens“: 1.4 „Antifaschismus“ (Zwischenergebnis).
[102] O.V.: bnr 1/97, 08.01.1997, S. 5.

In dieser Mitteilung werden die Intellektualisierungsbemühungen der „Neuen Rechten" genannt, ohne diese konkret zu benennen bzw. ihre Konzeptionen, wenn sie denn eine haben, vorzustellen. Zudem behauptet der Verfasser es gäbe ein einheitliches „rechtskonservatives Lager" und zu diesem bestünden Verbindungen. Damit droht er hier also einer nicht weiter definierten Gruppierung. Offensichtlich reicht eine ominöse Beschreibung und Andeutung zu den „fließenden Grenzen" aus, um ein Bedrohungsszenario zu erzeugen, denn dies ist das wichtigste Anliegen dieser Jahresmitteilungen. Es soll dem Leser immer wieder die weitere Notwendigkeit für das Engagement des bnr und sein Abonnement vor Augen geführt werden. Zudem kann der Leser nach der Konzeption des bnr sich selber als Informant und Multiplikator für die Zeitschrift engagieren und sich so für eine anscheinend gute Sache in Dienst nehmen lassen, welche zudem einen offiziösen Charakter besitzt.

Die zum Jahresbeginn einführenden Worte des bnr 1/1998, diesmal namentlich durch Klaus-Henning Rosen gekennzeichnet, gleichen im Grunde den schon beschriebenen. Doch zeichnen sich wieder Neuerungen für den bnr ab. So kann Rosen „alsbald die Ergebnisse unserer konzeptionellen Überlegungen für eine Neugestaltung des „blick nach rechts" und eine Verbesserung seines Angebots vorlegen." Diese Veränderungen erschöpfen sich aber bereits in dieser Ankündigung. Die minimalen Änderungen werden erst ab bnr 6/98 sichtbar und durch den neuen Herausgeber Helmut Lölhöffel im Auftrag des „Instituts" erläutert. Inhaltlich behauptet der Beitrag von Rosen eine breitere „Basis des Rechtsextremismus in Deutschland" feststellen zu können. Als Beleg führt er die obligatorische Behauptung einer Zunahme „der Gewalt von rechts" gibt er eine angeblich „rechtsextreme Strömung" in der Bundeswehr an. Er schließt mit der ihm eigenen umgangssprachlichen Art in Form eines Appells, diesmal dem Versprechen „sich um braune Pilze zu kümmern." Nicht nur, daß dem politischen Gegner pathologische Züge unterstellt werden, ihnen wird auch statt Heilung, wenn sie denn einer solchen bedürfen, die Vernichtung angedroht. Wieder einmal beweist Rosen, daß er für eine sachliche Auseinandersetzung nicht zur Verfügung steht, sondern nach dem Antifa-Motto vorgeht: „Rechts ist keine Meinung, sondern ein Verbrechen".

Die dürftigen gestalterischen Änderungen des bnr werden in einem internen Schreiben durch Helmut Lölhöffel erläutert. Dieses Schreiben stellt ein Novum dar, denn der Briefkopf stammt nicht vom Verlag oder SPD Pressedienst, sondern ist mit dem „Instituts" - Namen versehen. Darunter firmiert Helmut Lölhöffel. Er wird allerdings in einer Fußnote, nicht wie erwartbar als erstes Vorstandsmitglied des „Instituts" vorgestellt, sondern als Bonner Redakteur der linken überregionalen, seit Mai 2005 SPD - eigenen Tageszeitung Frankfurter Rundschau.[103] In diesem Brief bekräftig er den Willen und den Anspruch durch die neue Gestaltung des bnr „...sich einem weiteren Bezieherkreis [zu] öffnen.“ Die Neugestaltung des bnr wird von ihm damit begründet, daß man „... den Hintergrunddienst zum Lesen, Auswerten und Archivieren übersichtlicher zu machen“ versucht. Weiterhin wird der Wiedereinzug der Redaktion in das SPD Pressehaus mit besserem Kommunikationsfluß in beide Richtungen begründet. Daneben strebt Lölhöffel, zusammen mit Redakteurin Nandlinger eine Themenschwerpunktsetzung und die Gewinnung von neuen Kommentatoren an. Zum Schluß kündigt Lölhöffel den Start des bnr - Netzangebotes unter htttp://www.bnr.de und eine Archiv-CD mit den Jahrgängen 1996/1997 zum „komfortablen Nachschlagen“ an.[104] Der bnr ist heute, nach kompletter Umstellung auf ein elektronisches Format, neben einer abgespeckten Druckversion für Altabonnenten, ausschließlich über diese Netzadresse zu nutzen.

Das Institut für Information und Dokumentation e.V.

Im bnr 3/89 wird in einem internen Beitrag von Eckart Strohmaier unter der Rubrik „wehrhafte demokratie“ der spätere Herausgeberverein „Institut für Information und Dokumentation e.V.“ zum ersten Mal genannt. In Realität wirkt dieser Verein schon bei der Rettung des bnr im Hintergrund mit und ist Trägerverein des PDI-Archivs, welches er fortführt. In diesem Verein versammeln sich etwa ein Dutzend Mitglieder zu einer Unterstützungsgemeinschaft für das Projekt bnr. Zudem zeigt dieser Beitrag die enge Verknüpfung zwischen Partei und dem bnr. Weiterhin werden über die Parteinachwuchsorganisation „Jusos“ Verbindungen zwischen SPD, bnr und „Antifa-Gruppierungen“ hergestellt: „Der „blick nach rechts“ ist nach Ansicht von Experten zwar das derzeit wichtigste, es ist aber keineswegs das einzige Publikationsorgan der SPD, das sich den Problemen des Rechtsextremismus widmet....Über dieselbe Adresse sind die „Antifa-Materialien“ der Jusos erhältlich...[deren] Schwerpunkt die praktische Arbeit vor Ort gegen Rechtsextremismus ist. Gesammelt werden die Informationen über den Rechtsextremismus in dem entsprechenden Spezialarchiv der SPD, das bis Ende 1987 in München geführt wurde. Seit Oktober vergangenen Jahres wird die Arbeit des Archivs vom Institut für Information und Dokumentation e.V. fortgeführt. Sitz des Instituts ist das Pressehaus I/217, Heussallee 2-10, 5300 Bonn 1, Tel 0228 / 225653. Die Arbeit dieses Archivs werden wir in einer unserer

[103] Weiterhin schreibt Helmut Lölhöffel, wie manch anderer Autor (z.B. Jeanette Goddar) des bnr, für das vom Deutschen Bundestag herausgegebene Periodikum „Das Parlament“. Im Mai 2005 erwarb die parteieigene DDVG rund 90 % des Verlagshauses der insolventen FR, die Holding veräußerte in der Zwischenzeit 50 % an das Kölner Verlagshaus Dumont.

[104] Undatierter Brief von Helmut Lölhöffel, Institut für Information und Dokumentation e. V., bnr 6/1998, 25.03.1998.

nächsten Ausgaben detailliert vorstellen."[105] Diese angekündigte Vorstellung erfolgte nicht. Bei diesem genannten Archiv handelt es sich um das ehemalige Privatarchiv von Kurt Hirsch, 1963 betonten Rechtsanwälte in einer von Hirsch angestrengten Verfassungsbeschwerde, daß dieser aus beruflichen Gründen eines der größten privaten zeitgeschichtlichen Archive unterhalte.

Weiterhin wurde das Münchener Büro von Hirsch nicht nur geschlossen, wie der schon analysierte, nicht namentlich gekennzeichnete redaktionelle Beitrag in bnr 13/87 dies noch implizierte. Teile des PDI-Archivs wurden im Zuge der Rettungsbemühungen durch die SPD an das Zentralinstitut für sozialwissenschaftliche Forschung in Berlin für 46.500 DM verkauft. Es enthielt eine „ausgiebige" Sammlung von Adressen, Dokumenten und Flugblättern der rechten Szene mit 1500 Namen.[106] Welche Teile des alten PDI-Archivs verkauft wurden und welche durch die SPD bzw. das „Instituts" weitergeführt wurden, kann nicht mehr beurteilt werden. Offenbar wurde aber nicht der Gesamtbestand nach Berlin verkauft, dies zeigt eine Quellenuntersuchung der Vereinsregisterakten. Die Auswertungen der Vereinsprotokolle ergeben auch keinen Hinweis auf einen etwaigen Verkauf des Archivs, sondern ganz im Gegenteil, es wird sich ausdrücklich für eine Fortführung und Nutzbarmachung des „Stasi-Archivs" von Kurt Hirsch eingesetzt. Zudem existiert das Zentralinstitut für sozialwissenschaftliche Forschung in Berlin inzwischen nicht mehr und das Gesamtarchiv dieses Berliner Instituts wurde seinerseits wiederum aufgeteilt. Ein Teil ging an das Otto-Suhr-Institut (OSI), ein anderer Teil an eine Gedenkstätte in Berlin.[107] Es läßt sich nicht mehr rekonstruieren, ob, wo und welche der vorgenannten Münchner Archivteile aufbewahrt werden. Diese sind nunmehr infolge eines Wasserschadens auch nur noch in Teilen vorhanden und nicht mehr nutzbar. Nach Auskunft von Prof. Dr. Stöss enthielten die Archivmaterialien Informationen zu einzelnen Personen und Organisationen.[108] Nach diesen Recherchen zum ehemaligen PDI-Archiv von Kurt Hirsch, welches für die „antifaschistische" Selbsthilfe der Anprangerung und Diffamierung von „Rechten" bestimmt gewesen war, spricht alles für eine nicht genau zu bestimmende Aufteilung. Nicht auszuschließen ist, daß einige Teile des Archivs immer noch von bnr - Mitarbeitern wie z.B. Gernot Modery-„Anton Maegerle" genutzt werden.

---

[105] Vgl. bnr 3/89, 30.01.1989, S. 7.

[106] Herles, Helmut: Unscharfer Blick nach links, Frankfurter Allgemeine Zeitung, 16.03.1985.

[107] Gedächtnisprotokoll des Telefoninterviews mit Frau Helga Kilanski: Freie Universität Berlin am 23.02.2006 und telefonische Auskunft von Dr. Lönnendoncker, ehem. Mitarbeiter am „Zentralinstitut für Sozialwissenschaftliche Forschung" an der FU Berlin.

[108] E-Briefausdruck Antwort von Prof. Stöss: FU Berlin zum ehemaligen PDI-Archiv, 27.02.06.

Eine Recherche im Vereinsregister des Amtsgerichtes Bonn ergibt, daß ein Eintrag schon am 20.07.1981 unter der Registernummer: VR 4638 vorgenommen wurde[109], also lange bevor dieser Verein als offizieller Herausgeber für den bnr in Erscheinung tritt. Dem Vereinsregisterblatt ist weiterhin zu entnehmen, daß die für eine eingetragene Vereinsgründung benötigte und zu hinterlegende Satzung, am 01.06.1981 errichtet ist und mehrfach, zuletzt gemäß Beschluß der Mitgliederversammlung vom 27.11.1996, geändert wurde. Jedes Vereinsmitglied kann diesen Verein einzeln vertreten, als Vorsitzender ist Dr. Helmut Neumann, Bonn und als stellvertretender Vorsitzender Klaus-Henning Rosen, Rheinbreitbach eingetragen. Der letzte Eintrag erfolgte am 30.09.2004.
Eine genauere Auswertung der Vereinsregisterakte ergibt, daß eine Neueintragung in das Vereinsregister am 23.06.1981 durch einen Bonner Notar beantragt wurde, diesem Anschreiben lag eine Abschrift der Satzung bei. Aus dieser ersten sehr allgemein gehaltenen Satzung wird kein namentlicher Hinweis auf den bnr oder eine andere Publikation gegeben. Weiterhin ist dieser Satzung keine generelle politische Linie zu entnehmen. Unter § 1 Abs. 6 Satzung des Instituts für Information und Dokumentation wird der Satzungszweck niedergelegt: „Zweck des Vereins ist die Förderung von Wissenschaft und Forschung, Bildung und Erziehung, insbes. die Förderung der Information und Dokumentation aus Printmedien und aus dem audio-visuellen Bereich zu politischen, gesellschaftlichen, kulturellen und wirtschaftlichen Fragen der Gegenwart. Der Satzungszweck wird verwirklicht inbes. durch a. die Unterhaltung eines Dokumentationszentrums, b. die fortlaufende Ergänzung und Erweiterung des Dokumentationsmaterials, c. die ideelle und materielle Förderung einschlägiger Publikationen."[110] Mit dem unter a. und b. aufgeführten Dokumentationszentrum, wird das von Kurt Hirsch begründetet „Spezialarchiv" in München gemeint sein, welches dann im Oktober 1988 offiziell dem „Institut" übertragen und von diesem weitergeführt wird. Damit bestanden schon vor 1984, der finanziellen Rettung des PDI/bnr durch die SPD, Verbindungen zwischen Bonn und München. Offensichtlich wurde dieser Verein dann auch zur finanziellen Absicherung der unter c. genannten Publikationen, also konkret des bnr gegründet, da von diesem „Institut" keine anderen regelmäßigen Periodika herausgegeben bzw. unterstützt werden.
Unter § 8 der Satzung von 1981 werden die Beiträge und Finanzierungsquellen „aufgeschlüsselt": § 8 Abs. 1: „Die Mitglieder des Vereins sind zur Leistung von Beiträgen nicht verpflichtet." Abs. 2: „Die Mittel für die Vereinszwecke sollen durch feste einmalige

[109] Vereinsregisterblatt des AG Bonn, Ausdruck vom 21.11.2005, VR 4638; vgl. Dokumentation der schriftlichen Befragung von Klaus-Henning Rosen in der Anlage.
[110] Vereinsregisterakte, VR 4638 AG Bonn: Ablichtung, S. 1f..

und laufende Beiträge, durch Zuwendungen öffentlicher Körperschaften und durch Spenden aufgebracht werden." Leider kann man diesem Paragraphen keine genaueren Angaben entnehmen, die Finanzierung des Vereins, insbesondere des oben definierten Zwecks bleibt nebulös.

Unterschrieben wurde diese erste Satzung von folgenden Gründungsmitgliedern: Dr. Kuno Bludau, Dr. Gerhard Fischer, Dr. Peter Glotz, Dr. Günter Grunwald, Prof. Dr. Friedrich Halstenberg, Dr. Horst Heidermann und Alfred Nau. Aus dieser Auflistung ergibt sich durch den Namen Peter Glotz eine direkte Verbindung zur SPD Spitze. Dieser war 1981 bis 1987 u.a. Bundesgeschäftsführer und Präsidiumsmitglied der SPD.[111] Weiterhin publizierte Glotz als Gastautor im bnr zur Übernahme des „Dienstes" durch die SPD. Dort betont er die Notwendigkeit für die „systematische Beobachtung des rechtsextremen bis rechtskonservativen Lagers" zum Teil mit „der alten Mannschaft" des PDI.[112] U. a. befürchtet er, der sich kurz vor seinem Tod gemeinsam mit Erika Steinbach für ein „Zentrum gegen Vertreibung" in Berlin eingesetzt hat, in diesem Beitrag durch Aktivitäten von Vertriebenenorganisationen einen drohenden Vorwurf des Revanchismus durch das Ausland. Weiterhin organisierte Glotz eine SPD Forumsveranstaltung „Rechtsextremismus – Phantom oder Gefahr?". Im Anschluß sah sich Glotz und die weiteren Referenten einer polemischen Kritik Kurt Hirschs ausgesetzt. Hirsch kritisierte den „Formalismus" bzw. die Objektivität insbesondere der wissenschaftlichen Referenten während der Veranstaltung. In einem bnr Beitrag benennt er anhand von Beispielen an welchen Stellen die Referenten den „politischen Standort antifaschistischer Gesinnung" verlassen haben. Besonders mahnt Hirsch appellierend „die ständige Aufdeckung des Netzwerkes zwischen Rechtsradikalismus und Rechtskonservatismus, die bei dieser Tagung auf der Strecke blieb" an.[113]

Ein Vergleich dieser Namen mit dem redaktionellen Beirat von 1984 des bnr ergibt keine Hinweise auf eine Verbindung zwischen bnr und dem „Institut". Die Gründungsmitglieder des „Instituts" waren auch nicht dem Presseausschuß Demokratische Initiative (PDI) von Kurt Hirsch durch Doppel- oder Solidaritätsmitgliedschaften personell verbunden. Dies ergibt einen Vergleich mit den auf der Titelseite des Pressedienstes Demokratische Initiative, Juni 1980, aufgeführten Mitgliedern des Presseausschusses. Namentlich sind dies: Hans-Dieter Bamberg, Horst Bingel, Hans Peter Bleuel, Rolf Bringmann, Günter Bröhl, Wolf Brühan, Margot Brunner, Peter Chotjewitz, Manfred Coppik, Ingeborg Drewitz, Wolfgang Ebert, Axel

---

[111] Kürschners Volkshandbuch Deutscher Bundestag: 12. Wahlperiode 1990, Rheinbreitbach 1993, S. 103.
[112] Glotz, Peter: Der Blick nach rechts muß scharf bleiben, bnr 9/1984, 24.12.1984, S. 2.
[113] Hirsch, Kurt: Nachdenkliche und nachträgliche Gedanken zum SPD-Forum über „Rechtsextremismus – Phantom oder Gefahr?", bnr 25/1986, 08.12.1986, S. 5.

Eggebrecht, Elisabeth Endres, Bernt Engelmann, Anne-Marie Fabian, Walter Fabian, Dirk Gerhard, Christian Götz, Max von der Grün, Karl-Heinz Hansen, Gert Heidenreich, Horst Herrmann, Richard Hey, Dieter Hildebrandt, Kurt Hirsch, Friedrich Hitzer, Hans-Joachim Hoffmann, Jürgen Itzfeldt, Walter Jens, Robert Jungk, Hermann Kesten, Heinar Kipphardt, Otto Köhler, Franz Xaver Kroetz, Eckart Kuhlwein, Dieter Lattmann, Egon Lutz, Angelika Mechtel, Erich Meinike, Susanne von Paczensky, Ursula Pausch-Gruber, Josef Reding, Peter Riemer, Luise Rinser, Erika Runge, Fritz Sänger, Ingrid Schuster, Ulrich Sonnemann, Monika Sperr, Thaddäus Troll, Klaus Thüsing, Brigitte Unterhinninghofen, Günter Wallraff, Martin Walser, Ernst Waltemathe, Gerhard Weber, Ulrich Wickert, Jochen Willke, Gerhard Zwerenz.[114]

Eine weitere Verbindung zur SPD ergibt sich durch den Verweis auf die SPD nahe Friedrich Ebert Stiftung, welche als Vermögensbegünstigte bei Vereinsauflösung oder Wegfall des bisherigen Vereinszweckes durch § 5 der Vereinssatzung eingesetzt ist. Durch diese personellen und satzungsgemäßen Verbindungen zur SPD kann also von einer überparteilichen Ausrichtung des „Instituts“ nicht gesprochen werden.

Dem Protokoll der Mitgliederversammlung vom 04.05.1988 sind neben der Mitgliederanzahl – der Verein besitzt 11 Mitglieder – zu entnehmen, daß die Archivmaterialien des MfS-Agenten Kurt Hirsch aus München vom Verein aktualisiert werden und danach Interessierten für Auskünfte zur Verfügung gestellt werden soll: „7. ...Des weiteren wurde der Vorstand beauftragt, alle Maßnahmen zu treffen, damit das ehemals in München geführte Archiv über Rechtsextremismus baldmöglich vom Verein übernommen und aktualisiert werden kann. Das Archiv soll allen Interessierten – Medien, Wissenschaftlern, Verbänden, Parteien – für Auskünfte zur Verfügung stehen. Über eine etwaige Benutzungsordnung soll erst entschieden werden, wenn Erfahrungen mit der Benutzung vorliegen.“[115] Interessanterweise ist in diesem Protokoll von einem (Teil-) Verkauf des Münchner Archivs nicht die Rede. Weiterhin wird aber die oben geäußerte These, es handle sich um das Kurt Hirsch Archiv, durch dieses Protokoll erneut bestätigt.

Von den anwesenden Mitgliedern, Erich Bettermann, Klaus Flegel, Karl-Heinz Hahslach, Hans-Peter Hüskens, Joachim Morawietz, Dr. Helmut Neumann und Helmut G. Schmidt wurden die Vorstandsmitglieder Neumann, Hahslach in ihren Vorstandsämtern bestätigt und Flegel als stellvertretender Vorsitzender neu gewählt. Über das anwesende Mitglied Helmut G. Schmidt besteht die Verbindung zwischen dem „Institut“ und der SPD.

---

[114] Presseausschuß demokratische Initiative: Pressedienst Demokratische Initiative, Juni 1980, München.
[115] Vereinsregisterakte, VR 4638 AG Bonn: Ablichtung, S. 35ff..

Die auf dieser Mitgliederversammlung beschlossenen Satzungsänderungen beziehen sich lediglich auf vereinsrechtliche Belange der Vorstandszusammensetzung und der Bestellung eines Revisionssachverständigen. Die §§ bezüglich des Vereinszweckes bleiben von diesen Veränderungen unberührt.

Dem Protokoll der Mitgliederversammlung vom 15.06.1990 sind neben der Mitgliederanzahl von 11 Mitgliedern und der Gastanwesenden Gabriele Nandlinger, welche ab 1989 als wissenschaftliche Mitarbeiterin im „Institut" angestellt ist, keine weiteren Satzungsänderungen bzw. Personaländerungen zu entnehmen. Offensichtlich wird eine wissenschaftliche Ausrichtung des „Instituts" durch den Hauptzweck des Vereins, das Archiv weiter zu pflegen, vom Finanzamt Bonn angezweifelt. Hieraus könnte sich ebenfalls eine Aberkennung eines gemeinnützigen Zweckes ergeben und damit den Verein in seiner jetzigen Verfaßtheit gefährden. Weiterhin hat der Verein finanzielle Probleme. Als Lösung wird die Konzipierung einer Ausstellung unter inhaltlicher Leitung des damaligen bnr Chefredakteurs Helmut G. Schmidt und Gabriele Nandlingers erwogen, ebenfalls wird eine Öffentlichkeitskampagne geplant, um weitere Finanzmittel einzuwerben. Darüber hinaus soll dem Finanzamt durch dieses Engagement eine wissenschaftliche Ausrichtung des Vereinszweckes deutlich gemacht werden: „6. Die Mitglieder vertraten übereinstimmend die Auffassung, daß entgegen der Ansicht des Finanzamtes die Unterhaltung und Ergänzung des Archivs sehr wohl als wissenschaftliche Tätigkeit anzusehen ist. Dies soll dem Finanzamt in einer ausführlichen Stellungnahme dargelegt werden. Die Mitgliederversammlung war sich weiter darüber einig, daß das Vermögen des Vereins vorrangig für das Archiv, seine Unterhaltung und Zurverfügungstellung für Benutzer Verwendung finden soll. Dabei wird davon ausgegangen, daß sich die jährlichen Aufwendungen des Vereins dann wesentlich erhöhen, wenn das Institut einer breiteren Öffentlichkeit bekanntgeworden ist. Der Vorstand wird gebeten, insoweit eine neue Kostenberechnung zu erstellen. Zur Erreichung einer größeren Resonanz in der Öffentlichkeit soll ein neues Informationsschreiben an einen größeren Kreis möglicher Interessenten – Tageszeitungen, Wochenblätter, Rundfunk- und Fernsehanstalten, Agenturen, Gewerkschaften, kirchliche Organisationen, Einrichtungen der kirchlichen Jugendarbeit, sonstige jugendbildnerische Einrichtungen, Landeszentralen für politische Bildung, sonstige Einrichtungen der Erwachsenenbildung, Institutionen im Hochschulbereich, Parteien etc. – versandt werden. Außerdem soll im Spätsommer/Anfang Herbst eine Ausstellung veranstaltet werden, mit der ein Schwerpunktthema der Öffentlichkeit vorgestellt wird. Erik Bettermann bezüglich des Ausstellungsraums und Helmut G. Schmidt bezüglich der inhaltlichen Gestaltung der Ausstellung sagten zu, dem

Vorstand und Frau Nandlinger bei der Vorbereitung der Ausstellung behilflich zu sein."[116] An dieser Stelle fallen weiterhin zwei Punkte auf, welche die monothematische parteiliche Ausrichtung des „Instituts" verschleiern. Zum einen wird lediglich von der Vereinsförderung des nicht weiter beschriebenen „Archivs" gesprochen, zum anderen wird die Herausgabe und Förderung des bnr in keinem Absatz der bisherigen Mitgliederversammlungen erwähnt. Insgesamt entsteht bei Studium der Vereinsregisterakte der Eindruck, daß Satzung und Protokolle Informationen zurückhalten, um eine eindeutige politische Ausrichtung zu verbergen. Weiterhin zeigt dieser zitierte Abschnitt, daß die dem bnr bis heute verbundene Redakteurin Nandlinger, obwohl noch 1990 nicht als Autorin/Redakteurin im bnr aktiv, Verbindungen zum späteren offiziellen Herausgeberverein hatte.

Erst auf der Mitgliederversammlung vom 22.10.1993 unter Anwesenheit von Klaus-Henning Rosen wird der bnr thematisiert. Alle anwesenden Vereinsmitglieder bestätigen die Unterstützung des bnr, weiterhin wird mit dem Bonner Beratungs- und Forschungssinstitut „empirica" kooperiert und eine gemeinsame Studie, unter leitender Mitarbeit des stellvertretenden Vorsitzenden Flegels positiv betont. Über Klaus Flegel bestehen damit eine personelle Verbindung zwischen dem „Institut" und der „empirica". Die Beratungsfirma „empirica gmbh" wurde 1990 in Bonn gegründet und hat zur Zeit neben Bonn noch weitere Büros in Berlin („empirica ag") und Leipzig („komet-empirica gmbh"). Die Aufgabengebiete dieser Firma beziehen sich heute weniger auf politische Themenbereiche, denn auf wirtschaftliche Gebiete der Wirtschafts-, Markt-, und Standortforschung.[117]

Weiterhin wird eine Arbeitsgruppe geplant, die eine weitere Verbreitung des bnr befördern soll, in diesem Teil des Protokolls wird zweimal vom bnr als ein „Dienst" gesprochen. Damit manifestiert sich die in der Einleitung hergeleitete These von der Auffassung der Herausgeber nicht nur eine Zeitschrift zur Information herauszugeben, sondern dienstlich, also in einem öffiziösen Auftrage, zu handeln. „6. Bezüglich der weiteren Aktivitäten des Vereins wurde einmütig die Absicht des Vorstandes begrüßt, den Dienst „blick nach rechts" weiter zu unterstützen und auszubauen. Es soll eine Arbeitsgruppe unter Federführung von Klaus-Henning Rosen gebildet werden, die mit dem Verlag Vorschläge für eine konzeptionelle Verbesserung und größere Verbreitung des Dienstes erarbeiten soll. 7. Die Zusammenarbeit mit empirica bezüglich der Studie „Demokratische Willensbildungsprozesse in

---

[116] Vereinsregisterakte, VR 4638 AG Bonn: Ablichtung, S. 47f.; aufgrund der Vorschriften über das in der BRD geltende Steuergeheimnis konnte der Schriftverkehr bzgl. einer eventuell bezweifelten Wissenschaftlichkeit des „Instituts" und seine „Stellungnahme" nicht beim Finanzamt Bonn eingesehen werden, dem widerspricht auch nicht das neue Informationsfreiheitsgesetz.

[117] Vgl. Selbstdarstellung auf den Netzseiten: www.empirica-institut.de/empirica/htm/wir/profil.htm, 23.02.2006.

Ostdeutschland" verläuft unter Federführung des stellvertretenden Vorsitzenden Klaus Flegel außerordentlich positiv."[118] Weiterhin wird der Vorstand in seinen Ämtern bestätigt.

Die aktuelle Vereinssatzung enthält lediglich vereinsrechtliche Aktualisierungen bezüglich einer Sicherung der Gemeinnützigkeit in Bezug auf die steuerrechtliche Gesetzgebung. Hieraus ergibt sich auch eine weitere politische „Glättung" in Bezug auf die einzige offensichtliche Verbindung des Vereins zur SPD. Bei Auflösung bzw. Wegfall des Vereinszweckes „...fällt das Vermögen des Vereins an eine juristische Person des öffentlichen Rechts oder an eine andere steuerbegünstigte Körperschaft zur Förderung der Wissenschaft. Beschlüsse über die künftige Verwendung des Vermögens dürfen erst nach Einwilligung des Finanzamtes ausgeführt werden."[119]

Die Mitgliederversammlung vom 03.07.1997 enthält interessante Neuerungen bezüglich der Vorstandszusammensetzung. Eine relevante Änderung für diese Arbeit ist die Berufung des einfachen Mitglieds Klaus-Henning Rosen in den Vorstand und die gleichzeitige Wahl zum stellvertretenden Vorsitzenden des „Instituts". Zudem ist Gabriele Nandlinger beruflich, neben ihrer redaktionellen Tätigkeit seit 1992, für den bnr mit der Aufgabe befaßt, das Institutsarchiv zu betreuen. Überraschend erscheint es nicht, daß mit Aufnahme von Rosen ein verstärktes Engagement des „Instituts" für den bnr einhergeht. Um dem bnr mehr Substanz und seinen Qualitätsstandard zu erhöhen werden Kontakte zu Zeitungsjournalisten gesucht. „6. Die Mitglieder waren übereinstimmend der Ansicht, daß ein Umzug des Archivs nach Berlin nur dann in Betracht kommen kann, wenn damit für den Erhalt des Archivs und insbesondere auch des Arbeitsplatzes von Frau Nandlinger eine überzeugende Perspektive verbunden ist. Die Mitgliederversammlung beschloß einstimmig, den Sitz des Archivs in Bonn zu belassen. Sollte sich für das Archiv und Frau Nandlinger eine über das Jahr 1998 hinausreichende Perspektive ergeben, wird dieser Beschluß überprüft werden. Der Vorstand wurde gebeten, sich in noch stärkerem Maße als bisher für den vom Verein herausgegebenen „blick nach rechts" zu engagieren. Dazu sind bereits Gespräche mit dem Journalisten Friedrich Husemann geführt worden, mit dem Ziel, diesen in die redaktionelle Arbeit einzubinden."[120] Die arbeitsplatzsichernden Maßnahmen für Frau Nandlinger sprechen dafür, daß es sich bei ihr um ein langjähriges (mindestens sieben Jahre bis 1997, ergibt sich aus der Gastanwesenheit auf der Mitgliederversammlung 1990) verdientes Mitglied handeln muß. Seit bnr 9/92 ist Gabriele Nandlinger zudem verantwortliche Redakteurin des bnr und im Impressum als solche aufgeführt.

---

118 Vereinsregisterakte, VR 4638 AG Bonn: Ablichtung, S. 53.
119 Vereinsregisterakte, VR 4638 AG Bonn: Ablichtung, S. 68f..
120 Vereinsregisterakte, VR 4638 AG Bonn: Ablichtung, S. 70.

Zum Abschluß dieser Untersuchung der Vereinsregisterakten ist auffällig, daß die Mitgliederprotokolle offensichtlich nur minimale Ergebnisprotokolle darstellen, die nur geringe Einblicke in das „Vereinsleben" bieten sollen. So entfällt eine genauere Thematisierung des bnr, z.B. zu den Themen: Finanzierung, offizielle Herausgeberübernahme durch den Verein, Einführung der Person Helmut Lölhöffel als Herausgeberperson im Auftrag des „Instituts", Gestaltungsänderungen usw. Weiterhin können aber die möglichst inhaltsneutralen Versammlungsprotokolle und Satzungen des „Instituts" durch die analysierten personellen und institutionellen Verknüpfungen nicht über eine Parteilichkeit für die SPD und damit auch zum bnr hinwegtäuschen.

Register[121]

Am Jahresende versendet die bnr Redaktion sogenannte Jahresregister. Diese erscheinen zu den Bänden 1984-2000 und besitzen für Redaktion und besonders für Kurt Hirsch und Klaus-Henning Rosen einen großen Stellenwert. Rezensierte Bücher ohne Register werden regelmäßig bemängelt, da sie für eine praktische Arbeit gegen „Rechts" als unkomfortabel gelten. Es kommt den Autoren darauf an, in Publikationen mit lexikalischem Charakter schnell Personeninformationen nachschlagen zu können. Der Anspruch eines Registers ist es, eine Arbeitshilfe für den Leser darzustellen. Obwohl nicht zu konkreten Maßnahmen gegen die aufgeführten Personen aufgerufen wird, sind diese Register geeignet auch die Fahndungs- und Ziellisten militanter „Antifaschisten" zu bedienen.[122] Ab Jahrgang 2000 wurde die Erstellung von Registern ohne Benennung von Gründen eingestellt.[123] Aufgrund der Möglichkeit elektronisch die bnr Ausgaben im Internet und auf der Archiv CD mit Suchmaske bzw. durch eine freie Dokumentensuche nach Personen und Stichworten zu recherchieren, wurden arbeitsaufwendige Register überflüssig.

Die erschienenen Register für die Jahrgänge 1 bis 16 enthalten unterschiedliche Informationen und wurden von verschiedenen Personen erstellt. Ein Blick auf die Register erhellt Zuständigkeiten von Schlüsselpersonen und beleuchtet die Akribie des bnr möglichst umfassend alle genannten Namen aufzuführen und den einzelnen bnr Ausgaben zuzuordnen.

---

[121] Bei der Besprechung von Autoren in diesem Abschnitt handelt es sich um einen ersten Einstieg auf die Akteursebene. Eine ausführliche Würdigung erfolgt an späterer Stelle.

[122] Diese Art von Register sind in antifaschistischen Publikationen beliebt und verbreitet, vgl. Editorial der Publikation der VVN-BdA: Der Rechte Rand, Nr. 40, Mai/Juni 1996: „Im Moment arbeiten wir an der Aktualisierung des Registers unserer Zeitschrift. Das Register umfaßt alle Namen und Organisationen, die im Rechten Rand Nr. 1-40 genannt werden und die dazugehörige Ausgabe. Es ist als Diskette oder Papierauszug ab Anfang Juli 1996 bei uns zu beziehen.".

[123] Gedächtnisprotokoll des Telefoninterviews mit Frau Drost: Berliner vorwärts Verlagsgesellschaft mbH, am 28.11.2005; vgl. Dokumentation der schriftlichen Befragung von Klaus-Henning Rosen in der Anlage, der in seiner Antwort zu Frage 8 nachfolgende Beobachtung bestätigt.

Das erste Register für Jahrgang 1 (1984) und 2 (1985) erscheint gemeinsam auf 12 Seiten und wird verantwortet von den „Bearbeitern“: Ingrid Klier (bnr Autorin), Christian und Klaus-Henning Rosen. Dieses rein inhaltliche Register ist in zwei Teilen aufgeteilt. Es enthält im ersten Teil alphabetisch sortiert Namen und in Klammern Beruf und/oder Parteimitgliedschaft. Nach dieser Klammer erscheinen die Jahreszahl und die Heftnummer, Mehrfachnennungen entsprechend. Dieses Namensregister zählt nicht nur Personen zum Beobachtungsschwerpunkt auf, wie z.B. rund 50 Unionspolitiker von Norbert Blüm über Helmut Kohl bis Richard von Weizsäcker, sondern beinhaltet auch linke Schriftsteller, Journalisten, Gewerkschaftler, Geistliche, SPD-Parteimitglieder und Funktionäre.

In einem zweiten Teil werden 6 Reihen/Dokumentationen auf der letzten Seite des Registers aufgeführt, z.B. Friedrich Zimmermann bagatellisiert Rechtsextremismus in dem von ihm verantworteten Bundesverfassungsschutzbericht (bnr 1/84, Kurt Hirsch) und eine Reihe zu „Rechtsextremen Buchvertrieben“ (bnr 8-9/84, Felicitas Englisch und Kurt Hirsch). In der Buchversandreihe ist eine Vermengung zwischen rechtskonservativen und „rechtsradikalen“ Versandangeboten unterschiedlicher Anbieter anzumerken, z.B. auch der MUT Buchdienst, welcher die gleichnamige (frühere) rechtskonservative Zeitschrift herausgibt. Hiermit wird vom bnr auf Boykottmaßnahmen im Büchermarkt hingewirkt und damit letztlich eine indirekte Zensur bewirkt. Während linksextreme Bücher in jeder Buchhandlung frei zugänglich sind, soll nach dem bnr dem mündigen Bürger in der Bundesrepublik nicht ein rechtskonservatives und rechtsextremes Buchangebot zugemutet werden um frei bestimmen zu können, was er liest.

Das Register des dritten Jahrgangs (1986) erstreckt sich auf zwölf Seiten bei einem größeren Abstand zwischen den einzelnen Angaben. Dieses Register wurde von den „Bearbeitern“: Christian und Klaus-Henning Rosen verantwortet und setzt sich nun aus drei Teilen zusammen. Der erste Teil enthält das schon bekannte Namensregister, der zweite Teil ein bnr Autorenregister und im letzten Teil werden unterschiedliche Orte genannt. Als Stammautoren schreiben im Jahr 1986 Kurt Hirsch, Helmut Lorscheid und Klaus-Henning Rosen.

Mit gleichem Aufbau erstreckt sich das Register für den 4. Jahrgang (1987) über 15 Seiten, ohne Benennung wer die Zusammenstellung verantwortet. Zu den Stammautoren in diesem Jahrgang zählen Veronica Blum, Kurt Hirsch, Franziska Hundseder, Heiner Lichtenstein, Helmut Lorscheid und Klaus Henning Rosen. In bnr 23/1987 veröffentlicht zum ersten mal der spätere Stammautor Gernot Modery unter dem Pseudonym „Anton Maegerle“ einen namentlich gekennzeichneten Beitrag unter der Rubrik „blick über den zaun“ zum Thema

Wiking Jugend Schweiz, in der er die Satzung dieser Organisation untersucht.[124] Zudem weist dieses Register nicht nur den Autor „Maegerle" aus, sondern im Inhaltsregister wird über die Person Modery im bnr 13/1987 unter der Rubrik „tagebuch", in der sich jeweils am Ende der Hefte Kurzmeldungen finden, als Akteur berichtet und die Herkunft gelüftet: „Karlsruhe–Nr. 3/87 eines „Antifaschistischen Info-Dienstes" des Bezirksjugendwerkes der Arbeiterwohlfahrt Baden, verantwortlich Gernot Modery, Postfach 1169, 7500 Karlsruhe, ist erschienen. Der Info-Dienst beinhaltet in der Hauptsache – neben Eigenaktivitäten des Bezirksjugendwerkes der AWO Baden – Presse-Auswertungen. Leitmotiv: Gemeinsam gegen alte und neue Nazis!".[125] Diese antifaschistische Informationsarbeit bei der AWO mußte die bnr Redaktion aufmerksam gemacht haben für Synergieeffekte zwischen Moderys Antifa Info-Dienst und dem bnr, ist doch das sogenannte „Leitmotiv" zwischen diesen beiden „Informationsdiensten" kongruent. Interessanterweise versteht sich der von Modery–„Maegerle" verantwortete Pressespiegel, wie der bnr, auch als ein formaler Dienst.

Für das Register des 5. Jahrganges (1988) werden 23 Seiten benötigt und es wird zum ersten Mal von einem Schreiben der bnr Redaktion eingeleitet. In diesem Schreiben wird erläutert, daß man zusätzlich zum Personenregister rechtsextreme Parteien und Gruppierungen in das Verzeichnis der Fundstellen mitaufgenommen habe. Ansonsten bleibt der Aufbau des Registers gleich. Die Zusammenstellung ist weiterhin nicht namentlich gekennzeichnet. Als Stammautoren fungieren Horst H. Adamitz, Johannes Bollmer, Franziska Hundseder, Helmut Lorscheid, Eduard Ohse, Klaus Henning Rosen und Volkmar Wölk unter dem Pseudonym „Andreas P. Zaleshoff". Gernot Modery-„Anton Maegerle" steuert lediglich einen Beitrag zum Jahreskalender des „Bundes Heimattreuer Jugend e.V." (BHJ) in bnr 1/1988 bei.[126] Die spätere verantwortliche Redakteurin und bis heute eine der wenigen langjährigen Festangestellten im bnr/vorwärts Verlag Gabriele Nandlinger veröffentlicht Ende 1988 ihre ersten drei Beiträge für diese Zeitschrift unter dem Kürzel G.N. in bnr 23, 24 und 25/1988.

Das Register für den Jahrgang 6 (1989) erstreckt sich auf 24 Seiten, verantwortlich sind Christian und Klaus-Henning Rosen. Das Redaktionsanschreiben folgt dem Tenor der Jahresanfangsschreiben im bnr: das Register ist „noch umfangreicher", weil „die extreme Rechte" stärker geworden ist. Als wenig stichhaltiger Grund für diese Beobachtung wird eine „Zunahme der agierenden Personen wie auch der Orte ihres Auftretens" genannt.[127] Diese Begründung erscheint äußerst zweifelhaft, da eine eventuelle Zunahme viele Gründe haben

[124] Maegerle, Anton: „Von der Jugend für die Jugend": Wiking Jugend Schweiz, Volkstreue Jugendbewegung Schweiz, bnr 23/87, 09.11.1987, S. 4f..
[125] O.V.: tagebuch, Karlsruhe, bnr 13/1987, 22.06.1987, S. 8.
[126] Maegerle, Anton: Mit Kochgeschirr und Tornister im Einheitshemd, bnr 1/1988, 04.01.1988, S. 4f..
[127] Vgl. bnr-Redaktion: Titelblatt, Register für Jahrgang 6 (1989), S. 1.

kann, z.B. die ebenfalls im Schreiben erwähnte personelle Aufstockung durch mehr Autoren oder die Ausweitung von Personen und Gruppierungen in das vom bnr nicht explizit definierte Beobachtungsspektrum. Die Benennung von Korrelation zwischen Taten und Orten erscheint unseriös, erhebt der bnr damit doch den Anspruch lückenlos alle rechtsextremen und vermeintlichen „rechten“ Tatbestände bundesweit thematisieren und erfassen zu können. Als Stammautoren veröffentlichen in diesem Jahrgang Veronica Blum, Franziska Hundseder, „Andreas P. Zaleshoff“, Heinrich Kocherbuck und Klaus-Henning Rosen.

Aufbau und Appellfunktion des Anschreibens des 7. Jahrgangs 1990 des bnr entsprechen mit 20 Seiten den bislang Beschriebenen. Für die Zusammenstellung zuständig sind ebenfalls Christian und Klaus-Henning Rosen. Das Anschreiben weist u.a. auf eine nicht nachvollziehbare angebliche Erweiterung des Registers hin, da im Vergleich zum 6. Jahrgang 4 Seiten weniger zusammengestellt wurde. Ein Hinweis auf die Warn- und Werbefunktion dieser Schreiben wurde schon an anderer Stelle gegeben. Weiterhin werden neue Autoren aus den neuen Bundesländern begrüßt, welche nun die Entwicklung „sorgsam beobachten“ werden, so die bnr Redaktion. Auf der letzten Seite des Registers, findet man ein Novum; hier erfolgt eine ergänzende Darstellung zu den Verfassungsschutzberichten und zu den in 1990 stattgefundenen Wahlen. Letztgenanntes Auflisten unterteilt sich in Ergebnisdarstellungen und Kandidatenlisten der „rechtsextremen Parteien“. Die Stammautoren dieses Jahrgangs sind: Veronica Blum, Torsten Borchers, Franziska Hundseder, Thomas Klaus, Christian Nigl, Bernd Siegler, Eduard Ohse und Klaus-Henning Rosen. Mit fünf Beiträgen veröffentlicht Armin Pfahl-Traughber seine ersten Artikel für den bnr (7, 10, 12, 14, 18). Dieser Autor, ehemaliger wissenschaftlicher Mitarbeiter des Bundesamtes für Verfassungsschutz und nun Professor an der Hochschule für Verwaltung Swisstal-Heimerzheim, ist neben Modery und Wölk einer der Autoren, welcher am häufigsten veröffentlicht. Zumeist publiziert er Buchrezensionen oder Hintergrundberichte. Modery al. „Maegerle“ schreibt lediglich vier Beiträge (1, 10, 17, 23). Interessanterweise tritt Wölk unter seinem Klarnamen mit zwei Beiträgen (7, 12) und unter Pseudonym „Zaleshoff“ mit einem Beitrag (9) in Erscheinung. Dies zeigt eine Variation in der Verwendung von Klarnamen und (zukünftig teilweise mehreren) Scheinnamen. Es kann nicht ausgeschlossen werden, daß mehrer Pseudonyme, zum Teil in denselben Ausgaben, gleichzeitig auch für andere Autoren verwendet werden.

Mit 26 Seiten ist das Register des Jahrgangs 8 (1991) diesmal in der Tat deutlich erweitert worden. Diese Erweiterung wird im Registeranschreiben der bnr Redaktion auf den „Prozeß der Einheit“ zurückgeführt. Auch dem Werbecharakter dieser Schreiben bleibt man treu indem man propagiert, „daß wir unseren Lesern mehr an Information bieten konnten.“[128] Verantwortet wird diese Zusammenstellung erneut von den Herren Rosen. Als Stammautoren veröffentlichen in 1991: Veronica Blum, Torsten Borchers, Franziska Hundseder, „Anton Maegerle“, Christian Nigl, Eduard Ohse, Armin Pfahl-Traughber, Klaus-Henning Rosen und Eckart Strohmaier. Volkmar Wölk verwendet, neben seinem Klarnamen (bnr 6, 9/91), die Pseudonyme „Sönke Braasch“ (15, 19, 25/91) und „Andreas P. Zaleshoff“ (12/91). Damit werden die oben gemachten Beobachtungen bestätigt. Der Politikwissenschaftler Christoph Butterwegge veröffentlicht in bnr 18/91 seinen ersten Beitrag zum Thema Rechtsextremismus in der ehemaligen DDR.

Das Registeranschreiben des 9. Jahrganges 1992 überschlägt sich direkt im ersten Satz mit der Feststellung, das 1992 geprägt war „durch die dramatische Eskalation des Rechtsextremismus.“[129] Es folgt hieraus die zur „Daueremotion“ und gleich einer Dauerwerbesendung gehörende Feststellung der bnr Redaktion, daß folglich ein noch umfangreicheres Register vorgelegt werden könne. Dies kann bei genauer Beobachtung wiederum nicht bestätigt werden. Zum einen besteht das Register aus 18 Seiten, 8 Seiten weniger als im 8. Jahrgang und zum anderen werden die Namen und Organisationen nicht mehr in dreier Kolonnen pro Seite geführt, sondern nur noch eine Spalte. Statt Gründe oder konkrete Sachanalysen zu nennen auf welche diese Beobachtung zurückzuführen ist, wird lediglich von einer „Krankheit“ gesprochen, welche es einzudämmen gilt. Ein also sachlich und inhaltlich völlig unangemessener Stil. Es werden lediglich moralisierende Behauptungen verkündet, um den Leser zu emotionalisieren (Drohkulisse) und weiter zu aktivieren, sei es als Abonnent oder als Informant. Offensichtlich setzt sich dieses Anschreiben aus Textbausteinen zusammen, welche schon im Anschreiben für Jahrgang 7 (1990) benutzt wurden. Denn am Schluß dankt der bnr den Autoren für ihr Engagement für wenig Honorar und den Lesern für die Treue. Als Stammautoren waren in diesem Jahrgang Torsten Borchers, „Sönke Braasch“, Heiner Lichtenstein, „Anton Maegerle“ („A.M.“), Ernst Ohse (E.O.), Armin Pfahl-Traughber und Klaus-Henning Rosen (KHR) aktiv. Volkmar Wölk veröffentlichte unter Klarnamen einen Beitrag (bnr 5/92) und unter Pseudonym „Sönke Braasch“ sieben Artikel (2, 5, 16, 17, 18, 20, 27/92). Christoph Butterwegge veröffentlichte zwei Beiträge in bnr 15 und 23/92.

Mit einem kurzen Standardanschreiben wird das zum ersten Mal numerierte 20 Seiten, umfassende Register für den 10. Jahrgang (1993) eingeführt. Fast in jeder Ausgabe sind folgende Autoren zum Teil mit mehreren Beiträgen vertreten: Volkmar Wölk, welcher in diesem Jahrgang nur unter seinem Pseudonym „Sönke Braasch“ („S.B.“) veröffentlicht,

---

[128] Vgl. bnr-Redaktion: Titelblatt, Register für Jahrgang 8 (1991), S. 1
[129] Vgl. bnr-Redaktion: Titelblatt, Register für Jahrgang 9 (1992), S. 1

Heiner Lichtenstein (H.L.), „Anton Maegerle", Armin Pfahl-Traughber und Klaus-Henning Rosen. Christoph Butterwegge publiziert vier Mal im bnr (bnr 6, 10, 11, 18/93). Sein Beitrag „Neue Apo von rechts?" in bnr 19/93 wurde wortgleich in der Zeitschrift „Antifaschistische Nachrichten"[130], welche vom linksextremen GNN-Verlag herausgegeben wird, abgedruckt. Einmal mehr wird durch eine solche Doppelveröffentlichung deutlich, daß Synergien und gesinnungsgemäßer Zusammenhalt zwischen Teilen der SPD über den bnr und der militanten Antifa – Szene/Linkspartei.PDS bestehen. Zum anderen zeigt das Engagement der geringen Anzahl von Stammautoren, welche zum Teil mehrere Beiträge unter Verwendung verschiedener Scheinnamen, pro Heft verantworten einen eher kleinen festen Kern von dauerhaften Mitarbeitern des bnr an.

Ganz besonders engagiert zeigt sich das Register des 11. Jahrgangs 1994 welches nun 33 (!) Seiten umfaßt und von „Anton Maegerle" zusammengestellt wird. Anschreiben, Aufbau und Inhalt werden ganz überwiegend von den Vorgängern übernommen. Einzige Innovation ist die Einsparung der jeweiligen Organisationsbezeichnung hinter den einzelnen Personennamen. Einzelne Organisationen, Parteien, Verlage und ähnliche sind auch weiterhin aufgeführt. Als Stammautoren publizieren im Jahre 1994: „Sönke Braasch", Horst Freires, Friedrich Klein, Heiner Lichtenstein, „Anton Maegerle", Gabriele Nandlinger, Eduard Ohse, Armin Pfahl-Traughber und Klaus-Henning Rosen. Christoph Butterwegge publiziert lediglich einen Beitrag und Volkmar Wölk schreibt in diesem Jahrgang erneut nur unter seinem Pseudonym „Sönke Braasch".

Die Register für den 12. (1995) und 13. (1996) können zusammenfassend betrachtet werden. Sie werden beide ohne ein Anschreiben versendet, enthalten auf 8 Seiten, nun wieder auf engbeschriebenen Dreierkolonnen nebeneinander ein Autoren- und Sachregister. In beiden Registern wird auf eine namentliche Nennung wer für die Zusammenstellung verantwortlich ist verzichtet. Die Stammautoren für 1995 sind: „Sönke Braasch", Heiner Lichtenstein, „Anton Maegerle", Armin Pfahl-Traughber, Klaus-Henning Rosen und Rudolf Schwinn. Letztgenannter wird zeitweise im Impressum als Redakteur aufgeführt. Erneut tritt Volkmar Wölk nur unter Scheinnamen auf. In 1996 publizieren auffallend häufig: „Sönke Braasch", Horst Freires, Heiner Lichtenstein, „Anton Maegerle", Gabriele Nandlinger, Armin Pfahl-Traughber und Klaus-Henning Rosen. In diesem Jahrgang nutzt Volkmar Wölk, neben seinem

---

[130] Vgl.: Butterwegge, Christoph: „Neue Apo von rechts?, bnr 19/93, 20.09.1993, S. 2-4 und Antifaschistische Nachrichten, 13.08.1993, S. 6f.; Christoph Butterwegge hielt am 20./21.05.06 bei der Landeskonferenz der VVN-BdA Baden-Württemberg einen Vortrag („Die zentralen Herausforderungen für den Antifaschismus: Globalisierung, Neoliberalismus und Rechtsextremismus"), der ebenfalls in den Antifaschistischen Nachrichten in Auszügen abgedruckt wurde, vgl.: Antifaschistische Nachrichten, 13.07.2006, Vollständig veröffentlicht ist der Vortrag auf: www.vvn-bda-bawue.de.

Pseudonym „Sönke Braasch" in 13 Ausgaben (bnr 2-5, 7, 8, 12-15, 17, 20, 23/96) auch in drei Ausgaben seinen Klarnamen (bnr 17, 22, 23/96) und seine beiden anderen Scheinnamen: „Jean Cremet" in 2 Ausgaben (bnr 21, 24/96) und „Andreas P. Zaleshoff" ebenfalls in zwei Ausgaben (bnr 21, 23/96). Die abwechselnde Verwendung von verschiedenen Scheinnamen zum Teil in gleichen Ausgaben, soll wohl über den geringen Umfang an Autoren des bnr hinwegtäuschen und eine breite Meinungsbasis durch unterschiedliche Autoren fingieren.

Eine grundsätzliche Änderung bezüglich des Registers ist in den Jahrgängen 14. (1997) bis 19. (1999) ebenfalls nicht feststellbar. Diese werden aber jeweils von „Anton Maegerle" verfaßt. Daher liegt es nahe, daß „A.M." auch die Register der Jahrgänge 12. und 13 verantwortet und so seit 1994 die Aufgabe von Christian und Klaus-Henning Rosen übernommen hat. Der zum Stammautor avancierte „Maegerle" wird mit Übernahme dieser administrativen Tätigkeit eine wichtige Säule des bnr.

Die Stammautoren in 1997 sind: „Sönke Braasch", „Jean Cremet", Horst Freires, Heiner Lichtenstein, „Anton Maegerle", Gabriele Nandlinger, Armin Pfahl-Traughber, Klaus-Henning Rosen und Siegfried Vergin. Volkmar Wölk publiziert zudem unter Klarnamen und zusätzlich unter Scheinnamen „Andreas P. Zaleshoff". Butterwegge publiziert drei Beiträge (bnr 4, 5, 17/97).

In 1998 publizieren zusätzlich folgende neue Stammautoren, die auf das Engagements Helmut Lölhöffels zurückzuführen sind: Ralf Bachmann und Jeannette Goddar. Vergin publiziert lediglich nur zwei Beiträge, Butterwegge keinen Artikel und Wölk nutzt erneut die ganze Möglichkeit seiner Scheinnamen aus (auch in 1999).

In 1999 ist folgender bnr Autor ebenfalls zu dieser Stammautorenmannschaft hinzuzuzählen: der Journalist Peter Nowak (Frankfurter Rundschau, Neues Deutschland, die tageszeitung und Konkret). Weiterhin publiziert ein Autor unter einem offensichtlichem Pseudonym „B. Ohne", wohl eine Reminiszenz an Benno Ohnesorg[131].

Mit einigen letzten Beobachtungen zu der Stammautorenmannschaft, welche überwiegend Artikel im bnr veröffentlichen, schließt dieser Abschnitt zum Register, da zum 17. Jahrgang kein Register mehr erstellt worden ist. Der Verfasser hat daraufhin selber ein Autorenregister erstellt. Wichtige Autoren, welche sich in der Zeit unter dem Herausgeber Lölhöffel zu häufigen Mitarbeitern entwickeln, sind neben Gernot Modery-„Anton Maegerle" Volkmar Wölk, Armin Pfahl-Traughber: Thomas Pfeiffer, Tomas Sager, Thomas Grumke, Andrea Röpke und Andreas Speit. Zu einer Auswahl der wichtigsten Akteure erfolgt an späterer

[131] Weiter „Kunstnamen" im bnr sind T. April, Benny Bender, Thomas Tal, Franco Tirador [dt.: der Freischärler, Anm. L.N.], Hans Löwe, Rainer Roeser.

Stelle dieser Studie eine ausführlichere Würdigung (vgl. 2.3.2 Akteursanalyse ausgewählter Autoren des bnr).

Zwischenergebnis

Die überwiegend deskriptive Analyse der Formalien des bnr ergibt in ihrer diachronen Zusammenschau bereits einige vorläufige Ergebnisse. Anhand der ausführlichen Beschreibung des schlichten überwiegend gleichbleibenden Erscheinungsbildes der Zeitschrift zeigt sich ihre textorientierte Ausrichtung. Der Abschnitt zur Finanzierung des Blattes offenbart zunächst die erheblichen und dauerhaften Finanzierungsprobleme. Da Ende der 90er Jahre weniger Querfinanzierungsmöglichkeiten durch Spenden und staatlichen Zuwendungen bestanden und Unterstützungsabonnenten kündigten, mußte die Zeitschrift die Erscheinungsweise in ein elektronisches Format ändern. Die „internen" Briefe, Mitteilungen und Registeranschreiben an den Leser enthalten stets einen missionarischen Motivations-, Appell- und Gruppencharakter und formulieren eine „antifaschistische" Grundhaltung mit Bündnischarakter („Antifa-Konsens"), indem zum einen Verallgemeinerung des politischen Gegners („Rechts") stattfindet und zum anderen unterstellt wird, daß dieser sich nicht genügend von extremen Kräften abgrenzen würde. Weiterhin findet eine monothematische Daueremotionalisierung und damit Einschwörung der Leserschaft im bnr statt, welche geprägt ist durch antideutsche Äußerungen und politischer Korrektheit. Ein immer wieder beschworenes aber nicht genauer definiertes Bedrohungsszenario stellen die Intellektualisierungsbemühungen, der - nach bnr - nichtdemokratischen „Neuen Rechten" und deren fließenden Grenzen zur etablierten Politikarena dar.

Eine Umstellung in eine elektronische Erscheinungsweise konnte auf die bereits implementierte Netzpräsenz von 1998 aufbauen. Die Aufnahme von Verweisen zu linksextremen „militanten" „Antifa"–Gruppierungen, insbesondere die Kooperation/Kongruenz zwischen VVN-BdA und einzelnen bnr Akteuren, bestätigen die These nach einer intensiven Zusammenarbeit und gegenseitiger netzwerkartiger Unterstützung zwischen dem bnr und linksextremen Akteuren. Eine verallgemeinernde Darstellung des Themas „Rechts" wird ohne Ansehen des Inhalts bereits in den einschlägigen Rubriken transportiert. Problematisch ist hierbei besonders der Anspruch eines offiziösen Dienstes, welcher bereits im Einleitungskapitel problematisiert wurde, der bemühte Anspruch als eine überparteilichen Zeitschrift zu erscheinen, kann durch die nachgewiesene Ausrichtung und Äußerungen der einzelnen Akteure zu keiner Zeit entsprochen werden. Ein prägnanter Beleg für diesen nichterfüllbaren Anspruch ist die langjährige Arbeit des „Instituts für Information und Dokumentation e.V.". Erst ein Aktenstudium erschließt eine Verbindung zwischen bnr und SPD und deckt die, über das „Institut" durchgeführte langjährige unterstützende Arbeit auf, bevor das „Institut" als Herausgeber des bnr firmiert. Nach Vermutungen des ehemaligen Chefredakteurs Dr. Eckart Strohmaier (1986-1992) wurde das „Institut" maßgeblich gegründet, um die Nähe zur SPD zu verbergen. Zwar hat die SPD, so Strohmaier, ein grundsätzliches Interesse an der Sacharbeit des bnr, scheute aber eine allzu offene Allianz mit DKP und VVN-nahen Autoren/Kreisen. Auch zu Kurt Hirsch hätte die SPD angeblich eine distanzierte Haltung eingenommen.[132] Letztgenannte Aussagen von Strohmaier widersprechen der politischen Tendenz einiger analysierter Inhalte im bnr (vgl. 1.2 Mitteilungen der Herausgeber und Redaktion, 2.3.1 Linksextremistische/„antifaschistische Tendenzen im bnr).

Durch die häufigen Änderungen des Impressums, der Herausgeber und Autoren (Scheinnamen) kann also eher von einer Verschleierungstaktik gesprochen werden. Diese Beobachtung wird ebenfalls gestützt durch die Analyse der Register, welche einer übergeordnete Wichtigkeit für den bnr besitzen, da durch diese Zusammenstellungen schnelle Personeninformationen für die nicht näher bestimmte „praktische Arbeit" zur Verfügung gestellt werden. Durch diese Formalanalyse zeigt sich zusammenfassend somit ein indifferentes Bild des bnr. Zum einen hat der bnr den Anspruch eine überparteiliche Zeitschrift zu sein, welche, als offiziöses Hilfsorgan von Politik, Verwaltung, Medien und privatem Konsument mit seriösem Anspruch kommentierte Informationen zur Verfügung stellt. Zum anderen erweisen bereits mehrere dargestellte Momente in der Formalanalyse eine „antifaschistische" Ausrichtung mit Verbindungen zur linksextremen Szene. Diese ersten Beobachtungsergebnisse der Formalanalyse werden im Analysekapitel konkret an den ausgewählten Fallbeispielen ausführlich überprüft.

1.3 Einordnung des Verlages: Analyse der SPD Mediengesellschaft und Verlage

Im Zeitalter der multimedialen Welt wissen viele Menschen nicht mehr, woher bestimmte Ideen kommen, aber das Wichtigste ist, daß sie ihnen zustimmen.[133] Diese sinngemäße Wiedergabe eines Zitates von Michael Joyce problematisiert die Tatsache, daß immer mehr Nachrichten konsumiert werden, aber die Entstehung und Herkunft dem Konsumenten zumeist verborgen bleibt. Daß die Realität der Massenmedien sich im Zugriff auf die Gesellschaft „total" auf unsere Meinung auswirkt, zeigte bereits NIKLAS LUHMANN und

[132] Gedächtnisprotokoll des Telefoninterviews mit Dr. Eckart Strohmaier: Chefredakteur des bnr von 1986 bis 1992 am 28.04.2007; Nach Klaus-Henning Rosen sollte mit „...Übergang auf eine parteiunabhängige Einrichtung...deutlich werden, daß für den Kampf gegen Rechtsextremismus und Neonationalsozialismus...breitere Unterstützung als nur durch eine Partei..." notwendig sei; vgl. Dokumentation der schriftlichen Befragung von Klaus-Henning Rosen in der Anlage.

[133] Becker, Konrad: Die Politik der Infosphäre. World-Information.Org, Bonn 2002, S. 116.

auch ARNOLD GEHLEN diagnostizierte, daß die Erfahrungen des modernen Menschen „Erfahrungen zweiter Hand" sind. Erschwert werden also die Rückschlüsse auf die Intention des Herausgebers und der einzelnen Information, wenn zudem die tatsächliche Nachricht kommentiert bzw. nur ein bestimmter Blickwinkel beleuchtet wird. Heutzutage versuchen PR-Unternehmen, Denkfabriken und Geheimdienste Information zu einer Ware zu generieren, indem sie einzelne Inhalte zielgerichtet lancieren, um ein Thema auf der politischen Agenda zu plazieren. Diese Techniken machen die politische Willensbildung zu einem wissenschaftlich deduzierbaren und manipulierbaren Produktionsvorgang.[134] Information wird dabei zu einem neuen Machtfaktor einer wissensbasierten Gesellschaft. Dieser Verteilungsapparat vorgefaßter Meinungen und vorfabrizierter Klischees trägt nicht zum Austausch autonomer Meinungen bei. Anstatt eines Distributionsapparates benötigten die Konsumenten einen freien Kommunikationsapparat. Daneben wird der Weltnachrichtenmarkt kontrolliert von den großen Nachrichtenagenturen. Associate Press (AP, USA), Reuters (GB), Agence France (F) und in der Bundesrepublik nimmt die Deutsche Presse Agentur (DPA) diese Rolle war. Die meisten Zeitungsredaktionen werden durch diese „großen Vier" beliefert und erstellen für die kleineren Lokalzeitungen kostengünstige Mantelteile aus einer Hand, da sich die meisten Lokalzeitungen keine eigenen Korrespondenten leisten können. Nun könnte man annehmen, daß nichtstaatliche und nichtkommerzielle Bereiche eine Art Gegenstruktur aufbauen, welche eine unabhängige und kritische Medienrezeption verfolgen.

Einige Gründe sprechen dagegen, da ganz überwiegend entweder nur ausgewählte Mediensets berücksichtigt werden dürfen oder kommentierte und redaktionell bearbeitete Inhalte dem nichtstaatlichen und nichtkommerziellen Nutzer vorliegen. Ein Motiv ist die schiere Nachrichtenflut, welche es durch die genannten organisierten Quellen zu kanalisieren gilt, um einer „Reizüberflutung" entgegenzuwirken. Auf einen weiteren Grund weist JOST BAUCH hin, der eine Reihe von „Selektoren"[135] benennt, welche die „Wirklichkeit" in Form von Nachrichten medial als Konstruktion neu übersetzen und Auswirkungen auf die strukturelle Ebene besitzen und die Wirklichkeitsauffassung beeinflussen. Somit liegen dem privaten Konsumenten überwiegend selektive Informationsinhalte vor, die den „modernen Menschen

[134] Schelsky, Helmut: Der Mensch in der wissenschaftlichen Zivilisation, Köln und Opladen, 1961, S. 30.

[135] Bauch benennt acht „Selektoren", die eine Nachricht zu einer „hochselektierten" Konstruktion werden läßt: „1. Die Information muß neu sein; 2. Bevorzugt werden Konflikte; 3. Ein besonderer Aufmerksamkeitsfänger sind Quantitäten; 4. Ein lokaler Bezug gibt einer Information Gewicht; 5. Normverstöße verdienen besondere Beachtung; 6. Moralische Bewertungen werden Normverstößen beigemischt; 7. Die Medien bevorzugen eine Zurechnung auf Handlung, Handelnde, also Personen; 8. Das Erfordernis der Aktualität führt zur Konzentration der Meldung auf Einzelfälle.", vgl.: Bauch, Jost: Die manipulierte Masse, Junge Freiheit, 02.06.2006.

immer passiver und oberflächlicher in seinen Haltungen und Reaktionen“[136] werden läßt. Durch die schiere Flut von politischen Nachrichten besteht die Gefahr, daß die breite Masse das Interesse am politischen Diskurs verliert und damit zugleich Gefahr läuft, entdemokratisierend zu reagieren. Andererseits können sich einzelne politische Nischen entwickeln, welche versuchen auf die Massen Einfluß zu nehmen.

Erschwerend zu diesen Selektionsmechanismen tritt eine überwiegend einseitige linke bis linksliberale Ausrichtung der Medien hinzu, welche durch Kommentierungen, Zusammenfassungen o.ä. die Objektivität der Nachrichten für den Konsumenten noch undurchschaubarer machen muß. Die zunehmende wirtschaftliche Konzentration durch Fusionen und Schließungen führen vermehrt zu mächtigen multimedialen Verlagshäusern, welche sich aufgrund der Globalisierung internationalisieren. Diese Entwicklungen berücksichtigend ist eine politische Unausgewogenheit um so kritischer zu würdigen. Von 36.000 Festangestellten und 18.000 freien Journalisten ordneten sich im Jahr 1993 folgenden politischen Richtungen zu: Linksliberal 21,4%, Liberal, 19,3%, Sozialdemokratisch 16,4%, Grün-alternativ 9,8%, Christlich-demokratisch 8,1%, Rechtsliberal 4,6%, Neutral 4%, Sozialistisch 3,2% und Konservativ 2,4%.[137] Neben der Gesetzgebung, der Verwaltung und der Rechtsprechung existiert somit eine vorwiegend linke bis links-liberale „vierte Gewalt“, welche durch die o.g. Dienstleister genutzt werden bzw. versucht werden für ihre Belange instrumentalisiert zu werden. Dieses „Meinungsmonopol“, welches nach den semantischen Regeln der *„political correctness“*, also nach einem falschverstandenen erzieherischen Ethos und einem kommerzialisierten Aufdeckungsjournalismus (vgl. die Medienkampagnen insbesondere nach dem SED/MfS initiierten Farbanschlag auf das sowjetische Ehrenmal in Berlin-Treptow 1990,[138] „Lichterketten Bewegung nach Anschlägen auf Asylunterkünfte 1992“, „Aufstand der Anständigen“ nach einem Anschlag auf Sprachschüler 2000 in Düsseldorf, vermeintliche rechtsextreme Gewalt gegen einen Schüler in „Sebnitz“ 2000 und „Potsdam“ gegen einen deutsch-äthiopischen Wissenschaftler 2006)[139] vorgeht, betrifft nicht nur die Zeitungsmedien, sondern auch den Rundfunk, das Fernsehen und die Buchverlage, die

[136] Schelsky, Helmut: Gedanken zur Rolle der Publizistik in der modernen Gesellschaft, in: Auf der Suche nach der Wirklichkeit, Düsseldorf-Köln 1965, S. 313f..

[137] Nordbruch, Claus: Sind Gedanken noch frei? Zensur in Deutschland, München 1998, S. 148; eine aktuellere Untersuchung des Instituts für Demoskopie Allensbach bestätigt diese Einschätzung, vgl.: Groth, Klaus J.; Schäfer, Joachim (Hrsg.): Stigmatisiert. Der Terror der Gutmenschen, Unna 2003, S. 24.

[138] Die erste Kampagne nach der Vereinigung gegen „rechts“ wurde von Gregor Gysi und der Solidaritätsaktion: „Unser Land braucht eine breite Einheitsfront gegen rechts“ gestartet; Knütter, Hans-Helmuth: Antifaschismus und politische Kultur in Deutschland nach der Wiedervereinigung, APuZ, B9, 22.02.1991, S. 22f. u. 27; zur gesteuerten „Provokation“ des SED/MfS, vgl.: Küpper, Mechthild: Gysi unterbindet Berghofer – Bericht, Frankfurter Allgemeine Zeitung, 13.04.2007, S. 4.

[139] Vgl. Schölgens, Gesa: Nicht immer sind die Nazis schuld, die tageszeitung, 19.05.2006, S. 3.

das „Umerziehungswerk im Geist des Antifaschismus weiterzuführen sucht".[140] Auf die damit verbundene „Daueremotionalisierung" und die Exaltierung des politischen Lebens, welche durch die psychische Stimmungs- und Meinungsdepression und das Ansprechens der unbewußten Seelenkräfte durch den Einsatz moderner technischer Mittel erreicht wird, wurde am Beispiel des bnr bereits in der Formalanalyse eingegangen.

Diese Hegemonie dient, verstärkt durch die genannte Verarbeitungsspirale, maßgeblich den Eliten in Politik, Verwaltung, Rechtsprechung und Wirtschaft als stichwortgebende Entscheidungsgrundlage. Somit wird der Publizist seiner Aufgabe in der modernen Gesellschaft, nämlich öffentliche Meinungsbildung durchzuführen, nicht gerecht. Nach SCHELSKY verkommt die „öffentliche Meinung" zu einer Berufsideologie, welche lediglich durch eine selbstnormierte „Deutungsfunktion" lebt, anstatt daß sie die Zusammenhänge der modernen Gesellschaft erklärt.[141] Nachdem die publizierte öffentliche Meinung durch diese Ideologie ersetzt worden ist und die Nachricht zur Ware nivelliert wurde, wird die Publizistik heruntergebrochen auf eine „notwendige Kommunikationsform abstrakter Sozialorganisationen."[142] SCHELSKY faßt diese Beobachtungen zusammen unter den Begriff der „Humantechniken", deren Träger in den verschiedensten Formen der Staat ist. Abstrakt versteht er darunter die Techniken der Veränderung, Beherrschung und Erzeugung des seelischen und geistig - gesinnungsmäßigen Innenlebens des Menschen.[143] Danach handeln Publizistik, Meinungsforschung, Geisteswissenschaften usw. in der Moderne nach neuen technisch–anthropologischen Sachgesetzmäßigkeiten, die zumindest in den westlichen Industrieländern universelle Anwendung finden bzw. diese verfolgen und wenden sich gegen eine naturalistische/metaphysische Willensentwicklung des Menschen. Auf die Tatsache, daß diese „Konstruktion der künstlichen Natur", also der Selbstbezug des Menschen, in zunehmenden Maße exportiert wird und als machiavellistischer Faktor einem utilitaristischen Charakter innewohnt, kann an dieser Stelle nicht weiter dargestellt werden.

Bei der modernen Publizistik der Massenmedien handelt es sich also nicht mehr um einen freien Informationsaustausch für, von und durch Massen, sondern es werden lediglich konkrete Interessengruppen einseitig bedient, die wiederum durch die Wirkung dieser Publizistik einzelne Interessengruppen bilden. Somit gerät eine grundgesetzlich garantierte Meinungsäußerungsfreiheit, das heißt sich auch in Wort, Schrift und Bild frei äußern zu

[140] Nordbruch, Claus: Sind Gedanken noch frei? Zensur in Deutschland, München 1998, S. 150.
[141] Schelsky, Helmut: Gedanken zur Rolle der Publizistik in der modernen Gesellschaft, in: Auf der Suche nach der Wirklichkeit, Düsseldorf-Köln 1965, S. 310.
[142] Schelsky, Helmut: Gedanken zur Rolle der Publizistik in der modernen Gesellschaft, in: Auf der Suche nach der Wirklichkeit, Düsseldorf-Köln 1965, S. 312.
[143] Schelsky, Helmut: Der Mensch in der wissenschaftlichen Zivilisation, Köln und Opladen, 1961, S. 11.

können, zu einer Einbahnstraße, da zwischen Konsument und „institutionalisierten Träger des Informationssystems“[144] keine Durchlässigkeit besteht. Es handelt sich somit nur um eine vorgetäuschte Freiheit, jedenfalls keine Informationsgerechtigkeit. In Wahrheit bestimmen Publizisten die Tatbestände, die zur öffentlichen Kenntnis kommen und produzieren Meinungen und Urteile, und das heißt, sie üben Führungsfunktionen in der Gesellschaft aus.[145] Hier haben die neuen elektronischen Kommunikationsmöglichkeiten keine Entlastung durch einen erweiterten „Quellenpluralismus“ gebracht, sondern vielmehr eine Konzentration auf die Leitmedien wie das Fernsehen und die Tageszeitungen befördert.

In der Formalanalyse des bnr wurde auf die monothematische „antifaschistische“ Kommunikationsform des bnr hingewiesen, welche durch seinen appellierenden Charakter die Leser gerade dazu auffordert, sich als integrativen Teil zu verstehen. Also es nicht nur bei der Lektüre des bnr zu belassen, sondern sei es durch Mitarbeit am bnr (z.B. Meldungen über „rechte Aktivitäten“) oder das Engagement in „antifaschistischen“ Gruppierungen aktiv im Kampf gegen „Rechts“ mitzuwirken. Daher bildet der bnr ein idealtypisches Beispiel für eine interessensgeleitetes Informations- und Kommunikationsmittel *sui generis*. Weiterhin kann der bnr seinen Ansprüchen und denen der Leser nur genügen, wenn er das Bedürfnis nach mehr Information steigert. In dieser Richtung wirken z.B. die analysierten Registeranschreiben, in denen jeweils ein weiterer Anstieg von „rechten Aktivitäten“ festgestellt wurde. Der bnr wirkt also selbstlegitimierend, wobei nach SCHELSKY sogar jedem Publizisten ein propagandistisches Moment seines Produktes inne wohnt.[146] Hierbei wirkt der bnr jedoch auf ein relativ kleines aber in Bezug auf die Meinungsträger wichtiges „Auditorium“ und erhält damit auch eine metapolitische Bedeutung.

Der Einfluß des bnr als eine Zitierpublikation für den massenmedialen Markt wird von den Herausgebern aber maßlos überschätzt. In der letzten Druckausgabe des bnr betonte Helmut Lölhöffel als Herausgeber, daß der bnr „von den Medien als erstklassige Quelle anerkannt“[147] sei. Mit diesen „Medien“ kann Lölhöffel keine Qualitätsmedien meinen, denn in diesen wird in den meisten Fällen über den bnr als Berichtsgegenstand publiziert, als daß der bnr als Informationsquelle zitiert wird. Die ökonomisch organisierte und vernetzte Verbreitung von Meinung geschieht heutzutage im viel größeren Maßstab, unter Anwendung der multimedialen Möglichkeiten. Das heißt eine Mediendurchdringung auf dem massenmedialen

[144] Schelsky, Helmut: Publizistik und Gewaltenteilung, in: Systemüberwindung, Demokratisierung und Gewaltenteilung. Grundsatzkonflikte der Bundesrepublik, München 1973, S. 91f..
[145] Schelsky, Helmut: Publizistik und Gewaltenteilung, in: Systemüberwindung, Demokratisierung und Gewaltenteilung. Grundsatzkonflikte der Bundesrepublik, München 1973, S. 99.
[146] Schelsky, Helmut: Gedanken zur Rolle der Publizistik in der modernen Gesellschaft, in: Auf der Suche nach der Wirklichkeit, Düsseldorf-Köln 1965, S. 318.
[147] Lölhöffel, Helmut: Neuer Blickwinkel, bnr 9/04, 29.04.2004, S. 1.

Markt im technischen Zeitalter richtet sich nach den konkreten Marktanteilen. Diese werden bei Druckmedien anhand der verbreiteten Auflagenzahlen, bzw. bei elektronischen Medien werden die Zugriffe in *page impressions* oder *page visits* [148]ermittelt.

Auch wenn der bnr inzwischen aus Kostengründen eine Umstellung hin zu einer elektronischen Erscheinungsweise vollzogen hat, ist hiermit keine Steigerung der Mediendurchdringung als Zitierorgan verbunden.[149]

Um die Zitierung des bnr in der deutschsprachigen Presse objektiv zu überprüfen, wurde vom Verfasser eine Pressedatenbankabfrage durchgeführt. Diese umfaßte aufgrund der zu erreichenden Repräsentativität den Zeitraum vom 01.01.2000 bis 01.06.2006. Zwar korreliert dieser Zeitraum nicht mit dem hauptsächlichen Untersuchungszeitraum, jedoch sind erst seit ca. 1998 alle wesentlichen Druckmedien in Pressedatenbanken nachträglich recherchierbar und somit eine repräsentative Untersuchung möglich. Zudem ergibt dieser Zeitraum Aussagen zur Medienrepräsentanz des bnr als Druckfassung bis Mai 2004 und für den restlichen Zeitraum als elektronisches Medium. Für diese Untersuchung wurden die Suchbegriffe „blick nach rechts“ und „bnr“ eingegeben, wobei die Datenbank die Groß- und Kleinschreibung nicht unterscheidet. Die benutzte Datenbank „factiva“[150] stellt ca. 200 deutschsprachige Tages-, Woche- und Fachmedien, inklusiver aller regionalen und überregionalen Qualitätszeitungen zur Verfügung, reine Börsen- und Kursmeldungen wurden vor dem Suchlauf gefiltert. Als vorläufiges Ergebnis wurden 265 Artikel angezeigt. Diese Artikel enthalten aber noch Suchfehler, also Artikel, welche nicht im Zusammenhang mit der Zeitschrift bnr stehen, wie z.B. die rumänische Nationalbank (BNR), die BNR Translogistig GmbH, das Reedereiunternehmen BNR Fjord Line, die BNR Überlandverkehrs Verwaltungs GmbH, das staatliche Bulgarische Nationale Radio (BNR) oder nicht relevante Verwendungen der Worte „Blick nach rechts“. Diese Suchfehler wurden anhand einer Artikelübersichtsliste aussortiert.

Insgesamt blieben für den Zeitraum von 6,5 Jahren lediglich 63 Artikel mit einem Bezug zum Untersuchungsgegenstand. Wenn man Berichtsmassierungen zu einzelnen Themen wie z.B. die Umstellung auf das elektronische Format berücksichtigt wird die These bestätigt, daß es sich beim bnr, ob als Druck- oder elektronisches Medium, um ein absolutes Nischenblatt handelt, welches nahezu keine Bedeutung als Zitiermedium besitzt. Stellt sich die Frage nach weiteren Medien, z.B. welche nicht in Pressedatenbanken recherchierbar sind, als „die

---

[148] *page visits*: es wird die Besucheranzahl ermittelt; *page impressions*: es werden die einzelnen Seitenaufrufe auf der jeweiligen Seite gezählt.

[149] Druckabonnements ≈ elektronische Abonnements, vgl. FN 42.

[150] Weitere Informationen zur Datenbank vgl.: www.factiva.com, 08.06.2006.

tageszeitung", die „Frankfurter Rundschau" und den „Tagesspiegel", die dem bnr durch gemeinsame Autoren und „Erkenntnisinteressen" im „Kampf gegen Rechts" nahe stehen. Auffällig ist, daß, wie diese Studie auch zeigt, überwiegend die Wochenzeitung „Junge Freiheit" und die „Preußische Allgemeine" (ehem. „Ostpreußenblatt") zum bnr Stellung bezieht. Beides sind rechtsdemokratische Zeitungen, welche selber unter Beobachtung des bnr stehen, also regelmäßig von Autoren des bnr gelesen, ausgewertet und kommentiert werden. Somit verfolgen diese Medien ein eigenes Interesse an ihrer Berichterstattung über den bnr. Daß dezidiert linksextreme Publikationen, wie die „antifa-rundschau", die „antifaschistischen nachrichten", „Der Rechte Rand" und die „Lotta" den bnr zitieren, braucht in diesem Zusammenhang nicht gesondert betont zu werden, lassen sich doch bei diesen Medien Kongruenzen bzgl. ihrer Autoren belegen.[151] Zusammenfassend läßt sich also eine unbedeutende Verbreitung von bnr Informationen auf dem massenmedialen Zeitungsmarkt feststellen, lediglich eine Art „Gegnerresonanz" findet in den entsprechenden rechtsdemokratischen Zeitungen statt, welche auch für diese Untersuchung zur Kenntnis genommen wurden.

Presse-Monitor Deutschland GmbH & Co. KG (PMG)

Ein Beispiel für ein eingeschränkt nutzbares Medienset ist die im Auftrag der Verwertungsgesellschaft Wort agierende Firma PMG.[152] Diese betreibt seit April 2001 in Monopolstellung eine Internetpräsenz, wo privatrechtliche Verträge über die Nutzung von Presseinhalten geschlossen werden müssen, um einzelne Artikel und ihre Urheberrechte hinterher nutzen zu dürfen. Relevant ist dies bei der Zusammenstellung von Pressespiegeln in Unternehmen, Verbänden und Behörden. § 49 UrhG sieht für die Verwendung von Presseartikeln in sogenannten „Pressespiegeln" ausnahmsweise eine Schrankenregelung vom Urheberrecht (Zustimmung des Urhebers vor Nutzung) durch eine Vergütung vor. Diese Vorgehensweise ist seit dem BGH Grundsatzurteil v. 11. Juli 2002–I ZR 255/00 urheberrechtlich für einen potentiellen Nutzer eines elektronischen Pressespiegels/Faxübermittlung etwa durch Medienbeobachter, PR-Unternehmen und Ausschnittdienste verpflichtend. Auf der anderen Seite liefern Zeitungsverlage ihre Inhalte täglich in elektronischer Form dieser Firma, um die einzelnen Meldungen von ihrem Portal vermarkten zu lassen. Auffällig ist, daß lediglich, außer dem ehemaligen SED/FDJ-Medium

---

[151] Leicht belegen läßt sich diese Beobachtung für die Autoren Gernot Modery - „Anton Maegerle" und Volkmar Wölk - „Jean Cremet", indem man die Scheinnamen in die Suchmasken der elektronischen Netzveröffentlichungen der beiden erstgenannten Zeitschriften eingibt; vgl.: antifaschistisches pressearchiv und bildungszentrum berlin e.v. (apabiz): Netz: Publikationen, www.apabiz.de/netz/publikationen.htm, 08.02.2006.

[152] Vgl.: www.pressemonitor.de, 17.04.2006.

„junge Welt", überwiegend IVW[153]-geprüfte Druckmedien über PMG vermarktet werden. Das heißt also nur Medien, die als Werbeträger ihre Auflagenzahlen der IVW gemeldet haben. Somit stehen bei Zusammenstellung von Pressespiegeln nur die Informationsinhalte der Vertragspartner von PMG zur Verfügung. Unbesehen der einzelnen Nachrichten wird hier bereits bei der Auswahl von einzelnen Medienträgern für die Zusammenstellung von Pressespiegeln selektiert.

Perlentaucher Medien GmbH/Eurotopics (Bundeszentrale für politische Bildung)

Mit einem noch eingeschränkteren Medienset werden von den Redakteuren der Perlentaucher Medien GmbH und der Redaktion von Eurotopics einzelne Nachrichten ausgewählt und teilweise kommentiert. Diese Vorgehensweise umgeht, neben der innewohnenden Tendenz einer Kommentierung, die beschriebenen urheberrechtlichen Vorschriften für die Verwendung von Presseschauen. Die Hauptprodukte der Perlentaucher Redaktion sind ein elektronischer Überblick einer Auswahl der täglichen Zeitungs-Feuilletons, der monatlich erscheinenden Nachrichtenmagazine und eine Bücherschau, welche man insgesamt als *newsletter* kostenlos abonnieren kann. Gegründet und betrieben wird diese Berliner Firma überwiegend von ehemaligen Journalisten der linken Tageszeitung „taz".[154]

Diese Firma stellt seit kurzem ein ähnliches Produkt in einem erweiterten europäischen Kontext und in Zusammenarbeit mit der Bundeszentrale für politische Bildung dem geneigten Konsumenten kostenfrei zur Verfügung. Nach Anmeldung können ebenfalls ausgewählte und leicht kommentierte europäische Meldungen aus einem definierten europäischen Medienset elektronisch abonniert werden. In der Selbstdarstellung möchten die Herausgeber mit dieser Presseschau die wichtigsten politischen, kulturellen und gesellschaftlichen Debatten europaweit nachzeichnen und so zu der Entstehung einer europäischen Öffentlichkeit beitragen. Zielsetzung ist eine „transeuropäische Diskussion" und die Implementation neuer Netzwerke des medialen, kulturellen und des politischen Austauschs.[155]

„Das Parlament"

Das vom Deutschen Bundestag herausgegebene Periodikum „Das Parlament" druckt nicht nur einzelne Bundestagdebatten und politische Anfragen/Antworten ab, sondern berichtet ebenfalls über ausgewählte redaktionell bearbeitete Themen, welche durch tagesaktuelle Beiträge auch durch Gastautoren kommentierend ergänzt werden. Weiterhin werden, zumeist zu den Oberthemen Buchpublikationen rezensiert. Auf Synergien zwischen diesen freien Autoren und den Akteuren des bnr wurde bereits hingewiesen. An dieser Stelle seien erneut

[153] Informationsgemeinschaft zur Feststellung der Verbreitung von Werbeträgern e. V..
[154] Vgl.: www.perlentaucher.de, 19.04.2006.
[155] Vgl.: eurotopics: www.eurotopics.net, 19.04.2006.

die Autoren Pfahl-Traughber, Helmut Lölhöffel, Jeanette Goddar[156] und Andrea Röpke genannt, welche in beiden Medien publizieren.

Diese drei Beispiele zeigen, daß es die überparteilichen Medien nicht (mehr) gibt, und es sich immer um bestimmte, zumeist einseitige, Selektions- und Kommentierungsformen handelt, ähnlich der Arbeitsweise des bnr. Es besteht daher die Gefahr für den privaten Konsumenten, durch diese vereinfachenden Zusammenfassungen einer bestimmten Beeinflussung zu unterliegen und eine Erosion durch einen „Antifa-Konsens" begünstigt wird. Daher plädiert der Verfasser für einen möglichst breiten und freien Zugang zu allen erscheinenden Medien, damit sich der Konsument ein eigenes Gesamtbild aus den unterschiedlichen verbreiteten Positionen bilden kann und nicht auf eine wie auch immer geartete Selektion angewiesen ist. Einziges Problem bei einer eigenen Auswahl von unterschiedlich positionierten Medien ist, neben der Erhältlichkeit einer ausgewogenen Medienmischung, der limitierende Zeitfaktor. Denn um die Informationen in verschiedenen Medien zu lesen und miteinander zu vergleichen, wäre täglich ein immenser Zeitaufwand notwendig. Jedoch könnte ein offenerer Zugang von unterschiedlich gewichteten Medien, welche Einlaß zu den unterschiedlichen Dienstleistern erhalten und von ihnen zur Kenntnis genommen werden, als ein weiteres demokratisches Korrektiv wirken.

Um so problematischer erscheint die Tatsache, wenn ein solcher „Informationsdienst" wie der bnr, der monothematisch ausgerichtet ist und offen diesen einseitigen Anspruch als Aufgabe versteht, eingebunden ist in die SPD eigene Medienkonzernstruktur des DDVG und damit verwoben ist mit innerstaatlicher Souveränität. Nach HELMUT SCHELSKY ist diese Souveränität in der technischen Zivilisation nunmehr von MAX WEBER (Machtausübung) und CARL SCHMITT (Ausnahmezustand) vor allem dadurch zu ergänzen, „...daß der Staat über den Grad der Wirksamkeit aller in ihm vorhandenen technischen Mittel entscheidet, sich selbst ihre höchste Wirksamkeit vorbehält und praktisch sich außerhalb der Grenzen der Anwendung technischer Mittel setzten kann,..."[157] Die DDVG erscheint zeitweise als offizieller Herausgeber im Impressum des bnr, neben dem Vorwärts Verlag und dem „Institut für Information und Dokumentation".[158]

---

[156] Den genannten Autoren wird auch in diesem Medium Raum für ihren „Kampf gegen Rechts" geboten, vgl.: Goddar, Jeanette: Unbeugsame Botschafter der Toleranz, Das Parlament, 03.07.2006.

[157] Schelsky, Helmut: Der Mensch in der wissenschaftlichen Zivilisation, Köln und Opladen, 1961, S. 24.

[158] Vgl. 1.2 Abschnitt: Impressum.

Deutsche Druck- und Verlagsgesellschaft mbH (DDVG)

1971 wurde die DDVG als *holding* für die durch Fusion erworbenen Zeitungsbeteiligungen von zum Teil alliierten Lizenzmedien und anderen Fusionen gegründet. In ihr verschmolzen sind die für den bnr als Herausgeber relevanten Gesellschaften: die sozialdemokratische Pressedienst GmbH (Bonn, AG Bonn HRB 3332), die Vorwärts Verlag GmbH (nun AG Berlin-Charlottenburg HRB 62410) und die wegewerk GmbH (AG Berlin-Charlottenburg HRB 76336). Damit bildet die DDVG eine Sonderform im Konzernbereich, bei der die Beherrschung der Konzernmitglieder von dieser Dachgesellschaft erfolgt. Diese verwaltet die angeschlossenen Betriebe, ohne selbst Produktions- und Handelsaufgaben zu übernehmen. Ob der DDVG, der zumindest zeitweise als herausgebender Verlag im bnr Impressum [159] aufgeführt wird, hierdurch bereits eigene Produktions- und Handelsaufgaben übernommen hat, ist zumindest fraglich. Vermutlich wollte man in diesen fünf Jahren nicht nach außen mit dem Verlag der SPD-Mitgliederzeitung in Zusammenhang gebracht werden, also eine weitere Verschleierungstaktik (vgl. 1.2 Das Institut für Information und Dokumentation e.V.).

Diese Dachgesellschaft hält die Mehrheit der Aktien der angeschlossenen Gesellschaft, wobei letztgenannte nach außen unter ihrem eigenen Firmennamen auftreten könne. Der alleinige Zweck der DDVG besteht also darin, Beteiligungen an anderen Unternehmen zu halten und ausschließlich die strategische Planung und das Finanzmanagement zu übernehmen. Als DDVG Geschäftsführer fungiert Jens Berendsen, welcher diese Funktion schon u.a. bei der wegewerk GmbH und bei der Berliner Vorwärts Verlag GmbH bekleidete. Die Generaltreuhänderin hält 99,25 % an der DDVG - 0,75 % werden von der Solidarität GmbH gehalten - treuhänderisch für den Parteivorstand der SPD. Als Generaltreuhänderin des Vorstandes der SPD ist deren Schatzmeisterin, Inge Wettig-Danielmeier, mit der Verwaltung des Vermögens beauftragt. In dieser Funktion ist sie Gesellschafterin der DDVG. Sie wird in ihrer Arbeit von einem Treuhand Aufsichtsrat begleitet, der sie in Personalunion selber angehört.

Neben Wettig-Danielmeier gehören dem Aufsichtsrat an: Björn Engholm (ehem. Ministerpräsident), Uwe Jacobsen (ehem. Geschäftsführer des Saarbrücker Zeitungs-Verlages), Gisela Marx (ehem. Moderatorin des WDR-Morgenmagazins), Ernst Maul (SEB Bank, Kontoführende Bank des bnr), Dr. Werner Müller (ehem. Bundesminister) und Walter Riester (ehem. Bundesminister).[160] Offensichtlich vertraut die DDVG ganz überwiegend auf den parteiinternen Rat bzw. achtet auf politische Kongruenz. Zweck des Aufsichtsrates ist es,

---

[159] Ab bnr 25/26/1997 bis bnr 7/2002 DDVG; danach Berliner vorwärts Verlagsgesellschaft mbH, Berlin; vgl. 1.2 Abschnitt: Impressum.

[160] Vgl. Geschäftsbericht der DDVG von 2004: www.ddvg.de, 20.04.2006.

die Generaltreuhänderin in den wirtschaftlichen Grundsatzfragen des Unternehmens- und Liegenschaftsbereiches zu beraten. Damit haben nicht die Mitglieder der Partei eine direkten Einfluß über die Vermögensverwaltung der SPD Unternehmensbeteiligungen, sondern der beschriebene Aufsichtsrat, welcher erst 2002 im Parteispenden Untersuchungsausschuß des Bundestages zum ersten Mal namentlich bekannt gemacht wurde. Bis zu dieser Bekanntmachung durch die SPD Schatzmeisterin herrschte ein geheimer (namentlich nicht bekannter) Treuhand Aufsichtsrat.

Bereits im Kaiserreich finanzierte der „Arbeitergroschen" SPD-Zeitungen als Gegengewicht zu den bürgerlichen Zeitungen. Diese Überreste der „Arbeiterpresse", zu der nun auch zu 90 % die Frankfurter Rundschau gehört, ist einem zweiseitigen Organigramm zu entnehmen, welches die DDVG auf ihrer Netzpräsenz veröffentlicht.[161] Unter dem „Unit Medienbeteiligungen/Regionalpresse" finden sich insgesamt neun Zeitungsverlagsgesellschaften (Stand: Februar 2006) welche insgesamt mindestens 17 Einzelzeitungen publizieren. So druckt alleine die Verlagsgesellschaft Madsack GmbH&Co., Hannover drei Zeitungstitel mit erheblicher regionaler Verbreitung, nämlich die „Hannoversche Allgemeine", „Neue Presse Hannover" und das „Göttinger Tageblatt". Daneben hält Madsack Minderheitenbeteiligungen an den Radiosendern ffn, Hit Radio Antenne und Rock Radio 21. Unter diesem „Unit" befinden sich noch drei weitere Verlagshäuser (z.B.: Berliner vorwärts Verlagsgesellschaft mbH, Berlin) ohne Benennung von konkreten Publikationen und eine Abteilung mit Hörfunksendern. Weiterhin existieren weitere „Units": Druck (z.B. die bnr Druckerei braunschweig-druck GmbH), Handel (z.B. Hamburger Pressepapier-Vertriebsgesellschaft mbH, Hamburg), Tourismus (z.B. SPD-Reisedienst) und Service (z.B. Unternehmensberatungen). Die weiteren „Units" werden auf sechs weiteren Organigramm - Seiten dargestellt.

Neben den parteieigenen publizistischen Ambitionen der SPD über die DDVG ist die Mediengesellschaft vor allem eine lukrative Einnahmequelle für die SPD. Die Schatzmeisterin Wettig-Danielmeier konnte ihrer Partei 2004 Jahresüberschüsse von 9,2 (in 2001: 6,5 Mio. Euro) Millionen Euro überweisen.[162] Es wird davon auszugehen sein, daß die DDVG insgesamt an 43 Firmen Anteile hält, welche alle unter SPD neutralen Namen agieren. Weiterhin ist sie insgesamt an mindestens 17 Zeitungen (z.B. „Frankfurter Rundschau", „Westfälische Rundschau", „Sächsische Rundschau", „Südthüringer Zeitung", „Neue Presse" Coburg, „Leipziger Volkszeitung" und „Dresdner Neue Nachrichten" mit insgesamt fast 2,0

[161] Vgl.: www.ddvg.de, 19.04.2006.

[162] Renner, Kai-Hinrich: Die roten Retter, Die Zeit, 18.03.2004.

Mio. täglicher Auflage) und an 2 Radiosendern (RPR 1 und 2) mittelbar beteiligt. Der geschätzte Verkehrswert der SPD-Dachgesellschaft liegt bei ca. 500 Millionen Euro.[163]

Trotz aller öffentlichen Transparenz durch ältere Geschäftsberichte und Netzpräsenz steht die DDVG immer wieder unter öffentlicher Kritik. In der Tat stellt die DDVG dem Interessierten Organigramme zur Verfügung, doch die Gesamtdimension erschließt sich erst demjenigen, der sich einen Gesamtüberblick zu den einzelnen Publikationen verschaffen kann. So erscheint z.B. der bnr in keinem Organigramm. Der allgemeinen Kritik, welche zumeist von demokratischen Rechten geäußert wird, entgegnet die DDVG offensiv durch Auftragsforschungsarbeiten[164] und einer eigenen Kritikseite im Netz. Dort wehrt sich die Mediengesellschaft gegen die Hauptvorwürfe mit eigenen Stellungnahmen. Bei diesen Vorwürfen handelt es sich um: vermutete Verheimlichung von Beteiligungen, das erwirtschaftete Vermögen verschaffe der SPD einen Wettbewerbsvorteil, die SPD besäße ein Medienimperium, die SPD kaufe sich die „4. Gewalt", sie sei eine „geheime Kommandosache", das Medienengagement von Parteien sei nicht mit dem Grundgesetz vereinbar.[165] Festzuhalten bleibt, daß die SPD über die neutrale Verbindung zu den verschiedenen Medien, insbesondere Druckmedien, Konsumenten erreichen kann, die im guten Glauben sind, überparteiliche Medien zu nutzen. Keine andere Partei außer der SPD verfügt über so viele Zeitungsbeteiligungen. Die CSU mit ihrem lediglich regional erscheinenden „Bayernkurier" und einer geringen Auflage von 72.954 und die Linkspartei.PDS (jetzt: Die Linke, vormals PDS-SED) sind die einzigen Parteien, welche über eine weiteres Medium, neben ihrer Parteizeitung, verfügen. Letztgenannte Partei ist an der „Neues Deutschland Druckerei und Verlag GmbH", Berlin, beteiligt, die die Tageszeitung und ehemalige Zentralorgan der SED „Neues Deutschland" mit einer Auflage von ca. 60.000 Exemplaren verlegt.

Insbesondere die Übernahme der überregionalen linksliberalen Tageszeitung „Frankfurter Rundschau" löste zuletzt einigen Protest in Politik und DDVG unabhängigen Medien aus. Befürchtet wird eine massive Beeinflussung der Zeitung durch die SPD als maßgeblichen Finanzier des deutschlandweit erscheinenden Blattes. Kritikern wurden die Rettung der konkursbedrohten Zeitung und der Erhalt des „differenten" Medienspektrums entgegengehalten. In Wahrheit ist die SPD Mediengesellschaft in diesem Zusammenhang als

---

[163] Helmes, Peter: DGB-SPD-PDS: Macht-Kasse-Genossen!, Hamburg 2003, S. 52f..
[164] Vgl.: Haller, Michael: Die Medienbeteiligungen der SPD. Falsche Behauptungen, www.ddvg.de/ausgewaehltethemen/falschebehauptungen.print.html, 20.04.2006; diese Arbeit stellt eine Gegenstudie zu einer im Auftrag des Focus erteilten Analyse des Bonner Instituts „Medien Tenor" dar, welche sich mit der SPD Skandalberichterstattung (Kölner Spendenskandal) von DDVG Zeitungen beschäftigte, vgl.: Focus Nr. 12/2002.
[165] DDVG-Kritik: www.ddvg.de/dieddvginderkritik.print.html, 19.04.2006.

harter Sanierer aufgetreten, wie man es sonst nur von Unternehmensberatungen oder Finanzinvestoren kennt. Die von Franz Müntefering (SPD) losgetretene sogenannte „Heuschreckendebatte“ verblaßt in diesem Zusammenhang zur Glosse. Von ehemals 1650 Mitarbeitern im Jahr 2001 bei der „Frankfurter Rundschau“ wurde nach Übernahme durch die DDVG im Frühjahr 2004 auf ca. 700 Mitarbeiter heruntersaniert.[166] Danach suchte die DDVG einen geeigneten Übernahmepartner für eine 50 % Beteiligung an der Zeitung. Die verbleibenden 40% will die DDVG auch weiterhin dauerhaft halten und mit der neuen Mehrheitseignerin den Kurs der „Frankfurter Rundschau“ u.a. in einem unternehmerischen Beirat bestimmen. Die Kaufverhandlungen für diese Beteiligung wurden am 18.06.2006 mit dem linksliberalen Kölner Verlag Neven Dumont Schauberg bekanntgegeben, die nun neue Mehrheitseignerin und Stimmführerin, neben der DDVG (40%) und der Karl-Gerold-Stiftung (10%) ist. Neven Dumont und die DDVG wollen auch in Zukunft gemeinsam an der weiteren Sanierung der „Frankfurter Rundschau“ arbeiten, wie dies im konkreten aussieht, darüber schweigen die Beteiligten sich aus.[167]

Der Kreis zur SPD erschließt sich, nicht nur weiterhin über den Einfluß der DDVG, sondern verlagsimmanent über ein neues Aufsichtsratsmitglied, den früheren Bundeswirtschaftsminister Wolfgang Clement (SPD). Mit dieser Teilübernahme bleiben auch die Statuten des ehemaligen Alleineigentümers, der Karl-Gerold-Stiftung, nämlich die „linksliberale“ Blattlinie und eine überregionale Ausrichtung, gewahrt. In der weiteren Diskussion war auch die WAZ-Mediengruppe, die mit ihrem regionalen Zeitungsvertrieb u.a. das nördliche NRW mit mehreren Verlagen und Titeln abdeckt und an dem die DDVG ebenfalls einzelne Anteile hält, z.B. „Westfälische Rundschau“. Insgesamt erscheinen in der WAZ-Mediengruppe 38 Tageszeitungen, 108 Publikums- und Fachzeitschriften sowie 133 Anzeigenblätter - europaweit. Die Mediengruppe rangiert mit 1,900 Mrd. Jahresumsatz (2001) unter den 50 größten Medienkonzernen der Welt. Zudem steht die WAZ-Gruppe der SPD nahe. Personen wie der Anfang 2007 verstorbene Erich Schumann (ehem. Anwalt von Willy Brandt und Medienberater der SPD) und Bodo Hombach (ehem. Leiter des Bundeskanzleramtes von Gerhard Schröder) lenkten seit Jahren die Mediengruppe als Geschäftsführer.[168] Dem im „Berliner Programm“ der SPD definierten Anspruch, man stehe für kulturelle und publizistische Vielfalt, und die Partei setze sich für die Unabhängigkeit der

---

166 Hanfeld, Michael: Das Medienhaus. Die „Frankfurter Rundschau“ will 2005 wieder Gewinn machen, Frankfurter Allgemeine Zeitung, 22.11.2005.

167 Leyendecker, Hans: DuMont am Zug. „Frankfurter Rundschau“: Kaufverhandlungen abgeschlossen, Süddeutsche Zeitung, 13.07.2006, S. 15; Hanfeld, Michael; Roßmann, Andreas: Ein Konzern entsteht, Frankfurter Allgemeine Zeitung, 19.07.2006, S. 36.

168 Vgl. zur Zeitungsgruppe WAZ: Hachmeister, Lutz; Rager, Günther (Hrsg.): Wer beherrscht die Medien? Die 50 größten Medienkonzerne der Welt. Jahrbuch 2003, München 2002, S. 382ff..

Medien vom Staat, „...aber auch von mächtigen wirtschaftlichen und gesellschaftlichen Gruppen...“[169] ein, widerspricht das analysierte Auftreten der SPD als einer Medienholding, welche nun nicht nur Beteiligungen an Druckereien, Beratungsunternehmen, Regionalzeitungen und Hörfunksendern besitzt, sondern auch den Weg in den überregionalen Publikationsmarkt beschritten hat. Dem Konsumenten verbirgt sich dieser intime Blick hinter die analysierten Strukturen, insbesondere die Verknüpfung zwischen Partei und Einzelmedium, die bis zur personellen Besetzung durchsticht, so daß sich dem Verbraucher Entstehung, Herkunft und vor allem die Intention der in diesen Medien publizierten Information nicht transparent zu erschließen ist.

Berliner vorwärts Verlagsgesellschaft mbH, Berlin

Laut Handelsregister (AG Berlin-Charlottenburg HRB 62410 und AG Bonn HRB 76) war Gegenstand der aufgelösten Bonner Vorgängerin der Berliner vorwärts Verlagsgesellschaft mbH, Berlin, die Vorwärts Verlag GmbH, die Herausgabe von Zeitungen, Zeitschriften und anderen Druckwerken im Interesse der Sozialdemokratischen Partei Deutschlands, insbesondere die Herausgabe der Parteizeitung „Vorwärts-Sozialdemokratisches Magazin“ und der „Demokratischen Gemeinde“.

Die aktuellen Verlagsprodukte sind neben der dauerkrisengeschüttelten Parteizeitung „vorwärts“, die zweimonatlich erscheinende „Berliner Republik“, eine als Adreßbuch konzipierte Publikation „Deutschland kommunal 2006“, die kommunalpolitische Monatszeitschrift „DEMO“ und der nur noch im elektronischen Format abonnierbare „bnr“.

Um die Parteizeitung „vorwärts“ ranken sich immer wieder skandalumwitterte Geschichten, so z.B. als die in finanzieller Dauerkrise steckende Zeitschrift eine Möglichkeit nutzte, einzelne Seiten/Anzeigen über Steuergelder über den Mittler der Europa- und Bundestagsfraktion, welche für ihre Seiten/Anzeigen zahlt, zu finanzieren.[170] Zudem schwand bis 1994 zunehmend die Akzeptanz beim Leser (SPD-Mitglieder), die Auflagenzahlen sanken bedrohlich und die Werbewirtschaft hielt sich mit Anzeigen zurück. Eine in Auftrag gegebene Medienanalyse zeigte im Jahre 1993, daß die Zeitung durchschnittlich 710.000 Leser aufweist. Dies entspricht nicht der tatsächlichen Verbreitung von 870.000 Exemplaren.[171]

Der Neustart von einem Magazin zu einem Zeitungsformat wurde unter DDVG Geschäftsführer Jens Berendsen und Frank Suplie 1994 durchgeführt. Frank Suplie

---

[169] Sozialdemokratische Partei Deutschlands: Grundsatzprogramm der SPD, Berlin 1989, Leipzig 1998, www.spd.de/servlet/PB/menu/1588241/index.html, 22.04.2006, S. 33 u. 48.

[170] Helmes, Peter: DGB-SPD-PDS: Macht-Kasse-Genossen!, Hamburg 2003, S. 61; Heinen, Guido: Das plötzliche Ende einer Gratwanderung, Die Welt, 27.02.2002.

[171] Reimer Prüß, Jens: 1994 erlebte der „vorwärts“, von nun an klein und rot geschrieben, seinen bisher letzten „Relaunch“, vorwärts 10/2001.

entwickelte von 1994 bis 2002 eine kurze Karriere. Er übernahm 1994 zunächst mit dem Neustart der Zeitung die Redaktionsleitung, 1997 wurde er zum Chefredakteur und im selben Jahr noch zum Geschäftsführer ernannt. Diese Position stärkte ihn gegenüber dem Parteigeneralsekretär, jedoch bewegte sich Suplie zunehmend in der linksextremen Szene und beendete hierdurch seine Karriere beim Verlag.

Der damalige Generalsekretär, Franz Müntefering, befand Suplie 2002 nunmehr als untragbar, da er der PDS die „Demokratische Gemeinde" anbot, eine noch heute unter dem Namen „DEMO" im aktuellen Verlagsprogramm aufgeführte Zeitschrift des ehemaligen Bonner Vorwärts-Verlages. Daß diese Kontakte zur SED Nachfolgepartei kein Ausrutscher war, beweist ein im Februar 2000 von Suplie publizierter Artikel im bnr (bnr 4/2002). Dort unterstellt er den Unionsparteien den „Nährboden für Rechtsradikale" zu bereiten. In seinem mit „Chefredakteur des „vorwärts"" unterzeichneten Artikel auf Seite 1 der bnr Ausgabe thematisiert Suplie den Spendenskandal der CDU und wirft dieser in der Hauptsache vor mit der aus den Spenden finanzierte Kampagne gegen die doppelte Staatsbürgerschaft in Hessen „gezielt Ängste gegen Überfremdung geschürt und damit das politische Spektrum nach rechts" zu verschieben. Die CDU reißt ein Loch, so Suplie, „dessen Rand immer deutlicher bräunlich ausfärbt."[172]

Die einheitliche Geschäftsabwicklung zwischen der Zeitschrift „vorwärts", den anderen Publikationen und dem bnr wird ersichtlich durch einen Vergleich der Personalangaben zwischen den Medien. An dieser Stelle besteht stringente Personalunion, so daß z.B. Guido Schmitz als einheitlicher Geschäftsführer und Frau Stefanie Drost den Vertrieb der Medien abwickeln. Guido Schmitz, ehemaliger persönliche Referent und Büroleiter Gerhard Schröders, wechselte Anfang 2005 als Geschäftsführer zur Berliner vorwärts Verlagsgesellschaft und damit auch zum bnr.[173] Er übernahm diese Position zunächst neben Jens Berendsen und Werner Loewe. Letztgenannter ist aus Altersgründen ausgeschieden und betreut nun die Regionalteile des „vorwärts". Auf der Netzseite des bnr Impressums wurde die Personaländerung Anfang Juli 2005 vorgenommen.

Aktuell erzielt das Mitgliederblatt „vorwärts" lediglich eine Auflage von 524.224 und wird mit dieser Zahl in den Mediadaten als „Marktführer in seinem Segment"[174] angepriesen. Da diese Zahl sowohl unter der Anzahl der SPD Mitglieder (605.807, Stand 31.12.2004) rangiert, als auch hinter den erreichten Zahlen der Medienanalyse von 1993, wird auch weiterhin die Vermutung bestätigt, daß das Parteiorgan wieder dringend einen Neustart benötigt. Hierum

[172] Suplie, Frank: Loch ohne Rand, bnr 4/2001, 24.02.2000, S. 1.
[173] O.V.: Schmitz wechselt in den vorwärts Verlag, politikszene, Nr. 55, 12.01.2005, S. 2.
[174] Vgl.: Mediadaten des „vorwärts"im pdf-Format: www.vorwaerts.de, 21.04.2006.

bemüht sich zur Zeit intensiv der ehemalige Regierungssprecher Karsten Heye, der als Chefredakteur fungiert und den grundsätzlichen Tendenzen des bnr gegen „Rechts" nahe steht. So gründete er im August 2000 zum „Aufstand der Anständigen" den Verein „Gesicht zeigen"[175] und wurde somit einer der Protagonisten und Nutznießer der „zivilgesellschaftlichen Aufbruchstimmung" während der Regierungszeit von Rot-Grün. Diese Stimmung wurde aufgrund zweier Anschläge generiert, die explizit keinen rechtsextremistischen Hintergrund besaßen, aber durch ein geschicktes Zusammenspiel einer Medien- und Politikkampagne die öffentliche Meinung interpretatorisch beeinflußte und u.a. dem politischen Machterhalt diente.

Auf der Netzpräsenz des Verlages wird der bnr mit dem gewohnten Anspruch eines „Informationsdienstes" angepriesen für alle, „...die sich gegen den Rechtsextremismus und gegen rechte Gewalt, gegen Neonazis und Antisemitismus stellen. „Seit 1984 beobachtet der Blick nach rechts die rechte Szene und ihre Ränder in Deutschland und im Ausland. Wir informieren über aktuelle Entwicklungen und zeigen Hintergründe auf."[176] Hiernach erfolgt eine Erläuterung der verschiedenen Abonnementmöglichkeiten.

In dieser Selbstdarstellung wird deutlich, daß SPD, Verlag und Redaktion auch zwei Jahre nach der erfolgten Umstellung auf das elektronische Format an der „offiziösen" Ausrichtung als einen „Informationsdienst" und der monothematischen Ausrichtung mit einem breiten Verständnis von Rechtsextremismus, der das gesamte „rechte Spektrum" erfaßt, festhält.

1.4 Begriffliche Vorbetrachtungen: „Linksextremismus" – „Antifaschismus" – „demokratische Rechte" - „Neue Rechte"

Parteipolitische Voraussetzungen

Der zeitliche Schwerpunkt dieser Studie zum bnr liegt, determiniert durch die Fallbeispiele, zwischen 1990 und 2000. Eine politikwissenschaftliche Untersuchung extremistischer Phänomene in der Bundesrepublik in Verbindung mit der SPD wäre ohne eine parteipolitische Einordnung unvollständig. Der Politologe VON ALEMANN unterscheidet verschiedene Parteientwicklungsphasen seit 1945 nach der Dynamik ihrer Entwicklung. Für das bundesrepublikanische Parteiensystem der 90er Jahre analysiert er eine beachtliche „Absorptionsfähigkeit mit zentripetalen Kräften zur Mitte", er benennt sie demzufolge die

[175] Im Juni 2006 übernahm Gerhard Schröder die Schirmherrschaft des Vereins „Gesicht zeigen", welcher auch parteipolitische Funktionen erfüllt. Zum einen schärft er das „antifaschistische" Profil der SPD (Offenhalten eines Protestpotentials) und zum anderen ist er mit seiner Medienpräsenz für die SPD Mitgliederwerbung interessant.

[176] Verlagsprodukte der Berliner vorwärts Verlagsgesellschaft mbH: www.vorwaerts.de, 20.04.2006.

„Zentripetale Phase".[177] In seiner Phasenbeschreibung analysiert er für das nach wie vor bestehende zweigeteilte linksdominierte (SPD, Bündnis90/Die Grünen, Linkspartei.PDS) Parteiensystem einen allgemeinen Reformtrend zur Mitte. Für das „bürgerliche Lager" (CDU/CSU, FDP), welches seiner Ansicht nach durch angeblich „starke Beharrungskräfte" sich selbst blockiert, negiert VON ALEMANN diese Tendenz zu einer politischen Mitte. Nach der Wahlniederlage der SPD 1990 mit Oskar Lafontaine als Repräsentanten des linken Parteiflügels der SPD nimmt diese Maß an den Erfolgen „moderner Sozialdemokratie" in Großbritannien mit Tony Blairs *New Labour* und Bill Clintons *Democratic Party* in den USA. Die Partei Bündnis90/Die Grünen legen in dieser Phase zeitgleich ihre systemoppositionelle Haltung zugunsten einer reformorientierten Partei ab (z.B. wurden antikapitalistische Forderungen aus der Programmatik gestrichen), was nichts anderes bedeutet, als daß sie eine natürlichen Koalitionspartnerschaft für eine strategische Regierungskoalition mit der SPD vorbereiten. Selbst die in den „Superwahljahren" 1994 und 1998 konsolidierte PDS entwickelt sich in dieser Phase zu einer „bedingt koalitionsfähigen" Partei für die SPD, dies wird deutlich durch eine Tolerierungspolitik gegenüber der SPD-Regierung in Sachsen-Anhalt, von 1998 bis 2006 durch die Koalition in Mecklenburg-Vorpommern und seit 2001 in Berlin. Die von Teilen des administrativen Verfassungsschutzes als extremistische Partei beobachtete Linkspartei.PDS empfiehlt sich auch weiterhin als linke Alternative und potentiellen Koalitionspartner für die SPD.

Neuere Bestrebungen, sich durch eine *top-down* Parteifusion Mai/Juni 2007 mit der Partei „Arbeit&Soziale Gerechtigkeit–Die Wahlalternative" (WASG), welcher ebenfalls in den Medien eine überdurchschnittliche Präsenz eingeräumt wurde, zu einer bundesweiten linken Kraft im Parteienspektrum mit dem Namen „Die Linke" zu verschmelzen hatten Erfolg. Nach anfänglichen regionalen westlichen Ängsten vor einer Ostdominanz der Linkspartei.PDS, konnten diese Befürchtungen durch die charismatische Führung (Lafontaine/Gysi) und Mithilfe der Gewerkschaften zu einer *win-win*-Situation für beide Parteien beseitigt werden.[178] Allein durch die letzte Namensumbenennung der SED-PDS zu PDS und am 17.07.2005 in Linkspartei ist es dieser an Überalterung leidenden Partei zum ersten Mal gelungen, ihre Mitgliederverluste durch Austritt und Tod mit Neuaufnahmen

---

[177] von Alemann, Ulrich: Das Parteiensystem der Bundesrepublik Deutschland, Fernstudienbrief der FU Hagen, Hagen 2000, S. 66.

[178] Zu den Schwierigkeiten und Abhängigkeiten im Verhältnis Linkspartei.PDS/WASG, vgl.: Burger, Reiner: Eine Partei altbekannten Typs, Frankfurter Allgemeine Zeitung, 16.07.2005, S. 4; Innenministerium des Landes Nordrhein – Westfalen, Abteilung Verfassungsschutz (Hrsg.): Zwischenbericht 2006, Düsseldorf 2006, S. 6 u. 24-28, hier besonders S. 27 zu den Problemen im Fusionsprozeß; Küpper, Mechthild: „Noch ein einziges Mal SED-Nachfolgepartei". Parteimitglieder von PDS und WASG stimmen der Fusion zu, Frankfurter Allgemeine Zeitung, 21.05.2007, S. 4.

auszugleichen.[179] Doch sollten die oberflächlichen Neuausrichtungen keinen Zweifel an ihren „bolschewistischen Elementen" lassen: Nach wie vor wirken alte SED-Kader, die „Kommunistische Plattform" und ein linksextremes, antitotalitäres Traditionsbewußtsein für die DDR und ihre Repressionsorgane in der Führung dieser Partei fort. Jedoch zeigt sich, daß die ganz überwiegende Konzentration auf die geschichtliche Würdigung der DDR-Repressionsorgane, die Rolle einer ehemaligen kommunistischen Staatspartei, auch in der Gegenwart zu verkennen droht.[180]

In dieser beschriebenen parteipolitischen Entwicklung der Linken zu einer „Mitte", also den Wechselwählern und Unentschiedenen, weitgehend entpolitisierten Wählern, wird unterschlagen, daß es sich lediglich um Reformbemühungen auf dem wirtschaftspolitischen Politikfeld handelt, also konkret die Gewinnung neuer Wählerschichten durch eine wirtschaftsliberale Öffnung zu den Themenfeldern Globalisierung, Unternehmer, Industrie, Eigenverantwortung der Bürger und liberalen Korporatismus auch innerhalb der EU Staatengemeinschaft.[181] Lediglich in diesen Punkten wanderten die „Alt-68er" bis auf die Positionen der politischen Gegner, so daß nach einer Formel des FAZ-Herausgebers Frank Schirrmacher der Konsens in den 90er Jahren von Habermas bis Stoiber reichte, der politische Gegner wird bis zur eigenen Unkenntlichkeit umarmt[182] und die Themen entsprechend von der parteipolitischen Linken moderiert. Vorbereitet wurden einzelne Positionen auch im CDU Lager seit der schnellen Absage einer „geistig moralischen Wende" innerhalb CDU,[183] z.B. durch Heiner Geißlers und Rita Süssmuths Entdeckung für „weiche Themen" wie Umwelt, Frauen und Soziales oder Richard von Weizsäckers deutende Rede als Bundespräsident zum 8. Mai 1945, welche als „Magna Charta"[184] des Geschichtsbildes der „Neuen Mitte" gilt. Zunehmend wird hierdurch die Legitimität einer genuin rechten politischen Option

---

[179] O.V.: Linkspartei frischt PDS auf, die tageszeitung, 17.07.2006, S. 7.

[180] Die von Eckhard Jesse bereits 1992 thematisierte Problematik hat sich u.a. aufgrund der rot-roten Koalitionen weiter verschärft; vgl.: Jesse, Eckhard: Linksextremismus in der Bundesrepublik Deutschland. Von den Anfängen bis zur Gegenwart, APuZ, B3-4, 10.01.1992, S. 31.

[181] Hombach, Bodo: Aufbruch. Die Politik der Neuen Mitte, München 1998, S. 11, 13, 16, 222f. u. 224; Weißmann, Karlheinz: Die Neue Mitte – Aufstieg und Verfall, in: Institut für Staatspolitik (Hrsg.): Sezession 10, Juli, Albersroda 2005, S. 34-38.

[182] Maxeiner, Dirk; Miersch, Michael: Brot für die Welt – aber die Wurst bleibt hier, Frankfurter Allgemeine Sonntagszeitung, 21.08.2005; im Gegensatz zum linken Einfluß in der praktischen Politik vertraten Backes und Jesse 1995 ein links verschobenes Koordinatensystem lediglich für das „intellektuelle Milieu", analysierten aber insgesamt eine deutlichere Abgrenzung nach „Rechtsaußen" als nach „Linksaußen", vgl.: Backes, Uwe; Jesse, Eckhard: Extremismus der Mitte? – Kritik an einem modischen Schlagwort, in: Backes, Uwe; Jesse, Eckhard (Hrsg.): Jahrbuch Extremismus & Demokratie, Baden-Baden 1995, S. 23.

[183] Vgl. zur unprogrammatischen, als institutionellen Kategorie verstandenen „Mitte" der 16 jährigen CDU Regierungszeit von Helmut Kohl mit weiteren Konsensbeispielen, den streitbaren Aufsatz: Schüßlburner, Josef: Der ventrokratische Mittismus. Vermutungen über Staatsziele und Staatszwecke bei Helmut Kohl, ETAPPE 13/September, Bonn 1997, S. 21-35.

[184] Weißmann, Karlheinz: Niederlage – Befreiung, in: Institut für Staatspolitik (Hrsg.): Sezession 8, Januar, Albersroda 2005, S. 14.

„mittistischerseits“[185] nicht mehr anerkannt, wird die „Mitte“ selbst zu einem linken Bestandteil. Daher wurde von Heiner Geißler nach der erfolglosen Themenimplementierung bereits der Terminus „neue Mitte“ lanciert. Mit ihm verband sich der Wunsch neue Wähler zu entdecken, die an die Stelle der alten stabilen Anhängerschaft getreten waren. Der bis in die heutige CDU vertretene Begriff des positiven „Wertekonservatismus“, der sich von einem negativen „Strukturkonservatismus“ abgrenzt, geht auf diese Zeit zurück.[186] Diese Negativabgrenzung eines rein machtorientierten „Strukturkonservatismus“ wurde 1975 bezeichnenderweise von dem SPD-Programmatiker Erhard Eppler begründet.[187] Ein eher beliebiger „Wertkonservatismus“ bedeutet danach, die positiven Bestände der Vergangenheit zu bewahren und auf eine neue Situation anzupassen. In aktiver Ergänzung hierzu versteht man unter „Strukturkonservatismus“, den Aufbau oder die Wiederbelebung tradierter Institutionen, wie Ehe, Familie, Kirche, Schule, Armee zu verteidigen. Die Kritik von Eppler rekurriert auf das Mißtrauen in Institutionen, die eine Variabilität von Werten erschweren. Dabei verkennt er, wie im Übrigen auch die gegenwärtige CDU, daß Werte ihre beständige Gültigkeit nur durch ein Gerüst von Institutionen erhalten. Es ist also eine nachhaltige Synthese aus Wert- und Strukturkonservativismus anzustreben.

Differenzen lassen sich somit schon seit den 80er Jahren nur in Nuancen des gesellschaftlichen und politischen Lebens feststellen. Während andere Politikfelder mit dezidiert progressiven Vorstellungen wie z.B. die Innenpolitik mit den Politikarenen der Einwanderung, Kriminalitätsbekämpfung, Multikulturalismus, Staatsbürgerschaft, Demographie und Staatsschutz ausgefüllt wurden oder teilweise sogar erodieren, wie die Haltung zur Totalitarismustheorie[188] und fehlenden Abgrenzungen von kommunistischen Bestrebungen zeigt. Die Erosion des antitotalitären Konsens findet einen Höhepunkt paradoxerweise Ende der 80er Jahre, als alle demokratischen Parteien krampfhaft am *Status Quo* der beiden deutschen Staaten festhalten wollten. Ausfluß dieses Paradoxon war z.B. eine Aufwertung der DKP durch „ungeahnte Akzeptanz“ bei den demokratischen politischen

---

[185] Schüßlburner, Josef: Der ventrokratische Mittismus. Vermutungen über Staatsziele und Staatszwecke bei Helmut Kohl, ETAPPE 13/September, Bonn 1997, S. 31.

[186] Weißmann, Karlheinz: Der lange Marsch der CDU nach links, Junge Freiheit, 18.08.2000.

[187] Eppler, Erhard: Ende oder Wende. Von der Machbarkeit des Notwendigen, Stuttgart 1975, S. 28-37.

[188] Das vergleichende Konzept einer Totalitarismustheorie geht in Deutschland auf Waldemar Gurian zurück, der 1932 bereits differenzierend den Bolschewismus als „Totalitarismus“ kennzeichnete und mit dem „lange nicht so totalen“ faschistischen Italien verglich. Gurian wendete mit dieser Konzeption Begriffe von Ernst Jünger („totale Mobilmachung“) und Carl Schmitt („totaler Staat“) an.; vgl.: Hürten, Heinz: Waldemar Gurian. Ein Zeuge der Krise unserer Welt in der ersten Hälfte des 20. Jahrhunderts, Mainz 1972, S. 133-135; Hürten, Heinz: Waldemar Gurian und die Entfaltung des Totalitarismusbegriffs, in: Maier, Hans (Hrsg.): Totalitarismus und Politische Religionen. Konzepte des Diktaturvergleichs, Paderborn 1996, S. 59-70; Schäfer, Michael: II. Die Denker des Totalen: Ernst Jünger – Carl Schmitt – Erich Ludendorff, in: Maier, Hans (Hrsg.): Totalitarismus und Politische Religionen. Konzepte des Diktaturvergleichs, Band III: Deutungsgeschichte und Theorie, Paderborn 2003, S. 121-127.

Kräften der Bundesrepublik.[189] So wurde z.B. noch im März 1989 die Verleihung des Bundesverdienstkreuzes an ein Bremer DKP-Bezirksvorstandsmitglied, ausgerechnet für seine Verdienste um „antifaschistische" Arbeit an den Schulen vorgenommen.

Für das „rot-grüne Projekt", welches bereits weit vor der eigentlichen Regierungszeit vorbereitet wurde, läßt sich ein vermeintliches politisches Lernen zu machtpolitischen Schlüsselthemen wie Wirtschaft, Verteidigung und Außenpolitik analysieren. Gleichzeitig werden die weicheren Politikfelder nach dem Ausbleiben der „geistig-moralischen Wende" und der Reformmüdigkeit der „skeptischen Generation" im bürgerlichen Lager der „alten Mitte" besetzt und interpretiert. Ausfluß dieses angestrebten politischen Lernens ist auf der einen Seite ein neuer „Regelungswahn" (Stichwort: Verbraucherschutz), gepaart mit einer allgemeinen Konzeptionslosigkeit und „Entscheidungsflexibilität" in den meisten Politikfeldern, welche zu einem überhasteten Ende der rot-grünen Regierungszeit beigetragen haben. Zuvor brachten sich die linken Parteieliten (z.B. Gerhard Schröder und Oskar Lafontaine), welche vor 1989 noch aus ideologischen Gründen und politischem Opportunismus für die Fortdauer der deutschen Teilung und Zweistaatlichkeit eintraten, mit einem nachhaltigen Rückgriff auf einen Mißbrauch der Vergangenheitsbewältigung, der Strategie des „Antifaschismus", wieder in die politische Arena zurück. In diesem Spagat zwischen machtpolitischen Positionen einer „Neuen Mitte" haben die SPD und Bündnisgrünen im innerparteilichen Machtkampf der linken Stammwählerschaft Zugeständnisse in der Programmatik - einen „historischen Kompromiß" - machen müssen.

Eine Folge dieser Öffnung für diese Positionen ist u.a. der „Aufstand der Anständigen" und die Besetzung der innenpolitischen Schlüsselpositionen durch die SPD mit „Antifaschisten" wie Ute Vogt (bis 2005), Sebastian Edathy (Vorsitzender des Innenausschusses) und Niels Annen (Vorsitzender des Arbeitskreises Rechtsextremismus) u.a..[190] Mit einer einseitigen Ausrichtung und Ersetzung durch den „Antifaschismus" wird der demokratische Konsensus der Volksparteien (nach 1989 Wandel zu „professionalisierten Wählerparteien" (KLAUS VON BEYME)), der eine antiextremistische Orientierung verfolgt,[191] verlassen und man öffnet sich damit etwaigen Koalitionsmöglichkeiten mit linksextremen Parteien, maßgeblich mit der Linkspartei.PDS. Die beiden letztgenannten jüngeren Bundestagsabgeordneten

---

[189] van Hüllen, Rudolf: Linksextremismus vor und nach der Wende, in: van Hüllen, Rudolf; Klein, Kurt J.; Klink, Manfred; Langguth, Gerd; Rupprecht, Reinhard: Linksextremismus – eine vernachlässigte Gefahr, Sankt Augustin 1997, S. 11; Rudzio, Wolfgang: Die Erosion der Abgrenzung. Zum Verhältnis zwischen demokratischen Linken und Kommunisten in der Bundesrepublik Deutschland, Opladen 1988.

[190] Lehmann, Anna: Die Antifa kommt in der Mitte der SPD an, die tageszeitung, 31.03.2005.

[191] Jesse Eckhard: Parteipolitischer Linksextremismus in der Bundesrepublik Deutschland. Von 1949 bis zur Gegenwart, in: Bundesamt für Verfassungsschutz (Hrsg.): Bundesamt für Verfassungsschutz. 50 Jahre im Dienst der inneren Sicherheit, Köln-Berlin-Bonn-München 2000, S. 273.

engagieren sich in der großen Koalition für einen Fortbestand der Sensibilisierung innerhalb der SPD bzgl. des „Kampfes gegen Rechts", z.B. durch einen Leitfaden für SPD-Funktionäre oder mit einer Forderung nach einer „Stiftung gegen Rechts" als Alternative zu den zunächst in der Union umstrittenen aber inzwischen auch von der CDU/CSU unverändert mitgetragenen Bundesprogrammen „gegen Rechts". Dabei sind diese Programme bereits im neuen Koalitionsvertrag von 2005 unmißverständlich von der CDU/CSU als „auf Dauer verstetigt" und ihr „Handlungsrahmen...umfassend ausgelegt" perpetuiert worden.[192] Offensichtlich verfährt man nach dem Motto, möglichst viel Geld auszugeben, sei allein schon ein Patentrezept gegen „Rechts", ohne umfassende Evaluierung der z.T. umstrittenen Programme, die sich nicht selten auch gegen demokratische Rechte orientieren. Insgesamt wurden bislang über 4000 Anträge bewilligt und mit 192 Millionen Euro Bundesmitteln unterstützt.

Dabei scheint ein Kampf um eine politische „Mitte" systemimmanent für die bundesrepublikanische Demokratie zu sein und eine kritische Hinterfragung sich zyklisch zu wiederholen. Schon im „eingespielten Zweieinhalb-Parteiensystem"[193] von 1961-83 wurde eine erste Ausgestaltung der politischen Mitte anhand der Fragestellungen, worin der Unterschied zwischen „sozial" und „sozialistisch" liegt und was „liberal" bedeutet untersucht. In diesem Spannungsfeld analysiert HELMUT SCHELSKY zum einen ein „Weder-Noch-Modell der Selbstrechtfertigung", welches sich aus den beiden starken Negativismen rechts und links und einer mittleren Position des „Weder-Noch" als Vernunft ergibt. Diese „neue Mitte" sollte also einen Abstand vom „Radikalen" und Distanz vom Utopischen signalisieren. Außerdem sollte es sich den durch den unerwarteten Zulauf von extremen Alternativen nach dem Wahljahr 1972 und dem unerwarteten Sieg der „neuen Mitte" Willy Brandts beunruhigten, ein Gefühl der Sicherheit geben. Er rekurriert mit seiner Definition zur „Mitte" auf die Abkehr von einem politischen Extremismus durch die Mäßigung, Freiheitssicherung und Machtkontrolle mit Hilfe der auf sie zielenden Institutionengefüge des

[192] Neujahr, Doris: Die Antifa-Republik. Angela Merkel und die Union unterwerfen sich der Geschichtspolitik der Linken, Junge Freiheit, 25.11.2005, Zwischenzeitliche Pläne der Union die Programme gegen „rechts" umfassend zu evaluieren und mindestens auf die weiteren politischen Extremismen auszuweiten wurde unter dem nachfolgenden „antifaschistischen" Druck aufgegeben. Ursula von der Leyen (CDU) gab unlängst eine dauerhafte und um 5 Millionen Euro (insgesamt 24 Millionen Euro im Jahr 2007) erweiterte Unterstützung der Programme unter dem neuen Titel: „Förderung von Vielfalt, Toleranz und Demokratie" bekannt, vgl.: Kässner, Frank: Bund weitet Programm gegen Extremismus aus, Die Welt, 21.11.2006, S. 4; kritisch zu den ehem. Bundesprogrammen Xenos, Entimon und Civitas, vgl.: Institut für Staatspolitik (Hrsg.): Erosion der Mitte. Die Verflechtung von demokratischer und radikaler Linker im „Kampf gegen Rechts" am Beispiel der Amadeu Antonio-Stiftung, Albersroda 2004.

[193] Rudzio, Wolfgang: Das politische System der Bundesrepublik Deutschland, Fernstudienbrief der FU Hagen, Hagen 2000, S. 102; der Politikwissenschaftler Kurt Lenk diagnostiziert in der BRD seit den 50er Jahren eine herrschende „Magie der Mitte", vgl.: Lenk, Kurt: Rechts, wo die Mitte ist, Baden – Baden, 1994, S. 12.

Verfassungsstaates. Zum anderen thematisiert SCHELSKY die Gefahr eines institutionalisierten Liberalismus, in dem das entscheidende Verhältnis zwischen Staat und Bürger nicht mehr durch das Recht, sondern über die Gesinnung und die öffentliche Meinung hergestellt wird.[194] Parteipolitisch wurden in dieser Phase die beiden großen Formationen CDU/CSU und SPD zu „Volksparteien" umgebildet. Diese Entwicklung beförderte eine Absage an weltanschaulich-kompromißlosen, Aussagen und unterstützte den Zerfall politisch-sozialer Milieus und eine ausgeprägte Selbstzuordnung der Bürger zur politischen Mitte. In diesem „gemäßigten bipolaren Parteiensystem mit zentripetaler Tendenz"[195] läßt sich eine allgemeine Koalitionsfähigkeit feststellen, die einen „Drift zur Mitte" durch eine einfache Mehrheitsbildung manifestierte, wie es nun auch innerhalb der großen Koalition beobachtet werden kann. Nach der „Terrorzäsur" durch den islamistischen Totalitarismus und dem Scheitern des rot-grünen Projektes setzt sich eine vorsichtige Besinnung auf nationale/europäisch-abendländische Werte ein und die Zeitungsfeuilletons suchen nach einem Weg aus der Konzeptionslosigkeit der Linken[196] oder versuchen sich zumindest an einer liberalen Positivdefinition dieser Werte.[197]

Schwerpunkt der dichotomen Auseinandersetzung

Der Bearbeitungsschwerpunkt zur Dichotomie Rechts- und Linksextremismus, also den tatsächlichen oder vermeintlichen politischen Bestrebungen außerhalb des demokratischen Spektrums in der Bundesrepublik Deutschland liegt geschichtlich bedingt ganz überwiegend auf dem Gebiet des Rechtsextremismus, sei es in den Bereichen der Publizistik, des administrativen Verfassungsschutzes, der (Politik-) Wissenschaft oder der (tages-) politischen Auseinandersetzung selbst. Mit weiterhin steigender Tendenz bildet sich somit ein kritisches praktiziertes Ungleichgewicht in der politisch-kulturellen Perzeption und ihrer Bearbeitung des politischen Extremismus im Vergleich zu einer Gesamtwürdigung nach dem theoretischen Ansatz der Totalitarismustheorie (WALDEMAR GURIAN, HANNAH ARENDT, FRANCOIS FURET) aus, welche bewußt als Abgrenzung zu einem universal entgrenzten Faschismusbegriff zu interpretieren ist und eine Vergleichbarkeit (nicht Gleichsetzung!) und eine wissenschaftliche Analyse von Regierungssystemen erst ermöglicht.

---

[194] Schelsky, Helmut: Was heißt heute liberal?, in: Der selbstständige und der betreute Mensch. Politische Schriften und Kommentare, Stuttgart 1976, S. 190 u. 195.

[195] Rudzio, Wolfgang: Das politische System der Bundesrepublik Deutschland, Fernstudienbrief der FU Hagen, Hagen 2000, S. 103.

[196] Greffrath, Mathias: Was heißt links?, Die Zeit, Nr. 29, 14.07.2005; Maxeiner, Dirk; Miersch, Michael: Brot für die Welt – aber die Wurst bleibt hier, Frankfurter Allgemeine Sonntagszeitung, 21.08.2005; Martenstein, Harald: Was heißt heute Links?, Die Zeit, Nr. 19, 04.05.2006.

[197] Matussek, Matthias: Wir Deutschen. Warum die anderen uns gern haben können, Frankfurt am Main 2006.

Nach dem Politikwissenschaftler KLAUS HORNUNG[198] existieren insgesamt mindestens acht typische Merkmale und Faktoren totalitärer Herrschaftssysteme, welche gekennzeichnet sind durch ausschließlichen Herrschaftsanspruch und einen unbegrenzten Herrschaftsbereich: 1. Legitimation ihrer Herrschaft sind säkularisiert eschatologische oder chiliastische Ideologien, 2. Zentrum der totalitären Systeme sind „Parteien neuen Typs“ mit einer zentralistisch – hierarchischen Binnenstruktur, 3. Sekundäre Legitimation durch ein pseudodemokratisches Element der Herrschaftsrechtfertigung über eine „Fiktion der Interessenidentität“, 4. Zentraler Stellenwert von Agitation und Propaganda, 5. Hochorganisierter Sicherheitsapparat, 6. Monopol der bürokratischen Kontrolle der Ökonomie und der sozialen Beziehungen, 7. Sozialstaatliche Integrationsfunktion und 8. Fiktionale Interessenidentität wird durch das Gesetz legitimiert. Zusammenfassend läßt sich also feststellen, daß solche Systeme als totalitär gelten, „...die den Bürger durch eine Ideologie mit eschatologischem Charakter zu formen, durch Kontrolle und Zwang zu erfassen und gleichzeitig für den Staat zu mobilisieren versuchen.“[199]

Bezüglich der jeweils kritischen Literatur eines jeden Beobachtungsgebietes führte der Verfasser in Anlehnung an die Untersuchung von WOLFSCHLAG[200] eine aktualisierte Netzrecherche am 17.05.2006 durch. Hierfür wurden in den entsprechenden Suchmasken der Bibliothekskataloge der Deutschen Bibliothek in Frankfurt am Main, die Universitäts- und Landesbibliothek (ULB) in Bonn und der Katalog der Bonner Klinik-, Instituts und Seminarbibliotheken (BoKIS) die Stichworte „Rechtsextremismus“ und „Linksextremismus“ eingegeben.

Die Ergebnisse für Suchabfrage in der Deutschen Bibliothek ergab 1165 Treffer für „Rechtsextremismus“ und 56 Treffer für „Linksextremismus“. Im Vergleich zu den Ergebnissen der Untersuchung von WOLFSCHLAG (05.06.2000: „Rechtsextremismus“: 334 Treffer; „Linksextremismus“: 12 Treffer) ergeben sich von 2000-2006 exorbitante monothematische Steigerungen zur Literatur über den Rechtsextremismus. Die Angabe der prozentualen Verhältnisse würde das Mißverhältnis zwischen den absoluten Zahlen nur verschleiern, da die Steigerungsrate der linksextremistischen Literatur auf dem oben dargestellten niedrigen Niveau sich ca. vervierfacht hat, so daß auf eine verfälschende

[198] Hornung, Klaus: Metamorphosen des Totalitarismus im 20. Jahrhundert. Von der totalitären Diktatur zur „totalitären Demokratie“?, in: Hornung, Klaus: Die offene Flanke der Freiheit. Studien zum Totalitarismus im 20. Jahrhundert, Frankfurt am Main 2001, S. 161-165. Diese ergänzten Kriterien orientieren sich an den klassischen Totalitarismusmerkmalen von Carl J. Friedrich, vgl.: Vollnhals, Clemens: Der Totalitarismusbegriff im Wandel, APuZ, Nr. 39, 25.09.2006, S. 23.

[199] Backes, Uwe; Jesse, Eckhard: Vergleichende Extremismusforschung, Baden-Baden 2005, S. 83.

[200] Wolfschlag, Claus-M.: Das „antifaschistische Milieu“. Vom „Schwarzen Block“ zur „Lichterkette“ - Die politische Repression gegen „Rechtsextremismus“ in der Bundesrepublik Deutschland, Graz-Stuttgart 2001, S. 8.

Darstellung verzichtet wird. Die Marktverhältnisse an der „Extremismusliteratur“ sind prozentual ungefähr gleich geblieben und bestätigen auch weiterhin die Verhältnisse von WOLFSCHLAGS Untersuchung: Rechtsextremismus 95,41% und Linksextremismus 4,59%. Die Ergebnisse für die ULB und BoKIS (in Klammern) betragen 229 (332) Treffer für das Stichwort „Rechtsextremismus“ und 19 (11) Treffer für das Stichwort „Linksextremismus“. Mit diesen Zahlen wird das Frankfurter Ergebnis, welches alle publizierten Bücher zum Thema erfaßt, auch regional bestätigt.

Die Bearbeitung des dichotomen Extremismus durch den administrativen Verfassungsschutz ergibt ebenfalls eine überwiegend einseitige Fokussierung auf den Rechtsextremismus. Der Verfasser fragte alle 17 administrativen Verfassungsschutzämter/-abteilungen nach Informationsmaterial zum Thema Linksextremismus am 29.03.2006 schriftlich an. Von den 17 Verfassungsschutzstellen antworteten lediglich 10 (Bundesamt, NRW, Mecklenburg-Vorpommern, Hamburg, Berlin, Brandenburg, Hessen, Rheinland-Pfalz, Baden-Württemberg und Bayern) auf die Anfrage, zumeist nur mit der Übersendung ihres Verfassungsschutzberichtes von 2004. Eine vergleichende quantitative Analyse der vorliegenden sieben Verfassungsschutzberichte von 2004 zeigt, daß bereits aufgrund der Seitenzahl bzw. farblichen Kennzeichnung des Daumenregisters, welche für jedes extremistische Beobachtungsfeld verwendet wird im Vergleich zwischen Rechts- und Linksextremismus der ganz überwiegende Schwerpunkt auf dem Themengebiet Rechtsextremismus liegt.[201] Einzige Ausnahme ist im Bundesland Hamburg beobachtbar. In diesem Bundesland werden im Jahr 2004 linksextremistische Organisationen und Aktivitäten quantitativ geringfügig mehr vom Verfassungsschutz erfaßt, als der rechtsextremistische Bereich. Diese Beobachtungen dürfen kein Grund sein, die Variante des Linksextremismus zu ignorieren oder gar zu beschönigen, wie dies mitunter geschieht.

Was genau unter dem Begriff „Extremismus“ verstanden wird, ist häufig unklar und zumeist von subjektiven (politisch-ideologischen) Positionen der jeweiligen Verfasser oder Nutzer abhängig. Auf eine ausführliche Herleitung und Diskussion dieses Begriffes aus den unterschiedlichen Quellen: Rechtssprechung, Politik-Sozialwissenschaft, sowie der Verwendung als Eingriffskriterium des Staates durch den administrativen Verfassungsschutz kann an dieser Stelle aufgrund bereits vorliegender Darstellungen verzichtet werden. Eine

[201] Vgl. Verfassungsschutzberichte des Bundesministerium des Innern, NRW, Berlin, Bayern, Rheinland-Pfalz, Brandenburg und Mecklenburg-Vorpommern von 2004; auch Eckhard Jesse analysierte, daß bereits seit den 90er Jahren die Darstellung des Linksextremismus deutlich abgeschwächt und im selben Zuge rechtsextreme Bestrebungen quantitativ und qualitativ stärker berücksichtigt werden. Für Jesse ist es offenkundig, daß der Verfassungsschutz die Meßlatte für die beiden Formen des Extremismus nicht gleich hoch ansetzt; vgl.: Jesse, Eckhard: Amtstexte als Zeichen politischen Wandels. Die Verfassungsschutzberichte des Bundes und der Länder im Vergleich, Frankfurter Allgemeine Zeitung, 09.04.1997, S. 13.

erneute Illustration würde grundsätzlich keine neuen Erkenntnisse aufzeigen, sondern lediglich eine redundante Erläuterung ergeben.[202] Dies betrifft ebenfalls die viel diskutierte Definition der Eingriffsabgrenzung des Verfassungsschutzes für extremistische Bestrebungen von demokratisch legitimierten Gruppierungen etc., welche sich nach dem Verfassungsschutz aufgrund des enumerativen Ausflusses der fdGO aus dem SRP- und KPD-Urteil ergeben.[203] Um so wichtiger erscheint jedoch die genaue Klärung der speziellen Begrifflichkeiten, d.h. die jeweiligen inhaltlichen Ausgestaltungen und Spezifikationen, für diese Studie, da anhand dieser Schlüsseldefinitionen die Fallbeispiele operationalisiert werden sollen. Ausgangspunkt für diese Darstellung bilden, sofern vorhanden, die definitorischen Einordnungen durch den administrativen Verfassungsschutz und die Würdigung der Positionen in der wissenschaftlichen Literatur. Mit dieser Ausführung wird gleichzeitig ein aktueller Teil des Wertekanons im demokratischen Verfassungsstaat, als Pendant zu rein extremismustheoretischen Formen der Typologisierungen, welche Gefahr laufen nach Belieben auszuufern, aus einer definitio ex negativo–Sicht dargestellt.

Linksextremismus

Jeder kennt die Bilder der linksextremistischen Gewalt und des Terrors, die ein Ausfluß von Mißachtung der demokratischen Prozesse (u.a.: Mißachtung von Mehrheitsentscheidungen, Recht auf Leben, körperliche Unversehrtheit und Eigentum, staatliche Gewaltmonopol) darstellt, daneben hat diese Bewegung es immer wieder verstanden sich als politische Bewegung darzustellen, die in der Tradition der Aufklärung steht und vorgibt radikaldemokratisch gegen Unterdrückung und illegitime Herrschaft zu kämpfen. Nach dem Zusammenbruch der sozialistischen Staatenwelt traten bei vielen Gruppierungen eine Phase der Ratlosigkeit und des Schocks ein, jedoch keine grundsätzliche Kurskorrektur. Die Meisten gerieten durch den Verlust einer beträchtlichen Anzahl von Mitgliedern/Symphatisanten, den Wegfall der finanziellen Unterstützung durch die DDR und eine ideologische Orientierungslosigkeit in eine schwere Krise. Nach kurzer Zeit wurde jedoch die alte Legitimationsgrundlage reaktiviert: der Kampf gegen den freiheitlichen Rechtsstaat, den sie als „imperialistisches, rassistisches und faschistisches System" denunzieren und mit militanten Aktionen als selbstverständliches Mittel ihrer „revolutionären Politik" durchsetzen

---

[202] Hubo, Christiane: Verfassungsschutz des Staates durch geistig-politische Auseinandersetzung – Ein Beitrag zum Handeln des Staates gegen Rechts, Göttingen 1998, S. 76-98; Normann, Lars: Deutsche Sicherheitsstrukturen im 21. Jahrhundert. Streitbare Demokratie und ihre institutionelle Umsetzung durch den Verfassungsschutz, München 2006, S. 35-39; eine extremismustheoretische Stellungnahme des Verfassers erfolgt im Abschnitt zum Begriff. „Demokratische Rechte".

[203] SRP-Urteil BVerfGE 2, 1ff.; KPD-Urteil BVerfGE 5, 85ff.; Normann, Lars: Deutsche Sicherheitsstrukturen im 21. Jahrhundert. Streitbare Demokratie und ihre institutionelle Umsetzung durch den Verfassungsschutz, München 2006, S. 39-47.

wollen.[204] So wurde z.B. aus dem ideologisierten „Antifaschismus“, dem „Gründungs-Mythos“ und der „Legitimationsideologie“ der DDR, nach der Wende eine „Integrationsideologie“[205] für die gesamte Linke, die ein Engagement gegen den „rechten Feind“ und vermeintliche „faschistische“ Tendenzen in Staat und Gesellschaft ermöglicht. Als Trendwendejahr in diesem Zusammenhang gilt das Jahr 1992[206] als die PDS die Chance witterte, durch erste Wahlerfolge in Berlin der Defensive zu entkommen und rechtsextreme Anschläge in Mölln und Solingen die Gegengewalt der „Autonomen“ hervorriefen, welche z.T. durch die bundesweiten „Lichterketten“-Aktionen unterstützt wurden (siehe auch wiederkehrende Demonstrationssituationen mit antifaschistisch motivierter Gewalt in Universitätsstädten in Göttingen oder Halle).

Weiterhin wurde durch das Ende des Kalten Krieges aber auch eine weitgehende vorurteilsfreiere Beschäftigung und wissenschaftliche Aufarbeitung erst möglich. Nicht nur der Zugang zu osteuropäischen Quellen ermöglichte Publikationen, welche auch die Opfer des Kommunismus darstellen und würdigen.[207] Auch eine durch das Ausland angeschobene ideologiefreiere wissenschaftliche Debatte und die Rehabilitierung von Forschern der „Gegenöffentlichkeit“ wie z.B. mit und über Ernst Nolte[208] in der Bundesrepublik, zeigen erste Ansätze der politischen „Entkrampfung“ und Widerlegung des bisherigen „68er Zeitgeistes“ mit seinen z.T. totalitären Zügen. Jedenfalls ist es seit der Wende und ersten Entwicklungen zu einer „Historisierung“ des „Dritten Reiches“ und der „Bonner Republik“ nicht mehr möglich, die Totalitarismustheorie, welche den Extremismusbegriff dichotom versteht, deshalb zu diskreditieren, weil sie sich angeblich gegen eine begriffsverwirrende „Politik der Entspannung“ richtet oder die Verbrechen des NS mit dem Bolschewismus

---

[204] Bundesamt für Verfassungsschutz (Hrsg.): Verfassungsschutz gegen Linksextremismus, Köln 1998, S. 2.

[205] Landesamt für Verfassungsschutz Baden-Württemberg (Hrsg.): Antifaschismus als Aktionsfeld von Linksextremisten, Stuttgart 2002, S. 11; vgl. zum „Antifaschismus“ in der DDR: Grunenberg, Antonia: Anti-Faschismus und politische Gegenwelten, in: Falter, Jürgen W., Jaschke, Hans-Gerd, Winkler, Jürgen R.: Rechtsextremismus. Ergebnisse und Perspektiven der Forschung, Politische Vierteljahresschrift, Sonderheft 27/96, Opladen 1996, S. 507-509; Schubarth, Wilfried; Pschierer Ronald; Schmidt, Thomas: Verordneter Antifaschismus und die Folgen. Das Dilemma antifaschistischer Erziehung in der DDR, APuZ, B9, 22.02.1991, S. 3-16; Roewer, Helmut: Antifaschismus: Zur Karriere eines politischen Kampfbegriffes, in: Schuh, Horst (Hrsg.): Buchenwald und der deutsche Antifaschismus, Schriftenreihe des Fachbereiches Öffentliche Sicherheit, Brühl/Rheinland 1997, S. 36- 44; Wilke, Manfred: Antifaschismus als Legitimation staatlicher Herrschaft in der DDR, in: Bundesminister des Innern (Hrsg.): Bedeutung und Funktion des Antifaschismus, Bonn 1990, S. 52-64; Agethen, Manfred; Jesse, Eckhard; Neubert, Erhart (Hrsg.): Der mißbrauchte Antifaschismus. DDR-Staatsdoktrin und Lebenslüge der deutschen Linken, Freiburg im Breisgau 2002, Kapitel II. Instrumentalisierung und Mißbrauch des Antifaschismus-Begriffs durch die SED, S. 79-275.

[206] van Hüllen, Rudolf: Linksextremismus vor und nach der Wende, in: van Hüllen, Rudolf; Klein, Kurt J.; Klink, Manfred; Langguth, Gerd; Rupprecht, Reinhard: Linksextremismus – eine vernachlässigte Gefahr, Sankt Augustin 1997, S. 19.

[207] Vgl. Courtois, Stéphane; Werth, Nicolas; Panné, Jean-Louis; Paczkowski, Andrzej; Bartosek, Karel; Margolin, Jean-Louis (Hrsg.): Das Schwarzbuch des Kommunismus. Unterdrückung, Verbrechen und Terror, München Zürich 1998.

[208] Jesse, Eckhard: Historikerstreit reloaded, Cicero, Oktober 2006, S. 62 u. 64.

gleichsetzt. Somit bleibt das Desiderat, daß sich der durch die „Kulturrevolution" verursachte „Mehltau" in den vielfältig betroffenen Lebensbereichen weiter lichtet, denn die Totalitarismustheorie hat sich in der Wissenschaftsgemeinschaft als maßgebliche Meßlatte durchgesetzt.

Als Diffamierungspraxis benutzen Linksextremisten demokratische und soziale Ansätze, bedienen sich vorhandener Anti-Autoritätsstimmungen und polemisieren gegen die „kapitalistische, bürgerliche" Demokratie. Sie folgen hierbei der sogenannten „Transmissionsriemen-Taktik", die besagt, daß die angestrebten Ziele grundsätzlich auf verschiedenen Wegen und unter Berücksichtigung von gesellschaftlichen Besonderheiten und Entwicklungen verwirklicht werden. Weiterhin analysiert der Verfassungsschutz bei einigen Anhängern des Linksextremismus die Vorgehensweise des „Entrismus". Diese trotzkistische Methode wird praktiziert, um andere Parteien und Organisationen gezielt zu unterwandern, um in ihnen zu Einfluß zu gelangen, die eigene Ideologie zu verbreiten und schließlich die betroffene Organisation für eigene Zwecke zu instrumentalisieren.[209] In der Kommunikationssoziologie wird diese Methode als „Diffusionsprozeß" beschrieben. Hierbei stellen sich Frühadapter in den Dienst der Verbreitung, ohne zunächst vorzugeben, die „neuen Ideen" würden uneingeschränkte Zustimmung finden.

Dabei gewinnen sie, aktuell besonders die linksextreme antifaschistische Gruppierung der sog. „Antideutschen", immer wieder zumeist jugendliche Symphatisanten bzw. Aktionisten (Kinder-/Jugendantifa) als Nachwuchs und erfahren Nachsicht durch Teile einer sich selbst als kritisch verstehender, zumeist links-liberaler, Öffentlichkeit. Problematisch ist bei letztgenannter Gruppe, daß zumeist eine Duldung von konkreten Aktionen in den verschiedenen linksextremen Tätigkeitsfeldern verzeichnet werden kann. Mit fehlenden Abgrenzungen werden in diesem Bereich extremistische Tätergruppen moralisch aufgewertet, (finanziell) unterstützt und in bürgerliche Strukturen eingegliedert (vgl. 2.3.1 Linksextremistische/„antifaschistische" Tendenzen im bnr).

Der administrative Verfassungsschutz definiert den Linksextremismus maßgeblich über die Darstellung der wichtigsten Aktionsfelder von Linksextremisten. Diese Beschreibung orientiert sich weniger an einer ideologisch-theoretischen Erfassung des Phänomens Linksextremismus, sondern ist Ausfluß seiner spezifischen Darstellungsweise der unterschiedlichen Parteien, Gruppierungen, Medien und ihren Kommunikationsmitteln dieses extremistischen politischen Spektrums in den Verfassungsschutzberichten, welche bekanntlich die wichtigste Publikation des Verfassungsschutzes darstellt. Lediglich ein

---

[209] Bundesamt für Verfassungsschutz (Hrsg.): Verfassungsschutzbericht 2005. Vorabfassung, Köln 2006, S. 321.

ungenauer Verweis auf zwei sich widersprechende perspektivische Ziele, nämlich die Abschaffung der fdGO und Ersetzung durch eine „sozialistisch-kommunistische Diktatur nach den Lehren des Marxismus-Leninismus" oder das Ziel der Herbeiführung einer „Anarchie"[210] und eine enumerative Aufzählung von Bekenntnismerkmalen von Linksextremisten in einem Begriffsannex[211] läßt sich im wichtigsten Schrifttum des Verfassungsschutzes finden. Einige wenige Landesbehörden untersuchen derweil auch die ideologischen Grundlagen des Linksextremismus. Der Verfassungsschutz unterscheidet hier maßgeblich zwei unterschiedliche Richtungen. Zum einen benennt er denjenigen Zweig, welcher die wissenschaftlichen Autoritäten wie Marx, Engels und Lenin als für alle verbindliche „Klassiker" anerkennt. Danach enthält der Marxismus als Sammelbegriff den Marxismus-Leninismus, den Trotzkismus und den Maoismus als vertretene Weltanschauungen. Zum anderen umschreibt der Verfassungsschutz einen egalitären Anarchismus als maßgebliche Ausrichtung des Linksextremismus. Dieser verschwommene Begriff beschreibt eine Vielzahl von Theorien und Utopien, die alle eine „freiheitliche Gesellschaft" ohne Herrschaft und Gewalt von Menschen über Menschen propagieren.[212]
Grundsätzlich unterscheidet der Verfassungsschutz aber gruppenbezogen nach Themenfeldern des Linksextremismus. Neben dem für diese Untersuchung wichtigsten Aktionsfeld „Antifaschismus", welchem als traditionellstem Tätigkeitsfeld ein eigener Abschnitt in dieser Studie gewidmet wird, werden maßgeblich folgende weitere Schwerpunkte vom Verfassungsschutz unterschieden:

- Proteste gegen Sozial- und Arbeitsmarktreformen der Bundespolitik: Hierunter verstehen Linksextremisten das „Eingreifen in den ökonomischen Klassenkampf", also die Auseinandersetzung mit den sozialpolitisch-gesellschaftlichen Reformen, die als ureigenstes Metier des kommunistischen Sektors aufgefaßt wird. In diesem Kontext versuchen Gruppierungen den Reformprotest als vermeintliches revolutionäres Potential für systemüberwindende Zwecke zu nutzen.[213] Unter diesem „ökonomischen Klassenkampf" können zudem Aktionen gegen „Umstrukturierungen" subsumiert werden. Diese entladen sich in Protesten gegen den Umbau von Großstädten wie Berlin in eine Regierungs- und Dienstleistungsmetropole, die Weltausstellung EXPO 2000 in Hannover oder gegen die

---

[210] Landesamt für Verfassungsschutz Hessen (Hrsg.): Autonome, Wiesbaden 1999, S. 1.
[211] Bundesamt für Verfassungsschutz (Hrsg.): Verfassungsschutzbericht 2005. Vorabfassung, Köln 2006, S. 324.
[212] Landesamt für Verfassungsschutz Baden-Württemberg (Hrsg.): Linksextremisten in der Bundesrepublik Deutschland. Allgemeine Entwicklung, Stuttgart 2003, S. 7-11; Innenministerium des Landes Nordrhein-Westfalen, Abteilung Verfassungsschutz (Hrsg.): Linksextremismus in NRW, Düsseldorf 2006, S. 5.
[213] Bundesministerium des Innern (Hrsg.): Verfassungsschutzbericht 2004, Berlin 2005, S. 172f..

Innenpolitiker Kanther und Schönbohm, welche eine „repressive Innenpolitik" („Befriedung der alten Reichshauptstadt")[214] unterstellt wird.

- Kampagnen gegen Kernenergie: Linksextremisten rufen regelmäßig zu Teilnahmen an Protestaktionen gegen die friedliche Nutzung von Kernenergie auf. Zielsetzung ist Infiltration („Einklinken") der überwiegend von Nichtextremisten getragenen Anti-Atom-Bewegung mit den gesellschafts- und staatskritischen Inhalten der Linksextremisten, um die „produktive Kritik an der kapitalistischen Wirtschaftsordnung" und den Umweltschutz zu kanalisieren und für eine „gemeinsame Gegenkraft" zu nutzen.[215]

- Anti-Globalisierungsgegner: Linksextremistische Globalisierungsgegner provozieren bei geeigneten Mobilisierungsanlaß schwere gewalttätige Ausschreitungen. Weiterhin führen Aktivisten der „globalisierungskritischen Bewegung" Massendiskussionsveranstaltungen mit z.T. 20.000-100.000 Teilnehmern durch. Dort schaffen sich Linksextremisten Raum, um Erfahrungen auszutauschen, Analysen zu verfeinern, Strategien zu entwickeln und ihren Widerstand zu koordinieren.[216]

- „Antirassismus": Angehörige des linksextremen Spektrums engagieren sich ebenfalls in Agitation wie auch Aktion gegen vermeintlich rassistische Denk- und Verhaltensmuster in Staat und Gesellschaft. Insbesondere seit Änderung des Art. 16 GG im Jahre 1993 und der damit verbundenen Abschaffung des Asylrechts, wird argumentiert die Bundespolitik hätte durch diese Gesetzesänderung „rassistische Sondergesetze" und eine „Abschiebemaschinerie"[217] implementiert. Der konkrete Protest richtet sich in diesem Zusammenhang gegen Personen in Parteien, Behörden und Redaktionen, die für die Gestaltung der Asylpolitik verantwortlich gemacht werden. Weiterhin geraten angebliche „Profiteure des Rassismus", also privatrechtliche Firmen, welche an der „Abschiebemaschinerie" verdienen sollen, in den Agitations- und Aktionsfokus. Nach Verfassungsschutzangaben ist die Akzeptanz solcher „antirassistisch" motivierten Anschläge in der linken Szene außerordentlich hoch.

- „Großmachtrolle BRD": Als eine Reaktion auf die Wiedervereinigung,[218] den Golfkrieg (1991) und Antwort auf die interne Krise der linksextremistischen Szene werden seit den 90er

---

[214] Bundesamt für Verfassungsschutz (Hrsg.): Militante Autonome. Charakteristika – Strukturen – Aktionsfelder, Köln 1999, S. 43.

[215] Bundesministerium des Innern (Hrsg.): Verfassungsschutzbericht 2004, Berlin 2005, S. 175; Bundesamt für Verfassungsschutz (Hrsg.): Militante Autonome. Charakteristika – Strukturen – Aktionsfelder, Köln 1999, S. 36f..

[216] Bundesministerium des Innern (Hrsg.): Verfassungsschutzbericht 2004, Berlin 2005, S. 177.

[217] Bundesamt für Verfassungsschutz (Hrsg.): Militante Autonome. Charakteristika – Strukturen – Aktionsfelder, Köln 1999, S. 30.

[218] Vgl. zu den Ursprüngen nach der „Wende": Knütter, Hans-Helmuth: Antifaschismus und politische Kultur in Deutschland nach der Wiedervereinigung, APuZ, B9, 22.02.1991, S. 27.

Jahren Proteste von sog. „Antideutschen" gegen eine Großmachtrolle der BRD durchgeführt. Diese manifestieren sich auch in der „autonomen" Szene und unterstellen dem Staat, maßgeblich eine Errichtung eines „Vierten Reiches" und eine neuerliche Dominanz über Europa anzustreben.[219] Sie verlangen daher die radikale Auflösung der nationalstaatlichen Identität und in Befürchtung eines neuen Holocaust fordern sie eine massive Unterstützung Israels, des Judentums und der entsprechenden Kräfte in den USA. Im Zuge dieser letztgenannten Entwicklungen treten „antideutsche" Linksextremisten mit Antisemitismusvorwürfen auch gegen rivalisierende pro-palästinensische linksextreme Gruppierungen („Antiimperialisten") in Erscheinung. „Deutsch" wird von „antideutschen" Gruppierungen nicht als eine Bezeichnung einer Nationalität verstanden, sondern kennzeichnet einen „selbstmörderischen Krisenlösungsreflex"[220], der sich auch bei anderen Völkern finden läßt. Die scheinbar unüberwindlichen Gegensätze zwischen diesen klassischen „Antiimperialisten" und den sog. „Antideutschen" haben weiterhin zu Auflösungen und Spaltungen einzelner Gruppierungen geführt,[221] diese Beobachtung darf nicht im Bereich „Antifa" verallgemeinert werden. In Abstufungen werden „antideutsche" Positionen in folgenden Publikationen vertreten: „Bahamas",[222] „Konkret",[223] „Jungle World" (Abspaltung des ehem. FDJ-Organs „Junge Welt"), „Sinistra", „iz3w–Info.zentrum 3. Welt" und „Phase 2".

Die Proteste gegen eine „Großmachtrolle" der BRD manifestieren sich weiter in Aktionen gegen Feiern zum „Tag der Deutschen Einheit", gegen militärische Veranstaltungen der Bundeswehr - wie öffentliche Gelöbnisse oder den „Großen Zapfenstreich" zumeist zur Verabschiedung von politischen Honoratioren durchgeführt - und Veranstaltungen des „Bundes der Vertriebenen" (BdV) und seinen landsmannschaftlichen Untergliederungen. Letztgenannten wird eine ostexpansionistische Strömung der deutschen Großmachtpolitik

---

[219] Bundesamt für Verfassungsschutz (Hrsg.): Verfassungsschutzbericht 2005. Vorabfassung, Köln 2006, S. 317.

[220] Ministerium des Innern des Landes Brandenburg, Abteilung Verfassungsschutz (Hrsg.): Verfassungsschutzbericht Land Brandenburg 2004, Potsdam 2005, S. 89.

[221] Vgl. zum Phänomen „Antideutsche": Innenministerium des Landes Nordrhein-Westfalen, Abteilung Verfassungsschutz (Hrsg.): Verfassungsschutzbericht des Landes Nordrhein-Westfalen 2004, Düsseldorf 2005, S. 137f.; Senatsverwaltung für Inneres, Abteilung Verfassungsschutz (Hrsg.): Verfassungsschutzbericht 2004, Berlin 2005, S. 84ff.; Olles Werner: Für Israel, die USA und die Aufklärung. Die „Antideutschen" und die Tragödie der Linken, neue Ordnung 4/05, Graz 2005, S. 20-21; vgl. zur Genese und parteipolitischen Anbindungen dieses Phänomens: Wolfschlag, Claus-M.: Frust, Wut, Kontrolle. Von der „freiheitlich-demokratischen" zur „antifaschistisch-volksdemokratischen" Grundordnung seit 1989/1990, in: Knütter, Hans-Helmuth; Winckler, Stefan (Hrsg.): Handbuch des Linksextremismus. Die unterschätzte Gefahr, Graz-Stuttgart 2002, S. 85f..

[222] Moreau, Patrick; Lang, Jürgen: Linksextremismus. Eine unterschätzte Gefahr, Bonn 1996, S. 300f..

[223] Darstellung der Geschichte-, Personen, Themen der Zeitschrift und ihren MfS Kontakte, vgl.: Röhl, Bettina: So macht Kommunismus Spaß! Ulrike Meinhof, Klaus Rainer Röhl und die Akte Konkret, Hamburg 2006; Röhl, Klaus Rainer: Fünf Finger sind keine Faust, Köln 1974; Moreau, Patrick; Lang, Jürgen: Linksextremismus. Eine unterschätzte Gefahr, Bonn 1996, S. 309.

unterstellt und mit den Parolen „Gegen Revanchismus und deutschnationalen Größenwahn", „Deutsche Täter, keine Opfer" oder „Polen muß bis Holland reichen–Deutschland von der Karte streichen" entgegnet. In diesem Zusammenhang sei auch auf die Protest-/„Jubel"-aktionen gegen/für die Jahresgedächtnisse des Bombenkrieges auf deutsche Großstädte hingewiesen *(„Bomber Harris did the right thing!", „No tears for Krauts!").*

- „Internationalismus": Personen und Gruppierungen aus dem antiimperialistischen Umfeld unterstützen auf diesem Gebiet unterschiedliche „Befreiungsbewegungen"/Personen.[224] Insbesondere wird Solidarität mit dem „Befreiungskampf des kurdischen Volkes", der „Arbeiterpartei Kurdistans" (PKK) und ihren Nachfolge/Parallelorganisationen (Kongra Gel/KADEK) geübt. Jedoch hat sich dieses Verhältnis abgekühlt, seit die Solidaritätsgruppen feststellen mußten, daß es sich bei diesem Kampf im Grenzland Türkei/Irak um eine nationale Auseinandersetzung, mit ebensolchem Anspruch, handelt. Ähnlich verhält es sich mit den Unterstützungskampagnen für die linke baskische Partei „Herri Batasuna"/ETA, der terroristischen Guerillaorganisation FARC-EP in Kolumbien und der irakischen „Befreiungsbewegung" (INFC). Internationale Solidaritätsaktionen bilden eine ideale Vernetzung zu Kirchen, Parteien, Vereinen und Hochschulgruppen an Universitäten. Beispielsweise wurde das Engagement für eine Freilassung des wegen Polizistenmordes zum Tode verurteilten ehemaligen Black-Panther-Mitglied Mumia Abu-Jamal bis in die Hochschulgremien vorgetragen und Unterstützungsunterschriften gesammelt. Che Guevara, Kubas Diktator Fidel Castro, die RAF u.a. werden in diesen Kreisen inzwischen als „Pop-Ikonen"[225] verehrt.

Seit 2003 fokussiert das Bundesamt für Verfassungsschutz den linken Extremismus hauptsächlich im Zusammenhang mit Protesten und Aktionen gegen die wirtschaftliche Sicherheitslage. Hauptsächlich faßt das Bundesamt die diesbezüglichen o.g. Aktionsfelder lediglich zusammen und untergelegt diese These mit aktuellen Beispielen. Ansonsten attestiert das Bundesamt eine weiterhin rückläufige Tendenz von Straf- und Gewalttaten und analysiert eine „anhaltende ideologische und konzeptionelle Krise"[226] des militanten Linksextremismus. Diese Beobachtungen widersprechen den Aktivitäten von Linksextremisten (Linkspartei.PDS/WASG/DKP) und ihren Koalitionspartnern in der Bundespolitik bis zu den militanten Auseinandersetzungen gegen tatsächliche oder

---

[224] Bundesamt für Verfassungsschutz (Hrsg.): Militante Autonome. Charakteristika – Strukturen – Aktionsfelder, Köln 1999, S. 51.

[225] Wolfschlag, Claus-M.: Antifa ist Pop. Zur populärkulturellen Konstituierung einer radikalen Linken, in: Knütter, Hans-Helmuth; Winckler, Stefan (Hrsg.): Handbuch des Linksextremismus. Die unterschätzte Gefahr, Graz-Stuttgart 2002, S. 98-116.

[226] Bundesamt für Verfassungsschutz (Hrsg.): Sicherheitslage der Wirtschaft in Deutschland. Bedrohung durch Linksextremisten, Köln 2003, S. 1.

vermeintliche Rechtsextremisten (laut Verfassungsschutzbericht 2005: Zunahme der linksextremistischen Gewalttaten um 72 %[227]). Durch eine kritisch zu hinterfragende Schwerpunktsetzung in der öffentlichen Berichterstattung und die überwiegende Spiegelung des Linksextremismus auf die Sicherheitslage der Wirtschaft durch das Bundesamt für Verfassungsschutz wird der tatsächliche Aktionsfokus der bundesrepublikanischen Linksextremisten weitestgehend unterschätzt und verharmlost. Das einigende Moment des „Antifaschismus" als linksextreme Politikkomponente, der zwischen Linksextremisten bis hin zu Teilen des bürgerlichen Gesellschafts- und Parteienspektrums zu beobachten ist, wird vom administrativen Verfassungsschutz, der Politik und Publizistik unterschätzt. Indem z.B. linksextreme Tatbestände nicht verfolgt, bzw. linksextreme Positionen vielfach eher als die dichotome legitime Gegenposition „entschuldigt" werden,[228] ist eine linke bis linksextreme Erosion zu beobachtet.

Im Gegensatz zu den beobachtungsorientierten Ausführungen des Verfassungsschutzes, die überwiegend getrennt über linksextremistische Parteien und Bestrebungen berichten, wird das Thema Linksextremismus in der Literatur deutlich vernetzter dargestellt. So lassen sich strategische Konzepte geistig-politischer Beeinflussung, welche eine „Kulturelle Hegemonie"[229] zum Ziel haben, auf unterschiedlichen Themengebieten (z.B. Umwertung des Geschichtsbildes, Herstellung eines günstigen Meinungsklimas für linksextreme Positionen, Abwertung und Ersetzung zentraler Wertbegrifflichkeiten der Demokratie) und „Gravitationsfeldern" mit linksextremen Potential analysieren.[230] In diesem strategischen Konzept manifestiert sich zudem eine Abkehr von einer marxistischen Wirtschaftstheorie.

---

[227] Bundesamt für Verfassungsschutz (Hrsg.): Verfassungsschutzbericht 2005. Vorabfassung, Köln 2006, S. 33; Zur Präsentation der Vorabfassung des Verfassungsschutzberichtes wurde in den Medien überwiegend der Zuwachs der rechtsextremistischen Vergehen um 23,5% einseitig thematisiert.

[228] Vgl. hier auch Umgang mit der SED nach der Wende: Langguth, Gerd: Die PDS und der Linksextremismus. Wie demokratisch ist die PDS?, in: van Hüllen, Rudolf; Klein, Kurt J.; Klink, Manfred; Langguth, Gerd; Rupprecht, Reinhard: Linksextremismus – eine vernachlässigte Gefahr, Sankt Augustin 1997, S. 30.

[229] Interessanterweise rekurriert Rudolf van Hüllen mit diesem Begriff des Kommunisten Antonio Gramsci (1891-1937) für die Machterringung aus einer Minderheitenrolle u.a. eine Strategie Lenins, welcher als „metapolitischer Ansatz" zur Charakterisierung der sog. „Neuen Rechten" als ein besonderes Alleinstellungsmerkmal (Strategie) verwendet wird; vgl.: Innenministerium des Landes Nordrhein-Westfalen, Abteilung Verfassungsschutz (Hrsg.): Die Kultur als Machtfrage. Die Neue Rechte in Deutschland, Düsseldorf 2003, S. 58-63; unter diesem Begriff faßt z.B. die PDS auch explizit den „Antifaschismus", hier nun in originärer Anwendung, vgl. hierzu: Moreau, Patrick; Lang, Jürgen: Linksextremismus. Eine unterschätzte Gefahr, Bonn 1996, S. 107; vgl. „kulturelle Hegemonie" als ein normales Faktum im parlamentarisch-demokratischen Pluralismus und voreilige Befürchtungen linker Intellektueller (Peter Glotz) diese in den 80ern zu verlieren: Weißmann, Karlheinz: Rückruf in die Geschichte. Die deutsche Herausforderung: Alte Gefahren – Neue Chancen, Berlin-Frankfurt/Main 1993, S. 152-154; Alain de Benoist negiert eine Bedeutung als „neurechte" Strategie, vgl.: Stein, Dieter: Phantom „Neue Rechte". Die Geschichte eines politischen Begriffs und sein Mißbrauch durch den Verfassungsschutz, Berlin 2005, S. 174-178.

[230] van Hüllen, Rudolf: „Kulturelle Hegemonie" als strategisches Konzept von Linksextremisten – dargestellt am Beispiel der „Geschichtsaufarbeitung", in: van Hüllen, Rudolf; Klein, Kurt J.; Klink, Manfred; Langguth, Gerd; Rupprecht, Reinhard: Linksextremismus – eine vernachlässigte Gefahr, Sankt Augustin 1997, S. 60.

Eine dogmatische Forderung nach einer Verstaatlichung von Produktionsmitteln ist seit dem bundesrepublikanischen Wirtschaftswunder nicht mehr beobachtbar. Ausgenommen einem globalisierungskritischen Teil kümmern sich Linke und Linksextreme kaum noch um ökonomische Grundsatzfragen, sondern konzentrieren ihre Bemühungen auf eine Veränderung der moralischen und kulturellen Grundlage der westlichen Gesellschaft.

Elemente des Linksextremismus werden, mit ihrer Bezugnahme auf selektiv herangezogene und ideologisch instrumentalisierte Bestände aus modernen Theorien (Marxismus-Leninismus) und in ihrer Kritik an den „Wohlstandszonen der Welt" als Hauptgarant des Modells der Grundwerte moderner politischer Kultur in rechtsstaatlichen Demokratien, nach neueren Ansätzen in Teilbereichen mit dem Islamismus verglichen. Nach THOMAS MEYER sei für beide gleichermaßen der starke Wunsch nach einer geschlossenen Gesellschaft, nach geschlossenen Gruppen und nach geschlossenen Weltanschauungssystemen als eine Entlastung von den „Zumutungen" der „offenen und pluralistischen Kultur der Moderne" kennzeichnend.[231] Der Islamismus missioniert bekanntlich ebenfalls über das Zwischenziel einer kulturellen - religiösen Hegemonie dann zu der Erreichung eines Gottesstaates. Bei diesem Vergleich ist kritisch anzumerken, daß von MEYER der Islamismus anscheinend undifferenziert mit einem „grünen Faschismus" gleichgesetzt wird. Aufgrund des in dieser Arbeit verfolgten antitotalitären Ansatzes muß gewarnt werden vor der Verwendung sogenannter „rhetorischer Begrifflichkeiten" von „universalen Schreckensbildern"[232] wie z.B. dem „Faschismus" als Relikt einer stalinistischen Auffassung des „Antifaschismus". Diese Ansätze laufen Gefahr, lediglich Phänomene zu vereinfachen, um sie miteinander vergleichen zu können. Eine theologisch-religiöse Ausgestaltung des „Antifaschismus" wird in einem Annex gesondert behandelt.

Das größte politische „Gravitationsfeld" und damit ein dominierender Faktor im Phänomenbereich des Linksextremismus der Bundesrepublik wird der Linkspartei.PDS zugeschrieben. Einerseits durch ihre vernetzten Gruppierungen, an denen sie mitwirkt, wie z.B. DKP, VVN-BdA und „Bund Westdeutscher Kommunisten" (BWK)[233] und andererseits durch die innerparteilichen Bindeglieder z.B. über ein Geflecht an unterschiedlichen Arbeitsgruppen zum linken „systemkritischen" Milieu bis hin zu gewalttätigen

---

[231] Meyer, Thomas: Islamismus, Linksextremismus und der „Westen", in: Bundesministerium des Innern: Feindbilder und Radikalisierungsprozesse. Elemente und Instrumente im politischen Extremismus, Berlin 2005, S. 75 u. 91.

[232] de Benoist, Alain: Totalitarismus. Kommunismus und Nationalsozialismus – die andere Moderne. 1917-1989, Berlin 2001, S. 96.

[233] Zur Geschichte und Orientierung des „Kommunistischen Bundes Westdeutschland" (KBW) von 1973 und seiner Abspaltung 1980 um Martin Fochler zur Gründung des „Bundes Westdeutscher Kommunisten" (BWK), vgl.: Langguth, Gerd: Protestbewegung. Entwicklung – Niedergang – Renaissance. Die Neue Linke seit 1968, Köln 1983, S. 91-102.

Linksextremisten.[234] Zudem zählen zu diesem Feld weitere Kleingruppen und Sympathisanten (ehem. auch *„fellow travellers“*), die durch ihr Wissen und als Multiplikatoren unterstützend wirken.

Neben der Voraussetzung der Gewaltanwendung bzw. Gewaltbejahung besteht also auch eine legalistische Taktik, welche sich z.T. deutlich von Gewalt distanziert. Eine „kulturelle Hegemonie“ zu schaffen, ist für linksextreme Gruppierungen jedoch nur ein Mittel zum Zweck, sich nämlich in der Hauptsache gegen die Grundprinzipien des demokratischen Verfassungsstaates – durch Verabsolutierung des Demokratieprinzips einerseits und durch die Negierung des Verfassungsprinzips andererseits - zu wenden. Zum Linksextremismus gehören nach einer einführenden Kurzdefinition von ECKHARD JESSE all jene antidemokratischen Gruppierungen, die den Kapitalismus für alle Übel der Welt verantwortlich machen.[235] Diese vereinfachende Definition setzt ein umfassendes Wissen zu den Faschismustheorien aus kommunistischer Sicht voraus, um z.B. Entwicklungen, wie zwischen „antideutschen-“ und „antiimperialistischen Antifa-Gruppen“ einordnen zu können. Weiterhin weicht diese Definition dem in der Wissenschaft immer wieder erörterten Streit von einer Gleichsetzung von linksextrem und rechtsextrem aus. Da sich auch rechtsextreme Gruppierungen gegen den Kapitalismus wenden.

Häufig wird in diesem Zusammenhang auf die ideologischen Grundlagen der linken Bewegung Bezug genommen, welche auf den Werten und Ideen der Französischen Revolution von 1789, insbesondere dem Ideal der Gleichheit beruhen, während rechtsextreme Ideale in Gegnerschaft zu diesen Werten stehen. Damit soll bewiesen werden, daß zum einen Linksextremisten die geistigen Grundlagen der freiheitlichen Demokratie bejahen und damit eine Gleichsetzung von Links- und Rechtsextremismus zu einer Verharmlosung führt. Vertreter der linken Extremismusvariante sehen, sieht man vom Anarchismus ab für den jede Form von Staatlichkeit als repressiv gilt, einen Staat, dem jede demokratische Kontrolle entzogen ist, da ein vollständiger Monismus politischer Interessen zwischen Regierten und Regierenden vorherrscht, als „demokratischer“ Idealfall an.[236] Hierbei liegt der Monismus der politischen Interessen in der Überdehnung des Gleichheitsgrundsatzes auf alle

---

[234] Diese Einschätzung teilend, das Autorenpaar Moreau/Lang, vgl.: Moreau, Patrick; Lang, Jürgen: Linksextremismus. Eine unterschätzte Gefahr, Bonn 1996, S. 20f. u. 91-116; Antwort der Bundesregierung auf die Kleine Anfrage der Abgeordneten Sylvia Bonitz et.al., Fraktion CDU/CSU: Aktuelle Entwicklungen im Bereich Linksextremismus, Drucksache 14/7968, 08.01.2002.

[235] Jesse Eckhard: Parteipolitischer Linksextremismus in der Bundesrepublik Deutschland. Von 1949 bis zur Gegenwart, in: Bundesamt für Verfassungsschutz (Hrsg.): Bundesamt für Verfassungsschutz. 50 Jahre im Dienst der inneren Sicherheit, Köln-Berlin-Bonn-München 2000, S. 263; ausführlichere Herleitung und Definition zum Linksextremismus, in: Backes, Uwe; Jesse, Eckhard: Politischer Extremismus in der Bundesrepublik Deutschland, Bonn 1996, S. 60 u. 138-220.

[236] Lang, Jürgen P.: Ist die PDS eine demokratische Partei – Eine extremismustheoretische Untersuchung, Baden-Baden 2003, S. 50.

Lebensbereiche, so daß das Freiheitsprinzip überlagert wird. Oft sehen sich Linksextremisten nicht nur als eigentliche Demokraten, sondern gleichsam als seine ursprünglichen Hüter, so wahrten kommunistische Staaten nach außen hin zumeist den Schein eines demokratisch verfaßten Systems. Dabei bemühen sie sich nicht um präzise Ausgestaltung ihrer Gesellschaftsentwürfe, sondern belassen es bei Utopien der Befreiung, Gegenentwürfe zur Gesellschaft des Hier und Jetzt. Gerade im Utopismus, also einem kommunistischen Idealstaat („Reich der Freiheit", Karl Marx) sieht JÜRGEN P. LANG den Kern des linken Extremismus. Dieser will, so LANG, einen „antipluralistischen Interessenmonismus"[237] durchsetzen und zur staatlichen Legitimation machen. Er ist lediglich über seine Gegnerschaft zum demokratischen Verfassungsstaat jetztbezogen, bei gleichzeitigem Glauben an eine angebliche historische Legitimierung und utopistische Gesellschaftsverheißung. Als Ausgangsdefinition bzgl. einer kommunistischen Parteienanalyse mag dieser überkommende Ansatz aus der Zeit des „Kalten Krieges" ihre Berechtigung haben, jedoch unterschlägt er die Fortentwicklung des historischen Momentes und die nachlassende Bindekraft eines kommunistisch–utopischen Gesellschaftsbildes, so daß aus vorhergenannter Position in der Hauptsache die „Gegenentwürfe zur Gesellschaft im Hier und Jetzt" und ihre angebliche historische Legitimität zu benennen sind, welche sich für die Linke maßgeblich im Kampf gegen „Rechts" erschöpft und damit als ein definitorisches Merkmal gilt. Weiterhin bleibt der Absolutheitsanspruch, mit dem Linksextremisten ihre dogmatischen Werte und Ideen verfechten, deklinatorischer Bestandteil einer Definition des Linksextremismus, also ein ausufernder „...Glaube an die Gleichheit und Perfektionalität des Menschen, die Kraft der Vernunft und die Unaufhaltsamkeit des Fortschritts...",[238] verbunden mit einem missionarischen Eifer und einer Unerbittlichkeit in der Verfolgung ihrer Ziele.

Im übrigen wird beim o.g. dichotomen Werte - Vergleich ein identitärdemokratisches Verständnis zugrunde gelegt, das ursprünglich dem angelsächsischen Modell der pluralistischen – repräsentativen Demokratie widerspricht und damit dem Verständnis des Grundgesetztes ebenfalls widerstreitet. Auf die Gefahr, daß bereits das Eintreten gegen das identitäre Gleichheitsideal, wie es inzwischen in der freiheitlich –pluralistischen Demokratie ebenfalls mehr und mehr gefordert wird, als potentiell rechtsextrem zu werten ist, hat

---

[237] Lang, Jürgen P.: Ist die PDS eine demokratische Partei – Eine extremismustheoretische Untersuchung, Baden-Baden 2003, S. 51.

[238] Moreau, Patrick; Lang, Jürgen: Linksextremismus. Eine unterschätzte Gefahr, Bonn 1996, S. 19; vgl. hierzu auch: Backes, Uwe; Jesse, Eckhard: Politischer Extremismus in der Bundesrepublik Deutschland, Bonn 1996, S. 60.

CHRISTIANE HUBO in ihrer Studie hingewiesen.[239] Damit wird u.a. der Versuch dargestellt, neben dem „Dilemma" des Mehrheitsprinzips und der des Minderheitenschutzes, die indisponiblen Menschenrechte um diejenigen Grundrechte zu erweitern, welche lediglich auf politische Ziele verweisen (z.B. soziale Gerechtigkeit). Darüber hinaus rekurriert CHRISTIANE HUBO zum Thema Linksextremismus lediglich auf die spärlichen „Definitionsanmerkungen" des Verfassungsschutzes zum theoretischen Fundus des Linksextremismus.[240]

Zwischenergebnis

Nach Kenntnisnahme von unterschiedlichen Standpunkten zum Linksextremismus ist festzustellen, daß die überwiegende Literatur sich nur rudimentär mit dem übergeordneten Theoriegebäude des Linksextremismus beschäftigt, sondern hauptsächlich das Phänomen des „Antifaschismus" fokussiert. Diese Beobachtung findet ihren Grund maßgeblich in der zeitgeschichtlichen Entwicklung, nämlich daß der theoretische Gehalt des heutigen Linksextremismus nach 1989/91 als wissenschaftliche Weltanschauung (Marxismus/Leninismus), bzw. als eine säkulare Erlösungslehre mit seiner Verheißung einer Gesellschaft der Freien und Gleichen, die klassenlos ohne Zwänge in einem Idealstaat zusammenleben und die ihren Anhängern geistig-moralische Orientierung bot, ganz überwiegend verfallen ist. Der heutige Linksextremismus besitzt wenig ideologische Bindekraft mit visionärer Potenz mehr, sondern seine Gefahr liegt nach wie vor in den pseudomoralischen Bündnisbestrebungen zwischen linksextremen Akteuren und hedonistisch-libertären „Drittgruppen", also Akteuren, welche sich sowohl im parlamentarischen-, als auch im gesellschaftlichen-politischen Bereich finden und durch einen irregeleiteten Idealismus dem großen Projekt des demokratischen Verfassungsstaates verlorengehen. Somit erweist sich der „Antifaschismus" mit seiner moralischen Komponente als letzter „ideologischer Strohhalm" und fungiert auch weiterhin als „Volksfrontkitt" insbesondere seit dem Ende des Realsozialismus der DDR in der Bundesrepublik Deutschland.[241] Dieser „Antifaschismus" geriert durch die analysierten Elemente des Linksextremismus, welche im konkreten Einzelfall ergänzend mitzudenken sind, zu einer extremistischen Antithese eines demokratischen Verfassungsstaates.

---

[239] Hubo, Christiane: Verfassungsschutz des Staates durch geistig-politische Auseinandersetzung – Ein Beitrag zum Handeln des Staates gegen Rechts, Göttingen 1998, S. 86.
[240] Hubo, Christiane: Verfassungsschutz des Staates durch geistig-politische Auseinandersetzung – Ein Beitrag zum Handeln des Staates gegen Rechts, Göttingen 1998, S. 98f..
[241] Knütter, Hans-Helmuth: Gefahren des Linksextremismus, in: Schäfer, Joachim (Hrsg.): Kurswechsel. Stimme der Mehrheit, München 1998, S. 114-116.

„Antifaschismus“

Der „Antifaschismus“ wird vom Verfassungsschutz und in der kritischen Literatur zumeist als ein integraler Bestandteil linksextremistischer beziehungsweise totalitärer Ideologie identifiziert. Eine Ideologie kann in diesem Zusammenhang als wertbezogene Form der Gesellschaftsbeschreibung verstanden werden, welche ein genuin politisches funktionales Äquivalent zu den - nicht mehr vorhandenen - generalisierten Rollenorientierungen ständischer Gesellschaften bilden; Ideologien orientieren und legitimieren also kollektives Handeln. Der „Antifaschismus“ teilt mit dem Linksextremismus auf Werteebene die Utopie einer egalitären Gesellschaft als Positivformulierung. Die spezielle „Orientierungsleistung“ besteht jedoch in der Bestimmung des Negativwertes, die Reduktion heterogener politischer und gesellschaftlicher Phänomene auf die „Faschismusformel“. Diese Reduktion führt aber nicht zu einem monolithischen Block, sondern der „Antifaschismus“ zerfällt auf dem Boden eines weitgehend (unbewußt) wohlwollenden gesellschaftlichen Konsenses maßgeblich in die überwiegend theoretisch angeleiteten „orthodoxen“- und die sich selbst als „radikal, „militant“ oder „autonom“ bezeichneten „aggressiven“ „Antifaschisten“. Diese beiden Hauptströmungen unterscheiden sich vor allem in ihrer Staatsauffassung und ihrer Bereitschaft, Gewalt anzuwenden. Integraler Bestandteil des „Antifaschismus“ ist die programmatische Betonung der Notwendigkeit des politischen Kampfes und der hieraus resultierenden ständig mitlaufenden Handlungsaufforderung. Eine derart konzipierte Ideologie ermöglicht Selbstlegitimation, garantiert Zukunftssicherheit und erhöht die Binnensolidarität der Eigengruppe, sowie deren Mobilisierungschancen.[242]

Das Bundesamt für Verfassungsschutz und die überwiegende Anzahl der Landesstellen bezeichnet den „Antifaschismus“ als das traditionelle Aktionsfeld und –thema für Gruppierungen und Anhänger des Linksextremismus.[243] Der „Antifaschismus“ ist darüber hinaus ein im politischen und gesellschaftlichen Alltag zunehmend gängiger Begriff. Er richtet sich zumeist vordergründig gegen den Rechtsextremismus oder vermeintliche „faschistischen“ Personen, Institutionen und Entwicklungen, allerdings verfolgt er letztendlich eine systemüberwindende Zielsetzung, um die angeblich unserer kapitalistischen Gesellschaftsordnung immanenten Wurzeln des „Faschismus“ zu beseitigen und richtet sich somit gegen die fdGO. Weiterhin läßt sich nach der Wende eine überragende Bedeutung des „Antifaschismus“ für eine linksextreme Bündnisstrategie analysieren, die als Vehikel zur Verbreitung „linker“ Politikinhalte dient.

---

[242] Drescher, Thomas: Antifaschismus – vom linksradikalen Kampfbegriff zum staatstragenden Axiom, in: Institut für Staatspolitik (Hrsg.): Sezession 5, April, Albersroda 2004, S. 46.
[243] Bundesamt für Verfassungsschutz (Hrsg.): Verfassungsschutzbericht 2004, Berlin 2005, S. 168.

Die ideologischen Ursprünge von kommunistischen Bündnissen reichen zurück bis zum Jahr 1935. Seither zielt sie auf einen umfassenden Zusammenschluß aller „linker Kräfte“ ab. Nachdem die Sozialdemokratie, seit der Etablierung der „Dimitroff–Formel“[244], nicht mehr unter „Sozialfaschismusverdacht“ der Kommunisten stand, wurde nach dieser taktischen Wende die „antifaschistische Einheitsfront der Arbeiterklasse“ bzw. mit den bürgerlichen Sozialdemokraten die erweiterte „antifaschistische Volksfront“ zur Errichtung einer „antifaschistisch-demokratischen Neuordnung“ als Übergang zum Sozialismus gebildet.[245] Zuvor vertrat die SPD in der Weimarer Republik einen strikt legalistischen Kurs, dem politisch–ideologische und theoretische Überlegungen zugrunde lagen und damit eine Koalition mit Kommunisten schon 1918/19 ausschlossen.[246]
Die Zusammenarbeit zwischen kommunistischen Gruppierungen und Sozialdemokraten sollte zunächst 1951, im Zuge der Auseinandersetzung mit der SRP[247] und danach 1959 im sog. „Godesberger Programm“ offiziell von der Vorstandsebene beendet werden. Im Abschnitt zu den „Grundforderungen für eine menschenwürdige Gesellschaft“ wird nach dem Totalitarismusansatz jeglicher Diktatur oder autoritärer Herrschaft eine deutliche Absage erteilt. Explizit den Kommunisten wird versagt, sich weiterhin auf sozialistische Traditionen zu berufen. Nach Meinung der SPD, ist die Errichtung einer Diktatur ihr Ziel.[248] Den doppelten Antitotalitarismus manifestiert die SPD 1989 bzw. 1998 noch einmal in konkreter Betonung einer Abgrenzung von der KPD und SED.[249] Damit erklärt die SPD in ihren Grundsatzprogrammen bis in die Gegenwart die Totalitarismustheorie als Fundament der fdGO und als demokratischen Ausgangspunkt schlechthin („doppelter Antitotalitarismus“[250]). Die sozialdemokratische Partei distanziert sich damit offiziell von einer Zurückweisung des Totalitarismusbegriffs und die Ersetzung durch den Faschismusbegriff. Als Folge dieser Programmatik wird von der SPD in Abgrenzung zu einzelnen (auch links-) extremistischen

---

[244] Die Doktrin besagt nach dem bulgarischen Komintern Funktionär Georgi Dimitroff, daß Faschismus die offene terroristische Diktatur der am meisten reaktionären, chauvinistischen und imperialistischen Elemente des Finanzkapitals sei. Danach seien alle kapitalistischen Systeme potentiell faschistisch.
[245] Landesamt für Verfassungsschutz Baden-Württemberg (Hrsg.): Antifaschismus als Aktionsfeld von Linksextremisten, Stuttgart 2002, S. 29.
[246] Wippermann, Wolfgang: Zur Analyse des Faschismus. Die sozialistischen und kommunistischen Faschismustheorien 1921-1945, Frankfurt am Main, Berlin, München 1981, S. 27-37.
[247] Knütter, Hans-Helmuth: Antifaschismus und politische Kultur in der Bundesrepublik Deutschland, in: Funke, Manfred; Jacobsen, Hans-Adolf; Knütter, Hans-Helmuth; Schwarz, Hans-Peter (Hrsg.): Demokratie und Diktatur. Geist und Gestalt politischer Herrschaft in Deutschland und Europa. Festschrift für Karl Dietrich Bracher, Düsseldorf 1987, S. 374.
[248] Sozialdemokratische Partei Deutschlands: Grundsatzprogramm der SPD, Bad Godesberg 1959, www.spd.de/servlet/PB/menu/1588241/index.html, 22.04.2006, S. 4 u. 19f.
[249] Sozialdemokratische Partei Deutschlands: Grundsatzprogramm der SPD, Berlin 1989, Leipzig 1998, www.spd.de/servlet/PB/menu/1588241/index.html, 22.04.2006, S. 9f.
[250] Gebauer, Annekatrin: Der Richtungsstreit in der SPD. Seeheimer Kreis und Neue Linke im innerparteilichen Machtkampf, Wiesbaden 2005, S. 56.

Gruppierungen wie z.B. die VVN-BdA (schon bereits unter Kurt Schumacher 1948) vorgenommen.[251] Die Abgrenzungen der SPD hinsichtlich der Totalitarismustheorie und den kommunistischen Vereinigungen sind seit zweiter Hälfte der sechziger Jahre immer wieder Erosionen unterlegen gewesen. Verantwortlich hierfür war die (Re-)Konstituierung der DKP als Nachfolgepartei der KPD und ihrer vielfältigen Vorfeldorganisationen, die Ostpolitik der SPD, auch das aufgrund der Studentenbewegung veränderte politische Klima und einzelne kooperationsbegünstigende Kampagnen wie z.B. „Friedensbewegung", „Berufsverbote" und „Antifaschismus".[252]

WOLFGANG RUDZIO sieht in letztgenannter Kampagne einen „ideologischen Volksfrontkitt" und analysiert in seiner Studie die Kooperation zwischen VVN-BdA und der SPD als Erosionsbeispiel zwischen demokratischer Linken und Kommunisten. Die unscharfen Abgrenzungen lassen sich auch in Regierungskoalitionen nach der Wende mit den vielfältigen „antifaschistischen" Bündnissen, besonders seit dem in der rot-grünen Regierungskoalition implementierten „Aufstand der Anständigen" analysieren.[253] Die bereits angesprochenen ideellen und personelle Zusammenarbeit im bnr, z.B. mit Mitgliedern der VVN-BdA (vgl. 1.2), zeigen eben diese Erosionsprozesse. Weiterhin äußerte sich der damalige Bremer Bürgermeister und Jugendsenator Henning Scherf (SPD) in einem bnr Interview, angesprochen auf einen „antifaschistischen" Schwerpunkt im Grundsatzprogramm der SPD auch zu dem zwar noch formell bestehenden, aber praktisch nicht mehr angewendeten Unvereinbarkeitsbeschluß zur VVN-BdA. Weiterhin äußerte er sich zuversichtlich über eine baldige Zurücknahme auch des formellen Beschlusses, Scherf hierzu: „Es gibt eine große

---

[251] Rudzio, Wolfgang: Die Erosion der Abgrenzung. Zum Verhältnis zwischen der demokratischen Linken und Kommunisten in der Bundesrepublik Deutschland, Opladen 1988, S. 118; Knütter, Hans-Helmuth: Antifaschismus und politische Kultur in der Bundesrepublik Deutschland, in: Funke, Manfred; Jacobsen, Hans-Adolf; Knütter, Hans-Helmuth; Schwarz, Hans-Peter (Hrsg.): Demokratie und Diktatur. Geist und Gestalt politischer Herrschaft in Deutschland und Europa. Festschrift für Karl Dietrich Bracher, Düsseldorf 1987, S. 374; Knütter, Hans-Helmuth: Antifaschismus als innen- und außenpolitisches Kampfmittel, in: Knütter, Hans-Helmuth (Hrsg.): Kritik des Antifaschismus, Bornheim 1990, S. 20.

[252] Vgl. hierzu die gesamte Studie von Wolfgang Rudzio, besonders auch die Erosionen in der Abgrenzung zwischen SPD und VVN-BdA, welche eine originäre Stamokap-Position widerspiegelt, hierzu die S. 111-142 u. 206, in: Rudzio, Wolfgang: Die Erosion der Abgrenzung. Zum Verhältnis zwischen der demokratischen Linken und Kommunisten in der Bundesrepublik Deutschland, Opladen 1988; Rudzio, Wolfgang: Antifaschismus als Volksfrontkitt, in: Bundesminister des Innern (Hrsg.): Bedeutung und Funktion des Antifaschismus, Bonn 1990, S. 65-82; auch Hans-Helmuth Knütter thematisiert diese erodierte Abgrenzung zwischen SPD und VVN-BdA bis in die Mitte der 90er Jahre als Ausfluß des „Antifaschismus" in der Funktion einer Kooperationsbasis mit einzelnen Beispielen, vgl.: Knütter, Hans-Helmuth: Die Faschismus-Keule. Das letzte Aufgebot der deutschen Linken, Frankfurt am Main-Berlin 1993, S. 136-142; zur DKP als KPD-Nachfolgepartei und Interventionsapparat der SED, vgl.: Roik, Michael: Die DKP und die demokratischen Parteien 1968-1984, Paderborn 2006.

[253] Institut für Staatspolitik (Hrsg.): Erosion der Mitte. Die Verflechtung von demokratischer und radikaler Linker im „Kampf gegen Rechts" am Beispiel der Amadeu Antonio-Stiftung, Albersroda 2004, S. 7 u. 30f..

Zahl von Sozialdemokraten, die trotz dieses Beschlusses bei der VVN mitarbeiten...Ich hoffe, daß der Antifaschismus ein wirklich zentrales Thema in der Breite der Partei wird."[254]

Ebenfalls werden in Studien immer wieder auf aktuellere Kooperationsmomente der SPD in Bezug auf die stark „antifaschistisch" orientierte Linkspartei.PDS[255] hingewiesen, die nicht nur auf dem Bereich des „Antifaschismus" ebenfalls in enger Beziehung zur VVN-BdA steht.[256] GERHARD HIRSCHER fokussiert in diesem Zusammenhang, daß es im Jahre 2000 immer wieder zu offiziellen und inoffiziellen (Sach-)Gesprächen und Treffen von Spitzenpolitikern auf Bundesebene beider Parteien gekommen sei, um so den Weg für weitere Koalitionen einer „Mitte-Links-Option" oder sogar einer langfristigen Fusion zu einer „großen linken Volkspartei" frei zu machen.[257] Auch die Entschuldigung der PDS im Jahr 2001 für die Zwangsvereinigung von SPD und KPD 1946 sieht HIRSCHER vor allem in diesem Zusammenhang. Gleichzeitig unterstützte die SPD die PDS in einer schwierigen Phase des Führungswechsels und gab ihr hierdurch neue Räume für ihre weitere Entwicklung. HIRSCHER sieht in diesen konstanten Entwicklungen parallele Evolutionen zum Verhältnis der SPD zu den Grünen Anfang der 80er Jahre.

Neben dem bnr lassen sich ausgehend von der Juso - initiierten „Zeitschrift für sozialistische Politik und Wirtschaft" (SWP) diese beobachteten Erosionstendenzen zur Überwindung des Godesberger Programms erneut belegen. Ziel dieser Zeitschrift ist die „Zersplitterung der Linkskräfte" zu überwinden, welche in diesem Kontext als „radikale Reformkräfte" dargestellt werden. Neben einer breiten Herausgeber- und Redakteur-Basis, welche nach eigenen Angaben Anfang 2001 deutlich erweitert wurde, sind die inzwischen bundesweit bekannten SPD-Nachwuchspolitiker: Niels Annen, Andrea Nahles und Björn Böhning verantwortlich. Unter „radikalen Reformkräfte" werden in einer Selbstdarstellung: Gespräche,

---

[254] Borchers, Torsten: Scherf: Rechtsextremismus „bundesweit unterschätzt", bnr Nr. 4/89, 13.02.1989, S. 6f..

[255] „Antifaschismus" wird im Grundsatzprogramm als zwingende Notwendigkeit, als ein ideologischer Fixpunkt betont, der den Zusammenbruch der DDR überstanden hat. Beispiele linksextremer „Antifaschismus"-Arbeit der Linkspartei.PDS, vgl.: Burger, Reiner: Eine Partei altbekannten Typs, Frankfurter Allgemeine Zeitung, 16.07.2005, S. 4; Tim Peters sieht den „Antifaschismus" in der gesamten Linkspartei.PDS als eine Querschnittsaufgabe, die im Ergebnis einen Angriff auf den demokratischen Verfassungsstaat darstellt, vgl.: Peters, Tim: Der Antifaschismus der PDS, in: Backes, Uwe; Jesse, Eckhard (Hrsg.): Jahrbuch Extremismus & Demokratie, Baden-Baden 2003, S. 181 u. 192f.; für Moreau/Lang bildet der „Antifaschismus" in der Linkspartei.PDS ein wiederentdeckter „ideologischer und bündnispolitischer Kampfbegriff", vgl.: Moreau, Patrick; Lang, Jürgen: Linksextremismus. Eine unterschätzte Gefahr, Bonn 1996, S. 104-107; Agethen, Manfred; Jesse, Eckhard; Neubert, Erhart (Hrsg.): Der mißbrauchte Antifaschismus. DDR-Staatsdoktrin und Lebenslüge der deutschen Linken, Freiburg im Breisgau 2002, Kapitel IV Antifaschismus in neuem Gewand? PDS und „Antifaschismus", S. 363-426.

[256] Peters, Tim: Der Antifaschismus der PDS, in: Backes, Uwe; Jesse, Eckhard (Hrsg.): Jahrbuch Extremismus & Demokratie, Baden-Baden 2003, S. 182-183.

[257] Hirscher, Gerhard: Jenseits der „Neuen Mitte": Die Annäherungen der PDS an die SPD seit der Bundestagswahl 1998, München 2001, S. 38-45.

Konferenzen, Diskussionsreihen und Buchprojekte „aus dem Umfeld von Bündnis 90/Die Grünen und PDS" verstanden.[258]

Daß es sich hierbei um ein breites Kooperationsbündnis bis hin zum linksextremen Spektrum handelt, zeigt der Verweis der Internetseiten der SWP auf das von der Linkspartei.PDS nahen Rosa-Luxemburg-Stiftung geförderte Portal „Linksnet". Unter den Kooperationspartnern finden sich orthodox-kommunistisches wie „Z. Zeitschrift Marxistische Erneuerung", als auch die „antifaschistischen" Publikation „arranca!" und „iz3w–Info.zentrum 3. Welt".[259] Diese Untersuchungen der bündnispolitischen Kooperationsmodelle zwischen linker Juso - und linksextremer Politik zeigen einmal mehr, daß man aus machtpolitischen Gründen nach wie vor bei der SPD einen ideologischen und antidemokratischen „Volksfrontkitt" vorfindet und bestätigt die praktische Erledigung einer antitotalitären Abgrenzung der SPD.

Der parteipolitische „Antifaschismus" hat in Teilen der SPD bereits seit den 60er Jahren ihre Antworten auf die Entspannungspolitik und das Abebben der Tabuisierung des Antikommunismus in ihrer parteiinternen Tradition gesucht. Die Erosion des antitotalitären Konsenses wurde in Verbindung mit einem Anti-Antikommunismus auch innerhalb der SPD zur Doktrin, der Antikommunismus zum Tabu. Die doppelte Abgrenzung wurde ersetzt durch eine Verschiebung des normativen Koordinatensystems, welches nach der Wende durch die Aufnahme der SED-PDS in das bundesrepublikanische Parteiensystems noch verstärkt wurde und in der anschließenden „zentripetalen Phase"[260] im weiterhin zweigeteilten Ost-West Parteienspektrum einen linken Schwerpunkt setzt. Die Vision einer „Hegemonie der Reformkräfte" rot-rot-grün wurde gerade nach der Wahl Lafontaines zum Parteivorsitzenden u.a. auch von Müntefering, Vogel und Dreßler vertreten und läutete einen fundamentalen Strategiewechsel der SPD gegenüber der PDS ein.[261] Bei diesem Kurswechsel, der eine zu kurz gedachte Politik der „Entzauberung durch Einbindung" enthält, wird aus machtpolitischen Gründen die Strategie der PDS zur „Transformation der Gesellschaft" unterschätzt. Zudem kann dieses Konzept als gescheitert angesehen werden, denn die Linkspartei.PDS hat sich auch weiterhin in den neueren Bundesländern in Landesregierungen manifestieren können und verfolgt nach wie vor eine nachhaltige Verbreitung auf die gesamte Bundesrepublik.[262] Aktuell wird diese Ausbreitungstendenz auch über ein Konstrukt einer

---

[258] Westphal, Thomas; Rünker, Reinhold: spw – Zeitschrift für sozialistische Politik und Wirtschaft. Das sind wir!, www.spw.on.spirito.de, 24.11.2006.

[259] Linksnet e.V. Köln: Impressum, www.linksnet.de/impressum.php, 24.11.2006.

[260] von Alemann, Ulrich: Das Parteiensystem der Bundesrepublik Deutschland, Fernstudienbrief der FU Hagen, Hagen 2000, S. 66ff..

[261] Moreau, Patrick; Lang, Jürgen: Linksextremismus. Eine unterschätzte Gefahr, Bonn 1996, S. 84.

[262] Direkt nach der Wende betont die PDS die Wichtigkeit einer neuen Beziehung zur DKP, die angeblich nicht mehr von einem Über-/Unterordnungsverhältnis wie bis 1989 zwischen SED und DKP gekennzeichnet ist.

Fusion von westdeutschen kommunistischen Splittergruppen deutlich, welche zusammengefaßt wurden zu einer Sammlungspartei („Wahlalternative Arbeit und Soziale Gerechtigkeit"/WASG) und als ein möglicher Koalitionspartner zur Verfügung steht. Die häufig als „rechts" bezeichneten Anhänger des „Seeheimer Kreises" innerhalb der SPD, welche restriktiver am doppelten Antitotalitarismus der Grundsatzprogramme festhalten, verorten sich folgerichtig nicht in dieser innenpolitischen-programmatischen Themenarena.
Nach dem Beobachtungsansatz des Verfassungsschutzes besteht bzgl. des Linksextremismus, neben den Parteien Linkspartei.PDS, DKP, MLPD und Gruppierungen wie den VVN-BdA, eine Schwerpunktberichterstattung der Aktivitäten von sog. „Autonomen" in ihren jeweiligen Aktionsfeldern mit einer ideologieübergreifenden Basis des „Antifaschismus".[263] Wer hingegen konkret als vermeintlicher Rechtsextremist von Linksextremen in den Fokus genommen wird, findet sich in keiner Publikation des Verfassungsschutzes. Weiterhin analysiert der Verfassungsschutz nur am Rande, daß ein organisiertes Eintreten gegen Rechtsextremisten zumeist von linksextremen Gruppierungen politisch aufgeladen und für ihre Belange ausgenutzt wird. Dies entspricht auch nicht der originären Aufgabe des Verfassungsschutzes, sondern der politischen Opposition. Ihr kommt die Aufgabe zu die o.g. Bündnisstrategien zu entflechten und somit ein eigenständiges Profil zu generieren. Hierzu müßte sich diese aber zunächst von der „Kontinuitätsthese" (Stichwort: „Refaschisierung") befreien. Die Taktik von Links, nicht nur dem Staat ein planmäßiges gedecktes Vorgehen von Rechtsextremen zu unterstellen, sondern auch demokratischen Rechten, wird nicht vom behördlichen Verfassungsschutz thematisiert. Die „Antifaschismusspirale" dreht sich solange mit Erfolg weiter, bis die parlamentarische „Antifa"–Opposition (Unionsparteien) ihren Abgrenzungskurs gegen eine demokratische Rechte beendet. Weiterhin sollte auch der administrative Verfassungsschutz inhaltliche Begriffsunterscheidungen, in der von Links bis zu Teilen der Unionsparteien bewußt verwendeten semantischen Verschleifung von „Rechts" und „Rechtsextrem",[264] einführen und in seinem Schrifttum einheitlich verwenden.

Ebenfalls bildete man Arbeitsgemeinschaften mit dem „Bund Westdeutscher Kommunisten" (BWK) und bildet Verflechtungen mit ihrer Mediengesellschaft GNN; vgl.: Schriftliche Frage des Abgeordneten Jürgen Augustinowitz und Antwort des Staatssekretärs Dr. Walter Priesnitz: Drucksache 12/8372, 03.08.1994, S. 2-6.

[263] Vgl. Landesamt für Verfassungsschutz Berlin (Hrsg.): Deutscher gewaltorientierter Linksextremismus in Berlin. Die „militante autonome Bewegung", Durchblicke Nr. 5, Berlin 1995; Innenministerium des Landes Nordrhein-Westfalen, Abteilung Verfassungsschutz (Hrsg.): Verfassungsschutzbericht des Landes Nordrhein-Westfalen 2004, Düsseldorf 2005, S. 134; Bayerisches Landesamt für Verfassungsschutz (Hrsg.): Verfassungsschutzbericht 2004, München 2005, S. 147f..

[264] Vgl. Innenministerium des Landes Nordrhein-Westfalen, Abteilung Verfassungsschutz (Hrsg.): Verfassungsschutzbericht des Landes Nordrhein-Westfalen 2004, Düsseldorf 2005, S. 135f; diese Verschleifungen werden in antifaschistischen Schriften zudem mit Assoziationsketten kombiniert: rechts = rechtsextrem = rassistisch = antisemitisch = faschistisch usw.. Diese Attribuierungen verweisen wechselseitig aufeinander und ermöglichen somit eine flexible Handhabung von Generalvorwürfen.

Das Aktionsfeld „Antifaschismus" spielt nach Angaben des administrativen Verfassungsschutzes eine entscheidende Rolle bei der Mobilisierung, Strukturierung, Organisierung und Rekrutierung in der linken und linksextremistischen Szene.[265]
Definitorische Schwierigkeiten bzgl. des „Antifaschismus" bestehen nach Meinung des Verfassungsschutzes zum einen in der Abgrenzung zwischen einem „legalen und illegalen Antifaschismus", uneinheitlichen Gebrauch und Interpretation durch verschiedene Gruppierungen und in den unterschiedlichen Faschismustheorien.[266] Interessanterweise wird vom Verfassungsschutz dem „legalen Antifaschismus" keine eigene Begrifflichkeit zugeordnet, wie z.B. dem Begriff des „Antinationalsozialismus", um sich deutlich von einer sozialistischen Konnotation und einer Delegitimierung der bürgerlichen Gesellschaft abzugrenzen.
Um „Antifaschismus" definieren zu können, muß zunächst der „Faschismus" definiert sein, da er nach dem Wortsinne das natürliche Antonym bildet. Der Verfassungsschutz unterscheidet zunächst in Positivdefinitionen den Faschismusbegriff in zwei grundsätzlichen groben Deutungsformen. Zum einen den Faschismus als reduktionistische Eigenbezeichnung eines ausschließlich italienischen Phänomens und zum anderen als abzulehnender marxistischer „Gattungsbegriff" für Rechtsdiktaturen („Globaltheorie"). Hiervon abzugrenzen ist die Ansicht von ERNST NOLTE, den Faschismusbegriff auf die Phase zwischen dem ersten Weltkrieg und dem Ende des Zweiten als Epochenphänomen auszudehnen und die verschiedenartigen historischen Gebilde der *„Action Française"* von Maurras, Mussolinis Faschismus und Hitlers Nationalsozialismus in eine logisch hervorgehende Abfolge einzufügen.[267] Der rechte „Augenmensch" ARMIN MOHLER wählt einen gänzlich anderen, nicht theoretischen und abstrakt begrifflichen, sondern einen subjektiv „physiognomischen" Zugang für das Phänomen „Faschismus", wenn er den von ihm entwickelten „faschistischen Stil" als „bestimmte Tonlage", „Klima" und „Assoziation" begreift. Dieser elementare „faschistische Stil" ist für MOHLER an einzelnen faschistischen Führern in Europa feststellbar, und inhaltlich sollen die weiteren von ihm analysierten heterogenen Stile des *„Etatismus"* und des Nationalsozialismus vom Faschismus, die latent in unterschiedlicher Stärke in Europa (oder sogar in Individuen) festzustellen sind, sich ablösen oder sogar

---

[265] Bundesamt für Verfassungsschutz (Hrsg.): Militante Autonome. Charakteristika – Strukturen – Aktionsfelder, Köln 1999, S. 19.
[266] Landesamt für Verfassungsschutz Baden-Württemberg (Hrsg.): Antifaschismus als Aktionsfeld von Linksextremisten, Stuttgart 2002, S. 3f..
[267] Nolte, Ernst: Der Faschismus in seiner Epoche, München 1990.

überkreuzen können, abgegrenzt werden.[268] Dieser Ansatz erscheint für eine allgemeine Faschismusforschung interessant, jedoch ist er als Grundbegriff für die Ableitung und Begründunge einer Negativfolie nicht verwendbar. Für diese Arbeit wird aus Gründen der theoretischen Handhabbarkeit und Operationalisierbarkeit der empirisch analytischen Ergebnisse, die reduktionistische Eigenbezeichnung des Faschismus präferiert, ohne eine europäische Dimension des Faschismus als ein Epochenphänomen zu negieren (vgl. z.B. Spanien, Portugal, Rumänien und Frankreich). Zudem sind aufgrund dieser Festlegung eine Überdehnung und der immanente ideologischer Grundgehalt der Negativdefinition sehr deutlich zu analysieren.

Ursächlich für den linken Gattungsbegriff „Faschismus" sind hauptsächlich antikapitalistische marxistische Faschismustheorien, welche den Totalitarismus aus vergleichender Perspektive ablehnen. Sie legen nach ihrer Gesellschaftslehre den Schwerpunkt auf die Prägung der „Produktionsverhältnisse". Im Gegensatz hierzu unterscheidet die Totalitarismustheorie nach Herrschaftsverhältnissen. Als Richtungsweisend für die marxistischen Faschismustheorien[269] und als grundlegendes „Antifaschismus–Paradigma" gilt die bereits erwähnte sog. „Dimitroff-Formel", des Generalsekretärs der Komintern Georgi Dimitroff von 1935 (VII. Weltkongreß der Komintern) und ihre Erweiterungen in den 60er Jahren durch den sog. „Stamokap-Flügel". Danach wird das „Kampfinstrument der Bourgeoisie gegen das Proletariat" von 1924 (V. Weltkongreß der Komintern) erweitert der dargestellt als in eine „unverhüllte terroristische Diktatur der extrem reaktionären, chauvinistischen und imperialistischen Elemente des Finanzkapitals", als eine Form „bürgerlicher" Herrschaft unter den Bedingungen des „staatsmonopolistischen Kapitalismus" (Stamokap).[270] In diesem Zusammenhang warnt der Verfassungsschutz vor einer unreflektierten Anwendung des (stalinistischen Kampf-) Begriffes und schlägt als maßgebliches Abgrenzungskriterium für einen „legitimen Antifaschismus" eine grundsätzlich „antitotalitäre Haltung" vor, also eine Unterscheidung nach dem Herrschaftssystem.[271] Hiernach folgt er also einer Anwendung der

[268] Mohler, Armin: Keine Fragen mehr: Der faschistische Stil, in Mohler, Armin: Das Gespräch. Über Linke, Rechte und Langweiler, Dresden 2001, S. 119-178.

[269] Es können insgesamt sieben linksextreme Faschismustheorien unterschieden werden: 1. Bonapartismus-Theorie, 2. Sozialfaschismus – Theorie, 3. Agentur – Theorie, 4. modernisierte Agentur – Theorie, 5. Theorie des präventiven Überwachungsstaates, 6. Psychologisierende Faschismusdeutungen, 7. Überschießende „Antifaschismus" – Konzeption als politisches Paradigma; vgl.: Moreau, Patrick; Schorpp – Grabiak: Antifaschismus als Strategie der PDS, in: Agethen, Manfred; Jesse, Eckhard; Neubert, Erhart (Hrsg.): Der mißbrauchte Antifaschismus. DDR-Staatsdoktrin und Lebenslüge der deutschen Linken, Freiburg im Breisgau 2002, S. 381-383.

[270] Landesamt für Verfassungsschutz Baden-Württemberg (Hrsg.): Antifaschismus als Aktionsfeld von Linksextremisten, Stuttgart 2002, S. 5 u. 9f..

[271] Landesamt für Verfassungsschutz Baden-Württemberg (Hrsg.): Antifaschismus als Aktionsfeld von Linksextremisten, Stuttgart 2002, S. 8.

Totalitarismustheorie unter Anwendung des vereinbarten Grundkonsenses nach 1945: „Gemeinsamkeit der Demokraten", welcher sich allgemein „antiextremistisch" definiert und sein normatives Fundament im Grundgesetz findet.[272]

Im Gegensatz zur Positivdefinition „Faschismus" unterscheidet der Verfassungsschutz im „mehrdimensionalen Antifaschismusverständnis" auf der einen Seite gerechtfertigte „antifaschistische Handlungen" gegen Rechtsextremisten, welche im Rahmen der Meinungs- und Demonstrationsfreiheit das Recht eines Jeden ist und nicht vom Verfassungsschutz beobachtet wird. Auf der Anderen den „Kampfbegriff Antifaschismus", welcher durch seine ideologische Einengung das beschriebene einseitige politische Programm enthält, das sich gegen die fdGO richtet. Andere Landesämter sehen im „Antifaschismus" und dem damit verbundenen moralischen Anspruch, die Gegnerschaft zum NS in der Vergangenheit und die Ablehnung und entschiedene Bekämpfung des Rechtsextremismus in der Gegenwart lediglich als „Vehikel", um den demokratischen Rechtsstaat mit Gewalt zu bekämpfen.[273] Daß auch bei der vermeintlichen Bekämpfung von gerechtfertigten „antifaschistischen Handlungen" gegen den Rechtsextremismus und für die Erhaltung von Freiheit und Rechtsstaatlichkeit zumeist personale und programmatische Überschneidungen bis in das demokratisch gewählte parteipolitische (Regierungs-)Lager durch die vom Verfassungsschutz nur am Rande wahrgenommene zweite moralische Komponente zu analysieren sind, wird vom Verfassungsschutz an dieser Stelle nicht erwähnt (oder erkannt?). Dieses Analysedilemma entsteht durch die diffuse Verwendung einer einheitlichen Begrifflichkeit durch den Verfassungsschutz. Dieser Unklarheit könnte durch eine deutlichere Begriffsdefinition, z.B. „Antinationalsozialismus" entgegengewirkt werden.

Die konkrete „Antifaschismusarbeit", die in erster Linie sog. „Anti-Nazi-Arbeit" bedeutet und von dem erheblich engeren „Antinationalsozialismus" abzugrenzen ist, wird von vielen Aktionsformen ausgeführt und von der eigenen Szene in legale und illegale Handlungsformen unterteilt. Die legalen Handlungsformen, die zumeist eine Bündnisstrategie zum Ziel haben, werden von einer systematischen Medienpolitik („antifaschistische Öffentlichkeitsarbeit") begleitet. Die Auseinandersetzungen mit dem politischen „rechten" Gegner sollen über verschiedene Medienträger mit Multiplikationsmitteln bis weit in die „bürgerlichen Kreise" hineingetragen werden. Schafft es ein solches „Antifa"–Thema in die bürgerlichen Zitierorgane, wie z.B. das Nachrichtenmagazin „Der Spiegel", welcher montags (*e-paper*

---

[272] Zum Begriff „antiextremistischer Konsens" mit seinen Bedeutungsebenen, vgl.: Backes, Uwe; Jesse, Eckhard: Vergleichende Extremismusforschung, Baden-Baden 2005, S. 186f..

[273] Landesamt für Verfassungsschutz Berlin (Hrsg.): „Antifa heißt Angriff". Antifaschismus als Deckmantel für Gewalt, Durchblicke Nr. 10, Berlin 1999, S. 2

Version bereits samstags) erscheint, erwächst in den darauffolgenden Tagen durch einen sich überlappenden Zitierzyklus in Fernsehen, Rundfunk und Tagespresse die Möglichkeit einer politische Kampagne, die zumeist durch eine Anfrage der Linkspartei.PDS, Bündnis 90/Die Grünen oder SPD ihren Weg auf die fraktionelle Politikagenda findet.

Zu der legalen „Antifaschismusarbeit" gehört auch das umfassende Recherchieren und Sammeln von Informationen über den politischen Gegner. Zur Aufdeckung von (tatsächlichen oder vermeintlichen) Rechtsextremisten („Faschisten") durch „Antifas" werden sogenannte „Antifarecherchen" durchgeführt.[274] Linksextreme Gruppierungen sammeln die Rechercheergebnisse über Funktionäre, Schulungseinrichtungen, Trefflokale und andere logistische Einrichtungen zur Vorbereitung militanter Aktionen. Weiterhin werden die Rechercheergebnisse häufig als sog. „Fahndungsantifaschismus" in den einschlägigen Blättern, wie z.B. „antifa", „Antifaschistische Nachrichten", „Antifaschistisches Infoblatt", „Der Rechte Rand" und auf den linksextremen Netzportalen, wie z.B. „indymedia" oder „nadir" mit Foto, Wohnortangabe, KfZ-Kennzeichen und Autotypen von Einzelpersonen vorbereitend veröffentlicht. Diese Veröffentlichungen enthalten die Aufforderung an die Szene, „aktiv" zu werden, um „antifaschistische Selbsthilfe" auszuüben. Dieser Vorarbeit folgt dann der schon beschriebene „Kommandoantifaschismus", also konkrete Gewaltaktionen gegen aus ihrer Sicht „faschistischen" Personen und Institutionen. Diese reichen von Sachbeschädigungen (z.B. Farbbeutelanschläge, Brandanschläge oder „Entglasung") bis hin zu körperlicher Gewalt[275] und zu „antifaschistisch gerechtfertigten" politischen Mord.[276] Damit bildet der „Fahndungsantifaschismus" eine Schnittstelle zu den „nicht legalen" Aktionsformen der linksextremen Szene.

Innerhalb der unterschiedlichen Aktionsfelder von Linksextremisten, also auch bei der „Antifa-Arbeit", entfalten überwiegend sog. „Autonome" die meiste kriminelle Energie. Die regelmäßige Benutzung des im normalen Sprachgebrauch positiv besetzten Begriffes kehrt

---

[274] Bundesamt für Verfassungsschutz (Hrsg.): Verfassungsschutzbericht 2004, Berlin 2005, S. 170; van Hüllen, Rudolf: Linksextremismus vor und nach der Wende, in: van Hüllen, Rudolf; Klein, Kurt J.; Klink, Manfred; Langguth, Gerd; Rupprecht, Reinhard: Linksextremismus – eine vernachlässigte Gefahr, Sankt Augustin 1997, S. 23; vgl. FN 122; Die Gesellschaft für Nachrichtenerfassung und Nachrichtenverbreitung mbH (GNN) in Köln, welche unter Kontrolle des Bundes Westdeutscher Kommunisten (BWK) steht, fungiert in der linksextremen Szene bis hin zur PDS, mit der sie inzwischen Verflechtungen bildet, als eine der maßgeblichen Herausgeberplattform; vgl.: Schriftliche Frage des Abgeordneten Jürgen Augustinowitz und Antwort des Staatssekretärs Dr. Walter Priesnitz: Drucksache 12/8372, 03.08.1994, S. 5f.; vgl. die drei Säulen der „antifaschistischen Selbsthilfe", in: Moreau, Patrick; Lang, Jürgen: Linksextremismus. Eine unterschätzte Gefahr, Bonn 1996, S. 379.

[275] Bundesamt für Verfassungsschutz (Hrsg.): Militante Autonome. Charakteristika – Strukturen – Aktionsfelder, Köln 1999, S. 21f..

[276] Vgl. Anschlag auf Gerhard Kaindl, Moreau, Patrick; Lang, Jürgen: Linksextremismus. Eine unterschätzte Gefahr, Bonn 1996, S. 379f..

sich in diesem Zusammenhang für die Allgemeinheit in sein entfesseltes negatives Moment um.

Nach den Definitionen des Verfassungsschutzes verfügen „Anarchistische/Traditionelle Autonome" über kein einheitliches ideologisches oder strategisches Konzept; sie verweigern sich „von außen aufgezwungenen" Gesetzen und Regeln. Formelle Organisationen lehnen sie dem Grunde nach ab, kennen keine verbindlichen Entscheidungsinstanzen, keine Einrichtung, von der aus Aktionen zentral angeordnet/organisiert werden könnten. Sie schließen sich vielmehr in lockeren „anonymen" Kleingruppen zusammen, aus denen sich dann einvernehmlich geplante und koordinierte Gewaltaktionen situativ und für den Nichtbeteiligten „unberechenbar und unkontrollierbar" entwickeln.[277] Autonome wollen also nicht „funktionieren", sondern selbstbestimmt und herrschaftsfrei leben. Oft reicht den Anhängern das Grundgefühl von „militanter Antistaatlichkeit". Einig sind sie sich in ihrem Haß auf Staat und Gesellschaft sowie die Bereitschaft, zur Durchsetzung ihrer politischen Ziele Gewalt einzusetzen. Sie wissen im Allgemeinen nicht wofür-, aber wogegen sie sind.

Einziger ideologischer Minimal-Konsens ist das perspektivische Ziel, eine unterdrückungsfreie Gesellschaft zu erkämpfen.[278] Der Antagonismus in der Gewaltanwendung wird durch eine Wertungsunterscheidung der Gewalt vorgenommen. Daher ist für „Autonome" ihre angewendete „befreiende Gewalt" angeblich gegenüber der „strukturellen Gewalt" des Staates und der übrigen Gesellschaft gerechtfertigt.

Davon abzugrenzen ist ein - im Vergleich zu Gruppierungen wie der VVN - neuerer „Antifa" Bereich, der versucht, seine Kräfte durch beginnende Organisierung in den 90er Jahren zu bündeln. Ziel dieser Institutionalisierung ist es, die Unverbindlichkeit und „Kampagnenzersplitterung" autonomen Vorgehens durch kontinuierliche politische Arbeit zu überwinden und nachhaltig Nachwuchs zu rekrutieren. Als zweite Struktur sind von den „Autonomen" die „klandestinen" Gruppierungen abzugrenzen, die nach Guerillataktik militant, unter wechselnden Namen auftreten.[279] Diese Gruppierungen führen ihren nachhaltigen Kampf für politische Ziele gegen Leib, Leben und Eigentum anderer Menschen, oder andere schwere Straftaten oder Taten zu ihrer Vorbereitung gem. § 129 a Abs. 1 StGB, sie agieren also als Terrororganisation.

---

[277] Bundesamt für Verfassungsschutz (Hrsg.): Verfassungsschutz gegen Linksextremismus, Köln 1998, S. 6; Bundesamt für Verfassungsschutz (Hrsg.): Militante Autonome. Charakteristika – Strukturen – Aktionsfelder, Köln 1999, S. 3 u. 12.

[278] Bundesamt für Verfassungsschutz (Hrsg.): Militante Autonome. Charakteristika – Strukturen – Aktionsfelder, Köln 1999, S. 4.

[279] Bundesamt für Verfassungsschutz (Hrsg.): Militante Autonome. Charakteristika – Strukturen – Aktionsfelder, Köln 1999, S. 6.

Diese drei linksextremistischen Grobstrukturen - „Autonome", „Antifa", terroristische Vereinigung - bilden in ihren Abgrenzungen keine monolithischen Blöcke, sondern sind permeabel. So versteht sich die „autonome" Szene als Avantgarde im Kampf gegen den verallgemeinernden „Faschismus", d.h. gegen Rechtsextremisten genauso wie gegen die bürgerliche freiheitliche demokratische Grundordnung. Zwei grundlegende Konzepte finden sich in allen linksextremen Strukturformen wieder. Zum einen wird versucht, mit Hilfe ständig wechselnder Aktionsnamen dem „Repressionsapparat" wenig Angriffsfläche auch durch ein vergleichsweise großes Maß an Anonymität zu bieten, zum anderen wird die Notwendigkeit umfassender militanter Aktionsformen als „integraler Bestandteil revolutionärer Politik" anerkannt. Diese Konzeptionen bieten eine Vernetzung zwischen den einzelnen Strukturen und innerhalb dieser zwischen jeweiligen „legalen" und „illegalen" Projekten/Gruppen.

Die folgenden Darstellungen über die Organisationsstrukturen der militanten Linksextremisten stellt die Situation der 90er Jahre dar, die geprägt waren durch eine möglichst „radikale" Reaktion auf die Wende und Überwindung der eigenen Krise der, sofern seit den 80er Jahren überhaupt vorhanden, etablierten Strukturen. Diese Strukturen waren nicht von Dauer, so daß Aktivitäten lediglich punktuell durch einige regionale, traditionell starke Gruppierungen zu verzeichnen sind. Insgesamt wuchs die Kritik an den „autonomen" Strukturen durch fehlende Nachhaltigkeit, fehlende Theorie und Praxis und einem drohenden „Nischen- und Gettodasein".[280] Zwar rekrutieren Antifa Gruppen häufig sehr jungen Nachwuchs für eine Aktionszeit im Schüler- Studentenalter, können diese jedoch nicht mit Erfolg für eine weitere „antifaschistische" Politik jenseits der Hochschulzeit binden. Eine umfassende Darstellung der früheren Situation stimmt mit dem Untersuchungszeitraum der Fallbeispiele dieser Studie überein und findet, obwohl in Teilen bereits Geschichte, somit seine Berechtigung.

Bestes Beispiel für eine Schnittmenge aus strukturierten „Autonomen" und „Antifas" ist die Ende Juli 1992 in Wuppertal, maßgeblich betrieben von der „Autonomen Antifa (M(ittwoch))" aus Göttingen, gegründete „Antifaschistische Aktion/Bundesweite Organisation" (AA/BO), welche 2001 wieder aufgelöst wurde. Diese Organisation verfolgte einen „praktischen" Ansatz, d.h. ein Konzept kontinuierlicher Arbeit in verbindlichen Zusammenhängen, z.B. mit Bundestreffen von Delegierten mit der Zielsetzung eine sogenannte „Antifaschistische Selbsthilfe" zu organisieren, die ihren militanten Charakter nicht verheimlicht. Das bedeutet laut einer Eigendefinition: „Faschistische Treffen

---

[280] Bundesamt für Verfassungsschutz (Hrsg.): Militante Autonome. Charakteristika – Strukturen – Aktionsfelder, Köln 1999, S. 13.

behindern/verhindern; Strukturen aufdecken, bekämpfen, zerstören und zerschlagen".[281] Neben den Delegiertentreffen betreibt die AA/BO intensive Programm-, Schulungs- und Medienarbeit. Ihre Hauptaktionsfelder sind „Antifaschismus", „Antirassismus", „Repression"/"Innere Sicherheit".[282]

Zu ihrer Gründung gehörten der AA/BO folgende Gruppierungen an: „Antifaschistische Aktion Berlin" (AAB) (2003 gespalten in „Antifaschistische Linke Berlin" (ALB) und „Kritik&Praxis B3rlin"), „Autonome Antifa (M)" Göttingen (2004 aufgelöst), „Antifaschistische Aktion Passau", „Rote Antifa Nürnberg", „Rote Antifaschistische Initiative" (RAI) Berlin, „Antifa Bonn/Rhein-Sieg, „Autonome Antifa Heidelberg", „Antifa Kritik&Kampf" Nürnberg, „Antifaschistisches Plenum/Jugend Antifa Aktion" Braunschweig, „Antifaschistische Gruppe Hamburg" (AGH), „Autonome Antifa Weser/Ems". In dieser Übersicht der Gründungsgruppen fehlen die immer noch sehr aktive Bielefelder Antifa/West, die „Antifaschistische Aktion Potsdam" (AAPO), „Progreß [antifacist youth]", neben den 2004 aufgelösten Gruppen Antifa K/Köln und Antifagruppe Dortmund-Nord. Offensichtlich bilden Hochschulstädte und Ballungsräume mit den zumeist links dominierten studentischen Selbstverwaltungen (AStA) an den Hochschulen, Buch-„Infoläden",[283] Kulturszene u.ä. einen guten organisatorischen Raum für linksextreme „militante" Gruppen. Seit Einführung der Hochschul- und Langzeitstudentengebühren dürfte sich die Linksdominanz, zumindest in den Studentenselbstverwaltungen, in Zukunft weiter zu einer entpolitisierten Hochschullandschaft nivellieren.

Mit bundesweit mehr ca. 5.500 Personen stellen „Autonome" auch weiterhin den größten Anteil des gesamten gewaltbereiten linksextremistischen Potentials und die Masse der Gewalttaten.[284] Die Auflösungs- und Spaltungstendenzen des strukturierten „Antifaschismus" durch ein überkommendes „autonomes" Lebensgefühl, konkurrierende Ansätze und allgemeiner Nachwuchsmangel, dürfen nicht zu einer Verharmlosung der Szene führen. Insbesondere nach den vereinzelten Wahlerfolgen rechtsextremer Parteien und tatsächlicher oder vermeintlicher rechtsextremer Gewalttaten und der daraufhin einsetzenden Kampagne gegen „rechts" durch die rot-grüne Regierung, die flankiert wurde durch oftmals hastige und unreflektierte einseitige Medienkampagnen, erfuhr die linksextreme Szene ihre

[281] Bundesamt für Verfassungsschutz (Hrsg.): Militante Linksextremisten rekrutieren Nachwuchs. Schauplatz Schule und Jugendtreff, Köln 1999, S. 3.

[282] Bundesamt für Verfassungsschutz (Hrsg.): Militante Autonome. Charakteristika – Strukturen – Aktionsfelder, Köln 1999, S. 14.

[283] „Infoläden"/"Volxküchen" gelten im „Antifamilieu" als ein wichtiges Kommunikationsmittel, Bezugsquelle für einschlägige Literatur und bieten Veranstaltungsraum.

[284] Bundesamt für Verfassungsschutz (Hrsg.): Verfassungsschutzbericht 2005. Vorabfassung, Köln 2006, S. 144.

Unterstützung. Diese führte teilweise dazu linksextreme Gruppierungen durch bürgerliche Strukturen wie die implementierten Bundesprogramme zu begünstigen.[285]

Zusammenfassend lassen sich folgende Teilbereiche der „Antifaschismusarbeit" nach Wichtigkeit unterscheiden: verallgemeinerndes Vorgehen gegen (vermeintlichen) Rechtsextremismus und ihren „rechten (staatlichen) Hintergrundstrukturen", Kampf gegen „Geschichtsrevisionismus", der eine Weiterentwicklung der Bewertung deutscher Geschichte nicht zuläßt („Historikerstreit", „Begehung von Gedenktagen", Erhaltung- und Neubau von historischen Gedenkstätten etc.) und sich gegen die Totalitarismustheorie richtet, Kampf gegen „systemimmanenten/strukturellen Rassismus" (s.o.), gegen staatliche „Repression" und gegen die oben ausgeführte „Großmachtrolle BRD" mit dem Sonderphänomen der „antideutschen" Bewegung innerhalb des linksextremen Spektrums.

Die bislang dargestellte Auseinandersetzung mit dem „Antifaschismus" in Bezug auf den demokratischen Selbstschutz des Staates beruht auf einer sozialwissenschaftlich betonten Funktion als Instrument der Analyse. Diese Darstellung stellt lediglich am Rande die zweite Funktion des „Antifaschismus" vor: ihre moralische Komponente, die in der politischen Auseinandersetzung als Kampf- und Diffamierungsmittel gipfelt, mit dessen Hilfe Interessen durchgesetzt werden sollen. Der Grund liegt in der Wahrnehmung des „Antifaschismus", sich als „Glaubenssache" darzustellen und nicht als Technik zur Wirklichkeitsgestaltung zu agieren. Seine Wirkung und sein Erfolg liegen in der Tatsache, daß nach 1945 niemand „Faschist" sein mochte und begründete also hierdurch die Möglichkeit, den politischen Gegner in eine Defensivposition zu drängen, der nur schwer zu entfliehen ist. Der Jahreszahl 1945 ist hierbei eine Verschiebung im Bild der NS-Zeit und eine Umwertung durch Studentenbewegung und „Außerparlamentarischer Opposition" immanent. Diese Wandlung verfolgte damit einen neuen „Antifaschismus", welcher weniger die orthodox marxistischen Theorien zugrundelegte, als vielmehr den Mustern alliierter Umerziehung folgte. Die kollektive Schuldthese, als wichtigste Waffe im Kampf gegen das *„establishment"* rekurrierte hierbei erfolgreich auf die „unbußfertige verbrecherische Vätergeneration". Sozialpsychologisch äußert sich diese Flucht in Gegenidentifizierungen und Legitimation aus einer paradoxen Opferperspektive: in einer übersteigerten „Betroffenheitsmoral", in einem „Daueranklageton" und einer Instrumentalisierungsstrategie durch ein „Hantieren mit apokalyptischen Schreckensszenarien",[286] die sich jedoch nur auf den NS-Holocaust als

---

[285] Institut für Staatspolitik (Hrsg.): Erosion der Mitte. Die Verflechtung von demokratischer und radikaler Linker im „Kampf gegen Rechts" am Beispiel der Amadeu Antonio-Stiftung, Albersroda 2004, S. 9-13.

[286] Weißmann, Karlheinz: Niederlage – Befreiung, in: Institut für Staatspolitik (Hrsg.): Sezession 8, Albersroda 2005, S. 12; Schneider, Christian: Deutsche Spezifik, Frankfurter Allgemeine Zeitung, 12.07.2006, S. N3.

Erpressungstabu und „Dialoggrenze" verengen. Zu anderen Genoziden, wie z.B. in Kambodscha unter Pol Pot, Maos Kulturrevolution in der VR China oder Stalins (antisemitische) Verbrechen, schweigt die „antifaschistische Bewegung".[287] Mit dem Sieg von 1945 und der Vernichtung eines totalitären Systems, nämlich des NS, wurde die Anerkennung anderer totalitärer Systeme ermöglicht. Der „Antifaschismus" als „diskursive Kategorie",[288] die dem Bündnis zwischen Sowjetunion und den westlichen Demokratien einen ideologischen Minimal-Inhalt zu geben vermocht hatte, wurde somit zu einer unbestrittenen „Legitimationsbasis" und endgültiges „Wahrheitskriterium" der Linken. Diese eindimensionale geschichtliche Interpretation und spezifische Psychologien ermöglichen es, die politische Gesamtsituation in der BRD als „faschistisch" zu bezeichnen, die Nachkriegsentwicklung in Frage zu stellen und hieraus neue Feindseligkeiten gegenüber den Weltkriegssiegermächten zu rechtfertigen. Nach einer kurzen Legitimationskrise diente, neben der alten moralischen Dauerkraftquelle, die als entfesselter Kapitalismus wahrgenommene Globalisierung und die als „Imperium" (Herfried Münkler) auftretende ordnungspolitische Weltmacht USA/Nato zur Aktivierung alter Feindbilder. Ähnliche Feindbilder finden sich auch bei Teilen der extremen Rechten.

Exemplarisch eingesetzt wird der „Antifaschismus" als moralisches/emphatisches Druckmittel noch heute, z.B. von Gruppierungen wie der VVN-BdA, welche als Fallbeispiel für eine linksextreme Bestrebung im bnr in dieser Arbeit behandelt wird. Dieser zweite Teilbereich des Linksextremismus bot sich nach dem Verlust der Bindekraft durch den Wegfall des theoretische fundierten Sozialismus und Kommunismus, als Ersatz für eine desorientierte Linke nach der Wende geradezu an. Damit adaptierte die westdeutsche Linke den „(system–)stabilisierenden Integrationsfaktor"[289] des „Antifaschismus" der DDR und den instrumentalisierenden „Antifaschismusbegriff" der Linkspartei.PDS. Dieser tritt z.B. in wissenschaftlichen Publikationen und verschiedenen Zeitungsartikeln von Peter Glotz, Jürgen

---

[287] In der Sprachlosigkeit gegenüber „irritierenden" Massenbewegungen und Diktaturen gepaart mit einer Hilflosigkeit gegenüber den schweigenden Mehrheiten, die ihr Schweigen aufgeben, denn „Antifaschismus" komme nur zur Geltung, wenn die Masse stillschweigend die moralischen Handlungen und Entscheidungen in ihrer nicht legitimierten Rolle hinnimmt oder ignoriert, sieht Peter Sichrovsky die ideologischen Hauptfehler des „Antifaschismus" da, daß Beeinflussen der schweigenden, demokratiestabilisierenden Masse erodierend auf demokratische Strukturen wirke , vgl.: Sichrovsky, Peter: Der Antifa-Komplex. Das korrekte Weltbild, München 1999, S. 107f..

[288] de Benoist, Alain: Totalitarismus. Kommunismus und Nationalsozialismus – die andere Moderne. 1917-1989, Berlin 2001, S. 84.

[289] Knütter, Hans-Helmuth: Antifaschismus als innen- und außenpolitisches Kampfmittel, in: Knütter, Hans-Helmuth (Hrsg.): Kritik des Antifaschismus, Bornheim 1990, S. 7; z.B. darf es für Volkmar Wölk al. „Andreas P. Zaleshoff" keine Berührungsängste zwischen Kommunisten und Nichtkommunisten bei der antifaschistischen Zusammenarbeit geben, vgl.: Jesse, Eckhard: Die extreme Rechte im Aufwind? – Der Rechtsextremismus und die Partei der Republikaner, in: Backes, Uwe; Jesse, Eckhard (Hrsg.): Jahrbuch Extremismus & Demokratie, Bonn 1990, S. 252.

Habermas und Jürgen Trittin (vgl. „konkret" 6/1994, Mitherausgeber der „antifaschistischen" Zeitschrift: „Der Rechte Rand", vgl. Impressum Nr. 4., Dezember 1989–Nr. 21., Febr./März 1993) Anfang der 90er Jahre in Erscheinung und führt zu einem angeblichen verallgemeinernden diffus verwendeten und inzwischen regelmäßig von interessierter Seite lancierten „(Rechts-) Extremismus der Mitte". Im Ergebnis wird dadurch der demokratische Verfassungsstaat delegitimiert, da keine Unterscheidung zwischen einem extensiven Extremismusbegriff und einem restriktiven Demokratieverständnis vorgenommen wird und diese Position aus einer Perspektive eines gesinnungsethisch geprägten linken Moralismus stammt, welcher die „etablierten" Parteien und seine Repräsentanten fokussiert.[290] Diese Komponenten des „Antifaschismus" erhalten eine besondere Bedeutung im bnr, da sie hier bewußt angewendet werden. Daher erfolgt nun eine Darstellung der diskutierten Positionen in der Literatur.

MANFRED FUNKE lehnt eine generalisierende Anwendung („Eintopf-Formel") des Faschismus-Begriffes bereits aus den historischen Unterschiedlichkeiten von „Rechtsdiktaturen" ab. Er sieht in diesem nicht nur einen herrschaftstheoretischen Ordnungsbegriff der Regimelehre, sondern zugleich auch immer einen politischen „Kampfbegriff", der sich besonders deutlich in der oszillierenden und vereinnahmenden Anwendung des „Antifaschismus" zeigt. Damit bildet „Antifaschismus" keinen reinen dichotomen Gegenbegriff zum Faschismus, von einer reinen Wortlautauslegung ist also abzusehen. Hiermit meint MANFRED FUNKE besonders die von Vertretern dieser Konzeption unerwünschte Assoziation, nach dem Vorbild der DDR, welche sich durch eine instrumentelle Parallelität für den Sozialismus ergeben würde und die in ihm wohnende Möglichkeit als „propagandistischer Blockbegriff" zu fungieren („Brückenköpfe der antifaschistischen Subversionsstrategie"). Dies würde bedeuten, daß bereits aus einer vermeintlichen „...Gemeinsamkeit des Gegners zugleich auf eine Identität der politischen Ziele innerhalb dieser gemeinsamen Gegnerschaft geschlossen werden könnte."[291] Der Autor

---

[290] Vgl. die unterschiedlich hierzu diskutierten Themen von CDU über die FAZ, „Neuen Rechten" bis zum extremistischen Parteienspektrum, zumeist reicht bereits eine Begriffsverwendung wie Nation, Volk, Identität, Macht- und Geopolitik, deutsche Interessen für die Einordnung aus: Lohmann, Hans Martin (Hrsg.): Extremismus der Mitte, Frankfurt 1994; Lenk, Kurt: Rechts, wo die Mitte ist, Baden – Baden, 1994; Moreau, Patrick; Lang, Jürgen: Linksextremismus. Eine unterschätzte Gefahr, Bonn 1996, S. 107; zum „Extremismus der Mitte" kritisch: Backes, Uwe; Jesse, Eckhard: Extremismus der Mitte? – Kritik an einem modischen Schlagwort, in: Backes, Uwe; Jesse, Eckhard (Hrsg.): Jahrbuch Extremismus & Demokratie, Baden-Baden 1995, S. 13-26; die pauschale und einseitige Ausrichtung des Lohmann Bandes kritisierend, vgl.: Rudzio, Wolfgang: Von der Antifa - Keule zum „Extremismus der Mitte"?, in: Backes, Uwe; Jesse, Eckhard (Hrsg.): Jahrbuch Extremismus & Demokratie, Baden-Baden 1995, S. 248-250.

[291] Funke, Manfred: Faschismus und Antifaschismus – Versuch einer historisch – politischen Begriffsbestimmung, in: Bundesminister des Innern (Hrsg.): Bedeutung und Funktion des Antifaschismus, Bonn 1990, S. 16.

weist damit auf den möglichen „Tarnungscharakter“ durch eine Bündnisfunktion des „Antifaschismus“ hin, die er als „Inflationsvokabel“ bis in offizielle Strukturen hinein begünstigt sieht. Dies bedeutet für ihn statt einer Stärkung des antitotalitären Bürgerkonsenses, einen „...Beleg für die Krise der politischen Kultur unseres Landes.“[292]

HANS-HELMUTH KNÜTTER analysiert den „Antifaschismus“ zunächst als positivistisch aufgeladene schlagwortartige- Methode[293], eine sozialistische – kommunistische Gesellschaftsordnung durch eine politische Offensive des bloßen „Dagegenseins“ zu rechtfertigen.[294] Weiterhin lehnt er ebenfalls den marxistisch aufgeladenen Gattungsbegriff „Faschismus“ ab und sieht in diesem, neben dem sozialwissenschaftlichen Analysemittel totaler Herrschaftsformen, ein „...innen- und außenpolitisches Kampf- und Diffamierungsmittel...“[295], welches gegen die wehrhafte Demokratie gerichtet ist und daher eine zeitgemäße Erscheinungsform eines Grundsatzkonfliktes darstellt. Zudem sieht KNÜTTER im „Antifaschismus“ inzwischen eine durch einen hedonistischen Wertewandel erodierte, „geistig-moralische Fundamentalnorm“.[296] Danach würde sie durch ihre Art der in Teilen noch selbstlegitimierenden und rechtfertigenden Anwendung eine negative Entwicklung für die politische Kultur entfalten, indem sie die verfassungsrechtlich fixierten Fundamentalnormen der BRD verdrängt. Gemeint ist hier der antitotalitäre Gründungskonsens der Bundesrepublik, welcher nach dem Krieg unter den parteipolitischen Demokraten Grundkonsens war und sich gegen jeglichen Extremismus richtet. Insofern ist die

---

[292] Funke, Manfred: „Antifaschismus“ – Zum Blendcharakter einer politischen Allzweckwaffe, in: Agethen, Manfred; Jesse, Eckhard; Neubert, Erhart (Hrsg.): Der mißbrauchte Antifaschismus. DDR-Staatsdoktrin und Lebenslüge der deutschen Linken, Freiburg im Breisgau 2002, S. 312.

[293] Knütter benennt 14 positiv konnotierte Merkmale, Eigenschaften und Verhaltensweisen, in denen sich ein „Antifaschist“ wiederfindet: humanitär, liberal, demokratisch, aufklärerisch, rational, revolutionär (1789), radikal, individualistisch, den Menschenrechten verpflichtet, der Freiheit der Person verschrieben, den Idealen der Gleichheit und Gleichberechtigung verbunden, Gegner des Antikommunismus, friedliebend, vgl.: Knütter, Hans-Helmuth: Die Faschismus-Keule. Das letzte Aufgebot der deutschen Linken, Frankfurt am Main-Berlin 1993 , S. 20; Für Peter Sichrovsky dient die Etikettierung mit ideologischen Schlagworten wie „Antifaschist“, „Faschist“, „Kommunist“ und „Antikommunist“ lediglich der Ein- und Ausgrenzung des politischen Gegners und führt zu einer weiteren Verflachung der intellektuellen politischen Auseinandersetzung, vgl.: Sichrovsky, Peter: Der Antifa-Komplex. Das korrekte Weltbild, München 1999, S. 24.

[294] Knütter, Hans-Helmuth: Antifaschismus als innen- und außenpolitisches Kampfmittel, in: Knütter, Hans-Helmuth (Hrsg.): Kritik des Antifaschismus, Bornheim 1990, S. 10.

[295] Kütter, Hans-Helmuth: Antifaschismus und politische Kultur in Deutschland nach der Wiedervereinigung, APuZ, B9, 22.02.1991, S. 18, so wird z.B. von Vertretern des „Antifaschismus“ schon allein die Kritik an dieser Konzeption als „Faschistisch“ dargestellt, vgl. S. 25; zur Genese und Wirkungsweise als Kampagnenbegriff in der BRD, vgl.: Knütter, Hans-Helmuth: Internationale Antifaschismus-Kampagnen und ihre Rückwirkung auf die Bundesrepublik Deutschland, in: Bundesminister des Innern (Hrsg.): Bedeutung und Funktion des Antifaschismus, Bonn 1990, S. 83-111.

[296] Knütter, Hans-Helmuth: Antifaschismus und politische Kultur in der Bundesrepublik Deutschland, in: Funke, Manfred; Jacobsen, Hans-Adolf; Knütter, Hans-Helmuth; Schwarz, Hans-Peter (Hrsg.): Demokratie und Diktatur. Geist und Gestalt politischer Herrschaft in Deutschland und Europa. Festschrift für Karl Dietrich Bracher, Düsseldorf 1987, S. 365 u. Knütter, Hans-Helmuth: Antifaschismus und politische Kultur in Deutschland nach der Wiedervereinigung, APuZ, B9, 22.02.1991, S. 28.

Verwendung des Begriffes „Antifaschismus als Fundamentalnorm“[297] kritisch zu hinterfragen. Seine einseitige Wirkung vs. der Antitotalitarismustheorie entfaltet der mehrdimensionale „Antifaschismus“ durch seine konstitutiven zeitgeschichtlichen Merkmale: vormals war es der „Antifaschismus“ des Sowjetkommunismus und realexistierenden Sozialismus, nach der „Wende“ blieb der „Antifaschismus“ des Sozialismus, welcher als „...eine Art Ideologieersatz“ im Sinne einer „...negativen gesamtdeutschen Klammer zwischen DDR-Sozialisten alter und neuer Prägung und westdeutschen Linken“ [298] wirkt und nachfolgend als Grundlage innerdeutscher Kooperation linker politischer Kräfte sich entwickeln konnte.

Die Argumente des „Antifaschismus“ wurden im Laufe der Zeit theoretisch schwächer und seine Erscheinungsformen vielfältiger und an akuten Konfliktlagen ausgerichtet, wodurch häufig subkulturell eine Wirkung auf Intellektuelle des Bildungsbürgertums mitsamt einem herrschaftskritischen und hedonistischen „Gefühlssozialismus“, entstand, so KNÜTTER.[299] Damit stelle der „Antifaschismus“ eine Integrationsideologie dar, auf deren Basis sich sehr heterogene politische Kräfte einigen können. Die Grundlage dieser Integrationsideologie basiere in der Idee einer multikulturellen Gesellschaft, die unterschiedliche Kulturen und Traditionen ignoriert. Gerade die moralische Komponente, neben der sozio-ökonomischen, läßt Bündnisse z.B. von ethischen und intellektuellen Rigoristen entstehen, welche ansonsten nicht mit kommunistischen Kräften zusammenarbeiten, oder sie sogar bekämpfen würden. Gemeint sind in diesem Zusammenhang nicht nur die linksbürgerlichen Bündnispartner, sondern auch die Kirchen mit ihren Laienorganisationen bis hin zu den christlich-konservativen Parteien. KNÜTTER analysiert im bürgerlichen Lager nur ein eindimensionales „Antifaschismusverständnis“, welches lediglich den moralischen Aspekt, also den an einer zeitgeschichtlichen Aufarbeitung interessierten, umfaßt und die systemverändernde sozio-ökonomische Komponente vernachlässigt.[300]

Diese Deutung des strikt getrennten mehrdimensionalen und eindimensionalen „Antifaschismusverständnisses“ mit einer jeweiligen „Milieu“-Zuordnung ist inzwischen

---

[297] Vgl. die Verwendung von Knütter bereits vor 1989: Knütter, Hans-Helmuth: CDU/CSU und Antifaschismus. Eine Partei in Verlegenheit, Criticón 107, Mai/Juni 1988, S. 138.

[298] Knütter, Hans-Helmuth: Antifaschismus und politische Kultur in Deutschland nach der Wiedervereinigung, APuZ, B9, 22.02.1991, S. 17 u. 27.

[299] Knütter, Hans-Helmuth: Antifaschismus und politische Kultur in Deutschland nach der Wiedervereinigung, APuZ, B9, 22.02.1991, S. 21.

[300] Knütter, Hans-Helmuth: Antifaschismus und politische Kultur in der Bundesrepublik Deutschland, in: Funke, Manfred; Jacobsen, Hans-Adolf; Knütter, Hans-Helmuth; Schwarz, Hans-Peter (Hrsg.): Demokratie und Diktatur. Geist und Gestalt politischer Herrschaft in Deutschland und Europa. Festschrift für Karl Dietrich Bracher, Düsseldorf 1987, S.367; Knütter, Hans-Helmuth: Antifaschismus als pseudomoralische Basis des Linksextremismus, in: Knütter, Hans-Helmuth; Winckler, Stefan (Hrsg.): Handbuch des Linksextremismus. Die unterschätzte Gefahr, Graz-Stuttgart 2002, S. 14.

kritisch zu hinterfragen, da gerade die Bündnisstrategien von Antifaschisten ihr Ziel darin sehen, bürgerliche Institutionen, z.B. große Teile der Evangelische Kirche (EKD),[301] erfolgreich zu unterwandern. Dadurch versuchen sie ihre Begrifflichkeiten zu platzieren, um gerade auch einen, wenngleich nicht revolutionären, sondern schleichenden, systemverändernden Aspekt hier über den moralischen Aspekt gelten machen zu können. Institutionen, welche sich diesem Verständnis nicht anschließen, können dann als „faschistisch" diskreditiert und in die politische Defensive abgedrängt, bzw. sich selbsterodierend durch einen Abgrenzungsopportunismus verdrängen lassen. Insofern wird in einem „eindimensionalen Antifaschismus" die Mißbrauchsgefahr derselben Begrifflichkeit für die Verwendung zweier Phänomene übersehen.

Besonders nach 1989 nimmt die moralische Komponente einen zunehmend wichtigeren Raum ein. Deren Anhängerschaft verfolgt auch weiterhin gesellschaftskritisch eine antinationale systemverändernder Zielsetzung. Daher ist seit der Wendezäsur bis in die politischen Gegenwart nicht mehr nur die Entwicklung einer allgemeinen „geistig-moralischen Fundamentalnorm" beobachtbar, sondern die Gefahr eines „antifaschistischen" Konsenses im Rang einer „verfassungsergänzenden Grundordnung" oder bereits erste Züge zur Ersetzung einer antitotalitären fdGO durch eine „antifaschistisch-volksdemokratische Grundordnung" zu beobachten.[302]

Der Jurist JOSEF SCHÜßLBURNER sieht hierin sogar die Gefahr von Ansätzen eines Verfassungstotalitarismus dank einer um die Ideologie eines „proto-totalitären

---

[301] Mann, Gerald H.: Widerstand gegen die kulturrevolutionären Einflüsse in der evangelischen Kirche, in: Becker, Hartmuth; Dirsch, Felix; Winckler, Stefan (Hrsg.): Die 68er und ihre Gegner. Der Widerstand gegen die Kulturrevolution, Graz-Stuttgart 2004, S. 137ff.; Becker, Hartmuth; Winckler, Stefan: Gegenwehr in der evangelischen Kirche und an der Freien Universität. Gespräch mit Prof. Dr. Klaus Motschmann, in: Becker, Hartmuth; Dirsch, Felix; Winckler, Stefan (Hrsg.): Die 68er und ihre Gegner. Der Widerstand gegen die Kulturrevolution, Graz-Stuttgart 2004, S. 167ff.; zum Einfluß von Karl Barth auf die EKD und ihre Eliten und Institutionen, z.B. Kurt Scharf (Vorsitzender des Rates der EKD) vgl.: Motschmann, Klaus: Späte Frucht der frühen Jahre. Vom langen Wachsen der 68er-Bewegung in der evangelischen Kirche, in: Knütter, Hans-Helmuth; Winckler, Stefan (Hrsg.): Handbuch des Linksextremismus. Die unterschätzte Gefahr, Graz-Stuttgart 2002, S. 57-69; Ansätze einer „antifaschistischen" Erosion in der CDU/CSU ohne konsequente Trennung der Dimensionen sah Knütter bereits vor der „Wende" und den anschließenden einschlägigen Kampagnen, vgl.: Knütter, Hans-Helmuth: CDU/CSU und Antifaschismus. Eine Partei in Verlegenheit, Criticón 107, Mai/Juni 1988, S. 137f.; für die Zeit nach dem „Aufstand der Anständigen" im Jahr 2000, vgl.: Hornung, Klaus: Antifaschistische Machtstrategien in der Moralgesellschaft. „Kampf gegen Rechts" – „Aufstand der Anständigen", in: Stein, Dieter (Hrsg.): Ein Leben für Deutschland – Gedenkschrift für Wolfgang Venohr 1925-2005, Berlin 2005, S. 261- 282.

[302] Knütter, Hans-Helmuth: Die Faschismus-Keule. Das letzte Aufgebot der deutschen Linken, Frankfurt am Main-Berlin 1993, S. 149; Wolfschlag, Claus-M.: Frust, Wut, Kontrolle. Von der „freiheitlich-demokratischen" zur „antifaschistisch-volksdemokratischen" Grundordnung seit 1989/1990, in: Knütter, Hans-Helmuth; Winckler, Stefan (Hrsg.): Handbuch des Linksextremismus. Die unterschätzte Gefahr, Graz-Stuttgart 2002, S. 83-97; Hornung, Klaus: Antifaschistische Machtstrategien in der Moralgesellschaft. „Kampf gegen Rechts" – „Aufstand der Anständigen", in: Stein, Dieter (Hrsg.): Ein Leben für Deutschland – Gedenkschrift für Wolfgang Venohr 1925-2005, Berlin 2005, S. 278; Oppolzer, Uri: Schuld, Macht und Geld. Geschichtspolitik in Deutschland, neue Ordnung 4/05, Graz 2005, S. 22.

Antifaschismus" erweiterte „wehrhaften Demokratie", durch die Verschmelzung eines DDR „Antifaschismus" und „deutschen Demokratie-Sonderwegs". Diese hätten nicht mehr einen Kommunismus zum Ziel, sondern würden gegen einen parteipolitischen unausgewogenen Pluralismus optieren und eine Überwindung des Nationalstaates präferieren. Als formalen rechtlichen Anknüpfungspunkt sieht er, daß in Art. 20 Abs. 4 GG normierte Widerstandsrecht, welches sich, nach SCHÜßLBURNER, in ein „antifaschistische staatsaffirmatives Nothilfegesetz" gewandelt hätte.[303] Da aber das Dauerdesiderat der Linkspartei.PDS nach einer ergänzenden „antifaschistischen Klausel",[304] welches ursprünglich auf eine Initiative der Gewerkschaft der Polizei (GdP) zurückgeht,[305] bislang nicht im Grundgesetz verwirklicht ist, ist diese Klausel dort auch nicht hineinzuinterpretieren. Auch nicht von Teilen der SPD[306] oder von Teilen der Wissenschaft, wie zum Beispiel im Sinne des marxistischen Politikwissenschaftlers Wolfgang Abendroth, der im Grundgesetz bereits einen „antifaschistischen" Auftrag beinhaltet sah.

J. KURT KLEIN ergänzt bezüglich der unterschiedlichen politischen „Milieus" die Wichtigkeit der relevanten (heterogenen) „Drittgruppe".[307] Diese jeweilige Gruppierung, welche sich in jedem gesellschaftlichen Lager findet, so Klein, ist mehr oder weniger empfänglich für eine linksextreme Dialektik, welche mit Methoden der Unterstellungen, Verdrehungen, Ideologisierungen, Emotionalisierungen, Moralisierungen, Verdächtigungen, und Ausweichmethoden oder auch schlichten Lügen arbeitet. Es kommt also darauf an, diese Dialektik zunächst als solche zu erkennen. Dies ist auch dem „bürgerlichen Lager" im Zuge des einseitigen Kampagnendruckes im letzten Jahrzehnt offensichtlich nicht gelungen, d.h. der „Antifaschismus" als „...Phrase, als Instrument politischer Mobilisierung und Wirkfaktor

---

[303] Schüßlburner, Josef: Demokratie-Sonderweg Bundesrepublik. Analyse der Herrschaftsordnung in Deutschland, Künzell 2004, S. 569-586; hierzu die wiederholten Bestrebungen der Linkspartei.PDS und VVN-BdA eine sogenannte „Antifaschismusklausel" in Verfassungen zu verankern, vgl.: Schultz, Ekkehard: Der Traum von der Antifa-Klausel, Junge Freiheit, 25.11.2005, S. 6; Wilke, Manfred: Die „antifaschistische" Republik, in: Agethen, Manfred; Jesse, Eckhard; Neubert, Erhart (Hrsg.): Der mißbrauchte Antifaschismus. DDR-Staatsdoktrin und Lebenslüge der deutschen Linken, Freiburg im Breisgau 2002, S. 420-426.

[304] Gesetzentwurf der Abgeordneten Dr. Evelyn Kenzler et. al., Fraktion der PDS: Entwurf eines Gesetzes zur Änderung des Grundgesetzes (Artikel 26 Abs. 1, Antifaschistische Klausel), Drucksache 14/5127, 22.01.2001; Initiativen auf Landesebene wurden bereits auch für die jeweiligen Landesverfassungen in Sachsen (2001), Thüringen (2005) und aktuell für Mecklenburg – Vorpommern (September 2006) von der Linkspartei.PDS angestrebt.

[305] Autorenkollektiv gegen Totalitarismus: Antifa heißt Gewalt. „Feuer und Flamme für jeden Staat", Tübingen 2002, S. 232.

[306] Erika Simm (MdB), die in der Debatte die Meinung vertrat, das GG wäre als ganzes eindeutig „antifaschistisch", vgl.: Wilke, Manfred: Die „antifaschistische" Republik, in: Agethen, Manfred; Jesse, Eckhard; Neubert, Erhart (Hrsg.): Der mißbrauchte Antifaschismus. DDR-Staatsdoktrin und Lebenslüge der deutschen Linken, Freiburg im Breisgau 2002, S. 421.

[307] Klein, J. Kurt: Strategien der Immunisierung gegen den Mißbrauch des Antifaschismus als politisches Kampfmittel, in: van Hüllen, Rudolf; Klein, Kurt J.; Klink, Manfred; Langguth, Gerd; Rupprecht, Reinhard: Linksextremismus – eine vernachlässigte Gefahr, Sankt Augustin 1997, S. 54ff..

emotionaler Art..."[308] konnte sich in den allermeisten Politikarenen und dem administrativen Verfassungsschutz als ein Spiegel der Gesellschaft entfalten. Somit ist eine strikte monolithische Trennung zwischen Institutionen, welche einen eindimensionalen oder einen mehrdimensionalen „Antifaschismus" verfolgen, für die Gegenwart abzulehnen. Gleichwohl kann aber zwischen antifaschistischen- auf der einen Seite, sowie antitotalitären/antiextremistischen (antinationalsozialistischen, antikommunistischen und antiislamistischen) Akteuren, Institutionen und Begrifflichkeit auf der anderen Seite unterschieden werden. Letztgenannter Antitotalitarismus/Antiextremismus besitzt den Vorteil, daß er in seiner konkreten Verwendung von keinem politischen Extremisten propagandistisch genutzt werden kann und mit seiner Verwendung nicht Gefahr läuft, daß die vorherrschende „babylonische Sprachverwirrung"[309] gerade in Bezug auf den Begriff „Antifaschismus", mit einem „zerdehnten Faschismus Begriff"[310] als Komponente, Konsequenzen für die politische und gesellschaftliche Ordnung in der Bundesrepublik hat.

Der einer liberalen, antitotalitären Auslegung der Totalitarismustheorie verpflichtete ECKHARD JESSE, welcher aus einer *ex negativo* Sicht argumentiert, lehnt den Begriff des „Antifaschismus" als politische Norm und als pädagogisches Ziel ab. Er bevorzugt im Umgang mit politischen Extremismen eine theoretische - normative Sichtweise jenseits einer politischen Opportunität. Für ihn ist der „Antifaschismus" ein einseitiger „steriler Mythos", welcher allzuoft rechtsextreme und rechtskonservative Gruppen unter demselben Topos subsumiert und nach einem von ihr selbst bekämpften „Freund-Feind" Schema den politischen Gegner einordnet.[311] In einem maßgeblichen Band zum politischen Extremismus stellen UWE BACKES und EKHARD JESSE den „Antifaschismus" als parolengleiches Schlagwort dar, welches nicht nur von Extremisten, teilweise propagandistisch, genutzt wird, um das Bedürfnis zu signalisieren in welche politische Richtung man als Individuum tendiert. Der strengen normativen Dichotomie verpflichtet, spiegeln und analysieren sie den Begriff im Vergleich zum dem von Rechten und Rechtsextremen verwendeten „Antikommunismus". Insbesondere kritisieren die Autoren die Verwendung des Begriffes „Antifaschismus" von

---

[308] Knütter, Hans-Helmuth: Antifaschismus und politische Kultur in Deutschland nach der Wiedervereinigung, APuZ, B9, 22.02.1991, S. 28.

[309] Motschmann, Klaus: Mythos Antifaschismus, Junge Freiheit, 21.04.2006, S. 22.

[310] Mohler, Armin: Der Nasenring. Die Vergangenheitsbewältigung vor und nach dem Fall der Mauer, München 1991, S. 216-221.

[311] Jesse, Eckhard: Die extreme Rechte im Aufwind? – Der Rechtsextremismus und die Partei der Republikaner, in: Backes, Uwe; Jesse, Eckhard (Hrsg.): Jahrbuch Extremismus & Demokratie, Bonn 1990, S. 246-249; Jesse begreift die „Freund-Feind" Unterscheidung als ein „Schema", welches sich dem ursprünglichen Sinne eines Kriteriums Carl Schmitts, daß lediglich eine große regelmäßige Teilwahrheit des Politischen beschreibt, annähert. Vgl. zur Konkretisierung und Historisierung des Begriffes im beabsichtigten Kontext: Maschke, Günter: Freund und Feind. Kautilya und Álamos de Barrientos als Stichwortgeber Carl Schmitts, in: Stein, Dieter; Thaler, Thorsten (Hrsg.): Über den Tag hinaus. Festschrift für Günter Zehm, Berlin 2003, S. 200-217.

(Links-) Intellektuellen die sich, so vermuten die beiden Wissenschaftler, von der älteren Generation abgrenzen wollen.[312] Das Autorenpaar empfiehlt „Hellhörigkeit" vor denjenigen, welche unter dem „Feldzeichen des Antifaschismus" Sympathien zu verbuchen suchen.[313]
Durch die streng normativ begründete dichotom objektivierte Kritik an der Begrifflichkeit des „Antifaschismus" können die Autoren nur bedingt Aussagen zu einer Gewichtung der konkreten Anwendung, Entwicklung und Funktion des Begriffes für die politische Kultur in der BRD und ihren Erosionstendenzen treffen. Der entschiedene Blick für die Ursächlichkeit von Phänomenen des Linksextremismus und auf den politisch kulturellen (Zeitgeist-) Wandel, kann nach diesem Ansatz in ihrem Schwerpunkt nicht erfaßt werden. Hierbei besteht die Gefahr, daß die beiden Politikwissenschaftler übersehen, daß auch sie sich in die Nähe einer Vereinnahmung bringen und daß ihr Handeln für die parlamentarische Demokratie konstitutive antiextremistische Denken schwächen könnte, sondern der Neigung entspricht, Politik als manichäistischen Weltanschauungskampf zu betreiben.
Den Autoren ist aber in ihrer Ansicht recht zu geben, daß es sich überwiegend um jeweilige politische Randphänomene handelt, die mit der notwendigen Nüchternheit und Sachlichkeit im Sinne eines antiextremistischen Konsenses als Antithese zum demokratischen Verfassungsstaat gleich behandelt werden sollten. Letzte Feststellung zur Gleichbehandlung bleibt aber, auch (oder gerade?) nach 1989 und 2001[314], ein bis in die Gegenwart unerfülltes Desiderat, welches auch weiterhin den Antiextremismus ganz überwiegend einseitig, nämlich gegen eine demokratische Rechte, unterminiert und damit die streitbare Demokratie und die pluralistische politische Kultur schwächt. So lassen sich z.B. in den, zumindest mit offiziellen Anspruch, vertretenen antitotalitären geistig-politischen Auseinandersetzungen des administrativen Verfassungsschutzes konkrete Versäumnisse einer einseitigen Äquidistanz gegenüber links und rechts in den jährlichen Berichten durch eine zeitgeistige Berücksichtigung der gesellschaftlichen Entwicklung und einer jeweiligen einseitigen parteipolitischen Ausrichtung bzw. Verschiebung analysieren.[315]

---

[312] Backes, Uwe; Jesse, Eckhard: Politischer Extremismus in der Bundesrepublik Deutschland, Bonn 1996, S. 456.

[313] Backes, Uwe; Jesse, Eckhard: Politischer Extremismus in der Bundesrepublik Deutschland, Bonn 1996, S. 457.

[314] Als der Deutsche Bundestag mit den Stimmen von SPD, PDS, Grünen und FDP einen Antrag gegen „Rechtsextremismus, Fremdenfeindlichkeit, Antisemitismus und Gewalt" angenommen hat, ohne extremistische Tendenzen von links auch nur zu erwähnen, vgl.: Beschlußempfehlung und Bericht des Innenausschusses: Drucksache 14/5695, 28.03.2001.

[315] Jesse, Eckhard: Amtstexte als Zeichen politischen Wandels. Die Verfassungsschutzberichte des Bundes und der Länder im Vergleich, Frankfurter Allgemeine Zeitung, 09.04.1997, S. 13; Jesse, Eckhard: Verfassungsschutzberichte des Bundes und der Länder im Vergleich. Zwischen Kontinuität und Wandel, in: Backes, Uwe; Jesse, Eckhard (Hrsg.): Vergleichende Extremismusforschung, Baden-Baden 2005, S. 379-396; Heißig, Kurt: Der Zeitgeist sucht nach Opfern. Provokation und Fiktion der rechtsextremen Gefahr, in: von Schrenck-Notzing, Caspar; Mohler, Arnim (Hrsg.): Deutsche Identität, Krefeld 1982, S. 105-113.

ANTONIA GRUNENBERG sieht im „Antifaschismus“ ein erfolgreiches Paradigma, welches als geschlossene Denkfigur die politische Kultur der BRD zu unterschiedlichen in sich abgeschlossenen Zeitperioden beeinflußt hat. Sie sieht im „Antifaschismus“ zudem einen Mythos, der geprägt ist von einer „...Verselbständigung einer Ideologie vom Widerstand, die gegen die Staats- und Gesellschaftsmodelle der „bürgerlichen“ Demokratie und des Nationalsozialismus bzw. Faschismus gerichtet war – zu einer unwiderlegbaren Ordnung von Bildern und Symbolen, die auf eine einheitliche, organisch strukturierte, harmonisch gestaltete gesellschaftliche Ordnung gerichtet war.“[316] Im Gegensatz zu der rein wörtlichen Bedeutung präferiert sie zudem eine vielschichtige „...Konnotation durch die Vermengung mit anderen Paradigmen...“.[317] Dies liegt ihrer Ansicht nach in der geschichtlichen Entwicklung des seit den 20er Jahren benutzten Begriffes mitsamt seiner globalen Anti-Strategie und der Entwicklung zum einem als anti-bürgerliches intellektuelles Konzept und zum anderen als politische Kampf- und Kampagnentaktik, die keinen Unterschied zwischen Demokratie und Faschismus macht („dichotomische Reduktionslogik“), begründet. Sie weist ebenfalls daraufhin, daß die strenge reduktionistische Logik, insbesondere seit Mitte der 60er Jahre durch Frankfurter Schule und Studentenbewegung, aufbricht.[318] Für den Epochenbruch nach 1989 ordnet GRUNENBERG den „Antifaschismus“ als instinktive Reaktion auf den Rechtsextremismus nach der Vereinigung ein, der neben einer wissenschaftlichen Auseinandersetzung u.a. auch stark biographisch (im Sinne von ideologischer Rechtfertigung mit moralischer Implikation) rezepiert wurde.

Den demokratieüberwindenden Charakter thematisiert die Autorin hingegen nicht, es überwiegt eine ausschließlich objektivierte - beobachtende Darstellung, die sich an dem vor der Wende verbreiteten bundesrepublikanischen Geschichtsbild orientiert. So ordnet sie z.B. den „Antifaschismus“ der DDR als grundlegende Staatsideologie ein. Jedoch bleibt in ihrer zeitgeschichtlichen Einordnung kein Platz für eine Aufdeckung des eigentlichen pseudo-antifaschistischen Schleiers der DDR, die lediglich eine hohle Staatsideologie darstellte, unter der wie auch in der alten Bundesrepublik personelle Kontinuitäten, herrschten (mußten). Ihre Einordnung der 68er Bewegung und der 70er Jahre Bürgerbewegung führt diese strikte Trennung der zeitgeschichtlichen Blockbildung weiter. Als Folge werden die unterstützenden politischen Steuerungsmaßnahmen aus der DDR, z.B. die publizistischen Einflußnahmen, auf

[316] Grunenberg, Antonia: Antifaschismus – ein deutscher Mythos, Reinbek bei Hamburg 1993, S. 12.
[317] Grunenberg, Antonia: Anti-Faschismus und politische Gegenwelten, in: Falter, Jürgen W., Jaschke, Hans-Gerd, Winkler, Jürgen R.: Rechtsextremismus. Ergebnisse und Perspektiven der Forschung, Politische Vierteljahresschrift, Sonderheft 27/96, Opladen 1996, S. 503.
[318] Grunenberg, Antonia: Anti-Faschismus und politische Gegenwelten, in: Falter, Jürgen W., Jaschke, Hans-Gerd, Winkler, Jürgen R.: Rechtsextremismus. Ergebnisse und Perspektiven der Forschung, Politische Vierteljahresschrift, Sonderheft 27/96, Opladen 1996, S. 506.

den Westen nicht berücksichtigt. Weiterhin unterscheidet GRUNENBERG nicht die unterschiedlichen Komponenten des „Antifaschismusbegriffs“ ihrer innewohnende politische Entwicklung sui generis als ein politisches Konzept z.B. hinsichtlich einer Erosion der demokratischen Parteien, sondern verengt diesen Begriff überwiegend auf einen zeitgeschichtlich – monolithischen und für Westdeutschland auf ein monothematisches Paradigma: „als konstitutioneller Antinazismus“.[319] Diese Interpretation läßt nur eine geschichtliche Analyse von Zeitperioden zu, bei gleichzeitiger Ausklammerung der Faschismustheorien und ihrer kommunistischen Funktionalisierung in der Gegenwart. Abschließend kommt die Autorin daher nicht umhin den „Antifaschismus“ in der Gegenwart als einen positiven Teil einer dichotomen fundamentaldemokratischen Auffassung einzuordnen.[320] Sie steht damit in der Tradition derjenigen Linken, welche ihre Kritik an der repräsentativen Demokratie an den identitären Gleichheitswerten der Aufklärung messen und gleichsam als ihren Ausfluß ansehen.

Zwischenergebnis

Wirkte der „Antifaschismus“ vor 1989 stabilisierend auf die beiden deutschen Teilstaaten, ist - gerade nach der 1989er „Wende“ und der damit verbundenen Abwendung von der sozialistisch/kommunistischen Theorie - ein Paradigmenwechsel auf dem Politikfeld Linksextremismus durch eine funktionale Änderung des „Antifaschismus“ als Reaktion auf rechtsextrem motivierte Gewaltaktionen zu analysieren. Aufgrund dessen wurde die rationale Komponente des „Antifaschismus“ abgebaut, die emotional-moralische nicht nur erhalten, sondern mit einer humanitär-hedonistischen Grundstimmung,[321] als Antithese zum „Faschismus“ verbunden und somit weiter ausgebaut. „Antifaschismus“ also als eine „...emotionalisierte Regression der marxistischen Theorie“,[322] zu einem z.T. diffusen Anarcho-Kommunismus, die sich in seiner extremen Erscheinungsform in den beiden Phänomenen des „Antiimperialisten“ und „Antideutschen“ zeigen. Diese Ideologie hat um so größeren Erfolg, je offener ihre Abgrenzungen und Definition sind.[323] Im Gegensatz zu einer

---

[319] Grunenberg, Antonia: Antifaschismus – ein deutscher Mythos, Reinbek bei Hamburg 1993, S. 10 u. 166.
[320] Grunenberg, Antonia: Anti-Faschismus und politische Gegenwelten, in: Falter, Jürgen W., Jaschke, Hans-Gerd, Winkler, Jürgen R.: Rechtsextremismus. Ergebnisse und Perspektiven der Forschung, Politische Vierteljahresschrift, Sonderheft 27/96, Opladen 1996, S. 511f.; Grunenberg, Antonia: Antifaschismus – ein deutscher Mythos, Reinbek bei Hamburg 1993, S. 170.
[321] Zum beobachteten „Wertewandel“ (Ronald Inglehart) und der Differenzierung zwischen „Pflicht- und Akzeptanzwerten“ (Helmut Klages) seit den 60er Jahren, vgl. zusammenfassend: Backes, Uwe; Jesse, Eckhard: Politischer Extremismus in der Bundesrepublik Deutschland, Bonn 1996, S. 312-315.
[322] Knütter, Hans-Helmuth: Antifaschismus als innen- und außenpolitisches Kampfmittel, in: Knütter, Hans-Helmuth (Hrsg.): Kritik des Antifaschismus, Bornheim 1990, S. 20.
[323] Rüdiger Kreutz unternimmt den Versuch, die vielfältigen Erscheinungsformen des „Antifaschismus“ in vier Definitionsansätzen auszudrücken und zusammenzufassen, demnach bedeutet „Antifaschismus“: eine moralische, ethische Grundnorm in Bezug auf NS; geschlossene Ideologie oder Weltanschauung, welche sich

antinationalsozialistischen Haltung, enthält der „Antifaschismus", neben der in der Gegenwart wichtigeren moralischen Komponente inzwischen als systemüberwindende, zumindest erodierende Taktik, immer noch die extremistische Diktion der Überwindung des demokratischen Systems über den ökonomischen Aspekt. Diese adaptiert bei ihrem Kampf die Konnotationen der DDR gegen eine bürgerliche Gesellschaft insgesamt, indem der Widerstand gegen eine solche Bestrebung bereits als „faschistisch" bezeichnet wird. Die überkommenen Bündniskonzepte entstammen ebendieser kommunistischen Volksfrontpolitik, die dazu dienen soll, auch ohne eigene Mehrheit an die Macht zu gelangen („kulturelle Hegemonie"(!)). Der „Antifaschismus" dient hierbei als instrumentalisierte Sammlungsformel, die dem antitotalitären Grundkonsens widerspricht und als Kampfbegriff auch gegen demokratische Rechte eingesetzt wird. Aus biologischen Gründen kann nicht mehr mit einer Kontinuität „faschistischer Strukturen" argumentiert werden, an ihre Stelle treten die „Refaschisierungsthese" und eine diffus erweiterte Gefahr von „Rechts". Somit erscheint neben der integrativen Wirkung ein propagandistisches Moment, verknüpft mit der These von einer Funktion des „Antifaschismus" als allgemein humanistischer Wert mit machtpolitischen Erfolgsaussichten.[324]

Mit dieser Ideologie kehrte nach 1989 also ein vermeintlich beendetes Politikverständnis in die unterschiedlichen Politikarenen zurück und zwar Politik als einen Weltanschauungskampf zu betreiben. Kennzeichnend für diese politische Kultur ist die verstärkte Neigung, (Pseudo-) Moral und Politik miteinander zu verbinden, welche den politischen Stil der Auseinandersetzung negativ beeinflussen, indem er einer politischen Erosion des Parteiensystems und einem gesellschaftlichen Wandel der Werte und Maßstäbe dient. „Antifaschismus" fungiert auch weiterhin als „Nasenring" von dem sich die demokratischen Organisationen zu selten nachhaltig abgrenzen. Als Antwort auf die massive Bedrohung durch den islamistischen Terror als einen „Ernstfall"/„Ausnahmezustand" (WOLFGANG SOFSKY), verbunden mit einer gesellschaftlichen und demographischen Dauerkrise ist eine Rückbesinnung und nachhaltige Hinwendung zu einer Kultur der [selbstbewußten, Anm. L.N.] Freiheit (UDO DI FABIO) anzustreben.

---

angeblich als strategischer Schlüssel an den Menschenrechten, der Freiheit und dem sozialen Fortschritt orientiert; uneinheitliche politische Bewegung; Strategie und Taktikbegriff für den politischen Kampf, vgl.: Kreutz, Rüdiger: Antifaschismus im deutschen Linksextremismus: Konzepte, Funktionen und Träger, in: Schuh, Horst (Hrsg.): Buchenwald und der deutsche Antifaschismus, Schriftenreihe des Fachbereiches Öffentliche Sicherheit, Brühl/Rheinland 1997, S. 10-11.

[324] Zu den machtpolitischen Erfolgsaussichten vgl.: Wolfschlag, Claus-M.: Frust, Wut, Kontrolle. Von der „freiheitlich-demokratischen" zur „antifaschistisch-volksdemokratischen" Grundordnung seit 1989/1990, in: Knütter, Hans-Helmuth; Winckler, Stefan (Hrsg.): Handbuch des Linksextremismus. Die unterschätzte Gefahr, Graz-Stuttgart 2002, S. 88.

Die heutige Kritik am politischen „Antifaschismus" ist daher keine, die sich lediglich gegen eine entpolitisierte „Ritualisierung" richtet, sondern, wenn sie denn überhaupt geäußert wird, richtet sie sich gegen eine schleichende Erosion des demokratischen antiextremistischen Verfassungsstaates und seinen gesamtpolitischen Kräften. Aus diesem Grund ist im Zuge des edukatorischen Auftrages der geistig-politischen Auseinandersetzung in Bezug auf den politischen Linksextremismus dringend angeraten, in ersten Schritten zunächst auf die fälschliche Verwendung des „Antifaschismusbegriffes" im allgemeinen Sprachgebrauch hinzuweisen, um dem demokratieschädigenden konstitutiven Selbstverständnis eines „antifaschistischen" Konsens entgegenzuwirken. Im Zuge dessen ist ebenfalls auf die taktisch benutzte semantische Verschleifung der Begriffe „Rechts" und „Rechtsextrem"[325], bzw. in letzter Zeit wieder häufiger in falscher Anwendung des Begriffes „Rechtsradikal" beobachtbar,[326] einzugehen. Gleichzeitig um ihren „Pseudoantiextremismus" enttarnt, wären damit die überwiegend mit staatlicher Hilfe finanzierten, politisch - moralischen Bündnisstrategien unter Ausnutzung des unwissenden guten Willens demokratischer Bürger, der als ein die politische Kultur negativ beeinflussender „Antifa-Konsens" bezeichnet werden kann. Ziel dieser Kritik muß die Entschleierung des sozialistischen „Antifaschismusbegriffes" als ein Kampfbegriff sein, der sich immer auch gegen demokratische Rechte orientiert.

Gleichwohl enthält das überwiegend in der Gegenwart analysierte moralische Moment, welches den „Antifaschismus" maßgeblich charakterisiert, ein Dilemma für diese Studie, die in diesem moralischen Moment nicht aufgehen möchte. Der Konflikt ergibt sich aus der Anschauung, daß sich kein Mensch als ontologisch besser oder unersetzbarer als andere zu begreifen habe und daher keine Kritik an einem moralischen Urteil, womöglich mit einer anderen Moral, erfolgen sollte. Eine moralische Verurteilung einer politischen Ideologie, hier des „Antifaschismus", führt lediglich zu einer Akzeptanz eines abzulehnenden „Spiegeleffektes". Der Spiegeleffekt ergibt sich durch eine Verurteilung der Moral zur Ohnmacht, weil sie sich auf Entrüstung gründet und weil diese diskreditierend verfahrende Entrüstung die Untersuchung dessen verbietet, was sie diskreditiert. In einem moralischen (Gegen-)Urteil besteht die Gefahr einer Weigerung, das Beurteilte zu analysieren, sogar einer Weigerung weiter zu denken und damit einer gewissen Beliebigkeit.[327] Um totalitäre

---

[325] Zu den „antifaschistischen" Intentionen der Begriffe: „Rassismus", „Nationalismus", „Revisionismus", vgl.: Hornung, Klaus: Antifaschistische Machtstrategien in der Moralgesellschaft. „Kampf gegen Rechts" – „Aufstand der Anständigen", in: Stein, Dieter (Hrsg.): Ein Leben für Deutschland – Gedenkschrift für Wolfgang Venohr 1925-2005, Berlin 2005, S. 275.

[326] Vgl. Benutzung der Begriffe Rechts- und Linksradikal in Zeitungen z.B.: DPA-Meldung: Rechtsradikale für Heß, Frankfurter Allgemeine Zeitung, 21.08.2006, S. 4.

[327] de Benoist, Alain: Totalitarismus. Kommunismus und Nationalsozialismus – die andere Moderne. 1917-1989, Berlin 2001, S. 69f..

politische Systeme und ihre Konzepte zu verurteilen, braucht man lediglich nachzuweisen, daß sie politisch schlecht sind. Daß sie dann unannehmbar sind, wurde in diesem Falle bereits nachgewiesen. Für die weitere Vorgehensweise im empirisch-analytischen Teil der Untersuchung des bnr wird also die möglichst nüchterne Darstellung der „antifaschistischen" Praxis des bnr im Vordergrund stehen. Von einer systematischen Vollständigkeit, die Redundanzen ergeben würde, wird abgesehen und einer induktiven „Methode der Schneisen",[328] also der deskriptiven Darstellung anhand einzelner ausgewählter und repräsentativer Fallbeispiele, der Vorzug gegeben.

Annex: „Antifaschismus" als politische Theologie/Religion

Wenn HANS-HELMUTH KNÜTTER feststellt, daß „Antifaschismus" dazu neigt, Politik als Glaubenssache zu betreiben statt sie als Technik zur Wirklichkeitsgestaltung zu handhaben,[329] stellt sich durch das Nebeneinander politikwissenschaftlicher und theologischer Termini, die Frage, ob „Antifaschismus" als (Teil) eine(r) politischen Theologie/Religion angesehen werden kann. Im vorangegangenen Abschnitt wurde gezeigt, daß der „Antifaschismus", auch nach 1989 immer noch als ein fester politischer Bestandteil des demokratischen Systems in der Bundesrepublik anzusehen ist. NICOLAS GOMEZ DAVILA beobachtet, neben einer grundsätzlichen Tendenz von demokratischen Systemen durch Laizität jedes mystische Moment zu entfernen, in kritischen Augenblicken auch religiöse Neigungen der Demokratie, welche sich in einigen Parallelen für ihn zu äußern scheinen: „Dogmatismus ihrer Doktrinen, die ansteckende Verbreitung, die fanatische Hingabe, zu der sie anstiftet, das fieberhafte Vertrauen, das sie weckt...."[330] Neben einer religiösen bürgerlichen Soziologie, sieht DAVILA für den Kommunismus durch eine Ähnlichkeit im sozialen Charakter das religiöse Verhalten bestätigt, welches in der konkreten Emotion religiöse Formen annehme und lediglich einer Verkleidung ihrer sozialen Zwecke diene. Neben diesen sozio - ökonomischen Interpretationen sieht er weiterhin in der Demokratie eine starke anthropoteistische Religionstendenz, welche in ihrer Praxis die Verwirklichung des Prinzips in Verhaltensweisen, Institutionen und Werken zum Ziel erkläre.[331] Das es sich beim „Antifaschismus" um eine besondere dogmatische Doktrin der bundesrepublikanischen Demokratie handelt, welche durch ihre Vertreter mit einem Appellcharakter versehen wird, der auf unterschiedliche Verwirklichungsmomente einwirkt, wurde bereits gezeigt.

---

[328] Mohler, Arnim: Der Nasenring. Die Vergangenheitsbewältigung vor und nach dem Fall der Mauer, München 1991, S. 143.
[329] Knütter, Hans-Helmuth: Die Faschismus-Keule. Das letzte Aufgebot der deutschen Linken, Frankfurt am Main-Berlin 1993, S. 152f..
[330] Dávila, Nicolás Gómez: Texte und andere Aufsätze, Wien 2003, S. 46.
[331] Dávila, Nicolás Gómez: Texte und andere Aufsätze, Wien 2003, S. 49.

Für eine politische Theologie bzw. Religion werden noch weitere Vorraussetzungen in der Literatur diskutiert, die Unterstellen, daß zum einen Religion existiert und diese zum anderen eine oftmals tiefgreifende politische Dimension oder zumindest religiöse Analogie in der Politik besitzt. Da der maßgeblich in den 60er Jahren interpretierte Begriff der aufgeklärten Religionskritik entstammt und damit in der Tradition der liberalen Totalitarismuskritik steht, handelt es sich hiernach angeblich um eine diffuse, schwer greifbare Begrifflichkeit, die als potentiell selbstentlarvend angesehen wird, da sie nicht als Eigenbezeichnung politischer Gruppierungen fungiert. Es handelt sich nach dieser Meinung also um eine Fremdwahrnehmung von außen. Dieser Ansicht kann nicht gefolgt werden, führt sie doch in eine analytische Verengung realer politischer Verhältnisse. Ähnlich der Kritik an der Totalitarismustheorie in der „Entspannungsära" verkennt sie das augustinische Prinzip *„Initium ut esset, creatus est homo"* (Damit ein Anfang sei, wurde ein Mensch geschaffen.).[332] Dementsprechend tragen auch (post-)totalitäre Staaten Keime ihres Verderbens in sich, man denke an dieser Stelle an den Juni 1815, den 20. Juli 1944 oder den 17. Juni 1953.

Die Begriffsgenese dieser Thematik reicht bis zu den Wurzeln unserer Kultur zurück und rekurriert auf das Modell des Stadt- und Staatskultes der griechischen Polis und des republikanischen und kaiserlichen Rom. Ihr Erkenntnisinteresse in der Neuzeit wird zunächst bestimmt durch Motivfrage, (Gesamt-)Deutungsmuster und Vergleichbarkeit (post-)totalitärer Systeme. Gegenwärtig ist zudem ein Analyseinteresse im heterogenen Vergleich zwischen einem politischen Islamismus versus eine religiös motivierte neokonservative Politik der USA ersichtlich.

Im 20. Jahrhundert bestimmen zunächst maßgeblich auf der einen Seite CARL SCHMITT[333] mit einer Analyse zur systematischen Strukturverwandtschaft von theologischen und juristischen Begriffen der staatlichen Souveränität und auf der anderen Seite diese Konzeption kritisierend ERIC (ERICH) VOEGELIN[334], RAYMOND ARON[335] und JAN ASSMANN[336]

---

[332] van Ooyen, Robert Chr.: Totalitarismustheorie gegen Kelsen und Schmitt: Eric Voegelins „politische Religionen" als Kritik an Rechtspositivismus und politischer Theologie, in: Blumenwitz, Dieter et. al. (Hrsg.): Zeitschrift für Politik (ZfP), Heft 1, März 2002, S. 60.

[333] Schmitt, Carl: Politische Theologie. Vier Kapitel zur Lehre von der Souveränität, Berlin 2004, S. 43-55; Schmitt, Carl: Politische Theologie II. Die Legende von der Erledigung jeder politischen Theologie, Berlin 1996.

[334] Voegelin, Eric: Wissenschaft, Politik und Gnosis, München 1959, S. 77-80.

[335] Aron spricht bei Deutungen politischer Massenbewegungen überwiegend von religionsverdrängenden säkularen Religionen, diese werden von ihm durch einen negativistischen Ideologiebegriff reflektiert, d.h. eine Philosophie, die den Anspruch erhebt, Politik zu sein, vgl.: Seitschek, Otto: III. Die Deutung des Totalitarismus als Religion, in: Maier, Hans (Hrsg.): Totalitarismus und Politische Religionen. Konzepte des Diktaturvergleichs, Band III: Deutungsgeschichte und Theorie, Paderborn 2003, S. 150-162; Seubert, Harald: Erinnerung an den „Engagierten Beobachter" in veränderter Zeit. Über Raymond Aron als Theoretiker des Totalitarismus und der nuklearen Weltlage, in: Maier, Hans (Hrsg.): Totalitarismus und Politische Religionen. Konzepte des Diktaturvergleichs, Band II, Paderborn 1997, S. 325-328.

mit ihren Entwürfen, auch durch politikwissenschaftliche Sichtweisen in totalitären Systemen einen religiösen Charakter festzustellen. CARL SCHMITTS autoritäre „politische Theologie“ rekurriert auf eine katholische vormoderne „Gegenrevolution“, die sowohl einen der Entscheidung ausweichenden bürgerlichen Liberalismus, als auch die Anarchie ablehnt und statt dessen einen „okkasionellen“ Dezisionismus präferiert. Im Gegensatz dazu wurzelt ERIC VOEGELINS Konzeption der „politischen Religion“ in einer christlichen Anthropologie, die auf das Problem von Entgrenzung und Selbstvergottung des Menschen infolge des Verlusts von Transzendenz und zu einer „innerweltlichen Religion“ führt. Diese wird maßgeblich in einer Überhöhung des Kollektivs aufgrund einer überwertigen Idee (z.B. den massenwirksamen Ideologien der Rasse, der Klasse, des Volkes, der Ökonomie oder des Blutes) angesehen. Die Idee entstammt mythisierten „Teilinhalten der Welt“ und wird zu einem „Realissimum“ erhoben, sowie „divinisiert“ und damit wird ihr Transzendenzbezug als ordnungsstiftender Charakter für ein politisches System bestimmt.[337] Diese Erkenntnis gewinnt VOEGELIN maßgeblich aus einem Ansatz seiner christlichen Philosophie und der von ihm interpretatorisch dargestellten Tendenz einer zyklischen verneinenden anthropozentrischen Geistesgeschichte der neuzeitlichen Aufklärung, welche damit ihren humanistischen Verfall selbstverschuldet: aus einer „Geistesreligion“ werden „innerweltliche Religionen“. Aus kirchennegierenden Sektenbewegungen gehen danach die modernen politischen Religionen des Kommunismus, des Faschismus, des Nationalsozialismus, aber auch eine zum Weltbild verabsolutierte Wissenschaft, durch den historischen Prozeß der liberalen Aufklärung hervor.[338] Die Quintessenz aus der staatstheoretischen Kontroverse zwischen der „politischen Theologie“ und positivistischer Ideologiekritik als Form „politischer Theologie“ mit unterschiedlichen Vorzeichen von CARL SCHMITT und HANS KELSEN fügt ERIC VOEGELIN in seiner hierzu in Abgrenzung zu verstehenden „politischen Religion“ zu einer umfassenden Modernitätskritik mit Tendenzen zu „totalitären

[336] Assmann, Jan: Herrschaft und Heil. Politische Theologien in Altägypten, Israel und Europa, München-Wien 2000; Assmann, Jan: Politische Theologie zwischen Ägypten und Israel, München 1992; kritisch zu diesen Ausführungen: Maurer, Reinhart: Grundprobleme Politischer Theologie. Jan Assmann und Carl Schmitt, in: Blumenwitz, Dieter et. al. (Hrsg.): Zeitschrift für Politik (ZfP), Heft 4, Dezember 2002, S. 453-460.
[337] Maier, Hans: „Totalitarismus“ und „Politische Religionen“. Konzepte des Diktaturvergleichs, in: Jesse, Eckhard (Hrsg.): Totalitarismus im 20. Jahrhundert. Eine Bilanz der internationalen Forschung, Bonn 1999, S. 123; Kinzel, Till: Politische Theologie, in: Institut für Staatspolitik (Hrsg.): Sezession 11, Oktober, Albersroda 2005, S. 35f..
[338] Herz, Dietmar: Der Begriff der „politischen Religionen“ im Denken Eric Voegelins, in: Maier, Hans (Hrsg.): Totalitarismus und Politische Religionen. Konzepte des Diktaturvergleichs, Paderborn 1996, S. 194; Henkel, Michael: Konservatismus im politischen Denken Eric Voegelins. Überlegungen zum Problem der Verortung seines Ansatzes, in: Kroll, Frank-Lothar (Hrsg.): Die kupierte Alternative. Konservatismus in Deutschland nach 1945, Berlin 2005, S. 249-252.

Implikationen" zusammen.[339] Im engeren Sinne sind politische Theologien eine Art Zivilreligion, die konkret als dogmatische Gestalt auftritt und den Diskurs und die politischen Praktiken zu bestimmen versucht, welche sich in allen politischen Systemen mehr oder weniger wiederfinden. Hinzu treten die religionsphänomenologischen Kategorien des Rituals, des Symbols, des heiligen Ortes und die Frage der Zugehörigkeiten.

Hierin wird auch maßgeblich die analytische Grenze dieser Konzeption gesehen. Mithilfe religionsphänomenologischer Kategorien gelingt eine Erklärung der Psychologie der Täter, der Logik der Macht und Rechtfertigung, wohingegen die „technischen Aspekte" des Machterwerbs und der Machtbehauptung zurücktreten. Daher sieht HANS MAIER die Gefahr, daß sich die reale Geschichte ohne eine ergänzende formale Totalitarismusthese, lediglich in „...Geistes- und Religionsgeschichte aufzulösen droht."[340] Dabei sind die säkularen chiliastischen Strömungen des Marxismus als eine Art „Gegenkirche", die von der Aufklärung bis in die frühchristliche Häresiegeschichte reichen, offensichtlich und offenbaren geradezu bis in die Gegenwart den Anspruch, Züge einer alternativen religiösen Erlösungslehre zu tragen. Besonders gilt dies im Moment des politischen Messianismus, welcher eine quasireligiöse Erwartungshaltung in Kombination mit einem ethischen Rigorismus und revolutionärer Praxis durch soziale und kulturelle Distanz implementiert.[341] Seine Wurzeln findet dieser als Reaktion auf die säkularen Modernisierungsprozesse und den Transzendenzverlust seit der Aufklärung, auch durch das Verständnis von Philosophie im 18. Jahrhundert und der durch die gesellschaftlichen Umwälzungen im 19. Jahrhundert ausgelösten „Atomisierung der Massen" (Hannah Arendt). JACOB TALMON charakterisiert den machtvollen egalitaristischen Bezugspunkt des politischen Messianismus als weltlich, seine Forderungen seien jedoch absolut, worin sich ebenfalls die Ansicht der Unfehlbarkeit des Menschen ausdrückt, für den das Leben als geschlossener Kreis im Diesseits stattfindet.[342] Die „Heilsbotschaft" verkündet eine Vision und grundsätzliche Kritik an der Doktrin von der Erbsünde durch eine gerechte und harmonische Gesellschaft am „Ende der Tage", wie sie von Karl Marx dann auch weiter fortgeführt wurde.

---

[339] van Ooyen, Robert Chr.: Totalitarismustheorie gegen Kelsen und Schmitt: Eric Voegelins „politische Religionen" als Kritik an Rechtspositivismus und politischer Theologie, in: Blumenwitz, Dieter et. al. (Hrsg.): Zeitschrift für Politik (ZfP), Heft 1, März 2002, S. 81.

[340] Maier, Hans: „Totalitarismus" und „Politische Religionen". Konzepte des Diktaturvergleichs, in: Jesse, Eckhard (Hrsg.): Totalitarismus im 20. Jahrhundert. Eine Bilanz der internationalen Forschung, Bonn 1999, S. 129.

[341] Vgl. den politischen Messianismus in den Anwendungsbeispielen: Marxismus, Leninismus und Maoismus: Riegel; Klaus-Georg: Der Marxismus – Leninismus als politische Religion, in: Maier, Hans (Hrsg.): Totalitarismus und Politische Religionen. Konzepte des Diktaturvergleichs, Band II, Paderborn 1997, S. 75-128.

[342] Hornung, Klaus: Politischer Messianismus. Jacob Talmon und die Genesis der totalitären Diktaturen, in: Hornung, Klaus: Die offene Flanke der Freiheit. Studien zum Totalitarismus im 20. Jahrhundert, Frankfurt am Main 2001, S. 52-62.

Die politische Theologie/Religion kann also nicht mit einer allgemein anerkannten Definition beschrieben werden, sondern verliert sich oftmals in ihren komplexen und vielseitigen Elementen, die Gefahr laufen, lediglich als ideologische Waffe eingesetzt zu werden. Hierin ist ihr hauptsächlicher Mangel zu sehen. Gleichwohl ist in diesem Konzept ein wichtiger heuristischer Wert zu erkennen.

Die maßgeblichen parallelen Kategorien der Religion und Theologie: Prophet, Priester, Mission, Sekte/Gemeinde, Initiation und Theologie, aber auch Häresie und Ketzerei können aber unschwer auf heutige politische Situationen übertragen werden.[343] Damit besitzen Teile des bundesrepublikanischen politischen Systems einen ersatzreligiösen Gemeinschaftscharakter. Problematisch für die Stabilität dieser Gemeinschaft sind die (krisenhaften) Momente, wenn die - in jeder Ideologie wirksamen - überschießenden Kräfte wirksam werden. Als ein solches Moment ist zum Beispiel die *„political correctness"* in westlichen Industriestaaten anzusehen, der ein verabsolutierendes Moment innewohnt, vor dem man sich mit Relativierungsversuchen vergeblich zu schützen versucht. Ein anderes Beispiel ist nach REINHART MAURER in der „politischen Theologie des Holocaust"[344] zu sehen, die vollständigerweise in die „politische Theologie des Totalitarismus" umzuwidmen wäre. Diese muß jeweils Berücksichtigung finden, wenn man die Lage der Thematiken der Vergangenheits- und Geschichtspolitik klar analysieren möchte, da Theologie und Religion die herkömmlichen Bereiche „absoluter Überzeugungen" seien und sowohl universalistische, als auch partikularistische „absolute Politik" rechtfertigen können. Bereits THOMAS HOBBES betonte, daß das Absolute in der Politik und schon in der politischen Ideologie von Übel ist. MAURER ergänzt diese Feststellung durch das Moment des Mythos und seiner innewohnenden Gefahr, daß aus einem „nichtaufgehobenen Altmythos", der auf Gott und Volk abhebt, eine neomythische Begründung absolut guter Politik werden kann, zumal dann, „...wenn moderne Menschheitsverbesserungsutopien aus wissenschaftlicher oder vielmehr pseudowissenschaftlicher Weltanschauung hinzutreten."[345] Mit dieser Konzeption verfolgt MAURER eine Entmythisierung des Mythos vom „einzigartigen maximalen Menschheitsverbrechen", welches maßgeblich seine Entstehung den modernen Medien verdankt. Durch eine Konzentration auf die Durchleuchtung des Selbstverständnisses der Täter verfolgt er das Ziel einer Historisierung des NS, die sich um die theoretische Kenntnis

---

343 Vgl. die Ausführungen zum edukatorischen Staatshandeln in Kapitel: 1.1 Untersuchungsgegenstand – Problemlage – Thesen und die einführenden Erläuterungen zu Kapitel: 1.3 Einordnung des Verlages: Analyse der SPD Mediengesellschaft und Verlage dieser Arbeit.

344 Maurer, Reinhart: Das Absolute in der Politik. Zur politischen Theologie des Holocaust, Merkur. Deutsche Zeitschrift für europäisches Denken, Stuttgart, September/Oktober 1999, S. 861-876.

345 Maurer, Reinhart: Das Absolute in der Politik. Zur politischen Theologie des Holocaust, Merkur. Deutsche Zeitschrift für europäisches Denken, Stuttgart, September/Oktober 1999, S. 874.

und praktische Vermeidung von Übermaß und Mangel bemüht. Mit diesem Ansatz ist gleichzeitig eine breitere „nominalistische" Kritik verbunden, die sich sowohl gegen eine einzigartige (absolute) politisch-religiöse Quelle von kollektiver Identität eines Volkes richtet, als auch sich gegen universalistische (Staatsreligiöse-)Absolutheitsansprüche z.B. im Namen von Demokratie[346] und Menschenrechten[347] oder dem Kommunismus positioniert.

Diese Ausführungen lassen sich bereits unproblematisch auf „antifaschistische" Politikmomente übertragen, daher bedarf es keiner gesonderten Herleitung. Doch fraglich bleibt, wo nun das besondere „Tremendum et Fascinosum" der (quasi-)religiösen Momente des „Antifaschismus" festzumachen sind. Natürlich handelt es sich beim „Antifaschismus" nicht um ein geschlossenes totalitäres Staatssystem, sondern um einzelne religiös - politische Elemente, die synergetisch miteinander verbunden sind. Um ein „effektives Subjekt des Politischen",[348] welches geeignet erscheint, totalitäre Formen einer *Stasis* anzunehmen, zu befördern und einen demokratischen Staat - auch legalistisch - auszuhöhlen. Als eine „Quasi-Religion"[349] stimmen damit nur einzelne Züge mit den eigentlichen Religionen überein. Besondere religiös politische Anleihen des „Antifaschismus" sind dem Kommunismus entnommen, doch enthält der „Antifaschismus", wie bereits dargestellt, auch anarchistische Züge. Zusammenfassend lassen sich folgende religiöse Komponenten des „Antifaschismus" analysieren:

- Utopistischer Messianismus, also das „Warten" auf eine neue Epoche absoluter Freiheit und der unbedingte Wille, eine noch nie dagewesene Gesellschaft zu errichten. Und zwar in strenger Negation der kompletten Vergangenheit und als Ausfluß einer radikalen dualistischen Teilung von Freund und Feind ohne weitere Standpunkte zuzulassen, welche letztendlich zu einer inneren Spaltung führen könnten. Zum Beispiel Karl Barths einseitige sozialistische Ablehnung der Totalitarismusthese, welche die Dimitroff-Formel übertreffende These vom „Irrweg der deutschen Nation" als Ausfluß eines modernen Historizismus, der nicht mehr an Gott glaubt, und sein „antifaschistisches" Wirken innerhalb der EKD gegen die

---

[346] Vgl. hierzu die rechte Kritik zur staatsreligiösen Situation durch Amerikanismus und deren Einfluß auf die BRD: Schüßlburner, Josef: Staatliche Transzendenz in der BRD, Teil 1: Religionsgeschichtliche Voraussetzungen, Etappe, Heft 17, Herbst 2003, S. 25-35; Schüßlburner, Josef: Staatliche Transzendenz in der BRD, Teil 2: Bewältigungstheokratie, Etappe, Heft 18, 2004/2005, S. 25-41.

[347] de Benoist, Alain: Kritik der Menschenrechte. Warum Universalismus und Globalisierung die Freiheit bedrohen, Berlin 2004.

[348] Schmitt, Carl: Politische Theologie II. Die Legende von der Erledigung jeder politischen Theologie, Berlin 1996, S. 21.

[349] Der Begriff „Quasi-Religion" wurde 1962 von Paul Tillich eingeführt, vgl.: Seitschek, Otto: III. Die Deutung des Totalitarismus als Religion, in: Maier, Hans (Hrsg.): Totalitarismus und Politische Religionen. Konzepte des Diktaturvergleichs, Band III: Deutungsgeschichte und Theorie, Paderborn 2003, S. 175-177.

Aussagen um den Berliner Bischof Dibelius, daß die Aussagen der Bekennenden Kirche auch auf den apologetischen Kommunismus anzuwenden sind.

- Ideologische Legitimationsbasis, mit einer dogmatischen Struktur, die absolute Gewißheiten trägt, z.B. durch reduktionistische kommunistische oder anarchistische Zielsetzungen, den politischen (faschistischen) Feind zunächst zu erklären, um danach gegen diesen jedes Mittel, welches durch die selbstgesetzte moralische Zielsetzung (im Namen der Menschheit) und die Größe des Gegners gerechtfertigt ist, in einem (universalen) kompromißlosen Kampf, bis zu seiner vollständigen Beseitigung anzuwenden. Eine fundamentalistische „antifaschistische" Religiosität liegt also in der vollständigen Beseitigung der „Ungläubigen" vor und ermöglicht hierdurch erst den gerechten Staat im Diesseits.
- Das Streben nach manichäistischer Vereinheitlichung ausgehend von einer Plattform Auserwählter, wie es sich in einem internationalisiertem Einheitsmodell auf Grundlage der Universalität ausdrückt, welches einer menschlichen Vielfalt entsagt und ihre Zielsetzung in einem hedonistischen Individualismus sieht und damit die Verneinung der Pflicht als Bedingung der Freiheit meint. Hierbei sprechen „Antifaschisten" der Mehrheit der Bevölkerung die Fähigkeit ab, eine moralisch richtige Entscheidung zu treffen, und zwar ihr eigenes „faschistoides" Potential zu erkennen. Sie fühlen sich als moralisch auserwählt dadurch, daß sie die „antifaschistische" Lehre als einzige wahrhaftig kennen, die unmoralische („faschistische") und dadurch unreife Mehrheit vor sich selbst zu schützen.
- „Antifaschismus" als Ersatzreligion der Negativität gründet sich in einer Demokratie heutzutage auf ein mythenbeladenes Schimpfwort, welches auf keine objektive Feststellung gründet, sondern auf eine bloße Unterstellung rekurriert. Seine maßgebliche Wirkung wird durch appellative Disqualifizierungsaktionen erreicht und zwar durch die Projektion des Bösen in ein Feindbild. Eine verspätete und heute ungefährliche Gegnerschaft zum Nationalsozialismus muß sich eine imaginäre und ausgeweitete Opposition durch den Vorwurf der „Faschisierung" erst selbst schaffen. Die Kriterien für eine Erwartungshaltung an den politischen Gegner ist nicht die rationale analytische Wertigkeit seines Arguments, sondern die mythologische (doppel-) moralische Zuordnung in einem eigenen geschlossenen, nach psychischen Kriterien errichteten religiös absolutistischen Geschichts- und Weltbilds, welches auf eine autoritäre Struktur und Philosophie (*conditio humana*) eines intoleranten Mißtrauens aufbaut.

„Demokratische Rechte“[350]

Der Begriff „demokratische Rechte“, „Rechtskonservativismus“ wurde in der Geschichte der Bundesrepublik für die Öffentlichkeit zumeist von seinen schärfsten Gegnern (z.B. Martin Greiffenhagen, Helga Grebing, Fritz Stern, Jürgen Habermas, Kurt Lenk, u.a., der Konservativismus als Demokratiekritik ist Ausgangspunkt für die Überlegungen der Vorgenannten) definiert. Solche Darlegungen als einen Maßstab für die vorliegende Untersuchung auszuführen, erscheint in einer Demokratie zunächst als ein Anachronismus. Demokratische Rechte in der Bundesrepublik verstoßen bereits allein aufgrund ihrer Bezeichnung, so wie auch durch ihre Programmatik, ihre Ideenwelt, ihre Abgrenzung zum Rechtsextremismus/Totalitarismus und in ihrer politischen Arbeit nicht gegen die normativen Begriffsbestimmungen des § 4 Bundesverfassungsschutzgesetz. In diesem Paragraphen definiert der administrative Verfassungsschutz, was unter Bestrebungen zu verstehen ist, die sich gegen den Bestand und die Sicherheit des Bundes oder eines Landes oder die fdGO richten. Gemäß dieser Definition sollte die dezidiert heterogene politische Richtung der demokratischen Rechten, die (auch in ihrem Selbstverständnis) weder durch einen einheitlichen Meinungsführer, noch durch eine Partei/Organisation mit einheitlicher Programmatik oder anhand einer einzelnen Publikation definiert ist, nicht in das Beobachtungs- und Analyseprofil des bundesrepublikanischen Inlandgeheimdienstes passen. Daß dies von Teilen des administrativen Verfassungsschutzes, der „antifaschistischen“ Linken und dem bnr anders gesehen wird, damit beschäftigt sich der nächste Abschnitt und zwar exemplarisch mit der sogenannten „Neuen Rechten“.

Natürlich schränkt man mit einer subjektiven Begriffserläuterung den politischen Meinungskampf ein und grenzt sich automatisch von politischen Kräften ab, die einen demokratischen Staatsansatz negieren und zwar in diesem Fall gegen (rechts-)extreme Kräfte. Damit meint der Verfasser ausdrücklich Personen, Personengruppen oder Parteien die politisch motivierte Gewalt gegen Andersdenkende anwenden bzw. sie als Mittel der politischen Konfrontation ansehen. Gewaltaltanwendung in der innerstaatlichen Auseinandersetzung kann, außer im Sinne eines eng definierten Widerstandsrechts, nie unter einem demokratischen Politikverständnis subsumiert werden, sie gehört in den Bereich des

---

[350] Der Begriff geht auf den ehemals rechtskonservativen politischen Publizisten Rainer Zitelmann zurück, der dem öffentlichen Sprachgebrauch hiermit dem Rechtskonservativismus einen Begriff mit positiver Konnotation entgegenstellte und eine vielfach als gegensätzlich angesehen Vokabel auflöste; vgl.: Zitelmann, Rainer: Position und Begriff. Über eine neue demokratische Rechte, in: Schwilk, Heimo; Schacht, Ulrich (Hrsg.): Die selbstbewußte Nation. „Anschwellender Bocksgesang“ und weitere Beiträge zu einer deutschen Debatte, Frankfurt am Main-Berlin 1996, S. 163-181; von Schrenck-Notzing, Caspar: Der Nachkriegskonservatismus in der Bundesrepublik Deutschland, in: Förderstiftung Konservative Bildung und Forschung (Hrsg.): Unsere Agenda, Nr. 3, August 2005, München 2005, S. 14; Winckler, Stefan: Die demokratische Rechte. Entstehung, Positionen und Wandlungen einer neuen konservativen Intelligenz, Frankfurt am Main 2005, S. 102.

Strafrechts.[351] Mit diesem weiten Gewaltkriterium wird also eine politisch neutrale, das heißt unideologische Grenze der politischen Auseinandersetzung präferiert. Im Ringen um die Meinungshoheit dürfen allein das bessere Argument und die geistig-politische Auseinandersetzung (nicht i. S. einer Einmischung in die Meinungsbildung der Bevölkerung) zählen. Alle weiteren Eingrenzungskriterien ergeben sich durch Anstand, Geschmack und Erziehung im Sinne einer mäßigenden und verantwortungsvollen christlichen – abendländischen Geisteshaltung der Freiheit.

Die politische Auseinandersetzung entwickelt sich zur Zeit dem Anschein nach hin zu mehr politischer Chancengleichheit, einer demokratischen Symmetrisierung des politischen Systems und ihrer jeweiligen Pole. Dies geschieht u.a. aufgrund einer massiven äußeren Bedrohung und einer zunehmenden „Historisierung“ (Martin Broszat), also dem Einordnen in geschichtliche Abläufe und die Absage an den politischen Mißbrauch im Alltag als sog. „Volkspädagogik“ der neueren deutschen Geschichte (besonders NS, aber auch 68er). Wobei die genannten Paradigmenwechsel zur Zeit noch ein unerfülltes Desiderat in der politischen Kultur der Bundesrepublik darstellen. Die Gründe für das Scheitern eines politischen Kulturwandels liegen u.a. in einem „Distanzierungsreflex“[352] (Armin Mohler/Rainer Zitelmann) der demokratischen Rechten selbst.

Demokratische Rechte sind seit Gründung der BRD auch jenseits des etablierten bundesrepublikanischen Parteienparlamentarismus zu finden. Eine vereinheitlichende Definition zu bilden ist aber unmöglich, handelt es sich doch um einen politischen „Binnenpluralismus“ mit seinen jeweiligen zeitbedingten Themenspezifikationen, agendenbestimmenden Personen und (widersprüchlichen) Ideen. Hierzu zählen auch die in sich wiederum heterogenen ephemeren Erscheinungen mit den Fremdbezeichnungen[353]

---

[351] Vgl. Leggewie, Claus; Meier, Horst: Republikschutz. Maßstäbe für die Verteidigung der Demokratie, Reinbek bei Hamburg 1995, S. 18, 101f. u. 249-263; vgl.: Verfassungsschutzgesetz Niedersachsen von 1992: Als Voraussetzung für eine Beobachtung müssen Verhaltensweisen genannt werden, die „...auf Anwendung von Gewalt gerichtet sind und sich in aktiv kämpferischer und aggressiver Weise gegen die fdGO richten.“, zit. in: Gessenharter, Wolfgang: Kippt die Republik? Die Neue Rechte und ihre Unterstützung durch Politik und Medien, München 1994, S. 171.

[352] Vgl. die Ausführungen zur mangelnden Solidarität im rechtskonservativen Lager: Zitelmann, Rainer: Position und Begriff. Über eine neue demokratische Rechte, in: Schwilk, Heimo; Schacht, Ulrich (Hrsg.): Die selbstbewußte Nation. „Anschwellender Bocksgesang“ und weitere Beiträge zu einer deutschen Debatte, Frankfurt am Main-Berlin 1996, S. 173; Winckler, Stefan: Konservative Intelligenz im vereinigten Deutschland, in: Kroll, Frank-Lothar (Hrsg.): Die kupierte Alternative. Konservatismus in Deutschland nach 1945, Berlin 2005, S. 340f..

[353] Die gilt nur eingeschränkt für den häufig benutzten und problematischen Begriff „Neue Rechte“, da hierzu indifferente Positionen von Vertretern der um eine Intellektualisierung bemühten demokratischen Rechten festzustellen sind, vgl.: „Neue Rechte“ als Selbstbezeichnung (i. s. eines „agonalen Hilfsbegriffs“): Weißmann, Karlheinz: „Der nationale Sozialismus war eine genuin linke Idee“, Junge Freiheit, 28.08.1998, S. 4-5; Weißmann, Karlheinz: Unsere Zeit kommt, Schnellroda 2006, S. 13 u. 26f.; „Neue Rechte“ als Fremdbezeichnung: Hatzenbichler, Jürgen: Das unfeine Geschäft der Rechtsintellektuellen, Junge Freiheit,

„Neokonservative", „Neue Rechte" oder „junge Konservative", also eine rechtskonservative Intelligenz, die sich aufgrund einer gewissen Skepsis gegenüber politischen Organisationen im vorpolitischen – überwiegend publizistischen - Raum äußert. Als eine mögliche Eigenbezeichnung für die hier vorherrschend gemeinte pluralistische, politisch rechtsintellektuelle Strömung wurden zuletzt die Begrifflichkeiten „Volkskonservative", „Nationalliberale" und - inzwischen mit geringerer Bedeutung - „Nationalrevolutionäre" vorgeschlagen.[354]

Ein weiter verbreitetes Charakteristikum für eine demokratischen Rechte in der BRD ist, neben der Ablehnung einer hypertrophen und hedonistischen „Libertinage", „...vor allem in einer Rückbesinnung des politischen Liberalismus auf sich selbst mit der Konsequenz der engagierten Verteidigung der [national-] liberalen Demokratie zu sehen",[355] welche ihre Ergänzung in jederzeit gültigen christlich - abendländischen Werten und Traditionen findet. Ein anderes Charakteristikum der demokratischen Rechten liegt in rechtskonservativ-kulturkritischen Standpunkten. Insgesamt wird damit der Versuch einer fortgesetzten „Tendenzwende", die sich in maßgeblich 4 Phasen einteilen läßt, umschrieben. Ausgangspunkt ist die in Westdeutschland durch die Alliierten implementierte *„Reeducation"* mit ihrem Versuch, z.B. auch Traditionslinien konservativen Argumentierens zu beenden. Im Anschluß folgten die 70er Jahre als Antwort auf die Phänomene der „Kulturrevolution" und danach eine Manifestation des Wertewandels in den 80er Jahren, sowie die ausgebliebene „geistig-moralischen Wende" der Regierung Helmut Kohl und die Herausforderungen, die durch das Revolutionsjahr 1989 ausgelöst worden sind.[356]

Gerade in der letzten Phase, nach dem Ende des Kommunismus, ging es den demokratischen Rechten um eine Normalisierung und neue Konstitution Deutschlands als Nationalstaat unter Nationalstaaten. Diese in die Zukunft denkende „Besinnung" rekurriert - entgegen dem herrschenden Zeitgeist - auf ein Bürgertum der demokratischen, selbstbewußten Freiheit. Das diese politische Bewegung oftmals programmatisch und analytisch ihrer Zeit voraus ist, z.B.

11.04.1997; Stein, Dieter: Phantom „Neue Rechte". Die Geschichte eines politischen Begriffs und sein Mißbrauch durch den Verfassungsschutz, Berlin 2005, S. 20, 22 u. 92.

354 Institut für Staatspolitik (Hrsg.): Die „Neue Rechte". Sinn und Grenze eines Begriffs, Albersroda 2003, S. 16-21; zu diesem Vorschlag kritisch: Stein, Dieter: Phantom „Neue Rechte". Die Geschichte eines politischen Begriffs und sein Mißbrauch durch den Verfassungsschutz, Berlin 2005, S. 22, FN 6.

355 Zellenberg, Ulrich E.: Verfassungsstaat und Wahrheit. Zur Aktualität neokonservativer Argumente zur Verteidigung der liberalen Demokratie, in: Becker, Hartmuth; Dirsch, Felix; Winckler, Stefan (Hrsg.): Die 68er und ihre Gegner. Der Widerstand gegen die Kulturrevolution, Graz-Stuttgart 2004, S. 15.

356 Vgl. die resultierende Depossedierung rechtskonservativer Traditionsbestände in der politischen Kultur Westdeutschlands durch „endogene" und „exogene" Ursachen, die ein Anknüpfen von rechtskonservativen Positionen im politischen, gesellschaftlichen und intellektuellem Milieu erschwerten bzw. marginalisierten, Kroll, Frank-Lothar: Die kupierte Alternative. Konservatismus in Deutschland nach 1945, in: Kroll, Frank-Lothar (Hrsg.): Die kupierte Alternative. Konservatismus in Deutschland nach 1945, Berlin 2005, S. 5-20.

zu Fragen der inneren Sicherheit, der Zuwanderung, der Bevölkerungsentwicklung, des Bildungssystems oder des Sozialstaates wird wohl auch in Zukunft nicht mit politischer Akzeptanz belohnt werden. Bevor sich eine demokratisch rechte Politikagenda in konkrete Politik umsetzen ließe, sind ihre heterogenen Anhänger meist schon untereinander zerstritten, von den etablierten Parteien aufgesogen oder begeben sich in die (ent- oder ausschließlich meta-)politisierte Immigration bzw. wechseln das politische Lager.

Um so bemerkenswerter, daß sich, trotzt einer überstarken politischen Linken und den Anfeindungen aus dem eigenen bürgerlichen Lager, immer wieder Publizisten, Hochschullehrer, Politiker und Künstler finden, die auf der Grundlage eines freiheitlich – demokratischen Rechtsstaates an einer politischen Denkrichtung der demokratischen Rechten festhalten bzw. sich im vorpolitischen Raum anschließen. Die Reste der in den 90er Jahren, zumindest in den Feuilletons, wirkmächtigen demokratischen Rechten um Ulrich Schacht, Heimo Schwilk, Rainer Zitelmann u.a., die mit ihrer Publikation „Die selbstbewußte Nation“, dem erstmals am 28.09.1994 in der Süddeutschen Zeitung veröffentlichten „Berliner Appell“ und dem am 07.04.1995 publizierten Appell: „8. Mai 1945–Gegen das Vergessen“ Diskussionen ausgelöst hatten, werden nun, nach der islamistischen Terrorzäsur, mittels Übernahme und Interpretation ihrer Themenagenda durch die linken „Funktions- und Reflexionseliten“, wiederum von der politischen Arena abgedrängt und isoliert. Auch wenn bereits die sich darstellende politische Lage, fünf Jahre nach den Anschlägen in den USA, erneut als ein rechtskonservativer „Kairos“ empfunden wird.

Dieses Schicksal ereilt überwiegend auch die sich als „89er“, eine Fremdbezeichnung die auf Ulrich Greiner von der Wochenzeitung „Die Zeit“ zurückgeht,[357] verstehende Autorengruppe um die Publikation „Wir 89er“.[358] Die Autoren aus der Alterskohorte von 1965-1975 stellen in diesem Sammelband, im Gegensatz zu der Zitelmann - Gruppe keine Programmatik, die sich an Botho Strauß „Anschwellenden Bocksgesang“ oder einem anderem Text bzw. Person ausrichtete, dar. Vielmehr entwerfen sie ein heterogenes Bild vom Leben, Fühlen und Denken junger Menschen, welche sich politisch als demokratisch rechts verstehen und damit gegen das überwiegend vertretene linke Lebensgefühl, gegen die „Denk- und Sprechverbote“ und das Tabu eines linken „Antifaschismus“ in der Bundesrepublik antreten. Gemeinsam versuchen diese demokratisch rechten Alt- und Neupublizisten, als eine „Solidargemeinschaft der Erkennenden“ (HEIMO SCHWILK),[359] nach der Epochenzäsur 1989 maßgeblich den

---

[357] Greiner, Ulrich: Die Neunundachtziger, Die Zeit, 16.09.1994.

[358] Bubik, Roland (Hrsg.): Wir `89. Wer wir sind – was wir wollen, Frankfurt am Main-Berlin 1995.

[359] Schwilk, Heimo: Rechte Demokraten oder Wer sind die 89er?, in: Schacht, Ulrich; Schwilk, Heimo: Für eine Berliner Republik. Streitschriften, Reden, Essays nach 1989, München 1997, S. 221.

günstigen Augenblick in der – rückblickend kurzen - Legitimationskrise der Linken abzupassen, um ein Gegenkonzept zu „68“ vorzulegen und für die Wiederbelebung einer pluralistischen Demokratie einzutreten. STEFAN WINCKLER faßt u.a. in seiner Monographie[360] zur demokratischen Rechten folgende – vom Verfasser ergänzte – Einstellungen als Merkmale zusammen:

- ihr Geschichtsbild ist geprägt von einer Trennung zwischen Rechtskonservativismus und Nationalsozialismus, es wird das überwiegend linear vertretende Geschichtsbild abgelehnt
- in Bezugnahme auf politische Extremismen wird ein Antitotalitarismus präferiert. Neben dem verallgemeinernden „Antifaschismus“ wird gleichzeitig auch ein zeitgeistiger Konformismus abgelehnt, welcher zumeist durch Medienkampagnen etabliert und transportiert gesehen wird
- ein Patriotismus und spezifisches Geschichtsbewußtsein der demokratischen Rechten wird insbesondere durch die Beurteilung von nationalen Gedenktagen und der Betonung von positiven Geschichtsmomenten gesehen, welche die engen Maßstäbe eines Verfassungspatriotismus übersteigen
- Sehnsucht nach einer politischen Normalisierung im Vergleich zu anderen Nationalstaaten, ohne einen als schädlich angesehenen „deutschen Selbsthaß“, der ihrer Meinung nach der linken Seite zugerechnet wird
- Distanz zur allgemein etablierten „politischen Klasse“ („Funktionseliten“) und ihren vielfältigen Helfern in Universitäten, Schulen, Kirchen, Gerichten, Verfassungsschutzämtern und Medien („Reflexionseliten“), insbesondere zur linksliberalen und linken Publizistik der „ewigen Linken“ (ERNST NOLTE)
- die neueren Utopien der Linken, wie z.B. Multikulturalismus, *gender mainstreaming* und ein permissiver Freiheitsbegriff werden abgelehnt, statt dessen Forderung nach geistigen und politisch rechten Positionen, z.B. Betonung der Differenz in einem Geschlossenen, Bevorzugung einer authentischen Volkskultur, Aufklärung über die nihilistischen Folgen derselben, ohne hinter dieser zurückzufallen (d.h. Kritik an einem ausufernden Universalismus und Individualismus, bei gleichzeitiger Neigung für den Rationalismus), identitäres Menschenbild im Sinne einer skeptischen Anthropologie.

Demokratische Rechte in der Bundesrepublik sind in verschiedenen, parteienunabhängigen, bildungspolitischen und publizistischen Einrichtungen tätig. Eine Auswahl ihrer derzeit

[360] Winckler, Stefan: Die demokratische Rechte. Entstehung, Positionen und Wandlungen einer neuen konservativen Intelligenz, Frankfurt am Main 2005, S. 18; Winckler, Stefan: Konservative Intelligenz im vereinigten Deutschland, in: Kroll, Frank-Lothar (Hrsg.): Die kupierte Alternative. Konservatismus in Deutschland nach 1945, Berlin 2005, S. 334-339.

wichtigsten Organisationen und Publikationen sind: „Bund Freiheit der Wissenschaft“ (freiheit der wissenschaft), „Förderstiftung Konservative Bildung und Forschung“ (Unsere Agenda), Institut für Staatspolitik (Sezession), „Stimme der Mehrheit“ (Arbeitsgemeinschaft von Publizisten des „Bundes der Selbständigen“, Landesverband NRW), „Studienzentrum Weikersheim“. Für letztgenannte Einrichtung gilt - besonders seit 2003 - das Merkmal einer Parteienabhängigkeit, da gerade seit dem Präsidenten Prof. Dr. Bernhard Friedmann der Einfluß der CDU wieder deutlicher wird,[361] z.B. kann die kurzfristige Ausladung des Historikers Dr. Karlheinz Weißmann zu einer Tagung der Nachwuchsorganisation „Jung-Weikersheim“ im September 2006 zum Thema „Konservativismus“ als ein solcher Einfluß angesehen werden.

„Neue Rechte“

Während sich als (Selbst-)Bezeichnung für die Protestbewegung der 68er, die vereinfacht gesagt den Stalinismus durch den Maoismus substituierten, der Begriff: die „Neue Linke“,[362] ein von Herbert Marcuse aus den USA eingeführte Bezeichnung allgemein durchgesetzt hat, die in der Zeitschrift Konkret von Hans Stern entdeckt und von Ulrike Meinhof für einen Aufsatz verwendet wurde, verhält es sich mit dem Begriff der „Neuen Rechten“ gänzlich anders. Er bezeichnet, zunächst als eine ganz überwiegende (s.o.) Fremdbezeichnung, verschiedene politische rechtskonservative Randphänomene, die nach unterschiedlichen Antworten und Konzepten hauptsächlich zur linken „Kulturrevolution“ suchen.

In der Sozial- und Politikwissenschaft gibt es keine einheitliche Einigung darüber, was unter dem Phänomen „Neue Rechte“ zu verstehen ist, obwohl es diese Bezeichnung ebensolange gibt wie die der „Neuen Linken“. Demokratische Rechte der 60er und 70er Jahre werden noch in den kritischen Untersuchungen zum Thema einer – dann durch den „Marsch durch die Institutionen“ und den „Wertewandel“ (Hedonismus) ausgebliebenen - „Tendenzwende“ (1975-1980) als Reaktion auf Umbruchsituationen wie die „Kulturrevolution“, „Grenzen des Wachstums“, „Umweltschutz“, „Terrorismus“ und „Orientierungskrise“ unter dem Begriff eines (noch) demokratischen „Neokonservatismus“ subsumiert und fokussieren den sogenannten „technokratischen Konservativismus“.[363] Im Gegensatz dazu erscheinen in den

[361] Vgl. die Einschätzung, daß Studienzentrum Weikersheim sei in „...starkem Maße vom Wohlwollen der CDU abhängig.“, Jebens, Albrecht: Studienzentrum Weikersheim (SZW) – Fazit nach 25 Jahren, in: Förderstiftung Konservative Bildung und Forschung (Hrsg.): Unsere Agenda, Nr. 3, August 2005, München 2005, S. 21.

[362] Koenen, Gerd: Rudi Dutschke, die „Neue Linke“ und die Gewalt, in: Stiftung zur Aufarbeitung der SED-Diktatur (Hrsg.): Jahrbuch für Historische Kommunismusforschung, Berlin 2005, S.329; Röhl, Bettina: So macht Kommunismus Spaß! Ulrike Meinhof, Klaus Rainer Röhl und die Akte Konkret, Hamburg 2006, S. 384, 386 u. 545; Röhl, Klaus Rainer: Fünf Finger sind keine Faust, Köln 1974, S. 179.

[363] Saage, Richard: Neokonservatives Denken in der Bundesrepublik, in: Fetscher, Iring: Neokonservative und „Neue Rechte“. Der Angriff gegen Sozialstaat und liberale Demokratie in den Vereinigten Staaten, Westeuropa und der Bundesrepublik, München 1983, S. 113-116; hier auch die kritischen Definitionen für Konservativismus

80er Jahren mannigfache Studien zur Begrifflichkeit „Neue Rechte", welche dann häufig polemischer Natur sind und in denen die „Neue Rechte" nicht mehr uneingeschränkt als demokratisch bezeichnet wird. In diesen Betrachtungen wird unter das Phänomen „Neue Rechte" der Oberbegriff „neuer Nationalismus" subsumiert, welcher seinen institutionellen Ausgangspunkt in einer, bald aufgrund personellen und ideologischen Konflikten zerfallenden, Abspaltung der NPD („Aktion Neue Rechte", ANR, 1972) genommen haben soll. Tatsächlich ist ein agonales (in Bezug auf eine „Neue Linke") rechtes Randphänomen bereits früher zu verorten, nämlich Mitte der 60er Jahre mit der Gründung der Hamburger Zeitschrift „Junges Forum" (1964) und den Berliner Publikationen „Fragmente" und der „Außerparlamentarischen Mitarbeit", die einen „neurechten" Ansatz verfolgten.

Auffällig ist, daß jede der vorgenannten Studien sich aus einigen Elementen ihre jeweils eigene „Neue Rechte" zusammenstellt und in einem empirischen Teil auf jeweils unterschiedliche rechte bis rechtsextreme Momente anwendet. Parteien z.B. CDU/CSU, DVU, REP, ÖDP; Organisationen wie das „Thule-Seminar", die frz. *„Nouvelle Droite"*, eigentlich: *Nouvelle École*/GRECE; die Zeitschriften „Mut", „Criticón", „Wir selbst" „Nation Europa", „Junges Forum" werden verallgemeinernd und ohne eine diskursive Entwicklung hierunter deskriptiv fokussiert. Methodisch auffällig bei diesen Analysen linker Autoren und Herausgeber - z.B. Margret Feit ist Mitglied der VVN-BdA - ist, daß zumeist keine eigenen programmatischen oder inhaltlichen Analysen vorgenommen werden, sondern sich diese Untersuchungen in der Regel überwiegend auf Sekundärurteile/Zitate stützen, und gar kein eigener Definitionsversuch zu einer „Neuen Rechten" vorgenommen wird.[364]

Weiterhin wird keine Abgrenzung zwischen einem demokratischen Rechtskonservativismus und einem Rechtsextremismus durchgeführt, so behauptet Feit in ihrem vielzitierten „Standardwerk" (Friedemann Schmidt), daß sich die „Neue Rechte" darum bemühen würde, das rechtsextreme Gedankengut des Nationalsozialismus durch wissenschaftliche Analysen zu rechtfertigen, worin sie zugleich die Abgrenzung zu einer „Alten Rechten" sieht.[365]

---

von Martin Greiffenhagen und Helga Grebing, die Saage zugrundelegt, vgl. S. 67; nach Greiffenhagen gehören hierzu die Wissenschaftler: Arnold Gehlen, Ernst Forsthoff und Helmut Schelsky.

[364] Hofmann-Göttig, Joachim: Die neue Rechte: die Männerparteien, Bonn 1989, S. 15f.; der Autor verweist u.a. auf die Publikationen von Kurt Hirsch; erschienen ist die Studie in einer Schriftenreihe der „Demokratischen Gemeinde, Vorwärts Verlag GmbH, Redaktion: Dr. Ansgar Burghof, späterer Verlagsleiter und Mentor des bnr, vgl. 1.2 Abschnitt: Impressum; Matthias von Hellfeld veröffentlicht in seinem Sammelband neben dezidiert linken Autoren auch Stellungnahmen von CDU Mitgliedern, wie Heiner Geißler, Rita Süßmuth und Manfred Rommel. Ziel dieser Untersuchung ist, mit einer nicht weiter definierten „Neuen Rechten" die Wahlerfolge der Republikaner in den 80er Jahren zu erklären, von Peter Glotz wird auch die Politik der „rechten Volkspartei" CDU/CSU hierfür ursächlich angesehen; vgl.: von Hellfeld, Matthias (Hrsg.): Dem Haß keine Chance. Der neue rechte Fundamentalismus, Köln 1989.

[365] Feit, Margret: Die „Neue Rechte" in der Bundesrepublik. Organisation – Ideologie - Strategie, Frankfurt-New York 1987, S. 83-142, vgl. hierzu auch den angeblichen Versuch Rassismus durch eine einheitliche „Neue Rechte", zu der auch der rechtsextreme Anwalt Jürgen Rieger oder der linksnationale Henning Eichberg gezählt

Indifferent werden einzelne Theorieelemente z.B. der „*Nouvelle Droite*“[366] verallgemeinernd und dadurch schematisierend als Kennzeichen einer einheitlichen metapolitischen Programmatik einer „Neue Rechte“ in der BRD zur Erringung einer „kulturellen Hegemonie“, welche bereits als Merkmal „antifaschistischer“ Politik thematisiert wurde,[367] dargestellt. Insgesamt lassen diese Analysen oftmals eine antitotalitäre Äquidistanz vermissen, ihre „antifaschistische“ Grundhaltung wird z.B. durch eine Vermengung von Nationalsozialismus und Faschismus deutlich.[368]

Es handelt sich also bei der Herausbildung des Begriffs „Neue Rechte“ zunächst einmal um eine Fremdbezeichnung, wobei die Bemühung einer Zuspitzung und damit Vereinheitlichung unterschiedlicher Gruppierungen und Ideen/Theorien, welche paradoxerweise auch zugestanden werden, durch die Verwendung dieser Begrifflichkeit einhergeht. Grund für diese Vorgehensweise zur Bildung eines politischen „Kampfbegriffes“ sind die Befürchtungen vor einer „geistig-moralischen Wende“, sie sind also politisch - taktischer Natur.

Nach der Zäsur 1989/1990 bekommt das Thema „Neue Rechte“ eine neue Gewichtung: die Linke (wissenschaftliche Publizistik) überwindet u.a. auch mit den einseitigen redundanten „antifaschistisch“ motivierten Untersuchungen und den damit verbundenen Warnungen vor diesem Phänomen ihre eigene Legitimationskrise und entwickelt dieses nicht weiter zu definierende Phänomen, da zu uneinheitliche und auch widersprüchliche Themen und Gruppierungen an ihr beteiligt sind, zu einem „Kampfbegriff“, indem auch demokratische Rechte unter diesen Begriff subsumiert werden. Diese Analytik baut auf den vorhergenannten

---

wird, wissenschaftlich zu legitimieren: Moreau, Patrick: Die neue Religion der Rasse. Der Biologismus und die kollektive Ethik der Neuen Rechten in Frankreich und Deutschland, in: Fetscher, Iring: Neokonservative und „Neue Rechte“. Der Angriff gegen Sozialstaat und liberale Demokratie in den Vereinigten Staaten, Westeuropa und der Bundesrepublik, München 1983, S. 117-162; auch die Kritiker der 90er Jahre sehen zwischen den rechtsextremistischen „Alten Rechten“ und „Neuen Rechten“ keine qualitativen Unterschiede, vgl. mit vielen Zitaten aus der einschlägigen Literatur: Gärtner, Reinhold: Die ordentlichen Rechten. Die „Aula“. Die Freiheitlichen und der Rechtsextremismus, Wien 1996, S. 22-28.

[366] Vgl. die Entwicklung und Einfluß dieses Teils der frz. Rechten inklusive der Theorie eines „Ethnopluralismus“ auf die demokratische Rechte in der BRD: Institut für Staatspolitik (Hrsg.): Die „Neue Rechte“. Sinn und Grenze eines Begriffs, Albersroda 2003, S. 11-13 u. 18; Stein, Dieter: Phantom „Neue Rechte“. Die Geschichte eines politischen Begriffs und sein Mißbrauch durch den Verfassungsschutz, Berlin 2005, S. 95-178.

[367] In Verbindung mit den Wahlerfolgen der Republikaner in den 80ern beklagen die Grünen Politiker Bernd Ulrich und Antje Vollmer voreilig und der realen Situation nicht entsprechend, daß es dem „Antifaschismus“ angeblich immer weniger gelänge, gegenüber dem „rechtsradikalen Milieu“ eine „kulturelle Hegemonie“ zu erzielen, damit wiederholen sie eine Aussage von Peter Glotz; vgl.: Ulrich, Bernd; Vollmer Antje: Für Demokratie – gegen Sicherheit und Sauberkeit, in: von Hellfeld, Matthias (Hrsg.): Dem Haß keine Chance. Der neue rechte Fundamentalismus, Köln 1989, S. 168.

[368] Schmidt, Friedemann: Die Neue Rechte und die Berliner Republik, Wiesbaden 2001, S. 23, positive Rezension, vgl.: Hundseder, Franziska: Stichwortgeber, bnr 22/02, 31.10.2002, S. 12; negative Rezension: Müller, Baal: Zitate gegen Rechts. Im Westdeutschen Verlag nichts Neues: Ein Buch über die Neue Rechte und die Berliner Republik, Junge Freiheit, 11.01.2002.

Untersuchungen auf, ohne die maßgeblich unterschiedlichen theoretischen Weiterentwicklungen, Verwerfungen und Zielsetzungen (jenseits einer unterstellten rechtsextremistischen Negation der fdGO) zu ergründen.[369]

Die Betonung in den zumeist ergebnisorientierten Analysen ab dem Jahr 1990 zum Thema „Neue Rechte" liegen maßgeblich auf drei schwerpunktmäßig beleuchteten politikwissenschaftlichen Sammelbegrifflichkeiten, die zum einen historische- und zum anderen unterschiedliche und z.T. widersprüchliche ausländische Phänomene oder Theorien auf das gegenwärtige bundesrepublikanische System bzw. konkret dann zunächst überwiegend auf Einzelpersonen, Publikationen, weniger auf Organisationen oder Parteien einer „Neuen Rechten" kongruent übertragen und ihre Wirkungsweisen überschätzt bzw. falsch eingeschätzt werden: 1.) die Zuordnung der „Neuen Rechten" wird in einen unterschiedlich bezeichneten Erosionsbereich vorgenommen: „Scharnierfunktion" (Wolfgang Gessenharter), „Brückenspektrum" (Armin Pfahl-Traughber), „Grauzone" (Klaus Schönkäs, Susanne Mantino) oder indifferent alle Begrifflichkeiten (Gernot Modery-„Anton Maegerle") zwischen Rechtskonservativismus und Rechtsextremismus; 2.) weiterhin wird in der Hauptsache stets eine verengte ideologische, da nicht als historisches Phänomen aufgefaßte, Herleitung der „Neuen Rechten" aus dem Umfeld der „Konservativen Revolution" (Fokus: „Jungkonservative") in der Weimarer Republik vorgenommen.[370] Später tritt hierzu noch vereinzelt eine „Nationalrevolutionäre" Richtung (Auflösung der politischen dichotomen Unterscheidung von Links und Rechts), um der „Neuen Rechten systemverändernde Ambitionen zu attestieren (die konservative Ökologische Richtung findet fast keine Erwähnung) und 3.) die Betonung der von der französischen *„Nouvelle Droite"* angeblich übernommenen Theorie des „Ethnopluralismus", als Indikator für einen rechtsextremen biopolitischen Rassismus. Als exemplarisches Fallbeispiel für eine Publikation der „Neuen

---

[369] Z.B. verläßt sich Friedemann Schmidt auf die hinlänglich redundanten Darstellungen der „Konservativen Revolution" als der ideologischen Wurzel der „Neuen Rechten" ohne eine kritische Prüfung, vgl.: Schmidt, Friedemann: Die Neue Rechte und die Berliner Republik, Wiesbaden 2001, S. 29.

[370] Vgl. einen Sammelbegriff „Konservative Revolution" ablehnend und dieses Phänomen der Weimarer Republik historisch einordnend: Breuer, Stefan: Anatomie der Konservativen Revolution, Darmstadt 1993, S. 181; A.A.: Roger Woods, welcher sich auf den Definitionsansatz von Pfahl-Traughber bezieht: Woods, Roger: Nation ohne Selbstbewußtsein. Von der Konservativen Revolution zur Neuen Rechten, Baden-Baden 2001, S. 8f.; die „Konservative Revolution" wird in den meisten Analysen zur „Neuen Rechten" als ein „Nachplappermuster" verstanden, welches zu falsifizierenden kongruenten Umsetzungsvarianten auf das politische System in der BRD führt, hierzu sich auch extremismustheoretisch kritisch abgrenzend: Hatzenbichler, Jürgen: Das unfeine Geschäft der Rechtsintellektuellen, Junge Freiheit, 11.04.1997, ähnlich distanziert eine Aktualität der „KR" kritisch einschätzend: Weißmann, Karlheinz: Gab es ein konservative Revolution? Zur Auseinandersetzung um das neue Buch von Stefan Breuer, Criticón, 138, Juli/August 1993, S. 176; zum „Anspruch" der JF eine „KR" anzustreben äußert sich Dieter Stein im Interview (JF 4/95), der den zeitweise verwendeten Werbespruch als eine Provokation verstanden wissen will und sich von sonstigen Interpretationen eindeutig distanziert, vgl.: Kubitschek, Götz: 20 Jahre Junge Freiheit. Idee und Geschichte einer Zeitung, Schnellroda 2006, S. 87.

Rechten" wird die Wochenzeitung „Junge Freiheit", neben einigen anderen rechten bis rechtsextremen Nischenpublikationen mit Auflagen von einigen 100 Exemplaren, von der wissenschaftlichen Literatur und dem administrativen Verfassungsschutz (besonders NRW) thematisiert. Für den Schwerpunkt „Brückenspektrum/ Scharnierfunktion/Grauzone" erfolgt noch eine konzentrierte Darstellung der kritischen Literatur, manifestiert sich hierin doch deutlich ein „antifaschistischer" Mißbrauch der Begrifflichkeit „Neue Rechte" als ein „Kampfbegriff".

Insgesamt läßt das Interesse an der sogenannten „Neuen Rechten" in Wissenschaft und Verfassungsschutz nach der islamistischen Terrorzäsur, dem erfolgreichen BVG-Urteil der JF gegen die Aufnahme in Verfassungsschutzberichte , spätestens seit dem Regierungswechsel 2005 auf Bundesebene deutlich nach.[371] Jedoch wird im Juli 2006 dieses Phänomen noch einmal auf die Agenda des Deutschen Bundestages gebracht, allerdings ohne eine nachhaltige Kampagne auslösen zu können. In einer Kleinen Anfrage einzelner Abgeordneter und der Fraktion von Bündnis 90/Die Grünen erkundigen sich diese bei der Bundesregierung nach der Entwicklung einer „Neuen Rechten" und deren Gefahrenpotential für die fdGO. In der Vorbemerkung der Bundesregierung wird hierzu festgestellt, daß es keine einheitliche Definition zu dem „Phänomen" gäbe, man rekurriere aber auf die vom Verfassungsschutz vertretenen Einordnungen und Informationen hierzu. Weiterhin geht, nach Ansicht der Bundesregierung, kein Gefährdungspotential von einer „Neuen Rechten" aus, da keine breitere Öffentlichkeit erreicht wurde.[372]

Die Evidenz einer Klärung dieser Begrifflichkeit (im Sinne einer Darstellung der etablierten Publizistik), ergibt sich aus einer intensiven Auseinandersetzung des bnr mit der „Neuen Rechten" und ihrer hier untersuchten „Brückenfunktion". So werden z.B. unter der Rubrik „Grauzone" nicht nur einzelne Personen und Personengruppen, sondern auch Publikationen vom bnr jahrelang als ein Schwerpunktthema seiner Berichterstattung behandelt. Wichtig erscheint dem Verfasser, den Ausgangspunkt dieser Ausführungen wiederum beim administrativen Verfassungsschutz anzusetzen, da eine gegenseitige Beeinflussung in der Berichterstattung durch die gleichen Akteure naheliegt. Der Verfassungsschutz greift bei der Behandlung dieses Phänomens überwiegend auf Autoren zurück, welche dieses Thema aus

---

[371] Pfahl-Traughber, Arnim: Keine Kulturrevolution von Rechts. Der „Kampf um die Köpfe" kann als gescheitert angesehen werden, Das Parlament, www.bundetag.de/cgibin/druck.pl?N=parlament, 29.11.2005; BVerfG, Beschl. v. 24.05.2005 – 1 BvR 1072/01, vgl.: von Stahl, Alexander: Kampf um die Pressefreiheit. Chronologie eines Skandals. Die Verfassungsbeschwerde der Wochenzeitung JUNGE FREIHEIT wegen Verletzung der Pressefreiheit durch Verfassungsschutzberichte des Landes NRW und der Sieg vor dem Bundesverfassungsgericht, Berlin 2005, S. 118-261.

[372] Kleine Anfrage der Abgeordneten Monika Lazar, et. al. und der Fraktion Bündnis 90/Die Grünen: Entwicklung der Neuen Rechten und ihr Gefahrenpotential für die freiheitlich-demokratische Grundordnung, Drucksache 16/2140; Antwort der Bundesregierung: Drucksache 16/2269, 20.07.2006.

„antifaschistischer" Sichtweise behandeln und eine notwendige Äquidistanz oftmals vermissen lassen. Weiterhin veröffentlichen diese Autoren z.T. regelmäßig im Untersuchungszeitraum im bnr (vgl. z.B. Christoph Butterwegge, Wolfgang Gessenharter und Armin Pfahl-Traughber), bzw. zitieren diesen hierzu als Beleg in ihren publizierten Untersuchungen.

Im Vergleich zu den weiteren Verfassungsschutzberichten der anderen Behörden und Abteilungen fokussiert besonders das Bundesland NRW das Thema „Neue Rechte". Neben den Ausführungen in den einzelnen Berichten erschien eine Sonderpublikation[373] und ein Tagungsband[374] nach einer entsprechenden Veranstaltung der Abteilung Verfassungsschutz des Innenministeriums NRW zu dieser Thematik. Daher erscheint es sinnvoll, sich hauptsächlich mit dessen Berichten und Veröffentlichungen auseinanderzusetzen und durch die Berichte des Bundesamtes ggf. zu ergänzen.

Verfassungsschutzberichte

Seit 1994 berichten die beiden vorgenannten Verfassungsschutzbehörden über das Phänomen „Neue Rechte" mit einem eigenen Abschnitt in ihren jeweiligen Berichten.[375] Als Ausgangspunkt für diese Beobachtungspraxis kann die gescheiterte Veranstaltung zum 8. Mai 1995 in München, im Konnex mit gleichnamigem Appell, angesehen werden, welche sich anschickte u.a. den antitotalitären Konsens zu rehabilitieren.[376] Während das Bundesamt lediglich in einem Annex zu „Intellektualisierungsmaßnahmen des Rechtsextremismus" aus einem Werk von Wolfgang Gessenharter zitiert, welcher feststellt, daß die „Neue Rechte" keineswegs eindeutig dem Rechtsextremismus zuzuordnen sei, sondern diese ein „Scharnier" zwischen Konservatismus und Rechtsextremismus darstellen würden,[377] widmet der Verfassungsschutz NRW der Thematik mehrere Seiten.[378] In einem einleitenden Abschnitt (Extremismus 1994) wird zunächst noch einschränkend betont, daß sehr unterschiedliche

---

[373] Innenministerium des Landes Nordrhein-Westfalen, Abteilung Verfassungsschutz (Hrsg.): Die Kultur als Machtfrage. Die Neue Rechte in Deutschland, Düsseldorf 2003.

[374] Gessenharter, Wolfgang; Pfeiffer, Thomas (Hrsg.): Die Neue Rechte - eine Gefahr für die Demokratie?, Wiesbaden 2004.

[375] Bereits zwischen 1971 und 1977 thematisierte der administrative Verfassungsschutz den diffusen Begriff einer „Neuen Rechten", die ebenso wie im Untersuchungszeitraum dieser Arbeit, Anlaß für Kritik gab. Hierunter faßten die Behörden nämlich sowohl gemäßigte, als auch extremere Varianten einer „Alten Rechten", also in zunächst anderer Konnotation wie dem Beobachtungszeitraum ab 1994; vgl.: Backes, Uwe; Jesse, Eckhard: Neue Linke und Neue Rechte. Ein Vergleich, in: Backes, Uwe; Jesse, Eckhard (Hrsg.): Vergleichende Extremismusforschung, Baden-Baden 2005, S. 340f..

[376] Vgl.: Institut für Staatspolitik (Hrsg.): Die „Neue Rechte". Sinn und Grenze eines Begriffs, Albersroda 2003, S. 24f.; besonders FN 89.

[377] Bundesamt für Verfassungsschutz (Hrsg.): Verfassungsschutzbericht 1994, Berlin 1995, S. 157.

[378] Innenministerium des Landes Nordrhein-Westfalen, Abteilung Verfassungsschutz (Hrsg.): Verfassungsschutzbericht des Landes Nordrhein-Westfalen 1994, Düsseldorf 1995, S. 20-22, 112-115, 135-158. Zeitweise wurde eine „Neue Rechte" noch in folgenden Länderberichten thematisiert: Baden-Württemberg, Hamburg, Niedersachsen und Rheinland-Pfalz.

Inhalte und keineswegs eine homogene politisch-ideologische Richtung mit dem Begriff „Neue Rechte“ verbunden werden kann. In Kapitel 2.1.22 „Neue Rechte“, welches prägnanterweise zwischen den Kapiteln 2.1.21 NSDAP/AO und 2.1.23 Rechtsextremistische Skinheads angeordnet ist und farblich mit einem braunen Daumenregister gekennzeichnet ist, versuchen die Mitarbeiter des Verfassungsschutzes unter einigen verallgemeinernden und nicht weiter ausgeführten oder begründeten vermeintlichen charakteristischen Stichpunkten abzugrenzen, wodurch die „Neue Rechte“ die fdGO als aggressiv – kämpferische und danach relevante Größe bedroht: Anhänger der „Konservativen Revolution“[379] in der Weimarer Republik und der 1965 entstandenen französischen *„Nouvelle Droite“*, Abgrenzung zu einer „Alten Rechten“, Pendant zur 68er Bewegung, Ethnopluralismus (hier dargestellt als Apartheid und nicht als Kritik an einem eurozentristischen Egalitarismus), Revisionismus (gemeint ist „Historismus“, in Abgrenzung zum „Negationismus“), nationale Identität und nationales Selbstwertgefühl, antrophologische Ungleichheit, Ablehnung des Individualismus, Anti-Liberalismus, Elitenbildung, Kritik am Universalismus z.B. der Menschenrechte.[380]
Diese Themenzuordnung einer „Neuen Rechten“ zeigt eine Beeinflussung und Übernahme von Untersuchungsthesen durch den Verfassungsschutz aus den bereits dargestellten „kritischen“ Untersuchungen zu diesem Thema. Weiterhin veranschaulicht die Aufzählung dieser wenigen Stichworte einer unterstellten weitestgehend einheitlichen Theorie, daß der Verfassungsschutz NRW seine Beobachtung sehr weit, nämlich in den von der Meinungs- und Wissenschaftsfreiheit des Grundgesetzes geschützten intellektuellen Bereich überdehnt.
Wie der Verfassungsschutz NRW auch 1994 im einleitenden Kapitel 1.1.1 Entwicklungen und Tendenzen seines Berichtes zugibt, handelt es bei diesen Punkten lediglich um „intellektuelle Angriffe“, „wissenschaftliche oder politisch-philosophische Begründungen“[381] und nicht um eine aggressiv–kämpferische Form, welche sich gegen die grundlegenden Werte des Verfassungsstaates richten. Der administrative Verfassungsschutz schränkt mit dieser Beobachtung die dem Pluralismus ebenso innewohnende Selbstkritik einseitig ein, der politischen Linken wird dies zugestanden. Weiterhin negieren die staatlichen Beobachtungsstellen in ihren maßgeblich organisationsungebundenen Beobachtungen das

---

[379] Überwiegend werden die sog. „Jungkonservativen“ fokussiert und deren politische Einstellung unreflektiert auf den heutigen Maßstab der fdGO übertragen, weiterhin wird auf eine Darstellung des Einflusses auf den militärischen Widerstand gänzlich verzichtet , vgl.: Pfahl-Traughber, Arnim: Konservative Revolution und Neue Rechte. Rechtsextremistische Intellektuelle gegen den demokratischen Verfassungsstaat, Opladen 1998, S. 20.

[380] Innenministerium des Landes Nordrhein-Westfalen, Abteilung Verfassungsschutz (Hrsg.): Verfassungsschutzbericht des Landes Nordrhein-Westfalen 1994, Düsseldorf 1995, S. 122; die meisten hier als vermeintliche rechtsextreme Indikatoren aufgezählten Begrifflichkeiten werden seit der Terrorzäsur quer durch alle politischen Lager diskutiert.

[381] Innenministerium des Landes Nordrhein-Westfalen, Abteilung Verfassungsschutz (Hrsg.): Verfassungsschutzbericht des Landes Nordrhein-Westfalen 1994, Düsseldorf 1995, S. 22.

demokratische Recht auf einen kritischen Umgang mit der „Aufklärung“ und dem System der westlichen Staaten.

Als Taktik stützte man sich, aus Sicht des Verfassungsschutzes NRW, innerhalb der „Neuen Rechten“ auf eine „Metapolitik“ durch eine schrittweise „Normenveränderung“ (?) zur Erringung einer „kulturellen Hegemonie“. Diese in der vorliegenden Untersuchung bereits thematisierte originär linke, aber auch von „Antifaschisten“ verfolgte Taktik zur Erlangung einer „kulturellen Hegemonie“, findet sich im Untersuchungszeitraum in keinem Kapitel der Berichte zum Linksextremismus deutlich dargestellt. Obwohl auf diesem Bereich genügend Themen/Kampagnen auch in den Berichten vorzufinden wären: Aktuellere Beispiele sind in den Bemühungen des PDS Landesverbandes NRW zu sehen, eine politische Zusammenarbeit mit dem globalisierungskritischen Netzwerks „ATTAC“ anzustreben, dessen Thesen sich auch in bürgerlichen Kreisen einer zunehmenden Beliebtheit erfreuen, oder im linksextremistisch beeinflußten „Kampf gegen Rechts“.[382] Insgesamt läßt sich feststellen, daß es in den Berichten an analogem Interesse im linksextremistischen Bereich z.B. an einer intellektuellen Linken, fehlt. Weiterhin werden Gruppierungen wie z.B. die VVN-BdA vom NRW Verfassungsschutz nicht regelmäßig in die Beobachtung aufgenommen. Damit setzten sich die Behörden dem Verdacht aus, aufgrund politisch-ideologischer Vorgaben (der jeweiligen Regierung bzw. ihrer eigenen Mitarbeiter) die Themenbereiche für die „geistig-politische Auseinandersetzung“ nach ideologischen Gesichtspunkten auszuwählen und nicht äquidistanziert miteinander abzustimmen.[383]

Ein administrativer Verfassungsschutz, der eine solche „aktive Aufklärung“ generiert, braucht sich nicht über den Vorwurf einer Einmischung in die Meinungsbildung der Bevölkerung zu wundern. Tatsächlich stehen, als „Spezifikum“ des administrativen Verfassungsschutzes in der BRD, der politische Meinungskampf und damit die freie Meinungsbildung selbst unter einem Generalverdacht.[384]

---

[382] Innenministerium des Landes Nordrhein-Westfalen, Abteilung Verfassungsschutz (Hrsg.): Verfassungsschutzbericht des Landes Nordrhein-Westfalen 2002, Düsseldorf 2003, S. 157 u. 168-170; Grefe, Christiane; Greffrath, Mathias; Schumann, Harald: attac. Was wollen die Globalisierungskritiker?, Berlin 2002, S. 154-157.

[383] Vgl. die Untersuchungen zu einem kritikwürdigen politisch-ideologischen Verfassungsschutz: Jesse, Eckhard: Verfassungsschutzberichte des Bundes und der Länder im Vergleich. Zwischen Kontinuität und Wandel, in: Backes, Uwe; Jesse, Eckhard (Hrsg.): Vergleichende Extremismusforschung, Baden-Baden 2005, S. 381-392 u. 395f.; Jesse, Eckhard: Amtstexte als Zeichen politischen Wandels. Die Verfassungsschutzberichte des Bundes und der Länder im Vergleich, Frankfurter Allgemeine Zeitung, 09.04.1997, S. 13; Heißig, Kurt: Der Zeitgeist sucht nach Opfern. Provokation und Fiktion der rechtsextremen Gefahr, in: von Schrenck-Notzing, Caspar; Mohler, Arnim (Hrsg.): Deutsche Identität, Krefeld 1982, S. 105-113; u. FN 314.

[384] Leggewie, Claus; Meier, Horst: Republikschutz. Maßstäbe für die Verteidigung der Demokratie, Reinbek bei Hamburg 1995, S. 101.

Der Verfassungsschutz wertet folgende (ohne Angaben zu einer Begründung gerade dieser Auswahl, vgl. hier auch Auswahl im bnr) Pressepublikationen einer „Neuen Rechten" zusammenfassend aus: die „Junge Freiheit", „Europa vorn" (ab Juni/Juli 1998: „Signal", ab 2. Quartal 2003 „nation24.de"), „Staatsbriefe" und „Nation Europa". Ihnen wird ein wichtiges Moment innerhalb des politischen Phänomens vom Verfassungsschutz bescheinigt. Bereits die Zuordnung dieser Beispiele unter einen Oberbegriff erscheint insofern problematisch, als z.B. die Zeitschrift „Nation Europa", bereits durch ihre Gründer und ihrer überwiegend, nicht dezidiert intellektuellen Ausrichtung eher einer „Alten Rechten" zuzuordnen ist. Diese Schriften werden zusammen mit anderen Publikationen im Kapitel 2.1.24 Revisionismus und 2.2 Rechtsextremistische Publikationen, Verlage, Vertriebe und Medien, im Verfassungsschutzbericht weiterführend behandelt. Die jeweiligen Zeitschriften werden aufgrund einzelner aus dem Gesamtzusammenhang entnommener Zitate analysiert und diese Zitate hiernach ergänzend kommentiert. Besonders thematisiert wird im Kapitel 2.1.22 die in dieser Arbeit bereits zitierte Buchpublikation „Die selbstbewußte Nation" der demokratischen Rechten um Heimo Schwilk und Ulrich Schacht als Indikator für eine Durchdringung der öffentlichen Diskussion. Gerade in den Aussagen zur Charakterisierung der „Neuen Rechten" als Pendant zur 68er–Bewegung, sowie denjenigen zur Abgrenzung von einer „Alten Rechten", zu nationaler Identität/Selbstwertgefühl, „Historismus", Kritik am Universalismus und in den Aussagen über die Wochenzeitung „Junge Freiheit" ebenso wie zu der letztgenannten Buchbesprechung zeigt sich, daß – obwohl dieser Punkt im Band 1994 nicht explizit erwähnt ist – der Verfassungsschutz NRW der These eines neurechten Erosionsbereiches anhängt.

Im erweiterten Annex zu den Intellektualisierungsbemühungen des Rechtsextremismus im Bundesverfassungsschutzbericht von 1995 werden in drei Absätzen die prägnantesten Aussagen des NRW Verfassungsschutzberichtes des Vorjahres zusammengefaßt. Erstmalig wird in diesem Zusammenhang auch die Zeitung „Junge Freiheit" erwähnt.[385] Das Kapitel 2.1.12 „Neue Rechte" im Landesverfassungsschutzbericht NRW beschäftigt sich fast ausschließlich mit den von der Abteilung zugerechneten Publikationen und konzentriert sich hier um den Nachweis der inhaltlichen Kriterien einer „Neuen Rechten". Ein besonderer Schwerpunkt liegt auf der Berichterstattung zur „Jungen Freiheit". Auf den 17 Seiten wird eine ausführliche Begründung für die Beobachtung dargelegt. Offensichtlich sieht sich der Verfassungsschutz aufgrund eines von der JF angestrengten Verwaltungsgerichtsverfahrens in Begründungsnot. Bemerkenswert ist, wie der Verfassungsschutz die JF interne Sezession von

[385] Bundesamt für Verfassungsschutz (Hrsg.): Verfassungsschutzbericht 1995, Berlin 1996, S. 177f..

einzelnen Redaktionsmitgliedern, welche bereits 1994 ihren Anfang nahm (z.B. Trennung von Armin Mohler, später: Hans Ulrich Kopp), kommentiert. Die Behörde sieht hierin ein erhöhtes rechtsextremistisches Bedrohungspotential, da einzelne Positionen angeblich hierdurch „...noch geschickter als bis dahin zu tarnen..."[386] beabsichtigt würden. Daß aus inhaltlichen Gründen eine noch stärkere und pointiertere thematische Abgrenzung durch den Chefredakteur Dieter Stein erfolgte, wollte vom Verfassungsschutz NRW an dieser Stelle kein Referent bemerken.[387] Grund für diese falschen Bewertungen ist maßgeblich die Furcht durch ein Abrücken von den unhaltbaren Thesen wie der eines „Brückenspektrums" bzw. einer einheitlichen „Neuen Rechten" in der BRD insgesamt die eigene Beobachtungspraxis zu diskreditieren.

Die Erkenntnisse über die Intellektualisierungsbemühungen im Rechtsextremismus werden im Bundesverfassungsschutzbericht von 1996 u. 1997 nicht mehr als Annex, sondern als ein eigenes Unterkapitel dargestellt. Auf knapp zwei Seiten werden maßgeblich zwei Strömungen unterschieden und kurz charakterisiert: eine „Nationalrevolutionäre" und eine „Neue Rechte". Besonders die JF wird in einem Absatz als ein „Grauzonen"-Medium dargestellt.[388] Diese Einordnung basiert auf Beobachtungen aus NRW, denn im Verfassungsschutzband 1996 wird bereits im einleitenden Kapitel der JF unterstellt, sie verwische Grenzen zwischen Extremismus und Konservativismus.[389] Weiterhin liegt der Schwerpunkt der Darstellungen zum Thema „Neue Rechte" auf einer Auswertung von Publikationen, wobei das Hauptaugenmerk auf der JF liegt. Auf gut 11 Seiten werden u.a. die erfolglose Klage der JF vor dem Verwaltungsgericht Düsseldorf und die offizielle Trennung der JF von den sog. „JF-Leserkreisen" thematisiert.[390] Auffällig ist, daß vom Verfassungsschutz in dieser Trennung keine Abgrenzung der JF von tatsächlichen oder vermeintlichen Rechtsextremisten gesehen wird, sondern diese für ihn lediglich eine Bestätigung einer nicht weiter ausgeführten Zusammenarbeit zwischen Zeitung und Leserkreis darstellt.

Neu in das Beobachtungsspektrum hinzugekommen ist das „Thule Seminar", die „Deutsch-Europäische Studiengesellschaft" (DESG) und das „Deutsche Kolleg" (DK). Neben den

---

[386] Innenministerium des Landes Nordrhein-Westfalen, Abteilung Verfassungsschutz (Hrsg.): Verfassungsschutzbericht des Landes Nordrhein-Westfalen 1995, Düsseldorf 1996, S. 110.

[387] Dabei spricht bereits der bnr von politischen Differenzen in Bezug auf das JF-Leserkreis-Projekt und einzelne Redakteure, vgl.: O.V.: Tagebuch, bnr 2/95, 24.01.1995, S. 9, hierzu auch: Kubitschek, Götz: 20 Jahre Junge Freiheit. Idee und Geschichte einer Zeitung, Schnellroda 2006, S. 192-206.

[388] Bundesamt für Verfassungsschutz (Hrsg.): Verfassungsschutzbericht 1996, Berlin 1997, S. 160-161; Bundesamt für Verfassungsschutz (Hrsg.): Verfassungsschutzbericht 1997, Berlin 1998, S. 119-121.

[389] Innenministerium des Landes Nordrhein-Westfalen, Abteilung Verfassungsschutz (Hrsg.): Verfassungsschutzbericht des Landes Nordrhein-Westfalen 1996, Düsseldorf 1997, S. 10.

[390] Innenministerium des Landes Nordrhein-Westfalen, Abteilung Verfassungsschutz (Hrsg.): Verfassungsschutzbericht des Landes Nordrhein-Westfalen 1996, Düsseldorf 1997, S. 119-154, zu Leserkreisen S. 131f..

Darstellungen über die erfolglosen Versuche der vorgenannten Publikationen/Organisationen einen größeren Bekanntheitsgrad über ihre politische Arbeit zu erreichen (geschweige denn irgend einen politischen Einfluß über einen offensichtlich jeweiligen kleinen und kleinsten sektiererischen Kreis gelten zu machen zu können) stellt der Verfassungsschutz NRW keine weiteren inhaltlich-theoretischen Ausführung zu einer weiteren Charakterisierung einer „Neuen Rechten" an. Entweder er wiederholt oder beruft sich lediglich auf die bereits gemachten Ausführungen hierzu. Fraglich ist einerseits, inwiefern von den in diesem erweiterten Beobachtungsfeld zusammengefaßten Organisationen eine Bedrohung für die fdGO ausgehen kann und andererseits die statthafte Subsumierung unter den Oberbegriff „Neue Rechte".

Für die nächsten Berichtsjahrgänge (1998–2004) auf Bundesebene lassen sich folgende Tendenzen analysieren: die Berichterstattung des Bundesverfassungsschutzes folgt mit Jahresverzögerung den Erkenntnissen der Landesberichterstattung NRW. Diese nachholenden Parallelen beziehen sich auf die Darstellung der Publikationen und Organisationen, insbesondere auf die angeblich zu beobachtenden „Erosionstendenzen" zwischen rechtsextremistischen und demokratisch-konservativen Positionen dieses politischen Phänomens. Der Umfang wird hier den, zunehmend diffus in die Breite gehenden Ausführungen des Verfassungsschutzes NRW zur „Neuen Rechten" angepaßt (z.B. Aufnahme von rechtsextremen Negationisten in das Beobachtungsspektrum, Darstellung von Intellektualisierungsbemühungen in rechtsextremen Parteien). Insgesamt ist die Thematisierung aber im Vergleich zum NRW-Bericht erheblich geringer. Der Bundesverfassungsschutz betont deutlich und wiederholt die Erfolglosigkeit der „Neuen Rechten" im Hinblick auf ihre ideologische Ausdifferenzierung, die organisatorische Festigung und ihre nichtvorhandene Wirkung auf die politische Öffentlichkeit.[391] Hier kann man sich fragen, ob überhaupt ein fortgesetzter Beobachtungstatbestand vorliegt oder andere Gründe, z.B. parteipolitischer Natur den Ausschlag für eine Beobachtung geben.

Auf Landesebene (NRW) bemüht die Behörde sich auch in den Folgejahren (1997–2003) in der Tendenz noch stärker um die Beibehaltung eines Bedrohungsszenarios durch eine „Neue Rechte". Neben dem o.g. Aufbau des Abschnittes zu diesem Beobachtungsfeld, werden z.B. sog. Kampagnenthemen als angebliche „Brückenstrategie" oder der Versuch der „Neuen Rechten" aus der bloßen Theoriediskussion heraus zu kommen und aktiv an der politischen

---

[391] vgl. z.B.: Bundesamt für Verfassungsschutz (Hrsg.): Verfassungsschutzbericht 1998, Berlin 1999, S. 65; Bundesamt für Verfassungsschutz (Hrsg.): Verfassungsschutzbericht 2002, Berlin 2003, S. 27.

Willensbildung teilzunehmen, thematisiert.[392] Insgesamt wird dem Thema in den nachfolgenden Berichten ein geringerer Umfang zuerkannt. Demgemäß verzichtet man auf einen einleitenden Text und beschränkt sich nur noch auf die Darstellung von Publikationen.[393] Ein besonderer Versuch, das Thema „Neue Rechte" auch weiterhin zu exponieren, zu rechtfertigen und noch einmal neu zu beleben wurde am 08.10.2003 auf einer umstrittenen Tagung des Verfassungsschutzes NRW in Düsseldorf unternommen. Eingeladen waren ganz überwiegend parteiische Referenten, welche sich für die kritische Behandlung in der wissenschaftlichen Literatur zum Thema verantwortlich zeigen, d.h. im bnr und weiteren „antifaschistischen" Publikationen veröffentlichen.[394] Flankierend zu dieser Tagung publizierte Thomas Pfeiffer (Mitarbeiter des Verfassungsschutzes NRW, Autor im bnr und der linksextremen Zeitschrift „Der Rechte Rand", z.B. Nr. 66, Sept./Okt. 2000, S. 3, Thomas Pfeiffer über die Erkenntnisse des Verfassungsschutzes zu „rechten Computeraktivisten".) für den Verfassungsschutz NRW eine Schrift,[395] welche überwiegend aus einseitigen Untersuchungen von „antifaschistisch" motivierten (bnr) Autoren (Feit, Brauner-Orthen, Grumke, Butterwegge, Gessenharter, Heither, Modery-„Maegerle", Kellershohn, Wagner, Speit, Stöss) bzw. dem umstrittenen Duisburger Institut für Sprach- und Sozialforschung (DISS)[396] besteht und diese vorgenannten Untersuchungen zum wiederholten Male zusammenfaßt. Die Beweggründe für eine solche Schrift dürften, genauso wie die intensive und wiederholte „Zerlegung" der JF für angebliche „Anhaltspunkte" einer rechtsextremen

[392] Innenministerium des Landes Nordrhein-Westfalen, Abteilung Verfassungsschutz (Hrsg.): Verfassungsschutzbericht des Landes Nordrhein-Westfalen 1997, Düsseldorf 1998, S. 116ff.

[393] Innenministerium des Landes Nordrhein-Westfalen, Abteilung Verfassungsschutz (Hrsg.): Verfassungsschutzbericht des Landes Nordrhein-Westfalen 1998, Düsseldorf 1999, S. 108-125.

[394] Innenministerium des Landes Nordrhein-Westfalen, Abteilung Verfassungsschutz (Hrsg.): Verfassungsschutzbericht des Landes Nordrhein-Westfalen 2003, Düsseldorf 2004, S. 106-108; Gessenharter, Wolfgang; Pfeiffer, Thomas (Hrsg.): Die Neue Rechte - eine Gefahr für die Demokratie?, Wiesbaden 2004; Sager, Thomas (T.S.): „Geistiges Vorfeld". Eine Fachtagung über die „Neue Rechte", bnr 21/2003, 16.10.2003, S. 12; Folgende Autoren thematisieren die überwiegend einseitige „antifaschistische" Ausrichtung der Tagung: Pott, Wolfgang: Arbeitet Verfassungsschutz mit Linksextremisten?, Welt am Sonntag, 27.07.2003; Berger, Henrik: Im Visier: die Neue Rechte. Der NRW-Verfassungsschutz sucht nach Definitionen für eine neue Gefahr, Die Welt, 14.10.2003; Stoldt, Till – R.: Wer kontrolliert in NRW die Kontrolleure? Politiker fürchten, der Verfassungsschutz beurteilt Meinungen der „Neuen Rechten" voreilig als rechtsextrem, Welt am Sonntag, 02.11.2003, S. 76; Bertram, Günter: Hoheitliche Tugendwächter: Verfassungsschutz und „Neue Rechte", NJW 6/2004, S. 344-347.

[395] Innenministerium des Landes Nordrhein-Westfalen, Abteilung Verfassungsschutz (Hrsg.): Die Kultur als Machtfrage. Die Neue Rechte in Deutschland, Düsseldorf 2003; eine positive Besprechung von Thomas Grumke findet sich zu dieser Schrift im bnr: Grumke, Thomas: Scharnierfunktion. Die Neue Rechte als Brücke in die politische und gesellschaftliche Mitte, bnr 16/03, 07.08.2003, S. 9.

[396] Wolfschlag, Claus-M.: Das „antifaschistische Milieu". Vom „Schwarzen Block" zur „Lichterkette" - Die politische Repression gegen „Rechtsextremismus" in der Bundesrepublik Deutschland, Graz-Stuttgart 2001, S. 244-249; Institut für Staatspolitik (Hrsg.): Kritik als Ideologie. Die „Kritische Diskursanalyse" des Duisburger Instituts für Sprach- und Sozialforschung, Albersroda 2004; Krach, Armin: Der Herr des DISS, Junge Freiheit, 07.04.2006, S. 3; Weick, Curd-Torsten: Rhetorik des Verdachts, Junge Freiheit, 31.03.2006, S. 12.

Bestrebung oder die Tagung im Oktober 2003, ebenfalls im Bemühen um eine qualitative, kampagnenartige Neubelebung des Untersuchungsgegenstandes „Neue Rechte" zu sehen sein. Der Beweis für eine oft bestrittene Abhängigkeit zwischen einer Gewichtung der Beobachtungsfelder im dichotomen Vergleich des administrativen Verfassungsschutzes und der jeweiligen Regierung, läßt sich deutlich am Beispiel der „Neuen Rechten" darstellen. Seit dem Regierungswechsel in NRW im Frühjahr 2005 werden, lediglich auf vier Seiten die (alt-) rechtsextremistische NE und die antisemitische/sektiererische Schulungsorganisation „Deutsches Kolleg" im Kapitel „Neue Rechte" dargestellt. Teilweise ist dieser Wandel sicherlich auch bedingt durch ein korrigierendes BVG-Urteils zur Beobachtung der JF[397] und damit zur gesamten Beobachtung einer „Neuen Rechten". Im Gegensatz dazu wurde nach rot-grüner Regierungsübernahme 1995 in NRW dem Thema explosionsartig Wichtigkeit und Umfang eingeräumt.

„Brückenspektrum"–„Scharnierfunktion"-„Grauzone"

Eine umfassende Auswertung und Würdigung, der oftmals redundanten und ganz überwiegend kritischen und „antifaschistisch" motivierten wissenschaftlichen Darstellungen kann in der vorliegenden Untersuchung nicht geleistet werden. Ohne Anspruch auf Vollständigkeit zu erheben, lagen dem Verfasser 30 Monographien und mehrere Aufsätze vor, welche sich schwerpunktmäßig nach der „Wende" überwiegend kritisch mit dem Thema „Neue Rechte" befassen und im maßgeblichen Untersuchungszeitraum dieser Arbeit 1990-2004 erschienen sind.[398] Weiterhin sieht es der Verfasser als sinnvoll an, sich nicht in eine theoretische Diskussion von einzelnen ideologischen Positionen zum Thema „Neue Rechte"

[397] Vgl.: BVerfG, 1 BvR 1072/01 vom 24.05.2005, zu diesem Urteil äußert sich der Verfassungsschutz NRW kommentierend mit rechtfertigendem Tenor, vgl.: Innenministerium des Landes Nordrhein-Westfalen, Abteilung Verfassungsschutz (Hrsg.): Verfassungsschutzbericht des Landes Nordrhein-Westfalen 2004, Düsseldorf 2005, S. 35-38.

[398] Vgl. die Literaturkritik von Eckhard Jesse über „Rechte" im Spiegel linker bis linksextremer Literatur, welche die Situation in den 90er Jahren auf die Literatur über die „Neue Rechte" zutreffend beschreibt: „Immer wenn sich eine Renaissance des „nationalen Lagers" ankündigt (oder anzukündigen scheint), überschwemmt eine Welle von einschlägigen Titeln den Markt, wobei sich nicht selten kurzatmige Aufgeregtheit mit klischeehaftem *Antifaschismus* paart.": Jesse, Eckhard: Die extreme Rechte im Aufwind? – Der Rechtsextremismus und die Partei der Republikaner, in: Backes, Uwe; Jesse, Eckhard (Hrsg.): Jahrbuch Extremismus & Demokratie, Bonn 1990, S. 242 u. Jesse, Eckhard: Fließende Grenzen zum Rechtsextremismus? Zur Debatte über Brückenspektrum, Grauzone, Vernetzungen und Scharniere am rechten Rand – Mythos und Realität, in: Falter, Jürgen W.; Jaschke, Hans-Gerd; Winkler, Jürgen R. (Hrsg.): Rechtsextremismus. Ergebnisse und Perspektiven der Forschung, Opladen 1996, S. 515-517 u. 523-525, die Charakterisierung von Kowalsky/Schroeder: „In der kaum überschaubaren Flut von Veröffentlichungen, die sich mit dem Rechtsextremismus befassen, überwiegend journalistische Schnellschüsse, die Konjunktur haben, sobald rechtsextremistische Umtriebe das öffentliche Interesse auf sich ziehen. Im Vergleich zu anderen Forschungsgebieten fällt auf, daß viele Studien zum Rechtsextremismus mit emotionalen und gesinnungsethischen Bewertungen geradezu überfrachtet sind....Die verzerrte Sichtweise...ist ebenfalls Ergebnis fehlender analytischer und methodischer Klarheit sowie selbst verschuldeter Ausfluß des politischen Willens zur Dramatisierung und Dämonisierung.", Kowalsky, Wolfgang; Schroeder, Wolfgang: Rechtsextremismus – Begriff, Methode, Analyse, in: Kowalsky, Wolfgang; Schroeder, Wolfgang: Rechtsextremismus. Einführung und Forschungsbilanz, Opladen 1994, S. 8.

zu verlieren, sondern die bis hierhin gemachten Analysen zeigen vielmehr die Wichtigkeit der Konzentration auf den Vorwurf des Vorhandenseins eines angeblichen Erosionsbereichs der „Neuen Rechten". Wie gezeigt, wird diese Begrifflichkeit auch von beiden untersuchten Verfassungsschutzstellen aus der Wissenschaft übernommen und angewendet. Zudem hat diese Problematik auch Relevanz für die Fallstudienuntersuchung des bnr, wie schon in der Formalanalyse anhand der Untersuchung der Rubriken gezeigt werden konnte.[399] Weiterhin läßt sich der Vorwurf einer vermeintlichen „rechten" Erosionstendenz als Kennzeichen eines „Antifa-Konsens" schon bei Kurt Hirsch, dem Begründer des PDI/bnr nachweisen. So behauptete er 1980 auf einer Podiumsdiskussion, daß die Grenzen zwischen Rechtsextremismus und Rechtskonservativismus dünn seien, bzw. „Rechtsradikalismus" nicht abgrenzbar sei.[400] Zielten die Bemühungen des PDI in der Hauptsache gegen die Unionsparteien als politischen Gegner, wird heute durch den bnr ein breiterer Zweck verfolgt. Wichtigster Exponent für die vermeintliche Erosionsthese im rechtsdemokratischen Bereich und einer „Neuen Rechten" ist der bnr-Autor und ehemalige wissenschaftliche Mitarbeiter des Bundesamtes für Verfassungsschutz, Abteilung Rechtsextremismus und nun Professor an der Fachhochschule des Bundes in Swisstal-Heimerzheim, Armin Pfahl-Traughber. Er ordnet die „Neue Rechte" in ein „Brückenspektrum" ein und möchte damit einen nicht ideologietheoretischen Ansatz für seine „trennscharfe" Definition einer rechtsextremistischen „Neuen Rechten" verfolgen, sowie eine Definition über den politischen Ort versuchen. Die Genese seiner Begrifflichkeit, die den Anspruch hat, zwischen Theorie und Wirkungssphäre zu unterscheiden, entstammt begrifflich einer analogen Verwendung der Formulierung Wolfgang Rudzios, der im Unterschied aber organisationsgebunden arbeitet.[401] Unter dem sehr weit verstandenen und dem aus einer funktionalen Verfassungsschutzsicht argumentierenden juristischen Begriff „Brückenspektrum" versteht Pfahl-Traughber das Phänomen einer Erosion der Abgrenzung zwischen demokratischer Rechter und extremistischer Rechter. Bei der Erosion handelt es sich hiernach um eine nicht weiter definierte diffuse „...wie auch immer geartete Zusammenarbeit zwischen Vertretern dieser

[399] Vgl.: 1.2 Rubriken.
[400] Jesse, Eckhard: Die extreme Rechte im Aufwind? – Der Rechtsextremismus und die Partei der Republikaner, in: Backes, Uwe; Jesse, Eckhard (Hrsg.): Jahrbuch Extremismus & Demokratie, Bonn 1990, S. 248f., Hirsch, Kurt: Neonazi-Umtriebe auf fünf Metern Papier, die tat, 02.05.1980; Hirsch, Kurt: Die Figur ist zur Sache geworden, Fürstenfeldbrucker Neueste Nachrichten, 02.05.1980.
[401] Innenministerium des Landes Nordrhein-Westfalen, Abteilung Verfassungsschutz (Hrsg.): Die Kultur als Machtfrage. Die Neue Rechte in Deutschland, Düsseldorf 2003, S. 8; Rudzio, Wolfgang: Die Erosion der Abgrenzung. Zum Verhältnis zwischen demokratischen Linken und Kommunisten in der Bundesrepublik Deutschland, Opladen 1988; vgl.: 1.4 Parteipolitische Vorraussetzungen.

beiden Lager."[402] Pfahl-Traughber betont, daß keine einheitliche Ideologie in dieser Sphäre zu analysieren wäre und damit keine eigenständige politische Strömung vorläge. In dieser sehr vagen verallgemeinernden Definition eines „Brückenspektrums“ als einer Wirkungssphäre besteht die Möglichkeit Rechte als Rechtsextreme zu diffamieren, solange diffus bleibt, was genau der Autor unter „Zusammenarbeit“ versteht. Gehört hierzu bereits das Besuchen von Veranstaltungen und ein argumentativer Austausch auf dem Podium oder ein Diskurs in einer publizierten Veröffentlichung? In der Tat konkretisiert Pfahl-Traughber die Grenzziehung z.B. auf die Publikationspraxis in Sammelbänden und Zeitschriften oder den Besuch von öffentlichen Veranstaltungen unter Beteiligung von Angehörigen beider Bereiche. Eine Verortung in einem politisch extremistischen Bereich wird nach Pfahl-Traughber über eine jeweilige „...Gewichtung hinsichtlich der Dominanz der jeweiligen Kräfte...“[403] vorgenommen, die wiederum nicht ohne eine ideologietheoretische Einordnung auskommen kann, welche ja zumindest bei der „Brückenspektrums“ - Definition außen vor bleiben soll und die „Trennschärfe“ ergeben sollte. In der konkreten Anwendung zeigt sich hier ihr diffamierendes politisch - ideologisches Moment.

Überträgt man diese Kriterien auf die linke Publizistik und hier konkret auf den bnr, müßte man diese Zeitschrift ohne eine weitere extremismustheoretische Qualifizierung und Einordnung als eine linke „Brückenpublikation“ verorten. Für die extremismustheoretische Einordnung würde nach Pfahl-Traughber eine qualitative Gewichtung der Autoren ausreichen. Bei diesem Versuch, extremistische oder vermeintlich extremistische Tendenzen zu bekämpfen, steht am Schluß ein organisationsungebundenes Verbot von politischer-publizistischer Meinungsartikulation und eine fragwürdige Auffassung der einschlägigen Grundrechtsschranken.

Weiterhin liegt ein funktionales Moment einer angeblichen gegenseitigen Beeinflussung/Kooperation vor, welcher der Autor seinem Ansatz nicht zugesteht, als Kritik an dem „Scharnierbegriff“ von Gessenharter aber kritisiert wird. Insofern wird hier Äquivalentes lediglich anders benannt. Pfahl-Traughber überwölbt seiner Definition einer „Neuen Rechten“ lediglich noch die politische Sphäre eines „Brückenspektrums“. Während Gessenharter der „Neuen Rechten“ als Ganzes eine „Scharnierfunktion“ beimißt. Sehr dezidiert erscheint Pfahl-Traughbers Definition einer „Neuen Rechten“ durch eine konkrete Verortung und einen ideologietheoretischen Ansatz.

---

[402] Pfahl-Traughber, Arnim: Konservative Revolution und Neue Rechte. Rechtsextremistische Intellektuelle gegen den demokratischen Verfassungsstaat, Opladen 1998, S. 160.

[403] Pfahl-Traughber, Arnim: Politischer Extremismus – was ist das überhaupt? Zur Definition von und Kritik an einem Begriff, in: Bundesamt für Verfassungsschutz (Hrsg.): Bundesamt für Verfassungsschutz. 50 Jahre im Dienst der inneren Sicherheit, Köln-Berlin-Bonn-München 2000, S. 198.

Die von ihm theoretisch eng gefaßte deutsche „Neue Rechte" versteht er, als einen rechtsextremistischen Teil dieses „Brückenspektrums", welcher sich weitestgehend einheitlich an das Gedankengut und die Ideologieelemente der „*Nouvelle Droite*", der „Konservativen Revolution" („Jungkonservativen") und des italienischen Faschismus anlehnt und nach der formal–strategischen Gemeinsamkeit einer kulturrevolutionären Strategie zur Erlangung der „kulturellen Hegemonie" vorgeht, worin er maßgeblich die Abgrenzung zu einer „Alten Rechten" sieht. In einer Einzelfallentscheidung soll die Zugehörigkeit von Anhängern oder Publikationen dann davon abhängig gemacht werden, ob 1. eine Anhängerschaft zu diesen Ideologieelementen existiert und 2. ob sie konkrete Gegner der Wertvorstellungen des demokratischen Verfassungsstaates sind.[404] Pfahl-Traughber rekurriert bei dieser Definition auf eine bereits revidierte ältere Einschätzung von Jesse und Backes über die „Neue Rechte". In Publikationen der 90er Jahre thematisierten diese Autoren einen sehr eingegrenzt zu verstehenden Begriff „Neue Rechte" unter einer bewußt betonten Trennung einer im Kern rechtsextremen geistigen Strömung „Neue Rechte" und einem demokratischen „Neokonservativismus",[405] welche so später nicht mehr von Jesse/Backes vertreten wird.[406] In Bezugnahme auf die geschichtliche Einordnung und Würdigung der „Konservativen Revolution" vertraut Pfahl-Traughber auf das von Kurt Sontheimer vorgenommene verallgemeinernde und dadurch fragwürdige Urteil über „die Intellektuellen" der „Weimarer Republik" als per se Antidemokraten. Sontheimer urteilt maßgeblich aufgrund ihrer Kritik am Liberalismus und/oder an den westlichen Demokratien.[407] Letztgenannte Einschätzung überträgt Teilaspekte der historischen Weimarer Demokratielage auf die Struktur – und Wertmaßstäbe der BRD und verknappt die vielschichtigere „KR" auf einen „präfaschistischen" Vorläufer. Daher sind solche Einschätzungen abzulehnen. Roger Woods weist hingegen differenzierter auch auf eine Instrumentalisierung des sich in einem steten Entwicklungsprozeß befindlichen intellektuellen Gedankenguts der vielschichtigen

[404] Pfahl-Traughber, Arnim: Konservative Revolution und Neue Rechte. Rechtsextremistische Intellektuelle gegen den demokratischen Verfassungsstaat, Opladen 1998, S. 162.

[405] Backes, Uwe; Jesse, Eckhard: Politischer Extremismus in der Bundesrepublik Deutschland, Bonn 1996, S. 106, dort besonders die Abgrenzung in FN 223.

[406] Die Autoren Jesse/Backes lehnen später den Begriff „Neue Rechte" als eine Erosionsbegrifflichkeit ab, vgl.: Jesse, Eckhard: Fließende Grenzen zum Rechtsextremismus? Zur Debatte über Brückenspektrum, Grauzone, Vernetzungen und Scharniere am rechten Rand – Mythos und Realität, in: Falter, Jürgen W.; Jaschke, Hans-Gerd; Winkler, Jürgen R. (Hrsg.): Rechtsextremismus. Ergebnisse und Perspektiven der Forschung, Opladen 1996, S. 514f.; Backes, Uwe; Jesse, Eckhard: Vergleichende Extremismusforschung, Baden-Baden 2005, S. 344; Uwe Backes kritische Beiträge in der Podiumsdiskussion: Gessenharter, Wolfgang; Pfeiffer, Thomas (Hrsg.): Die Neue Rechte - eine Gefahr für die Demokratie?, Wiesbaden 2004, S. 226f..

[407] Sontheimer, Kurt: Die Kontinuität antidemokratischen Denkens, in: Gessenharter, Wolfgang; Pfeiffer, Thomas (Hrsg.): Die Neue Rechte - eine Gefahr für die Demokratie?, Wiesbaden 2004, S. 20-24.

philosophisch und literarisch wirkenden „Konservativen Revolution" durch den NS hin.[408] Karlheinz Weißmann betont zum einen den mangelnden historischen Forschungsstand aus einer *ad fontes*–Perspektive und zum anderen das uneinheitliche Verhalten der „Rechtsintellektuellen" nach 1933, welches zwischen Übertritt, Anpassung, innerer Emigration und offener Opposition schwankt.[409]

In Thesenform veröffentlichte Pfahl-Traughber seinen Definitionsversuch 1995 bereits im bnr. Dieser Versuch stellt neben einigen einschlägigen Buchrezensionen, die erste und einzige ernsthaftere inhaltliche Auseinandersetzung im bnr mit dem Begriff „Neue Rechte" im Untersuchungszeitraum dieser Arbeit dar.[410]

Zu dieser Thematik vertritt Wolfgang Gessenharter die ältere und bis Anfang der 90er vorherrschende These von einer nicht - rechtsextremistischen „Scharnierfunktion" als Merkmal und Verortung einer „Neuen Rechten", die er zwischen einem „Neokonservatismus" und dem Rechtsextremismus ansiedelt. Gessenharter geht hierbei von „einer Gruppierung" aus, welche ideologisch und organisatorisch ein sog. „organisatorisches Scharnier" darstellt und damit seiner Meinung nach eine Verbindung und Begrenzung („Kooperation und Konkurrenz", Martin Dietzsch/DISS) gleichermaßen offenbart.[411] Die wichtigste Abgrenzung zu der Definition von Pfahl-Traughber ist in der Zusammenfassung von örtlicher und ideologischer Dimension in einem funktionalen Begriff zu sehen. Fußt die Beurteilung der theoretisch-ideologischen Sphäre noch auf den, bereits hinlänglich beschriebenen, gleichen Wurzeln, steht die extremismustheoretische Einordnung der „Neuen Rechten" für Gessenharter noch im Bereich des Verfassungsbogens. In neueren Publikationen erodiert diese eindeutige Einordnung auch bei Gessenharter. Hier ordnet er die „Neue Rechte" dem Rechtsextremismus zu, indem er sie als intellektuelle „ideologische Bewegungselite" einem Teil einer „Neuen Radikalen Rechten" (Michael Minkenberg) zuteilt. In dieser „Bewegung" sieht Gessenharter neben Parteien wie „Die Republikaner", DVU und NPD, sogar subkulturelle Milieus.[412] Diese Einordnung stellt keine Weiterentwicklung dar, sondern fällt auf den bereits thematisierten Diskussionsstand der 80er Jahre zurück.

---

[408] Woods, Roger: Nation ohne Selbstbewußtsein. Von der Konservativen Revolution zur Neuen Rechten, Baden-Baden 2001, S. 146.

[409] Weißmann, Karlheinz: Gab es eine konservative Revolution? Zur Auseinandersetzung um das neue Buch von Stefan Breuer, Criticón, 138, Juli/August 1993, S. 175 u. 176.

[410] Pfahl-Traughber: Arnim: Vier Thesen zur Verwendung des Begriffs „Neue Rechte", bnr 1/95, 10.01.1995, S. 4f..

[411] Gessenharter, Wolfgang: Konservatismus und Rechtsextremismus – Nähen und Distanzen, in: Bundesvorstand des Deutschen Gewerkschaftsbundes (Hrsg.): Gewerkschaftliche Monatshefte, Köln 1989, S. 564; Gessenharter, Wolfgang: Kippt die Republik? Die Neue Rechte und ihre Unterstützung durch Politik und Medien, München 1994, S. 124.

[412] Gessenharter, Wolfgang: Die Neue intellektuelle Rechte und ihre Unterstützung durch Politik und Medien, in: Braun, Stephan; Hörsch, Daniel (Hrsg.): Rechte Netzwerke – eine Gefahr, Wiesbaden 2004, S. 17-18.

Kritisch zu bewerten ist an der Position von Gessenharter außerdem ein der „Neuen Rechten" zugestandener Organisationscharakter durch eine breitere Ideologieströmung, die eine „...durchweg eigenständige Rolle..."[413] und damit eine - vom Verfasser nicht zu beobachtende - Einheitlichkeit voraussetzt. Dieser Organisationscharakter wird von Gessenharter in einer „...Form von Zusammenarbeit, die gleichzeitig Kooperations- und Konkurrenzsituation mit- und untereinander..."[414] einschließt, gesehen. Vergleicht man an dieser Stelle die Definition zum „Brückenspektrum" von Pfahl-Traughber so ist eine starke Anlehnung durch die Betonung eines weit verstandenen Begriffs der „Zusammenarbeit" ersichtlich. In der Auseinandersetzung der beiden Wissenschaftler Gessenharter und Pfahl-Traughber um die Definitionshoheit ihrer Begrifflichkeiten zeigt sich, daß beide ihre jeweiligen Positionen nicht ausreichend verglichen haben und es sich somit um eine Scheindebatte handelt. Von Literatur und Behörden werden keine Differenzierungen vorgenommen, sondern die vorliegenden Definitionen alternierend verwendet.[415] Dies gilt auch für die folgende Darstellung der „Neuen Rechten" als einer „Grauzone".

Ähnliches erläutert Susanne Mantino zu „ihrem" Begriff der „Grauzone", welcher ursprünglich auf Arno Klönne zurückgeht.[416] Mantino rekurriert zunächst auf den moralischen – politischen Ausgangspunkt einer angeblich eigenständigen konservativ revolutionären „Neuen Rechten". Dieser fußt nach ihrer Ansicht auf den bereits in den 80er Jahren thematisierten „Neuen Nationalismus", welcher von ihr als die maßgebliche gemeinsame „sinnstiftende Stammkultur" bezeichnet wird. In diesem „Neuen Nationalismus", welcher nach Mantino ausgestattet ist mit „antiegalitären Imperativen" [die überwiegende Anzahl der

---

[413] Gessenharter, Wolfgang: Konservatismus und Rechtsextremismus – Nähen und Distanzen, in: Bundesvorstand des Deutschen Gewerkschaftsbundes (Hrsg.): Gewerkschaftliche Monatshefte, Köln 1989, S. 569.

[414] Gessenharter, Wolfgang: Konservatismus und Rechtsextremismus – Nähen und Distanzen, in: Bundesvorstand des Deutschen Gewerkschaftsbundes (Hrsg.): Gewerkschaftliche Monatshefte, Köln 1989, S. 567; in einer späteren Veröffentlichung sieht Gessenharter zudem eine eindeutige Abgrenzung zu anderen organisatorischen Strömungen in den angeblich „...klar abgrenzbare[n]...Ideen und Gedanken...", vgl.: Gessenharter, Wolfgang: Kippt die Republik? Die Neue Rechte und ihre Unterstützung durch Politik und Medien, München 1994, S. 14, 65f.; Gessenharter, Wolfgang: Neue radikale Rechte, intellektuelle Rechte und Rechtsextremismus, in: Gessenharter, Wolfgang; Fröchling, Helmut (Hrsg.): Rechtsextremismus und Neue Rechte in Deutschland. Neuvermessung eines politisch – ideologischen Raumes?, Opladen 1998, S. 48.

[415] Gessenharter, Wolfgang; Fröchling, Helmut: Rechtsextremismus und Neue (radikale) Rechte – Einladung zu einem Dialog, in: Gessenharter, Wolfgang; Fröchling, Helmut (Hrsg.): Rechtsextremismus und Neue Rechte in Deutschland. Neuvermessung eines politisch – ideologischen Raumes?, Opladen 1998, S. 15f.; Fröchling, Helmut: Die Neue Rechte im Fokus des Verfassungsschutzes, in: Gessenharter, Wolfgang; Fröchling, Helmut (Hrsg.): Rechtsextremismus und Neue Rechte in Deutschland. Neuvermessung eines politisch – ideologischen Raumes?, Opladen 1998, S. 122 ; Gärtner, Reinhold: Die ordentlichen Rechten. Die „Aula". Die Freiheitlichen und der Rechtsextremismus, Wien 1996, S. 32; Kuhn, Sonja: Die Deutsche Burschenschaft – eine Gruppierung im Spannungsfeld zwischen Traditionsformalismus und Traditionsstiftung – eine Analyse für den Zeitraum von 1950-1999, Stuttgart 2002, S. 81f.; Hubo, Christiane: Verfassungsschutz des Staates durch geistig-politische Auseinandersetzung – Ein Beitrag zum Handeln des Staates gegen Rechts, Göttingen 1998, S. 124.

[416] Vgl.: Venner, Michael: Nationale Identität. Die Neue Rechte und die Grauzone zwischen Konservativismus und Rechtsextremismus, Köln 1994, S. 13.

von Mantino untersuchten Vertreter einer „Neuen Rechten“ sind dezidierte Egalitaristen, Anm. L.N.], wird eine Grenzüberschneidung zwischen Konservatismus und Rechtsextremismus von ihr gesehen, die sich als „Neue Rechte“ in der von ihr benannten „Grauzone“ verorten läßt.[417] In dieser „Grauzone“ manifestiert sich ihrer Meinung nach eine Integration von rechtsextremem Gedankengut und konservativen Welterklärungszusammenhängen einer „intellektuellen Minderheit“, welche ähnlich wie die beiden oben dargestellten Begriffserklärungen sehr weit gefaßt werden: „Die Grenze zwischen etablierten konservativen Kreisen bis hin zur Union und rechtsextremen Ideengehalten werden fließend, die „Neue Rechte“...agiert quasi in einer mit den bisherigen Begriffen zur Strukturierung dieser „rechten Hälfte“ der Gesellschaft nicht mehr faßbaren „Grauzone“....Die Grauzone zwischen Rechtsextremisten und Nationalkonservatismus könnte daher mit dem Begriff eines neuaufgekommenen „Rechtskonservatismus“ bestimmt werden.“[418] Bei dieser indifferenten Verortung der von ihr untersuchten „Neuen Rechten“ und durch eine gänzlich mißlungene Bezeichnung als „rechte Subkultur“, verschwimmen bereits bei der extremismustheoretischen Einordnung die Begriffe Rechtsextrem und Rechts. Sie sieht keinen Unterschied zwischen einem Rechtsextremismus und einem „rechten Lager“, sondern differenziert lediglich rechtes/rechtsextremes („Alte und Neue Rechte“) und ein nicht „rechtes Lager“.[419] Diese Definition und die synonyme Verwendung der Begrifflichkeit unterstellt, daß sich jede rechte Politik zwangsläufig außerhalb des Verfassungsbogens befindet. Aufgrund dieser politisch ideologischen Arbeitsdefinition muß eine Analyse einer „Neuen Rechten“ und ihre demokratietheoretische Einordnung mißlingen.

Begrifflich inkonsequent verwendet Gernot Modery-„Anton Maegerle“ abwechselnd mal den Terminus „Grauzone“, „Brückenkopf“ oder „Scharnier“. Inhaltlich präferiert er im aktuellen Schrifttum zuletzt den Begriff im Sinne von Wolfgang Gessenharters „Scharnierfunktion“.[420]

Zwischenergebnis

Die Analysen der Beobachtungspraxis einer „Neuen Rechten“ durch den administrativen Verfassungsschutz kann nicht losgelöst von der ganz überwiegend „antifaschistischen“ -

---

[417] Mantino, Susanne: Die „Neue Rechte“ in der Grauzone zwischen Rechtsextremismus und Konservativismus, Frankfurt 1992, S. 16 u. 51f..

[418] Mantino, Susanne: Die „Neue Rechte“ in der Grauzone zwischen Rechtsextremismus und Konservativismus, Frankfurt 1992, S. 71f.; Ähnliches zur „Grauzone“ findet sich bereits bei Klaus Schönkäs auf den die Autorin rekurriert, vgl.: Schönkäs, Klaus: III. Bundesrepublik Deutschland, in: Greß, Franz; Jaschke, Hans-Gerd; Schönkäs, Klaus: Neue Rechte und Rechtsextremismus in Europa, Opladen 1990, S. 280 u. 287-290.

[419] Mantino, Susanne: Die „Neue Rechte“ in der Grauzone zwischen Rechtsextremismus und Konservativismus, Frankfurt 1992, S. 31-33.

[420] Maegerle, Anton: Autorengeflecht in der Grauzone. Blätter zwischen Konservativismus und Rechtsextremismus, in: Braun, Stephan; Hörsch, Daniel (Hrsg.): Rechte Netzwerke – eine Gefahr, Wiesbaden 2004, S. 35.

motivierten wissenschaftlichen Diskussion in den 80er und Anfang der 90er Jahren untersucht werden. Eine Beeinflussung zeigt sich besonders in einem von unterschiedlichen Elementen zusammengesetzten Kunstbegriff mit den Stichworten: „Konservative Revolution" – „*Nouvelle Droite*" („Ethnopluralismus") - „Brückenspektrum" u.ä., welcher besonders vom Landesverfassungsschutz NRW ausführlich thematisiert und aus unterschiedlich ausgerichteten rechtsdemokratischen bis rechtsextremen Publikationen herausinterpretiert wird.[421] Es handelt sich also ganz überwiegend um eine organisationsungebundene Beobachtung, hier überwiegend von Presseerzeugnissen durch eine staatliche Behörde und demnach um eine Ausdehnung der Beobachtungspraxis auf das geistige Vorfeld. Diese Art der Beobachtung wird auf linker–linksextremer Seite nicht von einem administrativen Verfassungsschutz durchgeführt. Die Berichterstattung und Beobachtungspraxis des Verfassungsschutzes spiegelt hierin ebenso die gesellschaftliche Entwicklung wider, wie die Bearbeitung des Themas durch den intellektuellen *mainstream* in der Literatur. Weiterhin ist in dieser Beobachtungspraxis, neben der konkreten Interessenpolitik, eine übergeordnete symbolische Politik mitzudenken: 1994 ging es, neben einer parteipolitisch motivierten Machtsicherung der SPD im Bundesland NRW und „antifaschistischen" Einzelinteressen von Mitarbeitern des Verfassungsschutzes, auch darum, unterstützende Maßnahmen in Form von „geistig-politischer Auseinandersetzung" für die Europawahlen (9.-12.06.1994) und weitere Akzeptanz für den sog. „Maastricht-Vertrag" (1993) durchzuführen. Unbequeme Abweichler von diesem politischen Europakurs, welche eine souveränere „Normalisierung" des Status der Bundesrepublik nach der Wiedervereinigung anstrebten, hätten an dieser Stelle gestört. Im Zuge der Kampagne gegen „Ausländerfeindlichkeit" Anfang der 90er Jahre wurde bereits 1992, nach eigenen Angaben aufgrund einer Initiative des Innenministeriums NRW unter Innenminister Herbert Schnoor, erfolglos versucht, einen Beobachtungsgegenstand „Neue Rechte" bundesweit zu implementieren. Ausgehend von NRW wurde also versucht „...mit dem Bund und den Landesbehörden zu einer einheitlichen Auffassung [über die Gefährlichkeit eines „intellektuellen Rechtsextremismus" in Form einer „Neuen Rechten"] zu gelangen."[422] Ein bundesweiter Konsens konnte aufgrund des föderalen Prinzips des Verfassungsschutzes aber nicht gefunden werden.

Ein Vergleich der Verfassungsschutzberichte zeigt, daß die Berichterstattung des Bundesverfassungsschutzes hierzu maßgeblich aus NRW genährt wird, mit dem Anspruch

---

[421] Kritisch zu dieser Praxis, vgl.: Backes, Uwe: Rechtsextremismus in Deutschland. Ideologien, Organisationen und Strategien, APuZ, B9-10, 20.02.1998, S. 28.

[422] Innenministerium des Landes Nordrhein Westfalen (Hrsg.): 50 Jahre Verfassungsschutz und politischer Extremismus in Nordrhein – Westfalen. Entwicklung und Bestandsaufnahme, Düsseldorf 1999, S. 18.

ausführliche Informationen über die bundespolitische Lage zu liefern, und damit eine unnötige Dopplung darstellt. Damit wird das föderale Prinzip des administrativen Verfassungsschutzes umgedreht. Diese Vorgehensweise ist nicht unproblematisch, fußt doch eine Existenzberechtigung der Landesbehörden maßgeblich auf einer Beobachtungskonzentration der jeweiligen landesspezifischen Gegebenheiten.

Das Charakteristikum der Erringung einer „kulturellen Hegemonie" der „Neuen Rechten" wird als ein herausragendes Merkmal ähnlich wie die anderen charakterisierenden Sammelbegriffe falsch bzw. überinterpretiert. Die Zielsetzung einer „geistigen Führung" zur Erlangung von politischer Macht, übertragen auf den Pluralismus innerhalb einer parlamentarischen Demokratie, stellt auf jedem Politikfeld, vertreten durch die jeweiligen Akteure und unabhängig von ihren politischen Grundhaltungen, einen normalen politischen Deutungskampf dar. Warum gerade der Begriff der „kulturellen Hegemonie" als ein besonderes Merkmal - oft sogar als ein deskriptives Alleinstellungsmerkmal verwendet - einer angeblich verfassungsfeindlichen „Neuen Rechten" angesehen wird, kann – neben einer damit verfolgten dialektischen Politstrategie - nicht nachvollzogen werden, da dieser Begriff mit derselben Konnotation z.B. auch von dem SPD-Parteistrategen Peter Glotz und anderen linken Politikern verwendet wurde.[423] Der Versuch, in einer Demokratie gewaltfrei Diskurse zu prägen oder Begriffe zu besetzen, stellen also völlig legitime Bestrebungen aller politisch agierenden Kräfte dar. Insofern stellt die Verwendung dieses Begriffes durch den Verfassungsschutz im Zusammenhang mit dem Beobachtungsgegenstand „Neue Rechte" ein weiteres Beispiel für eine herrschaftspolitisch motivierte Beobachtungstätigkeit dar.

Die oben angeführten Begrifflichkeiten und Theorieelemente, welche durchaus zeitweilig einen gewissen Einfluß auf Teile der demokratischen Rechten hinterlassen haben, werden insofern falsch interpretiert, als daß hierdurch angeblich eine Überwindung der fdGO angestrebt würde und nicht, wie es eigentlich ihr Ziel ist - ihre politische Ausgestaltung im Sinne einer demokratischen Weiterentwicklung dieser Ordnung. Diese Bemühungen liegen maßgeblich und grundsätzlich in dem Versuch, den negativen bundesrepublikanischen Gründungsmythos durch einen (?) positiven zu ergänzen.

Es konnte zudem gezeigt werden, daß der Rekurs der „Neuen Rechten" auf die „Konservative Revolution" und *„Nouvelle Droite"* falsch beobachtet und analysiert wird. Zum einen ist die vom Verfasser skizzierte demokratische Rechte viel zu sehr realpolitisch ausgerichtet, als daß sie sich auf eine oder mehrere theoretische „Schulen" fixieren ließe, zum Anderen sieht sie die „Konservative Revolution" als ein historisches Epochenphänomen an und lehnt die

---

[423] Vgl. zum Begriff der „kulturellen Hegemonie": FN 229 u. 367.

inzwischen nicht mehr vertretenen Ansätze eines Neuheidentums oder biologistische Ansätze von Teilen einer französischen Rechten ab. Eine gewisse Diskursbeeinflussung läßt sich aber nicht leugnen. Diese politisch intellektuelle Rechte schätzt nämlich die Möglichkeit der nonkonformen Inspiration eines laborhaften/experimentellen Zuhörens, Durchdenkens und Revidierens unterschiedlicher Standpunkte, als ein grundgesetzlich garantiertes Recht auf öffentliche politische Meinungsäußerung und Wissenschaftsfreiheit im Sinne einer intellektuellen Suchbewegung. Hierzu müssen dieser Rechten in einer freiheitlichen Demokratie – genauso wie der politischen Linken oder den vielfältigen Nichtregierungsorganisationen – auch die Mittel der politischen Äußerungsfreiheit, Kampagne und Provokation zugestanden werden.

Weiterhin konnte gezeigt werde, daß die Bezeichnung „Neue Rechte" durch den Verfassungsschutz selber einem Erosionsprozeß unterworfen wird. So werden ab Ende der 90er Jahre zunehmend tatsächliche oder vermeintliche Intellektualisierungsbemühungen rechtsextremistischer Parteien oder Schulungsorganisationen unter dem Begriff „Neue Rechte" subsumiert und stellen daher eine redundante Darstellung des Rechtsextremismus in den Verfassungsschutzberichten dar. Ganz abgesehen davon, daß bereits die Bezeichnung „Neu" für die sich auf den NS beziehende Rechtsextreme falsch ist. Offensichtlich will man mit dieser Bezeichnung eine erhöhte Aufmerksamkeit auf der psychologischen Ebene erreichen, vgl. den Begriff: Neo-Nazi. Diese Begriffskomposita sind irreführend, da diese nicht durch ihre Vorsilbe, sondern durch das jeweilige Nomen ihre Sinngebung erfahren. Die Bemühungen des Verfassungsschutzes, ein gänzlich neues Beobachtungsgebiet „Neue Rechte" zu implementieren, darf als gescheitert angesehen werden.

Grund für diese massive Beobachtungserosion könnte zum einen die offiziell verbreitete Absage von rechten Demokraten an das „Konzept" (?) einer „Konservativen Revolution" Ende der 90er Jahre und eine bemühte Mäßigung eines provokanten Stils gewesen sein. Zum anderen werden weiterhin seit dem vermeintlichen Scheitern der gesellschaftlichen Utopien des westlichen Europas viele der in den o.g. 80er und 90er inkriminierten diskutierten Theorien- und Diskussion einer demokratischen Rechten, von der allgemeinen politischen und publizistischen Arena thematisiert („Neue Bürgerlichkeit").

Vor allem kann aber mit einer Begriffsausweitung einer „Neuen Rechten" auf Rechtsextreme und den tatsächlichen oder vermeintlichen Anhängern dieses Phänomens z.B. gewalttätige Handlungen Rechtsextremer unterstellt, bzw. die aggressiv kämpferische Programmatik mit diesen in einen Zusammenhang gebracht werden. Hintergrund für diese Begriffserweiterung beim administrativen Verfassungsschutz bildet nicht zuletzt die vom Verfassungsschutz unterstellte Gefährdung durch eine „Neue Rechte", die aufgrund ihrer verneinenden Haltung zur Gewalt allerdings abzulehnen ist. Dadurch ergibt sich eine problematische Beobachtungsvoraussetzung für den Verfassungsschutz selbst. Diese Problematik wird selbstkritisch für die bereits durchgeführte Beobachtungspraxis in den 90er Jahren eingestanden.[424] Zudem zeigt diese geänderte Begriffsverwendung des Verfassungsschutzes, daß der theoretische Hintergrund, welcher in ein paar politikwissenschaftliche Sammelbegrifflichkeiten gepreßt wurde, falsch eingeschätzt bzw. überschätzt wurde.

Allein aufgrund der Tatsache, daß der Verfassungsschutz jahrelang eine umfassende Erfolglosigkeit einer „Neuen Rechten" feststellt, läßt an eine politisch-ideologischen Kampagne denken. Besonders in der ungerechtfertigten Beobachtung der Zeitung JF, als einen exemplarischen Präzedenzfall für das gesamte Phänomen „Neue Rechte", lassen sich in der vergleichenden Zusammenschau einige Analysefehler und falsche Einschätzungen nachweisen. Es bleibt abzuwarten, ob nach den terrorbedingten Umstrukturierungsmaßnahmen des administrativen Verfassungsschutzes, also der Zusammenlegung der Abteilungen Links- und Rechtsextremismus, eine ausgewogener und politisch-entideologisierte geistige Auseinandersetzung und Beobachtungspraxis nach stärkerer Maßgabe der Totalitarismustheorie verfolgt wird.

Im Zuge einer strukturbedingten Reform könnte der administrative Verfassungsschutz den oft unterschätzten Sanktionscharakter seiner (regierungspolitischen) Veröffentlichungen, insbesondere der umstrittenen „Verdachtsberichtserstattung" als demokratiefeindliche „Manipulationsmöglichkeit",[425] stärker berücksichtigen. Seine Publikationen dienen nicht nur der - von den Behörden gerne betonten - geistig-politischen Auseinandersetzung und der Information als eine praktisch angewandte Staatsbürgerkunde, sondern ihre Publikationen sind immer auch ein „Instrument des politischen Kampfes".

Die Diskussion in der Literatur zum Thema „Neue Rechte" als ein demokratischer Erosionsindikator ist ebenso uneinheitlich und z.T. widersprüchlich, wie die ideologische –

---

[424] Vgl. zur Problematik der Einordnung einer „Neuen Rechten" als eine Bestrebung i.S.d. Verfassungsschutzgesetzes: Cremer, Wolfgang: Aspekte des verfassungsschützerischen Umgangs mit der Neuen Rechten, in: Gessenharter, Wolfgang; Fröchling, Helmut (Hrsg.): Rechtsextremismus und Neue Rechte in Deutschland. Neuvermessung eines politisch – ideologischen Raumes?, Opladen 1998, S. 71f.; Die neuere Literatur, Forschung und Politik zum Thema folgt allerdings der Begriffserweiterung des Verfassungsschutzes von einer „Neuen Rechten" auf Rechtsextreme, vgl.: Staud, Toralf: Moderne Nazis – Die neuen Rechten und der Aufstieg der NPD, Köln 2005; Gessenharter, Wolfgang: Die Neue intellektuelle Rechte und ihre Unterstützung durch Politik und Medien, in: Braun, Stephan; Hörsch, Daniel (Hrsg.): Rechte Netzwerke – eine Gefahr, Wiesbaden 2004, S. 17; vgl. die Einschätzung von Niels Annen, Leiter der Projektgruppe „Rechtsextremismus" im Parteivorstand der SPD und der Forschungsgruppe „Neue Rechte" der Universität Leipzig: Altmeyer, Johannes: Politische Saisonarbeit, politik & kommunikation, Juli/August 2006, Berlin 2006, S. 40.

[425] Murswiek, Dietrich: Der Verfassungsschutzbericht – das scharfe Schwert der streitbaren Demokratie. Zur Problematik der Verdachtsberichterstattung, NVwZ 7/2004, S. 769-778; Murswiek, Dietrich: Neue Maßstäbe für den Verfassungsschutzbericht. Konsequenzen aus dem JF-Beschluß des BVerfG, NVwZ 2/2006, S. 121-128.

theoretische Herleitung des Phänomens selbst. In der konkreten Anwendung streben, so zeigt die Sichtung der wissenschaftlichen Literatur, die untersuchten Autoren nach unterschiedlichen Definitionsvorschlägen zu diesem Begriff. Eine inhaltliche Trennung zwischen diesen Definitionsversuchen, konnte aber in den überwiegenden Fällen nicht festgestellt werden. Vielmehr gelangen diese Vertreter zu einheitlichen Schlußfolgerungen, nämlich von - in der praktischen Politik nicht ersichtlichen - fließenden Übergängen/Grenzen auf der gesamten politischen „Rechten" bis hin zur Rechtsextremen.[426] Es handelt sich im Streit um die Definitionshoheit zu dieser Bezeichnung eher um eine multiplizierende wissenschaftliche Scheindebatte, die ohne einen inhaltlichen Erkenntnisgewinn verhallt, da sie in ihrer Grundaussage im wesentlichen Redundantes darstellt. Die wiederholt öffentlich vorgenommenen antitotalitären Abgrenzungen einer demokratischen Rechten werden aus taktischem Kalkül nicht zur Kenntnis genommen.

In der vergleichenden Analyse wird deutlich, daß der vermeintlich einheitliche Bereich einer „Neuen Rechten" lediglich als ein zum Teil alarmistischer („Kippt die Republik?") und „antifaschistisch" motivierter „Kampfbegriff" mißbraucht wird, welcher eine „Expansion der Ausgrenzung" (ECKHARD JESSE) bewirkt und in die wissenschaftliche und sogar behördliche Diskussion eingefügt wurde. Seine Stoßrichtung reicht bis in den parteipolitischen Bereich der etablierten „Volksparteien" und der publizierten tagesaktuellen Qualitätspresse („Frankfurter Allgemeine Zeitung", „Die Welt", „Süddeutsche Zeitung", „Frankfurter Rundschau") hinein und unterstellt auch weiterhin einen problematischen „rechten Extremismus der Mitte". Hierbei zeigt sich, daß nicht ausreichend zwischen einer demokratischen und einer antidemokratischen Rechten differenziert wird, vielmehr findet eine Erosion der Abgrenzung zwischen demokratisch und extremistisch „am linken, nicht am rechten Rand, wie gemeinhin behauptet,"[427] statt.

Ingesamt ist die Zusammenfassung der diskutierten Punkte zu einer „Neuen Rechten" also nicht zielführend. Zum einen wird unter diesem wissenschaftlich unscharfen Begriff höchst Unterschiedliches, nicht unbedingt Verfassungsfeindliches, verstanden, zum anderen wird dieses politische Phänomen als ein verzerrender und polemischer „Kampfbegriff" ideologisch

---

[426] Ebenso: Jesse, Eckhard: Fließende Grenzen zum Rechtsextremismus? Zur Debatte über Brückenspektrum, Grauzone, Vernetzungen und Scharniere am rechten Rand – Mythos und Realität, in: Falter, Jürgen W.; Jaschke, Hans-Gerd; Winkler, Jürgen R. (Hrsg.): Rechtsextremismus. Ergebnisse und Perspektiven der Forschung, Opladen 1996, S. 522 u. 526.

[427] Jesse, Eckhard: Die Tabuisierung des Extremismusbegriffs, Die Welt, 04.02.2002; vgl. im Weiteren diese Einschätzungen bestätigend: Backes, Uwe: Rechtsextremismus in Deutschland. Ideologien, Organisationen und Strategien, APuZ, B9-10, 20.02.1998, S. 33f.; Jesse, Eckhard: Fließende Grenzen zum Rechtsextremismus? Zur Debatte über Brückenspektrum, Grauzone, Vernetzungen und Scharniere am rechten Rand – Mythos und Realität, in: Falter, Jürgen W.; Jaschke, Hans-Gerd; Winkler, Jürgen R. (Hrsg.): Rechtsextremismus. Ergebnisse und Perspektiven der Forschung, Opladen 1996, S. 515.

mißbraucht und folgt damit der abzulehnenden Formel eines angeblichen (rechten) „Extremismus der Mitte". Diese beiden Begrifflichkeiten dienen jedoch in ihrer Konnotation einer demokratisch delegitimierenden Entgrenzung des Extremismusbegriffes. Daneben verfolgen die Meinungsführer eines so verwendeten Begriffes einer „Neuen Rechten" das Festhalten an einer einheitlichen linken Feindbestimmung, mit dem Ziel der Bekämpfung rechtsdemokratischer Positionen. Der genannte Mißbrauch findet sich bis in die Einschätzungen staatlicher Behörden wieder, welche den - von „antifaschistischen" Linken geprägten „Modebegriff" - der rechtsdemokratische Positionen außerhalb des Verfassungsbogens einordnet, übernehmen und später in der Beobachtungspraxis selbstrevidierend anpassen müssen.

Damit ist der Begriff „Neue Rechte" für ein politisches, in seiner Breitenwirkung erfolgloses Phänomen ohne einheitliche Ideologie, ohne eine ernstzunehmende Anzahl von Autoren oder Zeitschriften und das Fehlen einer einheitlichen Organisation, welche sich selbst zu einer „Neuen Rechten" zählen würden, als ein politisch-analytisches Instrument und Beobachtungsgegenstand für den administrativen Verfassungsschutz abzulehnen.

2. Analyse der Zeitschrift „blick nach rechts"

Dieser zweite Teil der vorliegenden Untersuchung ordnet den bnr zum einen in die „antifaschistische" Medienlandschaft ein, erläutert die Vorgeschichte des bnr und beschreibt „antifaschistische" Schreibmethoden. Danach werden die bislang gemachten Analysen anhand von ausgewählten Fallbeispielen im Untersuchungszeitraum 1990-2004 dargestellt.

2.1 Medium des „Antifaschismus":
Linksextreme Publikationen–von der Propaganda zur Tat

Obwohl sich der bnr in seinem formalen Erscheinungsbild (vgl. 1.2) sachlich-neutral darstellt und - hierdurch im Gegensatz zu weiteren „antifaschistischen" Medien, wie auch durch die bereits dargestellten Parteieinbindung an die SPD – einen offiziösen Charakter erhält, wird der bnr von weiteren dezidiert „antifaschistischen" Anprangerungspublikationen und Netzplattformen als eine Art Partnerzeitschrift behandelt. Das heißt, daß zum Beispiel auf einschlägigen Netzportalen gemeinsam mit „Antifa"-Organisationen geworben wird. Eine Abgrenzung von Seiten der bnr Redaktion, Verlag oder SPD zu den zum Teil vom administrativen Verfassungsschutz jahrelang beobachteten Publikationen[428] erfolgte bislang nicht.

Besonders sind an dieser Stelle folgende bundesweit beachtete linksextreme Zeitschriften zu nennen, die im Zusammenhang mit dem bnr genannt werden und als Informationsplattformen fungieren. Diese Publikationen werden im Übrigen von der Redaktion des ehemaligen FDJ-Zentralorgans „junge Welt"[429] und von dem „antifaschistischen" Duisburger Institut für Sprach- und Sozialforschung (DISS) empfohlen: „Antifa-Rundschau" (ab 1984, Berlin, ab 1991 „antifa", Zeitschrift der VVN-BdA), „Antifaschistische Nachrichten" (AN, ab 1984, Zeitschrift aus dem GNN-Verlag Köln), „Antifaschistisches Info-Blatt" (AIB, ab 1987, Berlin) und „Der Rechte Rand" (DRR, ab 1989, Hannover).[430] Während sich der bnr ganz überwiegend monothematisch über „Rechts" äußert und sich somit „antifaschistische" linke -

---

[428] z.B. GNN- Verlag: „Antifaschistische Nachrichten", vgl.: Innenministerium des Landes Nordrhein-Westfalen, Abteilung Verfassungsschutz (Hrsg.): Verfassungsschutzbericht des Landes Nordrhein-Westfalen 1998, Düsseldorf 1999, S. 143; Innenministerium des Landes Nordrhein-Westfalen, Abteilung Verfassungsschutz (Hrsg.): Verfassungsschutzbericht des Landes Nordrhein-Westfalen 1999, Düsseldorf 2000, S. 146f.; Innenministerium des Landes Nordrhein-Westfalen, Abteilung Verfassungsschutz (Hrsg.): Verfassungsschutzbericht des Landes Nordrhein-Westfalen 2002, Düsseldorf 2003, S. 161; oder „Antifa-Rundschau" der VVN-BdA, vgl.: Bundesamt für Verfassungsschutz (Hrsg.): Verfassungsschutzbericht 2000, Berlin 2001, S. 143; bzw. „antifa", vgl.: Bundesamt für Verfassungsschutz (Hrsg.): Verfassungsschutzbericht 2003, Berlin 2004, S. 128-130.

[429] Bernhardt, Markus: Rascheln im Blätterwald. Antifaschistische Zeitungen informieren über den rechten Rand. Ein Überblick, „antifa", Beilage der Tageszeitung „junge Welt", 05.07.2006, S. 5.

[430] antifaschistisches pressearchiv und bildungszentrum berlin e.v. (apabiz): Netz: Publikationen, www.apabiz.de/netz/publikationen.htm, 08.02.2006; VVN-BdA Nord: Informationen: www.kueste.vvn-bda.de/Seiten/links.html, 01.02.2006.

linksextreme Inhalte schwieriger, oftmals nur „dialektisch", nachweisen und analysieren lassen, beleuchten die vorgenannten „antifaschistischen" linksextremen Schriften mitunter auch in längeren Hintergrundberichten über einzelne ideologische Themenfelder, Tätigkeiten/Aktionen und Organisationen aus dem eigenen politischen Umfeld.

Der vom BWK 1980 in Köln gegründete GNN-Verlag, Herausgeber der Zeitschrift „Antifaschistische Nachrichten", gilt als einer der wichtigsten Herausgeber für linksextreme Schriften. Das vom Verfassungsschutz als linksextrem beobachtete Verlagsnetzwerk ermöglicht – aufgrund seiner eigenen Firmenphilosophie - auch kleinsten Gruppierungen den Druck propagandistischen Materials. Dieses Material darf, nach dem GNN-Verlag eigenen Grundsätzen „...nur emanzipatorische, antifaschistische, antiimperialistische Literatur, die gegen jede Form der Diskriminierung auftritt" zum Gegenstand haben.[431] Das Verlagsnetzwerk verlegt eine Vielzahl von politischen Schriften: sowohl Gewerkschaftspublikationen, als auch parteipolitische Schriften für den BWK, die Linkspartei.PDS und Publikationen anderer linksextremer Zusammenschlüsse oder Organisationen aus dem orthodox marxistisch – leninistischen Umfelds unter Beteiligung von linksextremen „Autonomen" und „Anarchisten" aus dem Bereich der ehemaligen „K-Gruppen", der „Kurdistan Solidarität" bis hin zum ehemaligen linksterroristischen Umfeld. Neben den „Antifaschistischen Nachrichten" gehören zu den vom GNN–Verlag herausgegebenen Publikationen z.B. das „PDS–Landesinfo" NRW, die PDS–nahen „Politischen Berichte", der „Kurdistan Rundbrief", die „Lokalberichte Köln" und das aus dem ehemaligen RAF-Umfeld stammende „Angehörigen-Info". Bundesweit unterhält der GNN-Verlag, neben seiner Zentrale in Köln, „gleichberechtigte" Niederlassungen in verschiedenen Bundesländern (Hamburg, Köln, Stuttgart, Schkeuditz und Berlin).[432] Er wird nach wie vor von Angehörigen des BWK kontrolliert, welche auf Landesebene NRW seit März 1997 als „AG für Kommunistische Politik" in der Linkspartei.PDS eingebunden sind. Der Kölner Geschäftsführer Jörg Detjen ist gleichzeitig Mandatsträger für die Linkspartei.PDS im Kölner Stadtrat, darüber hinaus liegen weitere Verflechtungen in Form von Doppelfunktionen einerseits zwischen PDS/BWK/"antifaschistischen" Organisationen und andererseits zu dem Verlagsnetzwerk vor.[433]

---

[431] GNN-Verlag: Selbstdarstellung, www2.iisg.nl/Id/Systematik.asp?val=id-e-7&suche=optimal, 16.11.2006; Innenministerium NRW: Verlage und Publikationen, www.im.nrw.de/sch/417.htm, 16.11.2006.

[432] Moreau, Patrick; Lang, Jürgen: Linksextremismus. Eine unterschätzte Gefahr, Bonn 1996, S. 128-132; Schriftliche Frage des Abgeordneten Jürgen Augustinowitz und Antwort des Staatssekretärs Dr. Walter Priesnitz: Drucksache 12/8372, 03.08.1994, S. 5f..

[433] Antwort der Landesregierung auf die Große Anfrage 11 der Fraktion der CDU: Die PDS in der nordrhein – westfälischen Politik und ihre Vernetzung mit verfassungsfeindlichen Gruppierungen und der politischen Linken, Landtags Drucksache NRW 13/1686, 21.01.2002, S. 13-20.

Abgesehen von Unterschieden in der Aufmachung und der thematischen Anlage zwischen den vorgenannten „antifaschistischen" Hauptpublikationen und dem bnr, läßt sich ein gemeinsamer Tenor dieser Zeitschriften feststellen. Diese Schriften unterscheiden sich weiterhin maßgeblich vom bnr, indem sie - neben ihren „antifaschistisch" motivierten Anprangerungstexten - um die Veröffentlichung von qualitativ guten Ablichtungen zur Enttarnung und Bekämpfung von „Faschisten" bemüht sind. Eine einheitliche Ausrichtung verwundert jedoch nicht, da viele dieser Autoren auch für den bnr schreiben bzw. Texte auch mehrfach in anderen Publikationen und (Internet-)Plattformen veröffentlichen und ausgetauscht werden. Daher kann man bei diesen Autoren auch von einem „antifaschistischen Zitierkartell" sprechen (z.B. Volkmar Wölk (u.a. DRR, AN, „junge Welt", „Jungle World"), Gernot Modery-„Anton Maegerle" (u.a. DRR, „junge Welt"), Thomas Pfeiffer (DRR), Christoph Butterwegge (DRR, „junge Welt"), Bernhard Schmid (AN), Andreas Speit (DRR), Thomas Sager („Lotta", DRR), Andrea Röpke (DRR, AIB), Daniel Ernst (ehem. IDGR), Peter Nowak („Frankfurter Rundschau", „Neues Deutschland", „die tageszeitung", „Konkret"), Martin Dietzsch (DISS, DRR), Helmut Kellershohn (DISS), Thomas Leif[434]).

Ihre Redaktionen rekrutieren sich mehrheitlich aus sog. „Autonomen" oder sonstigen Linksextremisten, aber, wie der obigen Aufzählung zu entnehmen ist, auch aus Redakteuren, welche für etablierte Medien hauptberuflich tätig sind, als Buchautoren publizieren oder im Staatsdienst beschäftigt sind. Auf jeden Fall arbeiten die vorgenannten Akteure der Strategie einer „antifaschistischen Selbsthilfe" zu. Diese beruht maßgeblich auf drei Säulen, welche ein allgemeines ideologisches Themenraster für „antifaschistische" Medieninhalte darstellen:

- umfassende Erforschung möglichst aller „faschistischer Strukturen" zur Vorbereitung bis hin zu „militärischen Konfrontationen" mit „Faschos";
- Organisation oder Vernetzung des „antifaschistischen" Widerstandes in der BRD und im internationalen Rahmen;
- Angriff auf den sog. „staatlichen Rassismus" kombiniert mit der Unterstützung für Flüchtlinge und ausländische „Antifaschisten" als Ausdruck von gesellschaftlichen Wunschprojektionen unter der Ägide eines multikulturellen Moralismus.[435]

---

[434] Vgl. auch das Engagement einiger hier aufgezählter Autoren in der „antifaschistischen" Presse bei: Wuttke, Roland: Nützliche und andere Idioten. Antifaschismus: Auf dem Weg in eine andere Republik, in: Opposition – Magazin für Deutschland, Heft 1/2001, 4. Jahrgang, Januar/Februar, S. 12; Wolfschlag, Claus-M.: Das „antifaschistische Milieu". Vom „Schwarzen Block" zur „Lichterkette" - Die politische Repression gegen „Rechtsextremismus" in der Bundesrepublik Deutschland, Graz-Stuttgart 2001, S. 129 u. 132; eine Darstellung einzelner bnr Akteure erfolgt in einem späteren Abschnitt dieser Untersuchung.

[435] Moreau, Patrick; Lang, Jürgen: Linksextremismus. Eine unterschätzte Gefahr, Bonn 1996, S. 379-382; vgl. 1.4 „Antifaschismus".

Eine genauere Analyse der vier „antifaschistischen Medien“ kann aufgrund bereits vorliegender Untersuchungen eingespart werden.[436] Von der Richtigkeit der in diesem Abschnitt vorgenommenen Beurteilungen überzeugte sich der Verfasser durch einen Vergleich der Jahresregister und/oder Inhaltsverzeichnisse und Durchsicht einzelner Ausgaben der genannten Schriften im Untersuchungszeitraum (1990-2004). Aufgrund dieser Durchsicht wurde zudem festgestellt, daß die VVN-BdA, als älteste „antifaschistische“ Organisation auf dem publizistischen Sektor eine zentrale Rolle, sei es als Herausgeber, Redakteur, Veranstaltungsorganisation, Beeinflussung der Themenagenda oder Vernetzungsakteur zu weiteren (lokalen) „antifaschistischen“ Gruppierungen, einnimmt.
Die bereits in dem Abschnitt zur Formalanalyse (1.2) gemachten Beobachtungen, daß es sich beim bnr um ein „antifaschistisch“ motiviertes (Anprangerungs-)Medium handelt, wird also auch durch die Analyse einer starken thematischen und personellen Vernetzung in die „antifaschistische“ Medienszene bestätigt.

2.2 Geschichte des bnr

Wird in der Formalanalyse (1.2 Beschreibung des Untersuchungsgegenstandes-Analyse der Formalien) bereits ausführlich die neuere und neueste Geschichte des bnr dargestellt, so fehlt es an einer breiteren Darstellung der Vorgeschichte des PDA/PDI/bnr als ein Lancierungsmittel für die SED-Propaganda in der Bundesrepublik. Weiterhin gilt es in diesem Abschnitt die Gründer Kurt Hirsch und Bernt Engelmann in ihren Beziehungen zum Ministerium für Staatssicherheit (MfS) als Beispiele für westdeutsche Ableger einer „Meta-Stasi“ (KLAUS MOTSCHMANN) einordnen zu können.
Der „Presseausschuß Demokratische Initiative“ (PDI) wird im Januar 1968 auf Initiative der DKP-gesteuerten und von der SED ebenfalls finanziell unterstützten orthodox-kommunistischen „Vereinigung der Verfolgten des Naziregimes“ (VVN), als „Demokratische Aktion gegen Neonazismus und Restauration“ (DA) von Kurt Hirsch und Bernt Engelmann gegründet. In der Gründung der DA liegt somit eine Wurzel der bis in die Gegenwart reichenden Abgrenzungserosion der SPD zur VVN-BdA begründet. Die DA wurde von Kurt Hirsch als Geschäftsführer und Bernt Engelmann als Finanzverantwortlichem geleitet. Als politisch wichtigste Publikation wurde der „Presseausschuß (Pressedienst) Demokratische Aktion“ (PDA) herausgegeben.

---

[436] Wolfschlag, Claus-M.: Das „antifaschistische Milieu“. Vom „Schwarzen Block“ zur „Lichterkette“ - Die politische Repression gegen „Rechtsextremismus“ in der Bundesrepublik Deutschland, Graz-Stuttgart 2001, vgl. zu „Antifa-Rundschau“ S. 51-53, vgl. zu „AN“, S. 131-137; vgl. zu „AIB“, S. 128f., vgl. zu „DRR“, S. 129f.; Autorenkollektiv gegen Totalitarismus: Antifa heißt Gewalt. „Feuer und Flamme für jeden Staat“, Tübingen 2002, S. 85-94.

Im Februar 1974 benannte sich der PDA in PDI um. Dem umbenannten Ausschuß gehörten 34 linke bis linksextreme Schriftsteller und Journalisten an (Stand 1976): Horst Bingel, Günter Bröhl, Peter Chotjewitz, Ingeborg Drewitz, Michael Dultz, Elisabeth Endres, Bernt Engelmann, Anne-Marie Fabian, Walter Fabian, Martin Gregor-Dellin, Max von der Grün, Horst Herrmann, Richard Hey, Kurt Hirsch, Friedrich Hitzer, Walter Jens, Robert Jungk, Hermann Kesten, Franz Xaver Kroetz, Siegfried Lenz, Egon Lutz, Angelika Mechtel, Josef Reding, Peter Riemer, Luise Rinser, Erika Runge, Ulrich Sonnemann, Paul Schallück, Ingrid Schuster, Günter Wallraff, Martin Walser, Gerhard Weber, Jochen Willke, Gerhard Zwerenz.[437] Der PDI publiziert neben dem Pressedienst verschiedene Schriftenreihen, Sonderhefte, Broschüren und Unterrichtsmaterialien (insgesamt über 100 verschiedene Schriften mit einer Auflage von über 300.000 Stück).[438] Die bekannteste Publikation blieb jedoch der bnr, welcher seit 1980 vierzehntägig zunächst bis 1983 herausgegeben wurde. Ab 1976 gab der PDI bereits auch einen „Hintergrunddienst" heraus, der über „reaktionäre und neofaschistische Aktivitäten" informieren wollte und den Nachfolger des PDA bzw. den Vorläufer des bnr darstellte. Herausgegeben wurde dieser Hintergrunddienst von Dr. Ingeborg Drewitz, Bernt Engelmann und Prof. Horst Herrmann. Verantwortlicher Redakteur war Kurt Hirsch. Der „PDI-Hintergrunddienst" konnte bereits früh ein Redaktionsnetzwerk aufbauen. Neben der Münchner Zentrale von Kurt Hirsch, Münzstraße 3, der Bonner Redaktion (zunächst Gisela Dreyer, Kurt-Schumacher Str. 1, Bonn; später: Karl-Heinz Schonauer, Adrianstr. 133, Bonn) und einer Berliner Redaktion (Heinz Krüger, Ringstr. 30, Berlin) konnte im Mai 1980 auch eine Wiener (Robert Wiesner, Spiegelgasse 3/8, Wien) und Mailänder Redaktionsadresse (Hannelore Grass, Via a. de Togni, 1, Mailand) angegeben werden.[439]

In einer Selbstdarstellung sieht der PDI seine Aufgabe darin, „...gegen antidemokratische, reaktionäre und neofaschistische Tendenzen zu kämpfen..." und „restaurative Theorien" von „reaktionären Kreisen" zu entschleiern, welche bemüht sind „...Begriffe wie „Neokonservatismus", „technokratischer Konservatismus" und „Tendenzwende" zu propagieren." Hierzu soll die im Sinne Heinrich Bölls verstandene „Aufforderung zur Politisierung" der Bürger gegen „rechts" dienen.[440] In einem Rundschreiben des Bonner

---

[437] Vgl. Selbstdarstellung des PDI: Politische Plattform des PDI, in: Rath, Peter (Hrsg.): Die Bannbulle aus Münster oder Erhielte Jesus heute Lehrverbot, PDI-konkret 3, München-Hamburg 1976, S. 120.

[438] Z.B. PDI-Konkret, Schriftenreihe des PDI (Kurt Hirsch) und der linksextremen Zeitschrift „konkret" (Hermann L. Gremlitza) oder PDI-Schriftenreihe: Unterrichtseinheiten/Arbeitshefte Jugendbildungsarbeit, herausgegeben von Hans Müller und Peter Rath; jeweils mit mehreren Bänden.

[439] Hirsch, Kurt: Werbeschreiben für den PDI-Hintergrunddienst, ohne Datum.

[440] Vgl. Selbstdarstellung des PDI: Politische Plattform des PDI, in: Rath, Peter (Hrsg.): Die Bannbulle aus Münster oder Erhielte Jesus heute Lehrverbot, PDI-konkret 3, München-Hamburg 1976, S. 120.

Büros des PDA zu Beginn der 70er Jahre wurde der konkrete Adressatenkreis, welcher als Kampagnen - Multiplikator fungieren sollte, benannt: Der PDA/PDI sollte für Journalisten und Schriftsteller politische Aktionen anregen und für deren Arbeit in Presse, Rundfunk und Fernsehen Material zur Verfügung stellen.[441] Später wurde der Adressatenkreis, wie bereits dargestellt, durch Verbindungen einzelner Akteure und durch die Einbindung des bnr in die SPD, um staatliche Behörden erweitert.

Der bnr kann mit Hilfe der SPD an diesen Auftrag anschließen und steht auch weiterhin in der Aufgabe, mit journalistischen Mitteln die „Politisierung der Bürger gegen Rechts" zu erzielen. Die publizistischen Bemühungen von Kurt Hirsch und dem PDI können als eine „antifaschistische" Schnittmenge zwischen kommunistischem Umfeld und demokratischem Sozialismus bezeichnet werden. Der Bearbeitungs- und Beobachtungsfokus liegt stets auf den angeblichen Querverbindungen zwischen Rechtsextremismus und rechten Demokraten, welcher im Übrigen auch seiner Bibliographie[442] entnommen werden kann. Die Herausgeber der ersten Probenummer des bnr erklären ohne Umschweife neben dem rechten Extremismus und Neonazismus auch den Rechtskonservatismus als Beobachtungsschwerpunkt, denn, so die Herausgeber im Editorial, zwischen den beiden politischen Strömungen bestünde eine geistige Verwandtschaft und oft genug eine organisatorische Verbindung.[443] Mit dieser maßgeblichen Programmatik sorgte der PDI für eine Verbreitung der bereits untersuchten nicht haltbaren „antifaschistisch" motivierten Erosionsthese (vgl. 1.4 „Brückenspektrum"–„Scharnierfunktion"-„Grauzone").

Die „reaktionären und neofaschistischen Tendenzen" in der Gesellschaft werden also ausgehend von rechtsdemokratischen Parteien, Organisationen und Einzelpersonen gesucht, um danach den Bürger vor einer scheinbar drohenden Machtübernahme von „rechts" zu warnen. Um der Arbeit des PDI einen demokratisch seriösen Eindruck zu verleihen, verortet sich der PDI mit seinen Publikationen selber als „links-liberal". Diese Angabe findet sich in einer Selbstdarstellung eines Werberundschreibens des „PDI-Hintergrunddienstes", welches sich im Archiv des Verfassers befindet.

Aufgrund einer linken Kampagne, unter Beteiligung von Kreisen des PDI und Autoren des bnr, gegen Franz-Josef Strauß anläßlich seiner Nominierung zum Kanzlerkandidaten der

[441] Bärwald, Helmut: Günter Wallraff: Sozialist, Klassenkämpfer, Schriftsteller, Enthüller – Kumpanei mit dem SED-Staat, www.konservativ.de/gfsd/wallraff.htm, 25.11.2006.

[442] Z.B.: Kurt Hirsch: Rechts von der Union, München 1989, vgl. Rezension: Jesse, Eckhard: Die extreme Rechte im Aufwind? – Der Rechtsextremismus und die Partei der Republikaner, in: Backes, Uwe; Jesse, Eckhard (Hrsg.): Jahrbuch Extremismus & Demokratie, Bonn 1990, S. 248-250; Die einseitige Ausrichtung wundert nicht, denn genauso wie Engelmann nutzte Hirsch ungeprüft das vorbereitete MfS Material der HVA Abteilung X für seine Buchpublikationen, vgl.: Knabe, Hubertus: Der diskrete Charme der DDR. Stasi und Westmedien, Berlin 2003, S. 298.

[443] Knabe, Hubertus: Der diskrete Charme der DDR. Stasi und Westmedien, Berlin 2003, S. 302.

CDU/CSU Koalition 1980, in dem Strauß unter anderem als „Sicherheitsrisiko" dargestellt und von der Zeitschrift „Der Spiegel" in den Zusammenhang mit NS-Propaganda gebracht wurde, schlug dem PDI eine Welle der Solidarität von links entgegen. Besonders als Strauß seine Kritiker als „Ratten und Schmeißfliegen" und Mitglieder der CDU/CSU den PDI als „kommunistische Tarnorganisation" bezeichneten.[444] Diese Unterstützung äußerte sich in den zum Teil bereits in der Formalanalyse (1.2) benannten neuen „Solidaritäts"-Mitgliedern (ca. 25) aus zumeist prominenten (Bundestags-) Mitgliedern der SPD, DKP, Gewerkschaft, Journalisten, Schriftstellern und Künstlern, von denen später einige in den ersten Jahrgängen auf der Titelseite des bnr als Herausgeber (Presseausschuß demokratische Initiative) erschienen oder als Autoren Beiträge zulieferten. 1982 sind bereits 21 sozialdemokratische Bundestagsabgeordnete Mitglied des PDI, darunter finden sich die späteren Minister Peter Struck, Renate Schmidt und Heidemarie Wieczorek-Zeul.

Diese Beitritte verschafften der Vereinigung zunächst einmal eine größere öffentliche Wahrnehmung. Das Mittel prominente Akteure im bnr zu plazieren, gehört auch in den folgenden Jahren, neben einem offiziösen Erscheinungsbild, zu einer beliebten Strategie, um erhöhte Reputation, Aufmerksamkeit und politische Wirkung in der Öffentlichkeit zu erzielen. Weiterhin wurde gegen den Begriff der „kommunistischen Tarnorganisation" eine erfolglose Klage bis zum OLG Stuttgart gegen die Union angestrengt. Der CDU/CSU wurde aber im Urteil bestätigt, daß ihr verwendeter Begriff lediglich eine „politische Standortzuweisungen" und damit nicht als diffamierende Schmähkritik zu beurteilen sei.[445]

Diese politischen Standortzuweisungen durch Politiker der Union dürfte sich, neben den DKP-, Gewerkschafts- und linken SPD Mitgliedern im PDI, besonders auf die kommunistischen „Enthüllungsjournalisten" und später enttarnten Mitarbeiter des MfS: Bernt Engelmann, Günter Wallraff[446] und Kurt Hirsch beziehen. Diese arbeiteten im Ost-Auftrag als sog. „Einflußagenten", welche die BRD destabilisieren sollten.

---

[444] O.V.: Das deutsche Wort, Was veranlaßt Strauß, Gegner als „Ratten" zu diffamieren? Der Spiegel, 25.02.1980, S. 29-33.

[445] BGH NJW 1974, S. 1762-1764, hier: S. 1763.

[446] Zu den Verbindungen von Günter Wallraff: Marxen, Klaus; Werle, Gerhard (Hrsg.): Strafjustiz und DDR-Unrecht, Band 4/1. Teilband, Berlin 2004, S. 518-521; Bärwald, Helmut: Günter Wallraff: Sozialist, Klassenkämpfer, Schriftsteller, Enthüller – Kumpanei mit dem SED-Staat, www.konservativ.de/gfsd/wallraff.htm, 25.11.2006; Knabe, Hubertus: Der diskrete Charme der DDR. Stasi und Westmedien, Berlin 2003, S. 171. Am 10.01.2006 bestätigte das Hanseatische OLG Hamburg in einem Urteil gegen den Springer-Verlag Wallraff als einen wissentlichen „Stasi-IM" zu bezeichnen, das Gericht sieht aber einen solchen Verdacht weiterhin als gerechtfertigt, vgl.: DPA-Meldung: Urteil entlastet Wallraff nicht vom Verdacht der IM-Tätigkeit, Berliner Morgenpost, 18.01.2006.

Bernt Engelmann

Bernt Engelmann wurde am 20.01.1921 geboren, er schloß sich als Soldat gegen Ende des 2. Weltkrieges einer kommunistischen Widerstandsgruppe an und verbrachte daraufhin 1944/45 kurze Haftzeiten in den Konzentrationslagern Flossenbürg und Dachau. Nach dem Krieg begann er ein Journalismus-Studium, schrieb während dieser Zeit für Gewerkschaftszeitungen und danach als freier Journalist, Korrespondent und „Sonderberichterstatter" im „Spiegel". Später veröffentlichte er mit Günter Wallraff beim linksextremen „KONKRET" (es entsteht aus diesen Reportagen das gemeinsame Buchprojekt „Ihr da oben, wir da unten"),[447] bei der SPD Mitgliederzeitung „Vorwärts" und „Pro". Ab 1961 wechselte er unter anderem zum NDR-Magazin „Panorama". Als Mitglied der SPD und IG-Metall erreichte er zudem einigen Bekanntheitsgrad in der westdeutschen Kulturszene, war von 1977 bis 1984 Bundesvorsitzender des „Verbandes deutscher Schriftsteller" und fungierte als deutscher Vizepräsident bei der internationalen Schriftstellervereinigung P.E.N.. Engelmann verfaßte ca. 50 Sachbücher mit einer Gesamtauflage von über 15 Millionen Exemplaren weltweit. Die Stellung als VS-Vorsitzender und P.E.N. - Funktionär nutzte er nicht nur zur weiteren Annäherung an die DDR und deren Literaturpolitik, sondern er versuchte systemkonformen Einfluß in Westdeutschland gelten zu machen. Demgemäß initiierte und organisierte er (Medien-)Kampagnen gegen die Nato-Nachrüstung. Engelmann lebte in Rottach-Egern am Tegernsee und verstarb am 14. 04. 1994 in München.

Ein Schwerpunkt seiner Arbeit bestand, neben seiner Funktion als zweitwichtigster Mann beim PDI/bnr, in der Verwaltung von MfS-Geldern,[448] in der „Enttarnung" von bundesdeutschen „Leistungsträgern" wegen ihrer NS Vergangenheit oder später in der Verwischung von Grenzen auf der politischen Rechten. Hierzu nutzte er aus einer distanzfreien Innenansicht auch für viele seiner Buchpublikationen, ebenso wie Kurt Hirsch, Archivmaterial und Erkenntnisse in seiner Tätigkeit als Inoffizieller Mitarbeiter (IM) der Auslandsspionage der DDR Staatssicherheit.[449] Er wurde so zu einem Verstärker der „antifaschistischen" Anschuldigungen aus Ostberlin. Das nur durch das MfS in aufbereiteter Form zugängliche „Exklusivmaterial" wurde zumeist ungeprüft verwendet. Als IM gehörte er nach dem DDR-Gesetz zu den Personen, „die sich zur Lieferung von Informationen an den

[447] Röhl, Bettina: So macht Kommunismus Spaß! Ulrike Meinhof, Klaus Rainer Röhl und die Akte Konkret, Hamburg 2006, S. 625; Röhl, Klaus Rainer: Fünf Finger sind keine Faust, Köln 1974, S. 222, 377 u. 449.

[448] Knabe, Hubertus: Der diskrete Charme der DDR. Stasi und Westmedien, Berlin 2003, S. 304.

[449] Z.B. das 1973 erschienene PDA-Taschenbuch unter Mitarbeit von Bernt Engelmann: Das schwarze Kassenbuch. Die heimlichen Wahlhelfer der CDU/CSU, vgl.: Knabe, Hubertus: Der diskrete Charme der DDR. Stasi und Westmedien, Berlin 2003, S. 68, 277 u. 309; Marxen, Klaus; Werle, Gerhard (Hrsg.): Strafjustiz und DDR-Unrecht, Band 4/1. Teilband, Berlin 2004, S. 498.

Staatssicherheitsdienst bereit erklärt haben",[450] also wissentlich und willentlich mit dem MfS konspirativ kooperierten und die Desinformationspolitik des DDR-Regimes kritiklos unterstützten. Seine Tätigkeit für das MfS konnte erst nach Auswertung der sog. „Rosenholz"–Dateien (Karteien) der Hauptverwaltung Aufklärung (HVA) sicher festgestellt werden.

Auf unbekannten Wege gelangten 1988 Mikrofilme der HVA-Karteien, einer Abteilung die zuständig für das Ausland und das „Operationsgebiet" BRD war, an den amerikanischen Geheimdienst *CIA*. Diese Karteien kehrten erst nach längerer Auseinandersetzung mit den Vereinigten Staaten von dort 2003 – in Form von Bilddateien auf 381 CD-ROM, die rund 290.000 Datensätze zu deutschen Staatsbürgern enthalten - zurück.

Nach deren Auswertung konnte bestätigt werden, daß Engelmann 1982 unter dem Tarnnamen „IM Albers" unter der Registriernummer XV/8434/81 auf „ideologischer Basis" geworben wurde und für die Desinformationsabteilung X der HVA tätig war. Diese Abteilung sollte weniger Informationen beschaffen, als vielmehr durch IM, Kontaktpersonen und so genannte „aktive Maßnahmen" das politische Klima in der BRD zugunsten der SED beeinflussen.[451] Die Staatssicherheit stufte Engelmann als „vertrauenswürdig" ein, er unterhielt engen Kontakt zu HVA-Chef Markus Wolf. Die Aktenvermerke legen bereits für die 70er Jahre, also vor der offiziellen Werbung, ein enges Verhältnis des MfS zu Engelmann nahe[452]

Kurt Hirsch

Kurt Hirsch wurde am 02.08.1913 in Wien geboren, in seiner Jugend war er Mitglied des „Kommunistischen Jugendverbands Österreich" (KJVÖ) und Redakteur dessen theoretischer Zeitschrift. Er wurde als Trotzkist aus diesem Verband ausgeschlossen und publizierte danach eine eigene trotzkistische Zeitschrift. Nach dem „Anschluß" Österreichs im „Dritten Reich" 1938 wurde er als „politischer Jude" verhaftet und bis 1945 in das KZ Dachau (drei Monate) und später in das KZ Buchenwald eingeliefert. Hirsch wurde Mitglied der „Kommunistischen Partei Österreichs" (KPÖ) und arbeitete in Wien als Angestellter für die sowjetische Nachrichtenagentur TASS. Aufgrund eines Ausschlusses aus der KPÖ, angeblich wegen seiner trotzkistischen Einstellung, verließ er Österreich und bat in der Schweiz um politisches Asyl, wo er 1947/48 lebte. 1949 siedelte er in die BRD um, wo er sich als Mitglied der SPD und später der IG Druck und Papier, zur Lebensaufgabe machte, Material über „rechte" Gruppen und Aktivitäten zu sammeln und diese durch „enttarnende" Veröffentlichungen zu

[450] Birthler, Marianne: Die Enthüllungen passen in eine Fußnote, Frankfurter Allgemeine Zeitung, 06.09.2006, S. 10.
[451] Knabe, Hubertus: Der diskrete Charme der DDR. Stasi und Westmedien, Berlin 2003, S. 168.
[452] Banse, Dirk; Behrendt, Michael: Stasi führte Bernt Engelmann als IM „Albers", Die Welt, 19.06.2004.

bekämpfen. Neben seinen (Enttarnungs-) Büchern, in denen er überwiegend den „Antikommunismus" kritisiert, veröffentlichte er seit 1963 einen zunächst selbstfinanzierten „Informationsdienst" mit dem Namen „Gestern und Heute". Diese zunächst in Kleinstauflagen (80 Stück) verlegte Publikation besitzt zum einen dokumentarischen Charakter von „Gedenk- oder aktuellen Hintergrundberichten" (monatliche Erscheinungsweise), zum anderen erschienen unregelmäßig vierzehntäglich aktuellere zeitgeschichtlichen Reportagen und Beiträgen zum politischen Leben in Westdeutschland.
Die monatlich erscheinende schlichte, textorientierte DIN-A 5 Publikation „gestern und heute, Dokumentationen und Zeitgeschichtliche Beiträge" wird allein von Kurt Hirsch verantwortet. Das Heft enthält kein eigenes Impressum, außer dem Hinweis auf die damalige Münchener Privatadresse (Brunhildenstraße 3), eine Bankverbindung und einen Verweis auf eine Mikrokopie GmbH. Die inhaltliche Struktur gliedert sich, je nach Ausgabe, in drei bis vier Hauptteile: „Der aktuelle Bericht und bis zu drei einzelne themenspezifische „Dokumentationen". Die jeweiligen Themen werden nicht mit eigenen Beiträgen dokumentiert, sondern sie rekrutieren sich ausnahmslos aus themenstrukturierten Zusammenstellungen von Presseartikeln anderer Druckmedien, welche zum Teil nur auszugsweise den jeweiligen Themenüberschriften ohne Autorennennung zugeordnet werden. Auch in einer weiteren Rubrik „Lüge des Monats" werden Pressezitate aus überwiegend rechtskonservativen Zeitungen ohne eigene Kommentierung abgedruckt. Maßgebliche Eigenleistung, neben den einzelnen Themenüberschriften und der Zuordnung, ist das am Ende abgedruckte Personenregister.
Im ersten Quartal 1966 beschäftigt sich Kurt Hirsch in seinen Dokumentationen überwiegend mit dem Vietnam-Krieg. In diesen tendenziösen und vereinfachenden „Dokumentationen" unterscheidet er nach der „Freund-Feind"-Formel: die friedensbewegten „Bundesdeutschen Freunde des vietnamesischen Volkes" (Ostermarsch, Atomkraftgegner und Anprangerung von Militarisierung und Hochrüstung) und die „Bundesdeutschen Freunde des amerikanischen Vietnamkrieges".[453] Neben Darstellungen zur Geschichte und Entwicklung der NPD werden einzelne Presseberichtzusammenstellungen auch dazu genutzt, „geistig und organisatorische Verbindungen..." zwischen, einerseits der NPD und andererseits einem „bürgerlichen Lager", bestehend aus der katholischen Kirche und der CSU/CDU/FDP, herzustellen.[454] Diese

---

[453] Hirsch, Kurt: Vietnam Report I, Gestern und Heute, Nr. 2, Februar, München 1966, S. 1-35; Hirsch, Kurt: Vietnam Report II, Gestern und Heute, Nr. 3, März, München 1966, S. 1-27.
[454] Hirsch, Kurt: Geistige und organisatorische Verbindungen..., Gestern und Heute, Nr. 3, März, München 1966, S. 28-32.

„antifaschistisch“ motivierte Taktik, eine Erosion herzustellen, wurde bereits in dieser Arbeit thematisiert (vgl. 1.4 „Brückenspektrum“–„Scharnierfunktion“-„Grauzone“).
Aber auch die SPD muß sich „seiner“ Kritik stellen. Aus den „Frankfurter Heften“ wird ein Artikel in Auszügen wiedergegeben, der sich mit einer angeblich „militant antikommunistischen Haltung“ von Helmut Schmidt beschäftigt.[455] Weiterhin wird in den Heften auch Vertriebenenpolitisches durch die spezifische Zusammenstellung von einzelnen Druckerzeugnissen mit einer negativen, revanchistischen Konnotation versehen. Insgesamt ist also eine Themenstruktur festzustellen, welche später über den PDA/PDI bis zum bnr weiter verfolgt wird.
Einzelne Themenhefte (Sonderreihe) erscheinen in größeren Auflagen (bis 1000). Verteilt wurde diese Schrift an Einzelpersonen und Institutionen, wie Universitäten, Büchereien, Volkshochschulen etc.. Ein Startkapital wurde ihm, nach eigenen Angaben, durch persönliche Vermittlung eines DGB-Funktionärs von einer Frankfurter Bank gewährt. Die Zeitschrift „gestern und heute“ konnte sich nur durch Großabnahmen u.a. aus Gewerkschaftskreisen halten, er wurde auch vom MfS und der SED abonniert.
Der vierzehntägige „Informationsdienst“ „gestern und heute“ von Kurt Hirsch ist somit ein unmittelbarer Vorgänger des PDA/PDI/bnr und Ausfluß seiner Sammel- und Archivtätigkeit aus den 50er/60er Jahren. Hirsch arbeitete bereits von Anbeginn seiner Veröffentlichungstätigkeit im Westen vor allem mit der VVN und später mit der DKP zusammen.[456] Nicht nur aus ideologischen Gründen, sondern auch aus rein profanen Geldsorgen suchte und fand Hirsch durch seine guten Kontakte in die DDR ab 1963 Verbindung zum MfS. Bereits 1951 ist er, wahrscheinlich durch seine Tätigkeit bei TASS in Wien, in einem „DDR-Agentenalmanach“ fälschlicherweise als österreichischer Staatsbürger vermerkt. Nach Angaben eines BStU-Mitarbeiters steht dieser Sachverhalt im Zusammenhang mit der Spionageabwehr (HA II) des MfS, die Kurt Hirsch bereits unter „operativer Kontrolle“ hatte, bevor er für die HVA erfaßt wurde.
Für seine ideologischen Publikationstätigkeiten wurde er 1970 zunächst von der HVA–Abteilung A VII kontaktiert, dann von Abteilung A II und später von der HVA-Abteilung A

---

[455] Hirsch, Kurt: „Helmut Schmidt an die Front“, Gestern und Heute, Nr. 1, Januar, München 1966, S. 37.
[456] Weiterhin unterhält Kurt Hirsch Kontakt zu folgenden Gruppierungen in der BRD: „Archiv für universelle Entwicklungspolitik“, München; „Deutsche Friedensgesellschaft – Bund der Kriegsgegner e.V.“; „Deutsche Gesellschaft für die Vereinten Nationen“, LV Bayern; „Deutsche Liga für Menschenrechte“; „Deutscher Koordinierungsrat der Christlich-Jüdischen Gesellschaften“; „Gewerkschaftlicher Arbeitskreis der Studenten“, München; „Humanistische Union“; „IG Metall“, LB Bayern; „IG Druck und Papier“, LB Bayern; „Kampagne für Abrüstung – Ostermarsch der Atomwaffengegner“; „Naturfreunde-Jugend“, Hessen und „Verband der Kriegsdienstverweigerer“; vgl.: Hirsch, Kurt: Gestern und Heute, Nr. 3, März 1966, S. 32.

X, dann unter dem Tarnnamen IM „Helm“ geführt. Er wurde, wie Engelmann auf „ideologischer Basis“ angeworben und dann massiv mit Material und Geld unterstützt.
Im folgenden werden nun zunächst zur besseren Übersicht die drei maßgeblichen Abteilungen des MfS in der Reihenfolge der Aktenvita von Kurt Hirsch kurz dargestellt:
Die Abteilung A VII der HVA: „Auswertung und Information“ nahm Materialien und Informationen entgegen und leitete diese in die entsprechenden Abteilungen und Linien des MfS weiter. Daneben erarbeitete diese Abteilung Analysen und Einschätzungen, die Erstellung von Pressespiegeln westlicher Druckerzeugnisse, führte die Bibliothek mit den Sammelschwerpunkten westliche Publikationen aus Politik, Wirtschaft und Militärwesen und das Geschichtsarchiv der HVA. Geleitet wurde diese Abteilung von Oberst Werner Bierbaum und seinen vier Stellvertretern Oberst Werner Strauss, Oberst Hans-Gerd Wehrlich, Oberst Heinz Busch und Oberst Dietrich Dorau.[457]
Die Abteilung A II der HVA: „Aufklärung der Organisationen in der BRD“ diente der Aufklärung und Bearbeitung der Führungsgremien der politischen Parteien, Organisationen, Gewerkschaften, Verbänden und Stiftungen der BRD, sowie der Kirchen, religiösen Gemeinschaften und deren Gliedeinrichtungen, einzelnen Kirchengemeinden, sowie der Friedensbewegung in der BRD und von *amnesty international.* Geleitet wurde diese Abteilung (Stand 1989) von Oberst Dr. jur. Kurt Gailat und seinen Stellvertretern Oberst Wolfgang Gemeinhardt und Oberstleutnant Werner Groth.[458]
Die Abteilung A X der HVA: „Aktive Maßnahmen“: Desinformation hatte die Aufgabe, „politisch-aktive Maßnahmen“, insbesondere spezifische Maßnahmen zur Desinformation und der Aufklärung und Bearbeitung von bedeutsamen Medieneinrichtungen und wichtigen Journalisten der BRD, Lancierung von bearbeiteten Materialien (Dokumente, Briefe, Informationsdienste (!) u.ä.) und finanzielle Unterstützung von Publikationen zu organisieren und den Einsatz von „Einflußagenten“ zu koordinieren. Geleitet wurde diese Abteilung (Stand 1989) von Oberst Rolf Wagenbreth und seinen zwei Stellvertretern Oberst Wolfgang Mutz und Oberst Rolf Rabe.[459]

---

[457] Wiedmann, Roland: Die Organisationsstruktur des Ministeriums für Staatssicherheit 1989, in: Henke, Klaus-Dietmar; Suckut, Siegfried; Vollnhals, Clemens; Süß, Walter; Engelmann, Roger (Hrsg.): Anatomie der Staatssicherheit. Geschichte, Struktur und Methoden, Berlin 1995, S. 364f..
[458] Wiedmann, Roland: Die Organisationsstruktur des Ministeriums für Staatssicherheit 1989, in: Henke, Klaus-Dietmar; Suckut, Siegfried; Vollnhals, Clemens; Süß, Walter; Engelmann, Roger (Hrsg.): Anatomie der Staatssicherheit. Geschichte, Struktur und Methoden, Berlin 1995, S. 369.
[459] Wiedmann, Roland: Die Organisationsstruktur des Ministeriums für Staatssicherheit 1989, in: Henke, Klaus-Dietmar; Suckut, Siegfried; Vollnhals, Clemens; Süß, Walter; Engelmann, Roger (Hrsg.): Anatomie der Staatssicherheit. Geschichte, Struktur und Methoden, Berlin 1995. S. 365; Marxen, Klaus; Werle, Gerhard (Hrsg.): Strafjustiz und DDR-Unrecht, Band 4/1. Teilband, Berlin 2004, S. 459-550.

Für die Publikationsprojekte erhielt Hirsch, neben besagten „Argumentationshilfen" auch umfangreiche Geldbeträge, in der Summe ca. 300.000 bis 500.000 DM,[460] vom MfS. Bis 1960 war Hirsch zudem Redakteur verschiedener Gewerkschaftszeitungen, danach schrieb er unter anderem für den „Spiegel", die Illustrierte „Revue", die marxistischen „Blätter für deutsche und internationale Politik", in der SPD-Mitgliederzeitung „Vorwärts", in „Die Freiheit", Mainz, in „links", Frankfurt, in „Die Wahrheit", Westberlin, in der VVN/DKP Schrift „die tat", in den Tageszeitungen „Westdeutsches Tageblatt", Dortmund und in der „Berliner Allgemeinen". Zudem erstellte er schriftliche Dossiers über innenpolitische Sachverhalte für das MfS und gab politische Dokumente weiter. Daneben bemühte er sich um Kontakte zu Entscheidungsträgern des Berliner Senates und den Parteien SPD und FDP.

Ende 1962 wurde er wegen Bezugs der in der DDR erscheinenden und vom dortigen „Deutschen Instituts für Zeitgeschichte" (DIZ), zu dem Hirsch gute Kontakte unterhielt, herausgegebenen Publikation „Dokumentation der Zeit" (DdZ) nach Ermittlungen des Verfassungsschutzes beim Amtsgericht München angeklagt. Geprüft wurde, ob sich Hirsch als Bezieher dieser Publikationen der Agententätigkeit schuldig gemacht habe. Das Verfahren wurde eingestellt, woraufhin Hirsch selbst eine Verfassungsbeschwerde wegen Beschlagnahmung der DdZ Ausgabe anstrengte, weil er sich in seinem Informationsrecht beschränkt fühlte. 1963 betonten seine Rechtsanwälte, daß Kurt Hirsch „...aus beruflichen Gründen eines der größten privaten zeitgeschichtlichen Archive unterhalte...".[461]

Kurt Hirsch verstarb 1994 in München, das Verfahren wegen Tätigkeit als „Einflußagent" für das MfS wurde eingestellt.

Quellenkritik

Wie die tagespolitischen Auseinandersetzungen zwischen Opfern, Tätern und BStU, um die Aufarbeitung der DDR und ihre Einflüsse auf die Geschichte der „Bonner Republik" zeigen, handelt es sich bei der Quelle MfS-Akte, nach wie vor um eine im Aussagewert umstrittene Quelle. Da diese Quellen unter geheimdienstlichen Gesichtspunkten angelegt sind, das heißt sie können verschlüsselt, falsifiziert oder auch einfach fabriziert worden sein, ist eine pauschale Bestimmung ihres Wahrheitsgehaltes, zumindest für ganze Aktenbestände, problematisch. Zudem muß davon ausgegangen werden, daß die von der BStU überlassenen Aktenbestände lediglich Auszüge aus der ursprünglich vorhandenen Akte des MfS darstellen. Während der Durchsicht fielen dem Verfasser erhebliche Lücken in der Akte auf. So fehlten z.B. Deckblätter, Aktenanlagen oder Einschätzungen/Dokumentationen von Kurt Hirsch für

[460] Knabe, Hubertus: Der diskrete Charme der DDR. Stasi und Westmedien, Berlin 2003, S. 298.
[461] DPA-Meldung: Münchener Journalist klagt beim Bundesverfassungsgericht, Frankfurter Rundschau, 14.01.1963, S. 4.

das MfS. Diese Aktenlücken können unterschiedliche Gründe haben. Zum einen kann Material vom MfS vor der „Wende“ vernichtet oder später von Demonstranten in der „Revolutionswirren“ ab 1989 zerstört worden sein. Zum anderen ist an eine Verschleppung von Aktenbeständen durch andere Geheimdienste (*CIA* und „Rosenholz“) oder an eine qualitative Forschungsauswahl durch die Mitarbeiter des BStU zu denken.

Weiterhin sind verschiedene Quellengattungen zu unterscheiden, bei denen ein unterschiedlich geartetes Verhältnis zwischen Quelle und korrespondierender Wirklichkeit bestehen kann.[462] Da noch keine detaillierte Quellenkunde zu den MfS-Akten vorliegt, welche die geheimdienstlichen Gesichtspunkte einer politischen Polizei für jede Gattung ausreichend würdigt, beschränkt sich der Verfasser in einer sachlichen Auswertung der von der BStU überlassenen Aktenbestände zu der Person Kurt Hirsch, ohne eine darüber hinausgehende Funktionsanalyse des Geheimdienstapparates und der untersuchten Person darzulegen. Im Fokus dieser Auswertung stehen also die technischen Rahmendaten, wie Daten zur Kontaktaufnahme und Kontakte/Inhalte, um maßgeblich die publizierten Informationsdiensttätigkeiten von Kurt Hirsch weiter auszuleuchten. Aufgrund der Art der überlassenen Unterlagen kann allgemein von einem geringen Ideologisierungsgrad der Akten ausgegangen werden und es spricht einiges dafür, daß Wahrheitsgehalt und Quellenwert der Unterlagen relativ hoch einzuschätzen sind. Besonders vor dem Hintergrund, daß die Werbung von Kurt Hirsch auf der Grundlage seiner eigenen inneren Überzeugung und persönlichen Motivationslage zustande kam und diese Tatsache in Bezug auf eine ehrliche und zuverlässige Quelle „...die höchste Form der Zusammenarbeit...“[463] darstellte. Gleichwohl ist gegebenenfalls einerseits eine ideologisch bedingte „Liturgie“ und andererseits eine „operative“ Substanz nicht auszuschließen und eventuell im Verhältnis zueinander mitzudenken.

MfS-Akte: Kurt Hirsch

Eine Aktenvita im MfS durchläuft normalerweise ein bestimmtes Raster, welches in den MfS-Richtlinien zum Umgang mit IM niedergelegt war. Die Anwendung dieses Rasters eignet sich gut, um als Aktenauswertungsstruktur angewendet zu werden. Anhand dieser Struktur (vgl. Unterstreichungen) kann diachron die Tätigkeit von Kurt Hirsch für das MfS dargestellt werden.

---

[462] Engelmann, Roger: Zu Struktur, Charakter und Bedeutung der Unterlagen des Ministeriums für Staatssicherheit, BStU, Abteilung Bildung und Forschung (Hrsg.): BF informiert 3/1994, Berlin 1994, S. 5.
[463] Schröter, Ulrich: Das leitende Interesse des Schreibenden als Bedingungsmerkmal der Verschriftung – Schwierigkeiten bei der Auswertung von MfS-Akten, in: Henke, Klaus-Dietmar; Engelmann, Roger: Aktenlage. Die Bedeutung der Unterlagen des Staatssicherheitsdienstes für die Zeitgeschichtsforschung, Berlin 1995, S. 45.

Der „Gewinnungsprozeß“ von Kurt Hirsch beginnt 12 Jahre vor seiner eigentlichen Werbung als IM des MfS mit einer Einladung nach Erfurt. Wie ein Bericht an den Deutschen Friedensrat, Gesamtdeutsche Abteilung, Berlin, der sich bei der MfS-Akte befindet, zeigt, besuchte Kurt Hirsch 1958 zum ersten Mal auf Einladung der IG Eisenbahn, Saalfeld, die DDR u.a. mit einem journalistischen Erkenntnisinteresse. Der Kontakt ergab sich über einen nicht weiter beschriebenen „Darmstädter Kreis“, dem nach Aussagen des Friedensrates, überwiegend Sozialdemokraten und Gewerkschafter angehörten. Ob diesem Kreis auch VVN-Mitglieder angehörten, konnte nicht recherchiert werden.

Der Verfasser des Bezirksfriedensrates betonte in seinem Bericht, daß Hirsch als Verbindungsmann zwischen der Stadt Erfurt und dem „Darmstädter Kreis“ fungierte. Am Ende seines Schreibens stufte er Hirsch als „noch sehr problematisch“ ein und es bliebe abzuwarten, wie die Besuchseindrücke von Hirsch journalistisch verarbeitet werden. Offenbar wurden über diese institutionalisierten Besuche erste Kontakte zu möglichen Multiplikatoren bzw. Einflußpersonen seitens der DDR–Institutionen, auch über eine zielgerichtete Kulturarbeit, aufgebaut.

In einem undatierten Bericht eines Mitarbeiters des „Deutschen Instituts für Zeitgeschichte“, welches ebenfalls eine Kontakt- und Einflußplattform für die DDR darstellte, wird Kurt Hirsch, der nach diesem Bericht 1963 Kontakt mit dem Institut aufnahm, auf drei Seiten charakterisiert. Hiernach wird das SPD-Mitglied (wahrscheinlich seit 1953) Kurt Hirsch in BRD und DDR offiziell als „SPD-Journalist“ dargestellt. Ausführlich werden seine bislang im Westen veröffentlichten „Entlarvungspublikationen“ (besonders das von der VVN gewürdigte Buch „Blutlinie“), seine friedenspolitischen Stellungnahmen als Atomkraftgegner und seine kommunistische Kritik am Kapitalismus thematisiert. Es folgen Ausführungen zu mehreren Unterredungen, indem Hirsch Material zur Veröffentlichung in verschiedenen Dokumentationen anbot. Seine Honorarverhandlungen versuchte er in westlicher Währung abzuschließen, Betonung fand seine Geschäftstüchtigkeit.

In einem nicht namentlich gekennzeichneten Aktenvermerk vom 12.11.1963 wird eine Kurzcharakterisierung der Person Kurt Hirsch und seiner Publikationen vorgenommen. Hintergrund bildet ein Antrag der ehemaligen DDR-Zeitung für Kultur „Sonntag“ auf Bezug der Publikation „gestern und heute“ von Kurt Hirsch. In diesem Aktenvermerk wird „gestern und heute“ als ein „Bulletin“ mit „humanistischem und antimilitaristischem Inhalt“ charakterisiert, das in einer Einmann-Redaktion von Kurt Hirsch hergestellt wird. Als eine Art Vertrauensbürgschaft werden die DDR-Kontakte von Kurt Hirsch zum DIZ, zum „Deutschen

Militärverlag" und zur Zeitschrift „Deutsche Außenpolitik" genannt, mit denen er in einem gegenseitigen Austausch von Materialien für Publikationen in DDR und BRD steht.
Dieser langjährige „Gewinnungsprozeß", in dem Eignung, Zuverlässigkeit und Bereitschaft des möglichen Agenten geprüft werden sollen, der über gleichgeschaltete Kontaktinstitutionen beginnt, zeigt, wie vorsichtig und beharrlich das MfS sein Ziel verfolgte, westdeutsches Personal für seine Ziele zu gewinnen. Charakteristisch erscheinen die von unterschiedlichen Institutionen vorgenommenen und gegenseitigen Überprüfungen der immer ausführlicheren Berichte zur Charakterisierung von Kurt Hirsch und seinen publizistischen Tätigkeiten.
Als nächstes finden sich mehrere Berichte zu Kontaktaufnahmen, die bereits von der HVA-Abteilung VII/F durchgeführt wurden. Damit beginnt die „Werbungsgrundlage", indem persönliche Bedürfnisse und Interessen eingeschätzt werden. Diese Abteilung der HVA war für die Auswertung und Information zuständig. Aufgrund dieser Aufgabenstellung nahm sie Materialien und Informationen entgegen und leitete sie weiter, erarbeitete Analysen und Einschätzungen, erstellte Tagesübersichten über westliche Pressemeldungen und führte die Bibliothek des MfS mit den Sammelschwerpunkten westliche Publikationen.[464]
Im Bericht dieser Abteilung vom 13.02.1964 über den ersten MfS-Kontakt von Kurt Hirsch am Vortag wird zunächst die Person Hirsch charakterisiert. Neben dem Lebenslauf und den Kontakten in der DDR wird Kurt Hirsch als eine Person dargestellt, die sich dem DDR-Geheimdienst aus finanziellen Nöten schnell andienen möchte. Ein Oberleutnant Boer schreibt vorsichtig distanzierend in seinem Bericht hierzu: „H. erzählte das alles sehr freimütig und betonte mehrere Male, daß er durch sein ganzes Auftreten in der Bundesrepublik als linker Mann angesehen wird. Diese Auslegung ist nach unserer Auffassung überbetont. Offenbar erhofft er sich dadurch eine schnellere Kontaktaufnahme und eine bessere Zusammenarbeit."[465] Über Hirschs Interessen und Bedürfnisse schreibt Boer: „H. ist bestrebt, seinen Dienst zu erhalten, ist an einer Erhöhung der Auflage interessiert und möchte das Verbreitungsgebiet vergrößern. Dafür wünscht er von uns eine finanzielle Unterstützung und nannte einen Betrag von 10.000 DM West. Er erklärte sich bereit, uns interessierende Materialien über und gegen westdeutsche Politiker und politische Praktiken in Westdeutschland sowie Beiträge namhafter Autoren der DDR über kulturpolitische Probleme in der DDR in seinem Dienst zu veröffentlichen, bzw. für uns in die westdeutschen und

[464] Wiedmann, Roland: Die Organisationsstruktur des Ministeriums für Staatssicherheit 1989, in: Henke, Klaus-Dietmar; Suckut, Siegfried; Vollnhals, Clemens; Süß, Walter; Engelmann, Roger (Hrsg.): Anatomie der Staatssicherheit. Geschichte, Struktur und Methoden, Berlin 1995. S. 364.
[465] BStU: MfS-Akte Kurt Hirsch, S. 93.

ausländischen Presseorgane zu lancieren."[466] Damit bot Hirsch dem MfS Dienstleistungen an, die er bereits für andere DDR-Institutionen und Publikationen wahrgenommen hatte. Offensichtlich erhoffte sich Hirsch hierdurch eine feste und regelmäßige Einnahmequelle. Im Weiteren empfahl sich Hirsch als Kontaktperson zu westdeutschen Journalisten (er unterhielt nach eigenen Angaben Kontakte, auch als Lancierungsmöglichkeiten, zu den Zeitschriften „Der Spiegel", „Stern", „Quick", „Süddeutsche Zeitung", „Nürnberger Nachrichten" und anderen „oppositionellen Lokalzeitungen") und gleichfalls bot er an, Informationen über politische Ereignisse in der BRD dem Geheimdienst zuzuführen.

Im Anschluß wird in diesem MfS-Bericht der „Informationsdienst" von Hirsch ausführlich eingeschätzt und zum Schluß vorgeschlagen, die Publikation „gestern und heute" entweder als festen Lancierungsweg (Verbindung weiterhin über die HVA-Abteilung VII/F) auszubauen oder für eine nachrichtendienstliche Tätigkeit (dann wäre die Verbindung über HVA-Abteilung II weiterzuführen gewesen) einzurichten.

In einem weiteren Treffen zeigt sich Boer noch vorsichtiger in den Einschätzungen über Hirschs Kontakte und Lancierungsmöglichkeiten. Zudem erschienen dem MfS die materiellen Forderungen insbesondere der Westdevisen als zu hoch. Es wurden im folgenden weitere Informationen über Hirsch gesammelt: Auskunft über Hirsch erteilte der stellvertretende Chefredakteur der Zeitschrift „Deutsche Außenpolitik" und der mit Kurt Hirsch befreundete Emil Carlebach, Mitarbeiter des „Freiheitssenders 904". [467] Aufgrund der sich für Hirsch erkennbar als schwierig gestaltenden und zähen Verhandlungen bricht dieser den Kontakt zur Abteilung VII/F im März 1964 wieder ab.

Parallel hierzu zeigt die Westabteilung des Zentralkomitees (ZK) der SED (Abteilung 62) ein gewisses Interesse an Kurt Hirsch, dem aufgrund fehlender Akten in dieser Untersuchung nicht weiter nachgegangen werden kann. Zumindest hat Kurt Hirsch seit 1964 auch zum ZK Kontakte unterhalten, da Objektvorgänge hierzu registriert worden sind.

Vom MfS wurde Kurt Hirsch erst zwei Jahre später (1966) von der bereits dargestellten HVA-Abteilung II aktenkundig geführt. In einer zusammenfassenden Charakterisierung zum Lebenslauf von Kurt Hirsch werden zum wiederholten Male auch die „ständigen materiellen Schwierigkeiten" von Hirsch betont. Einem Wochenbericht eines nicht benannten West-IM aus der Redaktion der „tat", der im Oktober 1970 verfaßt wurde und der Akte beiliegt, werden die Verflechtungen zwischen Kurt Hirsch und dem VVN/DKP thematisiert. Darin heißt es: „Kurt Hirsch, Geschäftsführer der „Demokratischen Aktion" (München) erhält seine „Anleitungen" von der DKP u.a. über Hans Jennes (VVN) und Ingrid Schuster (VVN, DKP

[466] BStU: MfS-Akte Kurt Hirsch, S. 95.
[467] BStU: MfS-Akte Kurt Hirsch, S. 74.

und „tat"-Redaktion). I. Schuster ist selbst offizielles Mitglied des Presseausschusses der Demokratischen Aktion."[468] Schuster war Landtagskandidatin der DKP in Hessen und angeblich ein einflußreiches Mitglied des Ortsvorstandes der Gewerkschaft HBV in Frankfurt. In einer Aktennotiz vom 03.02.1972 ist von einer engeren Anbindung durch eine „Neuerfassung" Hirschs in den Geheimdienst die Rede. Hierzu heißt es: „Da der H. bereits seit Jahren – (mit Zustimmung der Westabteilung des ZK der SED) – zur Westabteilung des Nationalrats sowie zum Friedensrat der DDR enge Kontakte unterhält, ist jetzt vorgesehen, die absicherungsmäßige Erfassung und eine operative Kontrolle des H. seitens der HVA/II vorzunehmen."[469] Mit dieser Aktennotiz wird ein Übertragungsvorgang von Kurt Hirsch in eine weitere „Diensteinheit" eingeleitet. Begründet wird diese Maßnahme von Oberst Neefe der HVA-Abteilung II am 22.02.1972: „Im Rahmen der verstärkten politisch-operativen Maßnahmen gegen revanchistische Kräfte in der BRD, wo H. eine spezifische Rolle spielt, ... wird gebeten, die Person ... an unsere Diensteinheit zur weiteren direkten Bearbeitung zu übergeben."[470] Mit dieser Neuerfassung wurde Kurt Hirsch, der bislang als „Sondervorgang XV/2154/62" geführt wurde, nun für die HVA-Abteilung II als Mitarbeiter 341 erfaßt.
Die von der BStU überlassenen Unterlagen aus der MfS-Akte von Kurt Hirsch schließen mit einem handschriftlich geschriebenen Übersichtsbericht vom 27.05.1975. Der Urheber der vier in Berlin verfaßten Seiten geht aus dieser erneuten Einschätzung nicht hervor. Wesentliche Neuinformation in dieser Einschätzung ist, daß Hirsch neben seiner Mitgliedschaft in der SPD, zumindest in der Gründungsphase der DA, auch Mitglied der DKP gewesen ist. Dort wurde ihm lediglich ein gewisses Mißtrauen entgegengebracht. Er wurde nämlich, vielleicht wegen seiner Doppelmitgliedschaft in der SPD, nicht in wesentliche Parteiinterna der DKP eingeweiht: „Weiterhin wurde bekannt, daß H. als Mitglied der DKP in der Demokratischen Aktion tätig war und dort sehr aktiv in Erscheinung trat sowie Maßnahmen mit der DKP koordinierte .... Seitens der DKP wurde beschlossen, daß H. nicht über Finanzierungsfragen, Kaderfragen und interne Parteifragen informiert wird."[471]
Die, in dieser Aktenauswertung bereits häufiger dargestellten, regelmäßigen Einschätzungen bildeten die Grundlage der Zusammenarbeit zwischen MfS und IM. Solch eine Vorgehensweise komplettierte somit kontinuierlich und zusammenfassend Lebenslauf, Kontakte, Interessen, Tätigkeiten, Motivation etc. und erzielte damit im Laufe der Zeit eine immer genauere Charakterisierung des Kontakts/Mitarbeiters.

---

[468] BStU: MfS-Akte Kurt Hirsch, S. 11.
[469] BStU: MfS-Akte Kurt Hirsch, S. 20.
[470] BStU: MfS-Akte Kurt Hirsch, S. 19.
[471] BStU: MfS-Akte Kurt Hirsch, S. 3.

Eine sonst übliche schriftliche Verpflichtung, indem Kurt Hirsch explizit ein Dienstverhältnis als konspirativer Agent bestätigt, als Geheimnisträger beurkundet wird und offiziell seinen IM-Namen erteilt bekommt, liegt den überlassenen Unterlagen der BStU nicht bei.

Diese Informationen können den von der BStU überlassenen Karteien der MfS Abteilung XII (Auskunft, Speicher) entnommen werden: der Personenkarteikarten F 16 (F 16 war der zentrale Datennachweis des MfS zu Personen), der Vorgangskartei F 22, dem Statistikbogen der HVA (Verzeichnis der Agenten, auf die sich die HVA im Krisenfall stützen wollte) und Einträgen der SIRA-Datenbank (einem elektronischen Datenspeicher der HVA). Danach muß Kurt Hirsch zwischen 1977 bis zur „Wende" von der Desinformationsabteilung der HVA X mit dem Decknamen „Helm" geführt worden sein. Grundsätzlich war nur eine aktive Erfassung zulässig. Mit dieser Erfassung übernahm die erfassende Diensteinheit für die jeweilig übernommene Person die politisch-operative Verantwortung.

Neben den persönlichen Daten Kurt Hirschs wird er in der F 16 als Publizist, Pressedienst Demokratische Initiative geführt. Die Karteikarte wurde am 22.08.1977 von Wolfgang Mutz, dem 1. Stellvertreter der HVA-Abteilung X, mit der Registrierungsnummer XV 2845/77 angelegt. Die F 22 Karteikarte wurde ebenfalls am gleichen Tag, von gleicher Person und mit identischer Registriernummer versehen. Sie enthält eine Übersicht über verschiedene Vorgänge im Jahr 1980, welche sich auf die IM Aktenvita von Kurt Hirsch beziehen und eine Kennung mit Datumsangabe. Danach wurde Kurt Hirsch ab 22.08.1977 als „IMA" geführt. Das Kürzel „IMA" steht für Innoffizieller Mitarbeiter/Ausländer, also ein ausländischer Staatsbürger, der als IM angeworben wurde und keiner spezifischen IM-Kategorie angehört.[472] Nach einer MfS-Definition handelt es sich dann um einen IM (Bürger der DDR oder Ausländer), „...der sich aus positiver gesellschaftlicher Überzeugung oder anderen Beweggründen bereit erklärt hat, konspirativ mit dem MfS zusammenzuarbeiten, um die gesellschaftliche Entwicklung der DDR vor allen subversiven Angriffen des Feindes zuverlässig zu schützen, die innere Sicherheit der DDR allseitig zu gewährleisten und zur weiteren Stärkung der sozialistischen Staatengemeinschaft beizutragen. Die IM sind die Hauptkräfte des MfS im Kampf gegen den Feind."[473]

Diese Einordnung des „IMA" entspricht nicht der gegenwärtig vorgenommenen Qualifizierung durch die BStU. Marianne Birthler erklärte, in der Diskussion, ob das MfS in „Fraktionsstärke" im 6. Deutschen Bundestag vertreten gewesen sei: „Bei diesen 43

---

[472] BStU (Hrsg.): Abkürzungsverzeichnis. Häufig verwendete Abkürzungen und Begriffe des Ministeriums für Staatssicherheit, Berlin 1997, S. 45.

[473] Suckut, Siegfried: Das Wörterbuch der Staatssicherheit. Definitionen zur „politisch-operativen Arbeit", Berlin 1996, S. 196.

Abgeordneten fand sich auf den entsprechenden Karteikarten der Vermerk IMA (IM mit Arbeitsakte). Es wäre jedoch irreführend, daraus automatisch auf ein IM-Tätigkeit zu schließen. Die HVA hat zu jener Zeit auch Kontaktpersonen in IM-Vorgängen erfaßt, ..., die entweder zum Umfeld von Inoffiziellen Mitarbeitern gehörten oder ohne ihr Wissen vom MfS abgeschöpft wurden. „IMA“ ist also nicht mit einer IM-Klassifizierung im Sinne des Stasi-Unterlagen-Gesetzes gleichzusetzen.“[474] Abgesehen davon ist die BStU nur in sehr eingeschränktem Maßstabe für eine qualifizierende Aufarbeitung der Akten zuständig, die Tätigkeit des MfS sollte diese Behörde also nur allgemein beurteilen und hauptsächlich als Dienstleister fungierten.[475] Wie die Aktenauswertungen des Verfassers zeigt, würde eine verallgemeinernde Auswertung zu falschen Beurteilungen führen, da erst die Auswertung anhand einer jeweiligen Aktenstruktur qualifizierte Aussagen zu Motiven und Tätigkeiten zulassen. Also sollte lediglich eine wissenschaftliche Würdigung pro Einzelfall vorgenommen werden und somit im Kontext zu der jeweiligen Gesamtakte ein Zusammenhang hergestellt werden.

Der Statistikbogen des HVA nennt unter der oben genannten Registrierungsnummer des Vorgangs von Kurt Hirsch den Decknamen „Helm“. Als verantwortliche Diensteinheit wird die HVA-Abteilung X bezeichnet. „Helm“ wird hier als „A-Quelle“ kategorisiert und als zuverlässig qualifiziert, der höchsten Einstufung des MfS. Im weiteren werden Angaben der Aktenauswertung bestätigt. Infolgedessen ist der Kontakt zu Kurt Hirsch aus offiziellen Kontakten hergestellt worden, eine offizielle Werbung erfolgte 1970 auf „ideologischer Basis“ durch einen Mitarbeiter des MfS. Der Bogen verzeichnet weiterhin die „Objekte“, die Kurt Hirsch bearbeitete, als erstes natürlich das BRD-Pressewesen. Daneben hielt er Verbindung zur jeweils oberen Ebene der Regierung des Westberliner Senates, zu SPD und FDP.

Die Personaleinträge in der SIRA-Datenbank registrieren zwei Auskunftseinträge und einen Vorgangseintrag. Danach wurde Kurt Hirsch, wie Bernt Engelmann, zunächst von Wolfgang Mutz (Eintrag vom 22.08.1977, aktive Erfassung für eine operative Diensteinheit) und später von Frank Ritter (Eintrag vom 11.11.1980, aktive Erfassung für eine operative Diensteinheit), beides Mitarbeiter der Desinformationsabteilung der HVA X geführt. Am 20.01.1988 ist unter der Registernummer für Kurt Hirsch (XV/2845/77) eine Vorgangsregistrierung nach

---

[474] Birthler, Marianne: Unterwanderte Republik?, Frankfurter Allgemeine Zeitung, 28.06.2006, S. 8; vgl. zu diesem Widerspruch der Einordnung des IMA: Staud, Toralf: Wer war „Arthur Kaufmann“?, Die Zeit, 08.02.2007, S. 8; Auch Dr. Knabe teilt die Auflösung von Fr. Birthler in Bezug auf IMA, soweit sie sich auf die F 22 der HVA bezieht, nach seiner Meinung wurden unter IMA z. T. auch Personen registriert, die nicht als IM tätig waren, vgl.: E-Briefausdruck: Antwort von Dr. Knabe: Schriftliches Interview, 06.02.2007 u. 08.02.2007.

[475] Engelmann, Roger: Zu Struktur, Charakter und Bedeutung der Unterlagen des Ministeriums für Staatssicherheit, BStU, Abteilung Bildung und Forschung (Hrsg.): BF informiert 3/1994, Berlin 1994, S. 52.

Vorgangsart IMA verzeichnet. Dabei handelt es sich um einen IM-Vorgang mit Arbeitsakte unter dem Decknamen „Helm". Mit diesen SIRA–Datenbankeinträgen wird die These bestätigt, daß Kurt Hirsch bis zum Ende der DDR für das MfS gearbeitet hat.

Neben diesen Personaleinträgen fungierte die SIRA–Datenbank der HVA als elektronisches Posteingangsbuch, das in Stichworten die erhaltenen Informationen des jeweiligen IM bezeichnet. Danach sind zwischen dem 01.12.1977 und 07.12.1984 von Kurt Hirsch al. IM „Helm" 20 Eingänge verzeichnet worden. Für einen reibungslosen Reiseverkehr in die DDR verfügte Kurt Hirsch über einen falschen Paß und eine andere Identität. Die relevanten Materialien deponierte er jeweils in einem Schließfach im Bahnhof Friedrichstraße in Berlin. Von dort wurden die Dokumente dann von einem MfS Mitarbeiter abgeholt.[476]

Neben öffentlichem Material, wie z.B. Verfassungsschutzberichte aus Bayern und Niedersachsen, hat Hirsch maßgebliche Interna aus SPD-Kreisen dem MfS zugeliefert. Aufzuzählen ist hier ein Referat zu aktuellen Fragen der inneren Sicherheit von Hans-Jochen Vogel, interne Äußerungen von Helmut Schmidt zu einem USA-Besuch oder ein Antrag von Dieter Lattmann an den SPD-Bundesparteitag gegen eine Hochrüstung. Daneben lieferte Hirsch vier Berichte zur Sicherheitslage in Bayern (Monatsberichte), zwei Berichte über die Friedensbewegung, zwei Berichte über die CSU und jeweils einen Bericht zur Jugendarbeit in der DKP und zur FDP. Abgeschöpfte Materialien der SPD standen im Fokus der Zulieferung: neben den bereits genannten Unterlagen finden sich auch SPD-Berichte zu den Landtagswahlen in Bayern und zum Rechtsextremismus. Zufallstreffer sind Berichte über die Gründung einer Deutsch-deutschen Arbeitsgruppe e.V. und eine Information über eine Sitzung der „Konservativen Aktion" in der Redaktion der Zeitschrift „Criticón" Ende Dezember 1981 in München. Die Materialien erscheinen in der Zusammenschau als wenig spektakulär. Es ist somit davon auszugehen, daß Kurt Hirsch eher als Lancierungsweg für Desinformationen in seinen Publikationen (Pressedienste/bnr) und seine politischen Verbindungen vom MfS geschätzt wurde.

Zwischenergebnis

Der Abschnitt zur Vorgeschichte des bnr zeigt, daß im linken Milieu eine gute Vernetzung von Parteien und unterschiedlichen Gruppierungen (von Gewerkschaften bis zur Friedensbewegung) vorzufinden ist. Es wurde gezeigt, daß zu diesen institutionellen Akteuren ein Netzwerk von untereinander verbundenen Journalisten hinzukommt, welches für die abgestimmte Präsenz in den unterschiedlichsten Medien sorgt. Zugespitzt auf die Personen Bernt Engelmann und Kurt Hirsch lassen sich die Motivations- und Interessenlagen aus den

---

[476] Knabe, Hubertus: Der diskrete Charme der DDR. Stasi und Westmedien, Berlin 2003, S. 299.

jeweiligen politischen Biographien herleiten. Die Zusammenarbeit dieser Akteure mit dem Geheimdienst der DDR ergab die Möglichkeit, die eigene gute Vernetzung in der BRD ideologisch und materiell auszunutzen. Themenstrukturell fällt in beiden dargestellten Lebensläufen die dauerhafte Bearbeitung eines angeblichen rechten politischen Erosionsbereichs auf. Diese These bildet den roten Faden in den beiden Biographien.

Im Laufe seiner beruflichen Tätigkeiten als Publizist wurde Kurt Hirsch, neben seinen vielfältigen kulturellen Kontakten zu Institutionen der DDR, bereits ab Anfang der 60er Jahre von unterschiedlichen Abteilungen des MfS geführt und materiell unterstützt. Somit hat Kurt Hirsch in Zusammenarbeit mit Bernt Engelmann und den ihnen angeschlossenen Westorganisationen die DDR aktiv als Einflußagent unterstützt. Es benötigte allerdings einiges an Zeit, bis sich Kurt Hirsch eine Vertrauensbasis sowohl bei den einschlägigen Gruppierungen im Westen, als auch beim MfS erarbeiten konnte, weil er allzu offenherzig und mit Nachdruck im Gewinnungsprozeß seine materiellen Sorgen zu erkennen gab. Die Analyse zeigte zudem, daß Kurt Hirsch wohl nicht eine erstrangige Quelle für Materialien aus dem Westen für das DDR Regime darstellte. Er wurde vielmehr für seine Einfluß- und Lancierungsmöglichkeiten geschätzt. Das regelmäßige Erscheinen des „Informationsdienstes" ist maßgeblich auf das materielle Engagement der DDR zurückzuführen. Über die Beendigung der finanziellen Unterstützung des bnr durch den MfS kann nur gemutmaßt werden. Die überlassenen MfS Akten enthalten hierzu keine konkreten Angaben. Die Publikation wurde ab 1984 von der SPD gerettet und stand bis 1989 als Lancierungskanal für den MfS zur Verfügung. Auch danach wurde der bnr noch weiter ausgebaut und dies bestätigt, daß der Abgrenzungsbeschluß der demokratischen „Volkspartei" SPD zu Organisationen wie dem VVN-BdA und der DKP nur auf dem Papier galt, weil die eigenen Vernetzungen und Verflechtungen in ein linksextremes Spektrum zu einer „volksfrontartigen Erosion" (RUDZIO) nicht selbstkritisch reflektiert wurden. Daß diese Bebachtung auch für die Gegenwart zutrifft wird in den Fallbeispielen untersucht.

Besonders bei den Tätigkeiten und Verbindungen zur DDR wurde Kurt Hirsch vom westdeutschen Verfassungsschutz intensiv beobachtet. Jedoch konnte ihm offensichtlich, trotz häufiger Reisen, z.T. mit der VVN, in die DDR und den weiteren Ostblock zwecks Absprachen und nachhaltiger Publikationstätigkeit in West und Ost nie eine Agententätigkeit nachgewiesen werden. Ob diese Ermittlungen aus politischen Gründen („Entspannungspolitik") nicht zu weiteren Anzeigen weiterverfolgt wurden, kann im Rahmen dieser Arbeit nicht weiter untersucht werden.

2.3 Analysen der bnr Jahrgänge 1990-2004

In diesem Teil der Arbeit werden die bislang erarbeiteten Analysen mit ausgewählten Fallbeispielen des bnr untersucht. Zunächst werden die auch im bnr angewendeten „antifaschistisch" motivierten Methoden zusammenfassend dargestellt.

„Antifaschistische" Publikationsmethoden

Im Abschnitt 1.3 wurden bereits einige allgemeine Aussagen über die Medienlandschaft mit ihren meist einseitigen Selektions- und Kommunikationsformen dargestellt. Hieraus folgt, daß häufig die Intention für den Konsumenten nicht eindeutig ist. Gerade in „antifaschistisch" motivierten und ideologisch einseitig ausgerichteten Zeitschriften werden miteinander kombinierbare Publikationstechniken angewendet, die den Zweck der eigentlichen Nachricht verschleiern.

HELMUT SCHELSKY warnt davor, sich nicht von einer Sprachverwirrung beeinflussen zu lassen. Er fordert dazu auf, die neu eingeführten „Schlüsselworte" und „Wortfelder" zu enttarnen, um sich gegen eine Sprachbeherrschung zu wehren, die sich für den Souverän als wichtige, aber von ihm unterschätzte, politische Gewalt darstellt.[477] Ein Mitverdienst von „antifaschistischen" Publikationen, wie dem bnr dürfte die unreflektierte Übernahme einer Benutzung der Wortwahl „Antifaschismus" durch die allgemeine (Medien-)Öffentlichkeit sein. Diese Begrifflichkeit wird heutzutage nicht nur falsch auf einen Antinationalsozialismus ausgeweitet, sondern überdehnt auch auf die demokratische Rechte angewendet. Alternativ wird der ausgeweitete Begriff „Faschist" inzwischen teilweise durch den „Rechtsextremisten" ersetzt. Problematisch ist diese Verwendung deshalb, weil die dichotomen Kategorien auch durch den administrativen Verfassungsschutz benutzt werden und den Betroffenen rechtliche Folgen entstehen können, weil diese wissenschaftlich gedeckten Dichotomien dann juristisch präzise Rechtsbegriffe sind, die als Kampfbegriffe verwendet werden. Kampagnen- und formelartig wird dieser Begriff schon durch bloßes Nennen von „Antifaschisten" eingesetzt, um gegen die Politik des Gegners mit dem Ziel vorzugehen, diesen aus der Gemeinschaft auszugrenzen und ihn als eine „Unperson" darzustellen. In Extremfällen reicht dies bis zur persönlichen Vernichtung.[478] Da nichts so sehr in der BRD von der Öffentlichkeit abgelehnt wird wie der Rechtsextremismus, gleicht die vorgenannte Verwendung einem „Totschlag-Argument".

---

[477] Schelsky, Helmut: Herrschaft durch Sprache, in: Der selbstständige und der betreute Mensch. Politische Schriften und Kommentare, Stuttgart 1976, S. 116-119.

[478] Bereits eine politische und soziale Isolierung aus der Öffentlichkeit als ein Bewußtseinszustand, läßt den Einzelnen am Ende durch den Bruch in der Karriere, die gesellschaftliche Ächtung oder die öffentliche Vorführung „tot aus der Gesellschaft fallen", vgl.: Noelle-Neumann, Elisabeth: Die Schweigespirale. Öffentliche Meinung – unsere soziale Haut, München 2001, S. 82 u. 135f..

Das normative Kriterium der „Verfassungsfeindlichkeit" wird somit selber zu einem gestreckten Instrument der Einschüchterung und Denunziation. Diese treffen nicht nur die „üblichen Verdächtigen", sondern auch den verfassungstreuen Bürger, der zu „politisch unkorrekten" Streitfragen öffentlich Stellung bezieht. Vor ihrer Stigmatisierung werden sie in einem ersten Schritt zunächst mit sprachlichen Neuschöpfungen wie „Biedermann mit Maske", „Extremist in Nadelstreifen" oder „geistiger Brandstifter" unter Verdacht gestellt. Diese gefühlsbeladenen stereotypen Zusätze stellen nach NOELLE-NEUMANN Verkehrsmittel der öffentlichen konformen Meinung dar, welche auch ausgrenzend wirken können. Je häufiger ein Stereotyp wiederholt wird, desto fester prägt es sich auch in das Gedächtnis von Multiplikatoren (Journalisten) ein.[479] Diese stereotypen Verdächtigungen sind juristisch kaum abzuwehren, die Stigmatisierungswirkung bei einer Medienkampagne ist aber erheblich. Eine solche neurotische Instrumentalisierung von Sprache, die mit der Argumentationsfigur einer „Herrschaft des Verdachts"[480] arbeitet, ist geeignet, eine pluralistische politische Kultur zu ruinieren.

Eine Methode, diese „antifaschistischen" Wortfelder, Schlüsselworte und Argumentationsfiguren herzustellen, ist die Bildung von fragwürdigen personellen oder organisatorischen Assoziationsketten. Assoziationsketten werden gebildet, indem man Personen Sympathien für Rechtsextreme oder rechtsextreme Positionen assoziativ unterstellt, nur weil diese z.B. in der gleichen Zeitung, Zeitschrift, einem Sammelband oder dem gleichen Verlag publizieren. Nach dieser Methode interessiert also nicht die Aussage des Autors oder Redners, sondern allein die Frage, wo er publiziert oder gesprochen hat. Zuweilen werden einzelne Sequenzen aus dem Zusammenhang exzerpiert, um diese in einem neuen zumeist konstruierten Kontext darzustellen. Eine andere Art der Assoziationskette ist in der folgenden kombinierten semantischen Verschleifungen zu beobachten: rechts = rechtsextrem = rassistisch = antisemitisch = faschistisch = völkisch, usw. Einmal eingeführte stereotype Attribute verweisen wechselseitig aufeinander und ermöglichen somit eine flexible Handhabung von Generalvorwürfen.

Diese Vorgehensweise hofft auf die Strategie des *„Semper aliquid haeret"* (Es bleibt immer etwas hängen).[481] CASPAR VON SCHRENCK-NOTZING sieht in der Bildung von

---

[479] Noelle-Neumann, Elisabeth: Die Schweigespirale. Öffentliche Meinung – unsere soziale Haut, München 2001, S. 207-208; Die Theorie der Stereotypen als Verkehrsmittel der öffentlichen Meinung geht auf Walter Lippmann zurück. Er fokussiert den Zusammenhang zwischen öffentlicher Meinung und Journalismus.

[480] Hoffmann, Arne: Warum Hohmann geht und Friedman bleibt. Antisemitismusdebatten in Deutschland von Möllemann bis Walser, Schnellroda 2005, S. 219.

[481] Hornung, Klaus: Antifaschistische Machtstrategien in der Moralgesellschaft. „Kampf gegen Rechts" – „Aufstand der Anständigen", in: Stein, Dieter (Hrsg.): Ein Leben für Deutschland – Gedenkschrift für Wolfgang Venohr 1925-2005, Berlin 2005, S. 277f.; Armin Pfahl-Traughber nutzt die Technik der Assoziationskette um

Assoziationsketten die Implementierung einer neuen konformen „Zensur". Danach verhindert eine solche „Zensur" nicht primär die Verbreitung von Publikationen, Themen oder Ideen durch Verbote, sondern sie versucht, dem Konsumenten von ihrem Gebrauch durch (körperliche-, wirtschaftliche- und psychologische) Sanktionen wie Tabuisierung und sozialer Kontrolle abzuraten. Diese „Zensur" kann sich in einem aktiven Tun, z.B. einer Rezension, in der am intellektuellen Wert von Publikationen oder Personen gezweifelt wird, oder durch schlichtes Verschweigen äußern. Längst hat ELISABETH NOELLE-NEUMANN in ihrem Standardwerk die „Artikulationsfunktion"[482] von Medien beschrieben, die besagt, daß erst Medien den Akteuren die Möglichkeit einräumen können, ihren Standpunkt darzulegen. Werden sie von ihnen in ihrer Artikulation ausgeschlossen, sind sie mundtot und der eigenen Verteidigung entmündigt. Sich frei organisierende und bewegliche Gruppen, wie Medien, Parteien oder *pressure groups* schränken somit die freie Meinungsbildung ein, indem sie diese selbst unter diskriminierenden Verdacht stellen.[483] Folgt den beschriebenen „antifaschistischen" Handlungsempfehlungen nicht der gewünschte Erfolg, werden einseitige Forderungen nach Verboten, Verhinderung und Eingriffe des Staates erhoben, ohne sich länger mit einer argumentativen Auseinandersetzung aufzuhalten.[484]

In diesem Zusammenhang wird auch das anspruchslose *naming names* angewendet, also das nebeneinanderstellen von Personennamen im selben Kontext, von denen einige vorher selbe mit Bezeichnungen wie „umstritten", „notorisch" oder „sattsam bekannt" attributiert wurden. In vielen Fällen reicht bereits die bloße Nennung in einer „antifaschistischen" Publikation, die über eine Vernetzung z.B. zu einem geneigten Leitmedium verfügt, um die jeweilige Person oder Organisation unter Verdacht zu stellen bzw. anzuprangern. Publikationen wie z.B. „die tageszeitung, taz" oder das Internetmedium „Spiegel-Online" benutzen dann einen Kommentar-Journalismus, der nicht zwischen einer möglichst objektiven Weitergabe von Nachrichten und ihrer Kommentierung trennt. Die Konsumenten werden also nicht über aktuelle Ereignisse im Sinne einer neutralen Information aufgeklärt, sondern die Information wird direkt mit einer politischen Botschaft verknüpft.[485] Politischen Botschaften werden, um den Anschein einer Unwiderlegbarkeit zu erwecken, zusätzlich moralisch aufgeladen. An

---

die Verortung des extremistischen Bereiches im „Brückenspektrum" (Definition des Begriffes „Zusammenarbeit") vorzunehmen, vgl.: 1.4 „Brückenspektrum" – „Scharnierfunktion" – „Grauzone".

[482] Noelle-Neumann, Elisabeth: Die Schweigespirale. Öffentliche Meinung – unsere soziale Haut, München 2001, S. 246-250.

[483] von Schrenck-Notzing, Caspar: Zensur – einst und jetzt, in: Knütter, Hans-Helmuth; Winckler, Stefan (Hrsg.): Der Verfassungsschutz. Auf der Suche nach dem verlorenen Feind, S. 35-37.

[484] Klaus-Henning Rosen fordert, ähnlich wie in der VR China, eine „Totalkontrolle" des Internet und Fernsehen, vgl.: Rosen, Klaus-Henning: Grenzen der Medienfreiheit, bnr 17/96, 21.08.1996, S. 4.

[485] Vgl. auch einige Beispiele bei: Hoffmann, Arne: Warum Hohmann geht und Friedman bleibt. Antisemitismusdebatten in Deutschland von Möllemann bis Walser, Schnellroda 2005, S. 295.

dieser Stelle ist an die in der Formalanalyse dargestellten „Daueremotionalisierungen" im bnr, etwa durch die regelmäßigen Schreiben der Herausgeber zum Jahresbeginn zu erinnern.
Bereits ARMIN MOHLER enttarnte diese scheinbar potenzierte moralische Entrüstung aufgrund des zeitlichen Abstands zu der totalen Niederlage von 1945 oftmals nur als „Folie für politische Denunziation". Er beschreibt diese Eindrücke im Zusammenhang mit der deutschen „Vergangenheitsbewältigung". Die Methode der „Sentimentalen Verkürzung",[486] die nach MOHLER besagt, daß der Ausdruck des Geschehens nur noch moralisch – im Sinne eines Kults mit Gefühlen aus zweiter Hand aufgrund von Sekundärerlebnissen – wiedergegeben wird, zeigt, daß eine solche nicht endende Geschichte nur unzulänglich kontextualisiert wird. „Erlebnisse" können aber nicht durch Zweite oder Dritte erfahren werden, daher handelt es sich um moralische Bekenntnisse. Inzwischen muß man wohl aufgrund eines weiteren Generationswechsels mindestens von „Tertiärerlebnissen" aus dritter Hand sprechen, die Geschichtspolitisches moralisch ventilieren.
Die Tatsache, daß sich zwar alle Medien von einer *political correctness* abgrenzen, aber die überwiegende Anzahl der Medien sich konform dem Verwendungsverbot bestimmten ausgewählten inkriminierten Begrifflichkeiten unterwerfen und damit die öffentliche Meinung einer „latenten Masse"[487] enorm verstärken, wurde in dieser Arbeit bereits thematisiert. Dieser Konformitätsdruck wird auch durch eine moralisch selbstlegitimierte „antifaschistische" Publikationsszene weiter befördert, die maßgeblich verantwortlich ist für die PC-gerechte Inkriminierung von Begrifflichkeiten.
Weitere wichtige Aspekte „antifaschistischer" Publikationstechniken stellen die Mechanismen der Massenpsychologie dar. Das „antifaschistische" Phänomen, im Sinne NOELLE-NEUMANNS, verstanden als eine „konkrete Masse",[488] kann sich heutzutage seiner Sympathie sicher sein. Dieses Faktum erklärt, warum „antifaschistische" Akteure, erst einmal aufgegangen in eine „solidarische Masse": Selbstbewußt, ohne Isolationsfurcht und weitgehend ohne soziale Kontrolle gegen den politischen Gegner vorgehen und das nonkonforme Individuum durch eine Tabuisierung isolieren oder sogar die „Schweigespirale" (NOELLE-NEUMANN) auslösen können.

---

[486] Mohler Armin: Der Nasenring. Die Vergangenheitsbewältigung vor und nach dem Fall der Mauer, München 1991, S. 147-148.
[487] Noelle-Neumann, Elisabeth: Die Schweigespirale. Öffentliche Meinung – unsere soziale Haut, München 2001, S. 161: es besteht eine Gemeinsamkeit des Fühlens und Denkens, ohne aber an einem Ort zusammen zu sein.
[488] Noelle-Neumann, Elisabeth: Die Schweigespirale. Öffentliche Meinung – unsere soziale Haut, München 2001, S. 155-160: Man kann sich in einer „konkreten Masse" einer enorm verstärkten öffentlichen Meinung bedienen, Mitglieder dieser Masse erfahren Gemeinsamkeit und sind entlastet von scharfer Umweltbeobachtungen Dritter. Sie sind völlig aufgegangen in der anonymen, legitimierenden Masse.

Die in diesem Abschnitt besprochenen Methoden verwenden im Kontext der „antifaschistischen" Arbeit oftmals lediglich aufgeblähte und emotionsgeladene Behauptungen von Tatbeständen, die sich durch ihre permanente Wiederholung und Übertragung selbst belegen und verallgemeinern sollen. Dadurch werden der Behauptung erst das notwendige Gewicht und jene Glaubwürdigkeit verliehen, die keinen Zweifel mehr zuläßt. Der französische Soziologe GUSTAVE LE BON untersuchte schon 1895 diesen Dreiklang in seinem Buch „Psychologie der Massen". Diese historischen Beobachtungen besitzen, angewendet auf den „antifaschistischen" Teilbereich in der heutigen pluralistischen Gesellschaft („nivellierte Mittelstandsgesellschaft", HELMUT SCHELSKY), immer noch einen heuristischen Wert. Zur langsamen aber dauerhaften Beeinflussung der Massen heißt es bei LE BON: „Die reine, einfache Behauptung ohne Begründung und ohne Beweis, ist ein sicheres Mittel, um der Massenseele eine Idee einzuflößen. Je bestimmter eine Behauptung, je freier sie von Beweis und Belegen ist, desto mehr Ehrfurcht erweckt sie....Die Behauptung hat aber nur dann wirklich Einfluß, wenn sie ständig wiederholt wird, und zwar möglichst mit den selben Ausdrücken....Das Wiederholte befestigt sich so sehr in den Köpfen, daß es schließlich als eine bewiesene Wahrheit angenommen wird.... Wenn eine Behauptung oft genug und einstimmig wiederholt wurde, ..., so bildet sich das, was man eine geistige Strömung nennt, und der mächtige Mechanismus der Ansteckung kommt dazu. Unter den Masse übertragene Ideen, Gefühle, Erregungen, Glaubenslehren entwickeln sich mit ebenso starker Ansteckungskraft wie Mikroben....Die Übertragung der Gefühle erklärt die plötzlichen Paniken."[489]

Eine „geistige Strömung" entwickelt sich nicht deshalb, weil das Geäußerte den Verstand des Adressaten überzeugt hätte, sondern weil es dessen Isolationsfurcht benutzt, um die eigene Ratio zu umgehen. Der Verstand wird zur Seite gedrängt, die Zweifel durch Tabuisierung werden absorbiert. Das Meinungs- und Stimmungsbild über den politischen Gegner ist durch Beobachtung und Nachahmung der Öffentlichkeit (im Sinne der veröffentlichten Meinung) erzeugt. Durch gegenseitiges Beobachten und Abschreiben entstehen Kampagnen, die *sui generis* existieren und auch ihren vorgeblichen Wahrheitsgehalt selbst durch ein hin und her schieben von Inhalten und Themen entwickeln. „Antifaschistische" politische Strömungen und „Zitierkartelle" die mit solchen Techniken arbeiten und ihre Darstellungen in Leitmedien, Politik und Verwaltung lancieren können, nehmen einseitig massiven Einfluß auf das Meinungsklima, die chronikalische Geschichtspolitik und die politische Kultur. Wie die folgenden Fallbeispiele zeigen, erodieren der bnr und seine Akteure als Verbindungsmedium

---

[489] Le Bon, Gustave: Psychologie der Massen, Stuttgart 1982, S. 88-90.

und Zitationsportal das politische Koordinatensystem mit den beschriebenen Publikationstechniken nach links.

2.3.1 Analyse ausgewählter Fallbeispiele

Diese Analyse ausgewählter Fallbeispiele im Untersuchungszeitraum 1990-2004 stellt eine Inhaltsanalyse aufgrund der im einleitenden Kapitel beschriebenen Themenkonzeption dar. Im nachfolgenden Abschnitt werden Thematiken und Verbindungen des bnr zu linken bzw. linksextremen Themen und Gruppierungen chronologisch fokussiert und ihre „antifaschistischen" Momente herausgearbeitet. Danach erfolgt die Perzeption des bnr hinsichtlich demokratischer Rechter in einer strukturierten diachronen Darstellung anhand von Fallbeispielen.

Im einleitenden Abschnitt der vorliegenden Studie wird dieser Teil der empirisch-analytischen Untersuchung als eine deskriptive Zerlegung (Analyse) des bnr angekündigt. Das heißt, es werden kurzkommentierte Inhalte des bnr präsentiert, die in den Zwischenergebnissen und der Schlußfolgerung im Anschluß anhand der Schlüsselbegriffe des definitorischen Teils bzw. der bereits dargestellten „antifaschistischen" Publikationsmethoden (2.3) interpretiert werden. Da es in der vorliegenden Arbeit nicht darum geht, die ausgewählten politischen Fallbeispiele der 90er Jahre ff. vertiefend zu thematisieren, sondern den bnr als eine Zeitschriftenanalyse zu untersuchen, werden die einzelnen Inhalte nicht in einem erweiterten Umfang kommentiert. Die ausführliche, jahrgangsweise Darstellung, welche auf einen emotionalisierenden Stil verzichtet, besitzt den Vorteil, nicht moralisch zu argumentieren, sondern argumentative Bausteine für die somit ausreichend belegten Ergebnisabschnitte zu liefern. Weiterhin kann die folgende „Materialsammlung" Ausgangspunkt für eine weitere Beschäftigung mit diesem Politikfeld der Extremismusforschung sein.

Die subtile und positive Konnotation des bnr bezüglich der linksextremen bzw. „antifaschistischen" Tendenzen mußten aus einer sekundären Inhaltmatrix erst herausgeschält werden, da sie dem Leser nicht offen kommuniziert werden. Zum einen handelt es sich beim bnr nicht um eine Zeitschrift, die schwerpunktmäßig über die eigene politische Ausrichtung berichtet (vgl. AN), zum anderen verschleiert der bnr diese Strategieinhalte, Positionen und Informationen überwiegend in Rezensionen, Veranstaltungsberichte, Dokumentationen und Kommentierungen. Mit dem nachfolgenden Abschnitt folgt der Verfasser auch einer Aufforderung von Klaus-Henning Rosen, welcher im bnr 7/95 um folgenden Anhaltspunkt nachfragte: „In unserem Interesse bitten wir daher um Hinweise, von welchem des

Linksextremismus verdächtigen Autor uns Gefahr drohen könnte".[490] Der Verfasser benennt in nachfolgender deskriptiver „Materialsammlung" nicht nur die Autoren, sondern auch die dazugehörigen Inhalte.

Linksextremistische/„antifaschistische" Tendenzen im bnr

Wie bereits in der Formalanalyse gezeigt werden konnte, verwendet der bnr auch nach der Übernahme durch die SPD als Selbstbezeichnung das Attribut „antifaschistisch".[491] Im Folgenden soll nun gezeigt werden, welche linksextremistischen Tendenzen sich aus einem inhaltlich zu analysierenden „Antifa-Konsens" der 90er Jahre - bis zu der Umstellung auf ein elektronisches Format im Jahr 2004 - im bnr ergaben. Dieser inhaltliche „Antifa-Konsens" des bnr beförderte, neben anderen Publikationen, eine Renaissance des Linksextremismus nach der Wende und unterstützte mittelbar die Forderung nach einer „antifaschistischen Fundamentalnorm" (HANS-HELMUTH KNÜTTER).

1990:

Martin Dietz, Mitarbeiter des DISS, berichtet in der Rubrik „Wehrhafte Demokratie" im bnr 4/90 von einem ersten „Antifaschistischen Colloquium" des DISS, welches in Kooperation mit der VVN-BdA NRW durchgeführt wurde.[492] Nach eigenen Angaben wurden dort bislang „unveröffentlichte Forschungsergebnisse" thematisiert, wobei man diese hauptsächlich im internen Kreis („im überschaubaren Kreis") präsentierte. Die Vortragsdiskussion zu einem Referat dieses Colloquiums über „neofaschistische Wahlerfolge" lassen marxistische Erklärungsmuster erkennen: „In der Diskussion wurde gefordert, die spezifische Interessenlage der Neofaschisten, der Konservativen und der diversen Kapitalfraktionen präzise zu analysieren."[493] Weiterhin wurde neben anderen von Margret Jäger über „rassistisches Gedankengut in den seriösen Fachwissenschaften" gesprochen, dessen Hauptstoßrichtung sich angeblich gegen Demokraten richten würde und der DRR-Autor Raimund Hethey stellte die „Grauzone" zwischen „Neofaschismus" und dem etablierten Spektrum dar. Dietz lobt den marxistischen Grundtenor der Veranstaltung, denn „…die von Adorno und Brecht eingeforderte Analyse des Zusammenhangs von Kapitalismus und Faschismus zog sich wie ein roter Faden…"[494] durch die Veranstaltung.

Der bnr-Stammautor, ehemalige VVN-BdA Funktionär und Vielschreiber in „antifaschistischen" Medien, Volkmar Wölk, thematisiert im bnr 7/90 die neue Struktur für

---

[490] Rosen, Klaus-Henning: Viel Feind – viel Ehr, bnr 7/95, 04.04.1995, S. 10.
[491] Z.B.: Hirsch, Kurt: Nachdenkliche und nachträgliche Gedanken zum SPD-Forum über „Rechtsextremismus – Phantom oder Gefahr?", bnr 25/86, 08.12.1986, S. 5f.; Redaktionelle Mitteilung: „…Wir alle, denen antifaschistische Arbeit ein wichtiges Anliegen ist,…", vgl.: bnr 13/87, 22.06.1987, S. 8.
[492] Dietz, Martin: Antifaschistisches Colloquium des DISS, bnr 4/90, 12.02.1990, S. 9.
[493] Ebd..
[494] Ebd..

das „Komitee der antifaschistischen Widerstandskämpfer" der DDR. Zu Beginn läßt Wölk seine ideologische Nähe zur DDR-Ideologie und ihrem Gründungsmythos erkennen: „Gemäß der SED-Doktrin, daß in der DDR Faschismus und Militarismus mit Stumpf und Stiel ausgerottet seien, hat das „Komitee der antifaschistischen Widerstandskämpfer" in der DDR seit langen Jahren keine reale politische Bedeutung mehr gehabt. Die wichtigste Aufgabe dieser Organisation bestand in der „Traditionspflege" und der Vermittlung der eigenen Erlebnisse an Schüler."[495] Im Anschluß werden von Wölk die Bemühungen der Organisation aufgezeigt, sich einem „erstarkten Rechtsextremismus" als neue Aufgabe zuzuwenden. So sei die Gründung eines „Bundes der Antifaschisten" geplant. Wölk schätzt die Bemühungen des Komitees nach einer Verteidigung der „antifaschistischen Grundposition" skeptisch ein und verweist zugleich auf eine bündnispolitische Reputationstaktik: „..., zu sehr wurden aber auch unabhängige antifaschistische Gruppen, die in zahlreichen Städten der DDR entstanden sind, in ihrer Arbeit alleingelassen. Viel wird davon abhängen, ob es gelingen kann, für den „Bund der Antifaschisten" anerkannte und geachtete Persönlichkeiten des öffentlichen Lebens auch anderer politischer Richtung zu gewinnen."[496]

Das Nachschlagewerk zur „rechten Szene" von Kurt Hirsch wird im bnr 7/90 dem „antifaschistischen Neueinsteiger" von Torsten Borchers empfohlen. Daß Kurt Hirsch in seinem Buch „Rechts von der Union" keinen antitotalitären Maßstab zugrunde legt, wurde bereits an andere Stelle dargestellt. Borchers stellt wohlwollend fest, daß Buch würde „ein Personenregister und Kurzbiographien sowie ein chronologisches Verzeichnis rechtsradikaler Organisationen und Parteien"[497] enthalten.

Volkmar Wölk veröffentlicht in bnr 12/90 erneut unter seinem Klarnamen einen ausführlichen Tagungsbericht über einen außerordentlichen Bundeskongreß der VVN-BdA in Düsseldorf, der nach seinen Angaben, „ältesten und mitgliederstärksten antifaschistischen Organisation der Bundesrepublik".[498] Auf dieser Krisensitzung sollten Möglichkeiten entwickelt werden, die Kontroversen zwischen den Mitgliedern (viele der Hauptakteure sind Doppelmitglieder mit DKP-Parteibuch) zu schlichten und dem allgemeinen Mitgliederschwund zu begegnen.

[495] Wölk, Volkmar: Neue Struktur für das Komitee der antifaschistischen Widerstandskämpfer (DDR), bnr 7/90, 26.03.1990, S. 2-3, hier: S. 2; Zu dem politisch instrumentalisierten „Antifaschismus" in der DDR, der Gründung des „Bundes der Antifaschisten" und der weiteren geschichtspolitischen Zusammenarbeit von VVN-BdA und PDS fokussiert an Beispielen aus Sachsen-Anhalt, vgl.: Hirschinger, Frank: Fälschung und Instrumentalisierung antifaschistischer Biographien, Göttingen 2007, 137-162.
[496] Ebd., hier: S. 3.
[497] Borchers, Torsten: Nachschlagwerk zur rechten Szene, bnr 7/90, 26.03.1990, S. 7; Eckhard Jesse ordnet den Publizisten Kurt Hirsch dem linksextremen Milieu zu, vgl.: Jesse, Eckhard: Fließende Grenzen zum Rechtsextremismus? Zur Debatte über Brückenspektrum, Grauzone, Vernetzungen und Scharniere am rechten Rand – Mythos und Realität, in: Falter, Jürgen W.; Jaschke, Hans-Gerd; Winkler, Jürgen R. (Hrsg.): Rechtsextremismus. Ergebnisse und Perspektiven der Forschung, Opladen 1996, S. 523.
[498] Wölk, Volkmar: VVN – Bund der Antifaschisten im Umbruch, bnr 12/90, 04.06.1990, S. 7.

Diese Probleme werden von Wölk auf die Finanzlage zurückgeführt, welche maßgeblich mit der ausbleibenden Finanzierung aus der DDR („Ostblock") begründet wird. Als erste Umstrukturierungsmaßnahme wird die Einführung einer Sprechergruppe beschlossen, welche die unterschiedlichen Meinungen in Zukunft bündeln soll. Wölk prognostiziert maßgebliche Einigungsschwierigkeiten in den fünf inhaltlichen Foren (u.a. „Konzepte des Kampfes gegen den Neofaschismus"). Dieser inhaltliche Meinungsstreit würde nach Wölks Ansicht die Weichen über Erfolg oder Nichterfolg der gesamten Organisation stellen.

Jens Metzler, „Rechtsextremismusexperte" der Universität Dresden, schreibt im bnr 15/90 über ein Treffen am 23.06.1990 bei Berlin von „...Wissenschaftlern, Politikern, Vertretern der Kirche sowie von Parteien und Bewegungen aus dem Westteil der Stadt, darunter die SPD, zum Thema „Antifaschismus" als aktuelle Aufgabe..."[499]. Der Autor beklagt eine „Ausgrenzungseuphorie" der Regierungs- und Parlamentsparteien der DDR, die sich Aufgrund einer PDS Veranstalterkommission entschuldigen ließen. Breiten Raum nahm die inhaltliche Definition eines neuen „Antifaschismus" auf dieser Beratung ein. Die Tagungsteilnehmer entlarven in dieser inhaltlichen Bestimmung ihre wahren Wirkrichtungen, nämlich die Forderung nach einer „antifaschistischen Fundamentalnorm": „Nicht der Antifaschismus sei das Pendant zu Neofaschismus oder Neonazismus, sondern die parlamentarische Demokratie."[500] Nach dem Scheitern des „realexistierenden Sozialismus" als Parteiendiktatur versuchen die Teilnehmer auf diesem Treffen, unter Beteiligung der West-SPD, bereits die zukünftigen machtpolitischen Einflußmöglichkeiten über einen „Antifa-Konsens" auszuloten. Offensichtlich wird die Auseinandersetzung mit den synonym verwendeten Thematiken „Neofaschismus", „Neonazismus" und Rechtsextremismus lediglich als ein Medium zur Einflußmöglichkeit auf die zukünftig einheitliche fdGO genutzt.

Der zeitweise verantwortliche bnr-Redakteur Eckart Strohmeier stellt im bnr 24/90 ein neues „antifaschistisches" Periodikum der VVN-BdA vor. Hintergrund für die Herausgabe der neuen Schrift mit dem Titel „Ideen für antirassistische und antifaschistische Arbeit" ist die interne Zerstrittenheit der „antifaschistischen" Organisationen und ihre unterschiedlichen Wahrnehmungen eines demokratisch verfaßten Staates: „Ideologisch ging der Streit darum, ob sich der Widerstand gegen Rassismus und Rechtsextremismus künftig ganz auf die Linie festlegen lassen sollte, nach der der Kapitalismus die Wurzel aller nazistischen und faschistischen Bewegungen sei oder der Kampf gegen den Rechtsextremismus auch von Organisationen und Parteien legitim geführt werden könne, die sich nicht einem strikten Antikapitalismus verschrieben haben. [Das Wirtschaftssystem der BRD orientiert sich nicht

---

[499] Metzler, Jens: DDR-Diskussion über einen „neuen Antifaschismus", bnr 15/1990, 16.07.1990, S. 6-7.
[500] Ebd..

an den Maßgaben eines reinen Kapitalismus, sondern anhand der Zielvorgaben einer „Sozialen Marktwirtschaft“ und des Ordoliberalismus die eine staatliche Daseinsvorsorge verfolgt; Anm. L.N.] Aktuell entzündete sich dieser Streit an der Frage, ob das zusammenwachsende Deutschland friedlich und demokratisch gestaltet werden könne, oder ob ein 4. Reich unausweichlich bevorstehe.“[501] Der Redaktion des Blattes gehören, nach Angaben von Strohmaier: Kurt Faller, Martin Stadelmaier (bnr Autor) und Frieder O. Wolf an. Sie werden unterstützt von den Mitarbeitern – neben anderen - : Bernt Engelmann, Gerd Greune, Arno Klönne, Ralf-Erik Posselt und Claudia Roth.

Ausschließlich das Thema Rechtsextremismus fokussierend berichtet Torsten Borchers einseitig von einer Fachkonferenz zum Thema „Extremismusbekämpfung – Gegenwart und Ausblick“ des Bundes deutscher Kriminalbeamter (BDK) am 16. und 17.11.1990 in „Ostberlin“. Hauptsächliche Adressaten der Konferenz waren Kriminalisten aus den neuen Bundesländern. Neben einem „vielbeachteten Referat“ des Rechtsextremismusexperten Bernd Wagner (vgl. FN 72) beleuchtet Borchers besonders den Beitrag der Publizistin Margitta Fahr, die sich für eine staatliche Förderung von „autonomen antifaschistischen Strukturen“ ausspricht und das Gewaltpotential dieser Szene dabei verharmlost. Ihrer Meinung nach „…tragen Berliner Senat und Magistrat „auf dem rechten Auge bereits eine schwarze Augenklappe“. Sie forderte die Erhaltung unabhängiger antifaschistischer Strukturen und Einrichtungen, insbesondere des Berliner „Antifa-Infoladen Bandito Rosso. Dieses Haus bekäme wie sechs weitere linke Häuser in Ostberlin keine Verträge…. Die Autonomen Antifa-Gruppen seien flexibel und wendeten Gewalt nur zur Verteidigung an. Zum Konzept der Antifa - Arbeit gehöre, neben Informationsarbeit [Erinnert sei an dieser Stelle an die sog. *„Outings“* im Zusammenhang einer „antifaschistischen“ Selbsthilfe; Anm. L.N.] und der Betreuung von Opfern rechtsextremer Gewalt und Ausländern, auch der Dialog mit gefährdeten Jugendlichen und Rechtsextremisten“““.[502] Wie hierzu die gewaltorientierten Antifa–Losungen „Antifa heißt Angriff“ und „Schlagt die Rechten wo ihr sie trefft“ passen, welche in Szenebroschüren, Informationsfalter und Sprühaktionen weite Verbreitung finden, wird hingegen von der Publizistin nicht beleuchtet.

In der letzten bnr Ausgabe des Jahres listet die Journalistin Franziska Hundseder in einer Bibliographie Literatur zum Thema Rechtsextremismus auf. Hierunter findet sich auch linksextremistische (Szene-)Literatur der „Antifa–Do–Nord“, der „Antifaschistischen Aktion“

---

[501] Strohmeier, Eckart: Für einen neuen Antifaschismus, bnr 24/90, 19.11.1990, S. 8.
[502] Borchers, Torsten: Rechtsextremismus und Extremismusbekämpfung in der ehemaligen DDR, bnr 25/90, 03.12.1990, S. 7-8.

Göttingen, des Arbeitskreises „Jugendarbeit und Rechtsextremismus“ des DISS und der „Autonomen Antifaschistinnen West-Berlin“.[503]

Die komplette Berichterstattung im Jahr 1990 zeigt, daß in der Übergangsphase der deutschen Wiedervereinigung im bnr sehr viel wert auf eine begriffliche Trennung der ehemals beiden deutschen (Teil-)Staaten gelegt wird.

1991:

Margret Jäger, die Ehefrau und enge Mitarbeiterin von Siegfried Jäger im DISS und Autorin in der „antifaschistischen“ Zeitschrift „Der Rechte Rand“ (DRR), publiziert im bnr 1/91 einen Beitrag zu einem gemeinsamen Colloquium des DISS und der SPD nahen Friedrich-Ebert-Stiftung (FES) in Bonn zum Thema: „Rechtsextremismus–Aus der Mitte der Gesellschaft“. In den zwei Tagen des Colloquiums sind insgesamt 13 Vorträge gehalten worden, von denen im bnr sechs jeweils in kurzen Absätzen von der Autorin inhaltlich dargestellt werden. Anlaß der Veranstalter für die regelmäßig von der FES ventilierten These von einem „Rechtsextremismus aus der Mitte der Gesellschaft“ ist, nach Frau Jäger, maßgeblich „…die Diskussion um die Entstehungsbedingungen und die konkreten Formen einer weiteren Rechtsentwicklung…“,[504] weiter voranzutreiben. Als Ursachen für den heutigen „Neofaschismus“ werden danach folgende Positionen ausgemacht: Volker Heins (Frankfurt) sieht den Grund für eine weitere Rechtsentwicklung in der technisierten Ökonomie begründet, welche ein „steigendes Konfliktniveau und eine Erosion des Politischen“ nach sich ziehen würde. Siegfried Jäger weist den Analysen zum Rassismus und Sexismus im Alltagsleben und -handeln eine grundlegende Rolle im „Ideologiegeflecht Rechtsextremismus“ zu. Die These von einem angeblichen „Rassismus von unten“ wurde auch von Nora Räthzel vom Institut für Migrationsforschung in Hamburg beleuchtet. In seinem Vortrag zu den „aktuellen Kämpfen auf dem Feld des Nationalen“ von Helmut Kellersohn (DISS), kritisierte dieser hauptsächlich die Versuche des Politikers Oskar Lafontaine eines „linkspopulistischen Gegendiskurses“. „Die Entfremdung- und Ohnmachtspotentiale spätkapitalistischer Gesellschaft als Quelle des Nationalismus ließen sich dadurch jedoch nicht aus der Welt schaffen“, so der Referent. Weiterhin wurden der „Rechtsextremismus und Rassismus in Westeuropa“ am Beispiel der FPÖ in Österreich, der ehemaligen DDR und Sowjetunion dargestellt.

In derselben Ausgabe des bnr setzt Franziska Hundseder ihre Literaturempfehlungen zum Thema Rechtsextremismus fort.[505] Neben Gewerkschaftspublikationen des DGB, Schriften

---

[503] Hundseder, Franziska: Neue Literatur zum Thema Rechtsextremismus (Teil I), bnr 26/90, 17.12.1990, S. 7-9.

[504] Jäger, Margret: „Aus der Mitte der Gesellschaft…“ Zu den Ursachen heutigen Rechtsextremismus, bnr 1/91, 07.01.1991, S. 4-5.

[505] Hundseder, Franziska: Neue Literatur zum Thema Rechtsextremismus (Teil II), bnr 1/91, 07.01.1991, S. 8-9.

des DISS und des Evangelischen Pressedienstes, Bücher des Erziehungswissenschaftlers Peter Dudek und des Politologen Hans Gerd Jaschke (beide ehem. Mitglieder des PDI) wird die orthodox „antifaschistischen" Zeitschrift „Der Rechte Rand. Informationen von und für Antifaschistinnen in Niedersachsen" von Frau Hundseder aufgelistet. Im 4. Teil der „Bücherschau" werden Bücher des Pädagogen und ehem. Dozenten an der FH für Sozialwesen in Fulda Benno Hafeneger und die Werke des Bielefelder Soziologen Wilhelm Heitmeyer fokussiert.[506] Nach CLAUS-MARTIN WOLFSCHLAG handelt es sich bei diesen letztgenannten Autoren um „Antifaschisten" der systemkonformen intellektuellen Elite, welche die Erhaltung und linksliberale Fortentwicklung des politischen Systems der BRD gegen systemverändernde Ansätze aus der politischen Rechten verteidigen.[507] Heitmeyer erregt, neben seinen „antifaschistisch" motivierten Rechtsextremismusstudien, insbesondere mit der Publikation seiner Langzeitstudie „Deutsche Zustände" stets eine größere öffentliche Aufmerksamkeit. Genauso regelmäßig werden diese Studien nach Erscheinen aufgrund der angewendeten Untersuchungsmethodik und den hieraus gewonnenen fragwürdigen Schlußfolgerungen kritisiert.[508] Im Teil VI werden von Frau Hundseder besonders die Bücher von Kurt Hirsch, Siegfried Jäger, Hans-Gerd Jaschke und ihre eigenen Publikationen zum Thema bibliographiert.[509]

Eckart Strohmaier zeigt in einer Buchrezension im bnr 6/91, daß er auch die „Brückenspektrumsthese" vertritt. Diese Theorie ist offenbar im „Antifa-Konsens" fest implementiert. Strohmaier bespricht hierzu eine Publikation über die Partei „Die Republikaner" des freien Journalisten, bnr Autoren und Honorardozenten an der Berliner Journalistenschule Burkhard Schröder. Er stellt hierzu fest: „Schröder analysiert sehr sensibel jenen Bereich des naiven, unpolitischen Konservatismus, der mehr als alle rechtsextremen Aktivitäten die heutige Gestalt und die Gefahr des Rechtsextremismus für unsere Gesellschaft ausmacht: Es ist der Bereich der „brücken nach rechts" – unauffällig, gut-bürgerlich, längst nicht mehr zentriert um anti-intellektuelles Gegröle."[510]

Franziska Hundseder listet im siebten Teil ihrer Literaturempfehlung ein JUSO–EXTRA–Magazin auf, welches diverse Artikel „antifaschistischer" Autoren enthält, die in einem

---

[506] Hundseder, Franziska: Neue Literatur zum Thema Rechtsextremismus (Teil IV), bnr 4/91, 12.02.1991, S. 8-9.

[507] Wolfschlag, Claus-M.: Das „antifaschistische Milieu". Vom „Schwarzen Block" zur „Lichterkette" - Die politische Repression gegen „Rechtsextremismus" in der Bundesrepublik Deutschland, Graz-Stuttgart 2001, S. 252-253.

[508] Leggewie, Claus: Wider das wachsende Mißtrauen, die tageszeitung, 30.01.2007, S. 12; Schroeder, Klaus: Der konstruierte Rechtsextremismus, Die Welt, 12.01.2007, S. 9; Kaube, Jürgen: Das sind Zustände!, Frankfurter Allgemeine Zeitung, 16.12.2006, S. 35; O.V.: Umstrittene Studie zur Fremdenfeindlichkeit, Die Welt, 08.12.2003.

[509] Hundseder, Franziska: Neue Literatur zum Thema Rechtsextremismus (Teil VI), bnr 6/91, 11.03.1991, S. 6-7.

[510] Strohmaier, Eckart: Die zehn Prozent dazwischen, bnr 6/91, 11.03.1991, S. 8-9.

Näheverhältnis zum bnr stehen: u.a. Arno Klönne, Klaus-Henning Rosen, Heinz Putzrath (AvS) und Franziska Hundseder selbst.[511] Im achten Teil ihrer Bücherliste werden die Bücher des Soziologen Arno Klönne und des Politologen Claus Leggewie fokussiert. Mit seiner Publikation: „Hat der Rechtsextremismus in der Bundesrepublik Deutschland eine Chance?", Bonn 1988, ist ebenfalls der noch nicht in „antifaschistische" Ungnade gefallene Hans-Helmuth Knütter vertreten.[512] Die Publikationen des Berliner Politologen Richard Stöss, der nach WOLFSCHLAG einer „neo-antifaschistischen" Strategie[513] anhängt, wird im zwölften und im letzten Teil von Frau Hundseders Bibliographie ausführlich erfaßt.

1992:

Der im bnr besonders für Buchrezensionen zuständige Armin Pfahl-Traughber wertet im bnr 15/92 ein Buch mit dezidiert „antifaschistischen" Positionen („Heitmeyer-Ansatz"), das als „...das Brauchbarste der zum Thema erschienenen Veröffentlichungen anzusehen..."[514] sei, auf. Es handelt sich um den im Kölner Papy Rossa-Verlag erschienenen und von Karl-Heinz Heinemann und Wilfried Schubarth herausgegebene Band: „Der antifaschistische Staat entläßt seine Kinder, Jugend und Rechtsextremismus in Ostdeutschland", Köln 1992. Lediglich sei, nach Pfahl-Traughber, die Perspektive der Autoren bezüglich einer Opferrolle von subkulturellen Jugendlichen zu kritisieren.

Im bnr 17/92 wird ohne Verfasserangaben unter der Rubrik „Wehrhafte Demokratie" auf einen „antifaschistischen" Informationsdienst der SPD Nachwuchsorganisation hingewiesen. Dort heißt es: „Beim JUSO-Bundesekretariat...ist der Informationsdienst „Antifa-Materialien"...kostenlos erhältlich. Informiert wird unter anderem über den bundesweiten Juso „Antifa-Ratschlag" in Magdeburg,...und die Haltung der SPD in Sachen Artikel 16 GG."[515]

Der von Pfahl-Traughber bereits erwähnte „Heitmeyer-Ansatz" wird im bnr 18 und 19/92 ausführlich dargestellt. Dieser Ansatz sieht nach einer sozialistischen Argumentation maßgeblich ökonomische Gründe des Wirtschaftssystems und die „instrumentalistischen Arbeitserfahrungen" als das grundlegende Motiv für den Rechtsextremismus. Heitmeyers „antifaschistischer" Ansatz ist also in einem, „...kausalen Zusammenhang von kapitalistischer Produktionsweise und daraus entstehender kultureller Erosion, verbunden mit Isolation und

---

[511] Hundseder, Franziska: Neue Literatur zum Thema Rechtsextremismus (Teil VII), bnr 7/91, 25.03.1991, S. 7.
[512] Hundseder, Franziska: Neue Literatur zum Thema Rechtsextremismus (Teil VIII), bnr 8/91, 08.04.1991, S. 8-9.
[513] Wolfschlag, Claus-M.: Das „antifaschistische Milieu". Vom „Schwarzen Block" zur „Lichterkette" - Die politische Repression gegen „Rechtsextremismus" in der Bundesrepublik Deutschland, Graz-Stuttgart 2001, S. 225.
[514] Pfahl-Traughber, Armin: Ostdeutsche Jugendliche: Opfer der Modernisierung, bnr 15/92, 06.07.1992, S. 7-8.
[515] O.V.: Wehrhafte Demokratie, bnr 17/92, 03.08.1992, S. 9.

Minderwertigkeitsgefühlen und der Hinwendung zu rechtsextremen Orientierungen"[516] zu sehen.

Wie eine kurze Publikationsbesprechung im bnr 19/92 zeigt, bestehen zwischen der VVN-BdA und dem DISS inhaltliche Synergien. Der hier als VVN-Bundessprecher bezeichnete Volkmar Wölk hat eine Broschüre vorgelegt, die versucht, eine ökologischen Konzeptionen einer „alten/neuen Rechten...und ihren Einfluß auf Teile der Ökologiebewegung..."[517] nachzuweisen. Besonders positiv wird in der Besprechung auf den Namens-Index der Broschüre hingewiesen. Wölks Schrift ist innerhalb einer Schriftenreihe des DISS erschienen und kann über dieses Institut bestellt werden.

Die These von einem angeblichen Rechtsextremismus aus der Mitte der Gesellschaft wird auch von Hans-Gerd Jaschke vertreten. Um diesen Ansatz beim Parteinachwuchs weiter zu verbreiten wird eine Veranstaltung der „Kommission Jugend beim Parteivorstand der SPD" im bnr 20/92 angekündigt, auf der auch Jaschke die Themengebiete Rechtsextremismus, Jugendgewalt und Politikdistanz gewohnt verorten kann.[518] Gernot Modery-„Anton Maegerle" informiert im bnr 21/92 ausführlich in einem Veranstaltungsbericht von Jaschkes Referat. In diesem Referat warnt Jaschke, offensichtlich aus Befürchtungen vor einem Wandel der linken politischen Mehrheitskultur, ausdrücklich vor eventuellen Konzessionen an rechte Positionen, z.B. in der „Asylfrage". Seiner Meinung nach erodiert der Widerstand gegen eine „von rechts kommende soziale Bewegung" und sogar der „keineswegs stabile Grundkonsens über die historischen Verpflichtungen und normativen Folgen nach Auschwitz" ist nach Jaschke gefährdet. Verantwortlich macht er angebliche „poröse Trennlinien zwischen Konservativen und Rechtsaußen", rechtsextreme Netzwerke und die Existenz von rechtsintellektuellen Gruppierungen.[519] Jaschke argumentiert also auch aufgrund einer indifferenten „Brückenspektrumsthese" welche eine demokratische Rechte außerhalb des Parteienspektrums als Rechtsextremismus einordnet. Zumindest nach Moderys Vortragszusammenfassung benennt Jaschke zudem keine empirischen Beispiele für seine Beobachtungen.

Eine enge Zusammenarbeit zwischen SPD, DKP, Linkspartei.PDS, DISS läßt sich auch an dem bnr Autor, PDS-Symphatisant und Dozent für Politik an der Universität Köln, Christoph Butterwegge zeigen. Im bnr 23/92 werden zehn Thesen von Butterwegge zur multikulturellen Gesellschaft unkommentiert abgedruckt. Wer diese Thesen einer europaweiten

---

[516] Pfahl-Traughher, Armin: Die neue Heitmeyer-Studie, bnr 18/92, 17.08.1992, S. 5.
[517] O.V.: Wehrhafte Demokratie, bnr 19/92, 31.08.1992, S. 7.
[518] O.V.: Ankündigung, bnr 20/92, 14.09.1992, S. 10.
[519] Maegerle, Anton: Keine Konzessionen an Rechtsextremisten, bnr 21/92, 28.09.1992, S. 6.

multikulturellen Gesellschaftskonzeption als eine neue Form des Zusammenlebens der Gleichberechtigung und Rechtsgleichheit nicht teilt, ist nach Butterwegge ein Rassist, der im Laufe seines Lebens durch eine negative Beeinflussung zum Fremden erzogen worden sei. Daher fordert er eine „interkulturelle Erziehung". Durch diese sollen die Unterschiede zwischen den Kulturen als eine Bereicherung, nicht als Bedrohung der eigenen Existenz wahrgenommen werden können. Weiterhin fordert Butterwegge die Erleichterung der Einbürgerung, die doppelte Staatsbürgerschaft, sowie Einwanderungs-, Niederlassungs- und Antidiskriminierungsgesetze, um den Rassismus bekämpfen zu können. Zudem sieht er in der Migration eine zukünftige Schlüsselfrage der Entwicklung Europas als „Einwanderungskontinent", wobei die Asyldiskussion Anfang der 90er Jahre von Butterwegge als ein „großangelegtes Ablenkungsmanöver und eine Generalprobe für die Aushöhlung andere Grundrechte"[520] eingeordnet wird.
Das DISS beschäftigt sich besonders mit Sprach- und Diskursanalysen. Daß sich diese Analysen auch um eine subjektive „antifaschistisch" motivierte Uminterpretation von Medieninhalten bemühen, zeigt eine kurze Rezension von Friedrich Klein in bnr 24/92 zu einer Medienanalyse von Martin Dietzsch über rechtsextreme Gewalt in Rostock: „Auf circa 105 Seiten beschäftigt sich das DISS mit den Medienreaktionen auf den Pogrom von Rostock und analysiert, wie fast durchgängig das Erschrecken über die Gewalttaten letztendlich gegen die Opfer gelenkt wurde."[521] Neben der kritikwürdigen Wortwahl der Rezension („Pogrom"), die eine eigene Sprachanalyse rechtfertigen würde, können die inhaltlichen Beobachtungen von Dietzsch nicht die bundesdeutsche Realität widerspiegeln, da sich ansonsten keine breite Protestbewegung aufgrund der rechtsextremen Gewalttaten in Rostock, Hoyerswerda, Mölln und Hünxe im Folgenden gebildet hätten („Lichterkettenbewegung"). Weiterhin appellierten alle im Bundestag vertretenen Parteien, u.a. aus Rücksichtnahme vor negativen (wirtschaftlichen) Reaktionen aus dem Ausland, rechtsextreme Gewalt intensiv zu verfolgen. Von den politischen Eliten der BRD wurden die vorgebrachten Befürchtungen/Vorurteile des Auslands bezüglich der Wiedervereinigung und einer möglichen Änderung des *Status Quo* innerhalb des europäischen Staatengefüges sehr ernst genommen.

1993:

Das politische Instrument der „Kleinen Anfrage" wird im Bundestag nicht nur als Regierungskontrolle von der Opposition genutzt. Wie das allmonatliche „antifaschistische" Frageverhalten von Ulla Jelpke (MdB, Linkspartei.PDS) (vormals auch von Annelie Buntenbach, Bündnis 90/Die Grünen) zeigt, verhilft diese bereits zu einer Publizität, welche

---

[520] Butterwegge, Christoph: Modewort oder Modell?, bnr 23/92, 26.10.1992, S. 6-8, hier: S. 7.
[521] Klein, Friedrich: Schlagzeilen und Brandsätze, bnr 24/92, 09.11.1992, S. 8-9, hier: S. 9.

im Anschluß in den Medien weitermultipliziert wird. Wie das Antwortverhalten zeigt, durchschaut die Regierung offenbar aber den wirklichen Grund solcher Anfragen. Daß es sich bei der Fragestellung oftmals um veröffentlichte Behauptungen handelt, welche durch diese Anfragen einer Verdächtigung ohne Beweis ausgesetzt sind, sei lediglich am Rande erwähnt. Der bnr scheut nicht davor zurück, auch die SPD in ihrem „Kampf gegen Rechts" zu kritisieren. Insbesondere das Frageverhalten der SPD wird im bnr 4/93 negativ beurteilt und mit dem der PDS verglichen. Auffällig ist die vom Autor kurz nach der Vereinigung vorgenommene Einordnung der PDS als eine normale rechtstaatliche Partei. Rainer Bach merkt hierzu an: „Von der SPD ist die Ausübung dieses parlamentarischen Kontrollrechts inzwischen weitgehend auf die PDS/Linke Liste übergegangen. Deren Kleine Anfragen zum Rechtsextremismus und seinem Umfeld [Gemeint ist das „Brückenspektrum"; Anm. L.N.] sind überaus gründlich vorbereitet und sachkundig. Dennoch erhält sie auf ihre Fragen so gut wie keine Antworten. Diese Zurückhaltung nimmt inzwischen ein Maß an Ruppigkeit an, das sich mit den demokratischen Spielregeln nur schwer verträgt, ist doch die PDS/LL,...eine demokratisch legitimierte Partei im Deutschen Bundestag."[522] Auf das Instrument der Wiederholung wurde bereits ausführlich eingegangen. Klaus-Henning Rosen bewertet im bnr 21/95 erneut wohlwollend das Frageverhalten von PDS und Bündnisgrünen. Insbesondere würdigt er ihre „Penetranz", welche seiner Meinung nach für Bewegung auf Seiten der Regierung sorgen würde. Weiterhin stellt er, wie Rainer Bach fest, daß die SPD eins „...ihrer klassischen Themen offenbar weitgehend [den vorgenannten Parteien] zur alleinigen Bearbeitung überlassen hat."[523]

Als einen programmatischen Grundlagentext für einen „Antifa-Konsens", der nicht als historischer Antinationalsozialismus zu verstehen ist, sondern als Mittel dient, der politischen Kultur in Deutschland ihre Legitimation zu berauben, kann ein Beitrag von Christoph Butterwegge, der in den bnr Ausgaben 10 und 11/93 abgedruckt ist, angesehen werden. In diesem thesenartigen Text, der einen marxistischen Hintergrund offenbart, setzt sich Butterwegge mit der Herkunft von Rechtsextremismus in der Gegenwart auseinander. Hierzu benennt er 13 „Lügen und Legenden" die nach seiner Ansicht Menschen daran hindern würden, das wahre Wesen des Rechtsextremismus zu durchschauen und ihn erfolgreich zu bekämpfen. Kernpunkt seiner Aussage ist die Ablehnung der Totalitarismustheorie als „Ideologie des Kalten Krieges und westdeutsche Staatsdoktrin". Ihr wird von Butterwegge unterstellt, sie vergleiche indem sie gleichsetzt und würde wesentliche Unterschiede zwischen

---

[522] Bach, Rainer: Mangelnde Informationsbereitschaft der Bundesregierung, bnr 4/93, 23.02.1993, S. 3-4, hier: S. 3.

[523] Rosen, Klaus-Henning: Fragen statt Antworten, bnr 21/95, 18.10.1995, S. 11.

den Totalitarismen nicht diskutieren. Wenn Butterwegge den Nationalsozialsozialismus als eine menschenfeindliche Ideologie bezeichnet, aber den stalinistischen Terror mit einer „Perversion…der humanistischen Idee“[524] entschuldigt, entspricht sein Vergleich gerade nicht dem antitotalitären Konsens der BRD. In einem freiheitlichen Rechtsstaat muß die Anwendung von totalitärem Terror unabhängig seiner jeweiligen Rechtfertigung gleichermaßen verurteilt werden.

Weiterhin würden - seiner Meinung nach - durch einen antitotalitären Ansatz „die Rechts- und Linksradikalen, also [die] kritischen Intellektuellen, demonstrierenden Studenten und RAF-Terroristen, auf dieselbe Stufe gestellt.“[525] Indem er unter dem Begriff „Linksradikale“ auch Intellektuelle/Studenten subsumiert, läßt dieses Zitat, neben einer Ablehnung der Totalitarismustheorie auch erkennen, daß Butterwegge die gewalttätige „antifaschistische“ Szene als ein legitimes Mittel der politischen Auseinandersetzung ansieht.

Nach seiner zweiten marxistisch motivierten Grundannahme entwickele sich „rechte Militanz“ als Ausdruck einer modernen Wohlstandsgesellschaft, die einen Rassismus aufgrund ihres volkswirtschaftlichen Systems (Kosten-Nutzen-Kalkül) befördert. Hierfür macht er maßgeblich gesellschaftliche Fehlentwicklungen und eine „jahrelange Stimmungsmache in den Medien“ verantwortlich. Auch spart Butterwegge nicht an Kritik der 68er, die seiner Meinung nach durch den „Marsch durch die Institutionen“ mehr verändert wurden, als sie diese verändert haben. Damit meint er, daß die „Kulturrevolutionäre“ gescheitert sind und keine nachhaltige Wirkung auf die Institutionen erzielt haben. Besonders die vereinzelt geforderten Appelle nach mehr Autorität, etwa in der Pädagogik, zeigen eine Mitverantwortung für eine angebliche „Rechtsentwicklung in der Bundesrepublik“ die er nicht auf einen jugendlichen „Pöbel und Mob“ reduziert sehen möchte.

Weiterhin zeigt Butterwegge ein ausgeprägtes Gespür für lineare zeitgeschichtliche Ketten. Danach ist in dem „Radikalenerlaß“ von 1972, in einer nachfolgenden „sozialen Polarisierung“ (Modernisierung und Individualisierung), dem Regierungswechsel 1982 mitsamt der [gescheiterten, Anm. L.N.] „geistig-moralischen Wende“ und dem Historikerstreit, der seiner Ansicht nach, um „die Relativierung des Holocaust und Rehabilitierung der NS-Täter“[526] bemüht war, die Verantwortung für eine rechtsextreme „Skinheadsubkultur“ zu sehen. Zusammenfassend läßt sich feststellen, daß Butterwegges „antifaschistischer“ Erklärungsansatz antikapitalistisch, antistaatlich und antibürgerlich ist. Im

---

[524] Butterwegge, Christoph: 13 Legenden über den Rechtsextremismus/Rassismus (Teil I), bnr 10/93, 18.05.1993, S. 2-3, hier: S. 2

[525] Ebd..

[526] Butterwegge, Christoph: 13 Legenden über den Rechtsextremismus/Rassismus (Teil II), bnr 11/93, 01.06.1993, S. 2-3 hier: S. 3.

Rückschluß kann dies nur bedeuten, daß durch eine „antifaschistische" Politik in erster Linie eine Veränderung der bestehenden Verhältnisse durch eine radikale Umwälzung des freiheitlich demokratischen Rechtsstaates angestrebt werden soll.
Diese grundsätzliche programmatische Auseinandersetzung mit einem „Antifa-Konsens" wird von Butterwegge noch einmal in einem ausformulierten Text im bnr 19/93 wiederholt ohne den Kernaussagen maßgeblich etwas hinzuzufügen. Er arbeitet vielmehr noch klarer seine Kritik am bundesdeutschen Staatssystem und seiner Geschichte nach 1968 heraus, indem er die etablierte Politik, insbesondere die angeblichen antidemokratischen Bestandteile des bürgerlichen „Wende-Programms" von 1982, welches er nun ins Zentrum seiner Argumentation setzt, für eine gewalttätige „Skinhead Szene" verantwortlich macht. Zudem seien oppositionelle/opportunistische Linksintellektuelle mit ihrem antiautoritären Wertefundament, die nach Butterwegge immer wieder zur Verantwortung gezogen werden würden, nicht als Ursache zu belasten.[527]

1994:

Die Thesen von ANTONIA GRUNENBERG zum „Antifaschismus–ein deutscher Mythos", die nach Armin Pfahl-Traughber „von der Kritischen Theorie geprägt"[528] wurden, werden von ihm in bnr 5/94 ausdrücklich begrüßt. In seiner Rezension spricht er zwar die Umwidmung des Begriffes durch GRUNENBERG im Sinne einer Habermasdefinition an, jedoch stellt er nicht fest, daß die Autorin sich inhaltlich grundlegend von einer „antifaschistischen" Konzeption verabschiedet hat (zu den Thesen von Grunenberg, vgl. 1.4 „Antifaschismus").
Weiterhin werden in diversen Ausgaben des bnr Publikationen, Tagungsbroschüren oder Aktionstage von SPD (AG Rechtsextremismus) und FES zum Thema Rechts(-extremismus) kurz aufgelistet.[529] Eine kritische Beschäftigung der SPD und deren Umfeld mit anderen Extremismusformen findet keine Erwähnung im bnr, so daß der Eindruck entsteht, die SPD ist ähnlich monothematisch ausgerichtet wie der bnr. Die vom administrativen Verfassungsschutz teilweise beobachtete „Scientology-Organisation" (SO), wird von der Behörde in einer Sonderrubrik am Ende ihres Berichtes eingeordnet, von der bnr Redaktion aber offenbar unter „Rechts" subsumiert.[530] Ähnlich verhält es sich mit esoterischen Gruppen,

[527] Butterwegge, Christoph: Neue APO von rechts?, bnr 19/93, 20.09.1993, S. 2-4.
[528] Pfahl-Traughber, Armin: Zivile demokratische Kultur statt Antifaschismus, bnr 5/94, 01.03.1994, S. 6-7, hier: S. 6; vgl. zum „Antifaschismusbegriff" von ANTONIA GRUNENBERG: 1.4 „Antifaschismus".
[529] Z.B.: O.V.: Aktionstag gegen Rechts, bnr 17/94, 16.08.1994, S. 7.
[530] O.V.: Wehrhafte Demokratie, bnr 24/94, 22.11.1994, S. 9; vgl. hierzu auch die Einordnung von Torsten Borchers, der die SO als einen „faschistoiden Psycho-Konzern" bezeichnet: Borchers, Torsten: Bekämpfung der Scientology-Church, bnr 22/95, 01.11.1995, S. 9; Auch die sektenpolitische Sprecherin der SPD-Bundestagsfraktion, Renate Rennebach, folgt in einem Interview mit dem bnr einer politischen Verortung der SO als „faschistisch"/rechtsextrem ohne hierfür konkrete Anhaltspunkte zu nennen, vgl.: Schwinn, Rudolf:

denen eine rechtsextreme Weltanschauung unterstellt wird, obwohl eine solche Einstellung nicht nachgewiesen werden kann („obskure Organisation“).[531] Eine solche Berichtspraxis im bnr verführt zu der Annahme, daß lediglich aufgrund des allgemein verbreiteten Negativbildes einer Organisation oder die schlichte Unwissenheit dazu genutzt werden soll, eine „rechte Gefahr“ aufzublähen.

Daß im bnr auch handfeste Regierungskritik betrieben wird, bestätigt im Umkehrschluß eine verengte Wahrnehmung des politischen Extremismusbegriffes. Hierzu findet sich unter der Rubrik „Tagebuch“ im bnr 18/94 eine in Auszügen abgedruckte Erklärung der SPD, in der es heißt: „Während Bundeskanzler Kohl und die Unions-Parteien verleumderisch vom Gespenst einer angeblichen Linksfront reden, mahnen wir, die wirkliche Gefahr für das zivilisierte Zusammenleben in unserer Gesellschaft...entschlossen zu bekämpfen.“[532] Mitunter werden im Jahr 1994 auch Publikationen von „autonomen“ „Antifa-Gruppen“, wie das „Antifaschistische Aktionsbündnis Mannheim“ (bnr 24/94) empfohlen.[533]

1995:

Der bnr-Akteur Armin Pfahl-Traughber vertritt mit seiner distanzierten Haltung zur Zeitschrift „konkret“ eine Mindermeinung in der bnr Redaktion. Gernot Modery-„Anton Maegerle“ rezensiert demgegenüber wohlwollend eine Publikation von Oliver Tolmein, der für die Zeitschrift „konkret“ und das ehemalige FDJ-Organ „junge Welt“ journalistisch tätig ist. Dessen Buch: „Originalton Deutsch. Medien und rechte Gewalt“ ist im „Konkret Literatur-Verlag“ erschienen. Eine weitere Verortung ergibt sich aus der inhaltlichen Besprechung des Buches durch „Maegerle“. Tolmein beschäftigte sich in der Hauptsache mit der Darstellung und dem Umgang von „rechter Gewalt“ in unterschiedlichen Medien. Hierzu wertete er „...Blätter wie Zeit, Spiegel und Stern, mit einzelnen Talkshows und Fernsehberichten...“[534] aus. Weiterhin führte der Autor Gespräche mit den Journalisten Heribert Prantl (Süddeutsche Zeitung), Hermann Gremliza (Konkret) und Friedrich Küppersbusch (ZAK, WDR, taz). Aufgrund des ausgewählten Mediensets und der Gesprächspartner wird man kaum von einer objektiven Medienanalyse sprechen können.

Eine beliebte Tätigkeit von politisch motivierten Technikfreunden ist das gegenseitige „*hacken*“, also das manipulieren, ausspähen oder zerstören von elektronischen Datenbanken und Inhalten im Internet. Burkhard Schröder beschreibt die technischen Abläufe eines solchen

---

Rechtsextreme Sekten sind eine Gefahr, bnr 25/26, 13.12.1995, S. 6-7; Pfahl-Traughber befürchtet Brücken zum Rechtsextremismus, vgl.: Pfahl-Traughber, Armin: Geteiltes Leid ist..., bnr 20/96, 02.10.1996, S. 6.

[531] O.V.: Tagebuch, bnr 25/94, 06.12.1994, S. 10.

[532] O.V.: Tagebuch, bnr 18/94, 30.08.1994, S. 9.

[533] O.V.: Wehrhafte Demokratie, bnr 24/94, 22.11.1994, S. 8.

[534] Maegerle, Anton: Medien und rechte Gewalt, bnr 1/95, 10.01.1995, S. 8.

„Datenangriffs“ auf das „antifaschistische“ Portal „Nadeshda“ aus Düsseldorf im bnr 17/95. Nach Angaben des Autors handelt es sich bei diesem Portal um eine öffentliche Datenbank, welche „…aus mehr als 200 Dateien über rechte Parteien [besteht], ist in den diversen Datennetzen so beliebt, daß sie mittlerweile von einem Dutzend Mailboxen übernommen wurde.“[535] Damit handelt es sich bei „Nadeshda“ um einen Vorläufer des ehemaligen „antifaschistischen“ Informationsdienstes „IDGR“ von Margret Chatwin, bei dem auch viele DISS- und bnr-Akteure mitarbeiteten.

Die Inhalte der parlamentarischen Fragen der PDS werden vom bnr auch im Jahr 1995 regelmäßig thematisiert und damit weiterverbreitet.[536] Zumeist handelt es sich um kurze Zusammenfassungen der Antwort der Bundesregierung auf die Anfrage der PDS in der Rubrik „Tagebuch“, die mit ihren Kurzmeldungen ab 1995 erheblich von der bnr Redaktion ausgebaut wurde.

Auch die VVN-BdA ist weiterhin im bnr präsent. In bnr 19/95 wird zum einen das Engagement der Gruppierung gegen eine Kreisgemeinschaft einer Vertriebenenorganisation in der niedersächsischen Kreisstadt Stade auf fast drei Spalten gewürdigt.[537] Weiterhin wirft der Vorsitzende der Partei „Die Republikaner“ Rolf Schlierer den Mitgliedern der baden-württembergischen Landesregierung Brigitte Unger-Soyka und Werner Weinmann (beide SPD) vor, die VVN-BdA zu fördern.[538]

Orthodox „antifaschistische“ Publikationen werden auch von Pfahl-Traughber mit überwiegend positiver Konnotation thematisiert. Im bnr 20/95 beschäftigt er sich mit „…der Bedeutung und Rolle von Frauen in den unterschiedlichen Ausdrucksformen von Rechtsextremismus“[539] aus Sicht der „Fantifa“ [„Frauenantifa“, Anm. L.N.] Marburg. Diese Gruppierung veröffentlichte einen Sammelband in dem Politik-, Sozialwissenschaftlerinnen und Journalistinnen unterschiedliche Fragestellungen untersuchten. Dies mitunter ein Beleg für die Akzeptanz und Einbindung solcher Gruppierungen auf dem Hochschulsektor. Pfahl-Traughber kritisiert bei einigen Aufsätzen lediglich „methodische Aspekte“. Ruh.

Klaus-Henning Rosen fokussiert auch weiterhin die politischen Anfragen der PDS, besonders von der Abgeordneten Ulla Jelpke. Auf drei Spalten stellt Rosen die wesentlichen Inhalte einer Anfrage zur Beobachtung der „Konservativen Revolution“ im Bundesverfassungsschutzbericht dar. In seiner Kommentierung kritisiert er die bürgerlich-

[535] Schröder, Burkhard: Krieg in der Computerszene, bnr 17/95, 23.08.1995, S. 9 [Der holprige Satzbau des Zitates wurde dem Original entnommen; Anm. L.N.].
[536] Z.B.: O.V.: Tagebuch, bnr 13/95, 28.06.1995, S. 13f.; O.V.: Tagebuch, bnr 17/95, 23.08.1995, S. 12.
[537] Cybala, Klaus – Peter: Unrühmliche Partnerschaft, bnr 19/95, 20.09.1995, S. 6-7.
[538] O.V.: Tagebuch, bnr 19/95, 20.09.1995, S. 15-16.
[539] Pfahl-Traughber, Armin: Feminismus contra Biologismus, bnr 20/95, 04.10.1995, S. 11-12.

liberale Bundesregierung und begibt sich hiermit auf die Argumentationslinie von Jelpke: „Umso wichtiger wäre es, daß deutlich Position bezogen wird. Und deshalb, so möchte man meinen, hat die Bundesregierung bei der Antwort auf die Kleine Anfrage der PDS möglicherweise eine Chance vertan.“[540]

1996:

Auch zu Beginn des Jahres 1996 widmet Rosen den parlamentarischen Aktivitäten der PDS im bnr breiten Raum. Lediglich aufgrund seiner Auflistung der ganz überwiegend von der PDS geführten Debatten und Anfragen in 1994 und 1995, unterstellt Rosen den übrigen im Bundestag vertretenen Parteien, daß diese das Thema Rechtsextremismus nicht auf ihrer Bearbeitungsagenda haben. Mit seinem dauerappellativen Duktus befürchtet Rosen weiterhin, „...daß infolge [einer] Gewöhnung das Sensorium für eine Gefahr verloren gegangen ist.“[541] Aus diesem Grund entwickelt er im Anschluß ein neues Bedrohungsszenario, aus dem zum einen die weite Vorverlagerung des Beobachtungsspektrums („Brückenspektrum), welche nach Rosen einen Bearbeitungsschwerpunkt im bnr darstelle, hervorgeht und zum anderen der Anspruch des bnr als ein „Dienst“ ausgedrückt wird: „Angesichts neuer Kommunikationsformen der rechtsextremen Szene aber auch des Werbens am rechten Rand, auf das gerade dieser Dienst immer wieder hinweist, besteht für Demokraten kaum ein Anlaß, in den Schlaf der Gerechten zu verfallen.“[542] In nahezu jeder Ausgabe wird das parlamentarische Engagement der PDS in Kurzkommentaren in der Rubrik „Tagebuch“ wohlwollend thematisiert. Eine Besprechung der einzelnen vom bnr kommentierten Bundesdrucksachen würde den Rahmen dieses Abschnitts überstrapazieren. Eine regelmäßige Veröffentlichung von PDS-Politikinhalten in dieser bnr-Rubrik sollte auch weiterhin für eine Würdigung der linksextremen Inhalte im bnr bis zum Jahr 2004 mitgedacht werden.

Im bnr 6/96 wird eine Broschüre des „Antifa-Archiv Solingen“ beworben, die sich ausschließlich mit den „Umtrieben“ eines Solinger Bauunternehmers auseinandersetzt. Darin werden ihm u.a. Freundschaften „...mit zahlreichen braunen Galionsfiguren...“[543] unterstellt („soll...befreundet sein“).

Als ein Beispiel für die starke Integration von bnr-Autoren und damit des bnr selbst in der SPD ist eine Auszeichnung der „Rechtsextremismus–Expertin und Buchautorin“ Franziska Hundseder mit dem Gustav-Heinemann-Bürgerpreis anzusehen. Neben der bnr-Autorin wird

---

540 Rosen, Klaus-Henning: Statt einer Antwort, bnr 22/95, 01.11.1995, S. 6-7, hier: S. 7.
541 Rosen, Klaus-Henning: Rechtsextremismus kein Thema?, bnr 1/96, 10.01.1996, S. 11-13.
542 Ebd..
543 O.V.: Hinweise, bnr 6/96, 20.03.1996, S. 11.

das ehemalige PDI-Mitglied Klaus Staeck ausgezeichnet. Die Laudatio hält die stellvertretende SPD-Vorsitzende Herta Däubler-Gmelin.[544]
Armin Pfahl-Traughbers Affinität zu „autonomen Antifa-Strukturen" ist an der Besprechung eines im „Konkret Literatur-Verlag" erschienene Buches erneut darstellbar. Neben rechtsextremen Strukturen werden auch die neuen Kommunikationsmöglichkeiten und die Bedeutung von sogenannten „Scharnierorganisationen" behandelt. „Seine gegenwärtige Bedeutung und Entwicklung darstellen will das Handbuch eines „antifaschistischen Autorenkollektivs" unter dem Titel „Drahtzieher im braunen Netz". Basis dafür sind die Recherche-Ergebnisse verschiedener Antifa-Gruppen...."[545] Der Rezensent beurteilt das Werk „ambivalent", so stellt er dar, daß einige Thesen des Buches nicht belegt werden und auch „verschwörungstheoretisch anmutende Behauptungen" der Autoren im Werk zu finden sind. Trotzdem stellt Pfahl-Traughber heraus, „...daß sich die Autoren recht gut in Detail-Fragen zu einzelnen neonazistischen Personengruppen auskennen. Darüber hinaus verfügt man über vielfältiges Bildmaterial, das auch die jeweiligen Aktivisten plastisch darstellt."[546]
Auf den Sinn und Zweck solcher Publikationen („Enttarnungsschriften"), die hier vom bnr ausführlich besprochen werden, braucht nicht mehr eingegangen zu werden.
Motivation für Rosen, die Ergebnisse der PDS-Anfragen regelmäßig zu thematisieren und damit zu protegieren, sieht er maßgeblich darin, daß die so gewonnenen Informationen „...durchweg zu hilfreichen Informationen für die Allgemeinheit..."[547] über den Rechtsextremismus führen. Offenbar hat aber die antitotalitär motivierte Anfrage der Union zum selben Tatbestand (Extremisten im öffentlichen Dienst) für den Bereich des Linksextremismus bei Rosen die Befürchtung ausgelöst, die Volksvertreter streben wieder nach „Zeiten der Berufsverbote", welche, so der Autor, geprägt waren von Extremismusstatistiken. Vielleicht sollten die rechtsdemokratischen Volksvertreter häufiger Gegenfragen stellen, um solche positiven Denkprozesse auszulösen.
Der Ausgangspunkt für die „antifaschistische" Orientierung von Thomas Pfeiffer beruht in seiner Prägung an der Universität Dortmund. Aus seiner Diplomarbeit am dortigen Institut für Journalistik entstand eine Broschüre zum Thema: „Rechtsextremisten auf dem Daten-Highway. Funktion und Bedeutung computergestützer Kommunikation für Netzwerke am rechten Rand.". Neben dem sehr offenen Beobachtungsspektrum, welches sich bereits aus dem Titel der Broschüre ergibt, kann diese bei einer „Antifa-Gruppe" bestellt werden. Der

---

[544] O.V.: Personalien, bnr 9/96, 01.05.1996, S. 10.
[545] Pfahl-Traughber, Armin: Eine braune Verschwörung?, bnr 15/96, 07.08.1996, S. 11-12.
[546] Ebd..
[547] Rosen, Klaus-Henning: Eins zu eins für Extremisten, bnr 23/96, 13.11.1996, S. 12.

Bezug wird organisiert von der „Antifa Dortmund-Nord, c/o Taranta Babu, Humboldtstr. 44, 44137 Dortmund“, der Rezensent Gernot Modery-„Anton Maegerle“ lobt an der „sachkompetenten“ Broschüre besonders die ansprechende Gestaltung, das ausführliche Literaturverzeichnis und den „Index (Namen und Organisationen)“.[548] Pfeiffer bleibt zum einen seiner universitären Sozialisation und zum anderen seinem Diplomarbeitsthema auch noch Jahre später treu. So schrieb er in der linksextremen Zeitschrift „Der Rechte Rand“, Nr. 66, Sept./Okt. 2000, S. 3, über Erkenntnisse des Verfassungsschutzes zu „rechten Computeraktivisten“.

In der gleichen bnr Ausgabe präsentiert auch Pfahl-Traughber sein Verständnis des Rechtsextremismus. In seiner überwiegend wohlwollenden Kritik zu Jens Mecklenburg (Hrsg.), Handbuch deutscher Rechtsextremismus, welches im „antifaschistischen“ Verlag „Elefanten Press“ erschienen ist, berichtet er über die im lexikalischen Teil des Buches erwähnten Gruppierungen: „Dem folgt ein umfangreicher lexikalischer Teil mit Angaben zu Parteien und Organisationen, national- und rechtskonservativen Gruppen, studentischen Verbindungen, militärischen Traditionsverbänden, revanchistischen Organisationen, politischen Sekten, Medien und einzelnen Personen des Rechtsextremismus.“[549] Einziger Kritikpunkt Pfahl-Traughbers sind die nicht immer eindeutigen Belege für die angeblichen politischen und strukturellen Berührungspunkte zu den zahlreich aufgeführten rechtsdemokratischen Organisationen. Insgesamt ist, nach Pfahl-Traughber, nämlich gerade der lexikalische Teil des Handbuches „…aufgrund der Daten von hohem Nutzen…“.[550]

1997:

Anfang des Jahres wird die nach Themengebieten strukturierte Auflistung der parlamentarischen Aktivitäten gegen Rechtsextremismus im Jahr 1996 lediglich von Rosen im bnr 2/97 unkommentiert auf drei Seiten dokumentiert. Die meisten der 69 Anfragen wurden wiederum von der PDS-Politikerin Ulla Jelpke gestellt.[551]

Im bnr 3/96 wird eine Materialsammlung der Bundestagsfraktion von Bündnis 90/Die Grünen zum Thema Rechtsextremismus beworben. „Nach Ansicht der Bündnisgrünen-Abgeordneten Annelie Buntenbach läßt es die Bundesregierung [CDU/CSU-FDP-Koalition, Anm. L.N.] an „Distanz zu rechtsextrem beeinflußten Gruppierungen“ fehlen, so im Vorwort der Materialsammlung.“[552] Zu der „antifaschistischen“ Zielrichtung dieser Aussage, bedarf es keiner weiteren Kommentierung.

---

548 Maegerle, Anton: Aufklärung statt Zensur, bnr 25/96, 11.12.1996, S. 10.
549 Pfahl-Traughber, Arnim: Ein informatives Handbuch, bnr 25/96, 11.12.1996, S. 13-14, hier: S. 13.
550 Ebd., hier: S. 14.
551 Rosen, Klaus-Henning: Deutscher Bundestag und Rechtsextreme, bnr 2/97, 22.01.1997, S. 10-12.
552 O.V.: Grüne Parlaments-Initiativen, bnr 3/97, 04.02.1997, S. 5.

Die bnr Redaktion bewirbt im bnr 7/97 die Arbeit des DISS. In der Kurzvorstellung des Instituts wird auch die Arbeitsmethodik beschrieben. Danach läßt sich ein überdehntes (vgl. auch Christoph Butterwegge: Kritik an einem multikulturellen Gesellschaftsansatz ist Rassismus) Verständnis von Rassismus beim DISS analysieren: „Mit Hilfe eines wissenschaftlichen Ansatzes von Diskurstheorie und Diskursanalyse werden Zusammenhänge von Sprache und Gesellschaft untersucht. Schwerpunkt der Forschungsarbeit sind Rassismus und Rechtsextremismus in Deutschland. Die Studien über Rassismus konzentrieren sich auf den Einwanderungs- und Flüchtlingsdiskurs im Alltag und in den Medien.“[553] Durch eine sachliche Hinterfragung des „Multikulturalismus“ als Gesellschaftsform oder eine kritische Position in der Auseinandersetzung im Einwanderungs- und Flüchtlingsdiskurs besagt noch kein Unwerturteil über bestimmte Menschengruppen oder beweist sogar ein „übersteigertes Rassedenken“. Im Umkehrschluß zeugt der Einsatz des Begriffes „Rassismus“ in diesen Kontexten eher von dem Versuch, über eine moralische Pression politische Ziele zu erreichen. In einem Kommentar zur politischen Situation beleuchtet Klaus-Henning Rosen einige „rechte“ innenpolitische Momente, um in einem für Rosen charakteristischen appellativen Schluß konkrete Lösungen zu fordern. Mitunter stellt Rosen fest, daß sich der politische Extremismus ohne feste Strukturen verselbständigen würde. In diesem Zusammenhang repräsentieren für Rosen linksextreme „Autonome“ positiv konnotiertes „organisationsunabhängiges Aktivistentum“.[554]

Weiterhin wird in dieser Ausgabe zu einer Demonstration u.a. mit Annelie Buntenbach (MdB), der IG Metall Hameln und dem VVN-BdA aufgerufen.[555] Annelie Buntenbach ist neben ihrem parteipolitischen und gewerkschaftlichen Engagement seit 1984 Mitglied der „Antifa-West“ in Bielefeld. Sie ist an der Herausgabe der seit 1992 erscheinenden Vereinszeitschrift „Schlag nach“ beteiligt.

Regelmäßig wird die Beobachtungs- und Berichtspraxis des administrativen Verfassungsschutzes von Klaus-Henning Rosen kritisiert. Er unterstellt der Behörde regelmäßig, den Linksextremismus ungerechtfertigter Weise zu fokussieren, während seiner Ansicht nach zu wenig über den Rechtsextremismus berichtet wird. Bereits ein Blick auf die farbigen Daumenregister der Verfassungsschutzberichte zeigt, daß der Verfassungsschutz stets einen Schwerpunkt auf den Rechtsextremismus setzt. Weiterhin versucht Rosen in seinem Kommentar linksextremistische Gewalt zu exkulpieren, dieser Vergleich folgt aus seiner asymmetrischen Wahrnehmung der Behördenarbeit: „Daß es demgegenüber mehr

---

[553] O.V.: Duisburger Institut für Sprach- und Sozialforschung, bnr 7/97, 02.04.1997, S. 12.
[554] Rosen, Klaus-Henning: Standort Deutschland, bnr 8/97, 16.04.1997, S. 5.
[555] O.V.: Unitariertagung, bnr 8/97, 16.04.1997, S. 11.

linksextremistisch motivierte Gewalttaten im vergangenen Jahr gegeben hat, ist nicht unbedingt Ausweis der erhöhten Gefährlichkeit von Linksextremismus,...denn hier – wie insgesamt im Linksextremismus – richtete sich die Gewalt – anders als es den Rechtsextremismus kennzeichnet – gegen Sachen."[556]

Diese Einschätzung ist abzulehnen, da sich linksextreme Gewalt regelmäßig nicht nur gegen Sachen richtet, sondern auch gegen die am Demonstrationsort im Einsatz stehenden Polizeibeamten, die nichtsolidarische Öffentlichkeit und gegen tatsächliche oder vermeintliche Rechtsextremisten. Körperliche Gewalt ist in der „antifaschistischen" Szene ein legitimes Mittel der Auseinandersetzung, in besonders linksextremen Foren wird regelmäßig sogar der „politisch legitimierte Mord" diskutiert. Rosens asymmetrischer Vergleich richtet sich damit in der Tendenz gegen das alleinige Recht des Staates, Gewaltmittel anzuwenden, zudem negiert er mit seiner „antifaschistisch" motivierten Einordnung den antitotalitären Konsens der BRD. Diese Einschätzung bestätigt Rosen selber in einer Buchkritik des im bnr häufig rezensierten Christoph Butterwegge. Zu einem Aufsatz des PDS-Abgeordneten Ludwig Elm befindet Rosen kritisch: „Daß im weiteren das sehr wichtige Thema der unzulässigen Gleichsetzung von Nationalsozialismus/Faschismus und Sozialismus, die Diskussion um die Identität der Totalitarismen unter weitgehender Vermeidung der westdeutschen Literatur [beschrieben wird],..., mindert die Aussagekraft"[557] des Aufsatzes von Elm. Dabei unterschlägt Rosen zudem, daß die Totalitarismustheorie zwar den Anspruch vertritt, vergleichen zu wollen, aber gerade nicht gleichzusetzen.

Eine weitere durchweg wohlwollende Buchrezension von Armin Pfahl-Traughber beleuchtet im bnr 13/97 die von Christoph Butterwegge selbst, in einem von ihm herausgegebenen Sammelband, entwickelten Gegenstrategien zum Rechtsextremismus in Parlamenten, welche auch einen dezidierten „antifaschistischen" Ansatz beinhalten und auf eine ganzheitliche Änderung der politischen Kultur und Gesellschaft hinauslaufen. Butterwegge thematisiert als mögliche Gegenstrategien linkspolitische Allgemeinplätze wie „...die Bereiche Alltagsrassismus, Antifaschismus, Aufklärung, akzeptierte Jugendarbeit, politische Bildung, Einwanderungsgesellschaft, Gesellschaftskritik, Multikulturalismus und Reformpolitik."[558]

---

[556] Rosen, Klaus – Henning: Eine Frage des Standortes, bnr 9/97, 30.04.1997, S. 7; vgl. die in der Tendenz ähnliche Einordnung: Vergin, Siegfried: „Rote Karte" für Rechtsextremisten, bnr 10/97, 14.05.1997, S. 4-5, hier: S. 4: „Linksextremistischen Gruppen und Parteien wird vorgeworfen, sie wollten die freiheitlich-demokratische Grundordnung überwinden."; weitere Kritik an der Beobachtungspraxis des Verfassungsschutzes im bnr, vgl.: Maegerle, Anton: Verfassungsschutzbericht Baden-Württemberg 1991, bnr 15/92, 06.07.1992, S. 6-7 u. O.V.: Verfassungsschutz-Bericht für Bayern, bnr 16/92, 20.07.1992, S. 8-9.

[557] Rosen, Klaus-Henning: NS-Zeit und Gegenwart, bnr 15/97, 23.07.1997, S. 13.

[558] Pfahl-Traughber, Armin: Außer Diäten nichts...?, bnr 13/97, 25.06.1997, S. 13.

In bnr 17/97 kann Butterwegge auf dreieinhalb Seiten seine sozialistisch motivierten Thesen zu den Ursachen „rechtsextremer“ Politik darlegen, die er in einem Parteienspektrum von FDP bis zur NPD feststellt und mitunter als einen modernisierten/neurechten Ansatz bezeichnet. Seine Hauptthese, die sich gegen den westlich orientierten liberal verfaßten Staat richtet, bildet eine angebliche ökonomisch-politische Annährung „neoliberaler und marktradikaler Positionen“ an eine „extreme Rechte“. Danach sei die „rechte Wertetrias“ nicht mehr „...Volk, Nation und Familie, sondern Markt, Wettbewerbsfähigkeit und Standortsicherheit“.[559] „Nicht mehr das (deutsche) Volk, sondern der (kapitalistische) Markt rückt“, nach Butterwegge, „heute in den Mittelpunkt rechtsextremer Wirtschafts- und Sozialpolitik: Privatisierung öffentlicher Unternehmen und Dienste, Deregulierung des Arbeitsmarktes und Flexibilisierung der Beschäftigungsverhältnisse bilden...Wohlstandschauvinismus, Kulturrassismus...und Standortnationalismus...“.[560]

1998:

Auch der von Manfred Kanther verantwortete Verfassungsschutzbericht für das Jahr 1997 wird für seine Darstellungsweise der politischen Extremismen erneut vom bnr/SPD gerügt. Nach Reiner Bach wurde im Anschluß der Veröffentlichung des Berichtes „Kritik...laut,..., extremistische Strömungen von rechts und links als gleichwertig zu präsentieren. Die SPD-Politikerin Herta Däubler-Gmelin sprach von „zwanghafter Gleichstellung.“[561] Weiterhin prangert Bach die Aufnahme von PDS-Diskussionszirkeln in den Verfassungsschutzbericht an und vermißt eine erweiterte politische Kommentierung und eine detaillierte Offenlegung aller Erkenntnisse des Inlandsgeheimdienstes: „Allerdings wird vermutet, daß die Verfassungsschützer mehr wissen als das Bundesinnenministerium öffentlich preisgibt. Bedauerlicherweise verzichtet Kanther auch auf Wertungen, Tendenzen und Prognosen,...Außerdem empfiehlt es sich, dem Rat zu folgen, den BfV-Präsident Peter Frisch im Bundeswehr–Untersuchungsausschuß des Bundestages gab: Sich Informationen aus dem „blick nach rechts“ holen“.[562]

Klaus-Henning Rosen setzt auch im Jahr 1998 seine monothematische Dokumentation parlamentarischer Aktivitäten fort. Diese von Rosen bearbeitete Auflistung ist nun nicht nach einzelnen Thematiken, sondern nach Anfragearten sortiert. Rosen kommentiert die bereits aus den Vorjahren bekannten Erkenntnisse: „Es fällt auf, daß wiederum das Instrument der Kleinen Anfrage nahezu ausschließlich von der PDS genutzt wurde.“[563] Ansonsten sind in

---

[559] Butterwegge, Christoph: Unternehmen Deutschland, bnr 17/97, 20.08.1997, S. 7-10.
[560] Ebd., hier: S. 9.
[561] Bach, Reiner: In einem Topf, bnr 10/98, 20.05.1998, S. 2.
[562] Ebd..
[563] Rosen, Klaus-Henning: Bundestag und Rechtsextremismus 1997, bnr 12/98, 17.06.1998, S. 10-11.

diesem Zusammenhang der bnr Autor Siegfried Vergin (SPD) und die bündnisgrüne Politikerin Annelie Buntenbach, neben anderen, überproportional vertreten.

Das 1998 erschienene „Schwarzbuch des Kommunismus“ wird vom bnr kritisch rezipiert. Theo Meier-Ewert stellt hierzu im bnr 13/98 zunächst die französische Zeitungskritik an dem Vorwort des Herausgebers und Mitautors Stéphane Courtois, ohne den weiteren Inhalt selbst zu kommentieren dar. Offensichtlich geht es Meier-Ewert mehr darum, die Diskussion und Wirkung des Buches darzustellen, als um den Inhalt. Er befürchtet eine „...Instrumentalisierung des Buches zur Waffe im politischen Tagesgeschäft...“[564] Von den ersten Pressereaktionen in der BRD auf die Veröffentlichung des Buches und die Diskussion in Frankreich werden besonders die Stimmen von Jürg Altwegg (FAZ) und dem Politikwissenschaftler Eckhard Jesse (FAZ) von Meier-Ewert beanstandet.

Auch in der nächsten Ausgabe des bnr (14/98) fokussiert Theo Meier-Ewert, die seiner Ansicht nach „umstrittenen Thesen“ von Courtois. Hierzu werden selektiv einige Pressestimmen wiedergegeben, ohne sie maßgeblich zu kommentieren. Letztlich kommt der Autor zu dem Schluß, daß Courtois „windige Thesen“ zum einen den Kommentatoren eine Möglichkeit boten, ihr Thema in einem „gewaltigen publizistischen Wirbel“ zu ventilieren und er andererseits eine wirksame Werbemaßnahme erzielt habe. Die von Meier-Ewert als „besonders subtile Form der Gleichsetzung“ eingeordnete Kritik an einer Kommentierung in der FAZ wehrt sich gegen die beabsichtigte antitotalitäre Aussage der Darstellung. Hierzu beanstandet Meier-Ewert ein redaktionelles Vorwort der FAZ-Redaktion zu einer im Anschluß abgedruckten Rede von Heinrich-August Winkler über das „Schwarzbuch“. Die einführende Kommentierung der FAZ wird als einen künstlich hergestellten Versuch beschuldigt, die Thesen des sog. „Historikerstreites“ aufzuwärmen. Weiterhin würde die FAZ-Redaktion falsche Eindrücke und Rückschlüsse über Winklers Position zum „Diktaturenvergleich“ nahelegen.[565]

Nach dem rot-grünen Wahlsieg 1998 definiert Helmut Lölhöffel den grundsätzlich unabhängigen „antifaschistischen“ Anspruch des bnr als Ausfluß des Regierungsprogramms, welches die Implementierung des „Bündnis für Demokratie – gegen Extremismus und Gewalt“ vorsah und damit einen programmatischen „antifaschistisch“ motivierten Schwerpunkt setzte: „Wer jetzt argwöhnt, der „blick nach rechts“ wandele sich zum Bulletin der neuen Bundesregierung oder würde ein rot-grünes Jubelblättchen, irrt sich...Als Maßstab gilt, was im „Lübecker Manifest“ des Vereins „Gegen Vergessen – Für Demokratie“ steht: Die Auseinandersetzung mit der jüngeren Geschichte muß Bestandteil der Erziehungs- und

---

[564] Meier-Ewert, Theo: Ein neuer „Historikerstreit“?, bnr 13/98, 01.07.1998, S. 8-9, hier: S. 9.

[565] Meier-Ewert, Theo: Durch Gleichsetzung keine Entlastung, bnr 14/98, 15.07.1998, S. 8-9.

Bildungsarbeit sein...der Auftrag der Koalitionsvereinbarung geht nicht an die Regierung, sondern an alle."[566] Lölhöffel sieht die Aufgabe des bnr also maßgeblich darin, die im Koalitionsvertrag enthaltenen Absichtserklärungen der neuen Regierung zu kontrollieren.

Jeannette Goddar stellt unter der Rubrik „Demokratische Initiative" im bnr 25/26 einen Verein in Brandenburg vor, der sich dem Namen nach ausschließlich den Opfern rechtsextremer Gewalt widmet. Daß darüber hinaus auch an einer „antifaschistischen" Gesellschaft gearbeitet wird, zeigen einige Passagen aus dem Vereinsportrait. Kay Wendel einer von drei Mitarbeitern des Vereins, welcher aus „Lottomitteln des Potsdamer Justizministeriums" finanziert wird, zeigt durchaus ein ambivalentes Verhältnis zur Exekutiven, als er im Gespräch mit Goddar behauptet: „Es gibt immer noch Beamte und Staatsanwälte, die gerne schlampig arbeiten, wenn es um rechtsextreme Gewalt geht!"[567] Weiterhin sieht es der Verein als eine „wesentliche Aufgabe", in der „brandenburgischen Provinz" eine „offensive Gegenöffentlichkeit" zu schaffen. So sei das Fernziel: „Lokale Bündnisse gegen Rechts mit guten Kontakten zu Medien und innerhalb der Gemeinde"[568] zu bilden, womit die eigentliche Zielsetzung des Vereins deutlich erweitert wird.

1999:

Auch die parteiinterne Kritik von Klaus-Henning Rosen an den parlamentarischen Aktivitäten als Ausfluß der seit 1996 jährlichen Dokumentationen hat - anscheinend seit dem Regierungswechsel - für ein erweitertes Engagement der SPD gesorgt. Daher kann Rosen seine dreiseitige Dokumentation in bnr 4/99 einleiten: „Von den insgesamt 40 Anfragen wurden im vergangenen Jahr 17 von der SPD gestellt, 10 von den Grünen, 9 von der PDS, jeweils 2 von der CDU/CSU und der FDP."[569]

Im bnr 5/99 exemplifiziert Lölhöffel die Erkenntnis, daß mit Sprache sich Bewußtsein verändern lasse, anhand einer Warnung vor einer möglichen Umbenennung des Bundestages in Berlin. Den Hintergrund bildet der Einzug des Deutschen Bundestages in das umgebaute historische Gebäude des Berliner Reichstages. Negativ bewertet Lölhöffel auch den Begriff „Berliner Republik",[570] der sich inzwischen auf allen politischen und gesellschaftlichen Ebenen durchgesetzt hat. Anlaß für Lölhöffels Befürchtungen und Kritik an der vorgenannten Begrifflichkeit ist in der linken Forderung eines geschichtspolitischen Status Quo, welcher

---

566 Lölhöffel, Helmut: Ein Schwerpunkt, bnr 22/98, 04.11.1998, S. 1; zum Inhalt des „Lübecker Manifestes", vgl.: Reiff, Klaus: Engagement wagen, bnr 22/98, 04.11.1998, S. 12.

567 Goddar, Jeannette: Arbeit für die Opfer, bnr 25/26/98, 16.12.1998, S. 11.

568 Ebd..

569 Rosen, Klaus-Henning: Bundestag und Rechtsextremismus 1998, bnr 4/96, 25.02.1999, S. 11-13.

570 Lölhöffel, Helmut: Der Bundestag., bnr 5/99, 11.03.1999, S. 1.

sich an der „Bonner Republik“ zu orientieren habe, zu sehen. Dieser ideologische Ansatz lehnt eine souveräne Normalisierung der BRD nach der Epochenzäsur 1989 ab.
Armin Pfahl-Traugbher rezensiert in bnr 7/99 wiederum wohlwollend ein „antifaschistisch“ motiviertes Werk mit 17 Aufsätzen von Jens Mecklenburg (Hrsg.), welches im einschlägigen Verlag „Elefanten-Press“ erschienen ist. „Zu den Autoren zählen Wissenschaftler wie Christoph Butterwegge, Benno Hafeneger, Richard Stöss und Wolfgang Wippermann, Journalisten und Publizisten wie Claudia Dammann, Frank Jansen und Bernd Wagner.“[571] Wie die einseitige Autorenauswahl bereits vermuten läßt und von dem Rezensenten Pfahl-Traughber bzgl. des Inhaltes bestätigt wird: „Die Beiträge zu einzelnen Personen und Parteien liefern beachtenswerte Grundsatzinformationen zum allgemeinen Überblick, enthalten aber kaum neue Erkenntnisse…“[572]
Uwe Rupprecht beleuchtet in einem Hintergrundartikel in bnr 8/99 besonders den vom Verfassungsschutz als rechtsextrem beobachteten niedersächsischen Landesverband des nach eigenen Angaben als ein „militärischen Traditionsverband“ fungierenden „Deutschen Kameradschaftsbund – Der Stahlhelm“. Im Fokus der VVN-BdA befindet sich nach Angaben von Rupprecht, auf dessen Recherchen sein Beitrag maßgeblich zurückzuführen ist, besonders der Kreisverband Stade, dem nach Angaben der VVN-BdA „…Verbindungen des Stahlhelm zur NPD und zu Neuheiden…“[573] nachgesagt wird.
In der bnr Rubrik „Demokratische Initiativen“ thematisiert Jeannette Goddar in loser Folge einzelne „antifaschistische“ Initiativen und Bündnisse. Im bnr 12/99 wird von ihr das brandenburgische Projekt „Aktion Noteingang“ vorgestellt. „Hinter der „Aktion Noteingang“ stehen Jugendgruppen oder –bündnisse in 13 brandenburgischen Kleinstädten, die sich zum Ziel gesetzt haben, möglichst viele öffentliche Einrichtungen, Restaurants und Geschäfte in der Stadt an ihrer Aktion zu beteiligen.“[574] Ziel dieser Initiative, die von der Heinrich-Böll-Stiftung mit 20.000 Mark bedacht wurden, ist es „…Schutz vor rassistischen und faschistischen Übergriffen…“[575] zu organisieren.
Zu dieser „Demokratischen Initiative“ wird im bnr 15/99 ein Veranstaltungshinweis abgedruckt. Die Veröffentlichung zeigt, neben der „antifaschistischen“ Verortung, bereits eine Vernetzung der „Aktion Noteingang“ zu den bekannten Akteuren des Politikfeldes. „Neben vier Arbeitskreisen, die sich mit Perspektiven von Jugendarbeit, Handlungsmöglichkeiten gegen rechts, der Arbeit von Bündnissen gegen Rechtsextremismus

[571] Pfahl-Traughber: Armin: Rechts liegt im Trend, bnr 7/99, 08.04.1999, S. 12.
[572] Ebd..
[573] Rupprecht, Uwe: Kriegsspiele, bnr 8/99, 22.04.1999, S. 4.
[574] Goddar, Jeannette: Sich einmischen, bnr 12/99, 17.06.1999, S. 12.
[575] Ebd..

oder den Möglichkeiten und Grenzen der Umsetzungen von Konzepten auseinandersetzen, findet auch eine Podiumsdiskussion statt. Zugesagt haben neben anderen der Politikwissenschaftler Hajo Funke und der Rechtsextremismus-Experte Bernd Wagner."[576] Die Veranstaltung findet in der Universität Frankfurt/Oder statt.

Auch linksextreme Verbindungen bestehen zu solchen Initiativen. Im bnr 16/99 wird berichtet, daß die Arbeit des Vereins „Opferperspektiven" aufgrund des linksextremen Engagements von Mitarbeitern auf anderen Themenfeldern zunächst vorübergehend beendet werden mußte. „Hintergrund der plötzlichen Absage [des Fördergeldes, Anm. L.N.] ist vermutlich die vermeintliche Verstrickung zweier Mitarbeiter in anderweitige politische Aktivitäten."[577] Zwei der vier Mitarbeiter „...stehen im Verdacht, in Kontakt mit Menschen zu stehen, die militante Aktionen gegen Castor-Transporte durchgeführt...haben und aktiv in der Anti-Olympia-Bewegung tätig gewesen zu sein."[578] Neben diesen vorsichtigen und um eine neutrale Formulierung bemühten Darlegungen, steht die „völlig überraschende" und plötzliche Beendigung der finanziellen Förderung im Fokus der Berichterstattung von bnr Autorin „J.G." (Jeannette Goddar).

Goddar berichtet in der übernächsten bnr Ausgabe von dem angekündigten „Kongreß" der „Aktion Noteingang". Ohne die Hintergründe für die ausbleibende Finanzierung für den Verein „Opferperspektive" zu benennen, wird von Goddar die Beendigung der Arbeit dieses Vereins wegen „Nichtfinanzierung" beklagt.[579] Wie dieser Beitrag zudem zeigt, bestehen zwischen diesen beiden Initiativen Vernetzungen. Die grundlegende appellative These der Autorin in diesem Veranstaltungsbericht lautet, daß die Opfer „rechter Gewalt" von Politik und Bevölkerung alleine gelassen würden.

Auch der Berliner „Tagesspiegel"-Journalist Frank Jansen wirbt, aufgrund der wegen linksextremer Kontakte ausbleibenden staatlichen Fördergelder, um Spendengelder für den Verein „Opferperspektive".[580]

In einer Kurzmeldung im bnr 24/99 verlangen 1500 Teilnehmer der von einem „Antifaschistischen Bündnis" organisierten Demonstration die „Zerschlagung" einer „Militaria-Handlung" in Berlin, die nach bnr Angaben „...seit 1997 unter Beobachtung des Verfassungsschutzes steht."[581]

---

[576] O.V.: Hinweis, bnr 15/99, 29.07.1999, S. 13.
[577] Goddar, Jeannette: Aus für Opferhilfe, bnr 16/99, 12.08.1999, S. 13.
[578] Ebd..
[579] Goddar, Jeannette: Zivilcourage fordern, bnr 18/99, 09.09.1999, S. 6-7, hier: S. 7.
[580] Jansen, Frank: Alltagsrassimus, bnr 23/99, 18.11.1999, S. 2.
[581] O.V.: Meldungen, bnr 24/99, 02.12.1999, S. 14.

2000:

Jeannette Goddar bewirbt in bnr 1/00 die „Amadeu-Antonio-Stiftung", welche sich, nach Goddar, zum Ziel gesetzt hat, auf die „…immer ausgeprägter werdende „rechtsextreme Alltagskultur" [zu] reagieren. Unterstützt werden nicht schwerpunktmäßig Opfer, sondern Initiativen, die der Konformität rechter Werte entgegenwirken: Kirchengemeinden, Schülerclubs, Bürgerinitiativen, Vereine, aber auch engagierte Einzelpersonen."[582]

Über ein „internes Arbeitstreffen" der „Deutschland-Bewegung" berichtet Gernot Modery-„Anton Maegerle" in bnr 4/00. Zu Beginn seines inhaltlichen Berichtes beklagt der Autor, daß „…weder die lokale Antifa, noch offiziell die Polizei vertreten"[583] gewesen sei.

Konnte die bnr Autorin Goddar bislang nur „antifaschistisch" motivierte Initiativen in Brandenburg vorstellen, bewirbt sie in bnr 6/00 den Verein „Miteinander e.V." in Magdeburg. Auch bei diesem Verein überwiegt nicht die eigentliche Auseinandersetzung mit potentiellen rechtsextremistischen Gewalttätern, sondern die Unterstützung der eigenen „Szene". Geschäftsführer Lynen van Berg äußert sich zu den Adressaten des Vereins: „„„Die rechten Subkulturen haben in vielen Kommunen eine enorme Attraktivität für Jugendliche,…wir wollen genau die unterstützen, die politisch anders orientiert sind." „Miteinander" will bestehende Initiativen vernetzen, Angebote zur schulischen und außerschulischen Weiterbildung machen,…dem Problem Rechtsextremismus nicht über die Arbeit mit Rechten begegnen, sondern über Nicht-Rechte."[584] Zum Schluß ihres Beitrags legt Goddar Zeugnis über ihren „antifaschistischen" Beurteilungsmaßstab ab: „Doch immerhin fällt auf, daß es in Sachsen-Anhalt anders als im benachbarten Brandenburg zurzeit noch politisch gewollt ist, ein Programm gegen Rechtsextremismus zu installieren, ohne Angst zu haben, dem Linksextremismus nicht gerecht zu werden."[585]

Daß im bnr aus Werbegründen häufiger bekannte - überwiegend SPD-Bundespolitiker veröffentlichen, wurde in dieser Arbeit bereits thematisiert. Deutliche Abgrenzungserosionen zwischen SPD und Linksextremismus zeigen sich im bnr 8/00, als sich der bnr auch für PDS-Bundestagsabgeordnete öffnet, deren Verhältnis zur Gewalt nicht als eindeutig geklärt anzusehen ist. Angela Marquardt (u.a. Autorin der linksextremen Zeitschrift „radikal") beklagt auf der bnr Titelseite, daß Gemeinden und Regionen angeblich keine Verantwortung

[582] Goddar, Jeannette: Engagement zeigen, bnr 1/00, 13.01.2000, S. 11; vgl. kritisch zur Stiftung und den Bundesprogrammen: Institut für Staatspolitik (Hrsg.): Erosion der Mitte. Die Verflechtung von demokratischer und radikaler Linker im „Kampf gegen Rechts" am Beispiel der Amadeu Antonio-Stiftung, Albersroda 2004; Seils, Christoph: Förderung der guten Absicht, Die Zeit, 23.11.2006, S. 9.

[583] Maegerle, Anton: Rechter Splitter, bnr 4/00, 24.02.2000, S. 8.

[584] Goddar, Jeannette: Zivilcourage stärken, bnr 6/00, 23.03.2000, S. 10.

[585] Ebd..

für rechtsextreme Gewalt übernehmen würden und die Schuld für diese Gewalt lediglich auf die Berichterstattung der Medien schieben würden.[586]

In diesem Zusammenhang paßt der Veranstaltungshinweis in bnr 9/00 zu einer Fachtagung in Rostock, welche von der PDS zum Thema Rechtsextremismus organisiert wurde. Es referierten neben anderen Michaela Köttig aus Kassel und der bnr-Autor und das damalige SPD-Mitglied Christoph Butterwegge aus Köln.[587]

Die parteiinternen Ermahnungen bezüglich der parlamentarischen Aktivitäten können als nicht nachhaltig bezeichnet werden. Klaus-Henning Rosen weißt im bnr 12/00 darauf hin, daß „die weitaus meisten Anfragen...von der PDS gestellt“[588] wurden. Wie eine Durchsicht der Dokumentation der parlamentarischen Aktivitäten ergibt, hat die SPD keine einzige Anfrage im Jahr 1999 gestellt und somit diese Arbeit komplett der PDS und Bündnis 90/Die Grünen überlassen.

In bnr 17/00 erfolgt ein Terminhinweis auf eine Veranstaltung des Vereins „Gegen Vergessen–Für Demokratie“ gemeinsam mit der „Amadeu-Antonio-Stiftung“ und dem Verein „Miteinander e.V.“. „Verschiedene Projekte und Initiativen aus den neuen Bundesländern erhalten dabei auch Gelegenheit zur Darstellung und zum Erfahrungsaustausch. Referieren werden neben anderen Bernd Wagner und Anetta Kahane.“[589] Letztgenannte ist Leiterin der Regionalen Arbeitsstelle für Ausländerfragen, Jugendarbeit und Schule in Berlin. Zusätzlich erwähnt wird die Anwesenheit von Bundestagspräsident Wolfgang Thierse auf der Tagung, der den Veranstaltungshinweis mit einem politisch selbstverordnenden Zitat einleitet: „Die rechtsextreme Gewalt ist kein Randphänomen mehr, sie kommt aus der Mitte der Gesellschaft.“[590]

Diese These wird wechselseitig von politischen Eliten oder von Wissenschaftlern regelmäßig im bnr publiziert. In bnr 18/00 wird von Volkmar Wölk eine Erklärung von 31 Wissenschaftlern zur Rechtsextremismusdebatte thematisiert. Nach Erkenntnissen aus empirischen Untersuchungen würde ein „...entsprechendes Einstellungspotential auch in der Bevölkerung der alten Bundesrepublik seit Jahrzehnten in beträchtlichem Umfang vorhanden...“[591] sein. Im weiteren beschränke sich das Personal der extremen Rechten nicht auf das äußerst rechte Spektrum, sie würde „...vielmehr bis weit in die etablierte Politik...“[592]

---

[586] Marquardt, Angela: Medienschelte, bnr 8/00, 20.04.2000, S. 1.
[587] O.V.: Hinweis, bnr 9/00, 04.05.2000, S. 11.
[588] Rosen, Klaus-Henning: Deutscher Bundestag – Rechtsextremismus im Jahr 1999, bnr 12/00, 15.06.2000, S. 10-11.
[589] O.V.: Demokratie erfahren, bnr 17/00, 24.08.2000, S. 12.
[590] Ebd..
[591] Wölk, Volkmar: Engagement stärken, bnr 18/00, 07.09.2000, S. 8.
[592] Ebd..

hineinreichen. Unter den 31 Wissenschaftlern sind, nach Wölk, „...zum Teil bekannte Experten – so die Professoren Butterwegge, Dubiel, Dudek, Falter, Heitmeyer, Henning, Jäger, Link und Minkenberg -...“.[593] Maßgebliches Hauptproblem in der Auseinandersetzung mit der extremen Rechten sei ein angeblich weit verbreitetes gesellschaftliches Meinungsklima von Fremdenfeindlichkeit und autoritärem Denken.

Auch staatliche Einrichtungen in Westdeutschland unterliegen zum Teil der „antifaschistisch“ motivierten Stimmung, die durch den Regierungswechsel manifestiert wurde. Ein Veranstaltungshinweis im bnr 18/00 macht auf eine gemeinsame Jahrestagung der Landeszentrale für Politische Bildung und des Arbeitskreises der Ruhrgebietsstätte gegen rechtsextreme Tendenzen bei Jugendlichen (AK Ruhr) aufmerksam, mit dem Thema: „Rechter Alltag als Normalfall? Wo steht die Pädagogik gegen rechts im vereinten Deutschland?“ Referieren werden die linken Akteure Richard Stöss (FU Berlin), Benno Hafeneger (Marburg), Wolfgang Dreßen (FH Düsseldorf), Bernd Wagner (Zentrum demokratische Kultur, Berlin).[594]

Die Vorstellung der „Demokratischen Initiativen“ wird von Jeannette Goddar auch in bnr 20/00 fortgesetzt.[595] Hier bewirbt sie die SPD nahe Kampagne „Gesicht zeigen!“ im „Kampf gegen rechts“. Die inhaltliche Arbeit dieser Kampagne wird von der Autorin nicht dargestellt, in diesem Beitrag geht es ausschließlich um die zahlreichen „Prominenten“ die der Kampagne ihre Unterstützung zugesagt haben. Organisiert wird die Aktion maßgeblich von Regierungssprecher Uwe-Karsten Heye (SPD), sie steht unter der Schirmherrschaft von Bundespräsident Johannes Rau.

Franziska Hundseder, welche auf der Titelseite des bnr 22/00 als Vorsitzende der Fachgruppe Journalismus in der IG Medien vorgestellt wird, fordert eine ständige Wochenchronik rechter Gewalt, „...damit die Verharmlosung endlich keine Chance mehr hat.“[596] In diesem Zusammenhang lobt sie die Aktion der „Frankfurter Rundschau“ und des „Tagesspiegels“, die eine solche Dokumentation veröffentlichten.

Bei der Einordnung studentischer Verbindungen stützt sich der bnr auch auf Erkenntnisse der „antifaschistisch“ orientierten studentischen Selbstverwaltungen. In einem konkreten Beispiel wird ein Sprecher der Arbeitsgemeinschaft Antifaschismus (AG Antifa) im Studentenrat der Martin-Luther-Universität in Halle mehrfach zitiert. Zudem greift Autor Eberhard Löblich auf Beurteilungen aus einer kleinen Anfrage des PDS-Abgeordneten Matthias Gärtner zurück.

---

[593] Ebd..
[594] O.V.: Gegen rechte Normalität, bnr 18/00, 07.09.2000, S. 4.
[595] Goddar, Jeannette: Prominente Hilfe, bnr 20/00, 05.10.2000, S. 7.
[596] Hundseder, Franziska: Rituale, bnr 22/00, 02.11.2000, S. 1.

Zum Schluß seines Beitrags zweifelt Löblich an der Kompetenz des behördlichen Verfassungsschutzes: „Offenbar fällt es den Verfassungsschützern in Sachsen-Anhalt zunehmend schwer, die Szene unmittelbar unter Beobachtung und damit unter Kontrolle zu halten.“[597] In bnr 24/00 zweifelt derselbe Autor an den offiziellen Kriminalstatistiken des BKA, welche sich auf die Angaben der LKA stützen. Er wirft der Polizei vor, sie würde sich mit der Einordnung „rechter Gewalt“ schwertun.[598]

In einem „Hinweis“ zu einer Anhörung von Bündnis 90/Die Grünen zum Thema „Zivilgesellschaft gegen Rechtsextremismus“ werden die Abgeordneten Kerstin Müller, Annelie Buntenbach, Claudia Roth, Steffi Lemke, Christian Ströbele und Christian Simmert teilnehmen. Weiterhin wird in diesem Kurzbeitrag angekündigt, daß - neben anderen - die Vertreter folgender „demokratischer Initiativen“, welche fast alle bereits im bnr beworben wurden, ihre Arbeit vorstellen werden: „Opferperspektive“, „Aktion Noteingang“, „Miteinander e.V.“, „Zentrum demokratische Kultur“ und der DGB.[599]

Auch Gabriele Nandlinger beteiligt sich an der Förderung von „Demokratischen Initiativen“. Im bnr 25/26/00 thematisiert sie den „Jugendverein Bruchbude e.V.“, der bereits von der SPD durch mehrere Bundespolitiker und örtliche Funktionsträger protegiert wird. So ermunterte zuletzt Sebastian Edathy den Verein, „...sich weiter mit dem Gedanken der Andersartigkeit auseinanderzusetzen, keine Angst vor der Vielfalt zu haben, sondern mehr vor der Einfalt...“[600] Trotz eines Preises des Bundespräsidenten Wolfgang Thierse und der bundespolitischen Beihilfe der SPD warnt Nandlinger vor einer drohenden Schließung des Vereins, da nach ihren Angaben das Land und die kommunalen Träger die finanziellen Mittel „drastisch“ gekürzt haben. Daher verweist sie in ihrem Beitrag an mehreren Stellen auf Erfolge des Vereins. So habe sich nach Nandlinger die „rechte Jugendlandschaft“ aufgrund der Vereinsaktivitäten seit dem Beginn 1997 verändert.

Die SPD arbeitet auch außerhalb der offiziellen Koalitionen auf Landesebene institutionell mit der PDS zusammen. Auf einem Kongreß „Steh auf gegen rechts“ in Stendal setzten sich nicht nur der brandenburgische Ministerpräsident Stolpe (SPD) und die Bundesministerin Christine Bergmann (SPD) mit der Förderung eines „Netzwerks des Anstandes“[601] auseinander, sondern auch Gregor Gysi (PDS).

---

[597] Löblich, Eberhard: Im Geiste verwandt, bnr 22/00, 02.11.2000, S. 3-4, hier: S. 4.
[598] Löblich, Eberhard: Nicht zielgerichtet, bnr 24/00, 30.11.2000, S. 2.
[599] O.V.: Hinweis, bnr 24/00, 30.11.2000, S. 8.
[600] Nandlinger, Gabriele: Vorbildliche Arbeit, bnr 25/26/00, 14.12.2000, S. 11.
[601] Bachmann, Ralf: Ein Aufbruch, bnr 25/26/00, 14.12.2000, S. 12.

2001:

Der bnr ist der Meinung, daß die Bekämpfung von Rechtsextremismus auch eine Aufgabe der Gewerkschaft sei. Denn nach einer Studie aus 1998 seien auch Gewerkschaftsmitglieder „...anfällig...für rechtsextreme Parolen...“.[602] Aus diesem Grund wird im bnr 1/01 auf eine Veranstaltung der IG Metall in Frankfurt hingewiesen. Auf dieser „Fachtagung“ referieren - neben anderen - Christoph Butterwegge und Kay Wendel vom Verein „Opferperspektive“ aus Potsdam.[603] Letztgenannter Verein sollte nach bnr-Angaben nicht mehr existieren (bnr 18/99), ihm wurden aufgrund des linksextremen Engagements von einzelnen Mitarbeitern die staatlichen finanziellen Mittel entzogen.

Eine ausdrückliche Solidarisierung zur linksextremen „Antifa-Szene“ ist im bnr 2/01 ersichtlich. Dort stellt Jeannette Goddar unter der Rubrik „Demokratische Initiativen“ das Programm einer „Antifaschistischen Aktionswoche“ vor, die zentral in Berlin von einem „Antifaschistischen Aktionsbündnis AIII [A3]“ für mehrere Bundesländer organisiert wird. Neben Demonstrationen, Lichterketten und Kundgebungen mit PDS-Bundestagsabgeordneten werden „Hip-Hop-Konzerte“, „Saufen-gegen-rechts-Partys“ bis hin zu Informationsveranstaltungen, somit fast alle „antifaschistischen“ Aktionsformen angeboten. Wie ein Zitat eines Mitglieds von [A3], dessen Name vom bnr geändert wurde, zeigt, ist die Gruppierung [A3] grundsätzlich solidarisch mit gewaltbereiten Linksextremisten: „Daß unter den Bündnispartnern auch Gruppen seien, mit denen man sich nicht in allen Punkten einig sei,...sei nicht nur akzeptiert, sondern geradezu unausweichlich: „Im Kampf gegen Rechts braucht man ein Bündnis von linksradikalen über alternative bis ins bürgerliche Lager.“‘[604] Kontakte zu Grünen, PDS und SPD seien an der Tagesordnung. Eine weitere Einschätzung des zitierten Aktivisten zeigt, daß die SPD in diesem Zusammenhang als eine Werbeplattform von der „antifaschistischen“ Szene benutzt werden würde. Diese Werbung würden den Aktionen mehr nützen, als die lokalen Bemühungen der Jugendlichen. Demzufolge hätten - nach Angaben des Befragten - „gerade jüngere...häufig kein Problem damit, mit der SPD zu verhandeln.“[605] Weiterhin werden von Goddar optimistische Beurteilungen zur Bündnissituation innerhalb der „Antifa-Szene“ und weiteren gesellschaftlichen Gruppen eines lokalen „Antifa-Mitglieds“ aus Belzig und von Ulli Jentsch vom „Antifaschistischen Pressearchiv“ in Kreuzberg wiedergegeben. Den Aufruf zur Aktionswoche unterstützen mit ihrer Unterschrift nach Angaben von Goddar über 50 Gruppen, Verbände und

---

[602] O.V.: IG Metall gegen Rechts, bnr 1/01, 11.01.2001, S. 9.
[603] Ebd..
[604] Goddar, Jeannette: Bündnis verbreitern, bnr 2/01, 25.01.2001, S. 9.
[605] Ebd..

Einzelpersonen; „...unter ihnen sind autonome Antifa-Initiativen, daneben aber auch bürgerliche Gruppen, Teile der IG Medien sowie der Grünen und der PDS.“ An dieser Stelle zeigt sich ein weiteres Mal die breite institutionelle Vernetzung des „Antifa-Konsens“ und die in dieser Arbeit bereits dargestellten Bündnisstrategie unter Ausnutzung des guten Willens demokratischer Bürger.

In bnr 4/01 wird eine Publikation von Christoph Butterwegge und Georg Lohmann (Hrsg.) durchweg wohlwollend von Simone Schmidt rezensiert. Danach greift Butterwegge bei seinen Erklärungsansätzen auch auf die „wissenschaftlichen Ansätze“ der „Desintegrations- und Individualisierungsthese“ von Wilhelm Heitmeyer zurück. „Bemerkenswert an dem Buch“, so Schmidt, „ist besonders die Analyse der Entstehung eines rechten Klimas in der Gesellschaft durch Medien und Politik. Die „Bausteine für eine eingreifende pädagogische Praxis“ sind das I-Tüpfelchen“.[606]

Eine „antifaschistisch“ motivierte Dokumentation einer parlamentarischen „Entschließung gegen Rechtsextremismus“ (BT-D 14/5456) zeigt den ansatzweise „hypochondrischen“ Umgang der Parteien SPD, Grüne, FDP und PDS mit diesem Thema. So bezeichnet Sebastian Edathy es als „erschreckend“, daß dem Rechtsextremismus in den vorigen Jahren angeblich zu wenig Beachtung geschenkt worden sei. Trotz der vielfältig gebildeten Initiativen und Bündnisse in den 90er Jahren, soll mit dieser Entschließung eine neue Zäsur eingeleitet werden, die zeigt, daß der „Antifaschismus“ nach der Jahrtausendwende endgültig im Parlament fest verankert ist. Folgerichtig wird unterstellt, daß sich der Rechtsextremismus in der BRD im Jahr 2000 erschreckend ausgebreitet habe. Weiterhin wird ein konkreter Maßnahmenkatalog mit der Intention vorgelegt, die bestehenden Programme und Initiativen auszuweiten und zu verstetigen.[607] Sebastian Edathy, der im bnr 9/01 als Sprecher der Arbeitsgruppe Rechtsextremismus der SPD-Bundestagsfraktion vorgestellt wird, kann auf der bnr-Titelseite die Motivation und wesentliche Punkte der vorgenannten Entschließung erneut wiederholen.[608]

Daß auch „autonome“ Gruppierungen die Internetfassung des bnr durch das von der bnr Redaktion ausgesprochene Kooperationsangebot seit Umgestaltung der bnr Netzpräsenz für sich nutzen, wurde bereits in dieser Arbeit thematisiert. Klaus-Henning Rosen nimmt im bnr 12/01 hierzu Stellung. Er rechtfertigt diese Vernetzung, indem er zum einen auf die offenen Strukturen des Netzes und zum anderen auf die „verwegene Tendenz“ eines nicht weiter von ihm bezeichneten Artikels in den „Stuttgarter Nachrichten“ hinweist, der erst die

---

[606] Schmidt, Simone: Pädagogisches Feld, bnr 4/01, 22.02.2001, S. 12.
[607] O.V.: Demokratie stärken, bnr 7/01, 05.04.2001, S. 10-11.
[608] Edathy, Sebastian: Herausgefordert, bnr 9/01, 03.05.2001, S. 1.

„Unterwanderung“ öffentlich gemacht hatte. Die in diesem Zeitungsartikel benannten Verweise auf linksextreme Gruppierungen wurden, nach Rosens Angaben, im Anschluß gelöscht.[609] Jedoch fanden sich nachfolgend und finden sich bis heute auf den Netzseiten des bnr tendenziell linksextreme/„antifaschistische“ Gruppierungen, die über einen Verweis oder Adressen kontaktiert werden können. Auch Ende Januar 2007 wird auf den bnr-Internetseiten in der Rubrik „Projekte und Wettbewerbe“ das Internetportal „redok“, „Hyperlinks gegen Rechts“, eine Initiative der Linkspartei.PDS nahen „Rosa-Luxemburg-Stiftung“ und in der Rubrik „Veranstaltungen“ für eine Initiative „Colorida“ und *„United for Intercultural Action*“ geworben.

Gudrun Giese stellt im bnr 15/01 eine Auftragsforschungsarbeit von Christoph Butterwegge und Alexander Häusler vor. In einer „Medienexpertise“ für die „Landesarbeitsgemeinschaft der kommunalen Migrantenvertretungen Nordrhein-Westfalen (LAGA NRW) beschäftigen sich die Autoren hauptsächlich mit dem Nachweis, daß „Rechte Themen – Themen der Mitte“ wären. Diese kommen weiterhin zu dem weniger überraschenden Ergebnis, daß „…bei der Popularisierung der Debatte [um eine multikulturelle Gesellschaft im „Zeitalter der Globalisierung“, Anm. L.N.]…den etablierten Medien eine wichtige Aufgabe…“[610] zukäme. Von der Rezensentin werden weder Fragestellung, Methodik, noch die analysierten Medien benannt. Inhalt und Ausrichtung des bnr Artikels lassen wiederum die Wiederholung der These von einem „(Rechts-)Extremismus der Mitte“ erkennen.

Auch die Dokumentation der parlamentarischen Aktivitäten im Jahr 2000 wurden überwiegend der PDS überlassen. Wie in den Jahren zuvor ist die Abgeordnete Ulla Jelpke (PDS) besonders um das Thema Rechtsextremismus bemüht.[611] Von Rosen unkommentiert bleibt, daß die CDU/CSU mit zwölf Anträge die zweitaktivste Fraktion gewesen ist, im Vergleich hierzu die SPD lediglich drei Anfragen, hiervon einen zusammen mit der FDP, gestellt hat. Daher manifestiert sich auch weiterhin die Annahme von einer Arbeitsteilung zwischen SPD und PDS im Bundestag bezüglich der parlamentarischen Aktivitäten auf diesem Politikfeld.

Der Redakteur des Berliner „Tagesspiegel“ Frank Jansen lobt in bnr 16/01 die Reform der Innenminister bezüglich sogenannter „Propagandadelikte“. Diese Deliktgruppe führt häufig zu statistischen Falsifikaten, da sie den Gewaltstraftatbeständen Rechtsextremer hinzugerechnet und anschließend in den behördlichen Berichten mit den Tatbeständen von

---

[609] Rosen, Klaus-Henning: Unterwanderung?, bnr 12/01, 14.06.2001, S. 10; zu den linksextremen Gruppierungen auf den bnr-Netzseiten, siehe: FN 58.

[610] Giese, Gudrun: Die Mitte „erobert“, bnr 15/01, 26.07.2001, S. 10.

[611] Rosen, Klaus-Henning: Deutscher Bundestag – Rechtsextremismus im Jahr 2000, bnr 15/01, 26.07.2001, S. 12-13.

Linksextremisten verglichen werden, bei denen ganz überwiegend keine „Propagandadelikte“ erfaßt werden. Diese Schieflage der Straftatbestände ist zudem geeignet, Verbrechen der kommunistischen Diktaturen zu verharmlosen und besitzt somit eine tendenziell „antifaschistische“ Motivation. In seinem appellativen Beitrag („Die rechte Gefahr nimmt nicht ab.“[612]) würdigt Jansen folgendermaßen die Reform, die ein Mißverhältnis weiter verstärkt: „Die Innenminister haben die polizeiliche Erfassung rechter Straftaten reformiert. Nun gelten Kriterien, die es erlauben, auch vermeintlich harmlose Schmierereien richtig einzuordnen. So wird das Ausmaß der rechten Kriminalität deutlicher.“[613] Weiterhin lobt Jansen im Innenteil des bnr die Möglichkeit durch einen „…weiter gefaßten Begriff „politisch motivierte Kriminalität“ können nun deutlich mehr rechte Straftaten den Umtrieben der rechten Szene zugeordnet werden.“[614] Weiterhin unterstellt Jansen dem brandenburgischen Innenminister Jörg Schönbohm (CDU) trotz der dargestellten Reform der Zählweise die Verbreitung falscher Deliktszahlen.

Der Verfassungsschützer Thomas Pfeiffer erläutert im bnr die Arbeit des Sozialwissenschaftlers Michael Pechel, der für das niedersächsische „Landesinstitut für Fortbildung und Weiterbildung im Schulwesen und Medienpädagogik“ in Hildesheim über 100 Internetforen auf einer sogenannten „NIBIS-Seite“ zusammengestellt hat, die, so Pfeiffer, „…den weiten Fächer der netzeigenen Abwehraktivitäten gegen rechte Umtriebe widerspiegeln.“[615] Ausdrücklich lobt Pfeiffer den breiten Bündnischarakter der Zusammenstellung: „Dazu zählen Seiten aus dem Antifa-Spektrum ebenso wie das umfangreiche Medienprojekt netzgegenrechts.de oder die CDU-Homepage netzgegengewalt.de. Neben staatlichen Instanzen wie den Verfassungsschutzbehörden und dem jugend-schutz.net in Mainz sind auch die Seiten des „blick nach rechts“ (www.bnr.de) in der Sammlung vertreten.“[616]

Der DGB initiiert ein „Projekt für Toleranz und Demokratie“ dessen Hauptanliegen es ist „…oftmals tabuisierte Themen anzusprechen und ein Duldung rechten „Gedankenguts“ durch die schweigende Masse der Schüler zu brechen.“[617] Hierzu werden sogenannte „Teamer“, junge Leute, wie Schüler, Studenten oder Auszubildende vom DGB weitergebildet, um in der Freizeit Projekttage mit Schulklassen durchzuführen. Ziel sei es, so Eberhard Löblich in bnr 19/01, „…in den fünf neuen Ländern ein „gemeinsames Netzwerk“ aufzubauen, das dem

---

612 Jansen, Frank: Ein Anfang, bnr 16/01, 09.08.2001, S. 1.
613 Ebd..
614 Jansen, Frank: Zahlenspielereien, bnr 16/01, 09.08.2001, S. 10.
615 Pfeiffer, Thomas: Links gegen rechts, bnr 17/01, 23.08.2001, S. 10.
616 Ebd..
617 Löblich, Eberhard: Mitmachen, bnr 19/01, 20.09.2001, S. 10.

Informations- und Erfahrungsaustausch untereinander dienen soll….Finanziert wird das Projekt durch Eigenmittel der [nicht weiter aufgeführten, Anm. L.N.] Projektpartner sowie durch Zuwendung von Ministerien."[618]

Jeannette Goddar bilanziert in derselben Ausgabe eine sehr gute finanzielle Ausstattung der Berliner Antonio-Amadeu-Stiftung, die daher insgesamt 141 Projekte und Initiativen im „Kampf gegen rechts", nach Goddar, vor allem in den neuen Ländern fördern konnte. Darunter befänden sich Aussteigerprogramme und vergleichbare Initiativen nach dem Vorbild von „Opferperspektive" und „Aktion Noteingang" für alle fünf neuen Bundesländer.[619]

Auf einer gemeinsamen Konferenz der SPD-nahen Friedrich-Ebert-Stiftung und der Botschaft der Vereinigten Staaten von Amerika werden nicht weiter benannte „Experten" mit Sebastian Edathy (MdB, SPD) auf dem Podium Möglichkeiten der Bekämpfung von Rechtsextremismus diskutieren. Weiterhin hält die dem bnr nahe stehende Parlamentarische Staatssekretärin im Bundesinnenministerium Cornelie Sonntag-Wolgast ein einführendes Referat.[620]

Ein weitere Hinweis in bnr 21/01 wirbt für eine Fachtagung mit der rhetorischen Themenstellung „Rechtsextremismus–Problem von Randgruppen oder der gesellschaftlichen Mitte"?, die maßgeblich von der Abteilung Politikwissenschaft an der Universität Köln veranstaltet wird. Referieren werden „…unter anderem namhafte Wissenschaftler wie Christoph Butterwegge, Köln, Wolfgang Gessenharter, Hamburg, Christina Türmer-Rohr, Berlin…"[621] Die Problemstellung ist, neben den bereits in dieser Arbeit analysierten Grundtendenzen der Wissenschaftler Butterwegge und Gessenharter, deshalb als nicht offen anzusehen, da bereits die angekündigte Podiumsdiskussion das Thema „Gegenmaßnahmen im gesellschaftlichen Bereich"[622] untersucht. Die Veranstaltung findet nicht im Universitätsgebäude, sondern in der „Alten Feuerwache" in Köln statt, welche ein beliebter lokaler Anlaufpunkt für „Antifa-Aktivisten" ist, so findet dort regelmäßig ein „Antifaschistisches-Café" statt.

Heike Steinmetz weist auf eine weitere Veranstaltung mit Christoph Butterwegge hin. Dieser nimmt an einer Diskussion zum Thema „Rassismus geht uns alle an" teil, die in Zusammenarbeit mit dem WDR-Funkhaus und im Rahmen der dritten Bonner Buchmesse „Migration" stattfindet. „Veranstaltet wird die Bonner Buchmesse Migration vom Bonner Institut für Migrationsforschung und interkulturelles Lernen e.V. (BIM), das sich seit 1995

---

[618] Ebd..
[619] Goddar, Jeannette: Bilanz des Erfolges, bnr 19/01, 20.09.2001, S. 11.
[620] O.V.: Hinweis, bnr 20/01, 04.10.2001, S. 12.
[621] O.V.: Hinweis, bnr 21/01, 18.10.2001, S. 7.
[622] Ebd..

durch wissenschaftliche und praxisbezogene Projekte mit dem Themenkomplex Einwanderung auseinandersetzt. Marieluise Beck [MdB, Bündnis 90/Die Grünen, Anm. L.N.], Beauftragte der Bundesregierung für Ausländerfragen und Bärbel Dieckmann [SPD, Anm. L.N.], Oberbürgermeisterin der Stadt Bonn, haben die Schirmherrschaft übernommen.“[623] Der Eintritt zu dieser mehrtägigen Veranstaltung ist an allen Tagen kostenlos.

In der „Bücherschau“ derselben bnr Ausgabe bespricht Daniel Krüger ein Buch von den Herausgebern Winfried Schubarth und Richard Stöss. Wie zu vermuten, finden sich in diesem Sammelband, neben Beiträgen der Herausgeber, auch Aufsätze von den bekannten „antifaschistisch“ motivierten Politologen, Soziologen und Erziehungswissenschaftler, wie Armin Pfahl-Traughber, Gero Neugebauer, Werner Bergmann, Franz-Josef Krafeld und Hans-Gerd Jaschke. Nach Krüger, der in seiner Rezension keine Grenze zwischen Rechts und Rechtsextrem zieht, stellt das Werk „…den aktuellen Stand der Rechtsextremismusforschung dar…“[624]

Dem bnr 24/01 ist zunächst ein tendenziell linksextremistischer Veranstaltungshinweis zu entnehmen, der u.a. das Ziel hat, vernetzende Bündnisse zu etablieren. „Lokale Jugendinitiativen stärken! Konferenz zu antifaschistischer Jugendarbeit vor Ort“ ist das Thema einer Veranstaltung der PDS-Bundestagsfraktion. „Beleuchtet wird dabei unter anderem, wie Kommunen Initiativen gegen Rassismus und Rechtsextremismus sowie zivilgesellschaftliche Strukturen unterstützen können. Auf drei Podien wollen die Veranstalter mit Jugendinitiativen, Kommunalpolitikern und prominenten Gästen diskutieren, um auch das gegenseitige Verständnis zu fördern.“[625] Weiterhin veranstaltet der „antifaschistisch“ motivierte „Internationale Arbeitskreis Sonnenberg e.V.“ eine Jugendtagung zum Thema „Das lange Echo des Nationalsozialismus – lange her, aber nicht vorbei…“ im Haus Sonnenberg in St. Andreasberg/Harz.[626]

2002:

Daniel Krüger rezensiert, wiederum ohne eine Grenzziehung zwischen „Rechts“ und Rechtsextrem vorzunehmen, wohlwollend ein Buch von Stefan Frohloff mit dem Titel „Gesicht zeigen. Handbuch für Zivilcourage“. Krüger weist in seiner Besprechung die Vernetzung zwischen Publikation und gleichnamigem, SPD-nahen, Verein nach. Das Buch

---

[623] Steinmetz, Heike. Thema Migration, bnr 22/01, 01.11.2001, S. 11.
[624] Krüger, Daniel: Konzepte entwickeln, bnr 22/01, 01.11.2001, S. 13.
[625] O.V.: Hinweis, bnr 24/01, 29.11.2001, S. 11.
[626] O.V.: Hinweis, bnr 24/01, 29.11.2001, S. 13; zur „antifaschistischen“ Motivation des Vereins vgl. das Leitbild des Vereins und Veranstaltungen, z.B. Widerstandskämpfer in der DDR: http://www.sonnenberg-international.de/, 24.05.2007.

enthält eine Datensammlung von überwiegend „antifaschistisch" motivierten Projekten, Ideen, Adressen von Organisationen, Ansprechpartnern und Anregungen für eigene Aktionen. In einem anderen Teil wird die „rechte Alltagskultur" beleuchtet, es werden tatsächliche oder vermeintliche rechtsextreme Begriffe und Symbole erklärt. Daniel Krüger empfiehlt dieses „äußerst praktische Nachschlagewerk" besonders Lehrkräften und „engagierten" Personen.[627]
Im bnr 5/02 wird ein Hinweis zu einem „Internationalen Jugendworkcamp" der DGB-Jugend Niedersachsen-Bremen veröffentlicht.[628]
Wieder deutlicher wird die Vorstellung einer „Demokratischen Initiative" von Peter Nowak im bnr 6/02, welche sich genau genommen lediglich mit den Inhalten einer Broschüre beschäftigt. Herausgeber der Broschüre, die Verfasser werden nicht genannt, über den „rechten Lifestyle" ist die „Antifaschistische Initiative im Bielefelder Westen" (Antifa West).[629]
Daß die „..umstrittene Entscheidung des Bundesrats über das Zuwanderungsgesetz..."[630] negative Auswirkungen für das politische Klima haben könnte, wird von Helmut Lölhöffel im bnr 7/02 befürchtet. In seinem Beitrag werden weiterhin die kritischen Positionen und Diskussionsbeiträge von Peter Müller (CDU) und Edmund Stoiber (CSU) hierzu kommentiert, die letztendlich, so Lölhöffel, in ein neues „...Auffangbecken Unzufriedener und Enttäuschter..." führen würde. Dieser Beitrag unterschlägt, daß die Gesetzesinitiative von der rot-grünen Bundestagsmehrheit verabschiedet wurde und ohne wesentliche Änderung den unionsdominierten Bundesrat passierte. Insofern läßt sich leicht die eigentliche Intention des Beitrages von Lölhöffel enttarnen, nämlich der Union zu unterstellen, sie fördere mit ihrer Politik rechtsextremistische Tendenzen.
Gernot Modery-„Anton Maegerle" stellt in derselben Ausgabe ein Buch der „antifaschistisch" orientierten Duisburger Gruppierung „JungdemokratInnen/Junge Linke Duisburg", erneut ohne Angabe des Autors, vor.[631] Diese Gruppierung beschäftigt sich mit allen Facetten linksextremer Politik und bietet neben Veranstaltungen auch diverses szenetypisches Werbematerial. In bnr 8/02 stellt derselbe bnr-Autor eine weitere Broschüre einer „antifaschistischen" Gruppierung ohne Benennung des Autors aus Hamburg vor. Die Broschüre mit dem programmatischen Titel „In der Mitte angekommen. Rechtsextremismus und gesellschaftliche Gegenaktivitäten in Mecklenburg-Vorpommern", welche erhältlich ist

---

[627] Krüger, Daniel: Zivilcourage zeigen, bnr 2/02, 24.01.2002, S. 11.
[628] O.V.: Hinweis, bnr 5/02, 07.03.2002, S. 13.
[629] Nowak, Peter: Rechter Lifestyle, bnr 6/02, 21.03.2002, S. 11; vgl. zu dieser Gruppierung 1.4 „Antifaschismus".
[630] Lölhöffel, Helmut: Ausgekocht, bnr 7/02, 04.04.2002, S. 1.
[631] Maegerle, Anton: Militantes Potential, bnr 7/02, 04.04.2002, S. 9.

bei „Rat. Reihe antifaschistischer Texte c/o Schwarzmarkt“ in Hamburg beschäftigt sich u.a. „…mit Einrichtungen der Jugendarbeit, der Entwicklung der Resonanz rechter Einstellungen bei Jugendlichen und mit Aktivitäten gegen Rechts.“[632]

Unter der Rubrik „Demokratische Initiativen“ wird von „G.K.“ der Abschluß einer bnr-eigenen Kampagne im bnr 9/02 thematisiert. In einem bundesweiten Jugend-Wettbewerb „Du gegen rechts“ hätten sich rund 600 Jugendliche in Form von vielfältigen Aktionen mit dem Thema auseinandergesetzt, um der „…zunehmend rechtsextremen Normalität unseres Alltags“[633] zu entgegnen, so ein Projektleiter und Schulleiter. Die Preisträger (u.a. Schüler einer Gesamtschule aus Brandenburg) werden von Wolfgang Thierse in Berlin empfangen; Helmut Lölhöffel kann das bnr-Projekt der Presse vorstellen und somit als bnr-Eigenwerbung nutzen.

Gabriele Nandlinger stellt im bnr 10/02 den Maßnahmenkatalog der Bundesregierung gegen Rechtsextremismus vor. „Ein Schwerpunkt liegt demzufolge in einer Bildungsoffensive gegen Rechts.“[634] Weiterhin werden die Förderprogramme Xenos, Entimon und Civitas kurz von Nandlinger charakterisiert und auf die Bemühungen einer schnelleren Strafverfolgung „rechter Gewalt“ hingewiesen.

Daß der administrative Verfassungsschutz bereits aufgrund seiner tendenziell antitotalitären Ausrichtung von Klaus-Henning Rosen in der Kritik steht, wurde bereits analysiert. Bereits die geänderten Sortierungsparameter (Islamismus/rechter-/linker Extremismus) der Beobachtungsgebiete nach dem 11. September 2001 werden von Rosen kritisiert, der im übrigen keine Bedrohungslage durch den islamistischen Terrorismus erkennen kann.[635] Der Vergleich der geänderten Sortierung vor der islamistischen Terrorzäsur in den Verfassungsschutzberichten zwischen konservativ-liberaler (linker-/rechter Extremismus/Ausländerextremismus) und rot-grüner Regierung (rechter-/linker Extremismus/Ausländerextremismus) zeigt lediglich die (Regierungs-)politische Tendenz der Berichte.

Ohne eine weitere Kommentierung wird die von Klaus-Henning Rosen bearbeitete Dokumentation der überwiegend von der PDS ausgehenden parlamentarischen Aktivitäten im bnr 12/02 veröffentlicht.[636] Insgesamt wohlwollend rezensiert Armin Pfahl-Traughber in derselben bnr-Ausgabe ein weiteres Buch von Christoph Butterwegge. Die Rezension zeigt, daß Butterwegge keine wesentlichen Weiterentwicklungen oder Modifikationen seiner

---

[632] Maegerle, Anton: Getarnte Neonazis, bnr 8/02, 18.04.2002, S. 12.
[633] K.G.: Breite Vielfalt, bnr 9/02, 02.05.2002, S. 11.
[634] Nandlinger, Gabriele: Aktiv gegen rechts, bnr 10/02, 16.05.2002, S. 8.
[635] Rosen, Klaus-Henning: Wachsende Gewalt, bnr 11/02, 30.05.2002, S. 7.
[636] Rosen, Klaus-Henning: Deutscher Bundestag – Rechtsextremismus im Jahr 2001, S. 12-13.

Erklärungsansätze vorgenommen hat. Im Zentrum seiner Theorie liegen immer noch die „kapitalistischen Konkurrenzverhältnisse" und eine „besondere politische Kultur" als Schlüsselfaktoren für den Rechtsextremismus. Weiterhin geht Butterwegge davon aus, daß die Extremismustheorie die dichotomen Extremismusphänomene „gleichsetzt" und die „gesamtgesellschaftlichen Bedingungsfaktoren" für Rechtsextremismus ignoriert. Letztgenannte Kritikpunkte werden von dem amtlichen Verfassungsschützer Pfahl-Traughber vorsichtig mit dem Kommentar beanstandet, Butterwegge würde die Ansätze nicht immer „fair" behandeln.[637] Zusammengefaßt zeigen die genannten inhaltlichen Aspekte des Buches auch weiterhin eine „antifaschistische" Ausrichtung von Butterwegge, welche auch die ökonomischen Komponenten des „Antifaschismusbegriffes" einschließt.

Auf zwei Seiten beklagt Eberhard Löblich im bnr 13/02 das Ende der institutionellen, pauschalen Förderung von „einseitig politisch motivierten Vereinen" durch die neuen CDU/FDP-Landesregierung in Sachsen-Anhalt. Löblich fokussiert den Verein „Miteinander e.V." der seinen Angaben zufolge „…mehr als 500 ähnliche Projekte ins Leben rufen…"[638] konnte. Löblich benennt die Zielsetzungen des Vereins und sammelt die unterstützenden Stimmen von SPD bis PDS in seinem Beitrag.

In bnr 14/02 wird eine Multimedia-Schau zur Ausleihe beworben, die aus Mitteln des Aktionsprogramms Jugend für Toleranz und Demokratie des Bundesministeriums für Familie, Senioren, Frauen und Jugend gefördert wird. Die Ausstellung wird von einer „Arbeitsstelle Rechtsextremismus und Gewalt" aus Braunschweig konzipiert, sie trägt den Titel „Rechte Jugendkulturen. Zwischen Lifestyle, Clique und Partei".[639]

Armin Pfahl-Traughber rezensiert im bnr 14/02 erneut ein Werk von Butterwegge mit dem Titel, welcher zugleich die Hauptthese des Buches darstellt: „Themen der Rechten–Themen der Mitte". Nach Pfahl-Traughber wird eine angebliche Fixierung von Medien und Politik auf die Gewaltdimension von Rechtsextremismus zutreffend kritisiert. Daher fordern Autor und Rezensent eine ausgeweitete „…Einbettung der unterschiedlichen Facetten des Rechtsextremismus in der Gesellschaft ebenso…wie die [Frage nach, Anm. L.N.] gesellschaftlichen Bedingungsfaktoren und Ursachen."[640]

Die Einwände aufgrund einer einseitigen Perspektive des Buches müssen von der bnr Redaktion als marginal eingestuft worden sein, denn im bnr 15/02 wird ein unkommentierter Gastbeitrag von Christoph Butterwegge aus dem besprochenen Buch abgedruckt.[641] In der

---

[637] Pfahl-Traughber, Armin: Solidarität ausweiten, bnr 12/02, 13.06.2002, S. 14.
[638] Löblich, Eberhard: Beifall von rechts, bnr 13/02, 27.06.2002, S. 6-7, hier: S. 6.
[639] O.V.: Hinweis, bnr 14/02, 11.07.2002, S. 5.
[640] Pfahl-Traughber, Armin: Schnittmengen, bnr 14/02, 11.07.2002, S. 13.
[641] Butterwegge, Christoph: „Tabubrüche", bnr 15/02, 25.07.2002, S. 4-5.

gleichen Ausgabe wird auf ein Jugendbildungsprojekt hingewiesen, welches „neben anderen“ als Referenten Christoph Butterwegge benennt und ebenfalls gefördert wird vom Bundesministerium für Familie, Senioren, Frauen und Jugend.[642]

Tomas Sager beschäftigt sich im bnr 16/02 mit der V-Leute-Problematik der NPD. Hierzu greift er auf eine für die PDS erstellte Untersuchung des DISS zurück, die zu dem Ergebnis kommt, daß die Infiltration von Vertrauensleuten für das Verbotsverfahren unerheblich sei und man grundsätzlich diese Praxis des Verfassungsschutzes überprüfen müsse. In diesem Kontext kommen die DISS-Forscher zu dem Ergebnis, daß die V-Mann-Affäre nicht als Argument gegen das „lange überfällige“[643] Verbot der NPD dienen könne. Weiterhin kritisieren die DISS-Autoren den Verfassungsschutz für eine nachlässige Führung der V-Leute, die zudem einen angeblich geringen Ertrag an weitergeleiteten Informationen gebracht hätte. Zum Abschluß fordern sie in ihrem Bericht, auf V-Leute gänzlich zu verzichten.

Der „Rechtspopulismus“, der eher von kurzatmiger lokaler Bedeutung für einzelne Kampagnen einiger rechtsdemokratischer Nischenparteien sorgte, wird vom bnr und seinem politischen Umfeld intensiv beleuchtet und als eine Gefahr eingeordnet. Da diesem Begriff offiziell kein dichotomer Gegenbegriff („Linkspopulismus“ z.B. WASG) entgegengestellt wird und eine rechtsextremistische Tendenz von Gruppierungen/Parteien in der Bundesrepublik hierzu nicht ersichtlich ist, werden solche Parteien/Gruppierungen, die als „rechtspopulistisch“ bezeichnet werden vom Verfasser unter dem Begriff „rechtsdemokratisch“ geführt.[644] In einem Hinweis im bnr 18/02 wird eine Konferenz der SPD-nahen Friedrich-Ebert-Stiftung beworben, die sich mit „Rechtspopulistischen Strömungen in Europa“ auseinandersetzt. Neben dem SPÖ-Vorsitzenden Alfred Gusenbauer, sind nicht weiter benannte „...namhafte Vertreter aus Wissenschaft, Journalismus und Politik“[645] eingeladen. Inhaltlich sollen „auf der Konferenz...die Hintergründe des Rechtsrucks in den Mitgliedstaaten der EU, die Gefahren für die weitere europäische Vertiefung und Erweiterung sowie mögliche Gegenstrategien diskutiert werden.“[646]

In der gleichen Ausgabe wird auch darauf hingewiesen, daß die Frist für den Wettbewerb „Aktiv für Demokratie und Toleranz“ endet, für den sich besonders kleine Gruppen melden sollten, das Budget wäre auf 200.000 Euro verdoppelt worden und somit hätten jetzt wesentlich mehr Initiativen die Chance, Preise zwischen 500 und 5000 Euro zu erhalten. Der

---

642 O.V.: Hinweis, bnr 15/02, 25.07.2002, S. 6.

643 Sager, Tomas: Aus eigenem Antrieb, bnr 16/02, 08.08.2002, S. 3.

644 Begriffsprägend zum „Rechtspopulismus“ ist der, im übrigen auch für die SPD bzw. FES tätige (vgl. bnr 19/02, S. 12), Bonner Politologe Frank Decker, z.B.: Decker, Frank: Der neue Rechtspopulismus, Opladen 2004.

645 O.V.: Hinweis, bnr 18/02, 05.09.2002, S. 9.

646 Ebd..

Wettbewerb richtet sich an „...Gruppierungen, die engagiert und ideenreich gegen Ausländerfeindlichkeit, Antisemitismus sowie Diskriminierung und für den Respekt verschiedener Kulturen eintreten...“.[647]
Vera Büttner berichtet im bnr 19/02 von der Rechtspopulismuskonferenz der FES. Sie bezieht sich hier auf die Beiträge des österreichischen Sozialdemokraten Caspar Eimen zur FPÖ, des Historikers Wolfgang Benz zu Jürgen Möllemann und des Politologen Frank Decker zur „Schill-Partei“. Die Autorin faßt die untersuchten Phänomene verallgemeinernd zusammen, so würden sie „...vorhandene Ängste vor Überfremdung, sozialem Abstieg, Arbeitslosigkeit und den Folgen der Globalisierung...“[648] aufgreifen, gezielt Tabus brechen und scheinbar einfache Lösungen anbieten.
Daß im „Kampf gegen Rechts“ von interessierter Seite auch die rot-grüne Regierung zur Verstetigung der programmatischen Inhalte und der finanziellen Ausstattung aufgefordert wird, zeigt ein Beitrag in bnr 20/02. Zunächst führt Helmut Lölhöffel aus, daß die Bundestagswahl im Ergebnis ohne rechtsextreme Beteiligung verlaufen sei und der Wähler mit Vernunft gewählt habe. Danach äußert er sich zufrieden über das rot-grüne Weiterregieren in Berlin, welches für den bnr erfreulich sei, denn er erwarte, daß die politische Bekämpfung des Rechtsextremismus auch weiterhin Vorrang behielte und „...systematisch und energisch fortgesetzt wird...Nach wie vor muß Aufklärung betrieben und Bildungsarbeit gefördert werden...Finanznot darf nicht vorgetäuscht werden. An dieser Stelle geht es um dauerhafte Investitionen. Es gibt genügend Vereine, Initiativen, Institutionen und Einzelpersonen, die Gesicht zeigen, die sich den Rechten entgegenstellen, die Gegenwehr organisieren...“[649]
Seine vorsichtige Enttäuschung über den neuen Koalitionsvertrag äußert Lölhöffel im bnr 22/02. Nicht nur das Wort „Schwerpunkt“ würde fehlen, sondern er würdigt auch die vormals gelobten vielfältigen Initiativen lediglich als „...sichtbare Ansätze...und achtbare Leistungen...- alles in allem hat die Regierung Linie gehalten und Erfolge vorzuweisen. Nun darf aber nicht nachgelassen werden“, heißt es in dem appellativen Schlußteil des Beitrags, der den Stil von Klaus-Henning Rosen imitiert. „In seinem „Leipziger Appell“ hat der Verein „Gegen Vergessen–Für Demokratie“ gemahnt, den Kampf gegen rechts nicht Sparzwängen zu opfern. Die Selbstverpflichtung im Koalitionsvertrag 2002 ist anerkennenswert. Aber sie muß umgesetzt werden. Das werden wir auch in den kommenden vier Jahren einfordern.“[650] Die Artikel von Lölhöffel zeigen deutlich die fordernden Bemühungen des bnr nach einem

---

[647] O.V.: Hinweis, bnr 18/02, 05.09.2002, S. 13.
[648] Büttner, Vera: Probleme erkennen, bnr 19/02, 19.09.2002, S. 12.
[649] Lölhöffel, Helmut: Mit Vernunft, bnr 20/02, 02.10.2002, S. 1.
[650] Lölhöffel, Helmut: Selbstverpflichtung, bnr 22/02, 31.10.2002, S. 1.

verstetigten „Antifa-Konsens“ als politischen Mittelpunkt auf bundespolitischer Ebene. In dieser selbstauferlegten programmatischen Kontrollfunktion des bnr ist auch ein Teil der Selbstlegitimation des bnr zu sehen.

Daß Teile des DGB diesen Konsens in ihrer Jugend- und Nachwuchsarbeit fördern, zeigt der Hinweis im bnr 22/02 zu einem in Weimar zum 12. Mal stattfindenden „antirassistischen/antifaschistischen Ratschlag“ auf dem „zahlreiche Foren und Workshops“ geboten werden sollen. Ausgerichtet wird dieser „Ratschlag“ neben dem DGB-Bildungswerk von nicht weiter benannten „gesellschaftlichen Initiativen“. Die elektronische Kontaktadresse lautet szenetypisch: „ratschlag@lag-antifa.de“.[651]

Der von Lölhöffel in seinem Mahnruf erwähnte „Leipziger Appell“ des Vereins „Gegen Vergessen–Für Demokratie“ wird in derselben bnr Ausgabe leicht gekürzt dokumentiert.[652]

Gabriele Nandlinger thematisiert die umstrittene Studie „Deutsche Zustände“ von Wilhelm Heitmeyer im bnr 23/02. Die Studie versucht, die Ursachen für „Menschenfeindlichkeit“ zu ergründen, die offenbar nur von „rechts“ bedroht zu sein scheint. So werden die Dimensionen „Fremdenfeindlichkeit“, „Rassismus“, „Antisemitismus“ und „Sexismus“ untersucht. Im Zentrum behandelt die Untersuchung, nach Nandlinger, „...das Ausmaß und die Ursachen menschenfeindlicher Mentalitäten und Verhaltensweisen...“[653] Konkret wurde untersucht, wie Menschen unterschiedlicher Herkunft in dieser Gesellschaft leben, ob sie Anerkennung erfahren oder abgelehnt werden. In diesem Zusammenhang versucht Heitmeyer ein „rechtspopulistisches“ Potential zu beziffern. Dabei überläßt die Rezensentin die Kommentierung und Einordnung der Studie Wolfgang Thierse, dessen Äußerungen sie hierzu zitiert. Dieser fordert, „...die Studie ins Zentrum der bildungspolitischen Debatte zu stellen.“[654] In diesem Zusammenhang prangert Thierse die „politische Klasse“ an, sie trage Verantwortung dafür, wie über „bedrohte Gruppen“ debattiert werde. Ziel der Untersuchung von Heitmeyer, die er als Beginn eines „zivilgesellschaftlichen Projektes“ bezeichnet, ist der wissenschaftliche Beweis für die These von einem (Rechts-)Extremismus der Mitte, der sowohl von Thierse, als auch vom bnr ventiliert wird.

Ein weiteres „antifaschistisches“ Handbuch u.a. eines Mitarbeiters des DISS beschäftigt sich im Wesentlichen mit der nach Bundesländern sortierten Auflistung von „antifaschistisch“ motivierten Gruppierungen und ihren Adressen. Hierzu stellt Jeanette Goddar fest, daß man sich „in den vergangenen Jahren, vor allem in den neuen Ländern,...nicht zuletzt der Bildung

---

[651] O.V.: Hinweis, bnr 22/02, 31.10.2002, S. 10.

[652] O.V.: Kein „Tabubruch“, bnr 22/02, 31.10.2002, S. 11.

[653] Nandlinger, Gabriele: Vergiftetes Klima, bnr 23/02, 14.11.2002, S. 9.

[654] Ebd.; zur der Studienreihe von Wilhelm Heitmeyer „Deutsche Zustände“ vgl. FN 507.

von Netzwerken gewidmet…“[655] habe. Zu den aufgeführten Gruppen zählen nach Goddar auch „klassische Antifa-Initiativen“, so werde die „Antifa-Dresden“ in einem Portrait als einzelnes Projekt im Handbuch vorgestellt.

Der bnr greift bei seinen Recherchen auch auf die Erkenntnisse einzelner Antifa-Gruppierungen zurück. Wie ein weiteres Beispiel belegt, stützt sich Pierre Briegert im konkreten Fall auf eine Recherche von „Antifaschisten“ aus Düsseldorf, welche einen Ortsverband der „Schill-Partei“ Mettmann fokussiert haben.[656]

Ein Hinweis in derselben Ausgabe lädt zu einer erneuten Fachtagung der Friedrich-Ebert-Stiftung in Berlin ein. „Über die Wirksamkeit von Strategien gegen Rechts referieren eingangs die Professoren Albert Scheer, Freiburg und Christoph Butterwegge, Köln sowie Dierk Borstel vom Zentrum Demokratische Kultur, Berlin. In sechs Arbeitsgruppen werden anschließend Ansätze gegen Rechts erörtert.“[657]

Gabriele Nandlinger stellt im bnr 25/26/02 eine Studie von Roland Roth vor, welche sich im Auftrag der FES mit den öffentlich geförderten Aktionsprogrammen beschäftigt und zu dem nicht überraschenden Ergebnis kommt: „Die Programme müßten unter anderem mit nachhaltiger Infrastrukturförderung und Qualitätssicherung unbedingt fortgesetzt werden.“[658] Zwecks einer besseren Strukturierung plädiert Roland Roth zudem für eine weitere Vernetzung der Projekte.

2003:

Die Heitmeyer-Studie wird in Buchform noch einmal von Thomas Pfeiffer im bnr 1/03 ausführlich gewürdigt. Für Pfeiffer stellt dieses Buch „…eine der bemerkenswertesten Publikationen…zum Themenfeld Rechtsextremismus…“[659] dar, auch wenn dem Rezensenten die der Studie zugrundeliegende Abgrenzung zwischen Rechtsextremismus und Rechtspopulismus zu eng erscheint. Diese wird von Heitmeyer in dem maßgeblichen Kriterium eines positiven Verhältnisses zur Gewalt gesehen (vgl. Abgrenzung zwischen Rechtsextremismus und „Demokratische Rechte“, in: 1.4 „Demokratische Rechte“) Im Umkehrschluß zeigt diese Aussage von Pfeiffer, das sehr weite Verständnis des Rezensenten, der den Rechtspopulismus offenbar unter den Rechtsextremismus subsumiert, da er dieses Kriterium für „fragwürdig“ und „umstritten“ hält.

Um eine erste positive Bilanz geht es in einem Artikel von Peter Nowak im bnr 1/03 über die Arbeit der „Mobilen Beratungsteams“ (MoBIT), die eingebunden sind in das

[655] Goddar, Jeannette: Adressenwerk, bnr 23/02, 14.11.2002, S. 11.
[656] Briegert, Pierre: Alles, was recht(s) ist, bnr 24/02, 28.11.2002, S. 3.
[657] O.V.: Hinweis, bnr 24/02, 28.11.2002, S. 11.
[658] Nandlinger, Gabriele: Netzwerke schaffen, bnr 25/26/02, 12.12.2002, S. 14.
[659] Pfeiffer, Thomas: Düstere Zustände, bnr 1/03, 09.01.2003, S. 8.

Bundesprogramm „Civitas". 100 Vertreter einzelner Initiativen berichten von ihrer Arbeit, darunter auch Dominik John von der „Opferperspektive". Worin die Besonderheiten und Aufgabenstellung eines MoBIT liegen, wird in dem Beitrag nicht erläutert. Wichtig erscheint zudem die Äußerung des politischen Vertreters, der auf Kontinuität setzt: „Nicht die Errichtung von zivilgesellschaftlichen Leuchttürmen, sondern die regionale Verankerung wird für den langfristigen Erfolg der Arbeit entscheidend sein",[660] betonte Olaf Obst vom Bundesministerium für Familie, Senioren, Frauen und Jugend.

Die Verstetigung der vielfältigen Projekte im Sinne eines bundespolitischen „Antifa-Konsens" jenseits von politischen Mehrheiten ist auch das Ziel der „antifaschistisch" motivierten SPD-Politik. Tendenziell wird somit auch von Teilen der Regierung an einer „antifaschistischen Fundamentalnorm" für die BRD gearbeitet. Aus diesem Grund setzt sich Sebastian Edathy als Sprecher der Arbeitsgruppe „Rechtsextremismus und Gewalt" der SPD-Bundestagsfraktion im bnr 2/03 für die Errichtung einer Bundesstiftung ein, die zunächst die Kontinuitäten der Bundesprogramme sichern soll. Weiterhin betont er in seinem Beitrag die Leistungen der rot-grünen Regierung im „Kampf gegen Rechts" und kündigt für die nächste Legislaturperiode „...nicht nur Zeichen, sondern Maßstäbe..."[661] an.

Erneut wird von Eberhard Löblich (vgl. bnr 13/02) im bnr darauf hingewiesen, daß die schwarz-gelbe Landesregierung dem Verein „Miteinander" in Sachsen-Anhalt die Zuschüsse kürzt und somit die Insolvenz des Vereins drohe.[662]

In der „Bücherschau" des bnr 3/03 wird von Gabriele Nandlinger das von Thomas Grumke und Bernd Wagner herausgegebene „Handbuch Rechtsradikalismus" rezensiert. Unter den Autoren der einzelnen Beiträge finden sich neben den behördlichen Verfassungsschützern Pfahl-Traughber und Pfeiffer viele bnr Autoren. Inhaltlich beschäftigt man sich in diesem Band neben dem subkulturellem Rechtsextremismus auch mit „...Strömungen und Vordenkern der intellektuellen deutschen Rechten...[Wolfgang Gessenharter, Anm. L.N.] Erfreulich", findet Nandlinger, „ist das ausführliche Personen- und Sachregister...Als nützlich erweist sich die Liste der Initiativen, die sich gegen Rechtsextremismus engagieren."[663]

Trotz der aus Sicht von Edathy positiven Bilanz des rot-grünen Engagements in bnr 2/03 werden die geplanten Einsparungen bezüglich der Bundesprogramme durch die rot-grüne Bundesregierung von Jeannette Goddar im bnr 4/03 kritisiert. Im Fokus von Goddar stehen aber die Pläne der CDU/CSU, den Bundesprogrammen eine antitotalitärere Ausrichtung zu

---

[660] Nowak, Peter: Eine positive Bilanz, bnr 1/03, 09.01.2003, S. 12.
[661] Edathy, Sebastian: Zeichen setzen, bnr 2/03, 23.01.2003, S. 1
[662] Löblich, Eberhard: Drohende Insolvenz, bnr 2/03, 23.01.2003, S. 11.
[663] Nandlinger, Gabriele: Nützliche Quelle, bnr 3/03, 06.02.2003, S. 13.

geben und auch den Islamismus in ein reformiertes Gesamtkonzept einzubinden. Goddar beruft sich im wesentlich auf die Argumente des Politologen Roland Roth, der für die FES diverse Studien erstellt hat und selber Gründungsmitglied des Vereins „Miteinander e.V." ist. Daher sind die Ergebnisse seiner neuesten Evaluierungsstudie, welche von Goddar zitiert werden, nicht überraschend. Roth stellt darin fest, daß „die Bekämpfung…Verläßlichkeit und Kontinuität..."[664] erfordere. Maßgebliches Ansinnen von Roth ist, sich mit diesen Erkenntnissen gegen eine vermeintliche Instrumentalisierung von Teilaussagen seiner vorherigen FES-Studie durch die Unionsparteien zu wehren. Seine maßgeblichen Untersuchungsergebnisse kann er im bnr 5/03 ausführlich darstellen. Er unterstellt in seinem Beitrag, daß „Projekte und Initiativen gegen Fremdenfeindlichkeit und Rechtsextremismus…in konservativen Kreisen unerwünscht…"[665] seien. Im Folgenden benennt Roth einige Faktoren, die nach seiner Ansicht zu einem politischen Druck auf die Bundesregierung durch die Opposition geführt haben. Im Schlußteil stellt Roth noch einmal rechtfertigend klar, daß die Intention auch seiner älteren FES-Studie („Bürgernetzwerke gegen Rechts") die Verstetigung der Bundesprogramme gegen „Rechts" gewesen sei.

Weiterhin werden in derselben Ausgabe ein kurzer Beitrag über die Ehrung der Gewinner des politisch einseitigen Wettbewerbs „Aktiv für Demokratie und Toleranz 2002", welche vorgenommen wird von der Parlamentarischen Staatssekretärin im Bundesinnenministerium Ute Vogt[666] und ein Werbehinweis zu einer Veranstaltung der Evangelischen Akademie Tutzing zum Thema „Rechtsextremismus in den Medien" abgedruckt. Zu der letztgenannten Veranstaltung nehmen nicht weiter aufgeführte „…namhafte Wissenschaftler, Journalisten und Politiker als Referenten…"[667] teil.

Das befürchtete Ende des Vereins „Miteinander e.V." beschäftigt auch weiterhin den bnr. Die Veröffentlichung eines Buches durch diesen Verein muß zu einer Öffentlichkeitskampagne gezählt werden, die eine Eigenwerbung zum Ziel haben dürfte. Der Verfasser, Michael Kohlstruck, seit 2002 Leiter der Arbeitsstelle Jugendgewalt und Rechtsextremismus am Zentrum für Antisemitismusforschung der TU Berlin, fokussiert den jugendkulturellen Rechtsextremismus für die pädagogische Praxis. Die Rezensentin, Gudrun Giese, welche das befürchtete Ende des Vereins und seine zukünftig eventuell fehlende Aufklärungsarbeit auch anhand der Buchveröffentlichung verknüpfend verdeutlichen möchte, lobt besonders die

---

[664] Goddar, Jeannette: Kein Aktionismus, bnr 4/03, 20.02.2003, S. 9.
[665] Roth, Roland: Keine Entwarnung, bnr 5/03, 06.03.2003, S. 6-7, hier: S. 6; zu Roland Roths Kritik an einzelnen Civitas Projekten und der Evaluierungspraxis in der BRD, vgl.: Seils, Christoph: Förderung der guten Absicht, Die Zeit, 23.11.2006, S. 9.
[666] O.V.: Preisträger geehrt, bnr 5/03, 06.03.2003, S. 13.
[667] O.V.: Hinweis, bnr 5/03, 06.03.2003, S. 13.

inhaltliche Intention des Werkes für die Adressaten: „So erhält vor allem der in Jugend- oder Sozialarbeit Tätige mit diesem 182 Seiten umfassenden Buch einen ausgezeichneten und informativen Einblick in diese jugendkulturelle Szene und findet möglicherweise Ansatzpunkte, in einem Frühstadium rechten Haltungen entgegenzusteuern...".[668] Der Verein „Miteinander e.V.–Netzwerk für Demokratie und Weltoffenheit in Sachsen-Anhalt" mit der Hauptgeschäftsstelle in Magdeburg hat trotz der daueremphatischen Befürchtungen im bnr bezüglich der immer wieder vorausgesagten Auflösung des Vereins bis in die Gegenwart Bestand. Hinter der bnr-Artikelreihe zu diesem Thema steht offensichtlich die eigentliche Absicht, auf die schwarz-gelbe Landesregierung politischen Druck auszuüben.

Thomas Grumke, für den es nur einen „Rechtsradikalismus" als einzige Herausforderung für die bundesrepublikanische Demokratie gibt, zeigt im bnr 8/03 in einem aus drei Punkten dargelegten Bedrohungsszenario, warum es aus seiner Sicht zu keinen Kürzungen der „zivilgesellschaftlichen Programme" durch die Unionsparteien kommen darf. Weiterhin spricht er in seinem Beitrag mehrmals von „den Programmen gegen Rechts", die er auf eine professionellere Basis unter Einschluß von Evaluation und *Fundraising* stellen möchte, um diese zu verstetigen und zu autochthonisieren.[669]

In einer Buchrezension im bnr 8/03 lobt Thomas Pfeiffer zum Thema der sogenannten „Rechtsrock-Musik" ausdrücklich den zweiten Teil des von Christian Dornbusch und Jan Raabe herausgegebenen Buches, welches das linke bis linksextreme Spektrum gegen diese Subkultur fokussiert: „Der zweite Teil des Bandes", so Pfeiffer, „enthält Erfahrungsberichte aus der schulischen und außerschulischen Arbeit gegen Rechtsextremismus und entsprechende Projektbeispiele. Die Bandbreite reicht von der gewerkschaftlichen Bildung über die vielgescholtene akzeptierte Sozialarbeit bis zum „Antifaschistischen Info-Blatt".“[670]

Darauf, daß rechte und rechtsextreme Gruppierungen das Internet nutzen und hierbei auf linke bis linksextreme Vorbilder zurückgreifen, die bereits schon früh die technischen Möglichkeiten für sich nutzbar machten, wurde bereits hingewiesen.[671] Peter Nowak stellt in bnr 9/03 ein solches rechtes Projekt vor welches er als Kopie des „linken" Internetmagazins „Indymedia" bezeichnet.[672] „Indymedia" wird vom Verfassungsschutz als ein etabliertes Portal bezeichnet, welches verstärkt von Linksextremisten als Informationsquelle genutzt wird.[673]

---

[668] Giese, Gudrun: Gegensteuern, bnr 6/03, 20.03.2003, S. 11.
[669] Grumke, Thomas: Gegenmobilisierung, bnr 8/03, 17.04.2003, S. 8-9.
[670] Pfeiffer, Thomas: Identitätsangebote, bnr 8/03, 17.04.2003, S. 10.
[671] Vgl.: FN 100.
[672] Nowak, Peter: Abgekupfert, bnr 9/03, 30.04.2003, S. 4.
[673] Vgl.: Bundesamt für Verfassungsschutz (Hrsg.): Verfassungsschutzbericht 2004, Berlin 2005, S. 180f..

Das im bnr zu einem Dauerthema entwickelte Thema „Programme gegen Rechts“ wird im bnr 9/03 von einem „Hinweis“ aufgegriffen. Bei dieser angekündigten FES-Veranstaltung geht es „…um die Frage, wie die Nachhaltigkeit und Weiterführung von Programmen und Initiativen gesichert, zivilgesellschaftliche Ressourcen und Träger mobilisiert werden können…Referieren wird neben anderen Roland Roth, Magdeburg, der für die Friedrich-Ebert-Stiftung die Studie „Bürgernetzwerke gegen Rechts“, verfaßt hat“.[674]

Eine neue Internetseite, welche in Kooperation mit dem Hamburger Magazin „Stern“ und der Berliner Antonio-Amadeu-Stiftung entstanden ist, wird von Jeannette Goddar im bnr 10/03 vorgestellt. Die Autorin lobt insbesondere den Terminkalender der Netzseite, auch wenn sie hierzu feststellt, daß „…die Website offenbar nicht vorhat, als Mobilisierungsorgan für die Antifa- und antirassistische Szene zu wirken…“.[675] Die wissenschaftliche Betreuung dieses Projekts wird mit Hintergrundinformationen von Wilhelm Heitmeyer geleistet.

Heiner Lichtenstein vertritt in seinem Beitrag im bnr 11/03 die Meinung, daß der Bund die Unterstützung im „Kampf gegen Rechts“ auch ohne Evaluierung weiter fortführen sollte, da eine Bewertung, seiner Meinung nach, nicht durchführbar sei. „Schwierigkeiten entstehen aber auch, weil bis jetzt niemand weiß, wie die Arbeit der Initiativen gegen Rechts bewertet werden soll. Es gibt keine Kriterien für die Qualität. Der Bundesrechnungshof fordert, die Initiativen nicht mehr aus Bundesmitteln zu unterstützen, weil diese nicht effektiv arbeiteten. Mit einer solchen Einschätzung übernimmt sich die Bundesbehörde allerdings. Nicht einmal Experten wie der Bielefelder Soziologe Wilhelm Heitmeyer trauen sich nämlich zu, die Arbeit einzelner Gruppen zu benoten.“[676]

Gleichwohl werden in der bnr Rubrik „Demokratische Initiativen“ weiterhin vernetzte Initiativen vorgestellt. Gudrun Giese klärt im bnr 11/03 über das Projekt „AG Netzwerke gegen Rechtsextremismus“ auf, welches hauptsächlich auf kommunaler Ebene in den neuen Bundesländern tätig ist. Martin Ziegenhagen, der wissenschaftliche Referent des Projekts, wird von Giese zu der inhaltlichen Tätigkeit mit ein paar Schlagwörtern zitiert: „Die AG verknüpft verschiedene Arbeitsschwerpunkte, so Ziegenhagen. Dazu gehört unter anderem Sozialkompetenztraining, Antirassismusarbeit, Beratung und Coaching von Kommunen und Fortbildung von Multiplikatoren oder eben Gegenwartsbezüge von Geschichte.“[677] Charakteristisch sei für die Arbeit, so Ziegenhagen am Schluß des Beitrags, daß Erfolge sich immer nur sehr langsam einstellen würden. Offensichtlich hat die konkrete Arbeit vor Ort

---

[674] O.V.: Hinweis, bnr 9/03, 30.04.2003, S. 13.
[675] Goddar, Jeannette: Geballte Information, bnr 10/03, 15.05.2003, S. 9.
[676] Lichtenstein, Heiner: Keine Noten, bnr 11/03, 28.05.2003, S. 1.
[677] Giese, Gudrun: Erfolg braucht Zeit, bnr 11/03, 28.05.2003, S. 8.

weniger Probleme mit der Evaluierung, so hat man durch ein Forschungsprogramm der Berliner „Alice-Salomon-Fachhochschule", einen „Supervisor" gefunden. Konkrete inhaltliche Ergebnisse der Evaluation werden in diesem Beitrag nicht beleuchtet.

Die diesjährige Übersicht zu den parlamentarischen Aktivitäten im bnr 11/03 werden von Klaus-Henning Rosen ausführlich kommentiert. Hier bedauert er ausdrücklich das Ausscheiden der PDS als Fraktion und von Ulla Jelpke aus dem Bundestag und hofft weiterhin darauf, daß die anderen Parteien diese Arbeit nun übernehmen werden. Interessanterweise negiert Rosen die Informationsfunktion der Verfassungsschutzberichte, die für ihn offensichtlich nur eine Sanktionsfunktion besitzen: „Mit dem Scheitern der PDS bei der Wahl zum 15. Deutschen Bundestag hat die Zahl der Anfragen zum Rechtsextremismus, zu Rassismus und Fremdenfeindlichkeit deutlich abgenommen…Die Information der Öffentlichkeit zu den genannten, unsere Gesellschaft nachdrücklich berührenden Fragen, sollte darunter nicht leiden, zumal die periodischen Verfassungsschutzberichte eine andere Funktion haben…Möglicherweise läßt sich diese Übung aber in Zukunft mit Bezug auf die für das Selbstverständnis unseres Landes und für das Ausland wichtige Information zum Rechtsextremismus verändern."[678]

In einem Portrait über einen „rechten Historiker" beruft sich Tomas Sager im bnr 12/03 u.a. auf Berichte in der „NRW-Antifa-Zeitschrift „Lotta",[679] für die er selbst schreibt.

Peter Nowak berichtet über die Löschung der virtuellen „FUN-Partei" von dem Internetportal „dol2day". In seinem Beitrag greift Nowak auf Hintergrundinformationen der Rechtsextremismusexpertin Margret Chatwin und ihren Informationsdienst IDGR zurück.[680]

Der gleiche Autor berichtet im bnr 14/03 von der Gründung eines ersten „Mobilen Beratungsteams" in Westdeutschland. Die Gründer der in Kassel implementierten Initiative werden von Nowak nebulös umschrieben mit „…einer Gruppe junger Wissenschaftler, die seit mehreren Jahren Bildungsarbeit mit dem Schwerpunkt Antirassismus im nordhessischen Raum anbieten"[681]. Hintergrund dieser Initiative ist, daß „häufig…schlicht die Infrastruktur und das Hintergrundwissen für eine kontinuierliche Arbeit gegen rechts…" fehlen würden. Maßgeblich der Marburger Sozialwissenschaftler Benno Hafeneger unterstreicht mit einer Studie, „…daß die rechte Gefahr in Nordhessen nicht zu vernachlässigen ist…",[682] so Nowak.

---

[678] Rosen, Klaus-Henning: Deutscher Bundestag – Rechtsextremismus im Jahr 2002, bnr 11/03, 28.05.2003, S. 12-13, hier: S. 13.
[679] Sager, Tomas: Zwangsarbeiterstudie, bnr 12/03, 12.06.2003, S. 7; Thomas Sager verfaßte z.B. einen Artikel über „Rechte Denkzirkel" in Lotta Nr.21, Herbst/Winter 2005, S. 36-37.
[680] Nowak, Peter: Aus für FUN-Partei, bnr 13/03, 26.06.2003, S. 2.
[681] Nowak, Peter: Ostdeutsches Vorbild, bnr 14/03, 10.07.2003, S. 9.
[682] Ebd..

In einem Kurzbeitrag im bnr 15/03 wird von „T.G." mitgeteilt, daß der Verein „Miteinander e.V." in Salzwedel eine mobile Beratung und ein Modellprojekt gegründet habe, in denen „...Handlungskonzepte für Weltoffenheit und Demokratie in Kommunen entwickelt werden sollen"[683]. Finanziert werden die neuen Projekte durch das Bundesprogramm Civitas. Gleichzeitig wird die Schließung von vier Regionalbüros von „Miteinander e.V." durch die Kürzung des Zuschusses der Landesregierung thematisiert (vgl. bnr 6/03, S. 11). Offensichtlich ging es bei diesen neuen Initiativen lediglich darum eine Umschichtung von Projektkräften und eine erweiterte Finanzierungsgrundlage zu schaffen.

Frank Jansen gibt im bnr 17/03 einen „deprimierenden" Rück- und Ausblick auf den „Aufstand der Anständigen", welcher vor allem appellativen Charakter besitzt und eine nachhaltige „...Basis für den Aufbau von dauerhaftem Engagement für demokratische Werte und gegen rechte Menschenverachtung..."[684] einfordert. Er verortet die bundespolitische Lage bezüglich des Rechtsextremismus auf den Stand des Jahres 2000 und es ist für ihn nicht überraschend, daß der „Aufstand der Anständigen" gescheitert ist. Nach Jansen befindet sich die Bundesrepublik „in einem Zustand des Wegsehens, der Gleichgültigkeit und der Gewöhnung an den täglichen Angriff auf Menschenrechte".[685]

Der Verein „Miteinander e.V." wird nach einem Beitrag im bnr 18/03 mit dem über 7.500 Euro dotierten „Julius-Rumpf-Preis" der in Wiesbaden ansässigen „Martin-Niemöller-Stiftung" geehrt. Mit der Preisverleihung ist hauptsächlich ein politisches Signal an die Magdeburger CDU/FDP-Koalition verbunden, so wird die Stiftung in dem Beitrag zitiert: „Die Preisverleihung soll zugleich ein Appell an die Landesregierung sein, den Verein nicht in seiner Existenz zu gefährden."[686]

In den „Meldungen" des bnr 19/03 wird darüber berichtet, daß „militante Antifaschisten" einen Parteitag der „Partei National orientierter Schweizer (PNOS) in der Schweiz „verhindert" haben. Bei dieser Aktion wurde ein Adressenverzeichnis entwendet und dieses anschließend den Medien zugespielt. Die bundesdeutschen „Kontakte" werden nachfolgend auch im bnr veröffentlicht.[687] Dabei wird konkludent unterstellt, daß die aufgeführten Personen selbstinitiativ und freiwillig in das Verzeichnis gelangt sind. Weiterhin geht aus einem solchen Verzeichnis nicht hervor, ob die aufgeführten Personen als Kritiker oder Befürworter dieser Partei einzuordnen sind, diese Veröffentlichung stellt ein Paradebeispiel für ein *naming names* bzw. Anprangerungsjournalismus dar.

---

[683] G.T.: Demokratische Initiativen, bnr 15/03, 24.07.2003, S. 9.
[684] Jansen, Frank: Randphänomene, bnr 17/03, 21.08.2003, S. 2.
[685] Ebd..
[686] O.V.: Auszeichnung für Miteinander, bnr 18/03, 04.09.2003, S. 6.
[687] O.V.: Meldungen, bnr 19/03, 18.09.2003, S. 16.

Jeannette Goddar thematisiert in der Rubrik „Demokratische Initiativen" im bnr 20/03 den Verein „Augen auf–Zivilcourage zeigen!", welcher durch das Bundesprogramm Civitas gefördert wird und nach eigenen Angaben „...der rechten Alltagskultur in der Region etwas entgegensetzen"[688] möchte. Darunter versteht man bunte Feste, Kurzfilme und Konzerte. Ziel sei es eine alternative Kulturszene aufzubauen, indem man „...alternative Clubs eröffnet, Skatertreffs gründet, kleine Konzertsäle renoviert."[689]

Der Limburger Weihbischof wird von dem bnr und NRW–taz (die tageszeitung) Autor Michael Klarmann[690] im bnr 21/03 fokussiert. Dieser Artikel faßt ausschließlich die gesammelten „Erkenntnisse" der „Dürener Antifa" Gruppierung zusammen, die sich maßgeblich gegen das Vertriebenenengagement des Weihbischofs richtet. Der Weihbischof ist offiziell Beauftragter der Deutschen Bischofskonferenz für Vertriebene- und Aussiedlerseelsorge.[691]

Von Helmut Lölhöffel und Heike Kleffner wird erneut auf die scheinbar bedrohliche Lage des Vereins „Miteinander e.V." im bnr 25/26/03 aufmerksam gemacht. Pauschal heißt es, daß „in CDU-geführten Ländern...für einzelne Projekte der Geldhahn zugedreht"[692] würde. Es wird weiterhin in kampagnenartiger Manier behauptet, die CDU/FDP Landesregierung würde sämtliche Förderung für „Miteinander e.V." beenden. Dabei wurde die Förderung lediglich von 500.000 Euro auf 300.000 Euro zurückgefahren. Konkret steht eine sogenannte „Anlaufstelle", welche keine Förderung mehr erhält, unter Verdacht „...eine antifaschistische...Demonstration, für die Vermummte geworben..."[693] hätten, zu unterstützen. Später wird von dem Autorenpaar der Politiker Sebastian Edathy zitiert, der erneut „...eine Bundesstiftung..., die die Programme gegen rechts vor parteipolitischen Druck schützt",[694] unterstützend zitiert.

2004:

Auch Anfang 2004 stehen die Förderungsmöglichkeiten der Bundesprogramme weit oben auf der Themenagenda des bnr. Gudrun Giese beleuchtet neben der Vorstellung eines Jugendprojektes aus dem Civitas Programm, die Fortführung der drei Programme bis 2006, welche Mitte Dezember 2003 von Marieluise Beck, Parlamentarische Staatssekretärin im Bundesministerium für Familie, Senioren, Frauen und Jugend, angekündigt wurde. Beachtlich ist in diesem Zusammenhang die folgende zitierte Einschätzung von Beck, die geförderte

[688] Goddar, Jeannette: Augen aufmachen, bnr 20/03, 02.10.2003, S. 7.
[689] Ebd..
[690] Z.B..: Klarmann, Michael: Afrikaner beglückt NPD, die tageszeitung, NRW zwei, 15.11.2006, S. 2.
[691] Klarmann, Michael: Kirchliche Worte, bnr 21/03, 16.10.2003, S. 9.
[692] Lölhöffel, Helmut; Kleffner, Heike: Gegen Miteinander, bnr 25/26/03, 11.12.2003, S. 2.
[693] Ebd..
[694] Ebd..

Projektarbeit sei nicht evaluierbar, müsse aber unbedingt verstetigt werden: „Es sei nicht leicht, bei dieser Arbeit Erfolge zu messen, erklärte Marieluise Beck. „Doch die Stärkung der demokratischen Bürgergesellschaft ist ein Prozeß, der langfristig Förderung braucht." Und deshalb sollen möglichst viele Projekte nach Ende der Bundesförderung weitergeführt werden – unterstützt von Kommunen, Bundesländern oder auch anderen Träger."[695]

Im Rahmenprogramm der VVN-BdA Ausstellung „Neofaschismus in der Bundesrepublik" fand eine Podiumsdiskussion in der Volkshochschule Buxtehude statt, welche gewaltfrei von Rechtsextremisten „gesprengt" wurde, weil der Leiter der Veranstaltung „notgedrungen" die Veranstaltung auflöste. Die „Störer", welche lediglich an der Diskussion teilnehmen wollten, werden in dem Beitrag von Uwe Rupprecht überwiegend als „Rechte" oder „Neonazis" bezeichnet. Eine weitere Vortragsveranstaltung wurde vorauseilend abgesagt: „Den VHS-Leiter verließ...der Mut, und das Referat über die rechten Strukturen in der Region wurde nicht gehalten",[696] bedauert Rupprecht im bnr 2/04.

Thomas Pfeiffer rezensiert wohlwollend in derselben bnr Ausgabe den zweiten Teil der Langzeitstudie „Deutsche Zustände" von Wilhelm Heitmeyer, welche Pfeiffer als „...kontinuierliche zivilgesellschaftliche Demokratieschutzberichte..."[697] gegen die Kritik des Soziologen Klaus Schroeder (FU Berlin) verteidigt. Klaus Schroeder bezeichnete Heitmeyers Studie als „unseriös".

Entgegen den Erwartungen von Klaus-Henning Rosen im Vorjahr bezüglich eines Rückganges der parlamentarischen Aktivitäten gegen Rechtsextremismus, konnte sich die PDS, trotz Verlust des Fraktionsstatus und dem Ausscheiden von Ulla Jelpke, sehr aktiv im Deutschen Bundestag einbringen. Neben anderem kommentiert Rosen daher wohlwollend diese Aktivitäten der PDS in seiner bearbeiteten Dokumentation parlamentarischer Aktivitäten im bnr 8/04: „Die beiden fraktionslosen für die PDS gewählten Abgeordneten Petra Pau und Gesine Lötzsch waren dabei die aktivsten Diskutantinnen zum Thema."[698]

Volker Stahl rezensiert im bnr 9/04 ein Buch des Herausgebers Meinhard Meuche-Mäker, der sich mit der politischen Karriere von Ronald Schill beschäftigt hat. Das Buch ist erhältlich und wird verlegt von dem PDS nahen Rosa-Luxemburg-Bildungswerk in Hamburg. In seinem Beitrag fokussiert Stahl zudem den Beitrag des bnr und DRR-Autors Andreas Speit, welcher sich mit der Parteiprogrammatik der sogenannten „Schill-Partei" auseinandergesetzt hat.

---

[695] Giese, Gudrun: Geschichte hautnah, bnr 1/04, 08.01.2004, S. 10.
[696] Rupprecht, Uwe: Gesicht zeigen, bnr 2/04, 22.02.2004, S. 2.
[697] Pfeiffer, Thomas: Feindselige Zustände, bnr 2/04, 22.02.2004, S. 6.
[698] Rosen, Klaus-Henning: Deutscher Bundestag – Rechtsextremismus und Antisemitismus im Jahr 2003, bnr 8/04, 15.04.2004, S. 10-11, hier: S. 10.

Zwischenergebnis

Wie die Zusammenstellung der linksextremen und „antifaschistischen" Tendenzen im bnr zeigt, liegt der inhaltliche Schwerpunkt, im Gegensatz zu anderen „antifaschistischen" Publikationen", des bnr nicht explizit darin, über die eigenen linkspolitischen Thesen, Positionen und Organisationen ausführlich zu informieren. Die in diesem Abschnitt überwiegend deskriptiv analysierten Tendenzen anhand der dargestellten bnr-Inhalte entstammen also einer eher sekundären Inhaltsmatrix aus Rezensionen oder Veranstaltungsberichten, Dokumentationen und Kommentierungen. Ertragreich ist besonders die Untersuchung der bnr-Rubrik „Demokratische Initiativen", welche ab 1998 überwiegend von der Journalistin Jeannette Goddar betreut wird.

Die herausgearbeiteten Inhalte lassen sich thematisch zusammenfassend in folgende fünf Phasen einteilen:

1. in die Reaktion auf rechtsextremistische Gewalt und die Asylrechtsdebatte zu Beginn der 90er Jahre,
2. in die Manifestation eines programmatischen „Antifa-Konsens" in den Folgejahren, maßgeblich durch Beiträge von Christoph Butterwegge,
3. in die Implementation von staatlich geförderten „antifaschistischen" Organisationen als Ausfluß eines „antifaschistischen" Leitbildes im Koalitionsvertrag seit dem Regierungswechsel im Jahr 1998 und folgenden „Aufstands der Anständigen" seit bnr 16/00,
4. in die Bündnisbildung der „Antifa Szene" zum linken Parteienspektrum bis zu bürgerlichen Strukturen nach der Jahrtausendwende. Dies führt zu einem „Antifa-Konsens" bei mindestens vier der vertretenen Fraktionen im Deutschen Bundestag,
5. in die aktive Verstetigung der „antifaschistischen" Programme; der bnr befördert so das Ziel der Schaffung einer „antifaschistischen Fundamentalnorm" unabhängig von politischen Mehrheiten.

Seit der staatlich geförderten Implementation von „antifaschistischen" Initiativen läßt sich ein quantitativer Zuwachs von tendenziell linksextremen Inhalten im bnr feststellen. Offenbar ermöglichte eine positive politische Grundstimmung durch den offiziell mit Vehemenz geführten „Kampf gegen Rechts" offenere Solidarisierungseffekte mit der „antifaschistischen Szene" auch im und durch den bnr. Trotz der VVN-BdA Mitglieder, welche auch weiterhin als Akteure im bnr schreiben, ist gleichzeitig ein gewisser inhaltlicher Bedeutungsverlust dieser Gruppierung im bnr zu beobachten, da sie weniger in Erscheinung tritt. Das durch Wahlerfolge erweiterte Potential der im Parlament vertretenen und ebenfalls vom

Verfassungsschutz beobachteten Linkspartei.PDS[699] ist ersichtlicher Grund für das erfolgreichere Anwerben jüngerer „Antifa-Aktivisten" im Vergleich zu den überalterten Strukturen der VVN-BdA. Thematisiert wird die „antifaschistische" Arbeit der PDS im bnr besonders durch die Darstellungen der parlamentarischen Aktivitäten in Dokumentationen, in kommentierten Kurzberichten oder durch die Veröffentlichung von erläuterten Veranstaltungshinweisen.

Die in dem vorherigen Abschnitt dargestellte inhaltliche Analyse zeigt bereits anhand der einzelnen Kurzkommentierungen die im Begriffsteil dargestellten Dimensionen des tendenziell linksextremistischen „Antifaschismus" im bnr. Daher können den einzelnen aufgezeigten Positionen oder Akteuren im bnr unproblematisch die einzelnen Facetten des „Antifaschismusbegriffes" und der „antifaschistischen" Publikationsmethodik zugeordnet werden.

Häufig handelt es sich immer wieder um eine netzwerkartige Fokussierung derselben Autoren aus Politik (SPD), Wissenschaft, Journalistik und Publizistik, die ihre Thesen in unterschiedlichen Foren („Antifazeitschriften" und Internetportale) ventilieren und eben auch vom bnr, teilweise von denselben Akteuren, in Beiträgen thematisiert werden. Überwiegend bestehen also Synergien zwischen dem bnr und den analysierten Akteuren und Gruppierungen. An dieser Stelle sei auf offensichtlich engste Verknüpfungen zwischen dem bnr, mit dem DISS, IDGR und den Wissenschaftlern Jäger, Heitmeyer, Jaschke, Stöss, Butterwegge, Hafeneger, Wagner, Benz, Roth (FES) und Klönne hingewiesen. Besonders rekurriert der bnr auf die programmatischen Thesen, Veranstaltungen und Publikationen von Christoph Butterwegge, der am 18.11.2005 seine Parteimitgliedschaft bei der SPD aufgekündigt hat und seitdem mit der Linkspartei.PDS/WASG sympathisiert. In der Person Butterwegge zeigen sich zudem Verbindungen zu der VVN-BdA. So hielt Butterwegge vor dem Landesverband Baden-Württemberg einen programmatischen Vortrag über die gegenwärtigen und zukünftigen Herausforderungen des „Antifaschismus".[700]

Weiterhin können Verbindungen (zum Teil auch Akteurskongruenzen) zwischen bnr und Journalisten der SPD-Parteizeitung „vorwärts" (z.B. Frank Suplie), der „Frankfurter Rundschau" (z.B. Peter Nowak (auch: „Frankfurter Rundschau", „Neues Deutschland", „die tageszeitung" „Konkret"), Helmut Lölhöffel, Jeannette Goddar), der „Süddeutschen Zeitung" (z.B. Michael Frank), dem Berliner „Tagesspiegel" (z.B. Frank Jansen) und der

[699] Antwort der Bundesregierung auf die Kleine Anfrage der Abgeordneten Ulla Jelpke, Petra Pau, Kersten Naumann, et.al. und der Fraktion Die Linke: Überwachung von Mitgliedern des Deutschen Bundestages durch den Verfassungsschutz (Nachfrage zu BT-D 16/1590), Drucksache 16/3964, 22.12.2006.

[700] Butterwegge, Christoph: Die zentralen Herausforderungen für den Antifaschismus: Globalisierung, Neoliberalismus und Rechtsextremismus, Antifaschistische Nachrichten, Nr. 14, 13.07.2006; vgl. FN 130.

„tageszeitung“ (z.B. Michael Klarmann) beobachtet werden, die das bereits erwähnte „antifaschistische Zitierkartell“ ergänzen.

Vereinzelt (ab 1998 zunehmend) können auch Kongruenzen zwischen bnr und Linkspartei.PDS oder diversen „autonomen Antifa-Gruppierungen“ nachgewiesen werden, deren Arbeit stets wohlwollend von den bnr-Akteuren eingeschätzt wird. Somit trägt der bnr selber dazu bei, die Grenze zum Extremismus immer weiter nach links zu verschieben, um so den „Antifa-Konsens“ auf linker Seite gegen die postulierte angeblich immer größer werdende „Gefahr von rechts“ zu etablieren. Vor allem die Einbindung und Förderung von „autonomen Antifagruppierungen“ im „Kampf gegen Rechts“ beförderten eine Renaissance des Linksextremismus im Anschluß an seine krisenhaften Zustände nach der Epochenzäsur 1989/90. Der von der rot-grünen Bundesregierung implementierte „Aufstand der Anständigen“ im Jahr 2001, mit seinen ministeriell geförderten Aktionsprogrammen Entimon, Civitas und Xenos, förderte häufig auch Gruppierungen aus dem linksextremen Spektrum (vgl. den Verein „Opferperspektive“), die den „Kampf gegen rechts“ überdehnt auslegen. Diese Beobachtung wird besonders durch die Analyse der bnr-Rubriken „Demokratische Initiativen“ und „Hinweise“ deutlich. Die Widersprüchlichkeiten des bnr zeigen sich besonders in den Beiträgen zum Internet von Klaus-Henning Rosen. Zum einen kritisiert Rosen die freien Zugangsmöglichkeiten dieser Technik, in Bezug auf Inhalte des politischen Gegners fordert er in diesem Zusammenhang Einschränkungen und Verbote. Handelt es sich aber um Inhalte gegen „Rechts“ werden die offenen Möglichkeiten von ihm akzeptiert. Mit dieser Beobachtung verbindet sich eine bewußt in Kauf genommene Akzeptanz auch von linksextremen/„antifaschistischen“ Gruppierungen und Akteuren im bnr. Sie stellt damit eine allgemein zu beobachtende Tendenz im bnr dar, welche in der Auseinandersetzung mit dem politischen Gegner lediglich eine kontraproduktive Polarisierung befördert.

Rechtsdemokratische Parteien

Der Richter und Publizist Manfred Ritter (CSU) wird von Christian Nigl im bnr 10/90 unter der Rubrik „Brücken nach Rechts“, anhand seiner kritischen Publikation bezüglich des Themas Zuwanderung und eines Interviews in der Wochenzeitung „Junge Freiheit“ (JF) als Ausländerfeind und Rassist dargestellt, der „Blut- und Boden“ Thesen vertrete.[701] Die Zeitung JF wird in diesem Beitrag als „republikaner-nah“ bezeichnet.

Einem sehr ausführlichen Parteienportrait der Nischenpartei „Ökologische-Demokratische Partei“ (ÖDP) und einer Abspaltung von einzelnen Mitgliedern zu den „Unabhängigen Ökologen“ werden in zwei bnr-Ausgaben mehrere Seiten gewidmet. Maßgeblicher Grund für

[701] Nigl, Christian: Manfred Ritter, CSU-Mitglied, bnr 10/90, 07.05.1990, S. 3.

die Thematisierung im bnr und die Einordnung dieser Parteien unter die Rubrik „Aus der neuen Rechten“ dürfte ein Gespräch mit der JF und ein Aufsatz in der Zeitschrift „wir selbst“ von jeweils zwei unterschiedlichen Einzelmitgliedern sein.[702]

Im bnr 23/91 wird ohne Verfasserangabe in der Rubrik „Brücken nach Rechts“ ein CDU-Landespolitiker ausführlich zitiert, der sich praxisorientiert mit den kommunalen Auswirkungen des Asylrechtes beschäftigt hat. Weiterhin fordert er eine grundgesetzliche Einschränkung des Asylrechtes und eine Beschleunigung des Asylverfahrens. Der bnr-Autor wirft diesem vor, er hätte sich in „...diffamierender Weise über Asylbewerber und –politik ausgelassen“[703] und würde somit die Fremdenfeindlichkeit weiter fördern. Zum Ende des Beitrages wird ein Zusammenhang zwischen den rechtsextremen Gewalttaten, z.B. in Hoyerswerda, und „...der von Politikern losgetretene[n] Asyldebatte...“[704] hergestellt.

Der bnr 9/92 beschäftigt sich schwerpunktmäßig mit einer genauen Wahlergebnisdokumentation und Kommentierung der Landtagswahlen für die Parteien DVU in Schleswig-Holstein und „Republikaner“ in Baden-Württemberg. Mit Fokus auf einen „Asylwahlkampf“ der CDU macht Klaus-Henning Rosen für die guten Ergebnisse der vorgenannten Parteien die großen „Volksparteien“ verantwortlich. Weiterhin vergleicht er zu Beginn seines Beitrages die Wahlsituation dieser Landtagswahl mit der Europawahl und Landtagswahl in Hessen von 1989. Rosen behauptet, daß sich an den Problemen wie „Arbeitslosigkeit, Wohnungsnot, Angst vor Ausländern“ trotz der professionellen Wahlanalysen der etablierten Parteien nichts geändert hätte: „Gleichwohl ist wieder einmal deutlich geworden:“, so Rosen, „es liegt an den Demokraten, wie stark die Rechten werden. Sie haben es in der Hand, ob der braune Bodensatz wieder Früchte trägt. Hier haben die großen demokratischen Parteien versagt.“[705] Man muß die Ziele der vorgenannten Parteien – welche von Rosen zusammengefaßt behandelt werden - nicht teilen, jedoch sind die Vergleiche mit einem „braunen Bodensatz“ in einer sachlichen Auseinandersetzung unangemessen.

Über eine mögliche Koalition zwischen CDU und „Republikaner“ im Stuttgarter Landtag wird von Gernot Modery–„Anton Maegerle“ und Volkmar Wölk–„Sönke Braasch“ im bnr 14/92 gemutmaßt. Maßgeblich fußt diese Einschätzung auf einer Pausenunterhaltung zwischen den Landtagsabgeordneten Rolf Schlierer (REP) und Gerhard Mayer-Vorfelder (CDU) im Parlament. Aufgrund dieser Beobachtung wird die politische Karriere des

---

[702] Brand, Hein: Die Splitter fügen sich zusammen, bnr 20/91, 23.09.1991, S. 6-8; Brand, Hein: Die Splitter fügen sich zusammen, bnr 21/91, 07.10.1991, S. 6-7.
[703] O.V.: Wie ein CDU-Politiker Fremdenfeindlichkeit schürt, bnr 23/91, 04.11.1991, S. 7-9, hier: S. 7.
[704] Ebd., hier: S. 9.
[705] Rosen, Klaus-Henning: Keine neuen Einsichten, bnr 9/92, 13.04.1992, S. 1.

damaligen Unionsfinanzministers Mayer-Vorfelder von den bnr Autoren durchleuchtet. In diesem Zusammenhang werden Verbindungen zwischen Mayer-Vorfelder und dem ehemaligen Ministerpräsidenten Hans Karl Filbinger, seiner Tätigkeit als NS-Marinerichter und seinem politischen Engagement im „Studienzentrum Weikersheim e.V." hergestellt. Das Studienzentrum wird von den Autoren als ein „Think-Tank" des Neokonservatismus"[706] bezeichnet, ohne das Attribut weiter zu definieren. Das eigentliche Thema des Beitrags wird durch die thematische Betonung der Politbiographie zu einer Marginalie, d.h. in den Mittelpunkt des Themas rückt, maßgeblich aufgrund der Darstellung einer Einzelperson, der allgemeine Umgang der Union mit den „Republikanern".

Undifferenziert wird im bnr 15/92 ohne Autorenangabe ein Film im Programm „West 3" von Udo Grätz und Christian F. Tippe über die angeblichen „Vordenker der Neuen Rechten", die maßgeblich in Parteien vermutet werden, angekündigt. Der thematische Bogen wird dabei von der CDU bis zur „Neonaziszene" deutlich überspannt. Weiterhin wird behauptet, daß sich in dieser angeblich einheitlichen aber „facettenreichen rechten Szene" „...Konstanten in der Ideologie wie der geschichtliche Revisionismus, Ethnopluralismus und Antiliberalismus..." analysieren lassen würde und diese „...über bestimmte Zeitschriften und Personen indirekt miteinander vernetzt..."[707] seien. Offensichtlich merkt der bnr-Autor nicht, daß er sich in seinem kurzen Beitrag bezüglich der vermeintlichen Einheitlichkeit und Vernetzung selber widerspricht. Es kommt dem Autor anscheinend auch gar nicht auf eine inhaltliche Konsistenz an, sondern auf die Entwicklung eines möglichst wirkungsvollen Bedrohungszenarios.

Weniger einen inhaltlichen Bericht über eine FDP-Ortsverbandsveranstaltung mit Jörg Haider in Bad Cannstatt, sondern vielmehr eine kommentierte Veranstaltungsbesucherliste, mitsamt „antifaschistischem" Demonstrationsbericht publiziert Volkmar Wölk-„Sönke Braasch" im bnr 20/1992.[708] Die Überschrift des Beitrags „Jörg Haider zu Gast bei der FDP" soll suggerieren, daß der damalige FPÖ-Politiker offizieller Gast der FDP auf Bundesebene gewesen ist. Im Folgenden läßt Wölk den Leser letztendlich darüber im Unklaren, wer die Veranstaltung durchgeführt hat.

Unter der Rubrik „Brücken nach Rechts" wird im bnr 22/92 von der Gründung eines „Christlich-konservativen Deutschland-Forums" (CKDF) innerhalb der CDU/CSU ohne Verfasserangaben kurz berichtet. Ein programmatischer Punkt „Freiheit statt Sozialismus" aus

---

[706] Maegerle, Anton; Braasch, Sönke: „Republikaner" (REP) im baden-württembergischen Landtag, bnr 14/92, 22.06.1992, S. 4-5, hier: S. 5.
[707] O.V.: Im rechten Netz, bnr 15/92, 06.07.1992, S. 9.
[708] Braasch, Sönke: Jörg Haider zu Gast bei der FDP, bnr 20/92, 14.09.1992, S. 2-3.

dem Grundsatzprogramm wird isoliert betrachtet und als ein „ewiggestriger Appell" bezeichnet, die Artikelüberschrift spricht von „Rechtsoppositionellen Hardlinern in der Union". Als Beleg für diese politische Verortung werden einige Stimmen zu der Koalitionsfrage zwischen Union und „Republikanern" auf Landesebene zitiert.[709]

Die maßgeblichen Akteure des CKDF werden mit den üblichen Attributen (z.B. Hardliner, rechtslastig, rechts abdriftend) versehen und von Gernot Modery–„Anton Maegerle" im bnr 2/93 unter der Rubrik „Brücken nach Rechts" beleuchtet. Weiterhin diagnostiziert Modery einen Boom von „Konservativen Gesprächskreisen" innerhalb der Union/JU. In diesem Zusammenhang zitiert Modery zweimal aus der „rechtsintellektuellen Postille" JF und warnt am Ende seines Beitrages, daß in der politischen Ausrichtung der thematisierten Zirkeln, „…die ideologische Abgrenzung zu den „Republikanern" nur schwer erkennbar"[710] sei.

Die von der CSU zeitweise in den neuen Bundesländern protegierte Kleinstpartei „Deutsche Soziale Union" (DSU) [Die Zusammenarbeit wurde auf politischen Druck der CDU beendet, Anm. L.N.] wird von Gernot Modery–„Anton Maegerle" im bnr 4/93 ausführlich thematisiert. Neben der für Modery typischen steckbriefartigen Darstellung einzelner Personen mitsamt ihren Funktionen und politischen Lebensläufen, unterstellt er in seinem Beitrag hauptsächlich der DSU eine „ideologisch poröse Trennlinie" zu REP und DVU. Diese Behauptung begründet Modery mit zwei Zitaten aus einem Diskussionspapier und einer Auflistung der Referenten auf einer Pressekonferenz in Sachsen, welche ebenfalls in „Modery-Manier", also unter Anwendung von Verbindungsketten, eingeschätzt werden.[711]

Rainer Bach kommentiert im bnr 11/93 in der Rubrik „Brücken nach Rechts" einen internen Streit der CSU um die Ministerpräsidentennachfolge zwischen Theo Waigl und Edmund Stoiber in Bayern, um nachfolgend das Verhältnis der CSU zu den „Republikanern" zu thematisieren. Besonders werden von Bach die „populistischen Mittel" von Edmund Stoiber in Wahlkampfzeiten betont und kommentierend wiederholt. Weiterhin zitiert Bach den Nachfolgekandidaten Waigl, der eine rechte Koordinatenverschiebung im Falle einer Entscheidung für Stoiber befürchtet. Wobei dieser, so Bach, „…selbst die Parole ausgegeben [habe], der nächste Wahlkampf in Bayern werde „rechts von der Mitte" entschieden".[712] In diesem Zusammenhang begrüßt Bach die Beobachtung der Partei „Die Republikaner" durch den Verfassungsschutz in Bayern.

---

[709] O.V.: Rechtsoppositionelle Hardliner in der Union, bnr 22/92, 12.10.1992, S. 7.

[710] Maegerle, Anton: Der „wertkonservative" Flügel der CDU ist erwacht, bnr 2/93, 25.01.1993, S. 2-3, hier: S. 3.

[711] Maegerle, Anton: DSU – Quo Vadis?, bnr 4/93, 23.02.1993, S. 8.

[712] Bach, Reiner: Wohin geht die CSU?, bnr 11/93, 01.06.1993, S. 5-6, hier: S. 5.

Mit der Deutung des gemeinsamen Besuches von Ronald Reagan und Helmut Kohl auf dem Bitburger Soldatenfriedhof am 05. Mai 1985 ist immer wieder versucht worden, das Ansehen und die Leistungen von Helmut Kohl und der CDU zu beschädigen. Dies demonstriert im bnr 13/93 Heiner Lichtenstein in einem Beitrag in der Rubrik „Brücken nach rechts". Lichtenstein erweckt in seinem Beitrag den Eindruck, Kohl hätte Reagan über die Gräber „belogen" [Neben Soldatengräbern der Wehrmacht liegen auch Soldaten der Waffen-SS auf dem Bitburger Soldatenfriedhof begraben, Anm. L.N.] und mit der Aussicht auf Störungen der deutsch-amerikanischen Beziehungen unter „massiven" Druck gesetzt. Weiterhin hätte die Auswahl des Ortes maßgeblich wahltaktische (Landtagswahl in NRW) und machtpolitische (Kohls Kanzlerschaft) Gründe gehabt. Die Intention seines Beitrages findet in der Überschrift seine Zusammenfassung: „Wie Helmut Kohl Reagan nach Bitburg jagte". Lichtenstein bezieht sich bei diesen Interpretationen der Versöhnungsgeste maßgeblich auf eine Biographie des damaligen amerikanischen Außenministers George Shultz.[713]

Von der Konstitution eines CKDF-Landesverbandes in Stuttgart werden im bnr 13/93 lediglich einige anwesende Personen und die neugewählten Funktionsträger namentlich aufgelistet. Eingangs wird der Kurzbeitrag mit der Information eingeleitet, daß die Gründung des Landesforums Baden-Württemberg in den Räumlichkeiten einer Studentenverbindung durchgeführt wurde.[714]

Unter der Rubrik „Brücken nach Rechts" veröffentlicht Gernot Modery-„Anton Maegerle" im bnr 16/93 ein ausführliches und kritisches Parteienportrait der „Deutschen Partei" (DP). Im Abschnitt zur Parteiengeschichte rekurriert Modery auf eine Einschätzung der Politologen Dudek und Jaschke, welche die niedersächsische Vorläuferpartei von 1947 als „Transmissionsriemen zwischen Rechtsextremismus und Bürgerblock" beurteilen. Im folgenden wird, offensichtlich aus Mangel an Material über eine Einschätzung der neugegründeten Partei, von Modery die Geschichte der niedersächsischen DP ab 1947 erläutert. Er impliziert damit eine Analogie zwischen diesen beiden Parteien. Danach listet er namentlich die Funktionsträger der gegenwärtigen DP auf und stellt in einem letzten Abschnitt tatsächliche oder vermeintliche Verbindungen zwischen der DP und der DSU, dem Bund der Vertriebenen (BdV), dem Förderverein „Konservative Kultur und Bildung e.V." in Bielefeld und weiteren nicht organisierten demokratischen Rechten her. Hierbei rekurriert

---

[713] Lichtenstein, Heiner: Wie Helmut Kohl Reagan nach Bitburg jagte, bnr 13/06, 29.06.1993, S. 4-5; vgl. die rationalere Beschreibung der „Bitburg-Affäre" bei: Calebow, Wolf: Auf dem Weg zur Normalisierung. 15 Jahre Dialog mit amerikanischen Juden, Berlin 1999, S. 32-36.

[714] O.V.: Tagebuch, bnr 13/93, 29.06.1993, S. 10.

Modery auf Beiträge aus dem DSU-Organ „Sachsen Union", der JF und der Zeitschrift „Criticón".[715]

Vor einer Ausbreitung der DSU in den Westen der BRD warnt Gernot Modery-„Anton Maegerle" in einem Beitrag in der Rubrik „Brücken nach Rechts" im bnr 18/93. Maßgeblich beschäftigt sich Modery aber nicht mit der niedersächsischen Programmatik der Partei, sondern mit dem Landesvorsitzenden: Brigadegeneral a. D. Reinhard Uhle-Wettler.[716]

In einem Interview im bnr 19/93 bezichtigt der SPD-MdB Siegfried Vergin die CDU, sie hätte durch den Besuch des Soldatenfriedhofs in Bitburg und die Präsentation des Kandidaten Steffen Heitmann für die Bundespräsidentschaftswahl „deutsch-nationales Gedankengut wieder hoffähig" gemacht.[717]

Nach Meinung der Zeitschrift „Ökologische Briefe", die im bnr 19/93 in einem nicht namentlich gekennzeichneten Beitrag ausführlich zitiert wird, ist die Umweltproblematik zu einem zentralen Thema der politischen Rechten geworden. Wie ein Zitat aus diesem bnr-Beitrag zeigt, handelt es sich um ein überdehntes Verständnis von „politischer Rechter". Weiterhin verwendet der um bnr-Anmerkungen ergänzte Beitrag die These von einem „Brückenspektrum", des „Extremismus der Mitte" und spiegelt beide Begrifflichkeiten auf die Unionsparteien: „In einer detaillierten Übersicht über diese Strömung im ultrarechten Lager machen die „Ökologischen Briefe" darauf aufmerksam, daß das „völkisch-konservative Gemisch", „das dem rechten Rand nicht nur neue gesellschaftliche Erfahrungen und Mobilisierungsthemen eröffnet", auch bei der Union „auf offene Ohren stößt". Die Ökologiefrage würde mithin zum „Brückenkonzept zur sogenannten gesellschaftlichen Mitte" benutzt."[718] Als weitere Beleg werden Äußerungen des CDU-Mitglieds und Staatsrechtlers Dietrich Murswiek aus einem „Criticón" Beitrag zitiert.

Die von Edmund Stoiber (CSU) in einem Gespräch mit der „Süddeutschen Zeitung" geäußerte Europa-Kritik in Bezug auf eine „europäische zentralistische Staatlichkeit" wird im bnr 23/93 von Klaus-Henning Rosen in Beziehung mit der Europakritik der REP und DVU gestellt. Daneben verortet Rosen implizit das Zentrum der extremen Rechten in Bayern: „Der Verdacht liegt deshalb nahe", so Rosen, „daß Stoiber sich mit seinem Interview angesichts der bevorstehendem Wahlkämpfe ganz populistisch auf den fahrenden Zug der Europamüdigkeit schwingen wollte, die besonders intensiv in Bayern grassiert, wo die extreme Rechte…sitzt".[719] Weiterhin wird von Rosen argumentiert, daß Stoiber mit seinem

[715] Maegerle, Anton: Rechts von der Union: Die „Deutsche Partei", bnr 16/93, 10.08.1993, S. 6-8.
[716] Maegerle, Anton: „Deutsche Soziale Union" breitet sich im Westen aus, bnr 18/93, 07.09.1993, S. 6-7.
[717] Schwinn, Rudolf: Siegfried Vergin: Es begann in Bitburg, bnr 19/93, 20.09.1993, S. 4-6, hier: S. 4.
[718] O.V.: Ökologische Briefe: Umwelt ist zum Thema der Rechten geworden, bnr 19/93, 20.09.1993, S. 9.
[719] Rosen, Klaus-Henning: Original statt Kopie, bnr 23/93, 16.11.1993, S. 1.

„populistischen Ausfall" den rechteren Parteien Anlaß geben würde, die CSU „rechts zu überholen" und damit im Gegensatz zur CSU als „Original" zu reüssieren. Somit stärke Stoiber indirekt diese Parteien zum eigenen Nachteil.

Unter dem Motto: „Konservativ statt rechts" startete die Partei „Aufbruch 94–Deutscher Freier Wählerbund" zur Europawahl 1994. Diese Partei wird ausschließlich anhand ihrer Akteure und Anzeigemedien („Werbung auch in braunen Magazinen") von Gernot Modery–„Anton Maegerle" im bnr 25/26/93 portraitiert. Der Philosoph Günter Rohrmoser wird von Modery bei dieser Vorstellung politbiographisch fokussiert. Zum Schluß kommentiert Modery folgerichtig auch nicht die Partei, sondern die von ihm dargestellten Personen: „Das Ganze sieht nach einem Zusammenschluß abgehalfterter und gescheiterter Möchtegern-Politiker aus, die in anderen Rechts-Parteien chancenlos sind".[720]

Anhand der politischen Biographie Manfred Brunners stellt Gernot Modery–„Anton Maegerle" die politische Ausrichtung der für die Europawahl 1994 eigens von Brunner gegründete Liste „Bürgerbewegung für ein Europa der Nationen" dar. Aufgrund der angekündigten Zusammenarbeit zwischen der Bürgerbewegung und der FPÖ werden weiterhin Verbindungsketten gebildet, um Brunners „rechte" Aktivitäten zu beleuchten. Dementsprechend referierte Brunner auf der Hochschulwoche des „Studienzentrums Weikersheim", nach Modery, ein „...Brückenkopf zwischen Neokonservativismus und Rechtsextremismus...".[721] Nebenbei wird noch von Modery erwähnt, daß Brunner die Bürgermeisterkandidatur von Peter Gauweiler (CSU) in München unterstütze und die FDP-nahe „Thomas-Dehler-Stiftung", unter Brunners Vorsitz, u.a. in der Zeitschrift „Criticón" für ihre Veranstaltungen geworben habe.

Einige Ausgaben danach beschäftigt sich Modery im bnr 5/94 unter der Rubrik „Brücken nach Rechts" erneut mit dem Politiker Manfred Brunner. In diesem Artikel fokussiert Modery nun die Funktion Brunners als Bundesvorsitzender der neugegründeten Partei „Bund Freier Bürger" (BfB). Er charakterisiert diese Partei, als „...eine Honoratiorenpartei am rechten Rand der parteipolitischen Landschaft..., bestehend aus Angehörigen freier Berufe – Rechtsanwälte, Ärzte und Mittelständler -, die vorher überwiegend der Union oder der FDP angehörten."[722] Im folgenden beleuchtet Modery einige Vorstandsmitglieder und stellt darüber eine Verbindung zur Zeitschrift „Criticón" her. Im Anschluß wird von Modery über

[720] Maegerle, Anton: Neue Sammlungsbewegung für den Rechts-Wähler, bnr 25/26/93, 14.12.1993, S. 3-4, hier: S. 4.

[721] Maegerle, Anton: Die Pöbelei soll Politik werden, bnr 2/94, 18.01.1994, S. 1-2.

[722] Maegerle, Anton: „Bund Freier Bürger" – Remake der „Nationalliberalen Aktion"?, bnr 5/94, 01.03.1994, S. 3-4, hier: S. 3.

diese Zeitschrift eine Kontinuität zu einer im April 1970 gegründeten „Nationalliberalen Aktion" um Siegfried Zoglmann und Erich Mende konstruiert.

Modery dokumentiert im bnr 10/94 in der Rubrik „Brücken nach Rechts" alle 49 Kandidaten des BfB zur Wahl des Europäischen Parlamentes am 12.06.1994 mit Altersangabe, Berufsbezeichnung und Wohnort. Einleitend zitiert Modery lediglich drei Sätze des Bundesvorsitzenden Manfred Brunner aus einem Werbeschreiben zum Europaprogramm des BfB.[723]

Der Bundesvorsitzende des BFB Manfred Brunner wird gemeinsam mit dem CDU-Politiker Steffen Heitmann im bnr 19/94 in der Rubrik „Tagebuch" aufgeführt, weil Brunner in der JF einen Beitrag veröffentlicht hat und Heitmann der JF als Gesprächspartner zur Verfügung stand.[724]

Im bnr 23/94 wird der parteipolitische Liberalismus in der Bundesrepublik von Klaus-Henning Rosen als „wertlos" bezeichnet. Die FDP ist nach Meinung Rosens, „…so weit herunter gekommen, daß sie nur noch mit Lebenshilfe der Konservativen in den 13. Bundestag gelangen konnten".[725] Weiterhin wird die lokale nationalliberale Strömung um den ehemaligen Generalbundesanwalt Alexander von Stahl als „illiberal" und Skandal bezeichnet. Daneben vergleicht Rosen das „Berliner Manifest" einzelner FDP-Politiker mit der Partei „Die Republikaner".

Über mögliche Gründe für die Parteiaustritte von Joachim Starbatty und Karl Albrecht Schachtschneider aus dem BFB wird im bnr 26/94 spekuliert. In diesem Zusammenhang werden assoziierende Verbindungen zwischen den beiden Hochschullehrern, dem „Studienzentrum Weikersheim", der JF und der Zeitschrift „Epoche" hergestellt. Letztgenannte Zeitschrift wird als ein „Organ der Grauzone zwischen Rechtsextremismus und Rechtskonservatismus" bezeichnet.[726]

Klaus-Henning Rosen kommentiert in seinem Beitrag im bnr 13/95 besonders genau die Äußerungen von Volker Gerhardt (FDP) zu den „Nationalliberalen Elementen des Liberalismus" auf dem Mainzer Parteitag der FDP 1995. Gerhardt verortet dieses Element parteihistorisch als Teil der „Deutschen Volkspartei". Die Gründung dieser Strömung wird von Rosen demgemäß in einem geschichtlichen Rückblick in die Weimarer Republik beleuchtet und als Mittel zur Einbindung ehemaliger Nationalsozialisten in der Nachkriegszeit der BRD präsentiert („Gesinnungsverband"). Rosen stellt aber entwarnend fest, daß ein

[723] Maegerle, Anton: Brunner Partei: Mit Anti-Europa-Programm zur Wahl, bnr 10/94, 10.05.1994, S. 4-5.
[724] O.V.: Tagebuch, bnr 19/94, 13.09.1994, S. 10.
[725] Rosen, Klaus-Henning: Noch nie war er so wertlos wie heute, bnr 23/94, 08.11.1994, S. 1.
[726] O.V.: Tagebuch, bnr 26/94, 20.12.1994, S. 10.

„Richtungsstreit" auf dem Parteitag zunächst vertagt wurde: „Weder war das deutliche Bekenntnis des Freiburger Kreises zum traditionellen Liberalismus mehrheitsfähig, den die Union eher albern als „Linksruck" der FDP „verboten" hatte; noch hat es den nie ernsthaften erwarteten „Rechtsruck" in Richtung der Nationalliberalen um von Stahl und Zitelmann gegeben."[727] Trotzdem warnt Rosen zum Ausgang seines Kommentars mit einem appellativen Grundtenor: „Mit der Drohung der 5%-Klausel vor Augen wird dies Richtungsstreitigkeiten eher befördern. Deshalb kann es sich als tragischer Fehler erweisen, daß der neue Vorsitzende Gerhardt den Mainzer Parteitag nicht genutzt hat, um die Partei auf einen Kurs der liberalen Mitte einzuschwören".[728] Rosen läßt hierbei offen, zwischen welchen Strömungen innerhalb der FDP sich ein Richtungsstreit entwickeln soll.

In einem Portrait stellt Gernot Modery–„Anton Maegerle" die Initiative „Christdemokraten für das Leben" (CDL) in der CDU vor, die sich seiner Meinung nach „am rechten Rand der Union" verorten läßt.[729] Modery weist im bnr 14/95 darauf hin, daß der Beitritt in den Verein seit 1993 nicht mehr an die Parteimitgliedschaft gebunden wäre. Nachfolgend berichtet Modery davon, daß über den CDL regelmäßig in der JF informiere und in der Vereinspublikation „CDL-Info" Gedichte eines CDU-Mitglieds abgedruckt wären. Über dieses CDU-Mitglied ist, nach Modery, im Anschluß positiv in JF und „Criticón" berichtet worden. Weiterhin schreibt für das CDL-info ein Bundesrichter a.D., welcher auch Artikel in der FAZ und JF veröffentlicht hätte. Daneben werden von Modery in einzelnen Personenportraits Verbindungsketten u.a. zum „Studienzentrum Weikersheim", der „Juristenvereinigung Lebensrecht" (JVL) und zu den Zeitschriften „Aula" und „Der Schlesier" hergestellt.

In seinen Gedanken zum Jahresbeginn warnt Klaus-Henning Rosen im bnr 1/96 vor einer populistischen „Haiderisierung" der FDP unter dem Schutzmantel des Koalitionspartners CDU und ruft zur „Einigkeit der Demokraten" auf, damit den Rechtsextremen keine Stichworte für Problemlösungen geliefert würden. Hintergrund für diese Befürchtung bilden nach Rosen die vorangegangenen Wahlkämpfe, in denen die REP sich in der „Ausländerpolitik" als Original zur CSU positionieren konnten: „Den Niedergang bei den kommenden Landtagswahlen vor Augen, ist offenbar nicht nur die FDP nicht dagegen gefeit, im Populismus à la Haider das Heil zu suchen. Glaubt man dem SPIEGEL, werden solche Planspiele auch in der CDU gespielt, die sich so den Koalitionspartner erhalten möchte, der

---

727 Rosen, Klaus-Henning: Die FDP – zielbewußt, aber richtungslos, bnr 13/95, 28.06.1995, S. 2.
728 Ebd..
729 Maegerle, Anton: Christdemokratische Lebensschützer, bnr 14/95, 12.07.1995, S. 6-7.

sogleich fürs Grobe da ist. Eine solche Arbeitsteilung wäre für die deutsche Innenpolitik fatal, würde auch der Union selbst nicht gut tun".[730]

Der Wahlkampf des BfB zur Münchener Stadtratswahl wird vom bnr ausführlich begleitet. Wurde schon im bnr 2/96 in Kurzfassung einige Wahlkampfveranstaltungen beleuchtet,[731] werden diese noch einmal von Dieter Adam im bnr 3/96 ausführlicher kommentiert. Diese Darstellung konzentriert sich ganz auf die Person Manfred Brunner, der, so vermutet Adam, ganz auf die Nachahmung des erfolgreichen FPÖ-Modells setzt. Nachfolgend werden von Adam die einzelnen Wahlkampfmaßnahmen dargestellt. Eine thematische Betonung lenkt Adam hierbei auf die „spektakulären Veranstaltungen" mit Gastrednern: „Peter Glotz (SPD) lehnte zwar eine Einladung zu einer Veranstaltung ab, nicht aber Kreisverwaltungsreferent Hans-Peter Uhl (CSU) und Polizeipräsident Koller (CSU). Beide ignorierten mit ihrem Auftritt die beamtenrechtlichen Bedenken ihrer Dienstvorgesetzten, Oberbürgermeister Ude (SPD) bzw. Innenminister Beckstein (CSU). So traten sie nicht als hohe Beamte, sondern als Privatpersonen in den Ring, ohne zu versäumen, dies werbewirksam auszukosten".[732] Nachfolgend wird von Adam ausführlich die Veranstaltung von „Brunner-Freund" Uhl dargestellt, die den Eindruck von einer aggressiven Bierzeltatmosphäre vermittelt.

Anhand der Besprechung einer Buchveröffentlichung (Heiner Kappel, Alexander von Stahl (Hrsg.): „Für die Freiheit", Berlin 1996) versucht Armin Pfahl-Traughber im bnr 12/96 ein Portrait des sich als nationalliberal verstehenden Flügels innerhalb der FDP darzustellen. Danach erheben die Autoren, nach Pfahl-Traughber, „...zum einen ein Wehklagen gegen den Druck der „political correctness" und ihre Folgen der Denkverbote, andererseits schlägt man sich ständig selbst auf die Schulter, sehen sich doch viele Autoren als mutige Nonkonformisten und Tabubrecher. Häufig kommt man aber nicht über das Niveau eines nationalliberalen Stammtisches hinaus".[733] Im Anschluß reiht Pfahl-Traughber einige Zitatfetzen aneinander, um danach zu der Erkenntnis zu gelangen, daß „kaum einer der Beiträge...einer inhaltlichen Beschäftigung wirklich"[734] lohnen würde. Im letzten Abschnitt warnt der Rezensent davor, daß einige Autoren das Sozialstaatsprinzip unter Sozialismus- oder sogar Totalitarismusvedacht stellen und das Rechtsstaatsprinzip hierfür überbetonen würden. Demgemäß wird Alexander von Stahl konkret verdächtigt, dieser These anzuhängen, weil dieser, nach Pfahl-Traughber, sich nicht konkret für einen Primat zwischen den von Stahl gleichgewichteten Freiheiten der Nation und des Individuums im Verhältnis von Liberalismus

---

[730] Rosen, Klaus-Henning: Gedanken zum Jahresbeginn, bnr 1/96, 10.01.1996, S. 2.
[731] O.V.: Tagebuch, bnr 2/96, 24.01.1996, S. 14-15.
[732] Adam, Dieter: „Bund Freier Bürger" im Wahlkampf, bnr 3/96, 07.02.1996, S. 2-3.
[733] Pfahl-Traughber, Arnim: Der nationalliberale Stammtisch, bnr 12/96, 12.06.1996, S. 8-9. hier: S. 8.
[734] Ebd., hier: S. 9.

und Nation entscheiden würde. Anhand dieser charakterisierenden Rezension läßt sich also eine, im Vergleich zu Modery oder Wölk, komplexere Argumentationskette von Pfahl-Traughber nachweisen.
Von einer Werbeveranstaltung des BfB in Mannheim berichtet Eva Bernhard im bnr 15/96, die sich maßgeblich für einige der 300 anwesenden Gäste interessiert hat. Über einen Besucher der öffentlich das Interesse einer Mitgliedschaft beim BfB bekundete, wird ein ausführliches Portrait veröffentlicht und Verbindungsketten von einem „Heidelberger Manifest" aus den 80er Jahren, über die CDU bis zu der „Juristen-Vereinigung Lebensrecht" gebildet. Im Anschluß wird die Übernahme des JF-Klagemandates von Brunner und das bei der Veranstaltung ausliegende Bürgerbegehren „Rettet die D-Mark" thematisiert. Nach dem in diesem Beitrag zitierten Rechenschaftsbericht der Parteien besitzt der BfB lediglich 700 Mitglieder.[735]
Da der BfB, nach Meinung Gernot Moderys–„Anton Maegerle", „...in der parlamentarischen Landschaft nahezu gänzlich unbekannt ist...",[736] fokussiert er im bnr 4/97 erneut den Bundesvorsitzenden des BfB Manfred Brunner. Dieser wird nachfolgend ausführlich von Modery politisch portraitiert, angefangen von seiner politischen Karriere bei der FDP, über die Verfassungsbeschwerde gegen den Maastricht-Vertrag, die Gründung des BfB, der von Modery mal als „Rep-Light" oder als „Honoratiorenpartei" bezeichnet wird, bis zu der juristischen Vertretung der JF: „Sein politisches Verständnis machte Brunner in der „Jungen Freiheit" (JF), die er auch juristisch vertritt, öffentlich: „Wer die „Junge Freiheit" verteidigt, verteidigt deshalb auch die Freiheit selbst".[737] Im Anschluß wird über Verbindungen zu anderen Publizisten und Medien die Parteizeitung des BfB, der „Deutschland Brief" vorgestellt. Hiernach werden Einschätzungen von rechten bis rechtsextremen Medien über Brunner wiedergegeben, um danach die Ankündigung einer Teilnahme an den nächsten Bundestags- und Europawahlen zu thematisieren. Über einen Artikel aus dem „Ostpreußenblatt" werden Vermutungen über eine Listenverbindung des BfB mit der DSU und der DP dargestellt, um über eine „Initiative 3. Oktober" wiederum Verbindungsketten zu unterschiedlichen Einzelpersonen, Publikationen und Parteien zu bilden, welche bis zu den Festveranstaltungsrednern am Kyffhäuserdenkmal, anläßlich des Tages der Deutschen Einheit 1996, reichen.
Volkmar Wölk–„Sönke Braasch" berichtet im bnr 6/97 von einer Demonstration in München gegen die sog. „Wehrmachtsausstellung". Er stellt ganz überwiegend in diesem Artikel

---

[735] Bernhard, Eva: „Freiheitliche" machen mobil, bnr 16/96, 07.08.1996, S. 7.
[736] Maegerle, Anton: Retter der Deutschen Mark, bnr 4/97, 19.02.1997, S. 3-4, hier: S. 3.
[737] Ebd..

einzelne rechtsextreme Teilnehmer u.a. der NPD und deren Jugendorganisation „Junge Nationaldemokraten" (JN) in den Mittelpunkt. Weiterhin thematisiert er ausführlich eine „antifaschistische" Gegendemonstration, die nach Wölks Angaben mit der Parole: „Stoppt die Rechten" und „Gegen die schwarz-braune Koalition von CSU&Nazis!" versuchten, die Abschlußkundgebung zu unterbinden. Im letzten Abschnitt umrahmt Wölk einzelne Protestaktionen von demokratischen Rechten mit Darstellungen von rechtsextremistischen Aktionsformen z.B. einem sog. „Kameradschaftsabend" oder Protesten von Manfred Roeder und Friedhelm Busse: „Anläßlich der Ausstellungseröffnung in München hatten bereits am 24. Februar der Ultranationalist Alfred Mechtersheimer (57) und seine „Deutschland-Bewegung" mit ihrer „Anti-Diffamierungsaktion" demonstriert. Der Münchner CSU-Bundesvorsitzende und Landtagsabgeordnete Peter Gauweiler (47) sowie zahlreiche Mitglieder der CSU und der „Jungen Union" legten aus Anlaß der Ausstellungseröffnung am Mahnmal des Unbekannten Soldaten einen Kranz nieder."[738]

Weil Jürgen Rüttgers in einem Grußwort zur Eröffnung der Ausstellung „Kunststudenten stellen aus" am 30.03.1997 in Bonn den „erweiterten Kunstbegriff" kritisiert, wird er im bnr 8/97 als ein „Rechtsdenker" dargestellt und Auszüge aus seinem Grußwort wiedergegeben, so u.a.: „Der „erweiterte Kunstbegriff" ist ein großes Übel unserer Zeit. Ich finde, wir sollten den Mut haben, dem (sic!) Elitebegriff in der Kunst wieder Einlaß zu verschaffen".[739]

Obwohl der bnr auch weiterhin feststellt, daß die DSU im politischen Alltagsgeschäft der Bundesrepublik „inzwischen völlig bedeutungslos" geworden sei und bei Wahlen Ergebnisse im Promillebereich erreichen würde, wird sie von Gernot Modery–„Anton Maegerle" im bnr 10/97 ausführlich als „Patenkind der Unionsparteien" analysiert. Hierzu werden von Modery in einer diffusen Aneinanderreihung von thematischen Abschnitten zunächst einige Gastredner des „Politischen Aschermittwochs" 1997 charakterisiert, danach wird zum wiederholten Male die Gründung der DSU unter Mithilfe des CSU thematisiert, um sich hiernach mit, den nach Meinung Moderys „katastrophalen Auswirkungen", der Wahl Roberto Rinks zum Bundesvorsitzenden seit 1993 zu beschäftigen. Zum Abschluß spekuliert Modery über mögliche Fusionsbestrebungen der DSU u.a. mit dem BfB. Weiterer Ketten werden über die Person Rink zu Alfred Mechtersheimer, Hans-Helmuth Knütter, Franz Schönhuber, dem Verleger Gert Sudholt, Vertreter von Studentenverbindungen, DVU und NPD gebildet. Nach diesen Verbindungs- und Argumentationskettenkonstruktionen kommt Modery in der Artikelüberschrift über die DSU zu dem Urteil: „Schnurstracks ins rechte Ghetto".[740]

---

[738] Braasch, Sönke: Rechtsextreme zeigen Flagge, bnr 6/97, 19.03.1997, S. 3-4, hier: S. 4.
[739] O.V.: Rechtsdenker, bnr 8/97, 16.04.1997, S. 10.
[740] Maegerle, Anton: „Schnurstracks ins rechte Ghetto", bnr 10/97, 14.05.1997, S. 5-6, hier: S. 5.

Weil sich ein CDU-Landtagsabgeordnete in Sachsen-Anhalt kritisch in einer Presseerklärung mit der sog. „Wehrmachtsausstellung" auseinandersetzt, wird diese in Auszügen dokumentiert und ihr Autor als „Rechtsdenker" im bnr 10/97 dargestellt.[741]

Die verschiedenen Protestaktionen gegen die Ausstellung beschäftigt auch weiterhin die bnr Redaktion. Im bnr 11/97 untersucht Volkmar Wölk–„Jean Cremet" zunächst eine Erklärung einer „Arbeitsgemeinschaft Paulskirche", deren Inhalt zeitgleich in der JF und dem „Ostpreußenblatt" erschienen ist. In der nachfolgenden Illustration werden einzelne Stellungnahmen, nach Wölk handelt es sich um „Agitation", von Unionspolitikern, aber auch von höheren Dienstgraden der Bundeswehr, die sich im „Ostpreußenblatt" geäußert hätten, dargestellt. Zum Abschluß kommentiert Wölk die Kritiker vereinheitlichend: „Die Wehrmachtsausstellung hat sich als integrierendes Feindbild für die gesamte extreme Rechte erwiesen. Die Empörung über den Angriff auf die „Ehre der deutschen Soldaten" ist jedoch so groß, daß sich auch Kräfte in die Einheitsfront einreihen, die bisher zwar sympathisiert, sich aber vom offenen Kontakt ferngehalten haben."[742]

Aus Anlaß eines schlechten Wahlergebnisses von Heiner Kappel zum Amt des Bundesvorsitzenden der FDP, welches von Karlheinz Weißmann in der JF kommentiert wurde, beschäftigt sich Gernot Modery–„Anton Maegerle" im bnr 13/97 mit der „Nationalliberalen Strömung in der FDP", welche von einigen wenigen FDP Mitgliedern eine zeitlang in den 90er Jahren verfolgt wurde. Hierzu portraitiert Modery erstmalig die Person Heiner Kappel und wiederholt bereits im bnr Veröffentlichtes über Alexander von Stahl. Zu Heiner Kappel zitiert Modery ganz überwiegend Sekundärdarstellungen aus unterschiedlichen Medien, wie „Criticón", „Frankfurter Rundschau", „Frieden 2000" von Alfred Mechtersheimer und der JF. Über von Stahl werden die bereits dargestellten Verbindungsketten (Berichte über von Stahl oder Referententätigkeit) z.B. zum „Cannstatter Kreis", zur JF und zur „Evangelische Notgemeinschaft in Deutschland e.V." (ENID) dargestellt. Zum Schluß zitiert Modery eine Einschätzung der „Süddeutschen Zeitung": „Die beiden FDP-Rechtsaußen basteln an einer „Nationalen Offensive" à la Jörg Haider...". Weiterhin benennt Modery drei bekanntere Unterstützer dieser „Offensive".[743]

Synergien zwischen dem Hamburger Wahlkampf des BfB und dem hessischen Landtagsabgeordneten Heiner Kappel werden von Volkmar Wölk–„Jean Cremet" und Andreas Speit im bnr 17/97 dargestellt. Zunächst berichten die beiden Autoren von einem Vortrag Kappels in den Hamburger Parteiräumen des BfB. Dort erkundigen sich die beiden

[741] O.V.: Rechtsdenker, bnr 10/97, 14.05.1997, S. 11.
[742] Cremet, Jean: „Beschädigte Soldatenehre", bnr 11/97, 28.05.1997, S. 4-5, hier: S. 5.
[743] Maegerle, Anton: Haider-Fans, bnr 13/97, 25.06.1997, S. 8-9, hier: S. 9.

bei einem BfB-Funktionär nach dem dortigen Landesvorsitzenden und Hamburger Spitzenkandidat, dem sie eine mangelnde „...Distanz zu jenen Kräften rechtsaußen..."[744] unterstellen, indem sie seine publizistische Tätigkeit u.a. bei der JF erwähnen. Weiterhin erfragen die Besucher erfolglos das Wahlprogramm und die Kandidatenliste. Danach konzentrieren sich ihre Ausführungen auf die Darstellung Heiner Kappels als Sprecher der „Liberalen Offensive" in der FDP und seinen Verbindungen zum BfB, welcher hier von den Autoren als „rechter Rand des politischen Spektrums" oder „Ultrarechte" dargestellt wird. Als kongruente Interessenlage benennen Wölk und Speit die gemeinsame Kritik von Kappel und Brunner am Euro, die im weiteren die Vortragsveranstaltung Kappels kommentieren und den lokalen BfB-Parteivorsitzenden vorstellen. Im Anschluß des Beitrags werden einige BfB-Spitzenkandidaten mit Berufsbezeichnung aufgelistet, offensichtlich ist das Autorenpaar doch noch in den Besitz der Kandidatenliste gekommen.[745]

Eine marxistisch motivierte Neoliberalismuskritik wird von Christoph Butterwegge im bnr 17/97 auf dreieinhalb Seiten ausgebreitet und mit einem „Neu-Rechten" Politikansatz verbunden. Angeblich würden nach Butterwegge nicht mehr Volk, Nation und Familie, sondern Markt, Wettbewerbsfähigkeit und Standortsicherung („rechte Wertetrias") im Fokus der extremen Rechten stehen. Hierzu stellt er u.a. fest, daß „neurechte Argumentationsmuster...Eingang in die Propaganda des Liberalkonservatismus, Monetarismus...und Marktradikalismus in das Denken rechtsextremer Politiker und Parteien" gefunden hätten. „Der modernisierte Rechtsextremismus, Neue Rechte genannt, hat mit dem „alten" Faschismus jedoch nur noch wenig gemein und ist nicht vorstellbar ohne den Bezug auf marktradikale Parolen des Neoliberalismus."[746] Im folgenden benennt er einige Gründe für seine Thesen, z.B. die „Lasten der Einheit" oder „Demagogisch geschürte Ängste gegenüber dem Wohlfahrtsstaat". Als parteipolitische Vertreter seiner Thesen sieht Butterwegge die Parteien BfB, REP und FDP, die über einen Neoliberalismus eine gemeinsame Basis für „autoritär-antidemokratische politische Konzeptionen" gefunden hätten und einen „Standortnationalismus" anstreben würden.[747]

Nach der Bekanntgabe der vom Landeswahlausschuß genehmigten Parteien für die Hamburger Bürgerschaftswahl, werden die REP, der BfB, die NPD und die DVU nebeneinander von Volker Stahl im bnr 18/97 portraitiert und als „rechte Parteien" zusammengefaßt. Zum BfB zitiert Stahl einige Punkte aus dem Wahlkampfprogramm und

---

[744] Cremet, Jean; Speit, Andreas: „Hamburg wählt den Euro ab!", bnr 17/97, 20.08.1997, S. 2-3, hier: S. 2.
[745] O.V.: BFB - Kandidaten, bnr 17/1997, 20.08.1997, S. 3.
[746] Butterwegge, Christoph: Unternehmen Deutschland, bnr 17/97, 20.08.1997, S. 7-10, hier: S. 7.
[747] Ebd., hier: S. 9-10.

stellt hierzu fest, daß der BfB sich „weniger platt" präsentiere als die DVU, die nationale Töne hinter populären Forderungen verstecke.[748]

Von Horst Freires wird in derselben bnr Ausgabe über den BfB gemeldet, daß dieser in Schleswig-Holstein ein neues Bündnis mit der „Wählergemeinschaft Schleswig-Holstein" (WSH) eingegangen wäre. Die WSH würde sich nach Freires überwiegend aus ehemaligen CDU-Mitgliedern rekrutieren. Nachfolgend werden einige Aussagen des Vorsitzenden der WSH dokumentiert und einige Punkte aus dem Parteiprogramm genannt.[749]

Im bnr 20/97 wird über ein Parteiausschlußverfahren von Heiner Kappel aus der FDP durch Volkmar Wölk spekuliert. Grund für diese Spekulationen bilden der Ausschluß Kappels aus der Landtagsfraktion und ein Parteiordnungsverfahren gegen den Sprecher der „Liberalen Offensive". In einer Rückblende möchte Wölk mit diesem bnr Beitrag anhand einiger Auftritte und Grußworte Kappels Verbindungsketten u.a. zu der DSU und dem BfB über die „Initiative 3. Oktober" darstellen, um somit eine angebliche Entfremdung Kappels vom „Liberalismus" zu begründen.[750]

Nach dem Parteiaustritt Heiner Kappels aus der FDP berichtet Volkmar Wölk im bnr 1/98 von einer neuen Parteigründung Kappels unter dem Namen „Offensive für Deutschland–Die Freiheitlichen". Hierzu präsentiert er maßgeblich ehemalige CDU-Mitglieder unter Erläuterungen zu ihrer politischen und publizistischen Biographie. Danach wird von Wölk eine geplante Fusion zwischen dieser neuen Partei und dem BfB thematisiert, welche sich als eine „konservative Sammlungsbewegung" betrachte und von Mitgliedern der REP, NPD und DVU abgrenze. Über einzelne Mitglieder des BKKD, DP, DSU, einigen programmatischen Schlaglichtern und anwesenden Gästen auf der Gründungsveranstaltung wird von Wölk eine ernsthafte Abgrenzung zu den vorgenannten Parteien bezweifelt.[751]

Dem RCDS an der Universität in Kiel wird im bnr 3/98 von Volker Stahl unterstellt, er habe „Schwierigkeiten mit der Abgrenzung nach rechts". Anlaß für diese Annahme bot nach Stahl eine Vortragsveranstaltung einer Gildenschaft an der Universität. Bezüglich des RCDS werden über drei Doppelmitglieder zunächst Verbindungen zur Deutschen Gildenschaft und dem Freibund e.V. aufgezeigt, um hernach von diesen wiederum Verbindungen u.a. zur JF und „Criticón" darzustellen. Stahls Recherchen basieren hierbei maßgeblich auf Einschätzungen einer „antifaschistisch" motivierten linken Hochschulgruppe, der Initiative

[748] Stahl, Volker: Für den Erhalt der D-Mark, bnr 18/97, 03.09.1997, S. 2-3.
[749] Freires, Horst: Rechtes Bündnis, bnr 18/97, 03.09.1997, S. 6.
[750] Wölk, Volkmar: Rechtes Auge zugekniffen, bnr 20/97, 01.10.1997, S. 3-4.
[751] Wölk, Volkmar: Es ist wieder Gründerzeit, bnr 1/98, 14.01.1998, S. 7-8.

„Kieler Uni Linke (KUL)" und deren Sprecher Jens Hülsen, welcher „…die rechte Szene an der Förde seit zehn Jahren im Visier hat".[752]

Zum einen thematisiert Sebastian Bähr im bnr 3/98 den Austritt von 15 FDP Mitgliedern um Markus Roscher nach der Wahlniederlage Alexander von Stahls auf einer Delegiertenwahl in Berlin und deren Eintritt am nächsten Tag in den BfB, neben der „Offensive für Deutschland" von Heiner Kappel, welche am selben Tag dem BfB beitraten. Der BfB wird in diesem Beitrag von Bähr als „weit rechts angesiedelt". Markus Roscher, der von dem Autor durchgängig „Markus Röscher" genannt wird, erhält von Bähr die Attribute eines „jungen militanten Parteirechten".[753] Gründe für diese Bezeichnung werden in diesem Beitrag nicht genannt.

In einem polemischen Beitrag im bnr 5/98 berichtet Volkmar Wölk von einer Aschermittwochsveranstaltung des BfB, die er als „Schönhuber light"-Veranstaltung bezeichnet. Ein Markenzeichen von Wölk bei solchen Berichten ist die ausführliche Beschreibung der „antifaschistischen" Störer, welche hier vom Podium eine Erklärung verlauten lassen wollten und die Redebeiträge, welche anschließend von Wölk kommentiert werden, durch Zwischenrufe störten. Den verhaltenen Applaus des Publikums kommentierte Wölk zum Ende seines Beitrages: „Hatten die Redner auch Kreide gefressen, um als Schönhuber light zu fungieren – das Publikum war jedenfalls REPublikaner pur".[754]

Volkmar Wölk skandalisiert mit einer Argumentationskette im bnr 6/98 unter der Rubrik „Grauzone" das Engagement einer Bürgerinitiative, die maßgeblich von Wölk auf zwei Berliner CDU-Funktionäre, die beide auch als Funktionäre im „Christlich-Konservativen Deutschlandsforums" (CKDF) tätig wären, zugespitzt wird. Anlaß für diesen Beitrag ist ein bundesweit verbreitetes Rundschreiben, indem die beiden CDU-Politiker dazu aufrufen, einen eventuell zukünftigen Koalitionspartner, den BfB, und die JF wegen ihrer „objektiven Berichterstattung", zu unterstützen. Wölk verbindet diese Thematik mit einem „Hauptbetätigungsfeld" der vorgenannten Kritiker, unter anderem ihren Protest „gegen die Errichtung eines Holocaust-Mahnmals in Berlin".[755] Aufgrund dieser Ablehnung wäre, nach Wölk, vom Kreisparteigericht Charlottenburg gegen einen der CDU-Politiker ein Verweis erwirkt worden.

Der BfB wird nach seiner Fusion mit der „Offensive für Deutschland" noch intensiver von den bnr-Autoren beobachtet. Im bnr 7/98 berichtet Thomas Klaus von einer Bremer

---

[752] Stahl, Volker: Neonazis als Ordnertruppe, bnr 3/98, 11.02.1998, S. 2-3, hier: S. 2.
[753] Bähr, Sebastian: „Endlich daheim", bnr 3/98, 11.02.1998, S. 5.
[754] Wölk, Volkmar: Schönhuber light, bnr 5/98, 11.03.1998, S. 4.
[755] Wölk, Volkmar: Neuer Koalitionspartner gefragt, bnr 6/98, 25.03.1998, S. 6.

Wahlkampfveranstaltung mit Kristof Berking und Heiner Kappel in Verbindung mit ihren jeweiligen politbiographischen Lebensläufen, die zum wiederholten Mal im bnr abgedruckt werden. Im Mittelpunkt stehen danach einige Sentenzen aus Kappels Vortrag, der hiernach an einer Stelle auf die Unterstützung der Vertriebenen hoffen würde. Sofort werden von Klaus daraufhin Verbindungsketten zu Vertriebenenorganen und Funktionären gebildet. Weiterhin analysiert er aufgrund eines Vergleiches des Wahlprogramms vor und nach der Fusion, daß „...eine deutliche Radikalisierung eingetreten" sei.[756]

Die „Ausländerpolitik" der Unionsparteien während des Wahlkampfes 1998 wird von Cornelie Sonntag-Wolgast (MdB, SPD) im bnr 11/98 als eine Ablenkung eigenen Versagens kritisiert. Weiterhin wird den Unionsparteien von Sonntag-Wolgast Fremdenfeindlichkeit und eine Nähe zu rechtsextremen Parteien unterstellt: „Sie greift die angespannte Stimmungslage auf und reizt das Bedürfnis der Menschen, für die eigene Unzufriedenheit Sündenböcke zu suchen...Den Stafettenlauf um Fremdenfeindlichkeit gewinnen diejenigen, die am rücksichtslosesten und radikalsten voranpreschen...Die CSU läßt rechts von sich kaum Platz. Das ist aber leider kein Zeichen für demokratische Hygiene. Es zeigt vielmehr in Wortwahl und Gedankengut eine unappetitliche Nähe der CSU und auch von Teilen der CDU zu den politischen Kräften, deren „Themenfelder" sie „besetzen" wollen."[757]

Helmut Lölhöffel und Ralf Bachmann untersuchen in zwei getrennten Beiträgen im bnr 12/98 anhand einiger Beispiele die von Sonntag-Wolgast zitierte „Wortwahl" der Unionsparteien. Lölhöffel bescheinigt der CSU und dem Regierungssprecher der CDU geistige Wegbereiter eines Rechtsextremismus zu sein: „Unlogisches Denken, zweideutige Sprache. Politiker aller Parteien sollten sich vor Entgleisungen dieser Art hüten. Wer den Nationalsozialismus – bewußt oder unbewußt – verharmlost, bereitet den Humus für den Rechtsextremismus".[758]

Bachmann kritisiert in seinem Beitrag einige Ausdrücke von Peter Hintze, Jörg Schönbohm und stellt diese in ein Verhältnis zu einem CDU Bezirksverordneten, der im Zusammenhang von „linken Ausschreitungen am 1. Mai als „rote Kristallnacht" gesprochen und einigen Begriffen des „Sudetendeutschen Tages" (z.B. „Heimatrecht") zitiert hätte.[759]

Einen überblicksartigen Zwischenbericht zur Lage des BfB liefert Volkmar Wölk–„Jean Cremet" im bnr 14/98. Zunächst schildert er die Schwierigkeiten des BfB durch mangelnden

---

[756] Klaus, Thomas: Wieder stolz, ein Deutscher zu sein, bnr 7/98, 08.04.1998, S. 5-6, hier: S. 6.
[757] Sonntag-Wolgast, Cornelie: Es wird gezündelt, bnr 11/98, 03.06.1998, S. 1.
[758] Lölhöffel, Helmut: Entgleisungen, bnr 12/98, 17.06.1998, S. 1; Im bnr 16/98 weitet Lölhöffel seine Kommentierung von verwendeten Begrifflichkeiten hinsichtlich ihrer *political - correctness* auf unterschiedliche gesellschaftliche Bereiche aus und setzt damit den Beitrag aus bnr 12/98 fort. Hierzu werden Äußerungen von Hans Koschnik (SPD), Michael Naumann, der Münchner „Abendzeitung", eines Sportkommentators und ARD – Reporters kritisch beleuchtet; vgl.: Lölhöffel, Helmut: Mißgriffe, bnr 16/98, 12.08.1998, S. 12.
[759] Bachmann, Ralf: Ein schändlicher Mißbrauch, bnr 12/98, 17.06.1998, S. 2.

Zuwachs und Struktur zu einer „Mitgliederpartei" zu wachsen, danach zweifelt er anhand Äußerungen oder Treffen von einzelnen BfB Mitgliedern an einer strikten Abgrenzungspolitik des BfB, so säßen z.B. ehemalige Mitarbeiter der „rechtsextremen" JF im Hamburger Landesvorstand, und zuletzt thematisiert Wölk einige Achtungserfolge des BfB gegenüber der CDU und FDP auf kommunaler Ebene in Hessen.[760]

Der Wahlkampf der Union wird im bnr 16/98 von Albrecht Müller mit der „Agitation" Rechtsextremer und der Vorgehensweise gegen Sozialdemokraten in der Weimarer Republik verglichen. Er vermutet, das politische Klima im Land würde nach der Wahl stärker „rechts" geprägt sein. Maßgeblicher Anlaß zu einem solchen Vergleich sieht Müller in der „Rote–Hände-Kampagne" des CDU-Generalsekretärs Peter Hintze und in der „Polemik" der Union gegen „Ausländer, Asylbewerber und Bosnienflüchtlinge" gerechtfertigt. Müller schließt mit der Erkenntnis, daß „bei den Analysen der Ursachen rechtsextremen Denkens…oft übersehen [wird], welch enger Zusammenhang zwischen rechter Einstellung und der heute herrschenden Grundphilosophie besteht".[761]

Anhand einzelner zusammenfassender Begrifflichkeiten, wie z.B. „Politikverdrossenheit" oder „starker Staat" und unter Verwendung einzelner Zitate, beleuchtet Volkmar Wölk–„Jean Cremet" im bnr 18/98 absatzweise und selektiv das BfB „Wahlprogramm ´98". Zum Schluß des Beitrages prognostiziert er für den Wahlgang des BfB: „Die Marktlücke wird für den BfB bei den kommenden Wahlen wohl recht klein bleiben. Nur bei einem baldigen Zerfall der REP könnten sie aus deren Potential und Mitgliedschaft Zugewinne verbuchen".[762]

Eine Partei, die nach Meinung von Thomas Klaus, eine herausragende Rolle bei den Bundestagswahlen 1998 spielen würde, da sie mehr „Mitstreiter" als BfB und die „Statt-Partei" besäße, wäre die „Partei Bibeltreuer Christen" (PCB). In seinem ganzseitigen Beitrag im bnr 18/98 stellt er einigen Positionen der PCB zur Homosexualität und Abtreibung dar. Hierbei greift er auch auf die kritischen Einschätzungen der „Evangelischen Zentralstelle für Weltanschauungsfragen" (EZW) zurück, die der PBC „eine Form des religiösen Größenwahnsinns" anlastet.[763]

Im bnr 19/98 untersucht Jeannette Goddar vergleichend Wahlwerbeplakate der „extremen Rechten" in brandenburgischen Gemeinden. Hierunter faßt sie neben DVU, NPD auch die anderen „Rechtsaußen-Parteien", wie BfB und DSU.[764]

---

760 Cremet, Jean: Schwieriger Spagat, bnr 14/98, 15.07.1998, S. 2-3.
761 Müller, Albrecht: Rechtsdrall, bnr 16/98, 12.08.1998, S. 1.
762 Cremet, Jean: Suche nach rechter Marktlücke, bnr 18/98, 09.09.1998, S. 2.
763 Klaus, Thomas: Sodom und Gomorra, bnr 18/98, 09.09.1998, S. 9.
764 Goddar, Jeannette: Kandidatenmangel, bnr 19/98, 23.09.1998, S. 4.

Nach dem schlechten Abschneiden des BfB bei der Bundestagswahl 1998 stellt Volkmar Wölk im bnr 20/98 einzelne „Avancen“ von BfB-Politikern zu der Partei „Republikaner“, die einen strikten Abgrenzungskurs („Distanzierungsorgie der Parteispitze von den anderen Gruppierungen der extremen Rechten“) unterlaufen würde. Hierzu wird u.a. ein bereits im bnr thematisiertes Treffen zwischen Kappel und Schlierer, eine BfB-Zeitungsanzeige und z.T. intern geäußerte Meinungen vereinzelter BfB-Mitglieder von Wölk angeführt. Über die Zukunft des BfB vermutet Wölk abschließend: „Kooperation mit zumindest einem Teil der extremen Rechten ist in der Tat der letzte Strohhalm für den BfB. Ob ein solcher Strohhalm allerdings tragfähig genug wird, um den finalen Untergang der Partei zumindest aufzuhalten, darf getrost bezweifelt werden“.[765]

Anhand einer Wahlkampfanzeige der CDU für den Bundestagswahlkampf in der Bild - Zeitung bildet Gernot Modery–„Anton Maegerle“ im bnr 20/98 ausgehend von dem früheren Bild-Chefredakteur und Wahlkampfberater von Helmut Kohl, Hans-Hermann Tiedje, eine Verbindungskette über den Journalisten Reginald Rudorf. Diese reicht u.a. von der JF über den Leopold-Stocker-Verlag, über den Aufruf „8. Mai 1945–Gegen das Vergessen“ bis zum „Studienzentrum Weikersheim“ und noch vielen anderen Institutionen, die Modery einem „Grauzonengeflecht“ zwischen Rechtskonservatismus und Rechtsextremismus zurechnet, welches er selber konstruiert und die er mit Attributen wie „deutschnational“, „Rechtsaußen“, „ewiggestrig“, „Neurechts“ oder „rechtslastig“ versieht.[766]

Darüber, daß die Staatsanwaltschaft Neuruppin gegen eine Kandidatin des BfB wegen angeblicher Fälschung von Unterstützungsunterschriften ermittelt, informiert ausführlich ein „M.F.“ im bnr 23/98. Danach beleuchtet der bnr Autor das Wahlergebnis des BfB in Brandenburg und charakterisiert zwei Kandidaten der Landesliste anhand ihrer Politbiographien. „M.F.“ bildet Verbindungsketten u.a. zur „Stahlhelm-Fraktion“ der Berliner FDP und dem „Berliner Appell“. Ein Kandidat soll nach dieser Darstellung zeitweise Mitarbeiter der JF gewesen sein.[767]

Horst Freires thematisiert im bnr 25/26/98 unter der Rubrik „Grauzone“ einen Vortrag von Brigadegeneral Reinhard Uhle-Wettler bei der „Jungen Union“ des Kreises Segeberg, in dem er die sog. „Wehrmachtsausstellung“ kritisiert und die Lektüre des „Ostpreußenblattes“ und der JF empfohlen hätte. Freires leitet den Vortrag mit dem Hinweis ein, daß die

---

[765] Cremet, Jean: Auf der Suche nach neuen Partnern, bnr 20/98, 07.10.1998, S. 2-3, hier: S. 3.
[766] Maegerle, Anton: Dubioser Wahlhelfer, bnr 20/98, 07.10.1998, S: 9.
[767] F.M.: Dilettantische Züge, bnr 23/98, 18.11.1998, S. 8.

„erzkonservative Staats- und wirtschaftspolitische Gesellschaft" zu Geldspenden für Aktionen gegen die Ausstellung aufgerufen habe.[768]

In einem „Zwischenruf" kritisiert Klaus-Henning Rosen das geplante Plebiszit der Union „gegen ein modernes Staatsangehörigenrecht" und rückt diese „Aktion" in die Nähe von DVU, NPD und REP. Nachfolgend erwähnt er die internen unionskritischen Stimmen, die sich gegen die CSU richten würden und kommentiert: „Nicht zum ersten Mal steht die Union, da sie in der Opposition ist, in der Gefahr, ihre demokratische Wohlanständigkeit aufzugeben. Leider sind fast regelmäßig Ausländer das Ziel."[769]

Volkmar Wölk–„Jean Cremet" beleuchtet im bnr 2/99 die „Aktivitäten" von „Parteien der extremen Rechten" im hessischen Landtagswahlkampf. Hierzu thematisiert er, neben der regionalen Situation der REP, ein mögliches Bündnis mit dem BfB. Nach Wölks Darstellung ist eine weitere Annäherung zwischen den Parteien wahrscheinlich, da sich die parteiinternen Gegner eines solchen Kurses aufgrund des Erfolges von Kappel in einer Minderheitenposition befänden. Nachfolgend thematisiert Wölk die bereits mehrmals im bnr veröffentlichten Verbindungen eines ehemaligen CDU-Landtagsabgeordneten, der Kappels Kurs, nach Wölk, stützen würde. Konkrete Aussagen von beiden BfB-Politikern zu einer eventuellen Annäherung der Parteien werden von Wölk aber nicht wiedergegeben. Die hessische Politik der CDU auf Kreisebene ordnet Wölk den rechtsextremen Parteien zu, wenn er prognostiziert: „Keinerlei Chancen dürften beide Parteien in den Kreisen haben, in denen die CDU bereits selbst die Parolen der extremen Rechten übernommen hat".[770] Nachdem er die Situation der DVU und NPD diagnostiziert, kommt er zu dem Ergebnis, daß den „extremen Rechten" bei der hessischen Landtagswahl kein Erfolg beschieden sein wird, da sie zerstritten seien, unter Führungsschwäche litten und die CDU bereits mögliche Themenfelder besetzt hielte.

Nach dem Wahlsieg der CDU und der Abwahl von Ministerpräsident Eichel (SPD) in Hessen wird noch einmal die gescheiterte Reform des Staatsangehörigkeitsrechtes und die hierzu durchgeführte Unterschriftenaktion der Unionsparteien von Helmut Lölhöffel im bnr 3/99 kommentiert. Lölhöffel kritisiert in seinem Beitrag scharf das von der Union durchgeführte Plebiszit und verortet diese Aktion außerhalb des Verfassungsbogens: „Mit ihrer polarisierenden Unterschriftenaktion hatten die Unionsparteien vordergründig Erfolg. Die Methode ist verwerflich, aber wir müssen die Fakten nüchtern zur Kenntnis nehmen. Auch wenn die Urheber den Zusammenhang leugnen – die Reaktionen bis hin zu offenem Antisemitismus, die an den Ständen hörbaren Emotionen belegen zweifelsfrei, was damit

[768] Freires, Horst: Grauzone, bnr 25/26/98, 16.12.1998, S. 13.
[769] Rosen, Klaus-Henning: Unliebsame Geister, bnr 1/99, 13.01.1999, S. 9.
[770] Cremet, Jean: Fehlendes Zugpferd, bnr 2/99, 28.01.1999, S. 3-4, hier: S. 4.

bewirkt wird. Die Unionsparteien haben,..., den Geist aus der Flasche gelassen, den sie nun nicht mehr einfangen können...Der Geist in der Flasche lebt."[771]

Im bnr 5/99 informiert Volkmar Wölk–„Andreas P. Zahleshoff" über mögliche Zweckbündnisse zu den Landtagswahlen in Thüringen und Sachsen. Zunächst thematisiert Wölk ein geplantes „Bündnis ´99" für Thüringen aus den Parteien BfB und REP. Hierzu berichtet er von einer gemeinsamen Pressekonferenz der beiden Parteien in Jena. Wölks Interesse findet die Ankündigung des Landesvorsitzenden der ProDM-Partei (Bolko Hoffmann) sich an dieser „Wahlformation" in Thüringen zu beteiligen. Für die Landtagswahl in Sachsen beleuchtet Wölk mögliche Absprachen zwischen der FDP, dem BfB und der DSU. Reale Wahlchancen sieht er aber für keines der von ihm thematisierten Bündnisse: „Weder in Thüringen noch in Sachsen sind Erfolge für solche Bündnisprojekte wahrscheinlich. Die Zielgruppe der beteiligten Parteien ist zu eindeutig bei den Besserverdienenden auszumachen."[772]

Neben Manfred Brunner und 15 weiteren BfB - Mitgliedern aus Sachsen, die aus dem BfB ausgetreten und in die FDP zurückgekehrt sind, hat auch Markus Roscher, der als Bundesvorsitzender vorgesehen war, den Austritt aus dem BfB erklärt. Nach Angaben des bnr 6/99 hat nun Paul Latussek den Bundesvorsitz übernommen.[773] Weitere Austrittsmeldungen von überregional bekannteren Mitgliedern des BfB werden auch in den folgenden Ausgaben des bnr in Kurzmeldungen thematisiert.[774] Nach diesem prominenten Mitgliederschwund auf Funktionärsebene läßt das Interesse des bnr am BfB sehr deutlich nach. Am Rande wird der BfB von Volkmar Wölk in nachfolgenden bnr Ausgaben lediglich als Bündnis- und Absprachepartner weiterer rechter Kleinstparteien in Wahlanalysen auf Landesebene (Thüringen/Sachsen) kurz thematisiert.[775] Weiterhin wird von Peter Nowak die „Berliner-Ortsgruppe" des BfB im Zusammenhang mit der „Agitation" gegen das Holocaust - Mahnmal gestellt, der ebenfalls feststellt, daß der BfB zunehmend an Bedeutung verlöre.[776] Weitere Fusionsspekulationen zwischen den „ultrarechten Kleinparteien" BfB, DP und DSU thematisiert Gabriele Nandlinger im bnr 5/00.[777] Im bnr 11/00 wird schließlich die Parteiauflösung des BfB angekündigt.[778]

---

[771] Lölhöffel, Helmut: Geist in der Flasche, bnr 3/99, 11.02.1999, S. 1.
[772] Zahleshoff, Andreas P.: Zweckbündnisse, bnr 5/99, 11.03.1999, S. 4-5, hier: S. 5.
[773] O.V.: Meldungen, bnr 6/99, 25.03.1999, S. 15.
[774] Z.B.: O.V.: Meldungen, bnr 11/99, 03.06.1999, S. 14.
[775] Zahleshoff, Andreas P.: Ausscheidungsspurt, bnr 18/99, 09.09.1999, S. 3-4; Wölk, Volkmar: Kaum Erfolgschancen, bnr 18/99, 09.09.1999, S. 4-5.
[776] Nowak, Peter: Stelen niederwalzen, bnr 2/00, 27.01.2000, S. 11.
[777] Nandlinger, Gabriele: Bündnis - Klüngeleien, bnr 5/00, 09.03.2000, S. 9.
[778] O.V.: Meldungen, bnr 11/00, 02.06.2000, S. 14.

Reiner Bach thematisiert im bnr 18/99 eine Aufkleberaktion der „Jungen Union" in Berlin Kreuzberg und stellt diese in einen Kontext mit früheren hessischen Landtagswahlkämpfen von Alfred Dregger und den Aussagen zur Ausländerpolitik des ehemaligen CDU-Ministerpräsidenten Filbinger, neben denen von DVU, NPD und REP. Weiterhin erwähnt Bach, die Angaben des Berliner Verfassungsschutzberichtes zitierend, einen Anstieg rechtsextremer Gewalt in Berlin. Mit seinem bnr-Beitrag versucht Reiner Bach somit die Junge Union nicht nur in einen (vermeintlichen) rechtsextremen Kontext zu stellen, sondern auch für rechtsextrem motivierte Gewalt verantwortlich zu machen.[779]

Franz Müntefering rückt als Generalsekretär der SPD, über eine Aussage des hessischen CDU-Schatzmeisters Prinz Casimir von Wittgenstein und über ein Wahlplakat der FDP NRW von Jürgen Möllemann, beide Politiker in eine „ultrarechte Grauzone" und im weiteren charakterisiert er diese nicht nur als Wegbereiter des Rechtsextremismus. „Immer wichtiger wird aber, diejenigen rechtzeitig zu beachten und zu beobachten, die im Vorfeld als geistige Wegbereiter oder eben als Stimmungsmacher und als Verharmloser auftreten. Und wir dürfen uns nicht täuschen lassen, wenn sie sich im demokratischen Spektrum aufhalten."[780]

Über das „faktische" Ende der „Unabhängige Ökologen" (UÖD) berichtet Volkmar Wölk im bnr 2/00. Bereits in bnr 21/91 und bnr 23/91 beschäftigte sich intensiv der bnr-Autor „Hein Brand" mit dieser Abspaltung der ÖDP. Da die maßgeblichen Inhalte an dieser Stelle noch einmal, fast zehn Jahre später, von Volkmar Wölk unter seinem Klarnamen reflektiert werden, ist davon auszugehen, daß die Autoren identisch sind und es sich somit bei „Hein Brand" um einen weiteren Scheinnamen von Volkmar Wölk handelt. Maßgeblich werden in diesem Beitrag von Wölk die Genese und Hauptakteure der UÖD, die in einem Spannungsverhältnis zur ÖDP stand, bilanzierend dargestellt.[781]

Der als Chefredakteur der SPD-Parteizeitung „Vorwärts" zeichnende Frank Suplie kritisiert im bnr 4/00 die „brachiale" Kampagnen-Fähigkeit der Unionsparteien anhand des Spendenskandals und dem Engagement gegen die doppelte Staatsbürgerschaft im hessischen Landtagswahlkampf. Summarisch stellt Suplie, genauso wie Müntefering und Lölhöffel vor ihm im bnr fest, daß die „CDU und CSU...hier wie bei anderen Gelegenheiten gezielt die Ängste gegen Überfremdung geschürt und damit das politische Spektrum nach rechts verschoben [hätten]. Sie haben so den Nährboden für die Rechtsradikalen bereitet statt ihn auszutrocknen".[782]

---

[779] Bach, Reiner: Die Geister gerufen, bnr 18/99, 09.09.1999, S. 6.
[780] Müntefering, Franz: Stimmungsmacher, bnr 2/00, 27.01.2000, S. 1.
[781] Wölk, Volkmar: Stille Entsorgung, bnr 2/00, 27.01.2000, S. 7.
[782] Suplie, Frank: Loch am Rand, bnr 4/00, 24.02.2000, S. 1.

Aufgrund der geäußerten Kritik des CDU-Landesvorsitzenden Jörg Schönbohm an den, seiner Meinung nach einseitigen, Bündnissen gegen „Rechts“, warnt Ralf Bachmann im bnr 5/00 davor, daß hinter der Forderung nach einem „Paradigmenwechsel“ gegen die bestehenden politische Einseitigkeit der Aktionsbündnisse eine Strategie der Spaltung stecken würde. „Die Aktionsgemeinschaft gegen Rechts paßt manchem nicht, das Bündnis soll gespalten werden...Schon drohten DGB und Landessportbund mit dem Austritt, wenn die Zielsetzung verändert wird“,[783] so Bachmann.

Von einer rechten Tendenzwende bei der ÖDP berichtet Volkmar Wölk im bnr 6/00. Dort bildet er über diverse Verbindungsketten der parteinahen Stiftung für Ökologie ein Netz von angeblich diversen Kooperationspartnern und Referenten, z.B. Günter Rohrmoser oder einer „Bruderschaft Salem“[784] und schreibt so erst eine Tendenzwende bei der unbedeutenden Nischenpartei herbei.

Der gleiche Autor thematisiert unter seinem Scheinnamen „Jean Cremet“ in einem mit zynischem Tenor verfaßten Beitrag im bnr 7/00, daß sich rechts von der CDU immer mehr Gruppierungen und Gruppen etablieren würden, die alle an einem erfolglosen Bündnis arbeiten und sich dabei gegenseitig behindern würden. In diesem Kontext wiederholt Wölk die einzelnen bnr-Beiträge zusammenfassend, so die Bündnisbestrebungen des BfB unter Heiner Kappel, die Pläne Alfred Mechtersheimers um eine „Deutsche Aufbau-Organisation“, den Cannstatter Kreis, Einschätzungen Caspar von Schrenck-Notzings zur „Deutschland-Stiftung“ und die in der JF geäußerten Gedankenspiele, die CSU möge eine bundesweite Vierte Partei aufbauen (Wiederbelebung der „Deutschen Partei“). Zum Schluß schließt sich Wölk einem Zitat eines NPD-Funktionärs an: „Diese Parteien sind hochgradig ungefährlich“.[785]

In einem kritischen Kommentar wirft Klaus-Henning Rosen im bnr 23/00 dem CDU-Vorsitzenden Friedrich Merz (CDU) vor, mit der von ihm angestoßenen „Leitkulturdebatte“ lediglich eine „populistische Wahlkampfmaschine“ nutzen zu wollen, den Begriff auf die „deutsche Nation zu verengen“ und sich hierdurch in ein Lager mit Demokratiefeinden, die einen „aggressiven Nationalismus“ verfolgen, zu begeben. Am Rande wird dem „Erfinder des Begriffes“, Bassam Tibi, von Rosen der Vorwurf gemacht, dieser sei selbstverschuldet durch die Vereinnahmung von Merz in eine aufgestellte Falle des CDU-Politikers getreten.[786]

---

[783] Bachmann, Ralf: Im Kampfanzug, bnr 5/99, 09.03.2000, S. 1.
[784] Wölk, Volkmar: Versuch der Wende, bnr 6/00, 23.03.2000, S. 8-9.
[785] Cremet, Jean: Die Goldsucher, bnr 7/00, 06.04.2000, S. 4-5, hier: S. 5.
[786] Rosen, Klaus-Henning: Wahlkampfmaschine, bnr 23/00, 16.11.2000, S. 2.

Zum ersten Mal wird die „Partei Rechtsstaatliche Offensive" (PRO) im bnr 25/26/00 von Volker Stahl unter der Rubrik „Grauzone" ausführlicher fokussiert. Das „Parteienportrait" entwickelt sich durch seinen rein personenbezogenen Zuschnitt zu einem Personenportrait. Demzufolge wird ganz überwiegend eine Kette von „verbalen Torpedos" des Parteiengründers und Richters Ronald Barnabas Schill, die seine *„Law and Order"* Positionen verdeutlichen sollen, präsentiert. Schill wird in dem Beitrag von Stahl verschiedentlich als „rechtspopulistischer Amtsrichter", „smarter Robenträger", „eloquenter Redner", „Egomane" und verurteilter „Saubermann" bezeichnet.[787]
In einem polemischen Beitrag spiegelt Heiner Lichtenstein im bnr 14/01 die Bemühungen der Bundesfamilienministerin Christine Bergmann (SPD) um einen Jugendaustausch gegen ein Leitlinienpapier zur Inneren Sicherheit der Unionsparteien wider. Dieses Papier, welches von den CDU-Politikern Laurenz Meyer und Jörg Schönbohm in Berlin vorgestellt wurde und einen antitotalitären Ansatz verfolgte, wird von Lichtenstein als „Abfall aus 16 Jahren CDU/CSU/FDP-Herrschaft" bezeichnet. Weiterhin unterstellt Lichtenstein dem brandenburgischen Innenminister Schönbohm, daß er den „Terror von rechts" nicht wahrnehmen würde. In einem Schlußsatz sieht Lichtenstein die innere Sicherheit durch Meyer und Schönbohm gefährdet: „Der Mann kann zum Risiko für die innere Sicherheit werden und Laurenz Meyer sitzt an seiner Seite."[788]
Von den sächsischen Kommunalwahlen berichtet Volkmar Wölk im bnr 14/01 unter der Rubrik „Grauzone". In diesem Beitrag versucht er darzulegen, daß die DSU in einigen Hochburgen der Bundesländer Sachsen und Thüringen „fest eingebunden in das rechtsextreme Netzwerk" sei. Dieses „Netzwerk" besteht nach Ansicht von Wölk in den gescheiterten Fusionsbemühungen mit dem BfB und der Doppelmitgliedschaft des Parteivorsitzenden in der „Deutschen Aufbau-Organisation" von Alfred Mechtersheimer. Weiterhin versucht Wölk Verbindungen zwischen der DSU und der NPD zu belegen. Hierzu thematisiert er eine Podiumsdiskussion auf der DSU „Parteigänger" sich als Teilnehmer einer NPD-Demonstration bekannten, ein auch von DSU Mitgliedern mitgetragenes „Bündnis gegen links" und ein ehemaliges DSU-Mitglied, welches NPD-Flugblätter ausgelegt haben soll. Zum Abschluß benennt Wölk einige Kommunalwahlergebnisse der DSU in Sachsen.[789]
Wie bereits im bnr 25/26/00 widmet sich Volker Stahl auch im bnr 16/01 auf einer Doppelseite dem Wahlkampf der PRO. Hierzu beleuchtet er intensiv eine Vortragsveranstaltung von Ronald Schill und fokussiert überwiegend Schills Aussagen zum

[787] Stahl, Volker: Ein sauberer Richter, bnr 25/26/00, 14.12.2000, S. 6-7.
[788] Lichtenstein, Heiner: Zack, zack, bnr 14/01, 12.07.2001, S. 1.
[789] Wölk, Volkmar: Verflechtungen, bnr 14/01, 12.07.2001, S: 6.

Thema Innere Sicherheit. Danach thematisiert Stahl eine Gegendemonstration zu einer PRO Veranstaltung in einem anderen Hamburger Stadtteil, auf der Ordner mit übermäßiger Gewalt vorgegangen sein sollen, um im Anschluß die positiven Umfrageergebnisse für die PRO zu kommentieren (Wahlstimmen überwiegend aus dem „rechtsextremen Lager") und dokumentiert einige kritische Unionsstimmen zu der Option von Ole von Beust, den „Rechtspopulisten" Schill als künftigen Innen- oder Justizsenator einsetzen zu wollen. Die von Stahl bereits im bnr 25/26/00 vorgebrachten Kritikpunkte an Schill, z.B. zum „Saubermannbild", werden zum Abschluß in diesem Beitrag wiederholt.[790]

Nach der Hamburger Bürgerschaftswahl konzentriert sich Volker Stahl im bnr 20/01 auf den Wahlsieg der PRO. Nach Stahl hat dieser Sieg in Hamburg einen „Rechtsruck" bewirkt, der allein dem beurlaubten „Richter Gnadenlos" (Schill) und seinen gebetsmühlenartigen Polarisierungen zuzurechnen sei. Die dem Wahlprogramm entnommenen Themenkreise „Ausländerkriminalität und Ausländerrecht" werden von Stahl dazu genutzt, über eine Verbindungskette eines Artikels in der Hamburger „Morgenpost", der einen PRO-Kandidaten des „Rassismus" verdächtigt, die PRO als rechtsextrem darzustellen. Ergänzend zu dieser Verortung wird eine Wähleranteilsanalyse des Politologen Michael Greven zitiert, der nachgewiesen hätte, daß sieben bis neun Prozent der Wähler der PRO dem „rechtsextremen Lager" entstammen würden. Zum Abschluß präsentiert Stahl in diesem Zusammenhang die Wahlergebnisse der rechtsextremen DVU.[791]

Volker Stahl bleibt auch weiterhin für den bnr am Thema PRO, die er im bnr 23/01 unter der Rubrik „Grauzone" zum ersten Mal „Schill-Partei" nennt und die ersten Verbindungsketten über Kandidaten entwickelt. Anlaß für Stahl zwei Kandidaten genauer zu beleuchten, ist die Ankündigung Ronald Schills, sich gegen rechtsextreme Parteien und Personen abgrenzen zu wollen. Hierzu thematisiert er zum wiederholten Male (vgl. bnr 20/01) einen Artikel aus der Hamburger „Morgenpost", in dem eine ehemalige Kommilitonin eines PRO-Politikers, diesen als einen Rassisten charakterisiert. Christian Brandes, ein weiterer PRO-Kandidat, wird von Stahl über die Mitgliedschaft einer studentischen Verbindung charakterisiert, welche bereits häufiger im bnr thematisiert wurde. Über diese Studentenverbindung werden vielfältige Argumentationsketten gebildet, z.B. zu dem hochschulpolitischem Engagement der Studentenverbindung, die den Kandidaten Brandes implizit politisch verorten sollen. Zum Abschluß thematisiert Stahl mögliche Bestrebungen der PRO, sich über den Hamburger Stadtstaat hinaus ausdehnen zu wollen.[792]

---

[790] Stahl, Volker: Die Saubermänner, bnr 16/01, 09.08.2001, S. 6-7.
[791] Stahl; Volker: Rechtspopulist vorn, bnr 20/01, 04.10.2001, S. 3.
[792] Stahl, Volker: Rechter Germane, bnr 23/01, 15.11.2001, S. 2.

Zum Jahresabschluß präsentiert Volker Stahl im bnr 25/26/01 unter der Rubrik „Grauzone" Einschätzungen von mehreren Parteienforschern, die den Wahlerfolg der PRO u.a. in einen europäischen Kontext rechtspopulistischer Parteien, auf einer von der SPD veranstalteten Tagung zum Thema: „Rechtspopulismus auf dem Vormarsch", vergleichend einordnen. Der Bonner Politologe Frank Decker sieht die Schuld für den Wahlerfolg der PRO bei der Hamburger CDU, die durch eine Koalitionsankündigung die PRO „salonfähig gemacht" habe. Die Göttinger „Rechtsextremismusexpertin" Ursula Birsl macht die „rechtspopulistischen Tendenzen" bei den etablierten Parteien für den Wahlerfolg der PRO verantwortlich, während Karl-Rudolf Korte und Ulrich von Alemann ein günstiges Umfeld für Anbieter einfacher politischer Lösungen analysieren. Die „Grundvoraussetzungen für ein Aufkeimen dieses Parteientypus" wurden von Decker dargelegt und im bnr zusammenfassend von Stahl dokumentiert. Alle Experten prognostizieren der PRO ein zukünftiges Scheitern an der Regierungsverantwortung und eine Überforderung bei weiterer Ausweitung auf andere Bundesländer.[793]

Eine Aussage eines „Ministerpräsidenten S." [sic] über das Einwanderungsgesetz in einer ZDF „Plapperschau" wird von Klaus-Henning Rosen im bnr 25/26/01 in einen Zusammenhang mit dem rechtsextrem motivierten Brandanschlag in Rostock-Lichtenhagen und dem „Populismus" Alfred Dreggers als eine „Brandrede" dargestellt. Vorsorglich appelliert Rosen zum Abschluß seines Beitrages, der den Ministerpräsidenten in ein rechtsextremes Politikfeld verortet, warnend an die Union das Thema Zuwanderung nicht als ein Wahlkampfthema zu mißbrauchen: „In dieser Situation ist es schwer nachvollziehbar, wenn,..., ins Horn der Populisten, um nicht zu sagen der extremistischen Nationalisten getutet wird. Das Thema Zuwanderung eignet sich nicht für den Wahlkampf. Das muß auch der Unionsspitze – vorsorglich – nochmals mit Nachdruck deutlich gemacht werden".[794]

Unter der Rubrik „Grauzone" im bnr 3/02 werden die Aufregungen über einen Beitrag eines PRO-Kandidaten in der JF von Andreas Speit thematisiert. Der im Oktober 2001 erschienene Beitrag wurde, nach Speit mehrmals von der „taz" kritisiert, „doch erst nachdem das „Hamburger Abendblatt" die Autorenschaft skandalisierte, reagierte die Hanseatische Bürgerschaftsopposition...",[795] beklagt der bnr Autor. Als „unglücklich" werden die Rücktrittsforderungen der „Grün Alternativen Liste" (GAL) bewertet, da die GAL-Vorstandssprecherin der JF selbst zu einem Gespräch zur Verfügung gestanden hatte.

---

[793] Stahl, Volker: Der „Mini-Haider", bnr 25/26/01, 13.12.2001, S. 5-6.
[794] Rosen, Klaus-Henning: Brandreden, bnr 25/26/01, 13.12.2001, S. 13.
[795] Speit, Andreas: Schillernder Senator, bnr 3/02, 07.02.2002, S. 8.

Der Bonner Hochschulgruppe „Ring Christlich-Demokratischer Studenten" (RCDS) wird im bnr 3/02 von Peter Nowak „Rechtslastigkeit" unterstellt. Hierbei kann Nowak auf einen internen Streit, der auf eine Trennung von RCDS und JU-Hochschulgruppe in der Bonner Hochschulpolitik hinauslief, zurückgreifen. Die miteinander konkurrierenden Flügel werden aufgrund einzelner Protagonisten von Nowak beleuchtet, u.a. werden hierzu die anonymisierten Gästebucheinträge im Internet und ein offener Brief an den RCDS-Vorstand analysiert. Aufgrund einer Vortragsveranstaltung mit Friedrich Merz beim RCDS in Bonn vermutet Nowak trotz der internen Streitigkeiten auf Hochschulebene gute Kontakte zur „Mutterpartei", denn, so Nowak, „schließlich will die Union im Bundestagswahlkampf die Stimmen des gesamten rechten Milieus sammeln und verhindern, daß sich mit der Schill-Partei doch eine rechte Konkurrenzpartei etabliert".[796]
Helmut Lölhöffel verortet die PRO im bnr 4/02 am „rechten Rand, sie sei ernst zu nehmen und müßte sorgfältig beobachtet werden. Nach Meinung von Lölhöffel stellt diese Partei ein „...Sammelbecken von Unzufriedenen und Wichtigtuern, gescheiterten Polit-Existenten, Populisten und versprengten Nationalen..."[797] dar. Weiterhin befürchtet Lölhöffel eine reüssierende Ausbreitung der Partei, die im rechten Spektrum wildere und daher selber zu einer Grauzone gehöre. Im letzten Abschnitt sieht der bnr Herausgeber durch eine Einzeläußerung eines CSU-Bundestagsabgeordneten in der CSU einen „Nährboden" für die PRO.
Über den „Statthalter" Schills in Sachsen-Anhalt informiert Eberhard Löblich auf einer Doppelseite im bnr 5/02 unter der Rubrik „Grauzone". Löblich fokussiert zunächst die finanziellen und beruflichen Hintergrund von Ulrich Marseille, der, nach Meinung des bnr Autors, „...vor allem politische Verlierer und gescheiterte Dilettanten andere Parteien..."[798] um sich versammele. Danach berichtet der bnr-Autor von dem Gründungsparteitag in Sachsen-Anhalt und kommentiert einige Punkte aus dem Wahlprogramm, welches sich seiner Meinung nach als ein „Sammelsurium von rechtspopulistischen Plattheiten"[799] erweisen würde. In der gleichen bnr Ausgabe berichtet Thomas Klaus von der Gründung eines PRO-Ortsverbandes in Niedersachsen und benennt in seinem Beitrag einzelne Funktionäre und zitiert einzelne Punkte aus einer Rede. Als Beweis für die Durchbrechung des strikten Abgrenzungskurses der PRO zu „ultrarechten Kreisen" wird von Klaus ein JF-Gespräch mit Ronald Schill angeführt.[800]

---

[796] Nowak, Peter: „Verräterschweine", bnr 3/02, 07.02.2002, S. 9.
[797] Lölhöffel, Helmut: Ein Nährboden, bnr 4/02, 21.02.2002, S. 1.
[798] Löblich, Eberhard: „Eine Tüte Deutsch", bnr 5/02, 07.03.2002, S. 4-5, hier: S. 5.
[799] Ebd..
[800] Klaus, Thomas: „Recht und Gesetz", bnr 5/02, 07.03.2002, S. 6.

In bnr 6/02 dokumentiert Eberhard Löblich ausführlich die Warnungen von Olaf Scholz (SPD) vor der „Schill-Partei“ (PRO). Diese wurden von Scholz im Rahmen einer Wahlkampfrede in Magdeburg geäußert. Dort kritisierte er die PRO scharf und machte sie u.a. für eine „Vetternwirtschaft“ in Hamburg verantwortlich und unterstellte dieser Partei gebrochene Wahlversprechen.[801] In der gleichen bnr Ausgabe thematisiert Volker Stahl die Planungen von Innensenator Schill, eine „Sicherheitswacht“ einzuführen. Ausführlich werden von Stahl Hintergrund der Planungen und mögliche Kompetenzen einer solchen Wacht diskutiert, ehe er die Kritik der Hamburger Oppositionsparteien an einer solchen „Bürgerwehr“ darstellt. Zum Abschluß des Beitrages berichtet der Autor von einem Aufruf Rechtsextremer, an diesem Projekt der PRO aktiv teilzunehmen. Hieraus zieht Stahl maßgebliche Rückschlüsse auf die politische Verortung der geplanten Bürgerwacht.[802]

Über die „umstrittene“ Entscheidung des Bundesrates bezüglich des Zuwanderungsgesetzes befürchtet Helmut Lölhöffel im bnr 7/02 Folgen für das politische Klima in der Bundesrepublik, die in einer Stärkung der „Rechten“ münden würden. Zunächst kritisiert Lölhöffel hierzu Äußerungen der beiden Unionspolitiker Peter Müller und Edmund Stoiber um am Ende mit einer positiven Wahlprognose für die PRO in Sachsen-Anhalt zu schließen: „…das neue Auffangbecken Unzufriedener und Enttäuschter, die rechtspopulistische Schill-Partei, dürfte Vorteile aus der angeheizten Diskussion um das Zuwanderungsgesetz ziehen“.[803]

Einen inhaltlichen Bericht von den ersten Organisationsversuchen der PRO in Sachsen-Anhalt berichtet Volkmar Wölk im bnr 8/02 unter der Rubrik „Grauzone“. Hier informiert Wölk über eine öffentliche Informationsveranstaltung der Partei in Wurzen (Muldentalkreis), die vor einigen „wenigen Zuhörenden“ stattgefunden habe, indem er maßgeblich das Einführungsreferat zusammenfaßt. Zum Abschluß stellt Wölk Zusammenhänge zwischen Gründung der PRO und Niedergang der DSU her: „Auffällig auf Landesebene bleibt, daß die ersten Organisationsversuche dort stattfinden, wo bisher die im Zerfall befindliche DSU relativ stark war“.[804]

Aufgrund einer „peinlichen Unterbesetzung“ der Mitglieder beim PRO-Parteitag in Hamburg mußte dieser nach der Eröffnungsrede von Ronald Schill bereits beendet werden. Nachfolgend wird die Rede Schills von Volker Stahl im bnr 10/02 unter der Rubrik „Grauzone“, anhand der beiden Themen Ausländerpolitik und Ausdehnung der PRO auf

---

[801] Löblich, Eberhard: „Senator Planlos“, bnr 6/02, 21.03.2002, S. 2.
[802] Stahl, Volker: „Sicherheitswacht“, bnr 6/02, 21.03.2002, S. 10.
[803] Lölhöffel, Helmut: Ausgekocht, bnr 7/02, 04.04.2002, S. 1.
[804] Wölk, Volkmar: Politisches Kabarett, bnr 8/02, 18.04.2002, S. 5.

Bundesebene, letztgenannter Punkt wird von Schill abgelehnt, zusammenfassend kommentiert. Zum Abschluß dokumentiert Stahl die Ausschlußkriterien der PRO zur Abgrenzung von „politischen Rechtsauslegern".[805]

Der FDP wird anhand von „antisemitisch wirkenden Ausfällen" von Jürgen Möllemann (FDP) und einem Gespräch von Jamal Karzli (FDP) in der JF von Klaus-Henning Rosen im bnr 10/02 unterstellt, sie orientiere sich an der DVU und Jean-Marie Le Pen. „Diese Töne sind uns von rechtsextremen Propagandisten sehr vertraut",[806] so Rosen.

Einzelne antisemitischen Äußerungen, der ansonsten „ernsthaft" geführten Diskussion im Zusammenhang mit Auseinandersetzungen zwischen Jürgen Möllemann (FPD) und Michel Friedman auf den FDP Internetseiten werden von Andres Garcia–„Jürgen Grewen" („J.G.") im bnr 11/02 unter der Rubrik „Grauzone" dokumentiert. In einem zweiten Abschnitt stellt Garcia diese Zitate in Beziehung mit Äußerungen auf dem linksextremen Portal „indymedia.de", welches hier lediglich als „globalisierungskritisch" bezeichnet wird.[807]

Edmund Stoiber wird von Gernot Modery–„Anton Maegerle" der Vorwurf gemacht, er verwische Grenzlinien zu der „ultrarechten Szene". Über eine Gratulationsnote von Stoiber an Kurt Ziesel von der „Deutschland Stiftung" breitet Modery die bereits im bnr hierzu veröffentlichten politbiographischen Argumentationsketten aus. Danach bildet Modery Verbindungsketten zwischen Stoiber, dem sudetendeutschen Witikobund und der Ordensgemeinschaft der Ritterkreuzträger (OdR), um zum Abschluß wohlwollende Einschätzungen des „Ostpreußenblattes" und positive Äußerungen von Otto Schily über Stoibers Rede auf dem Sudetendeutschen Tag zu zitieren.[808]

Eine neue, durch Ronald Schill veranlaßte, Gewichtung des Hamburger Verfassungsschutzberichtes aufgrund des „11. Septembers", der den Rechtsextremismus nun nicht mehr an erster Stelle der Beobachtung verortet, wird von Volker Stahl im bnr 12/02 kritisiert. Die nachfolgend dokumentierten Einschätzungen des Verfassungsschutzes werden im Abschluß mit einer unterschiedlichen Bewertung des schleswig-holsteinischen Innenministers Klaus Buß (SPD) gespiegelt, der grundsätzlich anderer Ansicht wäre und daher „…die rechtsextremistische Szene weiter [als] die gefährlichste"[809] Gruppierung ansehen würde.

Trotz gegenteiligen Ankündigungen steht Ronald Schill nach der Abstimmungsniederlage auf dem Nachfolgeparteitag der PRO für eine Teilnahme an der Bundestagswahl als

[805] Stahl, Volker: Teilnehmermangel, bnr 10/02, 16.05.2002, S. 2.
[806] Rosen, Klaus-Henning: Verspieltes Erbe, bnr 10/02, 16.05.2002, S. 8.
[807] G. J.: Frei von der Leber, bnr 11/02, 30.05.2002, S. 7.
[808] Maegerle, Anton: Schirmherr, bnr 11/02, 30.05.2002, S. 8.
[809] Stahl, Volker: Falsches Signal, bnr 12/02, 13.06.2002, S. 7.

Spitzenkandidat zur Verfügung, meldet Volker Stahl im bnr 13/02 unter der Rubrik „Grauzone". Neben einer ausführlichen Kommentierung der Schill-Rede wird die Kritik der Hamburger Oppositionsparteien an den von Schill umgesetzten politischen Entscheidungen von Stahl thematisiert. Insgesamt stellt der bnr-Autor die PRO als eine intern zerstrittene Partei dar und bezeichnet den Meinungswandel von Schill bezüglich der Teilnahme an der Bundestagswahl als kennzeichnend für einen „Rechtspopulisten".[810]

Nachdem Holger Stürenburg, der als CDU-Mitglied bezeichnet und dessen Parteimitgliedschaft als „pikante Randnotiz" mehrmals thematisiert wird, sein Buch über die PRO und Ronald Schill im „rechtsextremen" Verlag von Manfred Rouhs publiziert hat, wird über Stürenburg ein ausführliches Portrait von Volker Stahl im bnr 13/02 unter der Rubrik „Grauzone" veröffentlicht. Hierzu dienen Stahl Verbindungsketten u.a. zur JF und zu „Europa vorn" die dem Autor unterstellen sollen, er würde keinen Trennstrich zwischen „konservativ" und „rechtsextremistisch" ziehen. Für seine Einschätzungen des Verlages und einzelner Verlagsprodukte bezieht sich Stahl auf die Erkenntnisse des Verfassungsschutzes.[811] Mit diesem Artikel werden die maßgeblichen Informationen über diese Buchveröffentlichung und Autor, die bereits in einer bnr Kurzmeldung im bnr 2/02 veröffentlicht wurde, wiederholt.[812]

Thomas Klaus generiert im bnr 14/02 einen zusammengesetzten Beitrag zur „Deutschen Partei" (DP) aus zwei maßgeblich bereits publizierten Teilen. Zunächst äußert er sich über die Geschichte der DP (vgl. bnr 16/93), um anschließend die Politbiographie von Heiner Kappel (z.B. bnr 13/97) darzustellen. Letztere Illustration wird bedingt durch Heiner Kappels seit 2001 bei der DP bestehende Funktion als Bundesvorsitzender. Über Kappel betont Klaus, daß dieser „...kein Freund moderater Töne..."[813] sei und neben seinen bisherigen politischen Ämtern Verbindungen zur JF bestünden.

Nach dem Auftritt Ronald Schills im Deutschen Bundestag wird dessen Rede von Volker Stahl im bnr 18/02 unter der Rubrik „Grauzone" als skandalöse „Brandrede" charakterisiert. Hierzu thematisiert Stahl die Redezeitüberschreitung Schills im Parlament, inhaltlich betont er Schills kritischen Äußerungen zur Einwanderungspolitik. Anschließend thematisiert Stahl die angeblichen Distanzierungen der einstmals wohlwollenden Druckmedien („Springer-Presse") und des Koalitionspartners (CDU/FDP). Eingerahmt werden diese Erläuterungen von einer kritischen Kommentierung zu den von der PRO verabschiedeten elf Leitlinien zur Bundestagswahl.[814]

---

[810] Stahl, Volker: Rebellische Basis, bnr 13/02, 27.06.2002, S. 2.
[811] Stahl, Volker: Taube Ohren, bnr 13/02, 27.06.2002, S. 8.
[812] O.V.: Meldungen, bnr 2/02, 24.01.2002, S. 14.
[813] Klaus, Thomas: Aggressive Töne, bnr 14/02, 11.07.2002, S. 11.
[814] Stahl, Volker: Polit-Rambo, bnr 18/02, 05.09.2002, S. 2.

Mit ähnlichem Tenor wie im bnr 13/02 wird die PRO von Tomas Sager im bnr 19/02 unter der Rubrik „Grauzone“ als eine zerstrittene Partei dargestellt. Zu dieser These werden ausführlich eine Auseinandersetzung über eine Pressemitteilung eines ausgeschlossenen Mitglieds im Ortsverband Münster und einige Austritte von „Parteikarrieristen“ im Bundesland NRW thematisiert.[815] Letztgenannte Informationen zitiert Sager aus der regionalen Tageszeitung „Westfälische Rundschau“ (WAZ-Mediengruppe).

Wie bereits im bnr 12/98 beschäftigt sich Helmut Lölhöffel auch weiterhin kritisch mit einzelnen Äußerungen von Politikern. Im bnr 19/02 thematisiert er „...die neue Nazi-Entgleisung Helmut Kohls...“;[816] im bnr 20/02 untersucht er Äußerungen und Vergleiche von Herta Däubler-Gmelin (SPD) (Vergleich zwischen George W. Bush - Adolf Hitler), Christoph Stölz (CDU) (Parallele zwischen den Reichstagswahlen 1914 und 1931/32) und Jürgen Möllemann (FDP). Lölhöffel beendet seinen politisch korrekten „Sprachpranger“ mit einer Selbstrelativierung und einer Äußerung zu seinem Verständnis bundesrepublikanischer Politik: „Auch wenn die Fälle...unterschiedliche Gewichte haben und obwohl es schwer ist, die drei als Trio zu beschreiben, gibt es doch Übereinstimmendes....Sie mißachteten das Gebot, sprachlich sauber zu formulieren und politisch dezent zu handeln.“[817]

Aufgrund eines, inhaltlich nicht gewürdigten Kandidaten Faltblatts der NRW-FDP werden von Tomas Sager im bnr 20/02 ausführlich unterschiedliche rechtsextreme Solidaritätsbekundungen für Jürgen Möllemann fokussiert. Zum Abschluß dokumentiert Sager die Kritik Guido Westerwelles und des Politologen Hajo Funkes an dem vermeintlich neuen Kurs der FDP.[818]

Heiner Lichtenstein rekapituliert die NRW-FDP „Affäre“, welche maßgeblich durch die Kritik an der Regierung Israels entstanden ist, in einem Kommentar im bnr 22/02. Lichtenstein analysiert, daß sogar nach dem verpaßten Wahlziel der Parteivorstand zu den Vorkommnissen geschwiegen hätte und erst, als es um die Finanzierung des Flugblattes gegangen sei, Jürgen Möllemann kritisch hinterfragt wurde. Der bnr-Autor fordert in seiner Abschlußkommentierung eine Sanktion auch für Guido Westerwelle, da er maßgeblich eine Entscheidung verschleppt hätte: „Weder außenpolitisches Rumpöbeln, noch Antisemitismusverdächtiges Geifern oder Parteischädigendes Auftreten reicht, um dort [gemeint ist die FDP, Anm. L.N.] jemanden ins Abseits zu stellen. Erst wenn`s um Geld geht,

---

[815] Sager, Tomas: „Die neue Kraft“, bnr 19/02, 19.09.2002, S. 4.

[816] Lölhöffel, Helmut: Böse Sprüche, bnr 19/02, 19.09.2002, S. 2; auf einer bnr-Seite thematisiert hier Lölhöffel Kohls Vergleich zwischen Bundestagspräsident Thierse, der nach Ansicht Lölhöffels, daß Parlament „fair und demokratisch“ leite und sich stark mache, „um die rechten abzuwehren“ und Hermann Göring.

[817] Lölhöffel, Helmut: Provokationen, bnr 20/02, 02.10.2002, S. 2.

[818] Sager, Tomas: „Danke, Mölli“, bnr 20/02, 02.10.2002, S. 3.

läuft das Faß über. Wer bis dahin geschwiegen hat, macht sich mit schuldig, Herr Westerwelle."[819]

In zwei Beiträgen beschäftigen sich Volker Stahl und Andreas Speit im bnr 25/26/02 mit der PRO. Zum einen geht es um eine Aussage eines PRO-Politikers zur Ausländerpolitik und die Reaktionen von SPD und GAL, die diese Äußerung zu einem „Skandal" befördern möchten.[820] Zum anderen kommentiert Speit die „Nominierungsrede" von Ronald Schill, bei der er besonders Schills Äußerungen zu der geplanten Antidrogenpolitik der PRO thematisiert.[821]

Das Vorwort von Ministerpräsident Roland Koch (CDU) im Sammelband „Zukunftsmodell Soziale Marktwirtschaft" wird von Gernot Modery–„Anton Maegerle" lediglich anhand der politbiographischen Verbindungsketten der in diesem Buch versammelten Autoren verortet, welches als ein „rechtslastiges Werk" bezeichnet wird. In diesem Zusammenhang werden zum wiederholten Male die „Erkenntnisse" von Modery über den sogenannten „Knütter - Arbeitskreis" ausführlich und ausschließlich personenbezogen im bnr veröffentlicht.[822]

Gernot Modery–„Anton Maegerle" berichtet im bnr 1/03 von einer Ausladung des Referenten Jürgen Möllemann beim „national-konservativen" Unternehmerkreis „Düsseldorfer Herrenrunde". In diesem Zusammenhang wird Jürgen Möllemann über die Verbindungsketten der „Düsseldorfer Herrenrunde" charakterisiert, so z.B. zu dem früheren Gründer, der u.a. in der JF und „Criticón" publizierte. Weiterhin wird ein Mitglied, welches als ideologischer Brückenkopf charakterisiert wird, politbiographisch zum wiederholten Male von Modery dargestellt und einige Referenten aufgezählt. Im letzten Absatz beleuchtet Modery die angekündigte Rede Möllemanns vor der „Deutsch-Arabischen Gesellschaft" (DAG) und bildet in diesem Kontext wiederum Ketten zu Alfred Mechtersheimer und einem „Nation & Europa" (NE) - Autor, dessen Buch auf den Internetseiten der DAG beworben würde.[823]

Eine Wahlprognose zur hessischen Landtagswahl von Benny Bender im bnr 2/03 prophezeit, daß die „rechtsextremen Parteien" in Zukunft keine Rolle in Hessen spielen werden. In dieser Vorhersage subsumiert Bender unter der extremistischen Verortung u.a. die PRO. Bender unterstellt der PRO in seinem Beitrag indirekt eine doppelzüngige Politik zu betreiben, wenn er zum einen den konsequenten Abgrenzungskurs der PRO zum Rechtsextremismus thematisiert und zum anderen die Ausländerpolitik der Partei kritisiert. Zuletzt werden die

---

[819] Lichtenstein, Heiner: Das lange Schweigen, bnr 22/02, 31.10.2002, S. 5.
[820] Stahl, Volker: Das Klima vergiftet, bnr 25/26/02, 12.12.2002, S. 7.
[821] Speit, Andreas: „Senator Skrupellos", bnr 25/26/02, 12.12.2002, S. 8.
[822] Maegerle, Anton: In feiner Gesellschaft, bnr 25/26/02, 12.12.2002, S. 9.
[823] Maegerle, Anton: Bühne verwehrt, bnr 1/03, 09.01.2002, S. 7.

„rechtsextremen" Parteien von Bender als „rechte" Parteien bezeichnet: „Letzte Prognosen machen den rechten Parteien wenig Hoffnung: ...".[824]
Unter der Rubrik „Grauzone" im bnr 3/03 beschäftigt sich Thomas Klaus schwerpunktmäßig mit einigen taktischen Überlegungen der PRO zu einer möglichen CDU-Koalition anläßlich der Bürgerschaftswahl in Bremen. Im abschließenden Abschnitt erläutert Klaus in diesem Zusammenhang die Situation der DVU.[825]
Über eine interne Auseinandersetzung über die Führungsspitze bei der PRO berichtet Volker Stahl im bnr 4/03 unter der Rubrik „Grauzone". In diesem Zusammenhang fokussiert Stahl die „Auflösungserscheinungen" einiger Landesverbände, geringe Umfragewerte im Stammland Hamburg und die Ankündigung Ronald Schills, sich auf die Hamburger Amtsgeschäfte konzentrieren zu wollen.[826]
Einem CDU-Gemeinderat aus der Gemeinde Machern im sächsischen Muldentalkreis werden die politischen Aktivitäten des Berufskollegen der gemeinsamen Anwaltsbüros von Volkmar Wölk–„Jean Cremet" im bnr 5/03 vorgeworfen. Nachdem der bnr Autor die zurückliegende Politbiographie des Partners rekapituliert hat, wird die Rücktrittsforderung der örtlichen PDS und die Kritik der CDU Macherns abschließend von Wölk thematisiert.[827]
Mit polemischem Unterton berichtet Michael Klarmann im bnr 8/03 von einer Lesung in einer Aachener Buchhandlung mit Jürgen Möllemann. In seiner Darstellung präsentiert Klarmann weniger die Inhalte der Lesung, sondern überwiegend die Diskussion und Wortmeldungen der Besucher. Diese beschäftigen sich nach diesem Beitrag ausschließlich mit der sog. „Antisemitismus-Debatte" von 2002.[828]
Im Zusammenhang mit rechtsextremistischen Protesten gegen die sog. „Wehrmachtsausstellung" in Neumünster unterstellt Andreas Speit im bnr 9/03 der FDP eine „rechte Gesinnung" und der CDU indirekt ein taktisches Verhalten zur Verhinderung der Ausstellung gegen die Mehrheit der SPD und der Grünen. Schwerpunktmäßig berichtet Speit in seinem Beitrag von den Auseinandersetzungen einer rechtsextremen („Neonaziaufmarsch") und einer linksextremen („Antifaschisten") Demonstration aus Anlaß der Ausstellung in der schleswig-holsteinischen Stadt.[829]
Zur Bremer Bürgerschaftswahl berichtet Thomas Klaus im bnr 10/03 von einem „deutlich rechtsgestrickten Lager" bestehend aus DP, DVU und PRO, die zur Wahl antreten würden.

---

[824] Bender, Benny: Ohne Chance, bnr 2/02, 23.10.2002, S. 7.
[825] Klaus, Thomas: Konkurrenten, 3/03, 06.02.2003, S. 7.
[826] Stahl, Volker: „Querulanten", bnr 4/03, 20.02.2003, S. 8.
[827] Cremet, Jean: Billig und Recht, bnr 5/03, 06.03.2003, S. 7.
[828] Klarmann, Michael: Schiefe Untertöne, bnr 8/03, 17.04.2003, S. 2.
[829] Speit, Andreas: „Schandausstellung", bnr 9/03, 30.04.2003, S. 5.

Über die DP weiß Klaus Verbindungen zu einem Vertriebenverband zu thematisieren und der „Frankfurter Rundschau" zufolge hätte, so Klaus, der Verfassungsschutz in Hamburg „Anknüpfungspunkte in das ultrarechte Lager" bei der DP analysiert. Weiterhin sieht Klaus in der Aufforderung Heiner Kappels (DP) an die DVU, auf eine Kandidatur in Bremen zu verzichten, ein „gemeinsames Vorgehen". Über die PRO werden von Klaus lediglich einige Kandidaten und ein Mitgliederwechsel von der CDU zur PRO beleuchtet.[830] In derselben Ausgabe stellt Volker Stahl ausführlich die Kritik einiger Akteure der CDU, SPD und der EKD an der Ablehnung Ronald Schills zum Staatskirchenvertrag zwischen dem Hamburger Senat und der Nordelbischen Kirche in den Mittelpunkt.[831]

Weiterhin kommentiert Klaus-Henning Rosen im bnr 10/03 ein publiziertes Gespräch von Jürgen Möllemann in der Zeitschrift „Nation&Europa" u.a. mit dem zynischen Abschlußkommentar: „Den Ruf des ehemaligen Hoffnungsträgers des Liberalismus kann dieses Interview nicht mehr ruinieren. Das hat er schon selbst besorgt".[832]

In einer Wahlnachlese zur Bremer Bürgerschaftswahl fokussiert Thomas Klaus, neben der DP und PRO, überwiegend die DVU. Während die DP und die PRO den Einzug in das Landtagsparlament verpaßten, thematisiert Klaus den Erfolg der PRO bei den parallel zur Bürgerschaftswahl stattfindenden Beiratswahlen auf Stadtteilebene.[833]

Aufgrund einer Veruntreuungsanzeige eines NRW-Mitgliedes der PRO wegen eines fehlenden Rechenschaftsberichtes auf dem Bundesparteitag in Bremen, ventiliert Andreas Speit im bnr 13/03 unter der Rubrik „Grauzone", die Vermutung, es seien Mitgliedsbeiträge aus NRW nicht korrekt abgerechnet worden, jedoch sei der tatsächliche Abrechnungsverlauf zunächst unklar gewesen, aber von den Schatzmeistern der Partei im April bereits geklärt worden.[834] Offensichtliches Ziel des bnr-Beitrages von Speit ist es, nach dem Prinzip: „es–bleibt–immer–etwas-hängen", die Rechtsstaatlichkeit der PRO über ihre vermeintlich fragwürdige Finanzführung zu diskreditieren.

Andreas Speit wertet im bnr 15/03 ein Vereinsprotokoll eines privaten Studentenwerksvereins einer Studentenverbindung aus, um, mit Hilfe von Ergänzungen über diverse Verbindungsketten, einen Abgeordneten der PRO politisch zu verorten und die, nach Speits Meinung, unzulänglichen Antworten auf die vier Kleinen Anfragen der SPD zu dieser Studentenverbindung zu vervollständigen.[835]

---

[830] Klaus, Thomas: Auf Stimmenfang, bnr 10/03, 15.05.2003, S. 3.
[831] Stahl, Volker: „Unterwerfung", bnr 10/03, 15.05.2003, S. 9.
[832] Rosen, Klaus-Henning: Nichts gewußt!", bnr 10/03, 15.05.2003, S. 13.
[833] Klaus, Thomas: Protestpotential, bnr 12/03, 12.06.2003, S. 3.
[834] Speit, Volker: Schillernde Kassen, bnr 13/03, 26.06.2003, S. 10.
[835] Speit, Volker: Bundesbrüder, bnr 15/03, 24.07.2003, S. 5.

Der Verdächtigungen über unrechtmäßige Nebeneinkünfte eines PRO-Staatsrates beschäftigt Volker Stahl im bnr 16/03 unter der Rubrik „Grauzone". In einem beruflichen Portrait werden die Methoden des PRO-Funktionärs in einen Zusammenhang mit denen der organisierten Kriminalität gestellt. Stahls Beitrag basiert hierbei auf Informationen der „Bild" - Zeitung. Die Darstellungen über den im Verdacht stehenden Funktionär, werden von Stahl auf Ronald Schill gespiegelt.[836]

Zwei FDP-Funktionäre werden in der Auseinandersetzung mit dem linksorientierten AStA in Göttingen von Peter Nowak im bnr 17/03 unter der Rubrik „Grauzone" verortet. Hierzu verwendet Nowak u.a. Argumentationsketten zu Studentenverbindungen, zu Jörg Haider und einem Kurzportrait einer „freiheitlichen" hochschulpolitischen Gruppierung.[837]

Neben der minutiösen Darstellung der Hintergründe zu der Entlassung Ronald Schills (PRO) als Innensenator durch Bürgermeister Ole von Beust (CDU) von Volker Stahl, ergänzt Helmut Lölhöffel diese Ausführungen durch einen Kommentar auf der Titelseite im bnr 18/03. Beide bnr-Autoren sehen ein baldiges Ende der Koalition und der PRO voraus. Stahl bezeichnet die Auseinandersetzung zwischen den beiden Politikern u.a. als ein „Schmierentheater", „Schills verbaler Amoklauf" und die politische Opposition zitierend: „Das ist ein Tiefpunkt der politischen Kultur in Deutschland".[838] Lölhöffel bezeichnet Ronald Schill als „halbseidenen Partner" und „Schmuddel - Schill", der in Hamburg „...ein bösartiges Klima der Repression und der Ausgrenzung geschaffen..." hätte.[839]

Andrea Röpke macht im bnr 19/03 darauf aufmerksam, daß sich im Landesvorstand der „Deutschen Partei" (DP) in Thüringen drei Funktionäre befänden, die eine rechtsextreme Politbiographie besäßen. Daher bestünde, nach Röpke, der Verdacht, daß sich die DP zu einem „...Deckmantel für rechtsradikale Kräfte"[840] entwickeln würde.

Der Nachfolger Schills als Innensenator, Dirk Nockemann (PRO), wird von Volker Stahl im bnr 19/03 unter der Rubrik „Grauzone" als Biedermann und „rhetorisch versierter Brandstifter" charakterisiert. Dieser würde nach Stahl, als Führungspersonal der ersten Stunde, den bisherigen politischen Kurs der Innenbehörde fortsetzen. „Inhaltlich", so Stahl, „steht er weiter voll hinter Schills knallhartem Ansatz bei der Kriminalitäts- und Drogenbekämpfung. Auch die Bambulisten und andere Schmuddelkinder in der Stadt dürfen nicht auf den Kuschelfaktor hoffen",[841] schließt politisch selbstverortend Volker Stahl.

---

[836] Stahl, Volker: Saubermänner, bnr 16/03, 07.08.2003, S. 10.
[837] Nowak, Peter: Brandstifter, bnr 17/03, 21.08.2003, S. 8.
[838] Stahl, Volker: Rasanter Abstieg, bnr 18/03, 04.09.2003, S. 8-9.
[839] Lölhöffel, Helmut: Schmuddel - Schill, bnr 18/03, 04.09.2003, S. 1.
[840] Röpke, Andrea: Militante Zugänge, bnr 19/03, 18.09.2003, S. 4.
[841] Stahl, Volker: Der Mann für`s Grobe, bnr 19/03, 18.09.2003, S. 6.

Derselbe bnr-Autor dokumentiert im bnr 20/03 unter der Rubrik „Grauzone" einen Vortrag des „Populismus-Experten" und Bonner Politologen Frank Decker bei der Hamburger SPD, der einige Gründe benennt, warum der „Rechtspopulismus in Deutschland" allgemein zum Scheitern verurteilt sei. Auch Decker prognostiziert in diesem Zusammenhang eine Wahlniederlage bei der nächsten Bürgerschaftswahl für die PRO.[842]

Im bnr 23/03 widmen sich Helmut Lölhöffel und Gernot Modery–„Anton Maegerle" ausführlich dem „Fall" Martin Hohmann. Am Rande findet in diesem Zusammenhang auch der „Fall" um den entlassenen General Reinhard Günzel Erwähnung. Zunächst thematisiert Lölhöffel die Rede Hohmanns unter Verwendung des aus dem Zusammenhang gerissenen Zitats: „mit einiger Berechtigung als Tätervolk bezeichnen könnte" und stellt diese in seinem Titelkommentar in den Zusammenhang mit „den Juden". Hier verwundert sich der bnr-Autor maßgeblich über die Zuhörer der Rede, welche nicht protestiert hätten und appelliert warnend: „Aber die Verwirrung [Peter Struck bezeichnete Günzel als „verwirrt", Anm. L.N.] ist mitten unter uns. Verwirrt,..., sind alle, die Hohmann nicht widersprechen, ihm zustimmen und ihn in Schutz nehmen. Diejenigen in der CDU/CSU, die jetzt nicht mehr länger über Hohmanns Ausfall diskutieren mögen, sind keine Rechtsextremisten, sondern konservative Dummköpfe. Wer diese Auseinandersetzung jetzt scheut, läßt zu, daß sich ein gefährliches Weltbild ausbreitet".[843] Im nachfolgenden Kooperationsbeitrag läßt sich gut die Arbeitsteilung zwischen den beiden Autoren entschlüsseln. Während Lölhöffel, noch einmal die Vorkommnisse über den „Bundestagshinterbänkler" rekapituliert und die eingehenden Proteste gegen die Union, Peter Struck und die Forderungen des Präsidenten des Zentralrats der Juden in Deutschland, Paul Spiegels, des israelischen Botschafters und der *Jewish Claim Conference* thematisiert, bildet Modery im restlichen - größeren - Teil des Beitrages Argumentations- und Verbindungsketten zur Politbiographie Hohmanns. Hierzu thematisiert Modery erneut den Hohmann Beitrag für den Sammelband „Kurwechsel" und ein Gesprächsbeitrag im Band „Durchgedreht", um daran die „Stimme der Mehrheit" anhand der Benennung einzelner Mitglieder zu charakterisieren. Weiterhin fokussiert Modery u.a. Hohmann als Unterzeichner eines JF-Appells, Referent bei einer Studentenverbindung und des „Instituts für Staatpolitik" (IfS). Zum Abschluß werden in diesem Beitrag einzelne Unionsabgeordnete aufgeführt, welche sich solidarisch mit Hohmann und Günzel erklärt hätten.[844]

---

[842] Stahl, Volker: „Eintagsfliegen", bnr 20/03, 02.10.2003, S. 9.
[843] Lölhöffel, Helmut: Brave Bürger, bnr 23/03, 13.11.2003, S. 1.
[844] Lölhöffel, Helmut; Maegerle, Anton: Grenze überschritten, bnr 23/03, 12.11.2003, S. 3.

Obwohl Schill als Innensenator entlassen worden ist, erfreut sich dieser, nach Volker Stahl im bnr 23/03 unter der Rubrik „Grauzone“, immer noch von der Basis bis zur Funktionärsspitze der PRO ungeteilter Beliebtheit. Hintergrund für diesen bnr-Beitrag ist, die erneute Ventilation der Kritik an Ole von Beust (CDU) u.a. durch die Hamburger Opposition und FDP, die dem CDU-Politiker Führungsschwäche vorwerfen und ihn als einen „Statisten in der Schill-Show“[845] bezeichnen.

Nachdem Gernot Modery–„Anton Maegerle“ in der vorangegangenen bnr-Ausgabe bereits Martin Hohmann - solidarische Unionspolitiker thematisiert hat, bietet die von Fritz Schenk initiierte Solidaritätskampagne (Anzeige u.a. in der „Frankfurter Allgemeinen Zeitung“ und „Süddeutschen Zeitung“) genügend Personennamen für den bnr-Autor, um hierzu Verbindungsketten zu bilden. Neben den Unterzeichnern des Appells „Kritische Solidarität mit Martin Hohmann“, werden die Aktivitäten der „Deutschen Konservativen e.V.“ und einiger weiterer „Rechtsausrutscher“ der CDU von Modery in seinem Beitrag im bnr 24/03 unter der Rubrik „Grauzone“, zumeist im Zusammenhang mit der JF fokussiert.[846] Weiterhin mit der Entlassung Martin Hohmanns aus der CDU Fraktion verknüpft, wird die Arbeit eines unionsnahen „Arbeitskreis Konservativer Christen“ (AKC) vorgestellt, der seine Tätigkeit angeblich eingestellt hätte. Daniel Kilpert rekapituliert in seinem Beitrag im bnr 24/03 unter der Rubrik „Grauzone“ einige Positionen des als hessischen Ablegers des „bundesweit gescheiterten“ CKDF charakterisierten Kreises. So zitiert Kilpert aus einem Grußwort von Martin Hohmann zu einem Programm des Arbeitskreises anläßlich der Bundestagswahl 2002, um an diesem Beispiel sowohl dem Autor, als auch dem AKC subtilen Antisemitismus vorzuwerfen.[847] Zu der Forderung Angela Merkels nach einer „breit angelegten Patriotismusdebatte“ nach dem „Hohmann-Skandal“ warnt Klaus-Henning Rosen im bnr 24/03 in einem Kommentar, der sich gegen eine Historisierung richtet: „Denn im Zweifelsfall basteln die falschen Patrioten bereits an Neujahrs- und ähnlichen Ansprachen, mit denen sie vermeinen, den „Patrioten“ Linderung verabreichen zu wollen für das von denen als persönliche Kränkung empfundene Fortwirken einer deutschen Geschichte, die nicht vergehen will“.[848]

Nach Absetzung Ronald Schills als Vorsitzender des Hamburger Landesverbandes der PRO, analysiert Volker Stahl im bnr 25/26/03 unter der Rubrik „Grauzone“ ausführlich die „an einem seidenen Faden“ hängende „Mitte-Rechts – Koalition“ in Hamburg. Erneut (vgl. bnr

845 Stahl, Volker: Die „Schill-Show“, bnr 23/03, 13.11.2003, S. 9.
846 Maegerle, Anton: Solidarität zeigen, bnr 24/03, 27.11.2003, S. 8.
847 Kilpert, Daniel: Christenworte, bnr 24/03, 27.11.2003, S. 9.
848 Rosen, Klaus-Henning: Falsche Patrioten, bnr 24/03, 27.11.2003, S. 10.

23/03) stellt Stahl die Solidaritätsbekundungen einzelner Abgeordneter zu Schill dar, um im wesentlichen Ole von Beust (CDU) für das unsichere Regierungsbündnis verantwortlich zu machen, da dieser Schill keine frühzeitigen Beschränkungen auferlegt hätte.[849]

In derselben bnr Ausgabe listet Gernot Modery–„Anton Maegerle“ nach dem Prinzip „*naming names*“ diejenigen Unterzeichner der „Initiative Kritische Solidarität“ mit Martin Hohmann auf, welche als Unions-Mitglieder in einer Beziehung mit der JF stünden. Hinter den angegebenen Namen wird in Klammern neben der Ortsangabe des Unterzeichnenden, zwischen Gesprächspartner, Appellunterzeichner (z.B. JF-„Appell für Pressefreiheit“) oder JF-Autor unterschieden.[850] Erneut ein Beispiel für einen angewendeten Anprangerungsjournalismus durch Gernot Modery.

Nachdem Ole von Beust im Dezember 2003 die Koalition mit der FDP und PRO beendet hat, berichtet Volker Stahl im bnr 1/04 unter der Rubrik „Grauzone“ von einer Spaltung der PRO. Den „Zersetzungsprozeß“ beschreibt Stahl zunächst ausführlich anhand einiger interner Flügelkämpfe bei der PRO, die in dem Ausschluß Ronald Schills gipfelten. Zum Abschluß thematisiert der bnr-Autor den Plan Schills in Zusammenarbeit mit Bolko Hoffmanns Pro-DM Partei reüssieren zu wollen.[851]

Sebastian Edathy (SPD, MdB, Sprecher der AG Rechtsextremismus und stellvertretender innenpolitischer Sprecher der SPD-Bundestagsfraktion) vergleicht in einem Gastbeitrag im bnr 1/04 eine „schlimme“ „relativierende“ Rede Norbert Lammerts (CDU) zum Antisemitismus mit der Neujahrsansprache Martin Hohmanns und Inhalten der JF. Hierzu stellt Edathy einige Kernaussagen dieser Rede denjenigen Hohmanns gegenüber, um Lammert als „Hohmann light“ zu titulieren.[852] Offensichtlich verfolgt der Gastautor mit diesem bnr-Beitrag das Ziel eine Kampagne gegen Lammert anzuregen.

Zu der vorgezogenen Bürgerschaftswahl thematisiert Volker Stahl im bnr 2/04 unter der Rubrik „Grauzone“ intensiv die beiden Ableger der PRO, welche sich bereits gegenseitig anfeinden würden. Nachdem Stahl noch einmal die Erfolgsgeschichte des „charismatischen Politik Hasardeurs Schill“ dargestellt hat, entwirft der bnr-Autor ein kritisches Portrait über Bolko Hoffmann. Auf der anderen Seite berichtet Stahl von dem Mitgliederschwund der PRO und einem „Abgrenzungsproblem“. Zum Abschluß thematisiert er einige Wahlprognosen zu den beiden Parteien.[853]

---

[849] Stahl, Volker: Immer wieder Schill, bnr 25/26/03, 11.12.2003, S. 13.
[850] Maegerle, Anton: Gesinnung zeigen, bnr 25/26/03, 11.12.2003, S. 14.
[851] Stahl, Volker: Zersetzungsprozeß, bnr 1/04, 08.01.2004, S. 7.
[852] Edathy, Sebastian: „Hohmann light“, bnr 1/04, 08.01.2004, S. 8-9.
[853] Stahl, Volker: Zwei Schill-Ableger, bnr 2/04, 22.01.2004, S. 5.

Einen politischen Abgrenzungskurs ausdrücklich nicht vertreten wollen, nach Gernot Modery–„Anton Maegerle" im bnr 2/04, Heiner Kappel und die „Deutsche Partei" (DP). Hierzu thematisiert Modery maßgeblich dieselben ehemaligen Mitglieder rechtsextremer Parteien, welche Andrea Röpke in bnr 19/03 bereits politbiographisch charakterisiert hatte und die sich nun bei der DP engagieren.[854]

Ebenfalls in den „Hohmann-Skandal" eingeordnet wird ein Antrag des sächsischen CDU-Abgeordneten Günter Nooke für ein „Gesamtkonzept für ein würdiges Gedenken aller Opfer der beiden Diktaturen", welcher in einem Beitrag von Klaus-Henning Rosen im bnr 3/04 scharf kritisiert wird. „Mit diesem Antrag der Union", so Rosen, „sollte das sächsische Gedenkstättenmodell, mit dem die sächsische CDU gleichsam als späten Sieg Ernst Noltes die Gleichsetzung von NS- und DDR-Gedenken durchgedrückt hatte, auf ganz Deutschland übertragen werden…Der Nooke-Antrag ist der Abschied der CDU/CSU von dem 1999 einvernehmlich beschlossenen Konzept des Holocaustgedenkens…Eine unwürdige Gedenkkultur!".[855]

Einen weiteren Situationsbericht aus dem Hamburger Wahlkampf, der die beiden „rechtspopulistischen" Parteien fokussiert, liefert Volker Stahl im bnr 4/04. In seinem Beitrag thematisiert Stahl Nebensächlichkeiten, wie eine Kommentierung zerstörter Wahlkampfplakate und deutet einige Schlagzeilen zu den gegenseitigen Anfeindungen zwischen diesen Parteien.[856]

Auch das Scheitern des „populistischen Spukes" in Hamburg wird im bnr ausführlich gewürdigt. Im bnr 5/04 kommentiert Helmut Lölhöffel die Wahlniederlage der beiden „rechtspopulistischen" Parteien und den Wahlsieg von Beust für den bnr mit ungewöhnlich abgeklärter Tendenz: „Solche abrupte Wählerbewegungen gab es schon öfter. Sie belegen, daß der rechte Populismus als Vorstufe zum Rechtsextremismus in Deutschland keine dauerhafte Basis hat".[857] Nach dem „Wahl - Desaster" verkündet Volker Stahl im bnr 6/04 zum einen das de - facto Ende der „Pro DM/Schill" und zum anderen die „hilflosen" Reaktionen der PRO, bei denen er einen „strammen Rechtskurs" für die Zukunft voraussieht. Letzteres begründet er mit einer Wahlgratulationsnote des Bundesparteivorsitzenden der PRO an Jörg Haider und dem Wahlmotto eines Europawahlkandidaten, welches sich gegen die Islamisierung Deutschlands und den EU-Beitritt der Türkei richten würde.[858]

---

[854] Maegerle, Anton: Strammer Rechtskurs, bnr 2/04, 22.01.2004, S. 9.
[855] Rosen, Klaus-Henning: Alle sind Opfer, bnr 3/04, 05.02.2004, S. 11.
[856] Stahl, Volker: „Ganz leises Plopp", bnr 4/04, 19.02.2004, S. 7.
[857] Lölhöffel, Helmut: Spuk vorbei, bnr 5/04, 04.03.2004, S. 1.
[858] Stahl, Volker: Neue Profil, bnr 6/04, 18.03.2004, S. 5.

Rechtsdemokratische Zeitschriften und Verlage

Der Politologe Hans-Gerd Jaschke wird im bnr 13/90 zu „neuen rechtsextremen Jugendzeitschriften“ befragt, die nach seinen Einschätzungen das Ziel verfolgen würden, Anhänger und Programmatik von rechtsextremen Parteien zu intellektualisieren. In diesem Gespräch mit Stefan Scheller äußert sich Jaschke hauptsächlich zu den Publikationen „Junge Freiheit“ (JF) und „Europa vorn“ (EV), die er in Zusammenhang mit den Parteien CDU, NPD, Republikaner und einer „Neuen Rechten“ einordnet. Der Politologe verwendet in seinen Antworten die Begriffe „Rechts“, „Rechtsextrem“ und „Rechtsradikal“ synonym.[859]

Franziska Hundseder beschäftigt sich im bnr 22/90 mit der angeblichen Neugründung einer „Rechtspartei“. Ihre Informationen zu diesem Artikel bezieht sie maßgeblich aus der JF, die einer Neugründung skeptisch gegenübersteht. Im Folgenden widmet sich Hundseder einer Zeitschrifteninitiative (JF, „Europa“ und „wir selbst“), die sich für eine Vernetzung nonkonformer, patriotischer Kräfte einsetzen würde und hierzu einen „Initiativ-Kongreß“ in Rheinland-Pfalz angekündigt habe. Hundseder unterscheidet in einem letzten Abschnitt zwischen alten Rechtsextremen und „...selbstbewußten Intellektuellen, die despektierliche Töne gegenüber dem rechten Establishment anschlagen und Geschichtsrevision verlangen, ohne NS-Apologetik betreiben zu wollen. Wer das für bloßen Mimikry hielte, der unterschätzte die Qualität und Dynamik dieser neuen Rechten.“[860]

Über drei Seiten berichtet Franziska Hundseder im bnr 26/90 von dem Kongreß „Initiative Deutschland ´90“. Besonders beachtlich findet Hundseder, die „konspirativen Bedingungen“ des Kongresses und daß die Organisatoren Detlef Kühn (FDP), den Präsidenten des Gesamtdeutschen Instituts, als Hauptredner gewinnen konnten. Hundseder erwähnt in ihrem Beitrag eine von Herta Däubler-Gmelin (SPD) initiierte Anfrage im Bundestag zu der Teilnahme von Kühn an diesem Kongreß. Daraufhin werden die Organisatoren charakterisiert, zur JF meint Hundseder anerkennend: „Die „Junge Freiheit“ hat dagegen einen ganz anderen Charakter. Offenbar schickt sie sich an, so eine rechte „taz“ zu werden, und dabei ist sie schon recht erfolgreich, wenn man bedenkt, daß sie erst im fünften Jahrgang erscheint und bereits bundesweit im Zeitschriftenhandel ist.“[861] Trotz der von Hundseder mehrmals betonten „Heimlichtuerei“ der Tagung, kann sie nicht nur konkrete anwesende

---

[859] Scheller, Stefan: Jaschke: Die rechtsextremen Parteien wollen sich intellektualisieren, bnr 13/90, 18.06.1990, S. 3-5.

[860] Hundseder, Franziska: Zusammenschluß zwischen Schönhuber-Geschädigten und Nationaldemokraten, bnr 22/90, 22.10.1990, S. 1-3, hier: S. 3.

[861] Hundseder, Franziska: Geprobt wird die geistige Offensive, bnr 26/90, 17.12.1990, S. 1-3, hier: S. 1, vgl. die Einschätzung zu einer Verschiebung der Wertungen in der Berichterstattung über die JF am Beispiel von Franziska Hundseder in: Kubitschek, Götz: 20 Jahre Junge Freiheit. Idee und Geschichte einer Zeitung, Schnellroda 2006, S. 60-64.

Einzelpersonen benennen und charakterisieren, sondern auch inhaltlich von den einzelnen Tagungsbeiträgen berichten. Besonders greift sie einzelne Zitate aus der Rede von Detlef Kühn heraus, indem er Stellung zu seinen politischen Vorbildern bezog und ein „Deutschlandbild" nach der Wiedervereinigung entwarf.

In derselben Ausgabe charakterisiert Christian Nigl in der Rubrik „Aus der neuen Rechten" ausführlich die beiden Publikationen „Europa vorn" und „Junge Freiheit". Hierbei werden die Begrifflichkeiten „Neofaschistisch", „Rechts", „Rechtsaußen", „Rechtsextremismus" und „Neue Rechte" synonym verwendet, zudem werden beide Publikationen von Nigl in Zusammenhang gebracht mit einem von ihm selbst zusammengestellten „Who is who" des Rechtsextremismus, also von Gesprächspartnern, Gastautoren, Redakteuren und ehemaligen Redakteuren ohne konkrete Inhalte zu beleuchten.[862]

Armin Pfahl-Traughber warnt im bnr 18/91 in der Rubrik „Aus der neuen Rechten" vor einer Strategiedebatte „in Zeitschriften, die als rechtsextreme Intelligenz- und Theorie-Organe angesehen werden können...".[863] Als Beleg für seine Beobachtung zitiert er in seinem Artikel lediglich einige Beiträge aus drei Ausgabe der Zeitschrift „Europa vorn" (EV). Für die konkrete Auswahl gerade dieser Zeitschrift und seiner politische Zuordnung benennt Pfahl-Traughber keine Gründe. Die Zusammenschau der von ihm beleuchteten Beiträge zeigt auch keine Strategiedebatte, sondern vielmehr eine schonungslose Selbstkritik der Situation innerhalb der demokratischen Rechten. Im Schlußteil seines Beitrags stellt er fest, daß die von ihm zitierten Positionen der ausgewählten Beiträge sich im Kreise drehen und sich hieraus keine politischen Perspektiven für eine „Neue Rechte" ergeben würde. Weiterhin ordnet er, erneut ohne Angaben von Gründen, die „Neue Rechte" dem Rechtsextremismus zu. Aus folgendem Zitat erhält der Beitrag erst seine maßgebliche bnr typische Appellfunktion: „Es zeichnet sich aber bei den jüngeren Autoren,..., die strategische Orientierung auf eine Intellektualisierungs- und Theoriebildungsoption ab, die über die Gründung von Zirkeln eine bundesweite Vernetzung...anstrebt."[864] Dieser Satz kann als ein Kernsatz für die weitere hypersensible Theoriebildung und Warnung vor einer „Neuen Rechten" im bnr verstanden werden, welche an dieser Stelle hauptsächlich auf die parteipolitische Erfolglosigkeit der „Republikaner" zurückgeführt wird. Im übrigen ordnet Pfahl-Traughber die deutsche Vereinigung als ein „Teilziel der extremen Rechten" ein, die nach seiner Meinung erst „durch den weltpolitischen Wandel realisiert" worden sei.[865]

---

[862] Nigl, Christian: Auf der Suche nach dem rechten Geist, bnr 26/90, 17.12.1990, S. 4-6.
[863] Pfahl-Traughber, Armin: „Es geht um mehr als Geld und Posten", bnr 18/91, 26.08.1991, S. 2-3, hier: S. 2.
[864] Ebd., hier: S. 3.
[865] Ebd., hier: S. 2.

In einem Portrait über den FPÖ-Grundsatzreferenten Andreas Mölzer im bnr 20/91 definiert Pfahl-Traughber, was er unter dem Begriff „publizistisches Brückenspektrum" versteht: „...also Organe, in denen Rechtsextremisten und Konservative zusammen schreiben...".[866] Als Beispiele benennt er die JF, „wir selbst" und „Zeitenwende" die seiner Meinung nach eine „rechtsintellektuelle Vernetzung" beabsichtigen würden.

Gernot Modery-„Anton Maegerle" berichtet in der Rubrik „Rechtsextremistische Publikationen" von einem Rundgang auf der Frankfurter Buchmesse. In diesem Beitrag widmet er sich in mehreren kleinen Abschnitten auch der JF, die er als „intellektuellen Eisbrecher der Neuen Rechten" in der auch „plumper Chauvinismus" Platz finden würde, bezeichnet.[867]

Im bnr 24/91 werden erneut EV und JF von Christian Nigl kurz thematisiert. Nigl berichtet von einer inhaltlichen Neukonzeption der EV und von einer professionalisierten Anzeigenwerbung der JF.[868]

Unter der Rubrik „Neue Rechte" thematisiert Armin Pfahl-Traughber im bnr 21/92 ausführlich die Gramsci-Rezeption in Frankreich. Hierbei wiederholt er lediglich mehrfach einige Namen von vermeintlichen oder tatsächlichen Vertretern der „*Nouvelle Droite*" und beleuchtet in Variationen die Schlagworte: „Kultur", „Metapolitik" und „intellektuelle Hegemonie", um am Ende seines Beitrages festzustellen: „Ein direkter Export...in die Bundesrepublik scheiterte jedoch weitgehend...".[869] Nach Pfahl-Traughber würden aber die Zeitschriften des „Brückenspektrums": „Criticón", JF und EV, indirekt, also ohne eine konkrete Benennung einer „Strategie", so seine Vermutung, diese Position vertreten. Daraus ergibt sich für Pfahl-Traughber, im Widerspruch zu seiner o.g. Einschätzung, eine Attraktivität der Position eines „Gramscismus von rechts" in der Bundesrepublik.

Die mangelnde Informationsbereitschaft der Bundesregierung (CDU/CSU und FDP) wird von Rainer Bach im bnr 4/93 kritisiert. Konkret geht es Bach besonders um eine, seiner Meinung nach, falschen Einschätzung der Bundesregierung auf eine Anfrage der PDS zum Thema: Einschätzung der Zeitschrift „Europa vorn". Diese wird von der Bundesregierung für nicht verfassungsfeindlich erachtet und somit auch nicht systematisch, sondern „anlaßbezogen geprüft". Dies stellt für Bach eine „Nicht-Beantwortung" einer Anfrage dar, die auf die

---

[866] Pfahl-Traughber, Armin: Aufsätze eines FPÖ-Grundsatzreferenten, bnr 20/91, 23.09.1991, S. 2-3, hier: S. 3.
[867] Maegerle, Anton: „Braunes" auf der Frankfurter Buchmesse 1991, bnr 23/91, 04.11.1991, S. 3-5, hier: S. 3.
[868] Nigl, Christian: Neurechte Zeitungslandschaft: Neues Konzept für „Europa vorn"/ Die „Junge Freiheit" etabliert sich, bnr 24/91, 18.11.1991, S. 2-3.
[869] Pfahl-Traughber, Armin: „Gramscismus von rechts?", bnr 21/92, 28.09.1992, S. 3-5: hier: S. 5.

Bundesregierung zurückfallen könnte.[870] Dieselbe Zeitschrift wird noch einmal ausführlich anhand ihrer Akteure im bnr 8/93 durch Modery–„Maegerle" und einen A. Brekemann thematisiert. Anlaß ist eine geplante Umstellung der Erscheinungsweise dieser Zeitschrift. Maßgebliche inhaltliche Botschaft dieses Artikels ist eine Abgrenzung zur JF, welche ebenfalls eine wöchentliche Erscheinungsweise anstrebe, so die Autoren. In dieser Abgrenzung wirft der presserechtlich Verantwortliche der, nach Meinung von Modery und Brekemann „ultrarechten Postille" JF vor, diese verfolge lediglich das Ziel, die Unionsparteien zu protegieren.[871]

In einer siebenteiligen Artikelreihe stellt Gernot Modery–„Anton Maegerle" im bnr 5-11/93 „Rechtsextremistische Verlage" vor. Ganz überwiegend gelangt Modery zu dieser Einordnung durch eine nähere Beleuchtung einzelner Titel aus den Verlagsprogrammen oder über Einschätzungen der Lebensläufe von Geschäftsführern. Unter den von Modery aufgeführten Verlagen finden sich auch rechtsdemokratische Verlage, wie z.B. „Arun-Verlag", Vilsbiburg (bnr 5/93, S. 7, vgl. hierzu auch bnr 9/93, S 7f. eine rationalere Einschätzung von Armin Pfahl-Traughber), Uwe Berg Verlag, Toppenstedt (5/93, S. 8), „Gesamtdeutscher Verlag", Wesseling, (bnr 7/93, S. 6, in dieser Ausgabe thematisiert Armin Pfahl-Traughber ausführlich die Verlagsgruppe von Herbert Fleissner in München (u.a. Verlage Universitas, Herbig und Langen-Müller, ebenfalls anhand von einzelnen Titeln), S. 5f.), Orion-Heimreiter-Verlag (bnr 9/93, S. 6), Türmer Verlag (bnr 11/93, S. 9). Die Einstufung der von Modery aufgelisteten Verlage als rechtsextremistisch impliziert eine Forderung nach einem staatlichen Verbot, zumindest aber nach einer zensurähnlichen „Empfehlung" (SCHRENCK-NOTZING) und ist somit geeignet; die grundgesetzlich garantierten Grundrechte auf Berufs-, Meinungs- und Wissenschaftsfreiheit einzuschränken.

Mit der Rezeption des italienischen Kulturwissenschaftlers Julius Evola (1898-1974) in der BRD, beschäftigt sich Armin Pfahl-Traughber unter der Rubrik „Neue Rechte" im bnr 18/93. Hierbei stellt er weniger Inhaltliches von Evola dar, sondern beleuchtet in „Modery-Manier" lediglich Verbindungen zu Intellektuellen, Zeitschriften und Verlagen. So zitiert Pfahl-Traughber Evola schlagwortartig z.B. aus „Criticón" und „Europa" und benennt Verlage, die Evola in der Bundesrepublik herausgegeben haben. Inhaltliche Brücken zur „Neuen Rechten" bildet er maßgeblich über die schlagwortartigen Konfliktlinien: „Moderne Welt und Liberalismus" vs. „Tradition"; „römisches Imperium" vs. „Aufklärung, Menschenrechte und

[870] Bach, Rainer: Mangelnde Informationsbereitschaft der Bundesregierung, bnr 4/93, 23.02.1993, S. 3-4; vgl. Urteil der 22. Kammer des VG Düsseldorf über die unrechtmäßige Einordnung der Zeitschrift EV (Signal, Nation24.de) als rechtsextremistisch durch den Verfassungsschutz NRW: VG Düsseldorf, Urteil v. 21.11.2006 - 22 K 3124/04 -.

[871] Maegerle, Anton; Brekemann, A.: Expansion der ultrarechten Medien, bnr 8/93, 20.04.1993, S. 4-5.

Dekadenz". Die Klammer zur gegenwärtigen politischen Vorstellungen einer „Neuen Rechten" konstruiert Pfahl-Traughber über die Begriffe „Metapolitik" und „Kulturrevolution von rechts". Mit einem bnr-typischen Bedrohungsszenario endet auch diese Einschätzung, nachdem „die Evola-Rezeption…sich somit nicht nur auf ideologische Positionen, sondern ebenso auf die strategische Ebene"[872] beziehen würde. Die „ideologischen Positionen" Evolas wurden in diesem Beitrag weder dargestellt, noch diskutiert und die „strategische Ebene" von Pfahl-Traughber selbst entwickelt bzw. behauptet.

Die Zeitschrift JF wird anhand von sieben Thesen, die auf Vorarbeiten zu einem Buch des DISS [Kellershohn, Helmut (Hrsg.): Das Plagiat. Der Völkische Nationalismus der Jungen Freiheit, Duisburg 1994] entstanden sind, ausführlich im bnr 20/93 von Helmut Kellershohn (DISS) und Gernot Modery-„Anton Maegerle" portraitiert. Aus dem Beitrag wird die Arbeitsteilung zu diesem bnr-Artikel und der DISS-Publikation deutlich. Kellersohn stellt die Thesen der Untersuchung zur JF (z.B. „Mythos eines Gegen-68", „Weltbild der Konservativen Revolution" oder „Synthese im Übergangsfeld von Rechtsextremismus und Rechtskonservativismus", „Metapolitik") zusammen, während Modery diese Thesen mit Personen, anderen Publikationen und Verlagen in Verbindung bringt und so dem Leser ein geschlossenes und bedrohliches „rechtes Netzwerk" präsentiert wird.[873] Diese Thesen unterstellen der JF einen „völkischen Nationalismus", sowie eine taktische Verschleierung ihrer eigentlichen politischen Ziele.

Mit einer Zeitschrift im Wandel beschäftigt sich Armin Pfahl-Traughber im bnr 25/26/93 unter der Rubrik „Brücken nach Rechts". Dieser Wandel der Zeitschrift „MUT" vollzog sich, nach Pfahl-Traughber, von einer rechtsextremen zu einer nun „konservativen" Zeitschrift und wird lediglich aufgrund einer Akteursanalyse beurteilt. Das heißt, er ordnet die Zeitschrift aufgrund (nach welchen Maßstäben eigentlich?) des Impressums und der Autoren ein, zudem zitiert er zu diesem Wandel Meinungen aus „rechtsextremen Publikationsorganen" wie JF, die ebenfalls einen Wandel bei „Mut" festgestellt habe und sie nun in einer liberalen Mitte einordnen würde. Weiterhin analysiert er nun keine „Brückenfunktion" der Zeitschrift mehr, die sie seiner Meinung noch in den 80er Jahren besaß. Interessant ist hierbei festzustellen, daß Pfahl-Traughber die von Gessenharter entwickelte „Scharnierfunktion" gleichrangig neben seinem Bild von der Brückenthese verwendet.[874]

---

[872] Pfahl-Traughber, Armin: Renaissance eines intellektuellen Sympathisanten des Faschismus, bnr 18/93, 07.09.1993, S. 5-6, hier: S. 6.
[873] Kellersohn, Helmut; Maegerle, Anton: Das Projekt „Junge Freiheit", bnr 20/93, 05.10.1993, S. 3-7.
[874] Pfahl-Traughber, Armin: Zum Wandel der Zeitschrift MUT, bnr 25/26/93, 14.12.1993, S. 2-3.

Die Zeitschrift „Criticón" wird im bnr 7/94 ausführlicher von Gernot Modery–„Anton Maegerle" in der Rubrik „Brücken nach Rechts" portraitiert. Die politische Ausrichtung bestimmt Modery maßgeblich an den Verbindungen zwischen „Criticón" und der JF. Als Beleg beleuchtet er einige Gratulanten zum Start der JF als Wochenzeitung. Beide Publikationen seien, nach Modery, „Kampforgane zur Rekonstruktion des Konservatismus". Im Anschluß werden einige Autoren der „Criticón" mitsamt einigen Attributen bezüglich ihrer politischen Einstellung oder Funktion von Modery aufgelistet. So wird z.B. der Philosoph Günter Rohrmoser als Mitinitiator des „Studienzentrums Weikersheim" vorgestellt, der bereits im Jahr 1984 das Ausbleiben der geistigen Wende durch die Union kritisiert habe. Zum Schluß werden in dem Beitrag einige parteipolitische Anbindungen zwischen „Criticón" und rechtskonservativen Parteien vermutet, denn „ein parteipolitischer Hafen für die CRITICON-Mannschaft scheint allerdings weiter entfernt, als zu Beginn der siebziger Jahre, wo die Hoffnung beim größten Teil der Autoren auf die Unionsparteien gerichtet war".[875]

Thomas Leif warnt im bnr 8/94, indem er einzig Bezug nimmt auf die Meinung des Leiters der Jugendabteilung des Bischöflichen Generalvikariats Trier, in einem Beitrag unter der Rubrik „Brücken nach Rechts", vor dem Jugendkalender des Münsteraner Verlages „Komm mit". „Mit Texten und Leitworten wie „Ehre, Freiheit und Vaterland"..., so Leif, „greife der Kalender in manipulierender Weise die Jugendbewegung der 20er Jahre auf, um rechtslastiges Gedankengut an Kinder und Jugendliche zu vermitteln."[876] Angeregt durch diesen Artikel stellt Gernot Modery–„Anton Maegerle" in der nächsten bnr Ausgabe angehängt an dieses Kalenderthema, einige „rechtsklerikale Vereine und Organisationen" innerhalb der Amtskirchen in der Bundesrepublik dar. Die Organisationen „Evangelische Notgemeinschaft in Deutschland e.V." (ENID), die „Priesterbruderschaft St. Pius X., die „Ordensgemeinschaft Opus Dei", das „Opus Angelorum" und der „Ritterorden vom Heiligen Grab zu Jerusalem" werden von Modery portraitiert. Dieser bemüht sich in den jeweiligen Abschnitten Bezüge zu den rechtsdemokratischen Zeitschriften „Criticón" und JF herzustellen.[877]

Als einen Beleg für eine „...bedenkliche Erosion der Abgrenzung zwischen Konservativismus und Rechtsextremismus"[878] wertet Armin Pfahl-Traughber im bnr 19/94 unter der Rubrik „Brücken nach Rechts" sechs Bücher, die im „Fleissner-Konzern" erschienen sind. Die Autoren (z.B. Armin Mohler, Franz Schönhuber und Wolfgang Strauss) werden von Pfahl-

---

875 Maegerle, Anton: CRITICON: Die „Junge Freiheit" im Zeitungsformat, bnr 7/94, 29.03.1994, S. 5-7, hier: S. 7.
876 Leif, Thomas: Ein Jugendkalender, der nichts für Jugendliche ist, bnr 8/94, 12.04.1994, S. 8.
877 Maegerle, Anton: Christliche Eiferer innerhalb der Amtskirchen, bnr 9/94, 26.04.1994, S. 2-3.
878 Pfahl-Traughber, Armin: Der konservative Fleissner-Konzern bietet Rechtsextremisten ein Forum, bnr 19/94, 13.09.1994, S. 9.

Traughber als Rechtsextremisten charakterisiert, die Verlagsgruppe wird als „konservativ" bezeichnet: „Allerdings wird dort Rechtsextremisten eine Möglichkeit zur Artikulation gegeben, womit sie in die breitere Öffentlichkeit hinein wirken können".[879]

Im bnr 20/94 wird von Pfahl-Traughber die „Kommunitarismus-Debatte" in Nordamerika als demokratietheoretisch unbedenklich beurteilt, „...während man den Begriff hierzulande mit einer völkischen Ideologie assoziiert".[880] Als Beleg führt Pfahl-Traughber einen einzigen Beitrag in der JF an, aus dem er maßgeblich eine Liberalismuskritik analysiert.

Die im bnr 20/93 unkommentiert abgedruckten Vorarbeiten zu dem JF - Buch des DISS, werden im bnr 21/94 von Pfahl-Traughber nach Fertigstellung der Publikation überwiegend positiv rezensiert. Einige „überspannte" Aussagen, pauschale Formulierungen und ein von vielen Autoren überdehnter Rassismus- und Rechtsextremismusbegriff, werden von dem Rezensenten kritisiert. Insgesamt wohlwollend urteilt Pfahl-Traughber abschließend: „Derartig unsachliche Überzeichnungen mindern den Wert des von Thematik und Aufbau her an und für sich recht interessanten Bandes".[881]

Eine Darstellung über die „Konservativen Revolution" auf sechs DIN A 4 Seiten wird von Eduard Ohse im bnr 22/94 rezensiert. Der Besprechung ist zu entnehmen, daß sich das Autorenpaar Jan Büttner und Marie-Luise Sulzer für die „Untersuchung" des historischen Phänomens, maßgeblich als Untersuchungsgegenstand die JF, die hier als ein „neurechtes Zentralorgan" bezeichnet wird, ausgewählt haben. Zu dem historischen Phänomen hätten die „...SDR-Mitarbeiter...'live und vor Ort' recherchiert, um das Ganze zu einer Hörfunk-Sendung zu verarbeiten."[882] Grundlage dieser Hörfunksendung zum Thema „Konservative Revolution" bilden offensichtlich diese sechs Seiten des Autorenpaares, auf das Armin Mohler fast 700 Seiten in seiner Primärquellenuntersuchung verwendet hat.

Die Doppelausgabe Nr. 45-46 vom 11./18. November 1994 der Wochenzeitung „Das Parlament" wird einer ausführlichen Autorenanalyse durch Gernot Modery – „Anton Maegerle" im bnr 24/94 unterzogen. Dieser will festgestellt haben, „...daß ein Großteil der Autoren ultrarechten Zirkeln aus dem Ideologiekreis der „Jungen Freiheit oder Criticón"

---

[879] Ebd..

[880] Pfahl-Traughber, Arnim: Sprung auf den Zug eines sozialphilosophischen Diskurses, bnr 20/94, 27.09.1994, S. 6-7, hier: S. 6; die Übertragung der Kommunitarismusdebatte in der BRD müßte zwangsläufig mit einer „völkischen Ideologie assoziiert" werden, zeigt daß es sich bei dieser Verortung um eine ideologische Verengung der Diskussion handelt, da der Kommunitarismusbegriff vielmehr eine konstruktive Liberalismus-Kritik im demokratischen Pluralismus, die eine Selbstkritik an modernen Gesellschaften, welche unter zu wenig Bindungsvermögen leiden, beinhaltet, vgl.: Alt, Niklas: Patriotismus in der Kommunitarismus – Debatte – zwischen Wertebesinnung und liberalen Grundrechten, Politik und Gesellschaft, Band 2, Bonn 2006, S. 130-158, hier: S. 156-157.

[881] Pfahl-Traughber, Arnim: „Das Plagiat" – ein Sammelband zur „Jungen Freiheit", bnr 21/94, 11.10.1994, S. 5.

[882] Ohse, Eduard: Gefahr für die Republik oder Medienspektakel?, bnr 22/94, 25.10.1994, S. 7; zu Mohler, vgl.: Mohler, Armin: Die Konservative Revolution in Deutschland 1918-1932. Ein Handbuch, Graz 1999.

entstammen würden. Anhand von Assoziations- und Themenketten erfolgt im Anschluß eine Auflistung der Autorennamen mitsamt einer politisch-funktionalen Charakterisierung. Ein Novum stellt die von Modery miterfaßten Unterzeichnungen der Autoren von Appellen und Erklärungen, aus denen Rückschlüsse auf die politische Gesinnung des jeweiligen Unterzeichners gezogen werden sollen, dar. Weiterhin wird von Modery ein Zusammenhang zwischen der erwähnten Ausgabe und dem Herausgeber der Publikationen, Alfred Dregger und der „Deutschen Gildenschaft" hergestellt.[883] Der Inhalt der Zeitungsausgabe wird nicht von Modery thematisiert.

Mit dem Fleissner-Konzern beschäftigt sich Armin Pfahl-Traughber auch im bnr 2/95, hier in Form einer Rezension eines Buches des Journalisten Hans Sarkowicz. Maßgeblich würde der Verfasser den beruflichen und politischen Werdegang des Unternehmers nachzeichnen und einige „rechtsextremistische Autoren und Inhalte" benennen. Pfahl-Traughber kritisiert an der Darstellung, daß sie diesen Werken einen überwiegenden Stellenwert im Verlagsprogramm unterstellen und der Verfasser aufgrund einer Anzeige für ein Buch von einem angeblichen Rezensionskartell spricht.[884]

Weiterhin werden in dieser bnr Ausgabe maßgebliche JF-Interna veröffentlicht, die eine politische Abgrenzung bzw. Bestimmtheit vermuten ließen. So werden die Beendigung des Leserkreis-Projektes wegen politischer Differenzen in Berlin und einige durch Dieter Stein veranlaßte personale Veränderungen in der Redaktion bekanntgegeben.[885]

Der Medienhintergrunddienst „rundy", der von Reginald Rudorf betrieben wird, stellt für Gernot Modery–„Anton Maegerle" einen Partner der JF dar und wird aus diesem Grund im bnr 7/95 portraitiert. Von Modery dargestellt werden die im „rundy" kritisierten und unterstützten Medien. Angeblich würde für den Mediendienst in der „ultrarechten Szene" geworben, diese Beobachtung wird von Modery allerdings nicht belegt. Im Folgenden wird ein Gespräch zwischen Rudorf und Dieter Stein (JF) thematisiert, welches, nach Modery, zu einem liberaleren Kurswechsel bei der JF geführt habe. Dieser Kurswechsel wird von Modery aber gleich wieder relativiert: als Beleg, daß ein angeblich angestrebter „Aufbruch in die bürgerliche Mitte" bei der JF noch auf sich warten lassen würde, bezieht sich Modery auf eine Studie des Landesverfassungsschutzes NRW.[886]

Ohne Verfasserangaben wird im bnr jeweils sehr kurz von der Präsentation der Verfassungsschutzberichte der Bundesländer: Hamburg, Niedersachsen, Schleswig-Holstein

---

[883] Maegerle, Anton: Richtungsweisende Bundeszentrale, bnr 24/94, 22.11.1994, S. 3-4.
[884] Pfahl-Traughber, Arnim: „Rechte Geschäfte" des Verlegers Herbert Fleissner, bnr 2/95, 24.01.1995, S. 7.
[885] O.V.: Tagebuch, bnr 2/95, 24.01.1995, S. 9.
[886] Maegerle, Anton: Die „Junge Freiheit" und „rundy", bnr 7/95, 04.04.1995, S. 8-9.

und Mecklenburg-Vorpommern einzig zum Thema Rechtsextremismus berichtet. Bezüglich der JF wird die Einschätzung des niedersächsischen Innenministers Glogowski (SPD) in diesem bnr Beitrag wiedergegeben: „Auch Glogowski weist, wie sein nordrhein-westfälischer Kollege Schnoor [SPD, Anm. L.N.], der intellektuellen Neuen Rechten wachsende Bedeutung zu. Als rechtsintellektuelle „Strömung“ bewege sie sich „an der Grenzlinie zum Rechtsextremismus“. Zeitungen wie die „Junge Freiheit“ erfüllten „Brückenfunktionen“ zwischen dem verfassungsfeindlichen organisierten Rechtsextremismus und der „Neuen Rechten“.“[887] Die JF wurde zum erstenmal im Jahr 1995 im Verfassungsschutzbericht des damals SPD-regierten Landes NRW erwähnt.

Neben den dargestellten Verbindungen zwischen der jugendbewegten Gruppierung „Bund Heimattreuer Jugend–Der Freibund e.V.“ (BHJ) und der JF werden im bnr 11/95 einige Inhalte eines Gesprächs von Dieter Stein (Chefredakteur JF) mit der Vereinspublikation des BHJ kommentiert. Aufgrund Steins Angaben zur Steigerung der Auflage wird von dem nicht genannten bnr Autor auf die Gesamtauflage der JF geschlossen. Interessanter ist aber, wie der Verfasser in den Besitz von JF- Abonnentendaten gelangt ist, denn, so der Autor, es befänden sich „unter den Abonnenten der „Jungen Freiheit“...auch zahlreiche aktive und ehemalige Funktionäre des BHJ bzw. des ‚Freibunds‘“.[888] Offensichtlich wurden für diese Angabe, sofern es sich nicht um eine schlichte Behauptung handelt, die guten Kontakte des bnr ins linksextreme Spektrum genutzt: Zum erstenmal wurden 1990 Daten von Abonnenten der JF in der „antifaschistischen“ Szenezeitschrift „Interim“ veröffentlicht, am 4.10.1994 wurden von zwei unbekannten Tätern Adreßetiketten der JF aus dem Druckereigebäude gestohlen.[889]

Die im bnr noch nicht ausführlich gewürdigte und politisch nicht einfach einzuordnende Zeitschrift „Epoche“ wird im bnr 15/95 von Volkmar Wölk–„Sönke Braasch“ hinsichtlich ihrer politischen Bedeutung untersucht. Wölk zählt in seinem Beitrag überwiegend einzelne Autoren der bis 1995 erschienenen 128 Ausgaben auf, um diese mit Altersangabe und politischen Engagement politisch zu verorten. In dieser Darstellung überwiegen demokratische rechte Parteimitglieder und Hochschullehrer. Es werden zudem Verbindungen durch einige Doppelautoren der „Epoche“ u.a. zu JF, „Criticón“, „MUT“ und dem „Deutschland-Magazin“ analysiert. Wölk erläutert, daß seiner Meinung nach „...anders als die genannten Medien...die Epoche heute ein Schattendasein in der ‚nationalen Publizistik‘“[890] fristen würde. Daneben benennt Wölk „konservative“ Unionspolitiker und

---

[887] O.V.: Keine Entwarnung, bnr 10/95, 17.05.1995, S. 7.
[888] O.V.: Tagebuch, bnr 11/95, 31.05.1995, S. 13.
[889] Kubitschek, Götz: 20 Jahre Junge Freiheit. Idee und Geschichte einer Zeitung, Schnellroda 2006, S. 260 u. 262.
[890] Braasch, Sönke: Der Niedergang einer Epoche, bnr 15/95, 26.07.1995, S. 9-10, hier: S. 10.

Medienvertreter, die in der Vergangenheit der Zeitschrift Beiträge zugeliefert hätten. In den 80er Jahren, so Wölk, fand man einen „dezidiert transatlantischen Kurs“ vor. Zuletzt behauptet Wölk: „Inzwischen hat die „Epoche“ einen marginalisierten Platz in der Grauzone zwischen Rechtsextremismus und Konservatismus in der Bundesrepublik“.[891] Worauf sich zudem seine politische Verortung bezieht und begründet, bleibt unklar. Der Artikel listet also im wesentlichen lediglich einige Personen auf, die in der Zeitschrift „Epoche“ veröffentlicht haben und in diesem bnr-Beitrag miteinander in Verbindung gesetzt werden.

Im bnr 2/96 wird eine neue Rubrik eingeführt, die „Zeitschriftenschau“, welche nach bnr Angaben „...in regelmäßigen Abständen einen Überblick über die wichtigsten gängigen Wochenzeitungen und Monatspublikationen bieten“[892] soll. Ohne eine weitere demokratie- oder extremismustheoretische Einordnung und Trennung werden im Anschluß die bis zum jeweiligen bnr-Redaktionsschluß vorliegenden Ausgaben von zunächst drei Zeitschriften: der „Nation+Europa“, der „Deutschen National-Zeitung“ und der „Jungen Freiheit“ nebeneinander von einem namentlich nicht genannten bnr-Akteur inhaltlich selektiv, schlagwortartig und kommentierend skizziert. Eine Begründung für die Auswahl der untersuchten Publikationen wird nicht genannt. Weiterhin werden in den Ausgaben des bnr-Jahrgangs 1996 lediglich insgesamt fünf verschiedene Schriften ausgewertet. Den Anspruch, einen umfassenden Überblick über die in der Bundesrepublik erscheinenden Publikationen zu geben, wird also nicht erfüllt. Diese Schriften werden zudem nicht kontinuierlich ausgewertet. Die bis 1996 vom bnr regelmäßiger beobachtete Zeitschrift EV wird in dieser Reihe erst ab bnr 3/97 unregelmäßig und nur vereinzelt thematisiert.

Bei dieser „Auswertung“ überwiegt die Darstellung der Autoren und Gesprächspartner der JF, die kontinuierlich unter Beobachtung des bnr steht. So wird in bnr 8/96 ein JF-Gespräch mit Hans-Helmuth Knütter, ohne eine Darstellung des Gesprächsinhalts, folgendermaßen thematisiert: „Der „Antifaschismus“-Experte Hans-Helmuth Knütter, Professor an der Universität Bonn, gibt als Interviewpartner ausgerechnet der JF ein Forum für seinen linken [sic] Abwehrkampf (JF 12/96)“[893]. In der Zeitschriftenschau im bnr 14/96 wird über den Hochschullehrer ein provozierender Beitrag veröffentlicht, der Hans-Helmuth Knütter in der rechtsextremen Szene verortet und an seiner intellektuellen Integrität zweifelt: „Ins Lager der

---

[891] Ebd..

[892] O.V.: Rechtsextremistische Periodika in 1996, bnr 2/96, 24.01.1996, S. 10, die gleichen Publikationen werden auch im bnr 4/96, 6/96, 8/96, 10/96, 12/96, 15/96 und 20/96 fokussiert. In bnr 14/96 wird nur die „Deutsche National Zeitung“ und die JF ausgewertet. Im bnr 16/96 wird die Jubiläumsausgabe des „Criticón“, neben der JF und der „Deutschen National-Zeitung“ ausgewertet. Im bnr 18/96 und 25/96 wird neben der JF und der „Deutschen National Zeitung“, die Zeitschrift „Deutschland in Geschichte und Gegenwart“ ausgewertet. Im bnr 22/96 und bnr 24/96 wird nur die NE und JF ausgewertet.

[893] O.V.: Rechtsextremistische Periodika in 1996, bnr 8/96, 17.04.1996, S. 8.

„Anti-Antifa"-Aktivisten hat sich der Bonner Professor Helmuth Knütter geschlagen. In seiner – schon hysterisch anmutenden – Jagd auf Linke outet er diesmal einen Journalisten [Gernot Modery-„Anton Maegerle", Anm. L.N.], der auch regelmäßig für den „blick nach rechts" schreibt. Schier unbegreiflich, daß ein Beitrag so tief unter allem Niveau tatsächlich von einem deutschen Professor verfaßt wurde".[894] Über Knütter heißt es in einem Satz im bnr 22/96, der damit eine Veranstaltungsankündigung aus bnr 20/96 fortsetzt: „Des weiteren [enthält die JF 42/96, Anm. L.N.] ein Veranstaltungsbericht über das deutschtümelnde Spektakel vom 3. Oktober am Kyffhäuser durch das „Bündnis Konstruktiver Kräfte", bei dem der Bonner Anti-Antifa-Spezialist Hans-Helmuth Knütter die Festrede hielt."[895] Der JF wird, neben Knütter, die Schuld an einer „rechten Hetzjagd" gegen Gernot Modery im bnr 24/96 gegeben: „Bezüglich des Beitrags des Fernsehmagazins PANORAMA vom 28. Oktober über die Machenschaften des Professors Knütter und u.a. auch der JF in Sachen Enttarnung des Journalisten Maegerle sieht sich die JF in der Rolle der verfolgten Unschuld. Daß die JF jedoch durch ihre „Enthüllungen" maßgeblich zu der rechten Hetzjagd beigetragen hat, wird schamhaft verschwiegen…".[896]

Ab dem Jahr 1997 werden ganz überwiegend lediglich die NE und JF, wiederum ohne Verfasserangaben zusammen, also ohne eine extremismustheoretische Abgrenzung, ausgewertet.[897] Auch in diesem bnr Jahrgang wird bei der Auswertung der JF Hans-Helmuth Knütter schlaglichtartig thematisiert. Im bnr 3/97 heißt es in der vom bnr kommentierten Zeitschriftenschau der JF über ihn: „Berichtet wird über einen Vortrag des Anti-Antifa-Strategen Hans-Helmuth Knütter in München über die Gefahren des Linksextremismus, der einen Seitenhieb auf die Bundestags-Vizepräsidentin Antje Vollmer ob deren „fragwürdiger Vergangenheit" lanciert (5/97)".[898] Die Zeitschriftenschau im bnr 10/97 stellt über Knütter fest: „Anti-Antifa-Stratege Hans-Helmuth Knütter stellt eine Ungleichgewichtung des linken und des rechten Extremismus beim Verfassungsschutz fest, bei den rechtsextremen Straftaten würden gar bloße Propagandadelikte wie Hakenkreuzschmierereien gezählt (17/97)".[899] Im bnr 15/97 heißt es in der kommentierten Zeitschriftenschau der JF über Knütter: „Anti-Antifa-Experte Hans-Helmuth Knütter berichtet von einer Fachtagung über Rechtsextremismus Ende Mai in Hamburg, wo Verfassungsschützer „Seite an Seite mit offenkundigen Linksextremen"

[894] O.V.: Rechtsextremistische Periodika in 1996, bnr 14/96, 10.07.1996, S. 10, falsche Namensangabe im Original.
[895] O.V.: Rechtsextremistische Periodika in 1996, bnr 22/96, 30.10.1996, S. 11.
[896] O.V.: Rechtsextremistische Periodika in 1996, bnr 24/96, 27.11.1996, S. 11.
[897] O.V.: Rechtsextremistische Periodika, bnr 2/97, 22.01.1997, S. 8; so auch in bnr 4/97, bnr 6/97, bnr 8/97, bnr 13/97, bnr 16/97, bnr 20/97, bnr 22/97 und bnr 25/26/97.
[898] O.V.: Rechtsextremistische Periodika in 1997, bnr 3/97, 04.02.1997, S. 10.
[899] O.V.: Rechtsextremistische Periodika in 1997, bnr 10/97, 14.05.1997, S. 12.

marschierten. Dringlich sei der Schulterschluß, um „dieser verderblichen Entwicklung entgegenzutreten" (28/97)".[900] Im bnr 21/97 heißt es in einem Satz: „Hans-Helmuth Knütter würdigt den umstrittenen verstorbenen Verhaltensforscher Hans Jürgen Eysenck...als unbeirrbaren Kämpfer gegen den Zeitgeist (39/97)".[901] In einem polemischen Beitrag in derselben bnr Ausgabe beschäftigt sich Volkmar Wölk – „Jean Cremet" mit Eysencks These von der Ungleichheit, die er unter Rassismusverdacht stellt, hieraus leitet Wölk eine politische Verortung von einigen Wissenschaftlern zu einer „extremen Rechten" ab. Hierzu stellt Wölk zwischen Eysenck u.a. Verbindungen zu Armin Mohler, Bernhard Willms und Elisabeth Noelle-Neumann her. Dieser Hintergrundartikel und der vorgenannte JF-Kommentar stehen in einem inneren Zusammenhang und sind somit geeignet, Knütter politisch zu diffamieren.
Wiederum auf einen Satz verkürzt wird Knütters Beitrag in der JF im bnr 25/26/97 wie folgt wiedergegeben: „Über einen angeblichen McCarthyismus von links, wie Meinungsterror, versuchte Einschüchterung, Einschränkung der Meinungs-, Wissenschafts- und Versammlungsfreiheit, lamentiert Anti-Antifa-Stratege Hans-Helmuth Knütter; die Gefahr von rechts sei schließlich reine Fiktion (48/97)".[902]

Im Jahr 1998 der bnr „Zeitschriftenschau" werden z.T. die Verfasser der Kommentierungen angeführt. Danach ergibt sich ab bnr 10/98 eine Arbeitsteilung zwischen der Auswertung der JF von Gabriele Nandlinger und der NE von Klaus-Henning Rosen.[903] Beide Zeitschriften, mit Schwerpunkt auf der JF, werden auch in diesem Jahrgang zumeist nebeneinander und ausgenommen einiger Ausnahmen (EV) fokussiert. Im selben Stil werden erneut über einzelne schlaglichtartige Themen personenbezogene Inhalte kommentiert wiedergegeben. Falsch wiedergegeben wird im bnr 5/98 eine Forderung von Hans-Hellmuth Knütter nach Aufhebung des Trennungsgebotes und Einstellung der Verfassungsschutzberichte, die er in der JF veröffentlicht hat: „Für eine Abschaffung des Verfassungsschutzes plädiert in der Kolumne...Anti-Antifa-Stratege Hans-Helmuth Knütter, da dieser zur Vergiftung des öffentlichen Klimas durch die „denunziatorische Mentalität" des heutigen politischen und Medienestablishments gegen Patrioten beitrage (10/98)".[904] Gabriele Nandlinger stellt in ihrer JF-Kommentierung im bnr 18/98 zu einer Wahlkommentierung von Knütter einen Zusammenhang mit dem Jahr 1939 her: „Für den professoralen „Linksextremismusexperten"

---

[900] O.V.: Periodika der extremen Rechten, bnr 15/97, 23.07.1997, S. 12.
[901] O.V.: Periodika der extremen Rechten, bnr 21/97, 15.10.1997, S. 10.
[902] O.V.: Periodika der extremen Rechten, bnr 25/26/97, 15.12.1997, S. 14.
[903] Rosen, Klaus-Henning; Nandlinger, Gabriele: Periodika der extremen Rechten, bnr 10/98, 20.05.1998, S. 12; so auch in bnr 12/98, 15/98, bnr 19/98, bnr 21/98 und bnr 24/98; aufgrund der wöchentlichen Erscheinungsweise wird die JF von Nandlinger einzeln in folgenden Ausgaben kommentiert: bnr 13/98, bnr 18/98, bnr 22/98 und bnr 25/26/98.
[904] O.V.: Periodika der extremen Rechten, bnr 5/98, 11.03.1998, S. 13.

Hans-Helmuth Knütter ist die Gegenwart durch bleierne Unbeweglichkeit geprägt. Der Wahlkampf präge diese Mentalität und erinnert Knütter offensichtlich an 1939/40: „ein seltsamer Schwebezustand, weder Krieg noch Friede". „Aber warte nur, bald...Stille vor dem Sturm", heißt es für Knütter (35/98)".[905] Knütters Kritik am administrativen Verfassungsschutz in der JF steht in der Nandlinger Kommentierung im bnr 24/98 im Vordergrund: „Im nächsten Heft lamentiert dann der professorale Linksextremismusexperte Hans-Helmuth Knütter über die amtliche Gesinnungsschnüffelei...Wegen einer „legalen, legitimen, ja notwendigen Meinungsäußerung" würde man da einfach in den Verdacht des Rechtsextremismus gerückt. Es stelle sich daher für ihn (Knütter) die Frage, wer eigentlich die Verfassung gefährdet (48/98)".[906] Demgegenüber kommentiert Nandlinger im bnr 25/26/98 zu Knütters JF-Beitrag überwiegend seine Einschätzungen zum Linksextremismus: „Linke Machenschaften überall am Werk wähnt der passionierte „Linksextremismus-Experte" Hans-Helmuth Knütter. Aller Orten herrsche Milde gegen linke Krawallmacher, sogar CDU-nahe Blätter würden gegen Bundeswehrangehörige hetzen. Es gelte heute, „die nächste Wende unserer wendereichen Zeit vorzubereiten" und dazu bedürfe es der Überwindung der Zersplitterung der (extremen) Rechten (50/98)".[907]

Die bnr „Zeitschriftenschau" im Jahr 1999 behält bis zum Ende des Untersuchungszeitraums 2004 die grundsätzliche Arbeitsteilung zwischen Rosen und Nandlinger bei, welche maßgeblich lediglich die JF und NE kommentieren.[908] Der Schwerpunkt der Darstellung liegt auch weiterhin auf der JF, Hans-Helmuth Knütter wird im selben Stil von Nandlinger in drei bnr Ausgaben (bnr 8/99, bnr 15/99 und bnr 18/99) kritisch beleuchtet. Auch in den folgenden bnr Jahrgängen erscheinen über Knütter regelmäßige Darstellungen in der „Zeitschriftenschau" von Gabriele Nandlinger (bnr 1/00, bnr 3/00, bnr 7/00, bnr 9/00, bnr 18/00, bnr 24/00, bnr 3/01, bnr 6/01, bnr 7/01, bnr 10/01, bnr 12/01, bnr 20/01, bnr 23/01, bnr 2/02, bnr 4/02, bnr 7/02, bnr 9/02, bnr 11/02, bnr 15/02, bnr 22/02, bnr 24/02, bnr 1/03, bnr 4/03, bnr 6/03, bnr 8/03 und bnr 12/03). Der Anspruch, über die wichtigsten und gängisten Wochen- und Monatsperiodika zu informieren, wurde durch die maßgebliche Konzentration auf die beiden Zeitschriften JF und NE im Untersuchungszeitraum vom bnr nicht erfüllt.

---

[905] Nandlinger, Gabriele: Periodika der extremen Rechten, bnr 18/98, 09.09.1998, S. 12.
[906] Nandlinger, Gabriele: Periodika der extremen Rechten, bnr 24/98, 02.12.1998, S: 12-13, hier: S. 13.
[907] Nandlinger, Gabriele: Periodika der extremen Rechten, bnr 25/26/98, 16.12.1998, S. 14.
[908] Rosen, Klaus-Henning; Nandlinger, Gabriele: Periodika der extremen Rechten, bnr 1/99, 13.01.1999, S. 12; so auch in bnr 5/99, bnr 6/99, bnr 8/99, bnr 11/99, bnr 13/99, bnr 15/99. Bei gleicher Aufgabenteilung erfolgt die übrige Kommentierung als Einzeldarstellung in den entsprechenden Ausgaben des bnr.

Eine kurze Meldung im bnr 4/96 informiert über weitere „…personelle Änderungen bei der rechten Wochenzeitung „Junge Freiheit"".[909] Hierzu werden Angaben aus der aktuellen Ausgabe einer „JF-intern" benutzt, um die jeweiligen Akteure mit Altersangabe und Funktion vorzustellen.

Urheberrechtsstreitigkeiten zwischen den Zeitschriften EV und JF werden von Christian Nigl im bnr 6/96 thematisiert. Bei dieser Angelegenheit ging es um einen Abdruck einer Karikatur in der EV, die zuvor bereits in der JF abgedruckt gewesen sei. Verbunden werden mit der Darstellung eines Rechtsstreites noch zwei weitere Erläuterungen zu Rechtsstreitigkeiten zwischen Manfred Rouhs (Herausgeber der EV): zum einen mit einem anderen Karikaturisten in einem weiteren Urheberrechtsstreit und zum anderen mit seinem Vermieter. In letztgenannter Darstellung wird die genaue Adresse und Stockwerk von Rouhs Privatwohnung genannt.[910]

Gernot Modery–„Anton Maegerle" beschäftigt sich im bnr 8/96 mit dem Begriff „Geopolitik" und seiner überwiegend historischen Interpretation während des Nationalsozialismus. Hiernach untersucht er die Diskussion des Begriffes, den er im Sinne einer „expansionsistischen Raumauffassung" auslegt und als eine „Pseudo-Wissenschaft" bezeichnet, in einigen „rechtsextremistischen Organen". In einem Abschnitt stellt er hierzu undifferenziert fest: „Geopolitische Konzepte werden seit Jahren in einschlägigen Publikationen wie NE, „Criticon" und „Junge Freiheit",…deren Einfluß tief ins rechtskonservative Spektrum ausstrahlt, vorgestellt und diskutiert."[911]

Als nächsten Begriff untersucht Gernot Modery–„Anton Maegerle" im bnr 11/96 das Verhältnis der extremen Rechten zum Islam bzw. Islamismus durch einzelne Autoren und Publikationen. Er unterstellt hierbei zwei zu beobachtende Kategorien, „…Vertreter der Neuen Rechten…, die den ‚panarabischen Nationalismus' begrüßen…" und „innerhalb der herkömmlichen ‚alten Rechten'…die im Islam eine Bedrohung Deutschlands und Europas…"[912] sähen. Hierzu untersucht Modery wiederum indirekt z.B. die Thesen zum Islam von Rolf Stolzs Buchveröffentlichung „Die Mullahs am Rhein", der sich hier grundsätzlich gegen eine Expansionsbestrebung des Islam wendet. Anhand dieser Beleuchtung wird die von Modery aufgestellte These von einer klaren Kategorisierung der Haltungen einer „Alten und Neuen Rechten" zum „Islam" bereits durchbrochen. Denn Modery stellt die wohlwollenden Diskussionen des Buches in der Zeitschrift EV dar und

[909] O.V.: Tagebuch, bnr 4/96, 21.02.1996, S. 13.
[910] Nigl, Christian: „Europa vorn" in der Bredouille, bnr 6/96, 20.03.1996, S. 5.
[911] Maegerle, Anton: Das Europa der Rassisten, bnr 8/96, 17.04.1996, S. 2-3, hier: S. 3.
[912] Maegerle, Anton: Feindbild Islam, bnr 11/96, 29.05.1996, S. 6-7, hier: S. 6.

assoziiert den Autor mit dem „Studienzentrum Weikersheim“ die im bnr beide einer „Neuen Rechten“ zugeordnet werden. Weiterhin wird der JF ein eher positiv geprägtes Islam-Bild unterstellt, als Nachweis dieser These dient Modery ein Beitrag eines belgischen Gastautors. Aufgrund eines JF-Gesprächs mit einem palästinensischen Aktivisten charakterisiert Modery diese Wochenzeitung als ein „...Sprachrohr von Antiwestlern und Streitern wider die universalen Menschenrechte...“.[913]

Die „Frankfurter Allgemeine Zeitung“ rückt durch die Veröffentlichung einer „skandalträchtigen“ Anzeige „Appell der 100. Die Meinungsfreiheit ist in Gefahr“ in den Fokus des bnr 12/96. Diese Anzeige würde, so Gernot Modery-„Anton Maegerle“ verklausuliert gegen die strafrechtliche Verfolgung des Negationismus polemisieren und protestieren. Nachfolgend stellt Modery hierzu einige ausgewählte Unterzeichner des „Appells“ anhand ihren Veröffentlichungen und politischen Lebensläufe oder Funktionen in einer Spiegelstrichauflistung vor. Dementsprechend charakterisiert Modery den Wissenschaftlichen Direktor a.D. des „Militätgeschichtlichen Forschungsamtes“ Joachim Hoffmann als Autor der JF, Preisträger des ZFI und der „Deutsch-Russländischen Gesellschaft“ (DRG).[914]

Im bnr 12/96 werden Informationen des nordrhein-westfälischen Verfassungsschutzes über eine geplante Klage der JF „durch namhafte Juristen“, die hier nicht explizit genannt werden, gegen das Land NRW veröffentlicht, welche der administrative Verfassungsschutz erst aufgrund des Einsatzes nachrichtendienstlicher Mittel in Erfahrung gebracht hat: „JF-Chefredakteur Dieter Stein soll bei einem nichtöffentlichen Sympathisanten-Treffen Anfang April in Bochum, das vom Verfassungsschutz belauscht wurde, die Klage angekündigt haben“.[915] Ein weiterer Beleg für die guten Kontakte des bnr zum behördlichen Verfassungsschutz.

Die Darstellung zum Anlaß der 150. Ausgabe der Zeitschrift „Criticón“ im bnr 15/96 konzentriert sich maßgeblich auf die Illustration einiger Schlaglichter zum politischen Wirken von Armin Mohler im Allgemeinen und in dieser Zeitschrift. Auf diese verkürzten Beobachtungen (und der Einordnung von Pfahl-Traughber im bnr 13/96 zu den „faschistischen“ Tendenzen) ist dann auch die gesamte politische Verortung der Zeitschrift durch den nicht genannten Autor, zurückzuführen: „Criticón“ orientiere sich danach, „...wie

---

[913] Ebd., hier: S. 7.
[914] Maegerle, Anton: Für eine andere Meinungsfreiheit, bnr 12/96, 12.06.1996, S. 3.
[915] O.V.: Tagebuch, bnr 12/96, 12.06.1996, S. 14.

die „Junge Freiheit"...eng am Ideengut der sog. „Konservativen Revolution", einer präfaschistischen Strömung in der Weimarer Republik".[916]
Von den ersten Erfolgen der JF-Spendenkampagne und zwei Änderungen in der Zusammensetzung der JF-Redaktion wird in einem namentlich nicht gekennzeichneten Beitrag im bnr 16/96 berichtet.[917] Diese kleinen Meldungen über die JF besitzen zwar keinen tieferen analytischen Wert, jedoch informieren sie über die namentliche Zusammensetzung der JF-Redaktion. Damit wird einmal mehr das Verfahren des *„naming names"* im bnr angewendet. Weiterhin zeigen diese Kurzbeiträge im bnr, wie genau die JF ausgewertet wird, bzw. welchen hohen Stellenwert diese Zeitung für die bnr-Redaktion besitzt.
Im bnr 19/96 kommentiert Armin Pfahl-Traughber eine Serie der JF über ein paar Vertreter der „Konservativen Revolution". Anhand einzelner Beispiele aus der Artikelserie versucht Pfahl-Traughber nachzuweisen, daß sich, indem die JF sich nicht ausdrücklich in diesen Beiträgen von den antidemokratischen Haltungen der einzelnen portraitierten Personen distanzierten und ihre kritische Haltung zum Nationalsozialismus betonten, selber eine antidemokratische Haltung vertreten würde. Bei der geschichtlichen Einordnung der „Konservativen Revolution" übernimmt der bnr-Autor zum wiederholten Mal die Einschätzungen des Politologen Kurt Sontheimer: „Ein, aus extremismustheoretischer Sicht, ganz entscheidender Gesichtspunkt der „Konservativen Revolution", nämlich ihr „antidemokratisches Denken" (Sontheimer), wird von...den Autoren der Portrait-Serie gar nicht berücksichtigt, was ein bezeichnendes Licht auf deren demokratietheoretisches Selbstverständnis wirft...Eine Abkehr vom antidemokratischen Gedankengut...läßt sich in der JF nirgendwo feststellen. Im Gegenteil wird diese geistige Strömung gegen jegliche Kritik ausdrücklich verteidigt, so etwa bezüglich der Einwände von nationalrevolutionärer Seite".[918]
Zu diesem Ergebnis gelangt der Rezensent obwohl er zu Beginn seines Beitrages Dieter Stein ausführlich diese Reihe zur „Konservativen Revolution" einordnen läßt. In einer rechtfertigenden Rückblende äußert sich Stein zu dieser Reihe. Ihm sei es hiernach maßgeblich darum gegangen, einen Pauschalvorwurf zu Verstrickungen zwischen „Konservativer Revolution" und Nationalsozialismus zu entgegnen und zu zeigen, „...daß es eine konstruktive Parlamentarismus- und Demokratiekritik von rechts gab...".[919]
Die Veröffentlichung eines Gesprächs mit einem Mitglied der *„Scientology-Organisation"* (SO) und eine Filmkritik in der gleichen Ausgabe der JF dient Armin Pfahl-Traughber dazu

[916] O.V.: Das 150. Jubiläum, bnr 15/96, 24.07.1996, S. 7.
[917] O.V.: Rettung für die JF, bnr 16/96, 07.08.1996, S. 13.
[918] Pfahl-Traughber, Armin: Antidemokraten als Vorbilder, bnr 19/96, 18.09.1996, S. 6-7, hier: S. 7.
[919] Ebd., hier: S. 6.

im bnr 20/96, der JF eine „gewisse Sympathie" für SO zu unterstellen. Eine Nähe konstruiert Pfahl-Traughber, indem er diese beiden Akteure unter einer angeblich gemeinsam zu erleidende „*Political Correctness* - Kampagne" subsumiert.[920] Fakt ist, daß sich die JF und die SO zeitgleich einer negativen Berichterstattung erwehren mußten, welche nicht in einem engeren Zusammenhang standen, bzw. auf eine gemeinsame Gegenkampagne zurückzuführen sind. Dies wird von Pfahl-Traughber hier also lediglich mit Absicht unterstellt, bzw. konstruiert.

Nach dem Frankfurter Buchmesserundgang von Gernot Modery–„Anton Maegerle" informiert er im bnr 21/96 neben einigen Publikationen des Arun Verlages und anderen auch über zwei erschienene Werke im „Leopold Stocker-Verlag" und dem „Karolinger-Verlag". Hierbei werden über die Autoren der Bücher des erstgenannten Verlages Verbindungsketten zu der Zeitschrift „Criticón" und bei Zweitem mit der JF hergestellt.[921]

Volkmar Wölk untersucht unter einem weiteren von ihm verwendeten Scheinnamen im bnr, „Jean Cremet", einen neuen Flügel der „Neuen Rechten", welcher sich europäisch vernetzt und u.a. angeblich gegen die JF gerichtet sei, da bei dieser Zeitung ein politischer Liberalismus festzustellen sei. Hierzu benennt er maßgeblich Positionierungen von einigen ehemaligen (Gast-)Autoren der JF und thematisiert die Gründung eines deutschen Ablegers des europäischen Netzwerkes „*Nouvelles de Synergies Européennes*", „Synergon", genannt. Wölk referiert einige Inhalte aus Vorträgen und Publikationen. Zum Abschluß kommt er aber zu dem beschwichtigenden Ergebnis, daß „allein die sprachlichen Probleme…die hochfliegenden Pläne bereits im Ansatz scheitern lassen"[922] dürften.

Im bnr 23/96 wird die Vorstellung des aktuellen Zwischenberichtes des Verfassungsschutzes NRW dargestellt. Im abschließenden Abschnitt wird die Einschätzung des Innenministers Kniola (SPD) bezüglich der JF wiedergegeben, die in verkürzter Form extremismustheoretisch noch über die Einschätzungen des bnr hinausgehen. Danach hätten sich „…vorliegende Anhaltspunkte für den Verdacht rechtsextremistischer Bestrebungen…im laufenden Jahr bestätigt. Die von der JF initiierte Kampagne gegen die angeblich vorherrschende ‚Political Correctness' (PC) werde hauptsächlich zur Verharmlosung von NS-Verbrechen eingesetzt. Auch halte die JF an den ‚Ideen der antidemokratischen ‚Konservativen Revolution' fest, die nach heutigen Maßstäben rechtsextremistisch seien.'"[923]

---

[920] Pfahl-Traughber, Armin: Geteiltes Leid ist…, bnr 20/96, 02.10.1996, S. 6.
[921] Maegerle, Anton: Rechte Ideologie und Neuheidentum, bnr 21/96, 16.10.1996, S. 4-5.
[922] Cremet, Jean: Der zweite Ableger, bnr 21/96, 16.10.1996, S. 6-7, hier: S. 7.
[923] O.V.: Rechtsextreme bleiben Thema, bnr 23/96, 13.11.1996, S. 6.

Das bnr „Tagebuch“ im bnr 2/97 meldet über die „rechtsextreme“ Wochenzeitung JF den personellen Redaktionswechsel im Bereich Kultur und über den Abschied des Leiters im Marketing/Vertrieb.[924]

In einer Tagebuchmeldung im bnr 4/97 wird der FDP-Politiker Detlef Kühn als neuer JF-Autor vorgestellt. In einem kurzen Portrait werden seine beruflichen Stationen genannt und er wird als Autor/Gesprächspartner der Zeitung „wir selbst“ bezeichnet. Erwähnung findet auch Kühns Teilnahme als Redner auf dem Zeitschriftenkongreß „Initiative 90“ (vgl. bnr 26/90). Politisch verortet wird Kühn dem nationalliberalen Flügel der FDP.[925]

Hubertus Kahl eilt in einem Beitrag im bnr 5/97 den Herausgebern eines Buches zur Hilfe, in dem es inhaltlich u.a. um die politische Verleumdung des Journalisten Ansgar Graw gehen sollte. Die Anwälte des Journalisten drohten vor der Auslieferung des Buches, das im „antifaschistischen“ Elefant Press Verlag erscheinen sollte, mit gerichtlichen Schritten. Graw wird in dem Buch über „Rechtsschreiber“ als ein „neuer Rechter“ dargestellt, der sich als Student in Organisationen und Zeitschriften „am rechten Rand“ betätigt habe und inzwischen in etablierten Institutionen Karriere machen würde. Im Anschluß werden von Kahl einige Beispiele über Graw konkret genannt, welche sich alle in einem rechtsdemokratischen Rahmen bewegten. So werden z.B. Artikel in der JF, „Criticón“ und dem „Ostpreußenblatt“ benannt.[926]

Ein Tagebucheintrag des bnr 5/97 informiert darüber, daß das Düsseldorfer Verwaltungsgericht die JF-Klage „zurückgewiesen“ hätte. Infolgedessen würde von der anwaltlichen Vertretung der JF, Manfred Brunner, dessen Funktion als Vorsitzender des BfB in diesem Zusammenhang thematisiert wird, erwogen „notfalls bis zum Bundesverfassungsgericht“ vorzugehen. Weiterhin wird die gescheiterte Einstweilige Anordnung gegen die Erwähnung im Verfassungsschutzbericht NRW für 1995 kurz thematisiert und als ein weiterer Beweis für eine politische Verortung der JF eine einzelne Anzeige eines Buchdienstes mit Hilfe einer verbindenden Themenkette aufgeschlüsselt.[927]

Unter Zuhilfenahme eines ganzen Bündels von Verbindungs- und Argumentationsketten stellt Gernot Modery–„Anton Maegerle“ im bnr 10/97 den in Graz und Stuttgart ansässigen Leopold-Stocker Verlag vor, der in seinem Verlagsprogramm, neben einigen politischen und zeitgeschichtlichen Werken, überwiegend Bücher aus dem landwirtschaftlichen-landeskulturellen Bereich vorhält. Zunächst leitet Modery seine Darstellung über den Verlag

---

[924] O.V.: Tagebuch, bnr 2/97, 22.01.1997.
[925] O.V.: Tagebuch, bnr 4/97, 19.02.1997, S. 15.
[926] Kahl, Hubertus: Blackout, bnr 5/97, 05.03.1997, S. 7.
[927] O.V.: Tagebuch, 5/97, 05.03.1997, S. 14.

aufgrund eines Werkes über die „Südtirol-Aktivisten“ ein. Hierzu werden der Herausgeber und einige Autoren, auch über Sekundärurteile aus anderen Zeitschriftenaufsätzen, vorgestellt. Hiernach konzentriert sich Modery auf eine geschichtliche Darstellung des Verlagsgründers, um im Anschluß in einer groben Zusammenstellung einige Autoren des Verlages der „Grauzone zwischen Rechtskonservatismus und Rechtsextremismus“ darzustellen, u.a.: Heinrich Lummer, Paul Latussek, Gerhard Löwenthal, Günter Maschke, Walter Staffa, Edmund Stoiber, Umberto Bossi und Jörg Haider.[928] Danach werden einige Bücher aus dem Gesamtverzeichnis angeführt, die Anzeigenpublikationen des Verlages aufgelistet und zu dem aktuellen Geschäftsführer aus einem JF Gespräch zitiert.

Von Volkmar Wölk–„Jean Cremet“ wird im bnr 13/97 erkannt, daß sich Dieter Stein bereits 1989 von dem Begriff „Neue Rechte“, einer kongruenten Übernahme der Konzeption der *Nouvelles Droites* und einer „metapolitischen Strategie“ distanziert habe. Anstatt Stein/JF daraufhin dem demokratischen Spektrum zuzuordnen, sieht sich Wölk in seiner Annahme bestätigt, daß Stein als ein „alter Rechter“ zu bezeichnen wäre und seine fortgesetzte Distanzierung ohnehin nur aus klagetaktischen Gründen gegen die VS-Beobachtung vorgenommen hätte und nun auf einen angeblichen parlamentarischen Erfolg einer Rechten, dem BfB, hoffe. Weiterhin münzt Wölk eine allgemeine inhaltliche Kritik von Günter Maschke und Jürgen Hatzenbichler an der deutschen Rechten, die in der JF erschienen ist, auf die Person Dieter Stein. Wölk versucht mit diesem von ihm erstellten diskreditierenden Stein-Portrait die Zerstrittenheit des „rechten Politiklagers“ darzustellen. Diese Beiträge werden von Wölk als eine angebliche Entgegnung auf die Person Stein interpretiert. Jedoch einzig die im weiteren von Wölk in Auszügen dokumentierte Polemik eines „Thule-Briefes“ des Kasseler „Thule – Seminars“ stellt einen polemischen „Beschuß“ des politischen Kurses der JF dar und damit auch gegen den Chefredakteur dieser Zeitung.[929]

Im bnr 13/97 werden erneut die personellen Veränderung bei der JF aufgrund des Hintergrunddienstes der JF, „JF-Intern“, von Volkmar Wölk–„Sönke Braasch“ dargestellt. Fokussiert werden hierbei von Wölk die Personalbewegungen bei der Position des Chefs vom Dienstes, Leitung des Kulturteiles und des JF-Buchdienstes.[930]

Gabriele Nandlinger informiert im bnr 14/97 u.a. über die Präsentation des nordrheinwestfälischen Verfassungsschutzberichtes durch Innenminister Kniola (SPD), für den die größte Gefahr für die innere Sicherheit des Landes vom Rechtsextremismus ausgehen würde. Hierzu zählt er, nach Nandlinger, auch weiterhin eine „Neue Rechte“: „Im Visier des

[928] Maegerle, Anton: „Ein traditionsreicher Verlag“, bnr 10/97, 14.05.1997, S. 2-3, hier: S. 3.
[929] Cremet, Jean: Nur ein bißchen rechts, bnr 13/97, 25.06.1997, S. 6-7.
[930] Braasch, Sönke: Bäumchen wechsle dich, bnr 13/97, 25.06.1997, S. 11.

NRW-Verfassungsschutzes steht nach wie vor die Wochenzeitung „Junge Freiheit", die nach amtlicher Einschätzung nach wie vor bemüht ist, ihre extremistischen Positionen zu tarnen bzw. zu verschleiern. Der „intellektualisierte" Rechtsextremismus soll auch künftig ein Arbeitsschwerpunkt des Verfassungsschutzes bleiben. Leitfiguren wie Franz Schönhuber und Alfred Mechtersheimer würden insbesondere in Publikationen der „Neuen Rechten", wozu u.a. „Europa Vorn" oder „Nation+Europa" gerechnet werden, sich um eine Einigung des rechtsextremistischen Lagers bemühen".[931]

Über eine Sommeruniversität des europäischen Netzwerkes „*Synergies Européennes*" informiert Volkmar Wölk–„Jean Cremet" in bnr 15/97, indem er maßgeblich über die Referenten und deren Themen lediglich Verbindungsketten darstellt. Im Fokus stehen hier Publikationen wie JF, EV, „wir selbst", „Etappe", „Criticón". Der bnr-Artikel stellt maßgeblich lediglich eine ausführlichere Kommentierung des Tagungsprogramms dar. Zum Abschluß kommentiert er warnend die Zukunftschancen dieser Organisation deutlich optimistischer, im Gegensatz zu seiner Einschätzung im bnr 21/96 über die Sprachbarrieren: „Die „Synergies Européennes" sind sicherlich seit der Gründung des GRECE vor nunmehr dreißig Jahren der ernstzunehmendste und erfolgversprechendste Ansatz der „Neuen" Rechten."[932]

Nach einer zynischen Auslegung eines Satzes von Dieter Stein in der JF (36/97), sieht Armin Pfahl-Traughber im bnr 20/97 seine These von einer gemeinsamen politischen Verortung der JF mit der „Nationalzeitung" und der „Deutschen Wochenzeitung", die von Dieter Stein in o.g. JF-Beitrag als „Radaublätter", die in „freigewählter Isolation" erscheinen würden, bestätigt. Pfahl-Traughber unterstellt Stein in diesem Artikel spitzfindig, daß nach Steins Meinung die drei vorgenannten Zeitungen einem „politischen Lager" angehören würden, da sie genauso wie die JF am Kiosk erhältlich seien. Weiterhin leitet Pfahl-Traughber hieraus eine Diskrepanz zwischen den Bemühungen von Dieter Stein um eine „scheinbare demokratische Seriosität" und dem Vorwurf des Rechtsextremismus ab.[933] Würde man einer solchen Logik folgen, könnte man Volkmar Wölk eine Affinität für die NPD unterstellen, da er sich im bnr 7/00 einer Einschätzung eines NPD-Funktionärs über rechtsdemokratische Parteien anschließt.

Über das „rechte Angebot auf der Frankfurter Buchmesse" wird im bnr 22/97 von Gernot Modery–„Anton Maegerle" informiert. Die überwiegende Anzahl der einzelnen im Beitrag genannten Artikel über die folgenden Verlagshäuser: „Karolinger Verlag Wien", „Leopold

---

[931] Nandlinger, Gabriele: Verfassungsschutz in den Ländern, bnr 14/97, 09.07.1997, S. 10-11, hier: S. 10.
[932] Cremet, Jean: Klassische Fehlbesetzung, bnr 15/97, 23.07.1997, S. 4-5, hier: S. 5.
[933] Pfahl-Traughber, Armin: Ein politisches Lager?, bnr 20/97, 01.10.1997, S. 13.

Stocker Verlag Graz“ und den „Arun Verlag“ wurden bereits schon für den bnr von Modery beleuchtet und stellen damit eine Wiederholung dar. Diese Verlagshäuser mit der JF in Verbindung zu bringen, stellt ein stetes Bestreben von Modery dar.[934]

In einem Hintergrundbeitrag im bnr 22/97 beschäftigt sich Armin Pfahl-Traughber mit den „Jungkonservativen“ der „Konservativen Revolution“. Der „Neuen Rechten“ wird von Pfahl-Traughber unterstellt, sie würde ihr „geistiges Bezugsfeld“ versuchen „moralisch und politisch durch die einseitige Hervorhebung der Differenzen“ zu entlasten. Als Beispiele für seine Beobachtung führt er die von ihm im bnr beleuchtete JF Portrait-Serie und das Buch des „JF-Autors“ Claus Wolfschlag über „Hitlers rechte Gegner“ an. Diese, so Pfahl-Traughber, ignorieren, daß die „Jungkonservativen“ „nicht in erster Linie Gegner der Nationalsozialisten, sondern der Weimarer Republik waren…“.[935] Pfahl-Traughber konzentriert sich im Folgenden darauf, nicht nur aus heutiger Sicht demokratietheoretisch nachzuweisen, daß die „Jungkonservativen“ Antidemokraten, sondern auch maßgebliche Wegbereiter des Nationalsozialismus gewesen seien. Interessanterweise rekurriert der Autor auf eine „differenziertere Einschätzung“ Armin Mohlers, um hiernach anhand zweier Zitate von Edgar Julius Jung und Hildebert Boehm diese differenzierte Sicht wieder zu negieren: „Auch diese Worte lesen sich als ein eindrucksvoller Beleg für die intellektuelle Wegbereitung der NS-Diktatur durch die Intellektuellen der ‚Konservativen Revolution'“.[936]

Thomas Klaus kritisiert im bnr 23/97 einen positiven Beitrag über die JF in der Gratiszeitschrift „Presse & Buch News“ (4/97), die in Bahnhofsbuchhandlungen erhältlich sei. Nachfolgend dokumentiert Klaus einige Einschätzungen des behördlichen Verfassungsschutzes, des „Rechtsextremismus-Fachmanns“ Hans Sarkowicz und der Gewerkschaften HBV und IG Medien. Letztere würden nach Klaus, „…sogar von „Nadelstreifenfaschisten“ sprechen“.[937] Mit dem Hinweis, daß gegen die JF kein Verbot bestünde und er sich nicht Inhalte von anderen Redakteuren vorschreiben ließe, reagierte der Herausgeber der „Presse & Buch News“ couragiert auf eine Anfrage von Klaus.

Auch der Rundgang auf der Leipziger Buchmesse von Gernot Modery–„Anton Maegerle“ im bnr 7/98 präsentiert außer einem neuen Sammelband im Leopold Stocker-Verlag, dessen Autoren er in einem Abschnitt politbiographisch charakterisiert, keine wesentlichen inhaltlichen Neuinformationen. Die „rechtsextreme“ JF wird lediglich aufgrund ihrer Messepräsenz namentlich vorn Modery genannt.[938]

---

[934] Maegerle, Anton: Hokuspokus und Agitation, bnr 22/97, 29.10.1997, S. 3-4.
[935] Pfahl-Traughber, Armin: Intellektuelle Wegbereiter, 22/97, 29.10.1997, S. 10-11.
[936] Ebd., hier: S. 11.
[937] Klaus, Thomas: Kein schöner Zug, bnr 23/97, 12.11.1997, S. 6.
[938] Maegerle, Anton: Lektüre für rechte Leser, bnr 7/98, 08.04.1998, S. 4-5.

Ein Herausgeberwechsel bei der Zeitschrift „Criticón" von Caspar von Schrenck-Notzing zu Gunnar Sohn wird von Volkmar Wölk im bnr 7/98 zum Anlaß genommen, die vorgenannten Personen politbiographisch und anhand ihrer Tätigkeit als Publizisten zu skizzieren. Zuvor wird „Criticón" von Wölk anhand einiger Autoren politisch als das „einflußreichste neokonservative Blatt"[939] verortet. Fraglich ist, im Hinblick auf die bnr „Zeitschriftenschau", nach dieser Einordnung die fehlende regelmäßige inhaltliche Analyse der Zeitschrift „Criticón".

Eine Zeitschriftenkritik über „wir selbst" wird von Volkmar Wölk–„Jean Cremet" im bnr 23/98 publiziert. Anlaß biete eine neue Redaktion und zwei Ausgaben, welche in schneller Folge erschienen seien. Nachdem Wölk das programmatische Geleitwort der neuen Redaktion in Auszügen wiedergibt, „‚Einzige Zeitschrift in Deutschland, in der Linke und Rechte miteinander uneinig werden können.' Alle, ‚die nicht auf Gewalt setzen', seien als Autoren der Zeitschrift willkommen.",[940] charakterisiert er ausführlich den Herausgeber und einzelne Redaktionsmitglieder anhand ihrer Politbiographien, die er allesamt als „nationalrevolutionär" bezeichnet. Abschließend urteilt Wölk: „Auch fast 20 Jahre nach Gründung handelt es sich um einen der innovativsten und intelligentesten Ansätze von Rechtsaußen. Kein Wunder, daß damit auch das Herkunftslager in Verwirrung versetzt wird, [dem] die Blattmacher als Außenseiter gelten."[941]

Auf dem Leipziger Messerundgang von Gernot Modery–„Anton Maegerle" werden maßgeblich wieder die gleichen Verlage von diesem kritisch dargestellt, darunter der „Leopold–Stocker–Verlag", „Karolinger Verlag", die JF und „Criticón", die in gewohnter Weise von Modery portraitiert werden. Erwähnung findet auch der im bnr bereits thematisierte Sammelband von Knütter („Europa ja–aber was wird aus Deutschland?"), der im „Hohenrain–Verlag" erschienen ist, bei dem, nach Modery, auch Autoren wie Albrecht Jebens, Franz Uhle-Wettler, Walter Staffa und Roland Baader publiziert hätten.[942] Wichtig erscheint Modery in diesem Beitrag die Benennung von Namen, welche einzelnen Verlagshäusern zugeordnet werden können. Auf ein ausführlicheres Portrait mit Verbindungsketten verzichtet Modery, offenbar sollen die bereits häufiger im bnr besprochenen Verlage für eine extremismustheoretische Verortung der zugeordneten Personen ausreichen.

---

[939] Wölk, Volkmar: Wachwechsel bei „Criticón", bnr 7/98, 08.04.1998, S. 10.
[940] Cremet, Jean: Systemalternative, bnr 23/98, 18.11.1998, S. 2-3, hier: S. 2.
[941] Ebd., hier: S. 3.
[942] Maegerle, Anton: Brauner Firlefanz, bnr 7/99, 08.04.1999, S. 9-10.

Rudolf Kleinschmidt beklagt im bnr 15/99, daß ein JF-Gespräch mit dem Leiter des Mainzer Instituts für Publizistik bislang für diesen folgenlos geblieben sei. Nachfolgend faßt Kleinschmidt die Protestnoten des AStA in Mainz zusammen und versucht über eine Darstellung einer Diskussion zwischen dem Institutsleiter und Klaus Rainer Röhl, den Hochschullehrer als „rechts" zu diffamieren.[943]

Die Herausgabe eines Buches von Alain de Benoist in der „Edition Junge Freiheit" wird von Volkmar Wölk–„Jean Cremet" ausführlich in bnr 24/99 gewürdigt. Zunächst werden Unterschiede zwischen einer französischen und deutschen „Neuen Rechten" anhand des Werkes einführend dargelegt, danach wird von Wölk erläutert, daß der Band aus Einzelaufsätzen unterschiedlicher zeitlicher Phasen bestünde und daher sich die Chance offenbare, einen Einblick in „implizite Veränderungen" der französischen „Neuen Rechten zu erhalten. Anschließend wird der Titel und Untertitel von Wölk untersucht und die einzelnen Themen der Kapitel erläutert, hierbei wird von Wölk ein einleitender Aufsatz vermißt, der die „ideologischen Modifikationen" erläutert. Im Weiteren sieht er in den von Benoist vertretenen Konzepten einen „direkten Widerspruch" zur „Linie" der JF. Danach versucht Wölk sich an einigen „Übereinstimmungen" zu einer gemeinsamen Ideologie einer „Neuen Rechten", die er allesamt dem besprochenen Buch entnommen hat und bei der nun eine Trennung zwischen einer französischen und einer bundesdeutschen „Neuen Rechten" offenbar unerheblich ist. Seiner Meinung nach finden sich Gemeinsamkeiten „...in der Kritik des jakobineschen Nationalstaatskonzepts, in der Arbeit an Europakonzeptionen, in der Ablehnung aller Erscheinungsformen des Liberalismus, in einer zunehmend kulturellen statt biologischen Begründung von „kollektiver Identität", in Lösungstendenzen vom Etatismus, in der Betonung der Notwendigkeit einer spirituellen Fundierung jeglicher Politik".[944] Im anschließenden Abschnitt wird dem Band unterstellt, er würde die Brückenspektrumsthese unterstützen und eine breitere theoretische Quellenlage einer „Neuen Rechten" präsentieren, als das in der sonstigen Literatur zum Thema rezepiert werden würde. Zum Abschluß wird der JF unterstellt, sie wolle mit der Herausgabe ihr „intellektuelles Image" ohne Eigenleistung aufbessern. Weiterhin betont Wölk, daß kein inhaltlicher Zusammenhang zwischen JF und dem Benoist-Band festzustellen sei. „Kein Grund also, die „Junge Freiheit" plötzlich wieder als „neu" rechts zu bezeichnen. Auch in diesem Fall sollten wir uns an die Fakten halten. Rechts ist das Blatt zweifellos (sogar in der extremen Variante), neu ist nichts, aber auch gar nichts daran."[945]

---

[943] Kleinschmidt, Rudolf: An der rechten Stelle, bnr 15/99, 29.07.1999, S. 8.
[944] Cremet, Jean: Das künftige Europa, bnr 24/99, 02.12.1999, S. 3-4, hier: S. 4.
[945] Ebd..

Die sich aufgrund seiner politischen Entwicklung von Horst Mahler abgrenzenden Publikationen werden von Volkmar Wölk in bnr 1/00 fokussiert. Bezüglich der JF behauptet Wölk in diesem Zusammenhang, daß diese Zeitung „...ansonsten gegenüber jeglichem rechten Gedankengut offen...“[946] wäre. Aufgrund eines aktuellen Gesprächs wähnt der Autor den Bruder Rudi Dutschkes als ein „Ersatz“ für Mahler in der JF.
Aufgrund des 20. Jubiläums der Zeitschrift „wir selbst“ präsentiert Volkmar Wölk–„Jean Cremet“ einen Rückblick mit der Intention, die politische Selbstverortung der Zeitschrift zu relativieren. Hierzu postuliert er zunächst die These, daß sich die Positionierung „jenseits von links und rechts“ als nationalrevolutionäre Publikation mit einer „rechten Stammkultur“ kritisch zu hinterfragen sei. Um diese „Stammkultur“ zu beleuchten, trägt Wölk alle politbiographischen bnr Informationen zu dem Herausgeber und Gründer der unregelmäßig erscheinenden Schrift zusammen und zitiert aus einem Rückblick auf die Zeitschriftengeschichte einige Themen und Autoren. Abschließend kommentiert Wölk: „Beständig bei „wir selbst“ war weder die ideologische Ausrichtung der Zeitschrift noch die personelle Zusammensetzung...Beständig bei „wir selbst“ ist lediglich die Unbeständigkeit“.[947]
Auf einer ganzen Seite wird von Helmut Lölhöffel im bnr 20/00 das Gespräch von Staatsminister Christoph Zöpel (SPD) in der „ultrarechten“ Zeitschrift JF thematisiert. Hierzu werden von Lölhöffel zunächst einige Reaktionen von Politikern (SPD, Grüne, FDP) wiedergegeben, um danach die Einschätzung des nordrhein-westfälischen Verfassungsschutzes über die JF zusammenzufassen. In einem Schreiben an die SPD-Bundestagsfraktion, so Lölhöffel, rechtfertigte Zöpel sein offensives und seinem Verständnis nach demokratischen Vorgehen in dem korrekt geführten und wiedergegebenen Gespräch mit der JF.[948] Im Vergleich hierzu ist dem bnr ein JF Gespräch mit Friedhelm Farthmann (SPD) im bnr 22/00 lediglich eine Kurzmeldung wert, die JF wird in diesem Beitrag wiederum mit dem Attribut „ultrarechts“ versehen.[949]
Im bnr 7/98 berichtete Volkmar Wölk von dem Herausgeberwechsel bei der Zeitschrift „Criticón“, in bnr 23/00 kommentiert er unter der Rubrik „Grauzone“ die hierdurch entstandene „(ent-) politisierende“ Ausrichtung der Publikation unter Gunnar Sohn. Hierzu referiert Wölk zunächst in einem Rückblick auf die vorherige „neokonservative“ Ausrichtung, um hernach ausführlich die Kritik der JF an den Veränderungen bei „Criticón“

---

[946] Cremet, Jean: Im rasanten Fall, bnr 1/00, 13.01.2000, S. 2-3, hier: S. 3.
[947] Cremet, Jean: Zwischen den Lagern, bnr 14/00, 13.07.2000, S. 8-9, hier: S. 9.
[948] Lölhöffel, Helmut: Zöpels Hoffnung, bnr 20/00, 05.10.2000, S: 10.
[949] O.V.: Meldungen, bnr 22/00, 02.09.2000, S. 14.

wiederzugeben. Zum Ende faßt Wölk die einzelnen Punkte folgendermaßen (inhaltlich falsch) zusammen: „Der Streit wird also wohl weitergehen, denn eine Schwerpunktverlagerung von „Criticón“ auf den Kulturbereich ist tatsächlich ebenso wenig zu übersehen wie ein deutlicher Verfall des intellektuellen Niveaus“.[950]

In den Kurz-„Meldungen“ des bnr 3/01 wird thematisiert, daß die JF aufgrund eines auch in der „Süddeutschen Zeitung“ veröffentlichten „Appell für die Pressefreiheit“ ihr Konto bei der Postbank behalten darf. Weiterhin spekuliert der bnr über die Kosten der veröffentlichten Anzeige in der überregionalen Tageszeitung.[951] Zu diesem Thema wird im bnr 10/01 aus einem Brief von Dieter Stein an die Freunde und Förderer zitiert und auf die Spendensituation auch für künftige Kampagnen der JF eingegangen und konkrete Zahlen genannt.[952]

In vier Abschnitten stellt der Verfassungsschützer Thomas Pfeiffer im bnr 13/01 die Klageentscheidung des OVG gegen die JF ausführlich dar. Hierzu zitiert er zunächst aus der Klagebegründung des OVG, welche die Entscheidung des VG Düsseldorf bestätigte. Danach rechtfertigt Pfeiffer die Beobachtungspraxis des Verfassungsschutzes bezüglich der JF und ihres Umfeldes unter Anwendung von nachrichtendienstlichen Mitteln, um hernach die JF-Kampagnen („Angriffe“) gegen das NRW-Innenministerium aufzuzeigen. Zum Schluß thematisiert Pfeiffer die im Vergleich zu anderen Bundesländern niedrigere „Handlungsschwelle“ für eine Beobachtung durch den Verfassungsschutz in NRW und kündigt die geplante Verfassungsbeschwerde von Dieter Stein gegen die Veröffentlichung der JF in Verfassungsschutzberichten an.[953]

Anläßlich des 15. Jubiläums der Zeitschrift JF veröffentlicht der bnr 15/01 steckbriefartig eine Auflistung von ausgewählten Gästen, die am Tag der Offenen Tür des JF-Verlages teilgenommen haben.[954] Ein Beispiel für das „Enttarnen“ und Anprangern durch schlichtes Benennen nach dem Prinzip *„naming names*“.

Aufgrund eines Forumsartikels und eines Leserbriefes zu den islamistischen Terroranschlägen am 11.09.2001 in der JF bezieht, nach Volkmar Wölk–„Jean Cremet“ im bnr 23/01, die „Neue Rechte“ einheitlich Stellung gegen die Vereinigten Staaten und würden sich selbst in einem „Bündnis mit dem Islam“ verorten. Aufgrund von mehreren Stellungnahmen einiger

---

[950] Wölk, Volkmar: Fahnenflüchtige, bnr 23/00, 16.11.2000, S. 6.
[951] O.V.: Meldungen, bnr 3/01, 08.02.2001, S. 14.
[952] O.V.: Meldungen, bnr 10/01, 17.05.2001, S. 14.
[953] Pfeiffer, Thomas: Anhaltspunkte, bnr 13/01, 28.06.2001, S. 4; vgl. zum Einsatz von nachrichtendienstlichen Mitteln des Verfassungsschutzes gegen die JF bnr 12/96, S. 14.
[954] O.V.: Meldungen, bnr 15/01, 26.07.2001, S. 14.

europäischer Akteure, die Wölk zu einer „Neuen Rechten" zusammenfassend darstellt, gilt seiner Meinung nach dieses Feindbild/Bündnisstrategie sogar europaweit.[955]

Thomas Pfeiffer thematisiert im bnr 13/02 einen ausführlichen Beitrag zu einer neuen Kampagne der JF gegen den Verfassungsschutz NRW. Neben einer Anzeige in überregionalen Tagezeitungen analysiert Pfeiffer die überwiegend sachlichen Protestpostkarten der Leser an Ministerpräsident Wolfgang Clement (SPD) und zitiert hierzu einige „Briefe mit Diffamierungen". Weiterhin beleuchtet der Verfassungsschützer und bnr Autor die Darstellung der JF zu dem bislang geführten Rechtsstreit mit dem Bundesland NRW, um im nächsten Abschnitt Alexander von Stahl als Werbeträger und Anwalt der JF beim Bundesverfassungsgericht verbindend darzustellen. Hinter der erneuten „Protestwelle" vermutet Pfeiffer lediglich eine Werbestrategie der JF, welche maßgeblich eine Leserbindung zum Ziel haben soll.[956]

Neben der Darstellung von Mitgliederstatistiken rechtsextremer Parteien und rechtsextremer Straftaten dokumentiert Gabriele Nandlinger im bnr 21/02 im letzten Abschnitt die Auffassungen des baden-württembergischen Verfassungsschutzes über die JF. Darin heißt es zusammenfassend: die JF würde „„...zahlreiche Beiträge abdrucke[n], „mit denen versucht wird, dem freiheitlichen demokratischen Rechtsstaat die Legitimation abzusprechen". Trotz „dieser verfassungsfeindlichen Einstellungen" gelinge es der JF-Redaktion immer mehr, Politiker und andere Personen „aus dem nichtextremistischen Spektrum zu Interviews zu bewegen".[957]

Franziska Hundseder bespricht im bnr 22/02 wohlwollend die von der Studienstiftung der „Süddeutschen Zeitung" unterstützte Dissertation von Friedemann Schmidt über die Zeitschrift „Criticón", die Hundseder, neben der später hinzukommenden JF als „„...das wichtigste Organ der deutschen neuen Rechten im „Brückenspektrum" zwischen Konservatismus und Rechtsextremismus..."[958] bezeichnet. Das Werk sei, nach Hundseder die erste „profunde" wissenschaftliche Untersuchung über diese, von der Auflage her als „marginal" einzustufenden, Publikation. Jedoch ergebe sich aus diesem Projekt eine Vorbildfunktion für andere publizistische Bemühungen und seine Wirkung spiegelt sich auf die Präsenz ihrer Autoren und auf andere „renommierte konservative Zeitungen" ab. Reflektiert man diese Beobachtung auf den Untersuchungsgegenstand der vorliegenden Studie, findet diese Analyse für den bnr ihre äquivalente Bestätigung, allerdings mit einem

---

[955] Cremet, Jean: Krieg gegen Europa, bnr 23/01, 15.11.2001, S. 4-5.
[956] Pfeiffer, Thomas: Unter Beobachtung, bnr 13/02, 27.06.2002, S. 5.
[957] Nandlinger, Gabriele: Abbröckelnde Basis, bnr 21/02, 17.10.2002, S. 8.
[958] Hundseder, Franziska: Stichwortgeber, bnr 22/02, 31.10.2002, S. 12.

weitergehenden Wirkungsgrad und Konsequenzentfaltung für die im bnr beleuchteten Personen/Organisationen: die Auflage und die Medienresonanz des bnr ist marginal, aber es ergeben sich nachweisbare Vernetzungen mit Plattformcharakter zu SPD, Verfassungsschutzbehörden, Journalismus und „antifaschistischer" Szene. Umrahmt wird die Schmidt-Rezension von der Unterstellung Hundseders, Politik und Medien würden nicht in ausreichendem Maße die „rechtsextremen Intellektuellen" bekämpfen.

Nach einem Rundgang auf der 20. Karlsruher Bücherschau stellt Gernot Modery – „Anton Maegerle" im bnr 24/02 unter der Rubrik „Grauzone" besonders zwei Verlage als „ultrarechts" anhand von zwei Titeln dar. Zum einen werden im Zusammenhang mit dem Leopold-Stocker-Verlag die Herausgeber und einige Autoren des „Handbuchs des Linksextremismus" anhand einiger Verbindungsketten von Modery präsentiert, zum anderen beleuchtet er eine im Herbig Verlag publizierte Adolf Galland-Biographie als „Soldatentum - verherrlichendes Werk".[959]

Wurde über den „Fleissner-Konzern" und den Verleger bereits in bnr 7/93, bnr 19/94 und bnr 2/95 maßgeblich über die Beschäftigung mit Einzeltiteln aus dem Verlagshaus von Armin Pfahl-Traughber berichtet, portraitiert Gernot Modery–„Anton Maegerle" im bnr 12/03 unter der Rubrik „Grauzone" den Verleger aufgrund seines 75. Geburtstages und einem daraufhin von Dieter Stein verfaßten Beitrag für die JF über diverse argumentative Verbindungsketten. Im Folgenden wird Herbert Fleissner („Verlagsmogul") anhand ausgewählter Buchautoren seiner Verlagsgruppe, als Förderer u.a. der JF, seiner Mitgliedschaft in einer Studentenverbindung, in einer Vertriebenenorganisation und der „rechten" Arbeitsgemeinschaft „Stimme der Mehrheit" jeweils unter Benennung von weiteren Personen, wie z.B. Karlheinz Weißmann und Hans-Helmuth Knütter politisch verortet.[960]

Von einer neuerlichen Protestkampagne der JF gegen das Innenministerium NRW (Briefaktion an Ministerpräsident Peer Steinbrück, SPD) berichtet ausführlich Thomas Pfeiffer im bnr 13/03. Hierzu kommentiert Pfeiffer überwiegend die Schreiben Dieter Steins an die Abonnenten und Förderer der JF. Weiterhin thematisiert Pfeiffer in seinem Beitrag eine „Imagebroschüre" und eine „Vertriebs-Offensive" der JF. Kritisiert werden von dem bnr Autor die „zweifelhaften Argumente" der JF, die sich maßgeblich auf ein Gespräch mit dem brandenburgischen Ministerpräsidenten Jörg Schönbohm (CDU) stützen sollen. Danach fokussiert er zum wiederholten Male den Klageweg der JF, um in diesem Zusammenhang wiederum einige Darstellungen Dieter Steins aus behördlicher Wahrnehmung zu berichtigen.

---

[959] Maegerle, Anton: Rechte Schmöker, bnr 24/02, 28.11.2002, S. 9.
[960] Maegerle, Anton: Lobeshymnen, bnr 12/03, 12.06.2003, S. 13.

Zum Abschluß thematisiert Pfeiffer noch einmal die „Imagebroschüre“ mit dem Ziel, die JF Angaben aus verfassungsamtlicher Sicht zu relativieren.[961]

Nachdem bereits einige Male der „Arun-Verlag“ mit seinem schwerpunktmäßig esoterischen Buchprogramm Thema im bnr gewesen ist (vgl. z.B. bnr 5/93, bnr 21/96 und bnr 22/97), beleuchtet Andreas Speit im Hinblick auf das kleinere politische Programm in einer lokalen Umfrage bei esoterischen Buchhändlern den Verlag im bnr 14/03. Danach kommt er zu dem politisch ideologischen Ergebnis, daß der Verlag über sein Esoterikprogramm eine Verbreitung der politischen Bücher mit „neurechten Denken“ anstreben würde. Diese unterstellte Taktik unterminiert Speit mit der politischen Biographie des Verlegers und einer Einschätzung des Bundesministeriums des Innern auf eine Kleine Anfrage. Eigentliches Interesse von Speits bnr Artikel dürfte sein, mögliche Vertriebswege für das gesamte Verlagsprogramm des Arun Verlages einzuengen: „Nicht alle Esoterikbuchhändler teilen jedoch die Einschätzung, daß mit dem Verkauf eines „unpolitischen Buches“ aus diesem Verlag politische Bestrebungen unterstützt werden“.[962]

Tomas Sager analysiert im bnr 17/03 das „breite Spektrum der Kritiker“ an der Veranstaltung des Verfassungsschutzes NRW zur „Neuen Rechten“, die nach Sager, von „ultrarechten Gruppierungen bis hin zu Blättern der Springer-Presse und zu CDU-Bundestagsabgeordneten“[963] reiche. Der bnr-Autor präsentiert besonders einen JF-Artikel, der einige Referenten der Veranstaltung in Düsseldorf politbiographisch, also nach demselben Verfahren, das ganz überwiegend im bnr angewendet wird, charakterisiert. In diesem Zusammenhang beklagt Sager: „Die Junge Freiheit interessiert vielmehr, wo sie [die Referenten, Anm. L.N.] dies [Beiträge über die „Neue Rechte“ verfassen, Anm. L.N.] irgendwann in der Vergangenheit taten, beziehungsweise in welchem Umfeld sie referierten“.[964]

In einer Zeitschriftenanalyse zum Magazin „Der Selbstständige“, welches Gernot Modery– „Anton Maegerle“ im bnr 5/04 unter der Rubrik „Grauzone“ mit dem „unionsnahen“ „Deutschland Magazin“ vergleicht und seiner Meinung nach entweder „rechtslastige Unionspolitiker“ oder „investigative Journalisten“ vorstellen würde, stellt dieser fest, daß einige JF-Autoren und CDU-Mitglieder für das vom „Bund der Selbstständigen Landesverband NRW e.V.“ herausgegebene Blatt schreiben. Diese Beobachtung nimmt Modery zum Anlaß, einige, bereits im bnr z.T. sehr häufig thematisierte Autoren mit

[961] Pfeiffer, Thomas: Protestkampagne, bnr 13/03, 26.06.2003, S. 5.
[962] Speit, Andreas: Spirituelle Botschaft, bnr 14/03, 10.07.2003, S. 2.
[963] Sager, Tomas: Mobilmachung, bnr 17/03, 21.08.2003, S. 6-7, hier: S. 6.
[964] Ebd..

Verbindungsketten, neben der JF u.a. zur „Sezession“ [quasi „Criticón“-Nachfolgepublikation, Anm. L.N.], „Preußische Allgemeine Zeitung“ [„Ostpreußenblatt“–Nachfolgepublikation, Anm. L.N.] und „wir selbst“, zu charakterisieren.[965]
Über eine „Konservative Deutsche Zeitung“ berichtet Daniel Kilpert im bnr 7/04 zunächst einführend von den bereits im bnr veröffentlichten politbiographischen Verbindungsketten einzelner Vereinsmitglieder der „Deutschen Konservativen e.V.“. Danach kommentiert Kilpert, im Gegensatz zum Verbindungskettenstil der Beiträgen von Modery oder Wölk, einige Inhalte der ersten Ausgabe der Zeitschrift, so z.B. die Kritik an Verfassungsschutzbehörden von Dieter Stein und Hans-Helmuth Knütter oder einen Beitrag u.a. zur „Hohmann-Affäre“ von Bernd Rabehl.[966]

Rechtsdemokratische Wissenschaftler und Institutionen

Zum Tod von Bernard Willms, Professor an der Ruhr Universität Bochum, erscheint im bnr 10/91 ein kurzer Nachruf ohne Autorenangabe. Anhand einer selektiven Zusammenstellung von Publikationen und Personenverbindungen soll Willms maßgeblich eine „rechtsradikale“ Ausrichtung nachgewiesen werden. In diesem Zusammenhang werden einige rechtsdemokratische Autoren und Zeitschriften genannt (z.B. Gerd-Klaus Kaltenbrunner und Christa Meves, die Zeitschriften „Mut“ und „Criticón“). Weiterhin wird Willms als „...einer der profiliertesten Vordenker der „Neuen Rechten“ in der Bundesrepublik...“[967] bezeichnet.
Der Kultursoziologe und Philosoph Henning Eichberg wird im bnr 11/92 als „der Autor der Neuen Rechten“ und „Chefideologe der Nationalrevolutionäre innerhalb der extremen Rechten“ bezeichnet. Stammt das erste Zitat von Peter Glotz (SPD), beruht die zweite Einschätzung auf Armin Pfahl-Traughber, der so seinen bnr-Beitrag über eine sportwissenschaftliche Dissertation zur publizistischen Arbeit Henning Eichbergs von Frank Teichmann einleitet. Henning Eichberg, der in der Bundesrepublik eine zeitlang die Zeitschrift „wir selbst“ als eine Plattform des Austausches zwischen linken und rechten Positionen herausgab, wird in der besprochenen Dissertation aufgrund von zwei kurzen Zitaten als ein Rechtsextremist dargestellt. „Teichmann kommt zu dem Ergebnis“, so Pfahl-Traughber, „daß Eichberg bei allem „den Gedanken einer völkischen Neuordnung vertritt, der im wesentlichen auf rassistischen Annahmen basiert.“ Darüber hinaus arbeitet der Autor den zweifelhaften Umgang Eichbergs mit wissenschaftlichen Methoden und seine Taktik heraus, bewußt „linkes Vokabular“ zu verwenden, um so besser wirken zu können.“[968] An dieser

[965] Maegerle, Anton: Propagandabühne, bnr 5/04, 04.03.2004, S. 11.
[966] Kilpert, Daniel: „Gegengewicht“, bnr 7/04, 01.04.2004, S. 9.
[967] O.V.: Ein Vordenker der „Neuen Rechten“, Bernhard Willms, ist tot, bnr 10/91, 06.05.1991, S. 5-6, hier: S. 5.
[968] Pfahl-Traughber, Armin: „Nationalrevolutionär“ Henning Eichberg, bnr 11/92, 11.05.1992, S. 8-9, hier: S. 8.

Buchrezension zeigen sich drei linke Analyseelemente in Bezug auf die „Neue Rechte", die auch in der späteren Bearbeitung dieses Themas zu beobachten sind: Erstens wird die „Neue Rechte" als eine einheitliche rechtsextreme Gruppierung bezeichnet, zweitens wird ein Bezug zu einem „völkischen Rassismus" hergestellt und drittens wird eine „Taktik" unterstellt, vor der gewarnt wird.

Gernot Modery–„Anton Maegerle" informiert im bnr 10/93 in der Rubrik „Brücken nach Rechts" aus Anlaß des jährlich stattfindenden „Weikersheim Kongreß" über das „Studienzentrum Weikersheim", welches zu Beginn des Beitrages von Modery als „...eine Ideologieschmiede mit Scharnierfunktion zwischen Neokonservatismus und Rechtsextremismus"[969] bezeichnet wird. Die auf dem Kongreß besprochenen Inhalte werden lediglich in einem Halbsatz von Modery abgehandelt. Viel wichtiger ist für ihn die Charakterisierung der Akteure in der für ihn typischen „antifaschistischen" Aufklärungskonnotation, nach Zettelkastenprinzip. Dabei beschränkt er sich nicht in der Darstellung der Referenten des Kongresses, sondern thematisiert auch das von ihm vermutete Umfeld und die früheren Akteure, sowie Gründer und Geschäftsführer. So fügt er einen Abschnitt zur Geschichte des Studienzentrums mit einer Darstellung der Person Hans Filbingers ein. Dabei beurteilt er ganz überwiegend die beleuchteten Akteure nicht nach ihren Publikationsinhalten oder Vorträgen, sondern nach den Erscheinungsorten und/oder ihrer persönlichen Polit-Geschichte um darauf aufbauend die gesamte Institution zu kritisieren. Das Mitteilungsblatt des „Studienzentrums Weikersheim" wird z.B. danach beurteilt, welche Rezensionen abgedruckt wurden. Nicht daß hierbei der Inhalt der Buchbesprechungen analysiert werden würde, allein der Verlag ist für Modery ausschlaggebend für eine politische Verortung der gesamten Ausrichtung des Mitteilungsblattes. Dem „Studienzentrum Weikersheim" wird von Modery unterstellt, daß es sich bei seinen Veranstaltungen, „...einer geschickten Kombination von demokratischen bis rechtsextremen Referenten, die den Anschein von Seriosität wecken...",[970] bedienen würde. Als Beweis für die Richtigkeit seiner Einordnung bezüglich des Studienzentrums gilt Modery ferner, daß in „Rechts-Postillen" (z.B.: JF, „Ostpreußenblatt", „Criticón") über die Veranstaltungen des Studienzentrums berichtet wird. Hierbei bleibt für Modery der genaue Inhalt der Berichterstattung unerheblich, er unterstellt mit seiner Auflistung gleichzeitig einen positiven Impetus der Beiträge. Diese „antifaschistische" Methode der implizierten Behauptung mit Nennung von Namen und grob vereinfachenden Verbindungsketten ist besonders in Artikeln von Modery zu analysieren.

---

[969] Maegerle, Anton: Ein Stelldichein der Ewiggestrigen, bnr 10/03, 18.05.1993, S. 8-9, hier: S. 8.
[970] Ebd., hier: S. 9.

Irritiert über die politische Einstellung von einigen Intellektuellen, zeigt sich Armin Pfahl-Traughber in seiner Buchrezension über das untersuchte Leitmotiv der „Nation" in einem Werk von Karlheinz Weißmann, welches Pfahl-Traughber verengend daraus herausdestilliert. Bei dieser Rezension ist auffällig, daß eine klare extremismustheoretische Einordnung durch Pfahl-Traughber fehlt. Eine solche wird sekundär über eine Kommentierung einzelner Stellen aus Weißmanns Buch oder durch die Verwendung einzelner Begrifflichkeiten von Pfahl-Traughber („wichtiger Protagonist der intellektuellen „Neuen Rechten"") vorgenommen. So hält Pfahl-Traughber z.B. die in dem Buch geäußerte Kritik an der Westbindung für demokratietheoretisch problematisch. Zum Schluß stellt der Rezensent warnend fest, daß sich, seiner Meinung nach, bei einigen Intellektuellen eine undemokratische Trendwende beobachten ließe: „...der nationale Pathos ist wieder schick. Nicht mehr die Wertvorstellungen des demokratischen Verfassungsstaates stehen primär im Vordergrund, vielmehr macht sich der Ruf zur Rückkehr des Nationalen breit."[971] Eine ähnliche interpretatorische Destillationsmaske legt Pfahl-Traughber den 23 Beiträgen eines Sammelbandes von Rainer Zitelmann, Karlheinz Weißmann und Michael Großheim zur Kritik an der Westbindung im bnr 12/94 zugrunde. Weiterhin wirft er, sich selbst widersprechend, dem Buch vor, die Zusammensetzung der Autoren wäre einseitig, jedoch würden die Autoren keinen homogenen Block von Intellektuellen bilden. Insbesondere vermißt Pfahl-Traughber, offensichtlich aufgrund einer flüchtigen Wahrnehmung des Buches, einen positiven Beitrag über die Westbindung und ihre Auswirkungen auf die politische Kultur der BRD.[972]

Aufgrund eines Berichtes in der Zeitschrift „Nation + Europa" über eine Tagung der „Zeitgeschichtlichen Forschungsstelle Ingolstadt e.V." (ZFI) beschäftigt sich Gernot Modery–„Anton Maegerle" speziell mit den Referenten der Tagung und allgemein mit einigen der, nach Einschätzung Moderys, rund 70 wissenschaftlichen Mitarbeiter, dem Vorstand der Forschungsstelle und konstruiert einige Verknüpfungen zu Zeitschriften (besonders JF und „Criticón"), welche über Veranstaltungen des ZFI berichtet haben. Modery verortet den Vorsitzenden und das ZFI im rechtsextremistischen Bereich: „Schickel und das ZFI gehören sicherlich zum Kreis derjenigen, die modifizierte Variante rechtsextremer Gesellschafts- und Politikkonzepte wieder gesellschaftsfähig machen möchten – angeblich im Dienst der Wissenschaft".[973]

---

[971] Pfahl-Traughber, Armin: Vorwärts in die Vergangenheit, bnr 4/94, 15.02.1994, S. 3-5, hier: S. 5.
[972] Pfahl-Traughber, Arnim: Antiwestliches Sonderbewußtsein?, bnr 12/94, 07.06.1994, S. 4-5.
[973] Maegerle, Anton: Kämpfer gegen die „offiziöse Zeitgeschichtsforschung", bnr 14/94, 05.07.1994, S. 2-3, hier: S. 3.

Auch die „3. Weikersheimer Hochschulwoche" wird von Gernot Modery–„Anton Maegerle" kritisch kommentiert. Das „Studienzentrum Weikersheim" wird hier von Modery als ein „Brückenkopf zwischen Neokonservatismus und Rechtsradikalismus" bezeichnet. Nachfolgend werden einige Referenten von Modery namentlich aufgelistet und in Klammern mit einer kurzen politisch-funktionalen Charakterisierung versehen. Besonders kritisiert wird von Modery die Unterstützung der Hochschulwoche durch Bundesmittel und der Firma Daimler-Benz. Zuletzt wird erwähnt, daß die JF über diese Veranstaltung berichtete.[974]

Aus Anlaß eines zehnteiligen Seminars von Alfred Schickel an der Volkshochschule Ingolstadt wird die „Zeitgeschichtliche Forschungsstelle" (ZFI) von Dietmar Adam im bnr 7/95 beleuchtet. Adam unterstellt Schickel, dieser würde „mit seinen zahlreichen Veröffentlichungen...vor allem revanchistische Kreise und kalte Krieger, die sich durch seine mit Scheuklappen betriebene Geschichtsbetrachtung, die lediglich die Fehler der Gegenseite auflistet, bestätigt sehen".[975] Weiterhin wird von Adam kritisiert, daß Schickel häufiger Referent auf Vertriebenenveranstaltungen ist und er u.a. in der „Frankfurter Allgemeinen Zeitung", im „Bayernkurier", „MUT" und „Criticón" veröffentliche. Daneben werden Schickels Würdigungen (u.a. Auszeichnung mit dem Bundesverdienstkreuz) und weitere Auszeichnungen thematisiert.

Wie aus einer schlichten Terminankündigung und den Namen einiger Referenten ein bnr Beitrag wird, zeigt eine Kurzmeldung zum ZFI im bnr 9/95. Dort wird eine Frühjahrstagung mit den Referenten Hans-Helmuth Knütter, Heinz Magenheimer und Alfred Schickel am 12./13. Mai 1995 angekündigt. Anschließend werden in einem Kurzportrait die bereits im bnr veröffentlichten Vernetzungsinformationen zum ZFI zusammenfassend thematisiert. Zu den Vortragsthemen der Referenten werden in diesem Beitrag keine Informationen veröffentlicht.[976]

Armin Pfahl-Traughber untersucht im bnr 11/95 zunächst anhand einzelner ausgewählter Aufsätze in dem von Heimo Schwilk und Ulrich Schacht herausgegebenen Sammelband „Die selbstbewußte Nation" und kommentiert diesen anhand von Zitaten überwiegend mit den Attributen „unklar", „verdreht", „einfach" oder „selbstgefällig". In diesem Duktus fällt auch Pfahl-Traughbers Versuch, eine gemeinsame Linie zu analysieren: „Vieles bleibt allgemein, diffus und dunkel. Statt konkret zu wissen, was man will, liegen die Gemeinsamkeiten mehr darin, eine Haltung zu beschwören..."[977]. Zum Schluß seiner Betrachtung verengt Pfahl-

---

[974] Maegerle, Anton: Großzügige Unterstützung für rechtslastiges Studienzentrum, bnr 22/94, 25.10.1994, S. 5.
[975] Adam, Dietmar: „Kalte Krieger" an der Volkshochschule, bnr 7/95, 04.04.1995, S. 7.
[976] O.V.: Tagebuch, bnr 9/95, 03.05.1995, S. 14.
[977] Pfahl-Traughber, Arnim: Ein Manifest der „89"?, bnr 11/95, 31.05.1995, S. 5-7, hier: S. 7.

Traughber seine Rezension wiederum auf das „Beschwören des Nationalen“ und benennt damit einen Allgemeinplatz rechter Politik (vgl. die in diesem Abschnitt bereits thematisierten Rezensionen von Pfahl-Traughber in bnr 4/94 u. bnr 12/94).

Im bnr 17/95 bespricht Armin Pfahl-Traughber eine Kritik von Henning Eichberg an der JF, die in der Zeitschrift „wir selbst“ Nr. 1/1995 abgedruckt wurde. Pfahl-Traughber betont an dieser Beurteilung besonders die demokratie- und extremismustheoretischen Einordnungen von Eichberg. Diese Einschätzungen werden von Pfahl-Traughber in Auszügen im bnr zitiert und wohlwollend kommentiert. Inhaltlich konzentrieren sich diese auf den auch von der politischen Linken geäußerten Vorwurf einer in der JF vertretenen „Freund-Feind-Ideologie“ nach Carl Schmitt, die sich den Ideen eines „militarisierten Reichsgedankens oder der Geopolitik“ orientieren und damit eher eine „verjüngte Ausgabe der alten Rechten“ darstellen würde. Pfahl-Traughber ordnet diese Kritik an der JF als eine „lagerinterne Kritik“ ein, ohne dies weiter zu begründen. Zu Beginn seines Beitrages analysiert er aufgrund des Eichberg-Artikels verschiedene Strömungen innerhalb des Sammelbegriffes „Neue Rechte“: „Darunter werden durchaus unterschiedliche geistige Strömungen verstanden, so etwa etatistisch orientierte „Jungkonservative“ und vom Volksgedanken ausgehende „Nationalrevolutionäre“.[978] Pfahl-Traughber bezeichnet Eichberg hier als einen „bekannten ‚nationalrevolutionären' Ideologen“, ohne weitere Vertreter und Publikationen zu benennen oder inhaltlich auf eine vertretene Theorie einzugehen. Fraglich bleibt auch, wie man aufgrund, nach Pfahl-Traughber, ideologischen und demokratietheoretischen Differenzen von einem „Lager“ sprechen kann.

Wenn es um den Vorwurf einer Neubewertung deutscher Geschichte geht, dürfen der sogenannten „Historikerstreit“ und seine Akteure, maßgeblich Ernst Nolte - dem in diesem Zusammenhang regelmäßig unterstellt wird, er wolle die nationalsozialistischen Verbrechen durch eine Kontextualisierung („kausaler Nexus“) relativieren – auch im bnr nicht fehlen. Im bnr 18/95 wird hierzu von Ben Grewing ein weiter Bogen von einer Darstellung zum „Historikerstreit“ bis zu Botho Strauß, der Publikation „Die selbstbewußte Nation“ (Heimo Schwilk/Ulrich Schacht (Hrsg.)) und dem Appell „8. Mai 1945–Gegen das Vergessen“ gezogen. Anders als die rein diffamierenden Beiträge von Wölk und Modery werden in diesem Beitrag weniger thematische- und personale Verbindungsketten gebildet. Ein sachlicherer Tenor überwiegt die linksideologischen Darstellungen zu den einzelnen Thematiken, und Grewing kommt zu dem Ergebnis, daß hier der Versuch unternommen würde, die „...„kulturelle Hegemonie der Linken“ zu brechen“. Jedoch schließt er hieraus

[978] Pfahl-Traughber, Arnim: „Der antidemokratische Affekt“, bnr 17/95, 23.08.1995, S. 3.

fälschlicherweise, daß eine „Umdeutung“ oder „Bereinigung“ der deutschen Geschichte beabsichtigt sei und unterstellt dem vorgenannten Appell, ein „...Brückenschlag von der extremen Rechten bis hinein in die Mitte des politischen Parteienspektrums...“ zu sein und weiter: „Das Spektrum der öffentlichen Diskussion soll zum rechten Spektrum hin geöffnet und verschoben werden, rechte und rechtsextreme Ansichten sollen salonfähig gemacht werden“.[979] Offensichtlich werden auch von diesem bnr-Autor die nachweislich vorgenommene Abgrenzung zwischen einer demokratischen Rechten und Rechtsextremen aus linksideologischen Gründen nicht akzeptiert und eine „Brückenthese“ vertreten. Hierin zeigt sich ein außerordentliches Beispiel, wie „rechte“ Politik verallgemeinernd und kumulierend in ein „politisches Ghetto“ tabuisiert wird.

Ein nicht namentlich genannter Autor skandalisiert im bnr 23/95 einen Buchband „Geschichte“, der in der Reihe „Themen und Materialien für Journalisten“ von der Bundeszentrale für Politische Bildung herausgegeben wurde. Hintergrund hierfür ist die schlichte Benennung des ZFI mit dem dort angegebenen Themenschwerpunkt Nationalsozialismus und Vertreibung als ein „ausgewähltes“ Institut für den Zugang zur Geschichtswissenschaft in einer Aufzählung von wissenschaftlichen Institutionen. Zu dieser nüchternen Angabe klärt der bnr in seinem Artikel darüber ergänzend auf, „...daß der ZFI-Vorsitzende Schickel als Autor in ultrarechten Gazetten wie der „Jungen Freiheit“, dem „Schlesier“, „Europa Vorn“, „Deutschland in Geschichte und Gegenwart“, dem „Ostpreußenblatt“ sowie „Criticon“ einschlägig bekannt ist“.[980] Kritisiert wird nachfolgend ein veröffentlichter Artikel, in dem sich Schickel zu nationalsozialistischen Opferzahlen geäußert haben soll. Appellatives Fazit des bnr: „In einer Publikation der überparteilichen Bundeszentrale für politische Bildung hat die revisionistische „Zeitgeschichtliche Forschungsstelle Ingolstadt“ überhaupt nichts zu suchen!“[981]

Unter dem Stichwort „Präventivschlagthese“ stellt Gernot Modery–„Anton Maegerle“ maßgeblich die angeblichen Verbindungen der drei Wissenschaftler: Walter Post, Joachim Hoffmann und Heinz Magenheimer als Akteure einer „Entlastungsgeschichtsschreibung“ mit „ultrarechten bis rechtsextremistischen Kreisen“ her. So wird zum Beispiel der Münchner Politikwissenschaftler Post nicht anhand einer inhaltlichen Auseinandersetzung mit den Thesen seiner Buchveröffentlichung („Das Unternehmen Barbarossa 1941 – Präventivkrieg oder Überfall?“) politisch verortet, sondern über eine Auszeichnung des ZFI und mehrerer Rezensionen u.a. in der JF, im „Ostpreußenblatt“ und als Autor und Rezensent von

[979] Grewing, Ben: Die Jünger Noltes, bnr 18/95, 06.09.1995, S. 10-11, hier: S. 11.
[980] O.V.: Geschichtsunterricht, bnr 23/95, 15.11.1995, S. 5.
[981] Ebd..

Criticón.[982] Mit gleicher Methodik werden die beiden weiteren Wissenschaftler von Modery charakterisiert.

Mit einer „neurechten" Interpretation des Nationalsozialismus von Karlheinz Weißmann setzt sich Armin Pfahl-Traughber im bnr 11/96 auseinander. Bevor dieser sich aber inhaltlich mit den Thesen der Buchveröffentlichung („Der Weg in den Abgrund. Deutschland unter Hitler 1933-1945") auseinandersetzt, entwickelt er einige Vermutungen über die Entscheidung, dieses Buch in der renommierten Buchreihe „Propyläen Geschichte Deutschlands" erscheinen zu lassen. Hierfür sieht er maßgeblich politische Gründe: „Zitelmann [Rainer Zitelmann, damaliger Lektor im Ullstein Verlag, Anm. L.N.] hatte Weißmann offensichtlich nicht wegen dessen fachlicher Qualifikation, sondern aus politischen Gründen für dieses Unternehmen ausgewählt, betätigen sich beide doch seit längerer Zeit in einem gemeinsamen publizistischen Umfeld."[983] Da der Rezensent die grundsätzliche Absicht einer kontextuellen Historisierung des Nationalsozialismus durch die These eines „Epochenphänomens" (Weißmann) ablehnt, wird nachfolgend der wissenschaftliche Anspruch des Buches durch Pfahl-Traughber diskreditiert: „...einerseits weil Weißmann bewußt oder unbewußt viel zu stark mit ideologischer Voreingenommenheit an die Arbeit heran gegangen ist, andererseits weil er sich intellektuell wissenschaftlich den – zweifellos hohen – Anforderungen an eine solche Gesamtdarstellung als nicht gewachsen erweist."[984] Der Rezensent bemerkt wohlwollend, daß sich die Darstellungen von denen eines „...traditionellen revisionistischen Rechtsextremismus..."[985] unterschiede, sich jedoch „...deutliche Relativierung und Verharmlosung durch den Autor feststellen"[986] ließe. Pfahl-Traughber versucht diese „Relativierungen" durch einen besonderen Blickwinkel des Autors zu begründen, „...der eine Verschiebung der Täter-Opfer- bzw. Ursache-Wirkung-Perspektive..."[987] vornähme.

In einem Zwischenruf im bnr 15/96 kommentiert Klaus-Henning Rosen, daß der Ullstein Verlag den Weißmann-Band zum Nationalsozialismus aus dem Programm und dadurch selber Schaden genommen habe. Weiterhin hätte man, indem „...hier der Bock zum Gärtner gemacht worden sei", der „...außerdem ein denkbar schlechtes Buch vorlegte"[988] auch der öffentlichen Diskussion über die „Nazi-Zeit" geschadet. Verwundert zeigt sich Rosen zudem über die Entbindung von Eckhard Jesse für den Nachfolgeband über die deutsche Nachkriegsgeschichte: „Von Kritikern wurde Jesse verschiedentlich eine gelegentlich zu

---

[982] Maegerle, Anton: Hitlers Entlastungszeugen, bnr 9/96, 01.05.1996, S. 3-5.
[983] Pfahl-Traughber, Arnim: Nicht leugnen, aber relativieren, bnr 11/96, 29.05.1996, S. 2-4, hier: S. 2.
[984] Ebd..
[985] Ebd., hier: S. 3.
[986] Ebd..
[987] Ebd., hier: S. 4.
[988] Rosen, Klaus-Henning: Neue Propyläen-Geschichte, bnr 15/96, 24.07.1996, S. 3.

einseitige Ausrichtung vorgehalten. Hier bleibt abzuwarten, wie die Bundeszentrale für politische Bildung diese Entscheidung aufnimmt, gehört doch Jesse zu deren prominentesten Autoren, wenn es um den politischen Extremismus geht."[989] Daß sich besonders Rosen an der durch Jesse vertretenen strengen Ausrichtung anhand der Totalitarismustheorie stört, wird in diesem Beitrag nicht zur Kenntnis gebracht.

Aus Anlaß einer Frühjahrstagung des ZFI im Jahr 1996 widmet sich Gernot Modery–„Anton Maegerle" in einem Portrait dieser Institution. Dabei wiederholt er lediglich die bereits im bnr hierzu aufgestellten Verbindungen von Personen und Publikationen. Besonders widmet sich Modery wiederum dem Leiter des ZFI, Alfred Schickel und seiner „deutschtümelnden Haltung"[990] die er durch eine Anzahl von Publikationen in denen Schickel veröffentlicht hat nachweisen möchte. Dieser Artikel stellt damit eine kampagnenartige Wiederholung bereits aufgestellter diffamierender Verbindungsketten im bnr dar.

Eine neue Variante einer Zusammenstellung von Personenportraits bietet Gernot Modery–„Anton Maegerle" im bnr 13/96 durch eine Konzentration auf Hochschullehrer. In diesem Beitrag charakterisiert er diejenigen Dozenten - wiederum in einer kettenartigen Spiegelstrichauflistung - welche entweder als Teilnehmer von „rechten" Veranstaltungen auftreten, in „rechten" Publikationen veröffentlichen, als Unterzeichner der bereits von Modery im einzelnen thematisierten Appelle/Aufrufe fungieren, oder alle drei Voraussetzungen für die Aufnahme auf dieser Liste erfüllen. Insofern handelt es sich bei den meisten von Modery dargestellten Personen um eine mehrfache Wiederholung in einer neuen Zusammenstellung. Dies betrifft z.B. Johannes von Campenhausen (DP), Karl Schachtschneider (ehem. BfB) oder Günter Zehm. Offensichtlich lassen sich Unterzeichnerlisten sehr leicht miteinander vergleichen. Dies dürfte auch der Grund dafür sein, daß Modery besonders viele Personen in diesem Abschnitt benennen kann. Weiterhin werden von Modery u.a. die Zeitschriften JF als „Gemeinschaftsprojekt neurechter Intellektueller der jungen Generation" und „Criticón" als „rechtsintellektuelles Strategieorgan" bezeichnet. In den meisten Personenportraits wird ebenso eine Referententätigkeit beim „Studienzentrum Weikersheim" als Beweis für die „Rechtslastigkeit" des jeweiligen Hochschullehrers benannt.[991]

In einem Portrait über Armin Mohler bezieht sich Armin Pfahl-Traughber im bnr 13/96 ausgehend von einer Nennung eines Gastbeitrages in der NE (1996), maßgeblich auf ein Gespräch mit der „Leipziger Volkszeitung" (1995), in dem sich Mohler selbst als ein Faschist

---

[989] Ebd..

[990] Maegerle, Anton: Kämpfer für eine neue Zeitgeschichte, bnr 11/96, 29.05.1996, S. 12.

[991] Maegerle, Anton: Deutsche Professoren im rechten Dunst, bnr 13/96, 26.06.1996, S. 2-4.

bezeichnet. Daraus folgend wird von Pfahl-Traughber eine politische Nähe Mohlers zum „Faschismus", zur „Konservativen Revolution" gezeichnet und dieser als Vater einer „Neuen Rechten" in der Bundesrepublik benannt. Diese Charakterisierungen umrahmen einige Angaben zu biographische Daten und der publizistischen Arbeit Mohlers. Pfahl-Traughber verfolgt mit diesem Beitrag sekundär die Absicht, eine Entwicklung des „honorigen Rechtskonservativen" zu einem vermeintlichen Rechtsextremisten darzustellen. Gleichzeitig und primär zielt er aber am Schluß seines Artikels darauf ab, die gesamte „Geistesströmung" einer „Neuen Rechten" und der Zeitschriften „Criticón" und JF vereinheitlichend als „faschistisch" zu verorten. In seiner extremismustheoretischen Würdigung folgt Pfahl-Traughber also hier nicht dem Totalitarismusansatz, sondern einem „antifaschistischen" Ideologieansatz.

Aus Anlaß der „Weikersheimer Hochschulwoche" des „Studienzentrums Weikersheim" portraitiert Gernot Modery–„Anton Maegerle" zum wiederholten Mal die Organisation, Funktionsträger und finanzielle Unterstützer anhand von Verbindungsketten, welche - nach Modery - vielfältigen Kontakte zur extremen Rechten herstellen sollen. Zum Inhalt der Tagung zitiert Modery in einem Halbsatz aus der Tagungseinladung: „Inhaltlich soll in erster Linie die Frage diskutiert werden, ‚welcher Erneuerungen die Soziale Marktwirtschaft bedarf, damit Deutschland und darüber hinaus die Staaten der EU auch im globalen Wettbewerb bestehen können'".[992] Zu Beginn charakterisiert Modery das Studienzentrum als „...eine „Denkfabrik" ganz am rechten Rand...Bei den alljährlichen Hochschulwochen wird der akademische Nachwuchs auf den rechten Kurs getrimmt".[993]

Hinter der Enttarnung des „Maegerle" Pseudonyms, welches von mehreren rechten Publikationen thematisiert wurde, vermuten der bnr und die ARD Sendung „Panorama" vom 28.Oktober 1996 eine gesteuerte Kampagne („rechte Hetzkampagne"). Hierzu werden im bnr 23/96 von einem nicht namentlich genannten Akteur offensichtlich bis dato alle verfügbaren Erkenntnisse zu den Personen Knütter und Mechtersheimer dargestellt. Über Knütter werden nicht nur biographische und berufliche Angaben abgedruckt, sondern auch sämtliche Aktivitäten, die er als Unterzeichner von Appellen und Aufrufen, als Redner auf Vortragsveranstaltungen, als Gesprächspartner (EV), als Organisator eines „Ost-West-Arbeitskreises" und eines „Arbeitskreises Linksextremismus" oder als Publizist (u.a. JF und „Criticón") angeführt, die ihn in einem „...Grauzonengeflecht zwischen Rechtskonservatismus und Rechtsextremismus..."[994] verorten sollen. Besonders verwundert

---

[992] Maegerle, Anton: Denkschmiede für Ultrarechte, bnr 18/96, 04.09.1996, S. 10-11. hier: S. 10.
[993] Ebd..
[994] O.V.: Der Feind steht links, bnr 23/96, 13.11.1996, S. 2-4, hier: S. 2.

den Autor, daß Knütter bis „...1990 Mitglied des Wissenschaftlichen Beirates der „Bundeszentrale für politische Bildung", auch in der Wochenzeitung „Das Parlament" und in der Reihe „Texte zur Inneren Sicherheit", die beide der Aufsicht des Bundesministerium des Innern (BMI) unterliegen, sich über Jahre hinweg zum Bereich „Antifaschismus" äußern durfte."[995] Unter Bemühung ähnlicher Verbindungsketten wird Alfred Mechtersheimer, jedoch lediglich auf einer Spalte, charakterisiert. Lebensbiographische und berufliche Informationen werden u.a. verbunden mit der Tätigkeit beim „Friedenskomitee", als Autor des Sammelbandes „Die selbstbewußte Nation", als Festredner am Kyffhäuser-Denkmal und darüber, daß Mechtersheimer „Bewunderung" bei der JF, „Criticón" und BfB finde.

In einem Portrait des Vereins „Bürger fragen Journalisten" und seinem Vereinsblatt „Transparenz der Medien" (TM), welches hier von Gernot Modery–„Anton Maegerle" im bnr 25/96 als „publizistisches Kampf-Organ des Vereins" bezeichnet wird, werden die Wissenschaftler Karlheinz Weißmann und Hans-Helmuth Knütter von Modery als „stramm rechte Recken" bezeichnet und weiter unten im Beitrag wird Knütter als „Anti-Antifa-Stratege" benannt. Ansonsten werden von Modery einige andere Autoren der TM anhand ihrer politischen oder publizistischen Aktivitäten charakterisiert.[996]

Über den Historiker Alfred Schickel wird im bnr 1/97 von Klaus-Henning Rosen die ganz überwiegend bereits von Modery dargestellten Charakterisierungen wiederholt. Rosen kommt nach dieser erneuten Zusammenfassung zu der persönlichen Erkenntnis, Schickel wegen seiner historischen Forschungsarbeit als einen „Revisionisten" zu bezeichnen. Neue Erkenntnisse gibt Rosen erst im letzten Abschnitt am Ende des Artikels bekannt. Offenbar hat die Bundesregierung auf eine Anfrage vor vier Jahren (BT-D 12/2268) zum ZFI und Schickel reagiert und nun in einer neuerlichen Antwort zu einer Anfrage (BT-D 13/6067), nach Rosen, bekanntgemacht, „...daß sich das Kölner Verfassungsschutzamt aufgrund der Veröffentlichungen in Publikationen mit rechtsextremer Ausrichtung mit Schickel befaßt."[997] Danach würde der administrative Verfassungsschutz dieselben Meßlatten anlegen wie der bnr: es kommt nicht darauf an, welche Positionen jemand vertritt, sondern wo er sie vertritt. Das hieße im Umkehrschluß, daß auch der Verfassungsschutz unterstellt, es handele sich bei den von Schickel benutzten Veröffentlichungsorganen um Publikationen mit rechtsextremer Ausrichtung, ohne Ansehens einer inhaltlichen Auseinandersetzung mit den von Schickel vertretenen Thesen.

---

[995] Ebd..
[996] Maegerle, Anton: Saubermänner am Werk, bnr 25/96, 11.12.1996, S. 4-5; eine Wiederholung von Personenbeschreibungsketten über TM Autoren erfolgt in bnr 8/97: O.V.: Tagebuch, 16.04.1997, S. 14.
[997] Rosen, Klaus-Henning: Eine Frage des Standpunkts, bnr 1/97, 08.01.1997, S. 6.

Über Kritik und Proteste von Rechtsextremen und demokratischen Rechten zur sog. „Wehrmachtsausstellung“ informiert Gernot Modery–„Anton Maegerle“ im bnr 3/97, die er zusammenfassend als Rechtsextreme bezeichnet. Im Fokus der Betrachtung stehen drei Schriften, an denen die Historiker Alfred Schickel, Hartmut Schustereit und Rüdiger Proske gearbeitet haben. Die Bezeichnung „Revisionist“, hier als Attribut im Zusammenhang mit Alfred Schickel verwendet, übernimmt an dieser Stelle Modery von Rosen aus dem bnr 1/97. Die Publikationen, Modery bezeichnet sie als Propagandamaterial, und Autoren werden anschließend aufgrund der Besprechungen ihrer Bücher in einigen Publikationen, bzw. über einige weitere Medien dargestellt, in denen sie bereits Aufsätze veröffentlicht haben. Im Zusammenhang mit einem Flugblatt von Alfred Mechtersheimer, nach Modery ein „selbsternannter Einigungsprophet des ultranationalistischen Lagers“ wird über den Unterzeichner, ein gewisser „Wick“, spekuliert. Daraufhin veröffentlicht Modery seine Rechercheerkenntnisse über einen in seiner Kartei befindlichen „Wick“ und publiziert ohne eine Gewißheit über die Personenidentität zu haben Verbindungsketten über ihn: „Offen muß bleiben, ob es sich hierbei um...Wick handelt, der zum Jahresende 1995 den Bezug der „Jungen Freiheit“ kündigte, da diese nach seiner Auffassung politisch „völlig eingeknickt“ sei...Wick zeichnete zu Beginn der 90er Jahre verantwortlich für Einladungen des „Konservativen Gesprächskreises Karlsruhe“...und ist mehrfacher Kongreßteilnehmer des „Studienzentrums Weikersheim“.[998] Zum Abschluß berichtet Modery über eine Forderung von Manfred Brunner vom „rechtspopulistischen“ BfB die Ausstellung in München abzusetzen.

Zum Austritt von Erwin Scheuch aus der CDU wird der emeritierte Professor für Soziologie an der Universität Köln als „politischer Rechtsaußen“ in einer Kurzmeldung im bnr 6/97 dargestellt. Es folgt eine verbindende Begriffsfolge u.a. „Studienzentrum Weikersheim“, JF, EV und Erstunterzeichner des Appells „8. Mai 1945–gegen das Vergessen“,[999] die eine solche Charakterisierung rechtfertigen sollen.

Als ein „Rechtsdenker“ wird Josef Schmid, Professor für Bevölkerungswissenschaften in Bamberg, aufgrund eines Artikels über „Vergangenheitsbewältigung“ in der „Frankfurter Allgemeinen Zeitung“ am 1. April 1997 im bnr 9/97 dargestellt. Einzelne aneinandergereihte Ausschnitte des Artikels von Schmid werden hierzu unkommentiert zitiert. Unter anderem werden folgende Artikelausschnitte, welche zu einer solchen Einordnung durch den bnr geführt haben mögen, dokumentiert: „Die Träger dieser Bewegung [Schmid meint hier die bundesrepublikanische 68er-„Bewußtseinselite“, welche sich monothematisch der

[998] Maegerle, Anton: „Anti-deutsche Hetze“, bnr 3/97, 04.02.1997, S. 4-5, hier: S. 5.
[999] O.V.: Tagebuch, bnr 6/97, 19.03.1997, S. 15.

Vergangenheitsbewältigung gewidmet hätte, Anm. L.N.] sind die Vierzig bis Sechzigjährigen, von denen sich ein Teil ins Wirtschaftsleben begeben hat, ein anderer Teil in den öffentlichen Dienst...Ihr Aufenthalt in den wuchernden Studiengängen normativer Gesinnungsgewissens machte sie zu Fußtruppen der Studentenrevolte. Sie werden rückblickend gestehen, daß die Operationen mit Antifa-Material gegen amtierende „Verstrickte" ihre einzigen Erfolgserlebnisse sind...".[1000]

Einer Buchveröffentlichung von Claus Wolfschlag wird im bnr 10/97 von Armin Pfahl-Traughber der Versuch einer moralischen Entlastung unterstellt. Hierzu wird die von Wolfschlag gebildete Untersuchungsthese des Buches, die sich mit dem rechten Widerstand gegen den Nationalsozialismus beschäftigt, in Zusammenhang gesetzt mit den sonstigen Publikationen von Wolfschlag und des Verlages. Erst hiernach beschäftigt sich Pfahl-Traughber mit einigen Inhaltssplittern des Werkes. Lobend wird von dem Rezensenten erwähnt, daß die Darstellung von Wolfschlag „wichtige Basisinformationen" liefere, jedoch aus wissenschaftlicher Sicht enttäusche. Die Betonung der Rezension beruht aber auf der angeblich „politisch motivierten Absicht" des Buches, die insgesamt dreimal in diesem Artikel Erwähnung findet.[1001]

Aus Anlaß der Wahl eines neuen Präsidenten beim „rechtslastigen Studienzentrum Weikersheim" präsentiert Gernot Modery–„Anton Maegerle" im bnr 12/97 seine überwiegend bereits hierzu dargestellten Personenverbindungsketten. Zweck des Artikels ist anhand von Personenportraits über das neue Präsidium, besonders von Stettens, nachzuweisen, daß kein inhaltlicher Richtungswechsel in Zukunft vom Studienzentrum zu erwarten wäre. Hierzu wird von Modery ein Gespräch zwischen dem neuen Präsidenten von Stetten und der JF kurz kommentiert danach ausführlich die Geschichte des Studienzentrums unter Hans Filbinger personalisiert und unter Verwendung von Verbindungsketten zum wiederholten Male dargestellt. Danach wird von Modery überprüft, ob anhand der politischen Lebensläufe des neuen Geschäftsführers Albrecht Jebens und der beiden Professoren Bossle und Hornung, welche von Modery als „...Symbolfiguren im Grauzonengeflecht zwischen Rechtskonservatismus und Rechtsradikalismus..."[1002] charakterisiert werden, ein politischer Neubeginn zu erwarten wäre. Er kommt nach Bildung diverser Verbindungsketten zu Publikationen u.a. in „Criticón", JF, „Ostpreußenblatt" und Institutionen wie dem ZFI mit einem JF - Zitat zu dem Urteil, daß lediglich ein Generationswechsel beim „Studienzentrum Weikersheim" stattgefunden habe.

[1000] O.V.: Rechtsdenker, bnr 9/97, 30.04.1997, S. 8.
[1001] Pfahl-Traughber, Armin: „Hitlers rechte Gegner"?, bnr 10/97, 14.05.1997, S. 11.
[1002] Maegerle, Anton: „Denkfabrik" im Schlingern, bnr 12/97, 11.06.1997, S. 8-9, hier: S. 9.

Gernot Modery–„Anton Maegerle" stellt im bnr 18/97 zum wiederholten Male zwei subjektiv ausgewählte „altgediente Weikersheimer" aus der Referentenliste zum Anlaß der 6. Weikersheimer Hochschulwoche des „Studienzentrums Weikersheim" vor. Während er Hans-Helmuth Knütter lediglich mit dem stereotypen Attribut des „Anti-Antifa-Strategen" charakterisiert, werden zu Heinz Magenheimer einige Verbindungsketten u.a. zur JF und zum ZFI von Modery gebildet.[1003]

Aufgrund des Tagungsprogramms und einiger Verbindungsketten informiert Volkmar Wölk–„Jean Cremet" im bnr 20/97 über die Referenten und Themen einer „Freien Deutschen Sommerakademie" u.a. mit Helmut Quaritsch und Alfred Mechtersheimer. Verbindungen werden zur JF, zur „Deutschen Burschenschaft" und zur „Synergon" hergestellt.[1004]

Weil der Direktor der sächsischen Landeszentrale für politische Bildung neben einem Grünen und einem PDS Politiker auch Alfred Mechtersheimer und General a.D. Franz Uhle-Wettler als dezidierte Kritiker zur sog. „Wehrmachtsausstellung" eingeladen hatte, kam es nach Ansicht von Gabriele Nandlinger im bnr 3/98 zu einem „Eklat bei der sächsischen Landeszentrale". In ihrem Beitrag hierzu werden nicht nur einige Positionen der „rechten Ultras"/„Rechtsextremisten" wiedergegeben, ausführlich werden auch Äußerungen eines Referenten der Landeszentrale thematisiert, der als Moderator die Ausstellung ebenfalls kritisiert haben soll. Der PDS-Politiker verließ nach kurzer Zeit, so Nandlinger, das Podium. Volker Beck (Bündnis90/Die Grünen) hatte bereits im Vorfeld abgesagt, äußerte sich aber nach der Veranstaltung mit einer Einschätzung über die sächsische Landeszentrale, dessen Urteil sich Nandlinger zum Ende ihres Beitrages zu eigen macht: „Für Volker Beck sollten die ‚politischen Verantwortlichen in Sachsen…dringend eine Diskussion über Grundlagen der politischen Bildungsarbeit' führen. Der Handlungsbedarf scheint überfällig".[1005]

Thomas Klaus kritisiert im bnr 8/98 unter der Rubrik „Grauzone" u.a. die Aufnahme von Alfred Schickel (ZFI) und Alfred Mechterheimer, als „Exponenten des ultrarechten Lagers" in die deutsche Ausgabe des „renommierten Nachschlagewerkes „*Who is Who*", welches seit 1905, nach Klaus, einen publizistischen Faktor besäße.[1006]

Von einer „Grauzone" die keine mehr ist, berichtet Hans Löwe im bnr 15/98 über die, nach Meinung des Autors, von Kohl „aufgesogene, integrierte, umarmte und gezähmte" „Deutschland Stiftung". In einer Retrospektive informiert Löwe in seinem Beitrag zunächst, fokussiert an der Person Kurt Ziesel und dem „Deutschland-Magazin", in einigen

---

[1003] Maegerle, Anton: Altgediente „Weikersheimer", bnr 18/97, 03.09.1997, S. 9.
[1004] Cremet, Jean: Lernfähige Burschenschafter?, bnr 20/97, 01.10.1997, S. 9.
[1005] Nandlinger, Gabriele: Podium für Extremisten, bnr 3/98, 11.02.1998, S. 5.
[1006] Klaus, Thomas: In ehrenwerter Gesellschaft, bnr 8/98, 22.04.1998, S. 7.

Schlaglichtern über die ehemalige „Speerspitze der Opposition" gegen die sozialliberale Koalition. Ehe er aus Anlaß des verliehenen Adenauer-Preises der Stiftung 1998 an Wolfgang Schäuble zu seiner Einschätzung über die Stiftung mit Hilfe von „antifaschistischen Helfern" gelangt: „Bei den Veranstaltungen wie dieser Preisverleihung konnten kritische Gäste „keine Spur von Militanz und Polemik" entdecken".[1007]

Aufgrund eines Artikels von Heinz Nawratil im „revanchistischen Ostpreußenblatt", der die namentliche Erwähnung Alfred Schickels in den Verfassungsschutzberichten von Bayern und Baden-Württemberg kritisiert, wird von Gernot Modery–„Anton Maegerle" eine eigene extremismustheoretische Verortung des ZFI im bnr 22/98 vorgenommen. Nach Meinung von Modery stände „im Mittelpunkt der Bemühungen des ZFI…der Versuch, das nationalsozialistische Terrorregime und dessen Verbrechen zu verharmlosen."[1008] Abschließend zitiert Modery als Begründung für seine Einschätzung eine wohlwollende Bekundung der Zeitschrift NE über Schickel und benennt zum wiederholten Mal einige Zeitschriften, in denen Schickel publiziert hat.

Ausgehend von einer politbiographischen Autorenauflistung zu einem Buch des „professoralen Antifaschismus-Experten" Hans-Helmuth Knütter, einer Charakterisierung des Erscheinungsortes und der werbenden Zeitschriften werden über Knütter in einem eigenen Abschnitt die bereits im bnr veröffentlichten Verbindungsketten in komprimierter Form von Gernot Modery–„Anton Maegerle" im bnr 24/98 erneut dargestellt. Außer der Nennung des Buchtitels („Europa ja – aber was wird aus Deutschland?"), beschäftigt sich Modery nicht mit dem herausgegebenen Sammelband.[1009]

Aufgrund eines Vortrages von Bernd Rabehl (FU Berlin) bei einer Studentenverbindung und der Vortragsdokumentation in der JF regt sich - beklagt durch Rainer Hubertus im bnr 9/99 - erst nach einiger Zeit Widerstand am Otto-Suhr-Institut (OSI), an dem Rabehl lehrt. Hubertus informiert darüber, daß nun endlich eine kritische Auseinandersetzung mit Rabehl auf einer Konferenz, die von Richard Stöss und Hajo Funke getragen wird, stattfinden würde. Danach spiegelt Hubertus einige Vortragsthesen von Rabehl mit einem Katalog „rechtsextremistischen Denkens" von Kurt Lenk und unterzieht Rabehls Thesen dann seinem kritischen Urteil u.a.: „Rabehl hat sich bewußt oder unbewußt, in die Tradition nationalrevolutionärer Sichtweisen gestellt…Das wenig kenntnisreiche ideologische Traktat

[1007] Löwe, Hans: Gezähmte Sperrspitze, bnr 15/98, 29.07.1998, S. 8.
[1008] Maegerle, Anton: Rastloser Kämpfer, bnr 22/98, 04.11.1998, S. 4.
[1009] Maegerle, Anton: Links steht der Feind, bnr 24/98, 02.12.1998, S. 9.

ist ignorant gegenüber historische Fakten…und die massive Geschichtsklitterung trägt nichts zur Wahrheitsfindung bei.“[1010]

In derselben bnr-Ausgabe wird in einem „Hinweis“ auf einen Jahreskongreß des „Studienzentrums Weikersheim“ hingewiesen. Aufgrund des dem nicht genannten Autor lediglich vorliegenden Tagungsprogramms weist dieser darauf hin, daß Hans Filbinger, der von Wolfgang von Stetten abgelöst worden sei, die Gäste begrüßen werde und neben anderen der ehemalige CDU-Kulturminister von Niedersachsen referieren würde.[1011]

Nachdem Armin Pfahl-Traughber seine maßgebliche Kritik an der Veröffentlichung des Buches „Der Weg in den Abgrund. Deutschland unter Hitler 1933 bis 1945“ wiederholt, indem er wiederum dem Autor Karlheinz Weißmann mitunter die wissenschaftliche Kompetenz abspricht, rezensiert er ein neues, wie Pfahl-Traughber betont, im Herbig-Verlag erschienene Buch von Weißmann („Der nationale Sozialismus“). In seiner abschnittsweisen Besprechung des Buches gesteht er dem Autor zu, die historischen und ideologischen Entwicklungen korrekt wiedergegeben zu haben, obwohl Pfahl-Traughber „…den Eindruck [hat], daß mehr das zufällig Gewußte zusammengetragen und weniger eine auf breitere Kenntnis fußende Darstellung vorgenommen wird…“.[1012] Massive Kritik äußert der Rezensent aber an der von ihm herausgearbeiteten zentralen These des Autors: „Es handelt sich hier erneut um den Versuch, einer weniger wissenschaftlichen, sondern primär politisch motivierten Deutung des Nationalsozialismus, der es weniger um Analyse und Erkenntnis und mehr um die politische Verschiebung von historischer Schuld geht.“[1013] Aus politisch-ideologischen Gründen unterstellt Pfahl-Traughber dem Autor also bereits zum wiederholten Mal ein rechtsextremistisches Erkenntnisinteresse, bei unzulänglicher wissenschaftlicher Vorgehensweise.

Aufgrund von Unstimmigkeiten am „Hannah-Arendt-Institut für Totalitarismusforschung“ (HAIT) im Zusammenhang mit einer Veröffentlichung einer Antrittsvorlesung, die vom administrativen Verfassungsschutz unter Revisionismusverdacht geraten ist und der Ankündigung von Saul Friedländer, den wissenschaftlichen Beirat des HAIT zu verlassen, wird von Klaus-Henning Rosen der stellvertretende Institutsleiter Uwe Backes und das von ihm als Mitherausgeber verantwortete „Jahrbuch Extremismus und Demokratie“ im bnr 1/00 kritisiert. Über eine vermeintlich „konservative Position“ der Jahrbuch Herausgeber Backes und Jesse stellt Rosen zwischen dem beschriebenen Vorgang am HAIT und dem Jahrbuch

---

[1010] Hubertus, Rainer: Grenzüberschreiter, bnr 9/99, 06.05.1999, S. 9-10, hier: S. 10.
[1011] O.V.: Hinweis, bnr 9/99, 06.05.1999, S. 11.
[1012] Pfahl-Traughber, Armin: Verschiebung historischer Schuld, bnr 10/99, 20.05.1999, S. 12-13. hier: S. 13.
[1013] Ebd..

einen Zusammenhang her. Er unterstellt mit seinem Beitrag dem Jahrbuch die Tendenz einer einseitigen politischen „Schieflage“. Anhand einzelner Zitate versucht Rosen im Anschluß nachzuweisen, daß sich „...immer wieder bei der wissenschaftlichen Behandlung des Extremismusthemas und ungeachtet des Bestrebens nach...Ausgewogenheit und der Auswahl ihrer Autoren...der vielfach krampfhafte Versuch, die Gleichartigkeit der Gefährdung durch Links- wie Rechtsextremismus...“[1014] einschleichen würde. Zum Schluß rückt Rosen das Autorenpaar Jesse und Backes selber in die Nähe des Rechtsextremismus und hofft u.a. auf eine politische Einflußnahme des Innenministeriums auf die wissenschaftliche Publikation: „Insoweit haben sich beide Autoren...in den Verdacht der Nähe zu [einem] Revisionismus gebracht...möglicherweise läßt sich das durch mehr Einflußnahme des wissenschaftlichen Beirats...und des fördernden Innenministeriums abwenden“.[1015] Dies bedeutet nichts anderes, als eine Forderung nach einer massiven Einflußnahme einer politischen Institution auf die Extremismusforschung und damit einer Degradierung der Wissenschaftsfreiheit zu einer Herrschaftsforschung im Sinne einer sozialistischen Einheitsforschung.

Indem Gernot Modery–„Anton Maegerle“ im bnr 7/99 unter der Rubrik „Grauzone“ einige leitende Senatoren und Dozenten der „Gustav-Siewerth-Akademie“ anhand von Verbindungsketten politbiographisch charakterisiert, verortet er auch den Akademie-Gastprofessor und Förderkreismitglied Guido Knopp (ZDF) in diesem „fragwürdigen Umfeld“. Denn wie die Argumentationsketten von Modery ergeben, hält sich Knopp bei der Akademie in einem Umfeld u.a. von „ultrarechten, geheimbündlerischen Organisationen“ wie z.B. dem Opus Dei, dem „Verein zur Förderung der Psychologischen Menschenkenntnis“ (VPM) und dem „stramm rechten Studienzentrum Weikersheim“ auf.[1016]

Volkmar Wölk–„Jean Cremet“ arbeitet zum Anlaß des 80. Geburtstages von Armin Mohler zunächst dessen spezifisches Verständnis von „Faschismus“ heraus, um hernach seine Wirkung auf die „europäische extreme Rechte“ anhand einiger beruflicher Stationen zu skizzieren: „Was wirklich von Armin Mohler bleiben wird, das ist seine Rolle als Trüffelschwein: als jemand, der sein Leben lang im Dreck der rechten Autoren herumwühlte, und das sehr seltene wertvolle Material dabei ans Tageslicht brachte“.[1017]

Erschien die „Deutschland Stiftung e.V.“ aufgrund eines Beitrages im bnr 15/98 als eine demokratietheoretisch „integrierte“ Institution, so wird dieser Eindruck im bnr 11/00 von Heiner Lichtenstein wieder relativiert. Zunächst benennt Lichtenstein einige Funktionäre und

---

[1014] Rosen, Klaus-Henning: Rechtes Auge blind, bnr 1/00, 13.01.2000, S. 7.
[1015] Ebd..
[1016] Maegerle, Anton: Rechte Geschichte, bnr 7/00, 06.04.2000, S. 11.
[1017] Cremet, Jean: Das Trüffelschwein, bnr 8/00, 20.04.2000, S. 9.

Preisträger der Stiftung und bescheinigt diesen, „konservative, demokratische Politiker" zu sein. Demgegenüber kritisiert er hernach, unter Verwendung der bereits im bnr vielfach publizierten Argumentationsketten, die Person Kurt Ziesel um danach den nächsten Preisträger Ernst Nolte zu beleuchten. Nolte wird von Lichtenstein als ein „Holocaust-Leugner" dargestellt und mit dem Historiker David Irving verglichen. Zum Abschluß kommentiert er den vorgesehenen Laudator für Ernst Nolte: „Daß aber der Chef des Instituts für Zeitgeschichte in München, Horst Möller, Nolte preisen soll, schadet der deutschen Wissenschaft und macht Konsequenzen unausweichlich".[1018]

In einer Kurz-„Meldung" im bnr 12/00 wird gemeldet, daß „der emeritierte Hochschulprofessor Hans-Helmuth Knütter (Bornheim)…neuerdings unter der Bezeichnung „links-enttarnt.de" eine eigene *Homepage*"[1019] betreibt. Danach wird ein Auszug aus dem „Grundsatzkommentar" unkommentiert dokumentiert.

Die erste Sommeruniversität des „Instituts für Staatspolitik" (IfS) wird von Volkmar Wölk–„Jean Cremet" ausführlich im bnr 15/00 kommentiert. Anhand der politbiographischen Darstellung der Referenten und der Bildung von Verbindungsketten kommt Wölk zu dem Schluß, daß die personellen Verknüpfungen zur JF nicht zu übersehen seien. Anschließend wird der als „Motor des Veranstalters" bezeichnete Karlheinz Weißmann ausführlicher aufgrund seiner Verbindung zu Armin Mohler charakterisiert und einige inhaltliche Aussagen aus seinem Vortrag über den Begriff „Dekadenz" von Wölk kommentiert. Kurz wird auf die finanzielle Ausstattung des IfS eingegangen um hernach einige Protagonisten die „…in der Vergangenheit als Aktivisten der völkischen Korporation Deutsche Hochschulgilde hervorgetreten sind…"[1020] ausführlicher mit jeweiligen Verbindungsketten u.a zu ihren jeweiligen Bünden oder Publikationen wie „Criticón" darzustellen. Weiterhin wird eine Podiumsdiskussion des IfS in Berlin angekündigt, die nach Wölk, den Referenten nach zu urteilen, einmal mehr die Nähe zur JF unterstreichen würde. Skeptisch bewertet Wölk die Zukunftsaussichten des im Aufbau befindlichen Instituts, indem er einen Vergleich mit der letzten Abo-Kampagne der JF herstellt, die seiner Meinung gescheitert sei.

Nach der Auszeichnung von Ernst Nolte durch die „Deutschland-Stiftung e.V." (vgl. bnr 11/00), stehen nun der Laudator und die Institution, der dieser vorsteht im Fokus des bnr. Heiner Lichtenstein sieht in der Nolte-Ehrung durch Horst Möller, Direktor des Münchner Instituts für Zeitgeschichte (IfZ), bereits einen Paradigmenwechsel des Instituts. Im bnr 16/00 zitiert er hierzu die Bundesbildungsministerin Edelgard Bulmahn (SPD), die bereits erwogen

[1018] Lichtenstein, Heiner: Irving läßt grüßen, bnr 11/00, 02.06.2000, S. 6.
[1019] O.V.: Meldungen, bnr 12/00, 15.06.2000, S. 15.
[1020] Cremet, Jean: Die Krise als Thema, bnr 15/00, 27.07.2000, S. 4-5, hier: S. 5.

hätte, den Wissenschaftlichen Beirat des IfZ umzubesetzen, um hernach zum wiederholten Male im bnr einen Rückblick auf Kurt Ziesel, die „Deutschland-Stiftung e.V." und Ernst Nolte zu publizieren. Um auch Möller in einen „rechten" Kontext zu verorten, deckt Lichtenstein auf, daß „Möller…dem IfZ – entgegen dem Gründungsauftrag – auch die Kommunismusforschung als Aufgabe gestellt [habe] und [sei]…mit seiner Laudatio vollends aus der Deckung gekommen".[1021] Weiterhin hätte bereits Angela Merkel eine Bitte um eine Laudatio abschlägig beschieden. Aufgrund eines Grußwortes von Edmund Stoiber werden von Lichtenstein Zweifel geäußert, ob eine Beiratsreform des IfZ durch Bulmahn auch von der bayerischen Regierung getragen würde. Im abschließenden Abschnitt des Beitrages kommentiert Lichtenstein die weitere Arbeit Möllers und des IfZ: „Mit dem Auftritt für Nolte hat Möller dem IfZ massiv geschadet. Er hat damit gegen die Interessen des Instituts gehandelt. Das müßte dringend zu personellen Konsequenzen führen."[1022]

Äquivalent zu bnr 9/99 wird auch in bnr 18/99 lediglich ein kurzer „Hinweis" zu der Hochschulwoche des „Studienzentrums Weikersheim" abgedruckt. Hierzu werden das Motto der Veranstaltung, ein Auszug aus dem Grußwort des Anschreibens zitiert und einige Referenten aufgelistet. In den Klammern hinter den Namensangaben, macht der nicht genannte bnr-Autor politbiographische Angaben oder nennt Verbindungsketten, wie zum Beispiel „Autorin des Ostpreußenblattes". Heinrich Lummer wird in diesem Zusammenhang als ein „CDU-Rambo" bezeichnet.[1023]

Nachdem bereits im bnr 1/00 eine „Krise" beim „Hannah-Arendt-Institut für Totalitarismusforschung" (HAIT) ausführlich thematisiert wurde, vermutet ein nicht genannter bnr-Autor in einer Kurzmeldung im bnr 21/00 hinter personellen Veränderungen eine Verlängerung des Streits um eine damalige Veröffentlichung und zweifelt im weiteren an der wissenschaftlichen Reputation des HAIT: „Die seit fast einem Jahr geführte Diskussion droht die Kompetenz des Instituts zu zerstören und das Recht zu verlieren, den Namen Hannah Arendts zu führen".[1024]

Die Tatsache, daß nach der Ausstellungskritik des polnischen Historikers Bogdan Musial die sog. „Wehrmachtsausstellung" überarbeitet werden mußte, nimmt Heiner Lichtenstein im bnr 24/00 noch einmal zum Anlaß seine negative Beurteilung über den Direktor des Münchner Instituts für Zeitgeschichte (IfZ), welches von Lichtenstein bereits als „einst renommiert" bezeichnet wird, Horst Möller, zu publizieren. Weil Möller dem Historiker Musial als Forum

[1021] Lichtenstein, Heiner: Paradigmenwechsel, bnr 16/00, 10.08.2000, S. 11.
[1022] Ebd..
[1023] O.V.: Hinweis, bnr 18/00, 07.09.2000, S. 13.
[1024] O.V.: Meldungen, bnr 21/00, 19.10.2000, S. 14.

für seine Thesen die institutseigene Publikation „Vierteljahrshefte für Zeitgeschichte" (VfZ) zur Verfügung gestellt habe, stellt Lichtenstein eine Verbindung zwischen den unterschiedlichen Themenkreisen her und bildet den kontextuellen Hintergrund für seine kampagnenhafte Wiederholung. Hierzu breitet Lichtenstein alle bereits publizierten Informationen über die Ehrung Noltes durch die „Deutschland Stiftung e.V.", den Historikern Ernst Nolte, Kurt Ziesel usw. in Verbindungsketten aus. Zum Schluß thematisiert Lichtenstein Möllers eigene Kritik an der Ausstellung und gibt einen Ausblick auf „die endgültige Zukunft der Ausstellung".[1025]

Aufgrund einer Ausladung von Hans-Helmuth Knütter durch die Fraktionen der Parteien CDU, SPD, FDP und Bündnis 90/Die Grünen vor dem Innenausschuß des Landtages Baden-Württemberg zum Thema „Ursachen und Entwicklungen rechts- und linksextremer Straf- und Gewalttaten" zu sprechen, werden von dem bnr-Autor „C.B." im bnr 2/01 unter der Rubrik „Grauzone" die Kontakte des Hochschullehrers zur „extremen Rechten" beleuchtet. Hierzu wird von „C.B." zunächst erläutert, daß der als JF-Stammautor und „geschätztes" CDU-Mitglied bezeichnete Knütter, als Experte von der REP-Landtagsfraktion für die Anhörung benannt wurde. Nachfolgend zitiert der Autor zwei Erkenntnisse des Verfassungsschutzes, hierunter eine Vortragsveranstaltung aus dem Jahr 1998 und eine Buchpublikation. Weiterhin thematisiert er die Kritik Knütters am administrativen Verfassungsschutz und benennt hierzu ebenfalls eine Buchpublikation von ihm. Über den Betrieb der Netzseite „links-enttarnt.de" wird Knütter, nach „C.B.", als ein „Gesinnungswächter" im Stil der „Anti-Antifa" beschrieben. Zum Abschluß erwähnt der bnr-Autor eine Anfrage der REP-Fraktion, die sich mit der Ausladung befaßt und zitiert aus einem „Offenen Brief" Knütters an den Vorsitzenden der CDU-Fraktion.[1026]

Aufgrund eines Gesprächs im „Deutschland-Magazin" mit Hans-Helmuth Knütter wird seine dort geäußerte Kritik am behördlichen Verfassungsschutz von Gernot Modery–„Anton Maegerle" im bnr 4/01 unter der Rubrik „Grauzone" als „rechtsextreme Auffassung" charakterisiert. Weiterhin wird er von Modery als Referent bei der „Gesellschaft für freie Publizistik" (GfP) angekündigt und als Referent bei der „rechtslastigen Runde": „Berliner Diensttagsgespräche" thematisiert, also eine weitere Charakterisierung anhand einer verbundenen Argumentationskette.[1027]

Nachdem der bnr bereits in mehreren Ausgaben (bnr 15/96, bnr 1/00 und bnr 21/00) die beiden Wissenschaftler Eckhard Jesse und Uwe Backes und das HAIT kritisch beleuchtet hat,

---

[1025] Lichtenstein, Heiner: Vorwürfe entkräftet, bnr 24/00, 30.11.2000, S. 10.
[1026] B. C.: Staatstragend, bnr 2/01, 25.01.2001, S. 8.
[1027] Maegerle, Anton: Erklärtes Feindbild, bnr 4/01, 22.02.2001, S. 8.

wird im bnr 5/01 das Jahrbuch „Extremismus und Demokratie", Band 2000, von Klaus-Henning Rosen kommentiert. Zunächst wird hierzu von Rosen ein Inhalts- und Autorenüberblick des Buches, welches er zu den „Standardwerken der politischen Literatur" zählt, präsentiert. Rosen fällt beim Rezensionsteil des Bandes ein „Übergewicht von historisierenden Texten" auf. Im letzten Abschnitt kritisiert Rosen den Umgang mit den Schwerpunktthemen. Seiner Meinung nach, wird sich hier einseitig mit der „Affäre" am HAIT beschäftigt. Im Zusammenhang mit der NPD-Verbotsdiskussion kämen die beiden Verfasser zu dem Ergebnis, daß Konzept der streitbaren Demokratie werde gegen „Formen von rechts" im Vergleich zu „links" verstärkt in seiner Abwehrhaltung angewendet. Rosen kommentiert zum Abschluß: „Nicht nur angesichts solcher Gedankenführung legt man das Buch eher enttäuscht aus der Hand".[1028] Offensichtlich stört Rosen, neben den vorgenannten Einschätzungen der Herausgeber, der antiextremistische Ansatz des Buches, in dem z.B. neben der DVU und der Zeitschrift NE auch die VVN-BdA behandelt werden.
Nach einigen kurzen Veranstaltungshinweisen des „Studienzentrums Weikersheim" beschäftigt sich Gernot Modery–„Anton Maegerle" im bnr 12/01 unter der Rubrik „Grauzone" mit den personellen Veränderungen in der Führungsspitze des Instituts. Aufgrund der Wahl von Klaus Hornung zum neuen Präsidenten sagt Modery, obwohl von ihm bislang nie anders im bnr dargestellt wurde, eine Wiederbelebung der Verbindungen des Instituts zur „ultrarechten Szene" voraus. Bei der anschließenden politbiographischen Charakterisierung von Hornung durch Modery werden die weiteren neu gewählten Präsidiumsmitglieder nicht erwähnt. Das von Modery angefertigte Portrait des Hochschullehrers stützt sich ganz überwiegend auf einige zusammengesetzte Zitate Hornungs aus der JF, einzelnen Aufsatzveröffentlichungen in Sammelbänden oder Grußworten.[1029] Der Politikwissenschaftler wird in diesem Beitrag einleitend als „ständiger Mitarbeiter" der JF und CDU-Mitglied bezeichnet.
In einer Kurz-„Meldung" im bnr 15/01 wird Hans-Helmuth Knütter im Zusammenhang mit der Enttarnung eines Scheinnamens durch den bnr als Rechtsextremist bezeichnet. Der Enttarnte sei, nach Angaben des bnr, Stammautor der JF und des „Deutschland-Magazins", Gelegenheitsautor in der Zeitschrift „Gegengift" und dem „Ostpreußenblatt". Weiterhin gehöre dieser auch dem „Anti–Antifa-Kreis „Publizistische Aktivitäten von Links"" des Bonner Hochschulprofessors an.[1030]

[1028] Rosen, Klaus-Henning: Rechten Ruf gewahrt, bnr 5/01, 08.03.2001, S. 11.
[1029] Maegerle, Anton: Rechter Kurswechsel, bnr 12/01, 14.06.2001, S. 10.
[1030] O.V.: Meldungen, bnr 15/01, 26.07.2001, S. 14.

Aufgrund der Ankündigung einer erneuten Sommeruniversität des „Instituts für Staatspolitik" (IfS) zum Thema „Strategien" wagt sich Volkmar Wölk–„Jean Cremet" im bnr 20/01 an einige Zustandsprognosen des Instituts und versucht sich daran, über Verbindungsketten Hintergründe zu konstruieren. Wölk präsentiert zunächst einen Rückblick zur letzten Veranstaltung, um die Veranstaltungsform dem Vorbild von Martin Spahn (Zentrumspolitiker) zuzuordnen. Danach kommentiert er amüsiert den Datenangriff auf den Institutsrechner, um danach einige Einrichtungen des Instituts, wie den Verlag und die Netzpräsentation zu thematisieren. Die beiden „zentralen Personen" des Instituts werden anhand ihrer korporativen Zugehörigkeit charakterisiert, Götz Kubitscheks Entlassung und Gegenkampagne wird von Wölk zum Abschluß dargestellt. Hierzu werden einige Unterzeichner des Solidaritätsappells für Kubitschek aufgelistet, um Verbindungsketten zu Funktionären der REP und NPD zu bilden. Die JF wird von Wölk in diesem Beitrag als das faktische Sprachrohr des Instituts vorgestellt. Das Tagungsthema „Strategien" baut Wölk in polemischer Absicht in nahezu jeden Abschnitt seiner Darstellung ein.[1031]

Im bnr 4/02 setzt sich Klaus-Henning Rosen abermals kritisch mit dem „Jahrbuch Extremismus&Demokratie" auseinander und unterstellt den Wissenschaftlern Backes und Jesse im Zusammenhang mit dem NPD-Verbotsverfahren, bei denen sie vom Bundesverfassungsgericht als Gutachter berufen wurden, sie wollen ihren „rechten Ruf" wahren. Zu dem aktuellen Jahrbuch Band 2001 meint Rosen: „Was stört, ist die auch diesmal fast rituelle Klage über zu viel Beschäftigung mit dem Rechts-, statt dem Linksextremismus und das angeblich falsche Feindbild der Gesellschaft".[1032] Zu dieser These werden nachfolgend einige Zitate mit Seitenangaben von Rosen dokumentierend aufgelistet, u.a. die konkrete Kritik der beiden Wissenschaftler Jesse/Backes an den Vertretern der 68er Bewegung wie Narr, Grebing, Butterwegge, Wippermann oder Stöss, die hiernach den antiextremistischen Konsens durch ihren einseitigen „Kampf gegen rechts" nicht befestigt hätten.

Aufgrund einer Rezension zu einer Broschüre des „…aus dem politischen Umfeld der Wochenzeitung „Junge Freiheit" heraus entstandenen Instituts für Staatspolitik…"[1033] (IfS) gelangt Armin Pfahl-Traughber im bnr 10/02 nicht nur zu der Erkenntnis, daß die besprochene Publikation, sondern auch das Institut einem wissenschaftlichen Anspruch nicht genügt. Hierzu dokumentiert Pfahl-Traughber zunächst unkommentiert einige Zitate mit Seitenangabe aus dem Heft, um danach anhand einer Struktur- und Inhaltsanalyse den

[1031] Cremet, Jean: Ideologischer Drill, bnr 20/01, 04.10.2001, S. 8-9-
[1032] Rosen, Klaus-Henning: Klares Feindbild, bnr 4/02, 21.02.2002, S. 12.
[1033] Pfahl-Traughber, Armin: Stammtischniveau, bnr 10/02, 16.05.2002, S. 12.

wissenschaftlichen Anspruch zu überprüfen. Dem nicht genannten Autor unterstellt er, dieser habe zentrale Punkte der Rechtsextremismusdefinition nicht verstanden, oder „möglicherweise" die inhaltliche Durchdringung des thematisierten Problems nicht erfaßt und Dimensionen zur Bezeichnung „Extremismus der Mitte" durcheinander gebracht. Diese als „formale Mängel" bezeichneten Inhalte werden von Pfahl-Traughber durch Aussagen ergänzt, deren Niveau er „mit der Schlichtheit von Stammtischerklärungen" vergleicht. Aufgrund einer spitzfindigen Würdigung eines Zahlendrehers, der einen Aufsatz von Pfahl-Traughber im Anmerkungsapparat der Broschüre vor sein Geburtsdatum datiert, schließt der Rezensent: „Auch ein Beispiel für die angebliche wissenschaftliche Seriosität dieses Instituts".[1034]

In seiner Buchrezension über das „Handbuch des Linksextremismus" konzentriert sich Armin Pfahl-Traughber im bnr 3/03, neben einem unterstellten unwissenschaftlichen Ansatz, auf die politische-„ideologische" Positionierung Hans-Helmuth Knütters. In diesem Zusammenhang werden die bereits im bnr publizierten Verbindungsketten über Knütter erneut wiederholt und aus einigen Begriffsverwendungen und Anführungszeichen eine „politische Gesinnung" abgeleitet. Daneben vermißt Pfahl-Traughber bei vielen Beiträgen des Sammelbandes „wissenschaftliche Minimalstandards", wie eine entwickelte Fragestellung, eine systematische Struktur und eine Darstellung des Forschungsstandes.[1035]

In einem Kommentar von Heiner Lichtenstein im bnr 4/03, indem er die Versenkung des Flüchtlingsschiffes „Wilhelm Gustloff" mit der Aussage rechtfertigt: „Die aber hatte auch Soldaten an Bord.", verortet er im weiteren Jörg Friedrich wegen seiner Buchveröffentlichung „Der Brand" in ein „rechtsextremes Lager".[1036] Über eine weitere Buchveröffentlichung, zu der Friedrich einen Beitrag geschrieben hat, würdigt Gernot Modery–„Anton Maegerle" im Innenteil derselben bnr-Ausgabe Jörg Friedrich als einen „Geschichtsrevisionisten", weil Modery ihn mit einigen Mitautoren des Sammelbandes, die im bnr bereits thematisiert wurden, in einen Zusammenhang ~~stellt~~. Ihre jeweiligen Referenten- und Publikationsbiographien werden mit Hilfe von Verbindungsketten von Modery in diesem Beitrag erneut dargestellt.[1037]

Der bnr 8/03 kündigt in einem nicht namentlich gekennzeichneten Beitrag unter der Rubrik „Grauzone" eine Veranstaltung des „unionsnahen Studienzentrum Weikersheim" an, indem lediglich der Titel der Veranstaltung, die Referenten und der Tagungsleiter des Jahreskongresses aufgelistet werden. In Klammern werden die benannten Personen als

---

[1034] Ebd..
[1035] Pfahl-Traughber, Armin: Plumpe Agitation, bnr 3/03, 06.02.2003, S. 8.
[1036] Lichtenstein, Heiner: Täter zu Opfern, bnr 4/03, 20.02.2003, S. 1.
[1037] Maegerle, Anton: Fragwürdige Thesen, bnr 4/03, 20.02.2003, S. 7.

Autoren oder Referenten verbindend zu ihrer Referenten- oder Publikationstätigkeit charakterisiert.[1038]

In derselben bnr Ausgabe portraitiert Gernot Modery–„Anton Maegerle“ unter der Rubrik „Grauzone“ den Völkerrechtler Alfred de Zayas. Neben Auftritten im ARD-Fernsehen und Beiträgen in der Zeitung „Die Welt“ würde Zayas, nach Modery, auch Kontakte „bis ins extrem rechte Lager“ pflegen. Diese Behauptung versucht Modery anhand einiger ausgesuchter Vortragsveranstaltungen bei „rechtsextremen“ Studentenverbindungen, der „revisionistischen“ „Zeitgeschichtlichen Forschungsstelle Ingoldstadt“ (ZFI), einem „ultrarechten“ Diskussionszirkel „Staatspolitischer Club Rhein-Main“ und aus der Veröffentlichung eines Sammelbandes und der Autorenschaft in der Zeitschrift „Criticón“ und dem „Ostpreußenblatt“ nachzuweisen.[1039] In keiner dieser Darstellungen wird, außer einem Zitat aus einer Dankesrede, die auszugsweise unkommentiert dokumentiert wird, auf vertretene Inhalte des Völkerrechtlers eingegangen.

Zum Anlaß des 70. Geburtstages Alfred Schickels wiederholt Gernot Modery–„Anton Maegerle“ erneut die vielfältigen im bnr bereits konstruierten und publizierten Verbindungs- und Argumentationsketten über den Jubilar und dem ZFI zur „ultrarechten und rechtsextremen Szene“.[1040]

In einem Nachruf auf Armin Mohler im bnr 15/03 von Gernot Modery–„Anton Maegerle“, der maßgeblich auf die Darstellung von Armin Pfahl-Traughber im bnr 13/96 rekurriert, wird Mohler, neben einigen politbiographischen Lebensstationen, in der Hauptsache als „Spiritus Rector“ der „konservativen - revolutionären Neuen Rechten“ bzw. in seiner Spätphase als ein negationistischer Rechtsextremist dargestellt.[1041]

Gabriele Nandlinger analysiert im bnr 17/03 die Kapitel der rechtsextremen Bestrebungen in den Verfassungsschutzberichten von Bayern und Baden-Württemberg. Zwischen den Darstellungen zu NPD und DVU findet sich ein Kurzkommentar zu dem sog. „Knütter-Gutachten“, welches Hans-Helmuth Knütter über eine Münchner Studentenverbindung angefertigt hatte. Weiterhin zitiert Nandlinger über die JF aus dem baden-württembergischen Bericht über die JF, diese sei „…„ein wichtiges publizistisches Bindeglied“, [welches] nicht nur über „Kontakte ins rechtsextremistische Lager verfügt, sondern mit diesem auch zusammenarbeitet“…“.[1042]

[1038] O.V.: Grauzone, bnr 8/03, 17.04.2003, S. 5.
[1039] Maegerle, Anton: Gefragter Experte, bnr 8/03, 17.04.2003, S. 6.
[1040] Maegerle, Anton: „Legendenkiller“, bnr 13/03, 26.06.2003, S. 11.
[1041] Maegerle, Anton: Langjähriger Mentor, bnr 15/03, 24.07.2003, S. 11.
[1042] Nandlinger, Gabriele: Gegenläufiger Trend, bnr 17/03, 21.08.2003, S. 9.

Zu Beginn seiner Rezension des 14. Jahrbuches „Extremismus&Demokratie" urteilt Klaus-Henning Rosen über den Band im bnr 20/03: „Ungeachtet der von den Herausgebern wohl unvermeidbaren Kritik an angeblich zu wenig Aufmerksamkeit für den Linksextremismus ist das Jahrbuch wieder lesenswert".[1043] Zu dieser Einschätzung gelangt Rosen offensichtlich aufgrund des inhaltlichen Mittelpunktes des Jahrbuches, den er nachfolgend beleuchtet und welcher sich in diesem Band u.a. mit der REP, DVU, JF, „Criticón" und einer positiven Kontroverse über die „68er" beschäftigt.

Über den Führungswechsel beim „Studienzentrum Weikersheim" vermutet Gernot Modery–„Anton Maegerle" im bnr 21/03 unter der Rubrik „Grauzone", daß der neue Präsident Bernhard Friedmann (CDU), welcher Klaus Hornung als Präsidenten ablöste, das Studienzentrum wieder enger an die Unionsparteien binden solle. Hierfür würde, nach Modery, eine Zusammenarbeit mit der Mittelstandsvereinigung der Union sprechen. Trotzdem bezweifelt Modery in diesem Zusammenhang eine grundsätzliche Änderung des „stramm rechten Kurses" des Studienzentrums. Für diese These führt der bnr-Autor ein weiteres Vorstandsmitglied des Studienzentrums, unter der Verwendung einer Verbindungskette zu Hans-Helmuth Knütter und einer Argumentationskette über Bernhard Friedmann als Gesprächspartner der JF, an.[1044]

Aufgrund einer Äußerung Arnulf Barings im „Nachtstudio" (ZDF) charakterisiert Helmut Lölhöffel den „rechtsextremen Sprachschatz" des „alten Daddels, der nachts im Fernsehen schwafelt". Hierzu analysiert Lölhöffel einen Beitrag Barings in der „Frankfurter Allgemeinen Zeitung", der sich gegen das „erstarrte Parteiensystem" richtete. Ohne weitere Beispiele für Barings Sprachschatz zu benennen, kritisiert der bnr-Autor anschließend den Fernsehsender, der dem Historiker ein Forum eingeräumt habe und kritisiert, vergleichend mit dem „Hohmann-Skandal", die „TV-Talkrunde", weil die Teilnehmer, ähnlich wie bei Hohmanns Neujahrsansprache, nicht zu den Äußerungen Barings protestiert hätten. Lölhöffel droht der „Nachtstudio" – Redaktion zum Abschluß: „Mal sehen, was die Institution meint, die für die Kontrolle des Programms zuständig ist: der ZDF–Fernsehrat".[1045]

Generalmajor a.D. Gerd Schultze-Ronhof wird von Gernot Modery–„Anton Maegerle" als ein ranghoher Ex-Militär dargestellt, der sich in „extrem rechten Kreisen" einen einschlägigen Namen gemacht hätte. Hierzu bildet Modery abwechselnd mal Verbindungsketten über Vortragsveranstaltungen mit Schultze-Ronhof oder er thematisiert die publizistischen Aktivitäten des Militärhistorikers. Weiterhin werden von Modery Argumentationsketten zur

[1043] Rosen, Klaus-Henning: Ein breites Spektrum, bnr 20/03, 02.10.2003, S. 12.
[1044] Maegerle, Anton: Führungswechsel, bnr 21/03, 16.10.2003, S. 5.
[1045] Lölhöffel, Helmut: Barings Elan, bnr 25/26, 11.12.2003, S. 12.

„Stimme der Mehrheit", der „Staats- und Wirtschaftspolitischen Gesellschaft" (SWG), „Criticón", dem „Ostpreußenblatt", der „Deutschen Militärzeitschrift" und der JF gebildet.[1046] Klaus-Henning Rosen kommentiert im bnr 9/04 kritisch einen Aufsatz von Konrad Löw, des „...nicht zu den großen Historikern gezählten, durch Rechtslastigkeit ausgewiesenen Emeritus...", der im „Deutschland Magazin" der „Bundeszentrale für politische Bildung" veröffentlicht wurde. In diesem Beitrag wirft Rosen dem Autor vor, genauso wie im „Fall" Martin Hohmann: Schuld, Haftung und Verantwortung bewußt vermengt zu haben. „In den einschlägigen Publikationen", so Rosen, „wird man nachlesen können, wie ihm die rechte Szene dankt."[1047]

Rechtsdemokratische Kreise und Initiativen

Franziska Hundseder stellt in einem für bnr-Verhältnisse sehr langen Artikel über fast vier Seiten die Wendestimmung im Jahr 1990 von tatsächlichen und vermeintlichen Rechtsextremisten dar. Neben den Bemühungen u.a. der NPD und FAP, im wiedervereinigten Osten Einfluß zu erringen, berichtet Hundseder in einem Abschnitt auch über die antikommunistischen Bemühungen der „Deutschen Konservativen e.V.". Zu diesem Zweck erläutert sie, daß diese Gruppierung „...ein Relikt der einstigen ‚Konservativen Aktion' von Gerhard Löwenthal und Ludek Pachmann..."[1048] sei. Im weiteren zitiert Hundseder weitgehend unkommentiert aus einem Spendenbrief dieser Organisation, welche maßgeblich die antikommunistische Opposition mit Geld, Schulungsmaterialien und technischen Hilfsmitteln im Ostteil unterstützen möchte. Hundseder beleuchtet in einem anderen Abschnitt einen Berlin Ausflug des JF-Chefredakteurs Dieter Stein in Wiedervereinigungseuphorie. Dieser wurde nach genauen Angaben von Hundseder am 10.11.1989 von Mitgliedern des „Republikanischen Hochschulverbandes" (RHV) und des „Bundes Heimattreuere Jugend" (BHJ) begleitet, als sie mit Fahnen und Lieder singend über den Kurfürstendamm vor das Brandenburger Tor zogen. Hundseder (geb. 1953) erinnerte diese Situation an die „Kampfzeit der NSDAP".[1049]

Im bnr 6/90 stellt Franziska Hundseder in der bnr Rubrik „Agitation von Rechts" die Arbeit der gemeinnützigen Gruppierung „Die Deutschen Konservativen e.V." dar, welche 1990 im Ostteil Wahlkampfhilfe für Helmut Kohl durchführten. Hundseder bezeichnet diese Wahlkampfhilfe als eine „Schmutzkampagne gegen die DDR-SPD und gegen Willy Brandt", zudem werden der Vorsitzende Joachim Siegerist portraitiert, kurz die Vereinsgeschichte

---

[1046] Maegerle, Anton: Vielgefragter Redner, bnr 3/04, 05.02.2004, S. 8.
[1047] Rosen, Klaus-Henning: Kopfschütteln, bnr 9/04, 29.04.2004, S. 12.
[1048] Hundseder, Franziska: „...Und das Reich wird neu erstehen" Rechtsextremisten aus der Bundesrepublik machen für ein Viertes Reich mobil – auch in DDR, bnr 4/90, 12.02.1990, S. 1-4, hier: S. 3f..
[1049] Ebd., hier: S. 1.

dargelegt und einige Schriften von Siegerist erläutert. Wenn sie den Verein in ihrem Beitrag namentlich bezeichnet, verwendet sie wahlweise folgende Attribute: „rechter Kampfbund", „ultrarechter Splitterverein" oder schlichter ein „obskurer Verein aus Hamburg". Im letzten Abschnitt greift Hundseder auf die Einschätzung dieser Kampagne durch die rechtsdemokratischen Zeitschrift „Criticón" zurück: „Nach Angaben der rechtskonservativen Zweimonatspostille „criticon" soll Siegerist mehr als 150 Unionspolitiker bei Wahlkämpfen unterstützt haben, engster Mitarbeiter des niedersächsischen Ministerpräsidenten Ernst Albrecht gewesen sein und auch dessen Image-Wandlung vom öligen Unternehmensvertreter zum leutseligen Landesvater ausgetüftelt haben. Jetzt scheint sich der findige PR-Mann Siegerist nach Jahren der Enttäuschung wieder für die CDU und die erneute Wahl Helmut Kohls zu engagieren".[1050]

Unter dem nicht aufzulösenden Autorenkürzel „G.S." wird im bnr 22/90 unter der Rubrik „Brücken nach rechts" von einem Streit um die Auflösung des „Bundes der Mitteldeutschen" (BMD) berichtet. Der Autor fokussiert in seinem Beitrag überwiegend kritisch die Arbeit, Finanzlage und Mitgliederstruktur des BMD und erteilt diesem insgesamt „schlechte Zensuren",[1051] so wird ihm z.B. nachgesagt, er sei undemokratisch orientiert.

Die neuere Geschichte der korporierten Wandervogelbewegung an der Hochschule, der „Deutschen Hochschulgilde", wird von Hein Brand im bnr 2/91 versucht auf einige Schlaglichter verengt darzustellen. Zunächst wird anhand eines Geburtstagsgrußes in einer Mitgliederzeitschrift die Geschichte des korporativen Dachverbandes aufgezeigt und dieser verallgemeinernd als Nachfolger des „NS-Studentenbundes" bezeichnet. Kontinuitäten zu NPD und dem sudetendeutschen „Witiko-Bund" werden anhand eines Einzelmitgliedes „nachgewiesen". Anschließend werden von Brand die „vielfältigen Verbindungen" der Korporation in die Politik, vornehmlich nur in die CSU und CDU, aufgezeigt, um sich im Anschluß einiger weniger Themen dieser Gruppierung zu widmen. In seinem Beitrag bezeichnet er den BHJ als „neofaschistisch" und die JF als „nationalrevolutionär". Nach diesen wenigen Anmerkungen zur Geschichte und Zielsetzung schlußfolgert Brand: „Die Deutsche Hochschulgilde ist sicher keine Vereinigung, die im Zentrum rechtskonservativer oder rechtsextremer Strömungen in Deutschland stünde, sic repräsentiert jedoch in paradigmatischer Weise die ungebrochenen Kontinuitäten sowie die organisatorischen Verflechtungen der äußersten Rechten in unserem Land."[1052]

[1050] Hundseder, Franziska: Schmutzkampagne gegen DDR-SPD und gegen Willy Brandt, bnr 6/90, 12.02.1990, S. 8.

[1051] S.G.: Streit um Auflösung des Bundes der Mitteldeutschen (BMD), bnr 22/90, 22.10.1990, S. 8-9.

[1052] Brand, Hein: Bündischer Nachwuchs für die Witikonen, bnr 2/91, 14.01.1991, S. 1-3, hier: S. 3.

Torsten Borchers warnt im bnr 4/92 bereits vor einer „Rechtsaußen Gewerkschaft“, weil sich Pressesprecher und Vorstandsmitglied des „Deutschen Arbeitnehmer Verbandes“ (DAV) positiv in einem Leserbrief in der Zeitschrift EV über selbige äußert und dieser sich als Redakteur in der DAV-Zeitschrift mit rechten „Denkanstößen“ positioniert. Folgerichtig stellt Borchers fest, daß „…hier doch unter dem Deckmantel einer Arbeitnehmervertretung rechte Politik gemacht“[1053] wird, womit rechtsextrem gemeint ist.

Daß sich für den bnr allein schon aus einer stringenten antikommunistischen Haltung von einzelnen Gruppierungen ein rechtsextremer Verdacht ergibt, zeigt ein gemeinsamer Artikel in bnr 5/92 von Gernot Modery–„Anton Maegerle“ und Volkmar Wölk–„Sönke Braasch“. Diese beiden Autoren portraitieren zum Anlaß des 20 jährigen Jubiläums die „Internationale Gesellschaft für Menschenrechte“ (IGMF), der sie unterstellen, auf dem rechtem Auge blind zu sein, weil sie „…übelste antisozialistische Propaganda bezüglich der Staaten des Ostblocks oder ein Destabilisierungsfeldzug gegen das demokratische Nicaragua betrieb“.[1054]

Assoziationsketten von Lebensläufen - auch zwischen mehreren Personen - werden vom bnr auch dazu genutzt, ganze Organisationen politisch einzuordnen. Volkmar Wölk möchte sich in einem bnr-Beitrag derselben Ausgabe, so die ursprüngliche Intention, mit dem neuen Geschäftsführer des Siemens-Stiftung, Heinrich Meier, beschäftigen. Zunächst portraitiert er aber ausführlich Leben und Wirken von Armin Mohler, seinem Vorgänger, der sich bereits politisch enttäuscht von seinem Nachfolger abgewendet hätte. Im Anschluß greift Wölk auf eine „Antifa-Recherche“ des Sozialdemokraten Peter Kratz zurück, um Meier in einem rechtsextremen Licht erscheinen zu lassen. Hierzu wird maßgeblich mit dem Engagement von Meier als Schülerzeitungsherausgeber argumentiert. Dieser Zeitung, welche vom CDU-nahen Seewald-Verlag unterstützt wurde, wird von Wölk als rechtsextremistisch verortet.[1055]

Gernot Modery-„Anton Maegerle“ zitiert im bnr 5/92 ausführlich einen „Criticón“ Beitrag, in dem die Gründung eines „Fördervereins Konservative Kultur und Bildung e.V.“ vorgestellt wird. Modery charakterisiert in seinem Artikel, der unter der bnr Rubrik „Brücken nach Rechts“ erscheint, den Verein als einen neokonservativen „*Think-Tank*“ und reflektiert im Wesentlichen unkommentiert den „Criticón“ Beitrag.[1056]

Im bnr 24/92 werden die Pläne der „Deutschen Konservativen e.V.“ für eine Wahlkampfkampagne zur Bundestagswahl 1994 gegen die SPD kritisiert. Eduard Ohse mutmaßt, der „rechtslastige Verein“ würde eine „Schlammschlacht übelster Machart“

[1053] Borchers, Torsten: „Frei von Bossen und Bonzen“, bnr 4/92, 17.02.1992, S. 1-2, hier: S. 2.

[1054] Maegerle, Anton; Braasch, Sönke: 20 Jahre „Internationale Gesellschaft für Menschenrechte“ (IGMF), bnr 5/92, 03.03.1992, S. 1-2, hier: S. 1.

[1055] Wölk, Volkmar: Karrieresprung, bnr 5/92, 03.03.1992, S. 2-4.

[1056] Maegerle, Anton: Neuformierung der Neokonservativen, bnr 5/92, 03.03.1992, S. 9-10.

vorbereiten. Maßgeblich aufgrund einer Publikationsankündigung von Joachim Siegerist über die „Viererbande: Engholm, Klose, Lafontaine und Schröder" schließt Ohse auf den Inhalt der gesamten Kampagne: „In bekannter Manier werden die SPD-Politiker geoutet: Die genannten Beispiele reichen dabei von Diffamierungen über angebliche Verfehlungen im Privatleben, unterstelltem unangemessenen Lebensstil bis hin zu persönlichen Attacken unterhalb der Gürtellinie", so Ohse, der die Mitglieder des Vereins als „ultrarechte Saubermänner" bezeichnet.[1057]

Volkmar Wölk–„Sönke Braasch" beschäftigt sich nach „Antifa -Aufklärungs-Manier" im bnr 2/93 zunächst mit der Person Roland Bubik, den er als Redakteur, „konservativen Revolutionär" und Chefideologen der rechtsintellektuellen JF vorstellt. Neben der Darstellung seiner parteipolitischen Vita, wird von Wölk behauptet, Bubik sei 1989 Mitglied der „Republikaner" gewesen, wogegen dieser sich bereits öffentlich gewehrt hatte. Dies ist ein gutes Beispiel für die „Antifa-Methode" Wiederholen und Behaupten ohne Beweis, nach dem Prinzip: „irgend etwas bleibt immer hängen". Im Anschluß dieser Ausführungen zu Bubik zitiert Wölk in einem nächsten Abschnitt aus der Satzung des ehemaligen Herausgebervereins der JF, den er als „deutschtümelnd" charakterisiert. Zum Schluß seines Beitrages wird von Wölk der Vereinsvorstand namentlich mit Funktion benannt.[1058]

In der Kurzübersicht „Tagebuch" wird im bnr 9/93 auf einen „rechtskonservativen Gesprächskreis „Forum Res Publica"" aufmerksam gemacht. Maßgeblich wird dieser Gesprächskreis über die dort vortragenden Referenten (z.B. Michael Wolfssohn, Helmut Diwald und Peter Scholl-Latour) charakterisiert. Zum Abschluß werden die Vorstandsmitglieder lediglich namentlich aufgelistet.[1059]

Können einzelnen Gruppierungen keine konkreten rechtsextremen Tendenzen nachgewiesen werden, wird durch eine entsprechende Verwendung von Attributen der Eindruck erweckt, als handele es sich um eine solche Organisation. Volkmar Wölk-„Sönke Braasch" portraitiert mit dieser Konnotation den „Bund Heimattreuer Jugend–Der Freibund e.V." im bnr 11/93. In diesem Beitrag rückt Wölk den in der Tradition der Jugendbewegung der Weimarer Republik stehenden Bund in die Nähe der rechtsextremen „Wiking-Jugend" und bezeichnet ihre Fahrtenziele als „revanchistisch" mit einem, nach Wölk, „…Anspruch…auf ein „Großdeutsches Reich"".[1060] Wie die Beschäftigung mit dem BHJ zeigt, beschäftigt sich der bnr auch mit Kleinstorganisationen und macht diese so zu einem Thema innerhalb des bnr-

[1057] Ohse, Eduard: Feindbild SPD – Die „Deutschen Konservativen" rüsten zur Schlammschlacht, bnr 24/92, 09.11.1992, S. 6-7.
[1058] Braasch, Sönke: ohne Titel, bnr 2/93, 25.01.1993, S. 3.
[1059] O.V.: Tagebuch, bnr 9/93, 04.05.1993, S. 9-10.
[1060] Braasch, Sönke: Uneiniger „Bund Heimattreue Jugend", bnr 11/93, 01.06.1993, S. 4-5, hier: S. 5.

Bedrohungsschemas. Nach einem weiteren Artikel von Volkmar Wölk - Sönke Braasch zu diesem Thema im bnr 23/94 besitzt der BHJ bundesweit lediglich 30 Mitglieder.[1061]
Hauptsächlich die kommentierten Rechercheergebnisse über Joachim Siegerist werden von Gernot Modery–„Anton Maegerle" im bnr 13/93 nicht nur dazu genutzt, das berufliche/politische Engagement Siegerists u.a. in Riga zu „entlarven" und zu kritisieren, der Beitrag zielt auch auf den von ihm geleiteten bundesrepublikanischen Verein die „Deutschen Konservativen e.V." ab. An dieser Stelle werden die gleichen Organisationsstrukturen zwischen Verein und Unternehmen von Siegerist offenbart.[1062] Dieser Beitrag verfolgt einzig, die Person Siegerist bloßzustellen und somit zu diffamieren. Es werden hier also die gleichen Mittel angewendet und Argumente vorgebracht, mit denen die Publikationen und Kampagnen von Siegerist und den „Deutschen Konservativen e.V." diskreditiert werden sollen.
Daß Armin Pfahl-Traughber sich für einen erweiterten Rechtsextremismusbegriff einsetzt, zeigt eine Rezension über ein Buch eines ehemaligen Referenten des Verfassungsschutzes. Hier kritisiert Pfahl-Traughber ausdrücklich, daß sich in dem Werk „...keine Ausführungen zum modernisierten Rechtsextremismus...und zu dem in Form von Denkzirkeln und Zeitschriftenprojekten bestehenden intellektuellem Rechtsextremismus [finden würden]. Von daher fehlen in dem Buch auch die Namen wichtiger rechtsextremer Denker wie Benoist, Eichberg, Mohler, Sander, W. Strauss oder Willms."[1063]
Nach einer überwiegend kritischen Beschäftigung mit dem Inhalt eines Buches von Friedbert Pflüger, stellt Armin Pfahl-Traughber seine maßgeblichen Aspekte durch den, auch von Pflüger angeblich beobachteten, „Rechtsruck unter deutschen Intellektuellen" in bnr 11/94 dar. Nach Pfahl-Traughbers Meinung sind diese: „...durch die Erosion der Abgrenzung zwischen demokratischen Konservativen und Rechtsextremisten auf intellektuell-publizistischer Ebene, durch das Vorherrschen moralisierender Anklagen und dem Mangel an einer inhaltlichen Auseinandersetzung mit den Positionen der Rechtsintellektuellen sowie durch die nach 1989 erfolgende Trendwende bei einigen prominenten Intellektuellen..., die offenbar wieder an Sonderweg-Traditionen anknüpfen wollen"[1064] festzustellen. Aufgrund dieser These wird ersichtlich warum der bnr den publizistischen Sektor in seiner Beobachtung einer „Neuen Rechten" stark betont (vgl. die neu eingeführte Rubrik „Zeitschriftenschau" ab bnr 2/96).

[1061] Braasch, Sönke: Mitgliederschwund bei bündischer Jugendorganisation, bnr 23/94, 08.11.1994, S. 7.
[1062] Maegerle, Anton: Von der Suppenküche ins lettische Parlament, bnr 13/93, 29.06.1993, S. 5-6.
[1063] Pfahl-Traughber, Armin: Rechtsextremes Denken – aus Sicht eines Verfassungsschützers, bnr 1/94, 04.01.1994, S. 5.
[1064] Pfahl-Traughber, Armin: Die Erosion der Abgrenzung, bnr 11/1994, 24.05.1994, S. 4-5, hier: S. 5.

In einer Buchrezension im bnr 14/94 beschäftigt sich Armin Pfahl-Traughber mit den Thesen von Wolfgang Gessenharter zum Thema „Neue Rechte". Zum einen hält Pfahl-Traughber die Einschätzung von Gessenharter, von einer „Neuen Rechten" gehe eine Gefahr für den Bestand der Bundesrepublik aus, für übertrieben, trotzdem warnt er auf der anderen Seite vor einer Verharmlosung eines „Gefahrenpotentials", da es sich seiner Meinung um längerfristig angelegte Strategien handele und „insofern wird man", so Pfahl-Traughber, „diesem Phänomen größere Aufmerksamkeit schenken müssen – insbesondere hinsichtlich des Versuchs, über den Konservativismus in breitere Kreise der Öffentlichkeit hinein zu wirken".[1065]

Gernot Modery–„Anton Maegerle" verfolgt im bnr 20/94 auch weiterhin die Wahlkampfkampagne von Joachim Siegerist und den „Deutschen Konservativen e.V." gegen die SPD und für die Unionsparteien. Hierzu wertet er zunächst drei Rundbriefe von Siegerist aus, in denen er einen „antisemitischen und ausländerfeindlichen Sprachstil" analysiert. In diesem Zusammenhang kritisiert Modery die „Frankfurter Allgemeine Zeitung", die Anzeigen von Siegerist veröffentlicht hätte. Der restliche Beitrag, d.h. sein überwiegender Teil, stellt lediglich eine Wiederholung dessen dar, was bereits in bnr 13/93 von Modery über Siegerist publiziert wurde. Einzige neue Information bildet die Publizierung einer nicht rechtskräftigen Verurteilung von Siegerist. Daneben werden die Modery üblichen Assoziationsketten zu JF, „Criticón", CDU und CKDF gebildet.[1066]

Ein weiterer „Wahlhilfe Verein", der die Union zur anstehenden Bundestagswahl 1994 mit mehreren Anzeigen in den Zeitungen „Welt" und „Frankfurter Allgemeine Zeitung" unterstützt hätte, wird von Gernot Modery–„Anton Maegerle" als „rechte Studienkämpfer" charakterisiert. Hierzu beleuchtet Modery im bnr 21/94 die Vorstandsmitglieder der „Neuen Studiengesellschaft" und bildet in der personalen Vorstellung jeweilige Ketten zum CKDF „Criticón", JF, „Studienzentrum Weikersheim", NE und den Verlagskomplex Grabert/Hohenrain. Weiterhin wird von Modery der institutionelle Vorgänger der „Neuen Studiengesellschaft" kritisch als eine angebliche Geldwäscheinstitution der Union beleuchtet.[1067]

Die im bnr 1/95 veröffentlichten, von Arnim Pfahl-Traughber entwickelten vier Thesen zur Verwendung des Begriffes „Neue Rechte" ist die erste und einzige methodische und definitorische Beschäftigung zu dieser Begrifflichkeit im bnr. Jedoch stellen die Thesen keine

---

[1065] Pfahl-Traughber, Arnim: „Neue Rechte" – zwischen Verharmlosung und Dämonisierung, bnr 14/94, 05.07.1994, S. 6-7, hier: S. 7.
[1066] Maegerle, Anton: Wahlaufruf zugunsten der Unionsparteien, bnr 20/94, 27.09.1994, S. 4-6.
[1067] Maegerle, Anton: Wahlhilfe für die Union, bnr 21/94, 11.10.1994, S. 3.

wirkliche inhaltliche Beschäftigung mit dem Phänomen dar, sondern fast zum einen längst Bekanntes hierzu in Thesenform zusammen. Zum anderen versucht sich Pfahl-Traughber durch einen eigenen Vorschlag für eine Verortung des Phänomens, mitsamt Kritik der bereits früheren Definitionsversuche, wissenschaftlich abzugrenzen. In der ersten These beobachtet Pfahl-Traughber vier unterschiedliche inhaltliche Verwendungen des Begriffes „Neue Rechte" und stellt fest, daß kein inhaltlicher Konsens über das Verständnis des Phänomens bestehen würde. Als zweite These kritisiert er die Begrifflichkeiten „Scharnierfunktion" (Gessenharter) und „Grauzone" (Mantino). Danach entwickelt er in der dritten These seine Begrifflichkeit „Brückenspektrum", welche maßgeblich auf eine „Erosion der Abgrenzung" abheben soll. Einige Publikationen und Verlage benennt Pfahl-Traughber als Beispiele für „Orte und Sphären" einer Zusammenarbeit zwischen Vertretern des demokratischen Konservatismus und der extremen Rechten. In der vierten These begründet er die Verortung der „Neuen Rechten" „...als eine bestimmte Ideologievariante der extremistischen Rechten..."[1068] mit einer bereits verworfenen Definition der Wissenschaftler Jesse und Backes (vgl. 1.4 „Brückenspektrum"). Weiterhin charakterisiert Pfahl-Traughber das historische Phänomen „Konservative Revolution", wie bereits im Abschnitt über die „Neue Rechte" gezeigt werden konnte, fälschlicherweise als eine gemeinsame Sammelbezeichnung. Ein „antidemokratisches Denken" ergibt sich für ihn aus der Tatsache, daß der Konservativismus den politischen Liberalismus kritisiert. Weiterhin unterstellt er, daß sich die „Neue Rechte" einheitlich anhand von Theoretikern der jungkonservativen Strömung der Weimarer Republik geistig orientieren würde. Das wesentlich Neue sieht Pfahl-Traughber in einer politischen Strategie, „...sich auf die politische Stimmung einzustellen...",[1069] ein Vorgang, der in jeder Partei zu beobachten ist. Die vielzitierte politische „Mimikry" unterstellt eine strategische Anpassung an die geltenden Verhältnisse um diese zu unterlaufen, aus einem Aufsatz von 1986 (Karlheinz Weißmann) wird erneut wiederholt, um eine angeblich hinterlistige Gefährdung aufzuzeigen. Die vier Thesen versuchen also, aus den bekannten Versatzstücken zu einer „Neuen Rechten" und ergänzt durch einen eigenen theoretischen Verortungsversuch, lediglich ein erweitertes Bedrohungsszenario durch die Entwicklung einer normativ meßbaren Sammelbezeichnung für das politische Phänomen „Neue Rechte" darzulegen. Daß sich die Wirkungsweise dieses Begriffes nicht von den anderen kritisierten Begrifflichkeiten unterscheidet, wurde im Abschnitt 1.4 „Brückenspektrum"–„Scharnierfunktion"–„Grauzone" bereits gezeigt.

[1068] Pfahl-Traughber, Arnim: Vier Thesen zur Verwendung des Begriffs „Neue Rechte", bnr 1/95, 10.01.1995, S. 4-5, hier: S. 5.
[1069] Ebd..

Der, nach Angaben des bnr, „freikirchlich-evangelikale" „Arbeitskreis Christlicher Publizisten" (ACP) wird von Gernot Modery–„Anton Maegerle" als „...ein Zusammenschluß von rechtskonservativen Aktivisten innerhalb und außerhalb der Unionsparteien, dem auch Mitglieder von ultrarechten Parteien angehören"[1070], charakterisiert. Das angestrebte Ziel des ACP wird mit einem Satz aus einer Selbstdarstellung von Modery zitiert und polemisch kommentiert. Eine weitere inhaltliche Beschäftigung mit diesem Verein durch Modery findet nicht statt, sondern er fokussiert ausführlich die tatsächlichen oder vermeintlichen Verbindungen (z.B. „Evangelische Notgemeinschaft in Deutschland e.V." (ENID)) und ausgewählte Lebensläufe einzelner Kuratoriums- und Ehrenmitglieder. Weiterhin dokumentiert Modery zur politischen Verortung des Vereins die Leserbriefschreiber der Vereinspublikation und benennt zum Schluß Verbindungen über einen veröffentlichten Tagungsbericht im Vereinsblatt zum „Studienzentrum Weikersheim" und Nachdrucke von Texten des CKDF. Die zu Beginn aufgestellte Behauptung von Modery, daß sich unter den Mitgliedern des ACP auch solche von „ultrarechten Parteien" befänden, wird im übrigen nicht weiter von ihm dokumentiert.

In einem Einzelportrait wird die aus Berlin stammende Katja Julka Delak im bnr 8/95 anhand eines JF-Gesprächs und anhand ihrer presserechtlichen Verantwortlichkeit für den in der „Frankfurter Allgemeinen Zeitung" erschienenen Aufruf „8. Mai 1945–Gegen das Vergessen" portraitiert. Diesen Aufruf hätten, nach bnr-Angaben, auch viele Vertreter der FDP und Union unterzeichnet. Initiatoren dieses Aufrufs seien „...das Trio Klaus Rainer Röhl, Ulrich Schacht und Heimo Schwilk..."[1071] gewesen.

In einer Buchrezension in derselben bnr-Ausgabe über Stefan Breuers Werk zur „Anatomie der Konservativen Revolution" verteidigt Armin Pfahl-Traughber seine Ansicht von einer Sammelbegrifflichkeit „Konservative Revolution". Als Grund führt er maßgeblich einen gemeinsam vertretenen „Antiliberalismus" an, der in einem „Spannungsverhältnis zur NSDAP" gestanden hätte.[1072]

Einen „rechtsökologischen Diskurs", der nach Gernot Modery–„Anton Maegerle" nur ein Versuch darstellt „...rechtes Denken in ein scheinbar humaneres Gewand zu kleiden und zu modernisieren", versucht er im bnr 11/95 darzustellen. Hierzu vermischt er rechtsextreme Fragmente mit Umweltschutz, daraus entsteht dann bei Modery, „ein völkisch-rechtskonservatives Gebräu..., das dem rechten Rand neue gesellschaftliche Erfahrungen und

[1070] Maegerle, Anton: Christliche Publizisten in Aktion, bnr 6/95, 21.03.1995, S. 8-9. hier: S. 8; [Der ACP ist nicht konfessionell gebunden, Anm. L.N.].
[1071] O.V.: Der 8. Mai von rechts, bnr 8/95, 18.04.1995, S. 3.
[1072] Pfahl-Traughber, Arnim: Die Vorbilder der „Neuen Rechten", bnr 8/95, 18.04.1995, S. 10-11.

Modernisierungsthemen eröffnet und zunehmend auf offene Ohren bei den etablierten Parteien, vor allem der Union, stößt. Ökologie wird so zum Brückenkonzept zur sogenannten gesellschaftlichen Mitte".[1073] Nach Modery besitzt die Gruppierung der „Unabhängigen ökologischen Deutschen" eine führende Rolle in dem vorgenannten „rechtsökologischen Diskurs". Diese Gruppierung charakterisiert er nachfolgend anhand von Referenten einer Bundesversammlung und ihrer Vereinspublikation. In beiden Themenfeldern verknüpft Modery die Darstellungen mit Verbindungen zur JF, „Criticón" und den Parteien ÖDP, DSU und REP, maßgeblich über Sekundärzitate aus der Zeitschrift „DESG-inform".

In einem weiteren Portrait stellt Gernot Modery-„Anton Maegerle" in derselben Ausgabe die in Köln befindliche „Aktion Funk und Fernsehen e.V." (AFF) dar. Motivation für diese Ausleuchtung ist eine Erwähnung des AFF im „rechts-klerikalen" Jugendkalender „Komm mit". Inhaltlich wird das Ziel des Vereins von Modery in einem zitierten Halbsatz dargestellt: „Ins Leben gerufen wurde die AFF 1969, um der angeblich „zunehmenden Einseitigkeit politischer und kultureller Sendungen in Funk und Fernsehen entgegenzutreten"…".[1074] Nachfolgend wird zunächst die Vereinszeitschrift „Unsere Sendung" und danach der „seminaristische Arm" der AFF, das „Studienzentrum für publizistische Bildung e.V." anhand von einzelnen Personenportraits dargestellt, die Modery durch ihre Verbindungsketten (JF, „Criticón", ZFI, DSU, BfB) analysiert.

Eine gemeinsame Festveranstaltung einer „Initiative 3. Oktober" und eines „Bündnis Konstruktiver Kräfte Deutschlands" (BKKD) nimmt Gernot Modery–„Anton Maegerle" zum Anlaß, im bnr 19/95 einen Aufruf „Tag der deutschen Einheit–Tag der deutschen Befreiung. Für die deutsche Zukunft in einem freien Europa!" mitsamt einer Auflistung der Erstunterzeichner und ihren politischen Funktionen zu dokumentieren, um im Anschluß die Situation der „Deutschen Partei" (DP) darzustellen. Hierzu dokumentiert Modery lediglich die Bundesvorstandswahlen namentlich und er gibt drei Zitate des Bundesvorsitzenden Freiherr von Camphausen aus der Parteizeitung und einem JF-Gespräch wieder. Einzige substantiierte Botschaft bildet in diesem Beitrag der durch von Camphausen angekündigte Versuch der „…Bündelung gleichgesinnter konservativer Kräfte…".[1075]

Die angeblich „fließenden Übergänge" zwischen rechtsextremistischen Auffassungen und rechtskonservativen Kreisen stehen nach Meinung eines namentlich nicht gekennzeichneten Beitrags im bnr 23/95 bei Innenminister Franz-Josef Kniola (NRW) ganz oben auf der Agenda zum Rechtsextremismus. Bei der Vorstellung des Zwischenberichtes des

[1073] Maegerle, Anton: Braunes im ökologischen Gewand, bnr 11/95, 31.05.1995, S. 8.
[1074] Maegerle, Anton: „Unsere Sendung" für Rechte, bnr 11/95, 31.05.1995, S. 11-12, hier: S. 11.
[1075] Maegerle, Anton: Kaiser Rotbart schläft tief, bnr 19/95, 20.09.1995, S. 7-8, hier: 8.

Verfassungsschutzberichtes benennt er folgende Beispiele „...den Aufruf der neurechten Initiative 8. Mai „Gegen Vergessen“...“ und bei dem „...Zentralorgan der Neuen Rechten, der ‚Jungen Freiheit’ konstatierte der Innenminister im Vergleich zu den Vorjahren eine gewisse Zurückhaltung mit rechtsextremistischen Thesen; es sei allerdings nicht erkennbar, ob es sich hierbei um eine inhaltliche Wende oder taktisches Kalkül handele“.[1076]

Im bnr 1/96 wird in einem Kurzkommentar über die Gründung eines Vereins und von den Vorbereitungen eines Symposiums berichtet. Initiator ist Heimo Schwilk, „Gesinnungskompagnon“ von Röhl, Schacht, Weißmann und Zitelmann, der hier als „neurechter Stratege“ charakterisiert wird. Zum Ziel und Zweck der vorgenannten Aktivitäten wird im bnr aus einem internen Rundschreiben (30.11.1995) von Schwilk zitiert.[1077]

Analog zu Pflüger äußerte sich auch Heiner Geißler, der von Armin Pfahl-Traughber als „Liberal-Konservativer“ eingeordnet wird, zum Thema „Neue Rechte“. Im bnr 2/96 rezensierte Pfahl-Traughber Geißlers Buch und dessen Haupthese, daß „...daß Nationale keinen Grundwert bildet...“.[1078] Pfahl-Traughber stellt im Ergebnis fest, daß es sich bei diesem Werk weniger um eine Analyse, als um ein politisches Bekenntnis handeln würde. Demnach ziehe Geißler, „...eine eindeutige Trennungslinie zu Auffassungen, die eine Überbetonung nationaler Elemente forcieren“.[1079]

Herabqualifizierend äußert sich Armin Pfahl-Traughber im bnr 4/96 über das Buch „Wir 89er“ (Roland Bubik (Hrsg.)), in dem einige junge demokratische Rechte ihre Lebensgefühle Mitte der 90er Jahre - noch unter dem Eindruck der Wiedervereinigung - zum Ausdruck brachten. In diesem Sinne stellt das Buch eine erste Manifestation dar, aber kein Manifest, welches beanspruchte, für eine ganze Generation zu sprechen. Diese Maßstäbe werden jedoch von Pfahl-Traughber in seiner Besprechung an das Buch angelegt. So urteilt der Rezensent aufgrund der lediglich vorgefundenen differenten „Alltagsbeschreibungen“, die nicht auf eine einheitliche ideologische Programmatik schließen lassen: „Kurzum, hier hat man es eher mit Polit-Pubertierenden, denn mit einer politisch-intellektuellen neuen Generation zu tun. Die Autoren neigen höchstens dazu, sich selbst selbstgefällig als angeblich heroische Streiter wider einen gesellschaftlichen Konsens darzustellen“. Pfahl-Traughbers Erkenntnisinteresse basiert auf der eingangs von ihm vorgenommenen Charakterisierung der Akteure als Autoren der „...der Neuen Rechten zuzuordnenden Zeitung ‚Junge Freiheit’“.[1080] Hierbei unterstellt er den Autoren, den selbsterklärten Anspruch einer „Gegen-Elite zu den 68ern“ zu vertreten, den

[1076] O.V.: Fließende Übergänge, bnr 23/95, 15.11.1995, S. 7.
[1077] O.V.: Tagebuch, bnr 1/96, 10.01.1996, S. 13.
[1078] Pfahl-Traughber, Arnim: Credo eines Liberal-Konservativen, bnr 2/96, 24.01.1996, S. 11.
[1079] Ebd..
[1080] Pfahl-Traughber, Arnim: Rechte Polit-Pubertierende, bnr 4/96, 21.02.1996, S. 6.

sie nach seiner Auffassung nicht erfüllen können. Nach dieser herabqualifizierenden Charakterisierung einiger JF-Autoren lediglich als „Polit-Pubertierende" sind die im bnr entwickelten und fortgesetzt vertretenen Bedrohungszenarien, die eine Gefahr durch JF und „Neuer Rechter" für den Bestand der BRD unterstellen, um so kurioser.
„Seit dem Aufkommen einer intellektuellen „Neuen Rechten" ist", nach Armin Pfahl-Traughber, „auch das Interesse an deren geistigem Vorbild, der „Konservativen Revolution", gestiegen. Es handelt sich dabei nicht um eine homogene Gruppe von Intellektuellen, die sich als Vertreter eines „antidemokratischen Denkens" (Kurt Sontheimer) betätigen und großen Anteil an der ideologischen Delegitimation der Weimarer Republik hatten."[1081] Im folgenden bespricht Pfahl-Traughber wohlwollend ein Buch zu diesem Thema von Rolf Peter Sieferle, der anhand von fünf Biographien das historische Phänomen bearbeitet hat. Pfahl-Traughber folgt der Betrachtungsweise und Struktur des Autors, der die „Konservative Revolution" und den Nationalsozialismus nicht nur in einen inneren Zusammenhang stellt, sondern darüber hinaus auch eine gemeinsame Wirkung entfaltet hätte. Neben den einführenden Worten zu einer angeblichen gegenwärtigen politischen Bedeutung der „Konservativen Revolution" innerhalb einer „Neuen Rechten", macht Pfahl-Traughber im Anschluß keine weiteren Angaben darüber, von wem und/oder wo dieser Anspruch vertreten würde. Durch diese Rezension wird dem Leser eine politische Bedeutung einer „Konservativen Revolution" mehr suggeriert als erläutert.
Einen Nachruf besonderer Art veröffentlicht Volkmar Wölk–„Sönke Braasch" im bnr 8/96 über die „ultrarechte Gruppierung" „Aufbruch ´94", die, so Wölk, aus dem Anschriftenverzeichnis des Bundeswahlleiters entfernt wurde. Nachfolgend bildet er in einer Vorstellung einiger ehemaliger Kandidaten und Funktionäre unterschiedliche Verbindungsketten zu einigen Parteien, wie der „rechtskonservativen Minipartei" DSU, oder lokalen Kreisen und „Runden Tischen", denen, seiner Meinung nach, nur eine geringe Halbwertzeit zugestanden werden würde. Trotzdem macht Wölk zum Schluß seines Beitrages darauf aufmerksam, daß die Initiatoren des gescheiterten „Aufbruch ´94" weiterhin als „rechte Vielschreiber" publizieren würden.[1082]
Wohlwollend wird im bnr 11/96, analog zum bnr 23/95, zur Kenntnis genommen, daß der administrative Verfassungsschutz NRW den Fokus im Verfassungsschutzbericht 1995 auf die Aktivitäten der „Neuen Rechten" richten würde. Hierzu wird NRW–Innenminister Franz-Josef Kniola mit einem Zitat zur Vorstellung des Berichtes wiedergegeben:

[1081] Pfahl-Traughber, Arnim: Kämpfer gegen die Moderne, bnr 5/96, 06.03.1996, S. 11-12, hier: S. 11.
[1082] Braasch, Sönke: Gescheiterter Aufbruch, bnr 8/96, 17.04.1996, S. 7

„Rechtsextremistische Parteien und Neonazis haben an Bedeutung verloren, die Aktivitäten intellektueller Rechtsextremisten der sogenannten „Neuen Rechten“ haben zugenommen“.[1083] Im Gegensatz hierzu, kritisiert Klaus-Henning Rosen im bnr 12/96 die Darstellungen der „Neuen Rechten“ im dem von Manfred Kanther (CDU) verantworteten Bundesverfassungsschutzbericht: „Mehr Raum hätte man sich für die viel zu knapp als Annex dargestellte „Intellektualisierung des Rechtsextremismus“ gewünscht, die sog. „Neue Rechte“. Die zunehmend als Ideologiezentrum auftretende „Junge Freiheit“ wird dabei nur fast verschämt erwähnt; offenbar will man den Grenzübertretern nicht zu nahe treten. Immerhin wird in diesem Zusammenhang die Bedeutung der Rezeption der „Konservativen Revolution“ der 20er Jahre hervorgehoben, deren Existenz noch unlängst in einer Parlamentarischen Anfrage geleugnet wurde“.[1084]

Aus Anlaß eines Singwettbewerbes einiger Jugendbünde in Augsburg werden die vermeintlichen rechtsextremen Ideologien dieser Bewegung untersucht, welche sich nach Michael Kellner im bnr 13/96 maßgeblich durch einen „Antirationalismus“ und „Antimodernismus“ zeigen würden. Als weiteren Beweis gelten für Kellner eine Geschlechtertrennung, lange Fußmärsche, Mutproben und „zackige Lieder“. Besonders weil einige jugendbewegte Mitglieder als Autoren bei der JF mitarbeiten bzw. der „Freibund“ in der JF mit Anzeigen wirbt, zeigen diese Gruppen, so Kellner, „…offen ihre rechtsradikale Seite…“.[1085] Zudem würden nach Kellner, die „…alljährlich wohlwollenden Berichte über den Singewettstreit in der „Jungen Freiheit“…den Standort dieser Gruppen…ins „rechte“ Licht“[1086] rücken.

Zu der wiederholten Veröffentlichung des „Appells der 500. Die Meinungsfreiheit ist in Gefahr“ in Stuttgarter Zeitungen (vormals erschienen am 17. Mai in der „Frankfurter Allgemeinen Zeitung“) veröffentlicht Siegfried Vergin (MdB und Sprecher der SPD-Projektgruppe „Bekämpfung von Rechtsextremismus und Gewalt“) einen Kommentar im bnr 16/96, der die Unterzeichner zu einer „Neuen Rechten“ zählt. Denn, so Vergin: „schaut man sich die Namensliste an, dann wird klar, um welche Inhalte und welche Ziele es ihnen geht“.[1087] Fakt ist jedoch, daß Vergin die 500 Unterzeichner des Appells lediglich anhand einer Person verortet, die er politbiographisch charakterisiert. Die Unterzeichner würden „…immer wieder in bestimmten Zirkeln, Buchpublikationen und auch öffentlichen Veranstaltungen ihre Ideen ausbreiten“. Diese Akteure würden nach Vergin „…eine geistige

---

[1083] O.V.: Aus dem aktuellen Verfassungsschutz, bnr 11/96, 29.05.1996, S. 8-9, hier: S. 8.
[1084] Rosen, Klaus-Henning: Sicherheitslage unverändert ernst, bnr 12/96, 12.06.1996, S. 4.
[1085] Kellner, Michael: Rechte Töne in der Bündischen Jugend, bnr 13/96, 26.06.1996, S. 6-7, hier: S. 6.
[1086] Ebd., hier: S. 7.
[1087] Vergin, Siegfried: Das Ende der Meinungsfreiheit, bnr 16/96, 07.08.1996, S. 2.

und organisatorische „Scharnierfunktion“ zwischen Rechtskonservatismus und Rechtsextremismus ausüben“.[1088] Im Anschluß diagnostiziert er eine „Wiederentdeckung Carl Schmitts“ und ruft zum Abschluß seines Beitrages mit Friedbert Pflüger zur „demokratischen Gegenwehr“ auf.

Von Volkmar Wölk–„Sönke Braasch“ werden im bnr 20/96 zunächst intensiv die Historie des Kyffhäuser-Denkmals in Thüringen und die Geschichte des „Kyffhäuserbundes e.V.“ beleuchtet. Danach thematisiert Wölk die bereits im Jahr 1995 stattgefundene Veranstaltung des BKKD anläßlich des Tages der Deutschen Einheit, welche schon von Gernot Modery im bnr 19/95 behandelt wurde. Wölk untersucht die Funktionäre des BKKD anhand von Verbindungsketten u.a. zu den Parteien DSU, DP, BfB und zu den Zeitungen JF und „Ostpreußenblatt“. Danach fokussiert er, wie bereits Modery, die Unterzeichner der in der „Frankfurter Allgemeinen Zeitung“ (FAZ) veröffentlichten Anzeige des BKKD zum 3. Oktober 1990 und verordnet darunter „…zahlreiche Angehörige der Grauzone zwischen (Rechts-) Konservatismus und offenem Rechtsextremismus…“.[1089] Erst im letzten Abschnitt transportiert Wölk über die anstehende Veranstaltung drei neue Informationen: auch in diesem Jahr wäre im Vorfeld der Veranstaltung eine Anzeige in der FAZ geschaltet worden, „die diesjährige Festrede am 3. Oktober soll der 62jährige Bonner Politik-Professor Hans-Helmuth Knütter, Interviewpartner und Autor der „Jungen Freiheit“, halten…“[1090] und das „Friedenskomitee 2000“ von Alfred Mechtersheimer hätte seine Unterstützung in diesem Jahr zurückgezogen. Am Beispiel des angekündigten Festredners wird die Verwendung von „antifaschistischen“ Verbindungsketten gut sichtbar. Die Veranstaltung hatte keinen Zusammenhang mit der JF, zumindest wird ein solcher von Wölk nicht explizit thematisiert, trotzdem wird Knütter mit dieser Zeitung, ohne die von ihm dort thematisierten Inhalte zu berücksichtigen, in einen Kontext gebracht, um die beteiligten Personen und die Veranstaltung politisch zu verorten.

Aus Anlaß des 25-jährigen Jubiläums wird von Gernot Modery–„Anton Maegerle“ im bnr 20/96 einige der bereits im bnr 6/95 veröffentlichte Verbindungsketten zum „Arbeitskreis christlicher Publizisten“ (ACP) wiederholt. Im Zentrum der Darstellung steht die Verbindung zu einem von Modery als „rechtsaußen politisierenden Psycho-Sekte“ bezeichneten „Verein zur Förderung der Psychologischen Menschenkenntnis“ (VPM). Weiterhin wird der ACP-Bundesvorsitzende als Besucher des „Studienzentrums Weikersheim“ und als Leserbriefschreiber u.a. der JF enttarnt. Zum Schluß werden von Modery Verbindungen

---

[1088] Ebd..
[1089] Braasch, Sönke: Denkmal, Pilgerstätte und Mythos, bnr 20/96, 02.10.1996, S. 4-5. hier: S. 5.
[1090] Ebd..

zwischen dem ACP und der „Evangelischen Notgemeinschaft in Deutschland e.V." (ENID) bzw. dem „Komm-mit-Verlag" dargestellt.[1091]

Aufgrund eines publizierten „Grundsatzpapiers" von Edmund Sawall von der „Politischen Studien Gemeinschaft" (PSG) wird dieser von Gernot Modery–„Anton Maegerle" in Verbindungsketten u.a. zur JF, als Unterzeichner des „Appells der 100", welcher hier als „revisionistisch" bezeichnet wird, und „...als enger Weggefährte des rechtsextremen Einigungspropheten Alfred Mechtersheimer"[1092] präsentiert. Weiterhin werden sowohl die Druckerei von Modery beleuchtet, als auch die Internetseiten, welche den Sawall-Text abrufbar halten würden. Zum Schluß recherchierte Modery eine Selbstdarstellung der PSG im Internet, von der er einen Satz im bnr dokumentiert.

Über das Scheitern einer Klage von Gerhard Löwenthal in zweiter gerichtlicher Instanz wird im bnr 14/97 berichtet. Löwenthal hatte gegen die Veröffentlichung eines Schaubildes in einem Buch geklagt, welches ihn zusammen mit rechtsextremistischen Organisationen gezeigt hatte. Nach dem im bnr dargestellten Urteil hätte sich Löwenthal die Zuordnung zu dem dargebotenen rechtsextremistischen Netzwerk als eine zulässige Meinungsäußerung gefallen lassen müssen, da ihm wichtige Funktionen in der „Konservativen Aktion" zuzurechnen sind und er in den Zeitschriften „Criticón" und „Junge Freiheit" veröffentlicht habe. Löwenthal sind nach dieser Einschätzung auch, ganz im Stil einer Modery-Wölk-Verbindungskette, Äußerungen des stellvertretenden Vorsitzenden der „Konservativen Aktion" Siegerist zuzurechnen.[1093]

Weil sich die im Jahr 1996 gegründete „Deutschland-Bewegung" (DB) von Alfred Mechtersheimer gegen den Euro und die sog. „Wehrmachtsausstellung" ausspricht, unterstellt Volkmar Wölk–„Sönke Braasch" im bnr 19/97 dieser Initiative rechtsextreme Absichten. Nachfolgend wird das in den 80er Jahren gegründete „Friedenskomitee 2000" portraitiert, dem ebenfalls Mechtersheimer vorsteht. Hierzu werden von Wölk einige „Politbiographien" von Funktionären unter zu Hilfenahme von Verbindungsketten u.a. zum „Cannstatter Kreis", zur JF, der DSU und dem „neurechten Gymnasiallehrer und Publizisten Dr. Karlheinz Weißmann" dargestellt.[1094]

Aufgrund von einigen Anzeigen des „Cannstatter Kreises" u.a. in der JF, die hier von Gernot Modery–„Anton Maegerle" als „rechtsextreme Gazette" bezeichnet wird, wiederholt dieser im bnr 21/97 einige bereits im bnr dargestellte Charakterisierungen von Funktionären und

[1091] Maegerle, Anton: Jubiläum für christliche Publizisten, bnr 20/96, 02.10.1996, S. 11.
[1092] Maegerle, Anton: „Reintegration des Nationalen", bnr 9/97, 30.04.1997, S. 11.
[1093] O.V.: Zulässige Meinungsäußerung, bnr 14/97, 09.07.1997, S. 3.
[1094] Braasch, Sönke: Rechte Schattierungen, bnr 19/97, 17.09.1997, S. 2.

Veranstaltungen dieses Kreises, um am Ende des Beitrags einige Referenten aus „jüngster Zeit" unter Verwendung von politbiographischen Verbindungsketten darzustellen.[1095]

Im bnr 24/97 widmet sich Gernot Modery–„Anton Maegerle" dem „neuen rechtsextremen Agitationsfeld": der Rechtschreibreform. Erneut werden von Modery kritische Positionen von tatsächlichen und vermeintlichen Rechtsextremen unter Verwendung von Argumentationsketten zusammen dargestellt. Neben den Positionen Franz Schönhubers in der NE, Georg Albert Bosse in der „Recht+Wahrheit" und der heidnischen Zeitschrift „Huginn+Muninn" werden auch Argumente von Alfred Mechtersheimer, (der von Modery als „ein von apokalyptischen Untergangsphantasien Verfolgter" dargestellt wird) dem „Bund für deutsche Schrift und Sprache", Friedrich Denk, Alfred Dregger (CDU) und dem BfB von Modery kritisch kommentiert.[1096]

Im bnr 25/26/97 informiert Volkmar Wölk–„Jean Cremet" mit Verbindungsketten u.a. zu JF und „Criticón" ausführlich über die Politbiographien der Referenten einer „Sababurg Runde" des „Synergon". Zum Abschluß des Beitrages entwickelt Wölk angebliche Konfliktlinien zwischen einer realpolitischen Linie, vertreten von Dieter Stein (JF) und einer metapolitischen Linie, vertreten u.a. durch Alfred Mechtersheimer. Zusammengefaßt, so Wölk, würde auf der „Sababurg Runde" eine Ideologie für ein außerparlamentarisches „Kapillarsystem" entwickelt werden, die politische Inhalte der „extremen Rechten" nach dem „strategischen Ansatz eines Netzwerkes im vorpolitischen Raum" in die Gesellschaft tragen würde.[1097]

In einer überaus wohlwollenden Rezension beschäftigt sich Volkmar Wölk im bnr 9/98 mit einem Buch von Armin Pfahl-Traughber, der die Themen „Konservative Revolution" und die „Neue Rechte" „aus dem Blickwinkel der Extremismusforschung" behandelt. Angenehm überrascht ist Wölk von Pfahl-Traughbers politischer Arbeitsverortung. Dieser würde nicht „eine weitere Variante der bekannten Schemata von Backes/Jesse" präsentieren, sondern, unter Benennung einiger Ausnahmen, „konservativ nicht mit demokratisch gleichsetzen".[1098] Im Anschluß beleuchtet Wölk einige Inhalte des in drei Abschnitten unterteilten Werkes.

Der gleiche Autor setzt unter seinem Scheinnamen „Jean Cremet" seine Informationsreihe über die Tagungsprogramme des „*Synergies Européennes*" und „Synergon" in Wien fort. Hierzu werden die überwiegend bereits bekannten politbiographischen Angaben der Referenten wiederholt und aufgrund der Tagungsthemen Rückschlüsse auf die Ausrichtung der Veranstalter gezogen.[1099] Da die „Synergon" Tagung aus Anlaß des 100. Geburtstages

---

[1095] Maegerle, Anton: Neue Zielgruppe im Auge?, bnr 21/97, 15.10.1997, S. 9.
[1096] Maegerle, Anton: Schauplatz Orthographie, bnr 24/97, 26.11.1997, S. 8-9.
[1097] Cremet, Jean: Ideologische Perspektiven, bnr 25/26, 15.12.1997, S. 6-7, hier: S. 7.
[1098] Wölk, Volkmar: Die „Neue Rechte" und die Demokratie, bnr 9/98, 06.05.1998, S. 12-13, hier: S. 12.
[1099] Cremet, Jean: Zukunftsgerichtete Nostalgie, bnr 10/98, 20.05.1998, S. 7.

von Julius Evola selbigen thematisiert, beschäftigt sich in der gleichen bnr Ausgabe Armin Pfahl-Traughber zum wiederholten Male mit dem Kulturphilosophen und Esoteriker. Konstruierte Pfahl-Traughber im bnr 18/93 überwiegend die Verbindungsketten über die in der Bundesrepublik veröffentlichte Evola - Publizistik, so informiert er im bnr 10/98 anhand einiger Inhalte aus dem Werk Evolas u.a. über sein ambivalentes Verhältnis zu Mussolini, die von ihm vertretene „Ablehnung von Demokratie, Gleichheitsprinzip und Individualismus" in der modernen Welt und seinen esoterischen Ansatz. Diese Inhalte werden von Pfahl-Traughber lediglich kurz im Eingang seines Beitrages auf einige Veröffentlichungen, die er zur „Neuen Rechten" zählt und z.T. bereits vor fünf Jahren als Beispiele benannte, gespiegelt. Hierbei ordnet er Evola als eine „geistige Bezugsquelle des intellektuellen Rechtsextremismus" ein.[1100]

Schwerpunktmäßig beschäftigt sich Gernot Modery–„Anton Maegerle" im bnr 12/98 mit der politischen Karriere von Joachim Siegerist in Lettland. In einem Abschnitt informiert Modery über eine Jahrestagung der „Deutschen Konservativen e.V.", die sich mit den Themen „68er" und „fundamentalistische Islamisten" beschäftigen würden. Hierzu listet Modery lediglich einige Referenten auf, die er einem „internen Rundbrief" entnommen hat.[1101]

In einem „Zwischenruf" äußert sich Klaus-Henning Rosen im bnr 13/98 über die von ihm genannte „Braune-Hände-Aktion" gegen einen Wahlsieg des SPD Kanzlerkandidaten Gerhard Schröder der „Deutschen Konservativen e.V.". Die „Aktion für Deutschland" dieses Vereins wäre maßgeblich von Heinrich Lummer (CDU) in ganzseitigen Anzeigen publiziert worden, informiert Rosen. Ausführlich wird der „Rechtsextremist" und „gerichtsnotorische" Siegerist von Rosen charakterisiert. Zum Schluß appelliert dieser: „Es ist schlimm, Herr Pastor Hintze und Herr Fraktionsvorsitzender Schäuble, in welchem Umfeld Ihre Wahlkampfhelfer aktiv sind!".[1102]

Volkmar Wölk–„Jean Cremet" analysiert anhand der Tagungsfolge ein weiteres „Synergon"/"Deutsch-Europäische Studiengesellschaft" (DESG)-„Theorietreffens" auf der Sababurg. Obwohl ein Tagungsband des ersten Treffens vorliegt, beschäftigt sich Wölk überwiegend mit den Referenten und ihren vermeintlichen politischen Verortungen, bzw. kommentiert die jeweiligen Tagungsthemen in seinem Beitrag im bnr 22/98 jeweils kurz. Das Thema des Seminars „Rechts, Links: Ende einer Dichotomie?" wird von Wölk, aufgrund

[1100] Pfahl-Traughber, Armin: Ein Klassiker der Anti-Moderne, bnr 10/98, 20.05.1998, S. 8-9, hier: S. 8; vgl. die Ausführungen von Pfahl-Traughber mit ähnlicher Intention über Vilfredo Pareto: Pfahl-Traughber, Armin: Herrschaft der Eliten, bnr 16/98, 12.08.1998, S. 7-9 und in einer ablehnenden Buchrezension eines Werkes über Edgar Julius Jung: Pfahl-Traughber, Armin: Weißwaschung, bnr 25/26/98, 16.12.1998, S. 15.

[1101] Maegerle, Anton: Baltischer Recke, bnr 12/98, 17.06.1998, S. 8.

[1102] Rosen, Klaus-Henning: Braune Hände, bnr 13/98, 01.07.1998, S. 5.

eines Zitates, auf Hans Zehrer bezogen. Abschließend bildet Wölk über das Thema und einige personelle Überschneidungen Verbindungsketten zu einer Ausgabe der Zeitschrift „wir selbst" und einer „Freien Deutschen Sommerakademie". Offensichtlich aufgrund der zuvor selber von ihm gebildeten Konfliktlinien zwischen zwei angeblichen Lagern innerhalb einer „Neuen Rechten" (bnr 25/26/97) bezeichnet Wölk in seinem Beitrag die JF als „marode".[1103]
Klaus-Henning Rosen faßt noch einmal, „nicht ohne Häme", die bereits in der Rubrik „Meldungen" gesammelten Informationen über eine gescheiterte Reise der „Deutschen Konservativen e.V." nach Israel im bnr 1/99 zusammen und ergänzt diese mit noch älteren bereits im bnr publizierten Ausführungen zu diesem Verein. Ausführlich wird im Anschluß Joachim Siegerist von Rosen thematisiert, der aber lediglich die Reise in einem Rundschreiben angekündigt hatte, denn die Reiseleitung oblag dem früheren Berliner Innensenator Heinrich Lummer. Rosen beklagt, daß die Aktivitäten von Siegerist in der Bundesrepublik nur noch am Rande auf Interesse stoßen, daher veröffentlicht er nachfolgend einen längeren Rückblick zu der Geschichte des „Siegerist-Unternehmens". Seine Erkenntnisse in diesem Abschnitt bezieht Rosen aus einem Buch von Kurt Hirsch („Rechts von der Union"), einigen bnr - Ausgaben und einer parlamentarischen Anfrage der PDS/Linke Liste.[1104]

Von den regionalen Protesten gegen die sog. „Wehrmachtsausstellung" in Kiel, berichtet Horst Freires im bnr 2/99 mit Fokus auf der „rechtslastigen Staats- und Wirtschaftspolitischen Gesellschaft e.V." (SWG), die er im bnr 25/26/98 als „erzkonservativ" bezeichnet hatte. Nach Meinung Freires würde die SWG über eine Pressekonferenz und eine Zeitungsanzeige in einer regionalen Tageszeitung das „Protestlager" anführen. Über einige ausgewählte Unterzeichner der Anzeige und einige Funktionäre der SWG werden von Freires Verbindungsketten u.a. zu CDU, BfB, Landsmannschaft Ostpreußen, JF, „Criticón" und dem „Ostpreußenblatt" gebildet.[1105]

Die Referenten eines angekündigten Kongresses der „Deutschen Konservativen e.V." werden von Volkmar Wölk–„Andreas P. Zahleshoff" politbiographisch mit Verbindungsketten und ihren jeweiligen Referatsthemen charakterisiert. Zunächst portraitiert Wölk den „Motor und nahezu einzigen Aktivisten" des Vereins Joachim Siegerist, dem er eine Entwicklung zur „extremen Rechten" unterstellt. Der ehemalige Berliner Innensenator Heinrich Lummer wird als „Bindeglied zur Union" dargestellt, welcher als Ehrenpräsident der „Kleingruppe"

[1103] Cremet, Jean: Gewendete „68er", bnr 22/98, 04.11.1998, S. 10-11; im gleichen Stil, vgl.: Cremet; Jean: Theorieschulung, bnr 12/99, 17.06.1999, S. 4-5.
[1104] Rosen, Klaus-Henning: Rassistische Briefe, bnr 1/99, 13.01.1999, S. 7.
[1105] Freires, Horst: Gemeinsame Front, bnr 2/99, 28.01.1999, S. 9.

fungiert. Abschließend summiert Wölk: „Auch wenn es Siegerist gelungen ist, mit den Referenten einen Teil der politischen Farbskala – von tiefschwarz bis hellbraun – abzudecken und die aktuellen Hauptthemen der extremen Rechten aufzugreifen, so wird das Tagungshotel…wohl kaum aus allen Nähten platzen. Dafür sorgen schon die gepfefferten Preise…“.[1106]

Der „Verein zur Wahrung der deutschen Sprache“ wird von Gernot Modery–„Anton Maegerle“ im bnr 14/99 in eine politische „Grauzone“ verortet. Zunächst führt er seinen Beitrag mit einem Portrait eines ehemaligen Regionalbeauftragten des Vereins ein, welcher zeitweilig Mitglied von rechtsextremen Parteien gewesen und vorbestraft sei. Danach charakterisiert Modery unter Verwendung von Verbindungsketten die Polithiographien (u.a. JF, „Studienzentrum Weikersheim“, „Deutsche Hochschulgilde“) von drei weiteren Regionalbeauftragten – von dem einer in Chile lebt – um nachzuweisen, daß auch „…weiterhin ultrarechts beziehungsweise rechtsextrem eingestellte Personen in führender Funktion tätig sind“.[1107] Abschließend führt Modery noch ein wohlwollendes Zitat einer österreichischen Monatszeitung über den Verein an und erwähnt, daß der Verein auch prominente Mitglieder habe, „…denen sind die Verbindungen von einzelnen Vereinsmitgliedern zur extremen Rechten sicherlich nicht bekannt“.[1108]

Volkmar Wölk – „Jean Cremet“ beschäftigt sich auch weiterhin mit den europäischen Projekten einer „Neuen Rechten“. Zu den „Theorieschulungen“ der Europäischen Synergien beschreibt er auch weiterhin lediglich Referenten und die einzelnen Tagungsthemen bzw. Referatsthemen. Durch eine intensive und dauerhafte Beschäftigung mit einzelnen Exponenten dieser „Neuen Rechten“ versucht Wölk z.B. über Analysen einzelner Funktionsträger oder Inhaltsanalysen in Publikationen Aussagen über die polit-theoretische Ausrichtung oder auch über Differenzen im „Gesamtverband“ zu treffen.[1109]

Horst Freires unterstellt der „Staats- und Wirtschaftspolitischen Gesellschaft“ (SWG) im bnr 15/99 in der Rubrik „Grauzone“, sie würde den „Schulterschluß mit Rechtsextremisten“ gegen die sog. „Wehrmachtsausstellung“ nicht scheuen. Als Begründung seiner extremismustheoretischen Zuordnung gilt ihm maßgeblich eine Unterschriftenkampagne der

---

[1106] Zahleshoff, Andreas P.: Spektrum erweitert, bnr 6/99, 25.03.1999, S. 3-4, hier: S. 4.

[1107] Maegerle, Anton: Sprachpflege, bnr 14/99, 15.07.1999, S. 10; vgl. hierzu auch die ausführliche Darstellung des Dortmunder „Vereins Deutsche Sprache“ (VDS) von: Lory, Roland: Sprachpatrioten, bnr 7/02, 04.04.2002, S. 6-7.

[1108] Ebd..

[1109] Cremet, Jean: Europa als Mythos, bnr 15/99, 29.07.1999, S. 2-3.

SWG, die in der Tageszeitung „Die Welt" veröffentlicht wurde. Hierzu führt er einige Politbiographien von ausgewählten Unterzeichnern an.[1110]

Nachdem die Ausstellungsfehler der sog. „Wehrmachtsausstellung" auch offiziell zugestanden werden mußten, setzt sich Gernot Modery–„Anton Maegerle" im bnr 22/99 unter der Rubrik „Grauzone" mit der SWG auseinander. Das Engagement des Vereins gegen die Ausstellung nennt Modery ihr „Hauptagitationsfeld". Im Folgenden bildet er zu einer Vereinsbroschüre u.a. eine Verbindungskette zur JF. Danach erfolgen die politbiographischen Darstellungen einiger Funktionäre mit Argumentations- und Verbindungsketten zu weiteren Publikationen. Im Fokus dieses Abschnitts steht der Brigadegeneral a.D. Reinhard Uhle-Wettler. Als nächstes benennt Modery einige Autoren der Vereinspublikation, u.a. den „...in solchen Zusammenhängen immer wieder auftauchenden Ex-Professor Hans-Helmuth Knütter, die Publizisten Armin Mohler und Karlheinz Weißmann...".[1111] Zuletzt werden die bereits im bnr thematisierten Verbindungen zur Landmannschaft Ostpreußen und einige Referenten von gemeinsamen Veranstaltungen beider Organisationen benannt.

Über einen Vortrag bei der „Mittelstands- und Wirtschaftsvereinigung" (MIT) des Landkreises Harburg, auf dem sich der Journalist Uwe Greve in seinem Vortrag als Kritiker der 68er Generation erweist, wird er nachfolgend von Thomas Klaus im bnr 22/99 als „Rechtsausleger-Publizist" verortet. Hierzu dienen Klaus maßgeblich drei von ihm gebildete Verbindungsketten über Greve: der Funktion als Vorsitzender des „Bismarckbundes–Vereinigung zur Wahrung deutschen Geschichtsbewußtseins e.V.", als Referent bei dem „Verein zur Förderung der Psychologischen Menschenkenntnis" (VPM) und als Autor der JF.[1112]

Der „Cannstatter Kreis" wird von Gernot Modery–„Anton Maegerle" als „rechtes FDP-Gewächs" und „seit seiner Gründung im Jahr 1994...[als ein] Think Tank und Sammelbecken von Rechtsextremisten unterschiedlicher Couleur in Süddeutschland..."[1113] charakterisiert. Hierzu werden die bereits im bnr (z.B. bnr 19/97 u. bnr 21/97) thematisierten Referenten, Publikationen der Veranstaltungshinweise und einige Kommunalwahlpolitiker, die nach Modery in einem Zusammenhang mit dem „Cannstatter Kreis" stehen, zum wiederholten Male genannt.

Von einem „internen Arbeitstreffen" der „Deutschland Bewegung" (DB) berichtet Gernot Modery–„Anton Maegerle" im bnr 4/00. Neben dem Initiator des Treffens charakterisiert er

---

[1110] Freires, Horst: Schulterschluß, bnr 15/99, 29.07.1999, S. 8.
[1111] Maegerle, Anton: „Aufklärungsarbeit", bnr 22/99, 04.09.1999, S. 6.
[1112] Klaus, Thomas: Honoriger Ehrengast, bnr 22/99, 04.09.1999, S. 7.
[1113] Maegerle, Anton: Rechtes FDP-Gewächs, bnr 1/00, 13.01.2000, S. 9.

die Besucher dieser Veranstaltung folgendermaßen: „…etwa 25 vorwiegend männliche Personen im Alter von 40 Jahren aufwärts",[1114] die maßgeblich über die Gründung einer „Deutschen Aufbau-Organisation" beraten hätten. Modery beschwichtigt zum Abschluß seines Beitrages: „Dieser Versuch der Gründung einer neuen Organisation wird zweifelsohne zur weiteren Zersplitterung des rechtsextremen Lagers beitragen".[1115]

Von einem neugebildeten Freundeskreis zu der Zeitschrift „wir selbst" berichtet Volkmar Wölk–„Jean Cremet" im bnr 9/00. Zunächst charakterisiert er einige Mitglieder anhand von Verbindungsketten z.B. zu den bereits aufgelösten „Unabhängigen Ökologen Deutschlands", zur DSU und zur JF. Danach kommentiert Wölk ein Thesenpapier eines Freundeskreismitgliedes zu der „Elmauer Rede" von Peter Sloterdijk über einen „Menschenpark" und „gentechnische Züchtungen", der ihn als einen „Dissidenten der Kritischen Theorie" bzw. als Anhänger von Heideggers Anthropozentrismuskritik ausweisen soll. Zum Abschluß des Beitrages stellt Wölk zu den Zukunftsaussichten des Freundeskreises süffisant fest: „Erfolge sind nicht zu erwarten, Grundsatzdiskussionen sind wieder angesagt. Der „Freundeskreis Wir selbst" wird nicht der letzte entsprechende Ansatz bleiben".[1116]

Volkmar Wölk–„Jean Cremet" stellt im bnr 10/00 einmal mehr fest, daß die bundesrepublikanische „extreme Rechte" einen deutlichen Nachholbedarf in Bezug auf europapolitische Konzeptionen hätte. Hierzu stellt er die drei Referenten des Synergon Seminars mitsamt ihren Themen vor. Offensichtlich lag Wölk diesmal nicht nur das Tagungsprogramm als Analysegegenstand vor, denn „speziell die abschließende Diskussion demonstrierte mehr als deutlich, daß nicht nur objektive Gründe auf absehbarer Zeit verhindern werden, daß die Überlegungen zu einem „Reich Europa" in absehbarer Zeit mehr als Träumereien werden könnten…Auf die offiziellen politischen Entscheidungsabläufe hat man glücklicherweise ohnehin keinen Einfluß",[1117] so Wölk abschließend im Gegensatz zu den bisherigen Berichten mit inhaltlichem Bezug zu der Veranstaltung.

Aufgrund einer neuen Präsentation im *Internet* fokussiert Thomas Pfeiffer im bnr 15/00 unter der Rubrik „Grauzone" den „rechten Hofgeismarkreis" in Leipzig. Zunächst stellt er die kurze und überwiegend unauffällige Geschichte der von einigen Leipziger Jusos 1990 gegründeten Initiative vor. Anhand weniger „Schlüsselbegriffe" und einiger politbiographischen Verbindungsketten (u.a zu Autoren der Publikation des Kreises, zur JF und Alfred

---

[1114] Maegerle, Anton: Rechter Splitter, bnr 4/00, 24.02.2000, S. 8.
[1115] Ebd..
[1116] Cremet, Jean: „Humanismuskritik", bnr 9/00, 04.05.2000, S. 6.
[1117] Cremet, Jean: Traum von Eurasien, bnr 10/00, 18.05.2000, S. 4-5.

Mechtersheimer) von einzelnen Protagonisten, stellt der amtliche Verfassungsschützer Pfeiffer eine Nähe zur „Neuen Rechten" her.[1118]

„Rechtsextremismusexperten", „...zu denen zum Teil bekannte Experten – so die Professoren Butterwegge, Dubiel, Dudek, Falter, Heitmeyer, Henning, Jäger und Minkenberg – gehören..." äußern sich in einem fünf Punkte umfassenden gemeinsamen Papier zur Rechtsextremismusdebatte und ventilieren damit u.a. die These von einem „(Rechts-) Extremismus aus der Mitte der Gesellschaft". Volkmar Wölk zitiert im bnr 18/00 hierzu die vorgenannten Wissenschaftler, die vor einem Intellektualisierungskurs der extremen Rechten warnen: „Personell beschränkt sich die „Neue Rechte" nicht auf das äußerste rechte Spektrum, sie reicht vielmehr bis weit in die etablierte Politik hinein",[1119] so die Forschergruppe nach Wölk. Weiterhin vermissen die Wissenschaftler auch eine klare Abgrenzung der etablierten Politik zum gesamten „Spektrum der extremen Rechten", hierzu führt Wölk als Beispiel die JF an: „Ein regelmäßiger Blick in die Wochenzeitung „Junge Freiheit" unterstreicht die Berechtigung dieser Forderung. Nur zu häufig lassen sich hier Politiker demokratischer Parteien als Feigenblatt mißbrauchen, um die Positionen der extremen Rechten mit dem ersehnten Hauch von Seriosität zu umkleiden".[1120] Im Zusammenhang mit der Diskussion um ein NPD-Verbot ist hierzu ein Kommentar von Christoph Butterwegge im bnr 20/00 beachtlich, der nämlich der NPD eine „Schlüsselbedeutung" in ihrer „Scharnier- beziehungsweise Brückenfunktion" zuweist und damit explizit auf die diskutierten Kategorien des Intellektualisierungskurses einer „Neuen Rechten" rekurriert.[1121]

Gernot Modery–„Anton Maegerle" kommentiert im bnr 20/00 aufgrund von zwei Rundschreiben des „rechtsextremen Vereins" „Deutsche Konservative e.V." die Bestrebung nach Gründung einer neuen „konservativen Partei". Hierzu wird auf dem Herbstkongreß ein Treffen mit FPÖ-Politikern angekündigt, bei dem auch Referenten aus der Bundesrepublik, die „...allesamt als Autoren oder Mitarbeiter der Wochenzeitung „Junge Freiheit" bekannt..."[1122] wären, teilnehmen würden. Aus Zitatstücken einzelner Rundbriefe wird von Modery weiterhin auf eventuelle Parteibündnisse spekuliert und versucht, die weitere Vorgehensweise einer Parteigründung zu dokumentieren. Weiterhin beleuchtet er unter Einschluß der Darstellung eines weiteren Funktionärs, zu dem Modery weitere Verbindungsketten bildet, die Finanzierungsplanung dieses Gründungsversuchs.

[1118] Pfeiffer, Thomas: Im falschen Boot, bnr 15/00, 27.07.2000, S. 7.
[1119] Wölk, Volkmar: Engagement stärken, bnr 18/00, 07.09.2000, S. 8.
[1120] Ebd..
[1121] Butterwegge, Christoph: Gedankengut ächten, bnr 20/00, 05.10.2000, S. 2.
[1122] Maegerle, Anton: In der Offensive, bnr 20/00, 05.10.2000, S. 4.

Von einem „geheimen Treffen", welches eine Gründungsveranstaltung einer Hamburger Sektion der „Deutschen Aufbau-Organisation (DAO) darstellte, informiert Andreas Speit im bnr 25/26/00. Die hierzu angekündigten Referenten waren, nach Speit, nicht anwesend, jedoch nutzt der Autor über einen Referenten eine Verbindungskette zu den Parteien NPD, DVU, REP, BfB und DSU. Weiterhin referiert Speit Überlegungen der anwesenden „elf Herren und einer Dame" über eine mögliche Kontaktaufnahme mit der „Partei Rechtsstaatliche Offensive" von Ronald Barnabas Schill. Dieses wäre, so Speit, als nicht sinnvoll erachtet worden. Nüchtern stellt Speit zum Abschluß fest: „Verbindliches beschlossen die neuen Mitglieder aber nicht, bevor sie die Rechnung im Restaurant zahlten und auseinander liefen".[1123]

Einen inhaltlichen Bericht von einer Vortragsveranstaltung des „Cannstatter Kreises" präsentiert Gernot Modery–„Anton Maegerle" im bnr 7/01. Bei dem Kreis handelt es sich nach Modery um eine „Vereinigung von Rechtsextremisten unterschiedlicher Couleur aus dem südwestdeutschen Raum". Die Anzahl der Besucher und einige Anwesende werden von Modery in seinem Beitrag benannt. Intensiver beschäftigt sich Modery mit einer Aussage des Referenten und „CDU-Mitgliedes", Hans-Helmuth Knütter, der sich selbst in seinem Vortrag, unter dem „Beifall der Anwesenden", als ein Verfassungsfeind bezeichnet haben soll. Zum Abschluß beschäftigt sich Modery mit den bei der Veranstaltung ausgelegten Werbematerialien, welche er als „Propagandamaterial" bezeichnet.[1124]

Aus Anlaß einer Ankündigung der ersten Sommeruniversität des „‚neu-rechten Netzwerkes *Synergies Européennes*" in Deutschland analysiert Volkmar Wölk–„Jean Cremet" die Tagungsfolge mit einzelnen Themen und Referenten. Weiterhin vermutet Wölk, daß dieses Netzwerk aufgrund der nur eingeschränkten Internationalität der Referenten stagnieren würde.[1125] In bnr 18/01 erfolgt dann die „inhaltliche" Analyse der Veranstaltung, die sich wiederum auf die Referenten und Besucher(-anzahl) beschränkt und einen „krisenhaften Zustand" zu Wölks Hauptthema des Beitrags macht. Im Abschlußsatz kommentiert Wölk die derzeitige Ausrichtung der „Neuen Rechten" in der Bundesrepublik: diese „...bewege...sich weg von der „Metapolitik" der *Nouvelle Droite* und gleichzeitig zurück zu den Ursprüngen eines biologischen Rassismus".[1126]

Die Dissertation von Thomas Pfeiffer beschäftigt sich mit dem „Mediennetzwerk der Rechten" und wird im bnr 2/02 von Thomas Grumke wohlwollend rezensiert. Grumke stellt

---

[1123] Speit, Andreas: „Frage der Macht", bnr 25/26/00, 14.12.2000, S. 2.
[1124] Maegerle, Anton: Rechte Gesellschaft, bnr 7/01, 05.04.2001, S. 12.
[1125] Cremet, Jean: Alte „Neue" Rechte, bnr 15/01, 26.07.2001, S. 8.
[1126] Cremet, Jean: Zwei Schritte zurück, bnr 18/01, 06.09.2001, S. 4-5.

hierzu dar, daß Pfeiffer zwar zwischen „alter“ und „neuer“ Rechten differenziere, letztere sich jedoch lediglich durch die strategische Orientierung und Ausdrucksform einer jüngeren Generation unterschiede. Daher untersucht Pfeiffer in seinen Fallstudien undifferenziert z.B. die JF und die Internetseite von Ernst Zündel, um „eine erstaunliche [inhaltliche] Geschlossenheit“[1127] der unterschiedlichen Medientypen festzustellen. Auf die „Neue Rechte“ wendet Pfeiffer die „Scharnierthese“ von Gessenharter an.

In der im bnr 7/02 publizierten Veranstaltungskritik von Volkmar Wölk–„Jean Cremet“ zu einem Doppelseminar der Europäischen Synergien in der Bundesrepublik referiert dieser eine inhaltliche Kurzzusammenfassung der einzelnen Vorträge, die sich mit der Rolle von Religion und Politik beschäftigt hätten. Zum Abschluß bewertet Wölk den ersten Teil der Veranstaltung zusammenfassend: „Das Seminar zeigte einmal mehr deutlich auf, daß die Ideologie der Neuen Rechten ohne spirituelles Fundament nicht vorstellbar ist. Die Verwirrung eines anwesenden Mitarbeiters der Wochenzeitung „Junge Freiheit“ zeigte, daß dieser Ansatz noch recht weit vom Mainstream rechten Denkens entfernt ist“.[1128]

Aus Anlaß einer Vortragsveranstaltung der „Staats- und Wirtschaftspolitischen Gesellschaft e.V.“ (SWG), die neue Tagungsräumlichkeiten bei einer Studentenverbindung gefunden hätten, wiederholt Andreas Speit im bnr 12/02 unter der Rubrik „Grauzone“ das bereits im bnr publizierten Portrait der SWG und stellt u.a. eine Verbindung zu Ronald Schill her, einem früheren Gastredner der Gesellschaft.[1129]

Die „Karlsruher Freitagsgespräche“, ein „Konservativer Gesprächskreis“, welcher maßgeblich durch eine Anfrage des SPD Landtagsabgeordneten Stephan Braun thematisiert wurde, wird durch Gernot Modery–„Anton Maegerle“ im bnr 22/02 unter der Rubrik „Grauzone“ weitergehend ausgeleuchtet. Hierzu wird zunächst der Gründer des seit 10 Jahren bestehenden „rechtslastigen“ Kreises über seine Autorenschaft in der Zeitschrift „wir selbst“ charakterisiert. Modery schließt weiter, daß sich der Kreis aus Lesern der Publikationen „Criticón“/JF und aus dem korporationsstudentischen Milieu zusammensetzen würde, um im Anschluß einige Referenten mit Verbindungsketten aufzulisten. Besonders zu einem CDU Funktionär werden Argumentationsketten z.B. zum BdV und zum „Studienzentrum Weikersheim“ gebildet. Modery dokumentiert zum Abschluß die parlamentarischen Bemühungen der SPD-Landtagsfraktion, die „rechtslastigen Umtriebe“ durch Ministerpräsident Erwin Teufel (CDU) aufklären zu lassen.[1130] Über dieses bnr Thema:

[1127] Grumke, Thomas: Medien der Rechten, bnr 2/02, 24.01.2002, S. 12.
[1128] Cremet, Jean: Wider die Moderne, bnr 7/02, 04.04.2002, S. 4-5, hier: S. 5.
[1129] Speit, Andreas: „Bildungsarbeit“, bnr 12/02, 13.06.2002, S. 8.
[1130] Maegerle, Anton: Örtliche Klüngeleien, bnr 22/02, 31.10.2002, S. 6.

„Karlsruher Freitagsgespräche" offenbaren sich Synergien zwischen Gernot Modery und der SPD-Landtagsfraktion, insbesondere zu dem „antifaschistisch" motivierten Abgeordneten Stephan Braun, der eine Auflistung der Referenten, welche maßgeblich dieselben Modery - Verbindungsketten aufzeigen, auch auf seiner Internetseite veröffentlicht hat.[1131] Zu einer demokratie-extremismustheoretischen Verortung der behandelten Personen bezieht sich der Abgeordnete Braun also ebenso wie Modery nicht auf vertretene Inhalte der von ihnen charakterisierten Personen, sondern auf die örtliche Dimension (Mitgliedschaften/Publikationsmedien/Vortragsveranstaltungen) des politischen Wirkungskreises.

Zum Anlaß des 40-jährigen Jubiläums der „Staats- und Wirtschaftspolitischen Gesellschaft e.V." (SWG) werden von Gernot Modery–„Anton Maegerle" maßgeblich die bereits im bnr publizierten Referenten der SWG aufgelistet und ein Gründungsmitglied mit „Scharnierfunktion" dargestellt. Kern des Beitrages bilden einige Verbindungsketten über den Festredner Alexander von Stahl, u.a. zur JF und einigen anderen Referenten des Festaktes, welche lediglich namentlich genannt werden und von Modery dem „äußersten rechten Rand der CDU"[1132] zugeordnet werden.

Werden im bnr 3/03 lediglich einige wenige Verbindungsketten über die „Preußischen Gesellschaft Berlin-Brandenburg e.V." kurz angedeutet, beleuchtet Gernot Modery–„Anton Maegerle" im bnr 5/03 diese intensiv und mit einigen inhaltlichen Wiederholungen aus bnr 3/03. Die Gästeliste zum „traditionellen Neujahrsempfang" der Gesellschaft, die Rede des Vereinspräsidenten, die Vereinspublikation, nebst Autoren der Unionsparteien und eine Verbindungskette zu der bereits im Jahr 2001 eingestellten Zeitschrift „Staatsbriefe" werden nun von Modery fokussiert.[1133]

Unter der Rubrik „Grauzone" im bnr 7/03 berichtet Gernot Modery–„Anton Maegerle" über eine Veranstaltung mit Jörg Haider im Rahmen des Berliner „Dienstags-Gesprächs". In der Hauptsache bildet Modery in diesem Beitrag Verbindungsketten zu der politbiographischen Vergangenheit des Organisators dieser Veranstaltung. In diesem Zusammenhang zitiert der bnr-Autor Erkenntnisse des Verfassungsschutzes aus dem Jahr 1993. Danach hätte besagter Organisator an einer Veranstaltung des DESG teilgenommen. Somit erscheint es nach Modery gerechtfertigt, eine rechtsextreme Verortung vorzunehmen. Zum Abschluß werden

---

[1131] Braun, Stephan: Referenten der „Karlsruher Freitagsgespräche", http://www.stephan-braun-mdl.de/landtag/rechtsextrem/freitagsgespraeche/freitagsgespraeche-referenten.htm#top, 11.03.2007; In dem von Stephan Braun herausgegebenen Sammelband: „Rechte Netzwerke – eine Gefahr" (zus. mit Daniel Hörsch), Wiesbaden 2004, verfaßte Braun auch einen gemeinsamen Beitrag mit Gernot Modery über Albrecht Jebens (S. 103-113.).

[1132] Maegerle, Anton: Scharnierfunktion, bnr 2/03, 23.01.2003, S. 12.

[1133] Maegerle, Anton: Neue Reformkräfte, bnr 5/03, 06.03.2003, S. 10.

weitere Referenten bei den Berliner „Dienstags-Gesprächen“ in Form einer Auflistung benannt.[1134] In der gleichen bnr-Ausgabe „portraitiert“ Gernot Modery eine neue Zeitschrift des „rechtsextremen“ Vereins „Die Deutschen Konservativen e.V.“. Zunächst wird von Modery die Kritik des „vorbestraften“ Joachim Siegerists am „Deutschland-Magazin“ ausführlich dargestellt, um danach einige Kampagnen des Vereins inhaltlich anzukündigen. Im Anschluß werden einige Autoren des neuen Blattes anhand ihrer politbiographischen Verbindungsketten charakterisiert.[1135]

Aufgrund des Beitrages eines Berliner Oberstaatsanwaltes in einer Buchveröffentlichung der „Stimme der Mehrheit“ wird dieser Autor nicht nur von Gernot Modery–„Anton Maegerle“ im bnr 14/03 unter der Rubrik „Grauzone“ in den politischen Zusammenhang mit den Mitautoren („Rechtsaußen“) des Sammelbandes gebracht, sondern auch Herausgeber und ausgewählte Gründungsinitiatoren („Vertreter des rechtskonservativen bzw. ultrarechten bis extrem rechten Spektrums“) aufgelistet. Nachfolgend zitiert Modery unkommentiert aus dem Klappentext des Buches.[1136]

Thomas Grumke rezensiert im bnr 16/03 eine Studie von Thomas Pfeiffer über die „Neue Rechte“, die er im Auftrag des Innenministeriums des Landes Nordrhein-Westfalen verfaßt hat. Die kapitelweise Besprechung des Buches beginnt mit einer Darstellung eines Definitionsversuches Pfeiffers zur „Neuen Rechten“, die sich an der „Scharnierthese“ von Gessenharter orientiere. Nach Pfeiffer handelt es sich in seiner ausufernden Definition dann um eine „Neue Rechte“, wenn sich aus einer „vielgestaltigen Bewegung von Rechts“ eine Elite bildet, die sich im vorpolitischen Raum um Einfluß bemüht. Nachfolgend werden die übrigen Kapitel von Grumke besprochen, welche maßgeblich die in dieser Arbeit bereits diskutierten Akteure und „Strategien“ einer „Neuen Rechten“ behandeln. Grumkes Darstellung im bnr verfolgt abermals den Zweck, vor der „Neuen Rechten“ als eine „Brücke“ zu einer politischen und gesellschaftlichen Mitte zu warnen. Auf derselben Seite dieser bnr Ausgabe wird unter einem „Hinweis“ die Veranstaltung des Verfassungsschutzes NRW über die „Neue Rechte“ beworben.[1137]

In einem Bericht über die „Fachtagung“ des Verfassungsschutzes NRW über die „Neue Rechte“ beschäftigt sich Tomas Sager im bnr 21/03 überwiegend mit der von der JF angeblich

---

[1134] Maegerle, Anton: Grauzone, bnr 7/03, 03.04.2003, S: 5.
[1135] Maegerle, Anton: Siegerist Coup, 7/03, 03.04.2003, S. 9.
[1136] Maegerle, Anton: Illustre Gesellschaft, bnr 14/03, 10.07.2003, S. 9.
[1137] Grumke, Thomas: Scharnierfunktion, bnr 16/03, 07.08.2003, S. 9; O.V.: Hinweis, bnr 16/03, 07.08.2003, S. 9.

gestarteten „Verleumdungskampagne" gegen einige Referenten dieser Tagung, um im letzten Abschnitt einige Einschätzungen des Seminars zusammenfassend zu dokumentieren.[1138]
In diesem Tenor hält Tomas Sager im bnr 8/04 auch die Rezension zu dem nachfolgend veröffentlichten Tagungsband. Hierzu leitet er zunächst mit einer Darstellung der JF Berichterstattung über die Tagung seinen Beitrag ein, um danach einige veröffentlichte Positionen der Tagung zusammenfassend zu dokumentieren. Sager vermißt im Tagungsband dann folgerichtig auch die „Vorgeschichte" dieser Veranstaltung, in der versucht worden sei, die Referenten zu diskreditieren und dem Verfassungsschutz angeblich das Recht abgesprochen wurde, sich mit der Thematik zu beschäftigen: „Ein solcher Beitrag hätte exemplarisch zeigen können, wie das neurechte Spektrum versucht, Teile der demokratischen Rechten für sein Anliegen zu gewinnen. Daß der Versuch in diesem Fall unter dem Strich erfolglos blieb, sollte freilich kein Grund sein, die Neue Rechte zu unterschätzen".[1139]

Zwischenergebnis

Der ganz überwiegende inhaltliche Fokus des bnr in den Jahren 1990-2004 liegt auf einer Darstellung einer „Aufarbeitung" von NS-Vergangenheit, Antisemitismus und Rechtsextremismus. Darüber hinaus werden aber auch demokratische Rechte von den bnr-Redakteuren thematisiert und teilweise im selben Beitrag mit den von ihnen beobachteten rechtsextremistischen Akteuren in Bezug gebracht. Dies erfolgt prägnant z.B. durch die Methodik der „Brückenspektrumsthese" oder örtlich über Rubriken „Brücken nach Rechts", „Grauzone" und die ab bnr 2/96 eingeführte Rubrik „Zeitschriftenschau". Durch die fehlende Trennung zwischen den sich explizit zum Rechtsextremismus abgrenzenden demokratischen Rechten wird der Beobachtungsmaßstab des bnr massiv nach links verschoben und ein demokratisch rechter Politikansatz tabuisiert. Ganz überwiegend kann festgestellt werden, daß einzelne Personen verallgemeinernd nach der politischen Ausrichtung ihrer Partei, Publikation oder Institution beurteilt werden. Durch entsprechende, zumeist grob vereinfachende Attribute und Assoziations-, Argumentations- und Themenketten dient die Einzelperson und ihr Kontext als Grundlage für eine politisch extrem rechte Verortung weiterer Gruppen, Publikationen und Institutionen. Weiterhin kommt es den bnr-Akteuren nicht darauf an, welchen Inhalt die Autoren einzelner Ausführungen oder Publikationen vertreten, sondern es interessiert zur extremismustheoretischen Einordnung im wesentlichen der Ort ihrer Veröffentlichung oder eine Rezension/ein Urteil von Dritten.

[1138] Sager, Tomas: „Geistiges Vorfeld", bnr 21/03, 16.10.2003, S. 12.
[1139] Sager, Tomas: Stichwortgeber, bnr 8/04, 15.04.2004, S. 12.

Die rechtsdemokratischen Themen werden im bnr überwiegend der Rubrik „Brücken nach Rechts“/„Grauzone“ zugeordnet. Diese Rubriken stellen aufgrund der im bnr vertretenen „Brückenspektrumsthese“ etc. bereits ein eigenes Charakterisierungsmittel für die rechten Personen, Publikationen und Institutionen als rechtsextrem dar. In diesen Rubriken werden die Thematiken mal in einzelnen Artikeln, aber auch in fortgesetzten Artikelreihen von den bnr-Autoren, überwiegend von Gernot Modery, behandelt.

Demgegenüber entwickelt Armin Pfahl-Traughber, neben der überwiegenden Beschäftigung mit Rezensionen, an wenigen Stellen im bnr den Versuch einer theoretischen Grundlage für die Beobachtung einer „Neuen Rechten“ (ausführlicher im bnr 1/95). Hierzu dienen auch seine Ausführungen zu den angeblichen „geistigen Bezugsquellen des intellektuellen Rechtsextremismus“, zu denen, nach Meinung Pfahl-Traughbers u.a Evola, Pareto und Jung gehören. Diese definitorischen Versuche werden von Volkmar Wölk durch ein Nebenprodukt seiner Beschäftigung mit einer europäischen, besonders französischen, „Neuen Rechten“ definitorisch im bnr ergänzt (z.B. bnr 24/99 u. bnr 5/00). Bei gleicher inhaltlicher Ausrichtung erweitern Wölks letztgenannte schlaglichtartige Thesen die nationalen Beobachtungen über eine „Neue Rechte“ von Pfahl-Traughber um eine europäische Dimension.

Das politische Phänomen einer „Neuen Rechten“ wird im übrigen im bnr mit Anführungszeichen versehen, da hier besonders Volkmar Wölk die These vertritt, diese sei nicht „Neu“, sondern, z.B. über das Thema „Revisionismus“, von einer „Alten Rechten“ nicht abzugrenzen. Quantitativ läßt sich eine Intensivierung der Berichterstattung durch den bnr ab dem Jahr 1994 beobachten. Gründe für eine ausgeweitete Thematisierung im bnr sind die publizistischen Anstrengungen der demokratischen Rechten von Buch- (z.B. Ullstein Taschenbuch Reihe) und Zeitungsprojekten (besonders JF),[1140] eine regsame Referententätigkeit auf Podien unterschiedlicher Veranstalter (z.B. „Studienzentrum Weikersheim“) und das Bemühen sich in Parteien (z.B. BfB, DSU, DP) oder Kreisen/Initiativen (z.B. „ACP“, „ENID“) einen institutionellen Rahmen zu geben. Gerade bei letztgenannten Kleinstparteien und –Initiativen verwundert die generelle Thematisierung im bnr, da diesen selbst von den bnr-Autoren nur geringste Einfluß- oder Überlebenschancen eingeräumt werden und damit von diesen Organisationen keine Gefahr für den Bestand der Bundesrepublik ausgeht. Offensichtlich handelt es sich lediglich um ein schlichtes Ausschmücken des Bedrohungsszenarios von „Rechts“ durch den bnr mit dem Ziel einer

---

[1140] Vgl. den Weg einiger demokratischer Rechter zu einer breiteren publizistischen Öffentlichkeit in: Winckler, Stefan: Die demokratische Rechte. Entstehung, Positionen und Wandlungen einer neuen konservativen Intelligenz, Frankfurt am Main 2005, S. 43-55.

weiteren „antifaschistischen" Profilierung durch einen vorgeblich ganzheitlichen Ansatz in der Beobachtung „rechter" Politikstrukturen.

Darüber hinaus ist die vom bnr vorgenommene Zuordnung der behandelten Beobachtungsinhalte zu einem rechten Politikspektrum häufig zweifelhaft und nicht nachvollziehbar. Einige mißverständliche Zuordnungen ergeben sich z.B. aus den vom bnr behandelten „religiösen" Gruppen (Scientology-Organisation), Kirchen und Laienorganisationen, Verlagen, Jugendgruppen oder einzelnen Zeitschriften („wir selbst"). Entweder sind diese vorgenannten Beispiele pluralistisch oder dezidiert „unpolitisch" ausgerichtet. Durch solche Fehlzuordnungen ergibt sich für den bnr die Möglichkeit, sein monothematisches Themenfeld zu erweitern. Diese Beobachtungspraxis ist geeignet, ein überdehntes Bedrohungsszenario darzustellen und hat für den bnr einen selbstlegitimierenden Nebeneffekt durch den (versuchten) Nachweis der These eines „(Rechts-)Extremismus aus der Mitte" der Gesellschaft.

Es muß methodisch selbstkritisch analysiert werden, daß die vom Verfasser angelegte stringente Untersuchungsstruktur in Fallgruppen nicht immer durchgehalten werden konnte, da die bnr-Akteure die untersuchten Thematiken oftmals gleichzeitig und erheblich verknüpfend miteinander darstellen und sich somit oftmals keine klare Zuordnung ergibt. In diesen Fällen wurde eine Zuordnung nach quantitativen Maßstäben durchgeführt und im weiteren auf eine erneute Darstellung in einer weiteren Fallgruppe verzichtet. Aufgrund der ab bnr 5/95 erheblich erweiterte Rubriken „Tagebuch" (ab bnr 15/98: „Meldungen") und den sich hieraus ergebenen Redundanzen, wurde nicht mehr jede einzelne Kurzmeldung zu dem Fallgruppen-Komplex demokratische Rechte vom Verfasser berücksichtigt. Eine Behandlung dieser Themen muß, äquivalent zu den im vorangegangenen Abschnitt analysierten „antifaschistisch" motivierten Anfragen der PDS, in dieser Rubrik mitgedacht werden.

Rechtsdemokratische Parteien

Diese Fallgruppe spiegelt die politische Ausrichtung verallgemeinernd anhand von Äußerungen von – zumeist lokalen – Einzelpolitikern auf die Gesamtpartei. Weiterhin wird durch Verbindungsketten zwischen Personen oder Organisationen und einer Durchleuchtung ihrer politischen Lebensläufe der Eindruck erweckt, es bestünde ein innerer Zusammenhang zwischen den Einstellungen oder dem früheren Engagement dieser Personen auf die Gesamtpartei. Zugleich werden lediglich einige Publikationen oder Podien parteipolitisch fokussiert und nicht ihre dort vertretenen Inhalte beleuchtet. Zudem gesteht der bnr den von ihm charakterisierten Personen keine politische Entwicklung zu. Der einzelne Politiker bleibt auch durch ein Engagement z.B. in frühester Jugend für den bnr für immer stigmatisiert.

(Einzige Ausnahme für eine, „positive Entwicklung“ ist die, nach Pfahl-Traughber, geänderte Ausrichtung der Zeitschrift „MUT“ unter ihrem Herausgeber Bernhard C. Wintzek. Pfahl-Traughber avancierte in dieser Zeit als Autor von „MUT“. Warum Pfahl-Traughber keine abgrenzenden Absichten bei anderen Untersuchungsgegenständen wie z.B. der JF analysiert, bleibt fraglich.) Wenn überhaupt dann wird nur schlaglichtartig auf einzelne Parteiprogramme eingegangen. Bei der Darstellung der geschichtlichen Entwicklung einzelner Parteien (z.B. der DP) werden Analogien und Argumentationsketten zu einzelnen Politbiographien oder Publikationen gebildet. Überwiegend beobachtet der bnr rechtsdemokratische Kleinst- oder Nischenparteien mit sehr wenigen Mitgliedern und z.T. nur lokalen Bezügen (BfB, DSU und DP). Im Untersuchungszeitraum wird insbesondere der rechtsdemokratische BfB seit seiner Gründung 1994 bis zum Austritt Manfred Brunners und anderen Funktionären im Jahr 1999 maßgeblich von Volkmar Wölk kritisch beobachtet. In den Wahl(kampf)-analysen wird der BfB, in einigen Fällen auch die Union und die FDP, zusammen mit NPD und DVU analysiert. Die Unionsparteien werden über ihre Ausländerpolitik mitverantwortlich gemacht an den fremdenfeindlichen Gewalttaten der 90er Jahre. Einzeläußerungen von Unionspolitikern oder Initiativen der Parteien z.B. zur Einwanderungs- und Asylpolitik werden von den bnr-Autoren in einen rechtsextremen Kontext gestellt.

Ab bnr 25/26/00 thematisiert u.a. Volker Stahl die zunächst lediglich in Hamburg als CDU-Koalitionspartner reüssierende „Partei Rechtsstaatliche Offensive“ (PRO) bis zu ihrer Auflösung im Jahr 2004 mit zunehmender Intensität anhand von Artikelreihen. Hierzu werden überwiegend personenbezogene Charakterisierungen und Einschätzungen im bnr präsentiert, die sich zumeist monothematisch an der Person Ronald Schill orientieren, um nachfolgend die Politbiographien/Äußerungen weiterer Kandidaten anhand von Verbindungsketten darzustellen/zu kommentieren. Bei den fortgesetzten Darstellungen über BfB und PRO ist eine Fokussierung auf die internen Auseinandersetzungen auffällig (Diese Beobachtung kann auch anhand des bnr-Themas „Neue Rechte“ und der rechtsdemokratischen Kreise und Initiativen nachgewiesen werden).

Rechtsdemokratische Zeitschriften und Verlage

Die JF wird im ersten Jahr des Untersuchungszeitraums von der Journalistin Franziska Hundseder für den bnr beleuchtet. Diese ordnet die JF als eine Publikation der „Neuen Rechten“ zu, die nach ihrer Meinung verschiedentlich parteiorganisatorisch angebunden sei. Hierzu eröffnet sie ein Spektrum von der FDP bis zur NPD. Unterstützt wird Hundseder hierbei von dem bnr-Autor Christian Nigl. Ab 1991 beobachtet maßgeblich Armin Pfahl-Traughber eine Auswahl von Zeitschriften, in denen er eine Strategiedebatte vermutet. Ohne eine begründete Auswahl oder eine Differenzierung zu treffen, wählt er für seine Analyse hierfür maßgeblich die JF, EV und NE aus [Daß eine Einordnung der NE in diesem Kontext nicht unproblematisch ist, wurde vom Verfasser im Abschnitt 1.4 Verfassungsschutzberichte behandelt, Anm. L.N.]. Diese Zeitschriftenauswahl, ebenso wie seine Zuordnung der „Neuen Rechten" zum Rechtsextremismus und seine These von einer angeblichen strategischen Orientierung auf eine Intellektualisierungs- und Theoriebildungsoption, die über die Gründung von Zirkeln eine bundesweite Vernetzung anstrebe, bestimmt maßgeblich die weitere Behandlung dieses Fallbeispiels im bnr. Ab 1993 wird dieses Thema aufgrund von Publikationen des DISS durch Gastautoren (Kellershohn) und von Gernot Modery unterstützend am Beispiel der JF behandelt. Aus dieser Gemeinschaftsarbeit erwächst eine Buchpublikation des DISS über die JF. Im Mittelpunkt des Interesses des bnr steht also besonders die JF, der unterstellt wird, das Sprachrohr einer „Neuen Rechten" zu sein, welches sich an dem geistigen Vorbild der „Konservativen Revolution" orientiert. An einer solchen Interpretation arbeitet intensiv Armin Pfahl-Traughber durch seine Rezensionen, welche überwiegend dieselben Begrifflichkeiten (z.B. „kulturelle Hegemonie", „antidemokratisches Denken (Kurt Sontheimer)") hierzu verwendet. Demgegenüber negiert Volkmar Wölk eine „Neue" Rechte und unterstellt der JF, in diesem Zusammenhang keine extremismustheoretische Abgrenzung zu treffen (z.B. bnr 1/00).

Die im bnr ab dem Jahr 1996 durchgeführte „Zeitschriftenschau" zu „Rechtsextremistischen Periodika" behandelt durchgängig und am regelmäßigsten die JF anhand einer personenfixierten Zusammenfassung selektiver Inhalte. Zudem werden die redaktionellen Veränderungen der JF, die Finanzsituation, die Auflagenzahl sowie einige JF-Kampagnen genau beleuchtet und die einzelnen Klageinstanzen der JF gegen das Land NRW intensiv verfolgt. Die in diesen Untersuchungen verwendeten Begrifflichkeiten wie „Rechts-Postille" oder „ultrarechte Gazette" drückt eine selbstsichere Polemik aus, die überwiegend von Gernot Modery und Volkmar Wölk verwendet werden, um Zeitschriften negativ zu konnotieren.

Die politische Zuordnung von Buchverlagen wird ganz überwiegend anhand von Politbiographien der Autoren oder Herausgebern einzelner Buchtitel vorgenommen, in denen Verbindungsketten u.a. zu den im bnr behandelten Zeitschriften gebildet werden. Herausragendes Beispiel für diese Beobachtungen stellt eine Artikelreihe über Verlage und die Messebesuche von Gernot Modery dar.

Rechtsdemokratische Wissenschaftler und Institutionen

Die im bnr thematisierten Wissenschaftler und Institutionen werden überwiegend sekundär politisch eingeordnet. Daß heißt, es werden wiederum nicht die konkreten Inhalte der jeweiligen Akteure in den Vordergrund der Auseinandersetzung gestellt, sondern Verbindungen zu dem Umfeld, in dem sie veröffentlicht wurden. Also Verknüpfungen zu den Verlagen, den Anzeigen, in zuvor charakterisierten Publikationen oder Rezensionen dritter Autoren, um eine extremismustheoretische Zuordnung vorzunehmen. Hierzu reicht ein Gespräch oder ein Auftritt auf demselben Podium, um auf eine angeblich gleichgerichtete politische Ansicht zu schließen.

Hans-Helmuth Knütter rückt über die Zeitschriftenauswertung der JF im Jahr 1996 massiver in das bnr-Beobachtungsspektrum. Nachdem Knütter den bnr-Stammautor Modery in einem JF-Beitrag enttarnt hat, wurde die Beobachtung zu seiner Person intensiviert. Nach einem ausführlichen Portrait (bnr 23/96) über Knütter wurden diese Erkenntnisse kampagnenmäßig in den nachfolgenden bnr-Jahrgängen wiederholt, und es erfolgte die Benennung des im Jahr 1996 emeritierten Professors in den einzelnen bnr-Beiträgen ab bnr-Jahrgang 1997 überwiegend ohne Angabe des akademischen Titels. Dieser wurde ersetzt durch das stereotype Attribut „Anti-Antifa-Stratege", alternativ wird im bnr auch das Attribut „Rechtsaußen-Professor" benutzt. Nach der Jahrtausendwende wird verstärkt die CDU-Mitgliedschaft des Hochschullehrers thematisiert. Damit verfolgt der bnr eine doppelte Strategie: Zum einen bezweckt der bnr damit eine Diskreditierung der CDU, zum anderen soll mit diesen wiederholten Parteibezeichnungen unter Verwendung von Argumentations- und Verbindungsketten ein moralischer Druck auf die Partei erzeugt werden, sich von diesem Mitglied zu trennen.

Für diese Fallgruppe läßt sich beispielhaft das „antifaschistische" Kampagnenmittel der Wiederholung analysieren. Ist ein Wissenschaftler, z.B. Alfred Schickel vom ZFI, einmal ausführlich dargestellt, werden in den nachfolgenden Artikeln über die jeweilige Person oder Institution zunächst noch einmal die bereits veröffentlichten Erkenntnisse bekanntgemacht, ehe der jeweilige bnr-Akteur, zumeist in einem letzten Abschnitt neuere Informationen publiziert. Ähnliche Beobachtungen finden sich bei der kampagnenähnlichen Darstellung von Horst Möller (IfZ) und bei den Einschätzungen über Jesse/Backes (HAIT, „Jahrbuch Extremismus&Demokratie").

Die für die vorgenannten Fallgruppen diagnostizierte Vorgehensweise des bnr gilt ebenso für die rechtsdemokratischen Kreise und Initiativen, daher wird auf eine redundante Darstellung verzichtet.

Die Fallgruppenanalyse zeigt einen problematischen Umgang mit der jeweiligen politischen Zuordnung durch den bnr. Die Einordnung, ob es sich um ein extremistisches oder ein nicht extremistisches Beobachtungsthema handelt, ist danach von dem subjektiven politischen

Standpunkt des einzelnen bnr-Akteurs abhängig. Objektivierbare und einheitliche redaktionelle Richtlinien oder inhaltliche Maßstäbe sind für die vorgenommenen Zuordnungen nicht ersichtlich. So lassen sich z.B. unterschiedliche Bewertungen von Verlagen (Arun Verlag) oder Zeitschriften (MUT) zwischen Gernot Modery und Armin Pfahl-Traughber erkennen. Geradezu kurios erscheint die Würdigung der „Konservativen Revolution", welche sich im bnr von einer Strömung „antidemokratischen Denkens" (Kurt Sontheimer) zu einer präfaschistischen Bewegung entwickelt. Parallel hierzu wird das im bnr mitentwickelte Beobachtungskonstrukt einer „Neuen Rechten", welche in der Hauptsache vertreten wird durch die JF („Zentralorgan"), analog zum „historischen Erkenntnisgewinn" bezüglich der „Konservativen Revolution" verortet.

In den meisten der dargestellten Fallbeispiele handelte es sich also nicht um eine sachliche Auseinandersetzung mit vertretenen politischen Inhalten, sondern es wurden zumeist durch sprachlich polemisierende Konstrukte von Verbindungs- Attributions- und Argumentationsketten ein scheinbar zusammenhängendes Netzwerk vorgestellt. Kritisch anzumerken bleibt, daß bei einigen der vom bnr thematisierten rechtsdemokratischen politischen Akteure die Tendenz besteht, sich zeitlich gesehen spiralförmig „radikalisieren" zu lassen. Ob sich dies als Ausdruck eines Trotzverhaltens nach dem Motto: „Jetzt erst recht!", oder aufgrund der moralisch-psychologischen Dauerpression einer politischen Parallelwelt entwickelt hat, muß durch ein Einzelfallgutachten eingeschätzt werden.

Das Hauptziel des bnr ist, so ein maßgebliches Ergebnis der Fallgruppenanalyse, aufzuzeigen, daß in der BRD die „Gefahr von rechts" permanent unterschätzt wird. Die im gesellschaftlichen und politischen Bereich immer schon vorhandene Sensibilität gegenüber den Gefahren von extremen Rechten wird zu einer Hypersensibilität gesteigert. Daher wird das Thema „Rechts" dauerhaft, verbunden mit einem moralischen geschichtspolitischen Ansatz, vom bnr verbreitet. Aus diesem dauermonothematischen Beobachtungsansatz ergeben sich zum einen Bündnisse mit extremen Linken, demokratischen Linken und prominenter (SPD-politischer) Unterstützung. Zum anderen stempelt der bnr auch demokratische Rechte zu Rechtsextremen. Hieraus ergibt sich zwangsläufig eine Verwischung von Grenzen, bzw. als symptomatische Auswirkung eine Erosion des politischen Koordinatensystems der Bundesrepublik insgesamt nach links.

Der pluralistischen politischen Kultur in der BRD, die einem antitotalitären Konsens verpflichtet ist, wäre ein demokratischer „blick nach links" als Korrektiv zu wünschen, welcher über ähnlich gute Vernetzungen zu Behörden, Parlamenten, Wissenschaft, Kultur und Medien verfügt.

2.3.2 Akteursanalyse ausgewählter Autoren des bnr

Schirmherrin des bnr: Ute Vogt (SPD)

Die Übernahme der Schirmherrschaft von Ute Vogt seit 2004 signalisiert das aktuell deutlichste und sichtbarste Zeichen einer institutionellen Verbundenheit zwischen SPD und bnr. Als inhaltliche Akteurin übernimmt Ute Vogt im bnr keine Rolle. Konkret repräsentiert sie die SPD über ein Foto, versehen mit einem für den bnr werbenden Kommentar zur Bekämpfung des Rechtsextremismus bzw. „Rechtsaußen" auf den bnr-Internetseiten.[1141] In der Druckfassung des bnr wurden in der Spätphase des Untersuchungszeitraumes bis zum Jahr 2004 einzelne Anzeigen mit einem Lichtbild von Vogt versehen und in den internen Schreiben und bnr-Beiträgen auf die Übernahme der Schirmherrschaft ausdrücklich hingewiesen (vgl. z.B. bnr 9/04). Für den bnr existiert in der Person Vogt ein werbendes, seriöses Aushängeschild, vormals auch eine personale Verbindung zum Innenministerium und damit die Möglichkeit, staatliche Finanzmittel bzw. Informationen zu erhalten. Diese Funktion erfüllte zuvor Ministerialdirektor Klaus-Henning Rosen für den bnr im BMI. Mit diesen Verbindungen zur staatlichen Verwaltung hatte der bnr Zugriff auf Fördergelder des Bundes, z.B. zur Ausgestaltung seiner Internetseiten. Gegenwärtig profiliert sich Vogt über ihre Schirmherrschaft beim bnr politisch gegen „Rechts", als derzeitige Realpolitikerin, wohl eine Reminiszenz an ihre linke Parteivergangenheit.

Ute Vogt (geb. 1964) ist Rechtsanwältin und bekleidete von Oktober 2002 bis November 2005 die Funktion einer Parlamentarischen Staatssekretärin im Bundesministerium des Innern. Über die Juso-Arbeit 1983 nahm Vogt während ihres Studiums Kontakt zur SPD auf, deren Mitglied sie seit 1984 ist. Ihre Parteikarriere verläuft idealtypisch über einige Juso-Ämter und protegiert von Ulrich Maurer und Gerhard Schröder. Seit 1999 führt Vogt als Landesvorsitzende die SPD Baden-Württembergs an, ist seit Dez. 2003 stellvertretende Vorsitzende der SPD und wurde am 26. März 2006 in den Landtag von Baden-Württemberg gewählt. Weiterhin ist Vogt u.a. Mitglied in der ÖTV, später Verdi, im Beirat des „Bündnis für Demokratie und Toleranz", Eurosolar und den Naturfreunden.[1142]

Für eine möglichst schnelle Konsensherstellung in der Politik organisieren sich die Parlamentarier in überfraktionelle Vereinigungen bzw. interparlamentarischen Gruppen. Daneben haben sich auch über parteipolitische Grenzen hinweg themenorientierte Kreise

---

[1141] Bnr.de: bnr Aktuell, www.bnr.de/bnraktuell/?WWLAUTH=585570879f2feb3b859db3f8269de034, 23.03.2007.

[1142] Angaben nach: Holzapfel, Klaus-J. (Hrsg.): Kürschners Volkshandbuch. Deutscher Bundestag, 15. Wahlperiode, Rheinbreitbach 2003, S. 242; Vogt, Ute: Meine politische Arbeit, http://ute-vogt.sozi.info/index.php?mod=content&menu=1000&page_id=61, 23.03.2007; Braun, Stephan: Autoren und Herausgeber, www.stephan-braun-mdl.de/persoenliches/publikationen/autoren_netzwerke.htm, 24.03.2007; Löwisch, Georg: Die Angstfreie, die tageszeitung, 05.12.2005, S. 5.

etabliert. Besonders die SPD lebt von ihren traditionellen Flügeln: der „Parlamentarischen Linken", dem pragmatischen „Seeheimer Kreis" und dem flügelübergreifenden loyalen „Netzwerk Berlin". Zu dem letztgenannten, im Jahr 1998 nach der Bundestagswahl und infolge des Umzugs des Bundestages gegründeten „Netzwerk Berlin", welches getragen wird von ca. 50 zumeist jüngeren Bundestagsabgeordneten und die Zeitschrift „Berliner Republik" herausgibt, gehören, neben Sigmar Gabriel, Olaf Scholz, Andrea Nahles, Hubertus Heil und Sebastian Edathy, auch Ute Vogt, die sich seit ihrem Ausscheiden aus dem Bundestag in die Landespolitik zurückzog. Ende 2005 stand Ute Vogt, die sich nach eigenen Angaben von einer kapitalismuskritischen Lafontaine-Anhängerin zu einer linken Pragmatikerin entwickelt hat,[1143] massiv in der internen Parteikritik ihres Landesverbandes. Als sie nämlich gegen Franz Müntefering und für Andrea Nahles als SPD-Generalsekretär stimmte und damit an der Demontage des früheren Generalsekretärs teilnahm, wurden ihre Führungsqualitäten in Frage gestellt. Daraufhin bekam Vogt auf dem eigentlich als Wahlkampfunterstützung ausgerichteten Bundesparteitag in Karlsruhe 2005 die Unzufriedenheit der Delegierten zu spüren und mußte mit dem schlechtesten Ergebnis aller Kandidaten zur stellvertretenden Parteivorsitzenden in den Landtagswahlkampf ziehen.[1144] Nach dem erfolgreichen Einzug ins Landesparlament seit 2006, muß sich Vogt auch weiterhin der Oppositionsarbeit in dem CDU-regierten Bundesland widmen – seit ihrer Wahl zur Fraktionsvorsitzenden dezidiert gegen den amtierenden Ministerpräsidenten Günther Oettinger. Hierzu dient ihr auch das Engagement im bnr.

Herausgeber des bnr: Helmut Lölhöffel (Institut für Information und Dokumentation e.V.)

Helmut Lölhöffel (geb. 1944 als Hans Bruno Helmut Lölhöffel von Löwensprung) verantwortet für das „Institut für Information und Dokumentation e.V." die Herausgabe des bnr, welches er, wie nachfolgend dargestellt, offensichtlich nebenberuflich erledigt. Inhaltlich kommentiert Lölhöffel überwiegend einzelne Beiträge anderer Autoren aus dem Innenteil des bnr auf der Titelseite. Sein Schreibstil ähnelt dabei demjenigen von Klaus-Henning Rosen, da Lölhöffel ebenfalls seine Schlußabschnitte mit einem Appell, der einen zukünftigen Handlungsbedarf gegen „Rechts" einfordert, versieht.

Nach einer langjährigen Tätigkeit als Journalist beim „Kölner Stadt-Anzeiger", als Redakteur bei ddp, fünf Jahren als Ostberlin-Korrespondent bei der „Süddeutschen Zeitung" und

---

[1143] Sattar, Majid: „Sozialdemokraten, boykottiert Lafontaine", Frankfurter Allgemeine Zeitung, 17.06.2005, S. 5.

[1144] Wenz, Dieter: Zweifel in der baden-württembergischen SPD an der Spitzenkandidatin Ute Vogt, Frankfurter Allgemeine Zeitung, 04.11.2005, S. 4; Soldt, Rüdiger: „Ute, da geht noch was!", Frankfurter Allgemeine Zeitung, 16.11.2005, S. 3.

während der Regierungszeit von Helmut Kohl 15 Jahre bei der „Frankfurter Rundschau", also ab 1984 in Bonn und später wieder in Berlin, wurde er im Jahr 2002 Vize-Senatssprecher des Schwarz-Roten Senats bei Eberhard Diepgen in Berlin. Nach dem Sturz Diepgens, zum Wechsel des Rot-Grünen Senates wurde er Senatssprecher, um zum Rot-Roten Wechsel 2002 vier Monate als Justizsprecher und Leiter des Büros der Bürgermeisterin und Justizsenatorin Karin Schubert zu fungieren. Im Anschluß nahm Lölhöffel eine Tätigkeit als Pressesprecher der Berliner Wasserbetriebe (BWB), die dem Mischkonzern Vivendi Deutschland, dem Land Berlin und der RWE gehören, an. Als Parlamentskorrespondent der „Frankfurter Rundschau" wurde er 1999 mit dem Medienpreis des Deutschen Bundestages von Bundestagspräsident Thierse ausgezeichnet. Er galt als Bonner „Hofjournalist" der SPD und war bis 1991 langjähriger Vorsitzender der örtlichen IG Medien in Bonn und bis zum Jahr 2000 Mitglied der SPD, um sich hernach als „parteiloser Sozialdemokrat"[1145] zu bezeichnen.

Seit 1990 wird Lölhöffel von „antifaschistischen" Gruppen wegen seines Engagements in den 60er Jahren als Funktionär eines Jugendverbandes („Fascho-Aktivitäten") kritisiert. Er betreute als junger Erwachsener die Jugendseiten des Publikationsorgans „Glaube und Tat", des religiös orientierten Jugendbundes „Bund Deutsch-Unitarischer Jugendlicher", welcher der „Deutschen Unitarier Religionsgemeinschaft e.V." angegliedert ist. Von Lölhöffels „antifaschistischen" Kritikern wird dieser Bund als eine an der Hitler-Jugend orientierte „Nazi-Sekte" bezeichnet. In den, zumeist im Internet publizierten kritischen Texten wird Lölhöffel – ähnlich den bnr-Verbindungsketten von Modery und Wölk – politbiographisch diffamiert.[1146] Aufgrund dieser Politeifersüchteleien ehemaliger „antifaschistischer" Freunde, ergibt sich eine besondere Motivation für Lölhöffels energisches Positionieren gegen „Rechts", um sich auch weiterhin deutlich in der Öffentlichkeit von seiner persönlichen Vergangenheit distanzieren zu können.

Als Ostberliner Korrespondent der „Süddeutschen Zeitung" wurde Lölhöffel intensiv vom MfS operativ bearbeitet bzw. von IM wurde versucht, ihn abzuschöpfen. In seiner persönlichen Aufarbeitung dieser Zeit, dokumentiert anhand der veröffentlichten Ergebnisse seiner MfS-Akteneinsicht (Operativer Vorgang „Herzog") in einem Aufsatz, benennt Lölhöffel einige MfS-Mitarbeiter der HVA, überwiegend mit ihren Decknamen. Darunter

---

1145 Übach, Siegfried: Gut für den sozialistischen Stallgeruch, Junge Freiheit, 07.06.2002.

1146 Angaben nach: O.V.: Was macht eigentlich Helmut Lölhöffel?, die tageszeitung Berlin lokal, 22.03.2003, S. 30; Landespressestelle Berlin: Mitteilung vom 05.06.2002, www.berlin.de/landespressestelle/archiv/2002/06/05/06378/index.html, 23.03.2007; O.V.: Ex-Neonazi soll stellvertretender Senatssprecher in Berlin werden, Oktober 2000, www.trend.infopartisan.net/trd1100/t301100.html, 23.03.2007; Kratz, Peter: Blick zurück, http://home.snafu.de/biff/aktuell20.htm, 25.11.2006; Kratz, Peter: Lölhöffel versetzt, Wartenberg entlassen, http://home.snafu.de/bifff/aktuell26.htm, 25.11.2006;

findet sich auch eine Schilderung mit einer „Ehefrau des Assistenten".[1147] Offensichtlich hatte Lölhöffel, wissentlich oder unwissentlich, mit einigen westdeutschen Journalisten Kontakt, welche von Kurt Hirsch der HVA als IM-Kandidaten zugespielt wurden, darunter IM Assistent, IM Lehne und IM Reif.[1148]

Rezensent: Armin Pfahl-Traughber (Verfassungsschutz)

Der Politologe Armin Pfahl-Traughber (geb. 1963) arbeitete nach Studium und Promotion in Duisburg und Marburg, von 1992 bis 1993 Lehrbeauftragter an der Universität Marburg, ab 1994 als Referatsleiter und wissenschaftlicher Mitarbeiter in der Abteilung II Rechtsextremismus im Bundesamt für Verfassungsschutz und war gleichzeitig Lehrbeauftragter an der Universität Köln. Zur Zeit ist er als Professor an der Fachhochschule des Bundes für öffentliche Verwaltung (FH Bund) im Fachbereich Öffentliche Sicherheit, Abteilung Bundesamt für Verfassungsschutz, Außenstelle BMI-Schule Swisttal-Heimerzheim tätig. Sein Forschungsschwerpunkt bildet die Beschäftigung mit dem Rechtsextremismus bzw. „Rechten Spektrum". Hierzu verfaßte Pfahl-Traughber eine Anzahl von Monographien und Aufsätze, er vertritt seine Thesen intensiv auf Vortragsveranstaltungen. Seit Anfang der 90er Jahre publiziert er, neben dem bnr, u.a. für die „Frankfurter Allgemeine Zeitung", die Wochenzeitung „Das Parlament", die Zeitschrift „MUT", das Jahrbuch „Extremismus&Demokratie", neben der „Politischen Vierteljahresschrift" auch in weiteren wissenschaftlichen Fachzeitschriften (Rezensent), die „Tribüne–Zeitschrift zum Verständnis des Judentums" (Rezensent) (Redakteur der „Tribüne": bnr-Autor und ehemaliger WDR-Journalist Heiner Lichtenstein). Das Spezialgebiet seiner journalistischen Tätigkeit konzentriert sich auf die Anfertigung von Buchrezensionen.

Auch für den bnr ist Pfahl-Traughber hauptsächlich, im Vergleich zu den Anprangerungsbeiträgen u.a. von Modery und Wölk, als anspruchsvollerer und um wissenschaftlichen Anspruch bemühter Rezensent tätig, der sich auch sprachlich deutlich von den vorgenannten bnr-Akteuren abhebt und bei seiner Kritik am „Rechtsextremismus" eine „linksliberal-egalitäre Position"[1149] einnimmt. Diese Zuordnung manifestiert sich z.B. in dem Versuch Pfahl-Traughbers, eine behördlich meßbare und damit normative Definition über eine „Neue Rechte" zu etablieren („Brückenspektrum"). Mit diesem inhaltlichen und

---

[1147] Lölhöffel, Helmut: Herzogin tankte, Baron putzte Scheiben, Horch und Guck, Band Nr. 2, Heft 5, Berlin 1993, S. 3.
[1148] Knabe, Hubertus: Der diskrete Charme der DDR. Stasi und Westmedien, Berlin 2003, S. 305-306.
[1149] Zu einigen von Pfahl-Traughber vertretenen allgemeinen Positionen zum Rechtsextremismus, vgl.: Wolfschlag, Claus-M.: Das „antifaschistische Milieu". Vom „Schwarzen Block" zur „Lichterkette" - Die politische Repression gegen „Rechtsextremismus" in der Bundesrepublik Deutschland, Graz-Stuttgart 2001, S. 264-266, hier: S. 265; zu der von Pfahl-Traughber konstruierten Brückenspektrumsthese, vgl.: 1.4 „Brückenspektrum".

methodischen Ansatz verleiht Pfahl-Traughber dem „Informationsdienst" bnr eine, wenn auch nur mittelbar „amtliche", so doch eine wissenschaftlich geprägte Seriosität bzw. Legitimität. Bei seinen Veröffentlichungen für den bnr wertet er einschlägige Werke aus allen politischen Spektren zum Thema aus. Wohlwollend bespricht er in diesem Zusammenhang auch Bücher aus „antifaschistischen" Verlagen wie: Unrast-Verlag Münster, Elefanten Press-Verlag Berlin und Papy Rossa-Verlag Köln, bei denen er zumeist Marginalien - z.B. strukturelle Defizite, Polemiken oder die unreflektierte/überspannte Verwendung von Begrifflichkeiten – bemängelt und sich damit von einem radikalen Verständnis von „Antifaschismus" abgrenzen möchte, während er Werken aus dem demokratischen rechten Spektrum rigoros den wissenschaftlichen Anspruch versagt. Aufgrund dieses links - egalitären Extremismusverständnisses steht Pfahl-Traughber ebenfalls in der Kritik von linksextremen „Antifaschisten". So werden über Pfahl-Traughber politbiographische Verbindungsketten von Peter Kratz gebildet. Darin wird ihm u.a. die Publikation in der Zeitschrift „MUT", dem Jahrbuch „Extremismus&Demokratie" und seine Kritik an der Zeitschrift „konkret" vorgeworfen.[1150] Ein weiterer Vorwurf kommt von dem Politologen Wolfgang Fritz Haug, der u.a. Pfahl-Traughber Ende der 80er Jahre vorwarf, den verallgemeinernden „Faschismus" Begriff abzulehnen.[1151] Der „tageszeitungs"-Journalist und DDR Autor Bernd Siegler ergänzt die vorgenannten Kritikpunkte um die berufliche Dimension, indem er Pfahl-Traughber 1994 vorwarf, nicht zwischen seiner politischen Tätigkeit für den administrativen Verfassungsschutz und seiner unabhängigen „Kontrollfunktion" als Journalist unterscheidbar zu bleiben. In diesem Zusammenhang erklärten sich der damalige Chefredakteur Helmut G. Schmidt und Gabriele Nandlinger für den bnr solidarisch mit Pfahl-Traughber und verzichten bis heute auf einen redaktionellen Hinweis zu seiner behördlichen Tätigkeit.[1152] In einem Vorwort von Pfahl-Traughber zu einer Monographie entgegnet er Siegler auf seine Kritik: „Der Autor gab mit seinem am 1. Juni 1994 erfolgten Dienstantritt im Bundesamt für Verfassungsschutz keinesfalls seine wissenschaftliche Qualifikation am Eingang des Dienstgebäudes ab und arbeitet journalistisch wie wissenschaftlich weiterhin im gleichen Sinne wie zuvor auch".[1153]

Im Zusammenhang mit seiner Kritik an einem rechten „Konservatismus" wird ihm aus rechtsdemokratischer Sicht vorgeworfen, ideologisch gegen den politischen Pluralismus zu

---

1150 Kratz, Peter: Blick zurück, http://home.snafu.de/biff/aktuell20.htm, 25.11.2006.
1151 Wolfschlag, Claus-M.: Das „antifaschistische Milieu". Vom „Schwarzen Block" zur „Lichterkette" - Die politische Repression gegen „Rechtsextremismus" in der Bundesrepublik Deutschland, Graz-Stuttgart 2001, S. 428.
1152 Siegler, Bernd: Verfassungsschützer als Journalist, die tageszeitung, 17.11.1994, S. 5.
1153 Pfahl-Traughber, Arnim: Konservative Revolution und Neue Rechte. Rechtsextremistische Intellektuelle gegen den demokratischen Verfassungsstaat, Opladen 1998, S. 9.

agieren.[1154] JOSEF SCHÜßLBURNER bemängelt an der Arbeitsweise des amtlichen bnr Akteurs, zunächst, daß er im privaten Bereich Vorfeldarbeit leiste, um hernach diese Analyseergebnisse auch amtlich in einer „geheimdienstlichen Pressesteuerung" zu verwenden. Diese Beobachtung muß aufgrund der vorliegenden Studie ausgeweitet werden, denn sie gilt nicht nur für politische Zeitschriften, sondern u.a. auch für politische Parteien, wie z.B. ein Beitrag von Pfahl-Traughber im bnr 12/96 zu nationalliberalen Bemühungen innerhalb der FDP zeigt. Im übrigen sind, wie ebenfalls ausführlich dargestellt werden konnte, für die konkreten Brückenkonstruktionen überwiegend die nachfolgenden bnr-Akteure zuständig.

Archivar und Politbiograph: Gernot Modery

Das ehemalige Juso- und SPD-Mitglied Gernot Modery, obwohl schon längst enttarnt, führt er seinen Scheinnamen „Anton Maegerle" als eine Art Künstlernamen/Markenzeichen weiter und verwendete in der Zeitschrift „konkret" das Konterfei von Humphrey Bogart, publiziert seit Beendigung seines sozialwissenschaftlichen Studiums als „antifaschistischer" Journalist hauptsächlich Artikel in einer großen Anzahl von Druckmedien. Er gilt u.a. bei der SPD als ein „kopflastiger Rechtsextremismusexperte", sein Schwerpunkt bildet die Beobachtung einer „…Schnittstelle zwischen Rechtskonservatismus und Rechtsextremismus".[1155] Neben dem bnr, schreibt Modery in Zeitschriften des gesamten linken bis linksextremen Spektrums, wie der SPD-Mitgliederzeitung „Vorwärts", dem „Spiegel", „Stern", „Frankfurter Rundschau", „der tageszeitung", „Der Rechte Rand", „konkret", „Antifaschistische Nachrichten", „Jungle World", „Junge Welt", „Argumente", den „Archiv-Notizen" des DISS und dem ehemaligen Internetlexikon „IDGR", welches nun mit gleicher Intention von „redok" weitergeführt wird. Weiterhin veröffentlichte Modery in der Wochenzeitung „Parlament" und ist regelmäßiger Autor in der Zeitschrift „Tribüne". Das von Modery archivierte Material wird durchaus auch mehrmals in unterschiedlichen Medientypen verwendet („antifaschistische" Publikationsmethode des Wiederholens).

Daneben arbeitet er als Fernsehjournalist für die öffentlich-rechtlichen Sendeanstalten ARD und ZDF, hier produzierte er Beiträge u.a. für die „Tagesthemen", das NDR-Magazin „Zapp", für „Panorama", den „Report Mainz" und das Magazin „Monitor". Diese Beiträge richten sich nicht nur gegen Rechtsextreme oder Publikationen aus dem rechtsdemokratischen Spektrum

---

[1154] Schüßlburner, Josef: Ein sanfter Totalitarismus, Junge Freiheit, 06.11.1998 u. 13.11.1998, S. 6; Eine modifizierte Kritik an der privaten Veröffentlichungspraxis Pfahl-Traughbers führt Schüßlburner unter der These „Flucht ins Privatrecht bewirkt eine Verminderung der Regierungsverantwortung", die gegen das Zurückhaltungs- oder Mäßigungsverbot von Beamten, gem. § 53 Bundesbeamtengesetz verstoße, weiter aus, vgl.: Schüßlburner, Josef; Knütter, Hans-Hellmuth: Was der Verfassungsschutz verschweigt. Bausteine für einen Alternativen Verfassungsschutz-Bericht, Schnellroda 2007, S. 174-176.

[1155] Stiefel, Susanne: Der Mann der zu viel weiß, Sonntag Aktuell, 24.06.2001, S. 3.

wie die JF, sondern auch gegen CDU-Politiker wie Roland Koch, Laurenz Meyer oder Jörg Schönbohm und Politiker der FDP, die hier als „rechtsradikal" diffamiert werden.
Als Buchautor verfaßte er einen Beitrag für das Handbuch von Jens Mecklenburg aus dem Elefant Press Verlag Berlin, einen Aufsatz für den Sammelband „Handbuch Rechtsradikalismus" (Hrsg. von den bnr-Autoren Thomas Grumke und Bernd Wagner), veröffentlichte in Kooperation mit dem DISS (Martin Dietzsch) und dem SPD-Landtagsabgeordneten in Baden-Württemberg, Stephan Braun. Neben den regelmäßigen Veröffentlichungen in dezidiert linksextremen Zeitschriften veröffentlicht Modery auch gemeinsam mit Vertretern des administrativen Verfassungsschutzes (vgl.: Fliege, Thomas; Möller, Kurt: Rechtsextremismus in Baden-Württemberg. Die verborgenen Strukturen der Rechten, Freiburg i. Breisgau 2001), hier einen Beitrag zu „rechtsextremen Publikationsorganen- und Strategien".
Als Referent sprach Gernot Modery zur Publizistik der „Neuen Rechten" u.a. beim „Antifaschistischen Bildungs-, Informations- und Dokumentationszentrum Nürnberg" in den Räumlichkeiten („KOMM") einer „autonomen" Gruppierung sowie bei der SPD-nahen Friedrich-Ebert Stiftung. Geplant war auch ein Auftritt bei der Tagung über die „Neue Rechte" beim Verfassungsschutz NRW. Damit deckt Modery, ähnlich seiner publizistischen Arbeit und neben einem behördlichen/Parteipodium, auch linke bis linksextreme Referententätigkeiten ab. Seit seiner Enttarnung spricht Modery aus Angst vor rechtsextremer Gewalt lediglich auf geschlossenen Veranstaltungen.[1156]
Nach eigenen Angaben im Jahr 2002 unterhielt Modery bis dato in seinem Privathaus ein in 5000 Aktenordnern abgelegtes Archiv mit 17.000 Personendaten und 550.000 Einträgen. Weiterhin äußerte er, der sich als „personifiziertes Wissenslexikon" bezeichnet, in einem Gespräch mit der „Berliner Zeitung" auf ein „einzigartiges Netz von Informanten"[1157] zurückgreifen zu können. Es gilt als das größte Archiv über Rechtsextremismus in der Bundesrepublik, „...das inzwischen von allen wichtigen Print- und elektronischen Medien und einschlägig Forschenden in Anspruch genommen wird".[1158] Die gesammelten Erkenntnisse stellt er besonders gerne politisch geneigten Personen und Organisationen zur Verfügung, so werden seine gesammelten Personen- und Organisationsinformationen über die parlamentarischen Anfragen der PDS.Die Linke im Deutschen Bundestag lanciert (z.B. BT-D

[1156] Bei den vorgenannten Angaben zu Gernot Modery handelt es sich um eine durch den Verfasser ergänzte und aktualisierte Darstellung von Wolfschlag, Claus-M.: Das „antifaschistische Milieu". Vom „Schwarzen Block" zur „Lichterkette" - Die politische Repression gegen „Rechtsextremismus" in der Bundesrepublik Deutschland, Graz-Stuttgart 2001, S. 230-232.
[1157] Heide, Annett: Sammler und Jäger, Berliner Zeitung, 15.04.2002, S. 3.
[1158] Stiefel, Susanne: Der Mann der zu viel weiß, Sonntag Aktuell, 24.06.2001, S. 3.

14/7897) oder auf linksextremen Internetportalen wie „nadir“, „apabiz“ oder „partisan.net“ veröffentlicht. Viele linksextreme Zeitschriften sind mit vorgenannten Portalen verknüpft, so z.B. DRR mit „nadir“.

Vergleicht man den Lebenslauf von Modery seit Beginn seiner Tätigkeit im Jahr 1983 mit seiner Archiv- und Publikationstätigkeit, die er bereits vor der Tätigkeit für den bnr für einen „Antifaschistischen Info-Dienst“ des Bezirksjugendwerkes der Arbeiterwohlfahrt Baden ausführte, mit demjenigen von Kurt Hirsch, so verfolgt Modery – durch den Einsatz modernster Medien, sehr guten staatlichen/parteipolitischen Verbindungen und einer besseren Medienvernetzung - insgesamt erfolgreicher die gleiche „antifaschistische“ Lebensaufgabe wie Hirsch, nämlich den eines „antifaschistischen“ „Anprangerungsjournalisten“ (CLAUS-MARTIN WOLFSCHLAG).

Seine bnr-Arbeitsmethodik unter Konstruktion von Argumentations-, Assoziations- und Verbindungsketten Personen politbiographisch darzustellen und extremismustheoretisch zu verorten, wurde, genauso wie die wiederholte Verwendung von polemischen Adjektiven und Attributen, in den Fallbeispielen über die demokratische Rechte erschöpfend dargelegt. Ergänzend sei auf den Anprangerungsjournalismus unter Anwendung der Methode des *naming names* hingewiesen.

Parteien wie die CDU fürchten gegenwärtig spätestens seit den Darstellungen u.a. über die CDU-Politiker Laurenz Meyer, Jörg Schönbohm und Roland Koch in der Fernsehsendung „Panorama“ (ARD-Sendung, Nr. 614 vom 06.06.2002, „Vertuschen und verdrängen– Rechtsradikale in der CDU“) die Anprangerungsenthüllungen des „antifaschistischen“ Archivars und Politbiographen Modery et. al.. Die sich als bürgerliche Parteien der Mitte verstehenden Zusammenschlüsse befördern also ohne wesentlichen Gegenwehr zu dem sich weiter etablierenden „Antifa-Konsens“ eine fortgesetzte Verschiebung der politischen Koordinaten nach links und damit einer Beeinflussung der politischen Kultur, die sich negativ auf den ursprünglichen antitotalitären Gründungskonsenses der Bundesrepublik auswirkt.

In einem Gespräch mit einer Lokalzeitung schätzt sich Modery nicht als ein „Eiferer“ ein: „Ich bleibe emotionslos, mich interessieren nur die Fakten“.[1159] Auf die Frage, ob er mehr weiß als der Verfassungsschutz antwortete Modery, wenig bescheiden, mit einem schlichten: „Ja“.

„Antifa“ Publizist: Volkmar Wölk

Das PDS- und VVN-BdA Mitglied bzw. der Funktionär Volkmar Wölk deckt seit den 80er Jahren als Publizist und Referent, noch konzentrierter als Modery, das linksextreme

---

[1159] Ebd..

Zeitschriftenspektrum (u.a. GNN-Verlagspublikationen) bzw. „antifaschistische" Vortragsveranstaltungen ab. So trat er u.a. als regelmäßiger Autor bei der Zeitschrift „Der Rechte Rand" (DRR)[1160], den „Antifaschistischen Nachrichten" (AN, hier auch in der Funktion des Herausgebers), in der Zeitschrift „Roter Winkel" in Erscheinung. Weiterhin erscheinen seine Beiträge in der Zeitung „Jungle World" und „Analyse und Kritik". Inhalte seiner Beiträge werden, genauso wie solche von Modery, auf linksextreme Internetportale eingestellt bzw. auch in anderen „antifaschistischen" Druckpublikationen erneut verbreitet. Weiterhin publiziert Wölk Bücher z.B. zum „Ökofaschismus" in Zusammenarbeit mit dem DISS. Bei allen Publikationen und zum Teil auch als Referent nutzt er, anders als Modery, abwechselnde Scheinnamen. Die auch im bnr verwendeten und in dieser Arbeit als solche gekennzeichneten Scheinnamen „Jean Cremet" (AN, „Junge Welt", „Jungle World"), „Sönke Braasch" (DRR) und „Andreas P. Zahleshoff" (DRR, „Antifaschistischer Ratschlag" in Gießen als Referent, „Der zweite Frühling der NPD", Hannover 1989, (Buchveröffentlichung)) können mit an Sicherheit grenzender Wahrscheinlichkeit durch weitere ergänzt werden. Über die intensive vergleichende Beschäftigung mit den Inhalten und Autoren des bnr kann davon ausgegangen werden, daß Volkmar Wölk sich auch der Scheinnamen „Hein Brand" (bnr-Thema: ÖDP/ÜOD), „Sebastian Bähr" (bnr–Thema: BfB) und „Eberhard Löblich" (bnr–Thema: PRO) bedient. Zu den vorgenannten Themen veröffentlicht Wölk im Untersuchungszeitraum schwerpunktmäßig Berichte aus Sachsen und Sachsen-Anhalt für den bnr - abwechselnd unter Scheinnamen und Klarnamen – zu Parteiveranstaltungen, die er aus seiner Heimatregion leicht erreichen konnte. Besonders massiv berichtete er hier aus dem Muldentalkreis/Grimma, in dem er als politischer Funktionär selber tätig ist.

Im Gegensatz zu Modery ist Wölk, der in der linken Tagespresse ebenfalls neutral als „Rechtsextremismus-Experte" bezeichnet wird, als Aktivist über vielfältigere Institutionen vernetzt. Als Beauftragter für das Thema „Neofaschismus/Rassismus" gehörte er von 1990-1992 dem „Bundessprecherkreis" der VVN-BdA an. Die inhaltliche Analyse des Fallbeispiels zu den linksextremen/„antifaschistischen" Tendenzen im bnr zeigte eine weiterhin hohe Affinität des VVN-BdA Mitglieds für diesen Verband. Nach der Jahrtausendwende engagierte Wölk sich beim DGB-Kreisvorstand im Muldentalkreis/Döbeln, hier als Beisitzer (verdi) um danach als Pressesprecher der PDS im Muldentalkreis/Grimma tätig zu werden. Gegenwärtig

[1160] Jürgen Trittin war von Dezember 1989 bis März 1993 im Impressum der Zeitschrift DRR als Herausgeber verzeichnet und veröffentlichte hier auch Beiträge. In DRR Nr. 20, Nov. 92 – Jan. 93 wird Trittin als <u>Initiator</u> und <u>Herausgeber</u> des Rechten Randes bezeichnet, vgl. S. 7.

ist er Mitarbeiter im Wahlkreisbüro der PDS Politikerin Kerstin Köditz (MdL, Linke.PDS/Linkspartei) im Sächsischen Landtag.[1161]

Nach der in dieser Arbeit verwendeten Untersuchungsstruktur beschäftigt sich Wölk im bnr, neben den personifizierten Politbiographien im „Modery-Stil", hauptsächlich mit Parteienportraits und einer angeblich europaweit vernetzten „Neuen(alten)Rechten". Ziel seiner Beiträge bilden in diesem Zusammenhang aber nicht nur die außerhalb der etablierten Parteien engagierte demokratische Rechte, sondern auch Parteien wie die CDU/CSU. So stellt ECKHARD JESSE in einer Sammelrezension zum Rechtsextremismus u.a. über eine Veröffentlichung von Volkmar Wölk fest: „Einigen Autoren geht es offenkundig weniger um den Rechtsextremismus als um eine Schelte der Union. Nach Thomas Fischer und Andreas P. Zahleshoff hat die Union den Nährboden für Erfolge der extremen Rechten bereitet. Ist Fischer Repräsentant der eher unorthodoxen kommunistischen Gruppe *Linkswende*, so gehört Zahleshoff zur DKP-dominierten *Vereinigung der Verfolgten des Naziregimes/Bund der Antifaschisten* (VVN/BdA)...Andreas P. Zahleshoff von der VVN nimmt sich in seiner Schrift auch antifaschistischer Strategien an...[diese] zielt in die Richtung, daß es bei der antifaschistischen Zusammenarbeit keinerlei Berührungsangst geben dürfte. Auf diese Weise sollen Nichtkommunisten zur Zusammenarbeit mit Kommunisten veranlaßt werden. Nicht nur Zahleshoffs Ausfälle gegen die Union machen die Tendenz der Schrift deutlich...".[1162] Diese Einschätzungen können anhand einer ganzen Reihe von Beispielen über die vorgelegte Untersuchung zu den rechtsdemokratischen Parteien bestätigt und konkret als „antifaschistische" Arbeitsweise belegt werden.

Volkmar Wölk geriet von einer jüngeren Generation „antifaschistischer" Akteure über seine Beschäftigung mit der „Neuen Rechten" in die Kritik, die u.a. zeigt, daß sich gegenseitige „Grabenkämpfe" bei „Antifaschisten" analysieren lassen. Es lohnt einen näheren Blick auf diesen Vorgang zu werfen, denn er beleuchtet den Autor Volkmar Wölk, die Nutzung seiner Scheinnamen und diesbezügliche Absprachen für „antifaschistische" Publikationen. Im DRR (Nr. 74, Jan./Feb. 02, S. 21) prangern zunächst Christian Dornbusch und Andreas Speit Volkmar Wölk–„Jean Cremet" für seinen Versuch an, mit „neurechten" Theoretikern (Robert Steuckers) zu diskutieren und hierdurch bereits Grenzen zu verschieben. Sie unterstellen ihm, er würde Positionen der „Neuen Rechten" für tolerierbar halten. In der darauffolgenden

---

[1161] Bei den vorgenannten Angaben zu Volkmar Wölk handelt es sich um eine durch den Verfasser ergänzte und aktualisierte Darstellung von Wolfschlag, Claus-M.: Das „antifaschistische Milieu". Vom „Schwarzen Block" zur „Lichterkette" - Die politische Repression gegen „Rechtsextremismus" in der Bundesrepublik Deutschland, Graz-Stuttgart 2001.

[1162] Jesse, Eckhard: Die extreme Rechte im Aufwind? – Der Rechtsextremismus und die Partei der Republikaner, in: Backes, Uwe; Jesse, Eckhard (Hrsg.): Jahrbuch Extremismus & Demokratie, Bonn 1990, S. 251-252.

Ausgabe des DRR schreibt Volkmar Wölk–„Jean Cremet“ einen Leserbrief, indem er seine Vorgehensweise rechtfertigt und den Autoren vorwirft, die Konfrontation gescheut zu haben. Weiterhin ergänzt „Cremet“: „Die Autoren merken an, ich gehöre ‚zum Autorenstamm vieler alternativer und Antifa-Publikationen’ und ergänzen, mit Ausnahme des ‚Der Rechte Rand’’....Redaktion und Autoren wissen allerdings, daß ich sehr wohl und relativ häufig unter meinem Klarnamen und diverse Pseudonyme für diese Zeitschrift gearbeitet habe...“.[1163] Neben einigen kritischen Anmerkungen zu „Cremets“ Einschätzungen über die „Neue Rechte“ und eigenen Vortragsorganisationen von weiteren Leserbriefschreibern, welche auf derselben Seite im DRR veröffentlicht wurden, entgegnen hier Dornbusch/Speit ebenfalls rechtfertigend den vorgenannten Leserbrief von „Cremet“. Darin heißt es, sie seien „...zum recherchieren und nicht zum diskutieren vor Ort [gewesen]...Als Cremet hat Cremet nie für den Rechten Rand gearbeitet. Vor über sieben Jahren wurde im gegenseitigen Einverständnis die Zusammenarbeit beendet. Aus Schutzmotiven wollten wir Cremet nicht outen und folgten seiner Legende“.[1164]

[1163] Cremet, Jean: Briefkasten, Der Rechte Rand, Nr. 75, März/April 2002, S. 26.
[1164] Dornbusch, Christian; Speit, Andreas: Briefkasten, Der Rechte Rand, Nr. 75, März/April 2002, S. 26.

3. Der „blick nach rechts“ als „antifaschistisches“ Symptom politischer Kultur der Bundesrepublik Deutschland (Schlußbetrachtung)

Bis zu den 1990er Jahren besaß das Themenfeld „Antifaschismus“ für die Volkspartei SPD überwiegend die Funktion einer linken Symbolpolitik. Diese Ideologie erfüllte den Zweck, möglichst breite linke Wählerschichten an sich zu binden. Seit den großen (Dauerwahl-) Kampagnen gegen „Rechts“, die nach der „Wende“ implementiert wurden, entwickelte sich „antifaschistische“ Politik zunehmend zu einer linken Realpolitik innerhalb der SPD. Dieses Verteidigen eines geschichtspolitischen *Status Quo* aus nicht zuletzt opportunistischen Machtinteressen hat dazu beigetragen, ihr identitäres linkes Politikprofil zu schärfen und ihre sympathisierenden Koalitionen aus dem sozio-kulturellen Bereich weiter auszubauen. Zu diesem wohlwollenden Parteihintergrund gehören, neben der kulturellen Szene, besonders einflußreiche Teilbereiche der bundesdeutschen Kommunikationslandschaft, hier thematisiert anhand der sich überwiegend selbst als „links“ bezeichnenden Journalistik.

Ein Druckmedium, welches in der verbreiteten Tages- und Wochenpresse (Qualitätspresse) keine Rolle spielt, aber zu einer Vernetzungsplattform eines „Zitierkartells“ zwischen SPD, Behörden und „antifaschistischer“ Klientel gezählt werden muß, ist die Zeitschrift „blick nach rechts“. Diese kleine, aber aufgrund ihrer Vernetzung bedeutende, sich selbst als „antifaschistisch“ verstehende, Zeitschrift ist zudem durch ihre angewendete Publikationsmethodik der wiederholenden Veröffentlichungen von anprangernden Querverbindungen als kampagnenfähig zu bezeichnen.

Aufgrund des in dieser Untersuchung angewendeten kritischen Rationalismus als zugrundeliegender Analysemethode bedarf es an dieser Stelle einiger verortender Ausführungen. Die intensive Analysetätigkeit zu den vorliegenden dichotomen politischen Spektren stellt ein politikwissenschaftliches Spezialthema der Demokratie- und Extremismusforschung dar. Eine dezisive Auseinandersetzung, also eine Untersuchung, die eine bestimmte Position vertritt und nicht in einem Konjunktiv verbleibt und sich mit einem sensiblen politischen „Parallelspektrum“ befaßt, welches von einem politikwissenschaftlichen Laien und/oder politisch nicht betroffenen Bundesbürger wenn überhaupt, nur am Rande wahrgenommen wird, läuft selber Gefahr, eine objektive wissenschaftliche Ebene zu verlassen. Aus diesem Grund wurde den formalen und inhaltlichen Analysen des „antifaschistischen“ bnr ein rechtsdemokratischer definitorischer Mittelteil gegenübergestellt. Neben den diskursbestimmenden Auffassungen aus Wissenschaft und administrativem Verfassungsschutz wurden hier auch dezidiert rechtsdemokratische Quellen wie z.B. einzelne Beiträge aus der JF verwendet, um dem im bnr vertretenen „Antifa-Konsens“ eine möglichst unverfälschte und hierdurch operationalisierbare, objektive Position entgegenzustellen. Schließlich konnte festgestellt werden, daß in der rechtsdemokratischen Literatur die überwiegende Kritik am bnr kommuniziert wird. Zur Umgehung abzulehnender „Spiegeleffekte“ dieser Studie bemühte sich der Verfasser weiterhin um einen sachlichen Tenor und vermied moralische (Gegen-)Urteile zum „Antifaschismus“. Daß sich die überwiegende monothematische Themenstruktur des bnr selbst in einem politischen „Parallelspektrum“ befindet, zeigen auch die vielfältigen Gegendarstellungen, die im Untersuchungszeitraum im bnr aus presserechtlichen Gründen abgedruckt werden mußten. Diese Korrekturen lassen auf eine intensive „Gegnerbeobachtung“ schließen und kennzeichnen damit, neben den eigentlichen Adressaten des bnr, offenbar einen größeren Teil der Leserschaft dieser Publikation.

Aufgrund der ganz überwiegenden „antifaschistisch“ motivierten Gewichtung des im bnr vertretenen monothematischen Ansatzes wird der „Kampf gegen Rechts“ jenseits des Rechtsextremismus ausgeweitet und bis in die parteipolitische parlamentarische Mitte gespiegelt. Jedoch ist eine politische Verortung des bnr etwa in einem linksextremistischen Politikbereich aus einem schlichten Umkehrschluß, der sich aus der angewendeten Themenstruktur ergibt, abzulehnen. Tatsächlich beschäftigt sich der bnr ganz überwiegend mit rechtsextremistischen Politikformen; abzulehnen ist hingegen:

- ein im bnr überzogenes „antifaschistisches“ Beobachtungsspektrum, welches auch demokratische Rechte umfaßt,
- der hieraus entstehende (oftmals selbstverschuldete) moralische Konformitätsdruck für das rechtsdemokratische Politikspektrum
- und der im bnr vertretene „Antifa-Konsens“, welcher ein Symptom für die politische Kultur der Bundesrepublik darstellt.

Den Ausgangspunkt der Untersuchung bildet eine intensive Beschäftigung mit den Formalien des Untersuchungsgegenstandes, die u.a. zeigte, daß der bnr über sein Selbstverständnis und seine institutionellen Akteursverflechtungen zu Behörden als ein „offiziöses“ Organ (Stichwort: „Informationsdienst“) und Hilfsmittel der geistig-politischen Auseinandersetzung gegen „Rechts“ anzusehen ist. An dieser Stelle sind maßgeblich die Akteure Klaus-Henning Rosen, Cornelie Sonntag, Ute Vogt und Sebastian Edathy für das Bundesinnenministerium bzw. für den Innenausschuß des Bundestages und besonders Armin Pfahl-Traughber bzw. Thomas Pfeiffer für den administrativen Verfassungsschutz zu benennen. Aus den symbiotischen Verschränkungen zwischen bnr und diesen Behörden wird die Schranke zwischen dem privaten und öffentlich-rechtlichen Bereich unterminiert. Konsequenz dieser kritikwürdigen Unterminierung ist – neben der Veröffentlichung von internen Erkenntnissen des Verfassungsschutzes im bnr, einer weiteren nichtstaatlichen Veröffentlichungsmöglichkeit für Themeninhalte der Behörde und dem Austausch von Informationen zwischen den Akteuren eine „antifaschistische" Politisierung des Verfassungsschutzes. Der Inlandsgeheimdienst der sich bei seiner Sammeltätigkeit und Auswertung überwiegend auf öffentlich zugängliche Quellen stützt, erfährt seine Prägung, wie nachgewiesen, auch durch die Verwendung des bnr, welcher neben einem „Antifa-Konsens" auch massiv die These von einem abzulehnenden „Extremismus der Mitte" vertritt. Inhaltliche Konvergenzen ergeben sich besonders auffällig durch einen direkten Vergleich der Perzeption des Themengebietes einer „Neuen Rechten" (Brückenspektrumsthese) zwischen Behörde und bnr. Somit verstärkt der bnr indirekt ein einseitiges edukatorisches Staatshandeln gegen „Rechts". Zusammenfassend läßt sich ein indifferentes Bild zu der offiziösen Ausrichtung des bnr analysieren. Zum einen besitzt der bnr den Anspruch, eine überparteiliche Zeitschrift zu sein, welche als förmliches Hilfsorgan von Politik, Verwaltung, Medien und privatem Konsument mit seriösem Anspruch kommentierte Informationen zur Verfügung stellt, zum anderen erweist die „antifaschistische" Ausrichtung eine politische Verortung mit linksextremen Tendenzen („militante Antifa"-Gruppierungen, Kooperation/Kongruenz mit der VVN-BdA), welche dem antitotalitären Konsens widerspricht.

Seine maßgebliche Legitimität schöpft der bnr aus einer moralischen Rechtfertigung eines geschichtspolitischen Leitbildes, das auf einen negativen („antifaschistischen") Gründungsmythos der Bundesrepublik rekurriert, ohne zugleich den bundesrepublikanischen Gründungsprinzipien einer „Gemeinschaft der Demokraten" gerecht zu werden. Weiterhin wird vom bnr versucht, diesen Ansatz des geschichtspolitischen Bildes der „Bonner Republik" auch nach der Epochenzäsur 1989/90 einzufrieren. Das bedeutet konkret, daß sich der bnr gegen jegliche Historisierung der deutschen Geschichte im 20. Jahrhundert wehrt. Weitere legitimierende Momente impliziert der bnr *sui generis*, z.B. über seine häufig kommunizierten Appelle. Diese Handlungsaufforderungen im bnr über „interne" Briefe, Mitteilungen und Registeranschreiben an den Leser stellen integrale Bestandteile des „Antifaschismus" dar. Sie ermöglichen Selbstlegitimation, garantieren Zukunftssicherheit, erhöhen die Binnensolidarität und eröffnen Mobilisierungschancen für die Zeitschrift. Der bnr steigert geschickt das Bedürfnis des Lesers nach immer mehr Informationen (z.B. über die Jahresaus- und rückblicke von Klaus-Henning Rosen und Helmut Lölhöffel). Gleichzeitig

wird ein Anstieg von „rechten" Aktivitäten selbstlegitimierend thematisiert und dadurch ein immer größer werdendes indifferentes Bedrohungsszenario implementiert.
Eine weitere Legitimitätsquelle, die der bnr bewußt auch als solche einsetzt, ist die Plazierung von möglichst prominenten Gastautoren auf der Titelseite des bnr. Diese von Kurt Hirsch bereits verfolgte Veröffentlichungstaktik, die sich bereits in einem großen Herausgeberkreis widerspiegeln sollte, soll auch dem bnr zusätzliche Beachtung und Gewicht verschaffen. Aus diesem Grund erscheinen regelmäßig Beiträge von parlamentarischen (Bundes-)Politikern, regelmäßig von SPD-Politikern, seltener von PDS- und einigen wenigen von FDP-Politikern. Daneben werden Artikel von einschlägig mit dem Thema vertrauten Funktionsträgern publiziert, wie dem ehemaligen Präsidenten des BfV Peter Frisch, prämierten Journalisten, wie Frank Jansen, Aktivisten aus dem Kreise der Initiativen im „Kampf gegen Rechts" und Wissenschaftlern wie Christoph Butterwegge.
Neben einigen wenigen Hinweisen auf den Eigentümer des bnr in der Übergangszeit des bnr vom PDI auf die SPD in den frühen 80er Jahren, welche in bnr-Artikeln und internen Schreiben an die Leser kommuniziert werden, bemüht sich sowohl die SPD als auch der bnr, den wahren Eigentümer der Zeitschrift zu verschleiern. Erst ab Ende 2003 wird durch die Schirmherrschaft von Ute Vogt ein parteipolitischer Bezug auf die SPD deutlicher erkennbar. Durch die häufigen Änderungen des Impressums, der Herausgeber und Autoren (Scheinnamen) im Untersuchungszeitraum kann also eher von einer Verschleierungstaktik gesprochen werden. Weiterhin erschließt sich die Verbindung zwischen Zeitschrift und Partei nur über eine intime Kenntnis der inneren Strukturen, d.h. Einblick in das Verlagswesen und Struktur der SPD-Mediengesellschaft DDVG und nach Aktenstudium des eingetragenen Herausgebervereins „Institut für Information und Dokumentation e.V.". Selbst die beim Handelsregister eingereichten Vereinssitzungsprotokolle erwecken den Eindruck, daß hier nur die allernötigsten Informationen in Form von Ergebnisprotokollen offiziell niedergelegt wurden. Diese vorgenannten Verbindungen können bei einem vom bnr angestrebten Durchschnittsabonnenten nicht vorausgesetzt werden. Selbst einigen befragten SPD Mitgliedern war die Tatsache, daß der bnr eine SPD-Publikation ist, unbekannt geblieben. Somit verschleiert die SPD, aus Gründen eines überparteilichen und seriösen, sachorientierten Wirkungsanspruches, die Einbindung und Unterstützung des bnr in ihr Verlagsnetzwerk. Dieser Beobachtung liegen also politisch-taktische Strategieüberlegungen zugrunde.
Vor dem Hintergrund der definitorischen Grundlagen und in Verbindung mit den rechtsdemokratischen Fallbeispielen dieser Untersuchung sind nachweisbare und qualifizierte

Aussagen über die Darstellungsweise von rechtsdemokratischer Politik, insbesondere einer „intelligenten Rechten", im bnr möglich.

Aus der ausführlichen und problemorientierten Darstellung der Begriffsdefinitionen und den Fallbeispielen zur demokratischen Rechten läßt sich eine prägnante Intention in der Darstellungsweise dieser politischen Richtung durch den bnr analysieren. Zunächst läßt sich eine gegenseitige Beeinflussung zwischen Verfassungsschutzbehörden und der tendenziell linksdominierten wissenschaftlichen Literatur (vgl. Literaturangaben in 1.4 „Neue Rechte") in der Bearbeitung dieses Themengebietes feststellen. Aufgrund einer Inhaltsanalyse der einschlägigen Literatur werden unter variierender Verwendung der Begriffe „Konservative Revolution" – *„Nouvelle Droite"* – „Brückenspektrum" – „kulturelle Hegemonie" Definitionen zu einer „Neuen Rechten", welcher synonym für einen „intelligenten" Teilbereich der demokratischen Rechten verwendet wird, hergeleitet. Mit Ausnahme des Begriffes von einem „Brückenspektrum" konnten allen anderen Termini eine gewisse Beeinflussung in der demokratischen Rechten zugestanden werden. Jedoch wurden den jeweiligen Diskussionen von behördlicher und wissenschaftlicher Seite antidemokratische bzw. totalitäre Zielsetzungen und Strategien unterstellt, welche durch eine selbstlimitierende Abgrenzung demokratischer Rechter zum Rechtsextremismus und eine letztendliche Abwendung zeitweise diskutierter Ideen nicht aufrechterhalten werden können. Auf die demokratische Rechte/„Neue Rechte" angewendet, stellen die vorgenannten Begriffe also falsche bzw. überinterpretierte Sammelbegrifflichkeiten dar, um ein rechtes politisches Phänomen möglichst (verfassungsschutzrechtlich) normativ zu definieren. Folgerichtig mußte der Verfassungsschutz, nach einer Begrenzung seiner Deutungsmacht durch das JF-Urteil des BVG, die langjährige Beobachtung einer „Neuen Rechten" einstellen, da er maßgeblich aufgrund dieser Zeitung als eines angeblichen „Zentralorgans" einer „Neuen Rechten" die gesamte Thematik als Arbeitsfeld Anfang der 90er Jahre konstituiert hatte. Daß die Beobachtung dieser Thematik im Wesentlichen nicht über den Fall der JF hinausreichte[1165] und die Mehrzahl der Behörden somit einer „antifaschistisch" motivierten Interpretation eines „Kampfbegriffes" gefolgt sind, wurde bislang noch nicht offiziell vom behördlichen Verfassungsschutz bestätigt.

Diese begrifflichen Interpretationen zum rechtsdemokratischen Politikbereich spiegeln sich auch im bnr wider. Bereits die Untersuchung der Rubriken in der Formalanalyse zeigt eine frühe Übernahme der „Brückenspektrumsthese". Der bnr führte ab bnr 5/1990 unter der Rubrik „Aus der Neuen Rechten" und ab bnr 6/1998 unter der Rubrik „Grauzone"

[1165] Stoldt, Till-R.: Die Kämpfe der Verfassungsschützer, Welt am Sonntag, 25.03.2007, S. NRW 1.

maßgebliche Beiträge über die in dieser Studie thematisierten Fallbeispiele einer demokratischen Rechten. Ausgangspunkt für diese Interpretation bilden maßgeblich einige herausragende Akteure des bnr selbst, so die Autoren Armin Pfahl-Traughber, Thomas Pfeiffer, Gernot Modery und Volkmar Wölk. Erstgenannter prägt maßgeblich den im bnr hauptsächlich verwendeten Begriff von einem „Brückenspektrum". Insbesondere Pfahl-Traughber entwickelte ältere Interpretationen („Scharnierfunktion"/„Grauzone") zu diesem Konstrukt unter dem Begriff „Brückenspektrum" weiter.

Wie die einzelnen Fallbeispiele zeigen, ist die fehlende Trennung in der Darstellungsweise zwischen den rechtsextremen und den rechtsdemokratischen Politikbereichen im bnr Ausfluß dieser analysierten Interpretation. Hierdurch verschiebt sich der Beobachtungsmaßstab massiv nach links, und ein rechtsdemokratischer Politikansatz wird somit tabuisiert. Besonders durch die Implementierung von Querverbindungen durch Assoziations-, Argumentations- und Themenketten zu einzelnen Personen oder Institutionen und ihre jahrelange, teilweise inhaltsgleiche Wiederholung, soll der gewünschten Effekt der Kampagne, Tabuisierung und Verortung zum Rechtsextremismus erzielt werden. Als zusätzlich problematisch stellt sich die uneinheitliche politische Zuordnung im bnr dar, die abhängig von dem subjektiven politischen Standpunkt des einzelnen Akteurs ist. Objektivierbare und einheitliche redaktionelle Richtlinien oder inhaltliche Maßstäbe sind nicht ersichtlich. Durch ein selbstkonstruiertes, überhöhtes „rechtes Bedrohungsszenario", welches verbunden wird mit einer moralischen Dauerpression und Hypersensibilität, ergibt sich zwangsläufig eine taktische Verwischung von demokratie- und extremismustheoretischen Grenzen durch den bnr.

Ein weiteres Ergebnis des theoretischen und empirischen Teils dieser Untersuchung ist eine Erosion der Abgrenzung von Teilen der SPD in Bezug auf die programmatischen Beschlüsse zum „doppelten Antitotalitarismus" (ANNEKATRIN GEBAUER). Die Abgrenzung, welche auch auf einer Negativliste mit Gruppierungen fixiert wurde wird im bnr massiv bereits durch einzelne bnr-Akteure (Volkmar Wölk) unterlaufen. Gruppierungen wie die VVN-BdA und viele „antifaschistische" Gruppierungen auf lokaler Ebene erfahren durch eine offizielle Unterstützung im bnr eine massive Aufwertung und benutzen die SPD als offizielle Werbeplattform für ihre Politik (-aktionen). Hierdurch kooperiert die SPD mittelbar auch mit zum Teil „autonomen-militanten" Netzwerken. Eine deutliche Aufwertung erfährt auch die (Linkspartei.)PDS durch das SPD-Organ bnr. Besonders ihre „antifaschistisch" motivierten parlamentarischen Anfragen werden im bnr wohlwollend und ausführlich seit Jahren gewürdigt.

Daneben wird marxistisch-kapitalismuskritischen Positionen von bnr-Autoren, wie Christoph Butterwegge und Akteuren des DISS, im bnr breiten Raum geboten. Daß ein Abgrenzungsbeschluß gegen Linksextremismus lediglich formell besteht, aber faktisch nicht angewendet wird, zeigen die Einschätzungen von SPD-Spitzenpolitikern wie Henning Scherf im bnr (bnr 4/89, 13.02.1989, S. 6f.). Als ein weiterer Beleg können die „antifaschistischen" motivierten bündnispolitischen Forderungen von (Nachwuchs-)Politikern wie Sebastian Edathy, Niels Annen, Andrea Nahles und Björn Böhning genannt werden. Daß hinter diesen Bemühungen in erster Linie das Ziel eines „antifaschistischen Volksfrontkitts" zu allen „radikalen Reformkräften" steht, der einen „antifaschistischen" Politikansatz zu einer staatstragenden Bewegung machen soll, konnte im definitorischen Teil dieser Untersuchung gezeigt und durch die Fallbeispielanalyse des „Antifa-Konsens" im bnr anhand einer Unterteilung in fünf Phasen dargestellt werden. Die staatsmonopolkapitalistischen (Stamokap-)Forderungen wurden also lediglich durch einen quasireligiösen „Antifaschismus"-Ansatz ersetzt und dienen nun nach der Epochenzäsur als linke bündnispolitische Ideologie, welche seit der rot-grünen Regierungszeit ihren erfolgreichen „Marsch in die Institutionen" bis in die Bundespolitik zurücklegen konnte. Damit wurde zumindest für das linke politische Spektrum ein vermeintlich überholtes moralisches Politikverständnis als ein Kampfmittel zur Erreichung einer kulturellen Hegemonie wiederbelebt, nämlich Politik als einen Weltanschauungskampf zu betreiben. Bislang konnten sich auf der tendenziell anderen Seite der politischen Dichotomie weder eine adäquate Antwort hierauf noch ein eigenes politisches Gesamtkonzept als Mittel im Deutungskampf etablieren.

Im Gegenteil – tragen doch die parlamentarischen Parteien CDU/CSU und FDP, nicht zuletzt durch einen rigiden Abgrenzungskurs gegen (außerparlamentarische) demokratische Rechte zur Manifestation und Verschiebung des politischen Koordinatensystems selbst bei. Durch die im bnr analysierten Zäsuren, die von den vorgenannten Parteien in der Regel mitgetragen wurden, entwickelten sich diese selbst zu Vertretern eines „antifaschistischen" Politikansatzes, der sich in letzter Konsequenz gegen sie selber richtet.[1166]

Aus einer Zusammenschau der bislang analysierten Ergebnisse zeigt sich der Symptomcharakter des bnr für die politische Kultur der Bundesrepublik Deutschland. Indem der bnr – orientiert an einem „Antifa-Konsens" – Vernetzungen zwischen „antifaschistischen" Strukturen (Publikationen, Institutionen und herausragende Einzelpersönlichkeiten) und parlamentarischer Parteien- (SPD/PDS) bzw. Behördenstruktur implementiert, besitzt er selbst eine „Brückenspektrumsqualität" zwischen linksdemokratischem und linksextremem

---

[1166] von Münch, Ingo: Der „Aufstand der Anständigen", NJW 10/2001, S. 728 u. 731-732.

Politikspektrum. Als strategischer Abwehrmechanismus wird demgegenüber offensiv eine Brückenkonstruktion bezüglich einer „Neuen Rechten" in den 90er Jahren erfolgreich etabliert, der extremismustheoretische Grenzen beim politischen Gegner verwischen soll. Durch diese Vernetzungen einer ideologisierten Begriffssetzung zur demokratischen Rechten und mit Hilfe einer „antifaschistischen" Publikationsmethodik übt der bnr politischen und emotionalisierten Konformitätsdruck[1167] auf das bürgerliche Parteienspektrum/die demokratische Rechte aus, dem von diesen nie entsprochen werden kann. Die Situation kann mit einem Zeitgenossen verglichen werden, der immer versucht, auf den letzten Wagen des Zuges der letzten „antifaschistischen" Kampagne noch aufzuspringen – und die Lokomotive ist doch schon ganz woanders.[1168]

Der bnr besitzt einen – überwiegend inhaltlich anprangernden Plattformcharakter mit einem Akteursnetzwerk (Zitierkartell) unterschiedlicher, politisch differenter Akteure des linken Politikbereiches. In dieser Portalfunktion liegt, neben der „antifaschistischen" Profilierungsmöglichkeit der SPD, die überragende Wichtigkeit und der Sinn des bnr. Damit ist diese Zeitschrift einzuordnen in die vielfältigen „antifaschistischen" Publikationsformen und deren Synergieeffekte durch eine symbiotische Netzwerkplattform der gegenseitigen Information, des Austauschs, der Aktion und der Legitimation. Der bnr stellt damit einen kleinen, aber wichtigen Mosaikstein im Konzert der „antifaschistischen" Politik in der Bundesrepublik dar. Seine Bedeutung erhält er maßgeblich durch die Parteianbindung zur SPD. Hierdurch sind die maßgebliche Erosion der Abgrenzung und ein Unterlaufen des demokratischen Fundamentes (Totalitarismustheorie) zu einer „antifaschistischen" Leitkultur zu sehen. Somit zeigt sich, daß der bnr kein wirkliches Interesse an einer Verteidigung der wehrhaften Demokratie besitzt, sondern im Ergebnis einseitigen „antifaschistischen" Lobbyismus betreibt.

In der etablierten politikwissenschaftlichen Forschung läßt sich bezüglich einer „Antifaschismus"-Forschung eine Überalterung und ein genereller Mangel an aktuellen Studien z.B. zu den „Erosionen der Abgrenzung" (RUDZIO) feststellen. Eine weitere Verbreitung und Durchdringung dieses Themas gewährt ansonsten nur ein tendenziell

---

[1167] Erst durch die „Wertgeladenheit" mit moralischen Urteilen entsteht ein Druck der öffentlichen Meinung und u.a. auch Schweigespiralen, vgl.: Noelle-Neumann, Elisabeth: Die Schweigespirale. Öffentliche Meinung – unsere soziale Haut, München 2001, S. 296f..

[1168] Berger, Klaus: Widerworte. Wieviel Modernisierung verträgt Religion?, Frankfurt am Main und Leipzig 2005, S. 106; Ein prägnantes Beispiel bietet ein „denkwürdiges Rededuell" vom 29.11.2000 anläßlich einer Generaldebatte im Bundestag. Es entwickelte sich zwischen CDU und SPD eine Auseinandersetzung zum Selbstverständnis und Geschichte des „Konservativen" in der Bundesrepublik, die zeigte wie eng das Selbst- und Fremdbild an „1933" geknüpft ist, vgl.: Nolte, Paul: Konservatismus in Deutschland. Geschichte – und Zukunft?, Merkur. Deutsche Zeitschrift für europäisches Denken, Stuttgart, Juli 2001, S. 559-560.

liberaler Ansatz der Extremismusforschung, welcher auch die „Antifaschismusforschung" mit einschließt und maßgeblich durch die Wissenschaftler Backes/Jesse vertreten wird. Diese Analysen streben eine stringente Gleichbehandlung der Untersuchungsgegenstände an, so daß es zumeist an einer klaren Gewichtung mangelt. Eine dezidiert rechtsdemokratische Beschäftigung mit diesem Teilgebiet der Extremismusforschung wird häufig durch persönliche politische Entwicklungen bzw. Pressionen durch „antifaschistische" Gegenwehr bestimmt und hierdurch in ihrem objektiven Aussagegehalt oftmals limitiert. Das bedeutet, daß häufig ein personalisiertes Erkenntnis- und Forschungsinteresse die Grundlage der wissenschaftlichen Bemühungen auf dem Gebiet der „Antifaschismusforschung" bildet. Ein genereller Mangel an wissenschaftlichen Studien zum „Antifaschismus" liegt damit zum einen im analysierten Konformitätsdruck begründet, der eine „Schweigespirale" hinsichtlich einer unabhängigen Forschung auslöst. Zum anderen ist dieser Mangel ein Indikator für den Erfolg einer „antifaschistischen" Leitkultur in der Bundesrepublik Deutschland.

Anhang

Aufgrund des angewendeten wissenschaftlichen Ansatzes eines kritischen Rationalismus dokumentiert der Verfasser, nach einer einführenden Kommentierung, die Beantwortung einer schriftlichen Befragung von Klaus-Henning Rosen vom 11.06.2007.

Kommentierung:

Zu Beginn der Erläuterungen von Klaus-Henning Rosen, die streckenweise rechtfertigenden Charakter besitzen, führt er aus, daß Kurt Hirschs und sein eigenes publizistisches Engagement maßgeblich auf die Bekämpfung eines „neonationalsozialistischen Rechtsextremismus" abziele. Diese zu eng gefaßte Absicht wird durch die Formal- und Inhaltsanalyse dieser Untersuchung widerlegt. Denn diese zeigen, daß auch die demokratische Rechte bis zu den Parteien CDU/CSU und FDP im bnr behandelt und beobachtet werden und diesen „fließende Grenzen" zum Rechtsextremismus unterstellt werden. Gerade dieser Themenbereich, der bereits in der „antifaschistischen" Publikationstätigkeit von Kurt Hirsch verankert war, dürfte auch nach Übernahme des bnr durch die SPD für die Desinformationspolitik des MfS von Interesse gewesen sein. Weiterhin behauptet Rosen, die bnr-Redaktion und die SPD hätten eine kritische Distanz zu Hirsch eingenommen. Eine Analyse des bnr-Impressums präsentiert eine gegenteilige Sachlage: Um die politische Wirkungsweise des bnr im „Kampf gegen rechts" nicht zu schmälern, wurden 1987 gesundheitlich Gründe für das Ausscheiden von Kurt Hirsch vorgeschoben – erst 1994 veröffentlichte der bnr die wahren Motive. Daß Rosen im „Kampf gegen Rechts" die Mittel im „Regelfall" gleichgültig sind, zeigt die Antwort auf Frage 6. Danach werden die Informationsquellen des bnr nicht kritisch hinterfragt, sondern dem politischen Zweck und Nutzen des bnr untergeordnet. Insgesamt zeigt Rosens Stellungnahme, daß sich seine Beschäftigung mit dem Thema „Extremismus" nicht an der Totalitarismustheorie und dem antiextremistischen „Wertekanon des Grundgesetztes" ausrichtet, sondern einen „antifaschistischen" Charakter besitzt.

Dokumentation der schriftlichen Beantwortung:

Betr.: Dissertation „bnr" von Herrn Lars Normann; hier: Bitte um Interview

Vorweg eine Erläuterung für Hintergründe meiner Beschäftigung mit Rechtsextremismus. Als Leiter des Referats Innenpolitik im Bundeskanzleramt war ich sowohl mit den Themen „Extremismus" wie „Zugang zum Öffentlichen Dienst" befaßt. Es ist bekannt, daß ich 1976 die Leitung des Persönlichen Büros von Alt-Bundeskanzler Willy Brandt übernommen und auf seine Bitte ihm in besonderer Weise zu innenpolitischen Themen zugearbeitet habe. Auf Grund dessen habe ich beispielsweise betreut „Wiedergutmachung und Wiedereingliederung jüdischer Mitbürgerinnen und Mitbürger", „Zuwanderung von Deutschstämmigen sowie Ausländerinnen und Ausländern", aber auch „politischer Extremismus", insbesondere Antisemitismus oder „Korrektur des Beschlusses der Regierungschefs des Bundes und der Länder vom 18. Januar 1972 („Extremistenbeschluß" vulgo Berufsverbote). Im Zusammenhang mit dem letztgenannten Thema habe ich versucht, auf die insbesondere im Ausland, vor allem auch bei Organisationen ehemaliger Widerstandskämpfer, erhobene Kritik die Praxis in der Bundesrepublik Deutschland zu erläutern. Mich hat bei solchen Begegnungen vor allem der Vorwurf nicht gleichgültig gelassen, von dem Beschluß seien auf zum Teil belanglose, teils unpolitische Aktivitäten fast ausschließlich Anhänger linker Gruppierungen betroffen, kaum jedoch Anhänger rechtsextremistischer und vor allem neonazistischer Gruppen, die sich eindeutig als Verfechter des Nationalsozialismus bekannten und die Wiederbelebung einer von diesem dominierten Staatsform propagierten und – für das Ausland sichtbar – nach Zulassung einer nationalistischen Partei, der NPD, in der Bundesrepublik eine gewisse Legalität genossen. Dies hat meine Konzentration auf Rechtsextremismus und in der Folge zunächst die Zusammenarbeit mit dem blick nach rechts sowie seine Betreuung nach der Herausgabe durch den SPD-Pressedienst bedingt.

Der Blick nach rechts geht zurück auf einen Informationsdienst gleichen Namens, der seit dem 1. Dezember 1980 von dem in München ansässigen Pressedienst Demokratische Initiative (PDI) herausgegeben wurde. Dieser wurde geleitet von dem Journalisten Kurt Hirsch, der als österreichischer jüdischer Kommunist von den Nationalsozialisten verfolgt worden war. Nach dem 2. Weltkrieg hatte er als Journalist u.a. bei Gewerkschaften gearbeitet und 1967 den Presseausschuß Demokratische Aktion gegründet, aus dem 1977 der PDI hervorging. Diese stritt – nach der Gründung der NPD als extremer nationalistischer Partei – gegen die Wiederbelebung nazistischer Tendenzen und die Durchsetzung von Demokratie und Aufarbeitung des Nationalsozialismus. Hierfür bemühte sich Hirsch um Unterstützung bei Politikern, Journalisten, Gewerkschaftern, Künstlern und Hirsch hat, als er von meinem Einsatz gegen Rechtsextremismus Kenntnis erhalten hatte, etwa 1977 zu mir Kontakt gesucht. Dieser war, wie ich beispielsweise in einem Beitrag für eine Sendung der NDR-Sendung „Panorama" öffentlich gemacht hatte, ersichtlich darauf gerichtet, Informationen aus der und über die SPD zu erhalten, im Einvernehmen mit dem Parteivorsitzenden und dem Geschäftsführer wurde der Kontakt aber auf die thematische Zusammenarbeit insbesondere zu Rechtsextremismus beschränkt. In den Parteigremien und Fraktionen der SPD, die mir zugänglich waren, befaßten sich nur sehr sporadisch mit der Beobachtung rechtsextremer Aktivitäten. Journalisten, Gewerkschafter und Politiker griffen deshalb auf das zu diesen Themen beim PDI geführte Archiv zurück. Zu diesem Zeitpunkt war nicht bekannt, daß Hirsch 1970 vom Ministerium für Staatssicherheit der ehemaligen DDR angeworben war. Angesichts der immer wieder erhobenen Vorwürfe über eine geheimdienstliche Steuerung des PDA bzw. PDI hatte ich bei meinen regelmäßigen Gesprächen mit Mitarbeitern des Bundesamtes für Verfassungsschutz über Erkenntnisse in dieser Beziehung diesen gegenüber deutlich gemacht, daß nach der Ausspähung durch Herrn Guillaume keine Neigung zur Zusammenarbeit bei Kenntnis von solcher Steuerung bestehe und es Sache der Sicherheitsbehörden sei, meinen Vorgesetzten, den früheren Bundeskanzler Willy Brandt, die SPD und mich vor solchen Gefährdungen zu schützen. Es kamen dennoch in den etwa zehn Jahren der Zusammenarbeit mit Herrn Hirsch keine Hinweise in dieser Richtung.

Herr Hirsch hatte – vorgeblich aus wirtschaftlichen Gründen – etwa drei Jahre nach der Herausgabe des Blick nach rechts sich um dessen Abgabe an die SPD bemüht. An der Neuorganisation war ich beteiligt. Nach kurzer Unterbrechung wurden Verlag und Redaktion des blick nach rechts ab September 1984 durch den SPD-Pressedienst übernommen, bis März 1987 erschien Herr Hirsch als Redakteur im Impressum. Der Grund für sein Ausscheiden war die Tatsache, daß ich um die Mitte der 80er Jahre den Hinweis erhalten hatte, Herr Hirsch stehe im Dienst des Geheimdienstes der DDR. Ich hatte diesen Verdacht unverzüglich an das Bundesamt für Verfassungsschutz weitergegeben, das ihn nach etwa drei Wochen auch bestätigte. Die Zusammenarbeit mit Herrn Hirsch wurde darauf hin schrittweise gelockert und 1988 ganz beendet.

Seit Februar 1995 wurde nach Einstellung des SPD-Pressedienst der blick nach rechts von der Berliner Vorwärtsverlagsgesellschaft verlegt. Für die Herausgeberschaft wurde das in den 80er Jahren bereits gegründete Institut für Dokumentation und Information gewonnen.

Zu meiner Verwunderung hatte mein Hinweis an die Sicherheitsbehörden über die Steuerung von Herrn Hirsch nicht zu dessen Strafverfolgung geführt; diese wurden erst 1991 aufgenommen, nachdem ich in einem Gespräch mit dem damaligen Leiter des Bundesamtes die nur kurzen Ermittlungen moniert hatte. Erst 1994 kam es zu Ermittlungsschritten gegen Herrn Hirsch selbst, das Verfahren wurde jedoch – auch dies zu meiner Überraschung – eingestellt. Dennoch glaube ich im Nachhinein, daß der Informationswert der Zusammenarbeit von Herrn Hirsch für seine Auftraggeber nicht ertragreich gewesen sein kann, da der PDI „demokratisch unterwandert" und auch die Arbeit des Blick nach rechts, auch nach der Übernahme, ersichtlich nicht deren Interessen gedient haben dürfte. Da mir die Akten nicht zugänglich sind, vermag ich dies nicht zu überprüfen.

Zu Ihren Fragen, die ich nur insoweit beantworten kann, als sie nicht die redaktionelle Arbeit des Blick nach rechts betreffen, an der ich nicht mehr aktiv beteiligt bin:

[Frage 1: Gibt es ein politisches Leitbild beim bnr? Wenn ja, wie ist es definiert?]

1. Das politische Leitbild des bnr wird durch seinen Titel definiert: der demokratischen Öffentlichkeit deutlich zu machen, mit welchen Themen und Aktivitäten welche Personen und Organisationen den demokratiefeindlichen Rechtsextremismus vertreten und zu verhindern, daß er unter den Tisch gekehrt wird. Für den bnr war es immer wichtig, Querverbindungen – seien sie durch Überzeugung oder politische Taktik bestimmt – zu den Trägern von Rechtsextremismus und Neonationalsozialismus zu benennen. Die Meßlatte war dabei stets der Wertkanon des Grundgesetzes, dessen Nichteinhaltung nach allgemeinem Verständnis dafür ausschlaggebend ist, daß Organisationen oder Personen in den alljährlichen Berichten der Ämter für Verfassungsschutz aufscheinen.

[Frage 2: Warum wurde das Institut für Information und Dokumentation e.V. gegründet? Welche Zielsetzung verfolgt das Institut? Gibt es neben dem bnr noch weitere Publikationen des Instituts? Wie sieht die Vereinsstruktur aus? Wann wurde das Institut gegründet?]

2. Mit der Gründung des Instituts war ich nicht befaßt, kann also zu den Gründen nichts sagen. Mit dem Übergang auf eine parteiunabhängige Einrichtung sollte deutlich werden, daß für den Kampf gegen Rechtsextremismus und Neonationalsozialismus, die nach der deutschen Wiedervereinigung deutlich zugenommen hatten, breitere Unterstützung als nur durch ein Partei zu finden und zugleich das unerläßliche Engagement der Zivilgesellschaft zu erreichen.

[Frage 3: Wie sah die Finanzierung des bnr nach 1984 konkret aus?; Wie wurde die aufwendige Umstellung des Papiers, Drucks und erweiterter Umfang 1995 finanziert?]

3. Hierzu habe ich keine Kenntnis.

[Frage 4: Wie setzt sich der Abonnentenstamm des bnr zusammen? Wie hoch sind die Abonnentenzahlen im Zeitraum 1990-2004?

Frage 5: Wie viele Autoren schreiben durchschnittlich für den bnr? Schreiben Autoren unter Pseudonym (mehrfache Pseudonyme)?]

4. bis 5. zu diesen Fragen kann ich keine Angaben machen, da sie die Redaktionsarbeit betreffen, an der ich seit geraumer Zeit nur noch am Rande beteiligt bin.

[Frage 6: Ein Teil der Autoren schreibt auch für „antifaschistische" Publikationen wie der Zeitschrift DRR u.ä., die vom Verfassungsschutz als tendenziell linksextrem beurteilt werden. Wie ist dies für ein SPD-Organ zu beurteilen?]

6. Der bnr ist, wie oben deutlich gemacht, daran interessiert, Informationen zu dem von ihm beobachteten Politikfeld zu gewinnen, dabei ist im Regelfall die Quelle unerheblich, die durch Verwendung von Informationen über demokratiefeindlichen Extremismus nicht als Person aufgewertet werden sollten. In Fällen einer mehr als nur „tendenziell" extremistischen Position des Informanten hat das auch zur Beendigung von Mitarbeit geführt.

[Frage 7: Der bnr enthüllt Personen u.a. durch die Bildung von assoziativen Querverbindungen. Welche Erkenntnisse oder Zusammenhänge werden aufgrund dieses Verfahrens gewonnen? Diese Frage wurde nicht beantwortet, Anm. L.N.]

[Frage 8: Warum wird ab Jahrgang 2000 kein Autoren- und Sachregister mehr geführt?]

8. Die Anfertigung des Registers für ein Periodikum ist eine sehr aufwendige Tätigkeit, für die von einem bestimmten Zeitpunkt an auch die Kräfte fehlten. Im übrigen ist mit dem Übergang zu elektronischen Techniken die Führung tradierter Inhaltsverzeichnisse nicht mehr nötig. Mit den aktuellen Suchtechniken sind Informationen leichter zugänglich.

[Frage 9: Warum wird regelmäßig und ganz überwiegend nur die Zeitschrift „Junge Freiheit" ausgewertet, obwohl z.B. der Zeitschrift „Criticón" im bnr eine wichtige Bedeutung zuerkannt wird?]

9. Das muß die Redaktion beantworten. Im übrigen habe ich in der Zeit meiner aktiven Mitwirkung an der Redaktionsarbeit regelmäßig bis zu vier rechtsextreme Periodika ausgewertet.

Literaturverzeichnis

Primärliteratur:

Presseausschuß demokratische Initiative: Pressedienst Demokratische Initiative, Juni 1980, München.

Presseausschuß demokratische Initiative/Sozialdemokratischer Pressedienst/Institut für Information und Dokumentation e.V. (ab „bnr" 12. Jahrgang, Nr. 3, 07.02.1995) (Hrsg.): blick nach rechts, 1. Jahrgang/Nr. 1, 03.09.1984 bis 21. Jahrgang/Nr. 9, 29.04.2004, Sozialdemokratischer Pressedienst Bonn/Vorwärts Verlag Berlin.

Sekundärliteratur:

Agethen, Manfred; Jesse, Eckhard; Neubert, Erhart (Hrsg.): Der mißbrauchte Antifaschismus. DDR-Staatsdoktrin und Lebenslüge der deutschen Linken, Freiburg im Breisgau 2002.

Alemann, Ulrich von: Das Parteiensystem der Bundesrepublik Deutschland, Fernstudienbrief der FU Hagen, Hagen 2000.

Alt, Niklas: Patriotismus in der Kommunitarismus–Debatte–zwischen Wertebesinnung und liberalen Grundrechten, Politik und Gesellschaft, Band 2, Bonn 2006.

Altmeyer, Johannes: Politische Saisonarbeit, politik & kommunikation, Juli/August 2006, Berlin 2006, S. 40-41.

Arndt, Hans-Joachim: Die Besiegten von 1945. Versuch einer Politologie für Deutsche samt Würdigung der Politikwissenschaft in der Bundesrepublik Deutschland, Berlin 1978.

Assmann, Jan: Herrschaft und Heil. Politische Theologien in Altägypten, Israel und Europa, München-Wien 2000.

Assmann, Jan: Politische Theologie zwischen Ägypten und Israel, München 1992.

Autorenkollektiv gegen Totalitarismus: Antifa heißt Gewalt. „Feuer und Flamme für jeden Staat", Tübingen 2002.

Backes, Uwe: Rechtsextremismus in Deutschland. Ideologien, Organisationen und Strategien, APuZ, B9-10, 20.02.1998, S. 27-35.

Backes, Uwe; Jesse, Eckhard: Extremismus der Mitte?–Kritik an einem modischen Schlagwort, in: Backes, Uwe; Jesse, Eckhard (Hrsg.): Jahrbuch Extremismus & Demokratie, Baden-Baden 1995, S. 13-26.

Backes, Uwe; Jesse, Eckhard: Neue Linke und Neue Rechte. Ein Vergleich, in: Backes, Uwe; Jesse, Eckhard (Hrsg.): Vergleichende Extremismusforschung, Baden-Baden 2005, S. 329-344.

Backes, Uwe; Jesse, Eckhard: Politischer Extremismus in der Bundesrepublik Deutschland, Bonn 1996.

Backes, Uwe; Jesse, Eckhard: Vergleichende Extremismusforschung, Baden-Baden 2005.

Bayerisches Landesamt für Verfassungsschutz (Hrsg.): Verfassungsschutzbericht 2004, München 2005.

Becker, Hartmuth; Winckler, Stefan: Gegenwehr in der evangelischen Kirche und an der Freien Universität. Gespräch mit Prof. Dr. Klaus Motschmann, in: Becker, Hartmuth; Dirsch, Felix; Winckler, Stefan (Hrsg.): Die 68er und ihre Gegner. Der Widerstand gegen die Kulturrevolution, Graz-Stuttgart 2004, S. 157-182.

Becker, Konrad: Die Politik der Infosphäre. World-Information.Org, Bonn 2002.

Behrens, Michael; Rimscha, Robert v.: Politische Korrektheit in Deutschland. Eine Gefahr für die Demokratie, Bonn 1995.

Benoist, Alain de: Kritik der Menschenrechte. Warum Universalismus und Globalisierung die Freiheit bedrohen, Berlin 2004.

Benoist, Alain de: Totalitarismus. Kommunismus und Nationalsozialismus–die andere Moderne. 1917-1989, Berlin 2001.

Berger, Klaus: Widerworte. Wieviel Modernisierung verträgt Religion?, Frankfurt am Main und Leipzig 2005.

Bertram, Günter: Hoheitliche Tugendwächter: Verfassungsschutz und „Neue Rechte“, NJW 6/2004, S. 344-347.

Bleek, Wilhelm: Geschichte der Politikwissenschaft in Deutschland, München 2001.

Botsch, Gideon: „Politische Wissenschaft“ im Zweiten Weltkrieg. Die „deutschen Auslandswissenschaften“ im Einsatz 1940-1945, Paderborn 2006 (Diss.).

Breuer, Stefan: Anatomie der Konservativen Revolution, Darmstadt 1993.

BStU (Hrsg.): Abkürzungsverzeichnis. Häufig verwendete Abkürzungen und Begriffe des Ministeriums für Staatssicherheit, Berlin 1997.

Bubik, Roland (Hrsg.): Wir `89. Wer wir sind–was wir wollen, Frankfurt am Main-Berlin 1995.

Bundesamt für Verfassungsschutz (Hrsg.): Militante Autonome. Charakteristika–Strukturen–Aktionsfelder, Köln 1999.

Bundesamt für Verfassungsschutz (Hrsg.): Militante Linksextremisten rekrutieren Nachwuchs. Schauplatz Schule und Jugendtreff, Köln 1999.

Bundesamt für Verfassungsschutz (Hrsg.): Sicherheitslage der Wirtschaft in Deutschland. Bedrohung durch Linksextremismus, Köln 2003.

Bundesamt für Verfassungsschutz (Hrsg.): Verfassungsschutz gegen Linksextremismus, Köln 1998.

Bundesamt für Verfassungsschutz (Hrsg.): Verfassungsschutzbericht 1994-2004, Berlin 1995-2005.

Bundesamt für Verfassungsschutz (Hrsg.): Verfassungsschutzbericht 2005. Vorabfassung, Köln 2006.

Bundesamt für Verfassungsschutz (Hrsg.): „Vereinigung der Verfolgten des Naziregimes–Bund der Antifaschistinnen und Antifaschisten. Organisation-Entwicklung-Aktionsfelder-Wirkungen 1947-1997.

Butterwegge, Christoph: Die zentralen Herausforderungen für den Antifaschismus: Globalisierung, Neoliberalismus und Rechtsextremismus, Antifaschistische Nachrichten, Nr. 14, 13.07.2006.

Calebow, Wolf: Auf dem Weg zur Normalisierung. 15 Jahre Dialog mit amerikanischen Juden, Berlin 1999.

Courtois, Stéphane; Werth, Nicolas; Panné, Jean-Louis; Paczkowski, Andrzej; Bartosek, Karel; Margolin, Jean-Louis (Hrsg.): Das Schwarzbuch des Kommunismus. Unterdrückung, Verbrechen und Terror, München Zürich 1998.

Cremer, Wolfgang: Aspekte des verfassungsschützerischen Umgangs mit der Neuen Rechten, in: Gessenharter, Wolfgang; Fröchling, Helmut (Hrsg.): Rechtsextremismus und Neue Rechte in Deutschland. Neuvermessung eines politisch–ideologischen Raumes?, Opladen 1998, S. 69-76.

Cremet, Jean: Briefkasten, Der Rechte Rand, Nr. 75, März/April 2002, S. 26.

Dávila, Nicolás Gómez: Texte und andere Aufsätze, Wien 2003.

Decker, Frank: Der neue Rechtspopulismus, Opladen 2004.

Dornbusch, Christian; Speit, Andreas: Briefkasten, Der Rechte Rand, Nr. 75, März/April 2002, S. 26.

Drescher, Thomas: Antifaschismus–vom linksradikalen Kampfbegriff zum staatstragenden Axiom, in: Institut für Staatspolitik (Hrsg.): Sezession 5, April, Albersroda 2004, S. 44-49.

Engelmann, Roger: Zu Struktur, Charakter und Bedeutung der Unterlagen des Ministeriums für Staatssicherheit, BStU, Abteilung Bildung und Forschung (Hrsg.): BF informiert 3/1994, Berlin 1994.

Eppler, Erhard: Ende oder Wende. Von der Machbarkeit des Notwendigen, Stuttgart 1975.

Fabio, Udo di: Die Kultur der Freiheit, München 2005.

Feit, Margret: Die „Neue Rechte" in der Bundesrepublik. Organisation–Ideologie-Strategie, Frankfurt-New York 1987.

Fischer, Thomas: Strafgesetzbuch mit Nebengesetze, München 2001.

Fröchling, Helmut: Die Neue Rechte im Fokus des Verfassungsschutzes, in: Gessenharter, Wolfgang; Fröchling, Helmut (Hrsg.): Rechtsextremismus und Neue Rechte in Deutschland. Neuvermessung eines politisch–ideologischen Raumes?, Opladen 1998, S. 119-137.

Funke, Manfred: „Antifaschismus"–Zum Blendcharakter einer politischen Allzweckwaffe, in: Agethen, Manfred; Jesse, Eckhard; Neubert, Erhart (Hrsg.): Der mißbrauchte Antifaschismus. DDR-Staatsdoktrin und Lebenslüge der deutschen Linken, Freiburg im Breisgau 2002, S. 305-313.

Funke, Manfred: Extremismus und offene Gesellschaft. Anmerkungen zur Gefährdung und Selbstgefährdung des demokratischen Rechtsstaates, in: Funke, Manfred (Hrsg.): Extremismus im demokratischen Rechtsstaat, Düsseldorf 1978, S. 15-46.

Funke, Manfred: Faschismus und Antifaschismus–Versuch einer historisch–politischen Begriffsbestimmung, in: Bundesminister des Innern (Hrsg.): Bedeutung und Funktion des Antifaschismus, Bonn 1990, S. 7-20.

Gärtner, Reinhold: Die ordentlichen Rechten. Die „Aula". Die Freiheitlichen und der Rechtsextremismus, Wien 1996.

Gebauer, Annekatrin: Der Richtungsstreit in der SPD. Seeheimer Kreis und Neue Linke im innerparteilichen Machtkampf, Wiesbaden 2005 (Diss.).

Gehlen, Arnold: Moral und Hypermoral. Eine pluralistische Ethik, Frankfurt am Main, Bonn 1969.

Gessenharter, Wolfgang: Die Neue intellektuelle Rechte und ihre Unterstützung durch Politik und Medien, in: Braun, Stephan; Hörsch, Daniel (Hrsg.): Rechte Netzwerke–eine Gefahr, Wiesbaden 2004, S. 17-25.

Gessenharter, Wolfgang: Kippt die Republik? Die Neue Rechte und ihre Unterstützung durch Politik und Medien, München 1994.

Gessenharter, Wolfgang: Konservatismus und Rechtsextremismus–Nähen und Distanzen, in: Bundesvorstand des Deutschen Gewerkschaftsbundes (Hrsg.): Gewerkschaftliche Monatshefte, Köln 1989, S. 561-570.

Gessenharter, Wolfgang: Neue radikale Rechte, intellektuelle Rechte und Rechtsextremismus, in: Gessenharter, Wolfgang; Fröchling, Helmut (Hrsg.): Rechtsextremismus und Neue Rechte in Deutschland. Neuvermessung eines politisch–ideologischen Raumes?, Opladen 1998, S. 25-66.

Gessenharter, Wolfgang; Fröchling, Helmut: Rechtsextremismus und Neue (radikale) Rechte–Einladung zu einem Dialog, in: Gessenharter, Wolfgang; Fröchling, Helmut (Hrsg.): Rechtsextremismus und Neue Rechte in Deutschland. Neuvermessung eines politisch–ideologischen Raumes?, Opladen 1998, S. 11-22.

Gessenharter, Wolfgang; Pfeiffer, Thomas (Hrsg.): Die Neue Rechte - eine Gefahr für die Demokratie?, Wiesbaden 2004.

Grefe, Christiane; Greffrath, Mathias; Schumann, Harald: attac. Was wollen die Globalisierungskritiker?, Berlin 2002.

Groth, Klaus J.: Die Diktatur der Guten. Political correctness, München 1996.

Groth, Klaus J.; Schäfer, Joachim (Hrsg.): Stigmatisiert. Der Terror der Gutmenschen, Unna 2003.

Grunenberg, Antonia: Antifaschismus–ein deutscher Mythos, Reinbek bei Hamburg 1993.

Grunenberg, Antonia: Anti-Faschismus und politische Gegenwelten, in: Falter, Jürgen W., Jaschke, Hans-Gerd, Winkler, Jürgen R.: Rechtsextremismus. Ergebnisse und Perspektiven der Forschung, Politische Vierteljahresschrift, Sonderheft 27/96, Opladen 1996, S. 502-513.

Hachmeister, Lutz: Der Gegnerforscher. Die Karriere des SS-Führers Franz Alfred Six, München 1998.

Hachmeister, Lutz; Rager, Günther (Hrsg.): Wer beherrscht die Medien? Die 50 größten Medienkonzerne der Welt. Jahrbuch 2003, München 2002.

Heißig, Kurt: Der Zeitgeist sucht nach Opfern. Provokation und Fiktion der rechtsextremen Gefahr, in: von Schrenck-Notzing, Caspar; Mohler, Arnim (Hrsg.): Deutsche Identität, Krefeld 1982, S. 104-124.

Hellfeld, Matthias von (Hrsg.): Dem Haß keine Chance. Der neue rechte Fundamentalismus, Köln 1989.

Helmes, Peter: DGB-SPD-PDS: Macht-Kasse-Genossen!, Hamburg 2003.

Henkel, Michael: Konservatismus im politischen Denken Eric Voegelins. Überlegungen zum Problem der Verortung seines Ansatzes, in: Kroll, Frank-Lothar (Hrsg.): Die kupierte Alternative. Konservatismus in Deutschland nach 1945, Berlin 2005, S. 241-264.

Hennis, Wilhelm: Politik und praktische Philosophie. Eine Studie zur Rekonstruktion der politischen Wissenschaft, Neuwied am Rhein und Berlin 1963.

Herz, Dietmar: Der Begriff der „politischen Religionen" im Denken Eric Voegelins, in: Maier, Hans (Hrsg.): Totalitarismus und Politische Religionen. Konzepte des Diktaturvergleichs, Paderborn 1996, S. 191-209.

Hirsch, Kurt: Gestern und Heute. Dokumentationen und Zeitgeschichtliche Beiträge, Nr. 1-3, München 1966.

Hirscher, Gerhard: Jenseits der „Neuen Mitte": Die Annäherungen der PDS an die SPD seit der Bundestagswahl 1998, München 2001.

Hirschinger, Frank: Fälschung und Instrumentalisierung antifaschistischer Biographien, Göttingen 2007.

Hoffmann, Arne: Warum Hohmann geht und Friedman bleibt. Antisemitismusdebatten in Deutschland von Möllemann bis Walser, Schnellroda 2005.

Holzapfel, Klaus-J. (Hrsg.): Kürschners Volkshandbuch. Deutscher Bundestag, 15. Wahlperiode, Rheinbreitbach 2003.

Hombach, Bodo: Aufbruch. Die Politik der Neuen Mitte, München 1998.

Hornung, Klaus: Antifaschistische Machtstrategien in der Moralgesellschaft. „Kampf gegen Rechts"–„Aufstand der Anständigen", in: Stein, Dieter (Hrsg.): Ein Leben für Deutschland–Gedenkschrift für Wolfgang Venohr 1925-2005, Berlin 2005, S. 261-282.

Hornung, Klaus: Metamorphosen des Totalitarismus im 20. Jahrhundert. Von der totalitären Diktatur zur „totalitären Demokratie"?, in: Hornung, Klaus: Die offene Flanke der Freiheit. Studien zum Totalitarismus im 20. Jahrhundert, Frankfurt am Main 2001, S. 155-173.

Hornung, Klaus: Politischer Messianismus. Jacob Talmon und die Genesis der totalitären Diktaturen, in: Hornung, Klaus: Die offene Flanke der Freiheit. Studien zum Totalitarismus im 20. Jahrhundert, Frankfurt am Main 2001, S. 39-84..

Hubo, Christiane: Verfassungsschutz des Staates durch geistig-politische Auseinandersetzung–Ein Beitrag zum Handeln des Staates gegen Rechts, Göttingen 1998 (Diss.).

Hüllen, Rudolf van: Linksextremismus vor und nach der Wende, in: van Hüllen, Rudolf; Klein, Kurt J.; Klink, Manfred; Langguth, Gerd; Rupprecht, Reinhard: Linksextremismus–eine vernachlässigte Gefahr, Sankt Augustin 1997, S. 7-28.

Hüllen, Rudolf van: „Kulturelle Hegemonie" als strategisches Konzept von Linksextremisten–dargestellt am Beispiel der „Geschichtsaufarbeitung", in: van Hüllen, Rudolf; Klein, Kurt J.; Klink, Manfred; Langguth, Gerd; Rupprecht, Reinhard: Linksextremismus–eine vernachlässigte Gefahr, Sankt Augustin 1997, S. 59-80.

Hürten, Heinz: Waldemar Gurian. Ein Zeuge der Krise unserer Welt in der ersten Hälfte des 20. Jahrhunderts, Mainz 1972 (Diss.).

Hürten, Heinz: Waldemar Gurian und die Entfaltung des Totalitarismusbegriffs, in: Maier, Hans (Hrsg.): Totalitarismus und Politische Religionen. Konzepte des Diktaturvergleichs, Paderborn 1996, S. 59-70.

Innenministerium des Landes Nordrhein Westfalen (Hrsg.): 50 Jahre Verfassungsschutz und politischer Extremismus in Nordrhein–Westfalen. Entwicklung und Bestandsaufnahme, Düsseldorf 1999.

Innenministerium des Landes Nordrhein-Westfalen, Abteilung Verfassungsschutz (Hrsg.): Die Kultur als Machtfrage. Die Neue Rechte in Deutschland, Düsseldorf 2003.

Innenministerium des Landes Nordrhein-Westfalen, Abteilung Verfassungsschutz (Hrsg.): Linksextremismus in NRW, Düsseldorf 2006.

Innenministerium des Landes Nordrhein-Westfalen, Abteilung Verfassungsschutz (Hrsg.): Verfassungsschutzbericht des Landes Nordrhein-Westfalen 1994-2004, Düsseldorf 1995-2005.

Innenministerium des Landes Nordrhein–Westfalen, Abteilung Verfassungsschutz (Hrsg.): Zwischenbericht 2006, Düsseldorf 2006.

Institut für Staatspolitik (Hrsg.): Die „Neue Rechte". Sinn und Grenze eines Begriffs, Albersroda 2003.

Institut für Staatspolitik (Hrsg.): Erosion der Mitte. Die Verflechtung von demokratischer und radikaler Linker im „Kampf gegen Rechts" am Beispiel der Amadeu Antonio-Stiftung, Albersroda 2004.

Institut für Staatspolitik (Hrsg.): Kritik als Ideologie. Die „Kritische Diskursanalyse" des Duisburger Instituts für Sprach- und Sozialforschung, Albersroda 2004.

Jebens, Albrecht: Studienzentrum Weikersheim–Fazit nach 25 Jahren, in: Förderstiftung Konservative Bildung und Forschung (Hrsg.): Unsere Agenda, Nr. 3, August 2005, München 2005, S. 19-21.

Jesse, Eckhard: Die extreme Rechte im Aufwind?–Der Rechtsextremismus und die Partei der Republikaner, in: Backes, Uwe; Jesse, Eckhard (Hrsg.): Jahrbuch Extremismus & Demokratie, Bonn 1990, S. 241-266.

Jesse, Eckhard: Fließende Grenzen zum Rechtsextremismus? Zur Debatte über Brückenspektrum, Grauzone, Vernetzungen und Scharniere am rechten Rand – Mythos und Realität, in: Falter, Jürgen W.; Jaschke, Hans-Gerd; Winkler, Jürgen R. (Hrsg.): Rechtsextremismus. Ergebnisse und Perspektiven der Forschung, Opladen 1996, S. 514-529.

Jesse, Eckhard: Historikerstreit reloaded, Cicero, Oktober 2006, S. 62 u. 64.

Jesse, Eckhard: Linksextremismus in der Bundesrepublik Deutschland. Von den Anfängen bis zur Gegenwart, APuZ, B3-4, 10.01.1992, S. 31-39.

Jesse Eckhard: Parteipolitischer Linksextremismus in der Bundesrepublik Deutschland. Von 1949 bis zur Gegenwart, in: Bundesamt für Verfassungsschutz (Hrsg.): Bundesamt für Verfassungsschutz. 50 Jahre im Dienst der inneren Sicherheit, Köln-Berlin-Bonn-München 2000, S. 263-280.

Jesse, Eckhard: Verfassungsschutzberichte des Bundes und der Länder im Vergleich. Zwischen Kontinuität und Wandel, in: Backes, Uwe; Jesse, Eckhard (Hrsg.): Vergleichende Extremismusforschung, Baden-Baden 2005, S. 379-396.

Kinzel, Till: Politische Theologie, in: Institut für Staatspolitik (Hrsg.): Sezession 11, Oktober, Albersroda 2005, S. 34-39.

Klages, Ludwig: Vom kosmogonischen Eros, Bonn 1981.

Klein, J. Kurt: Strategien der Immunisierung gegen den Mißbrauch des Antifaschismus als politisches Kampfmittel, in: van Hüllen, Rudolf; Klein, Kurt J.; Klink, Manfred; Langguth, Gerd; Rupprecht, Reinhard: Linksextremismus–eine vernachlässigte Gefahr, Sankt Augustin 1997, S. 47-57.

Knabe, Hubertus: Der diskrete Charme der DDR. Stasi und Westmedien, Berlin 2003.

Knütter, Hans-Helmuth: Antifaschismus als innen- und außenpolitisches Kampfmittel, in: Knütter, Hans-Helmuth (Hrsg.): Kritik des Antifaschismus, Bornheim 1990.

Knütter, Hans-Helmuth: Antifaschismus als pseudomoralische Basis des Linksextremismus, in: Knütter, Hans-Helmuth; Winckler, Stefan (Hrsg.): Handbuch des Linksextremismus. Die unterschätzte Gefahr, Graz-Stuttgart 2002, S. 13-25.

Knütter, Hans-Helmuth: Antifaschismus und politische Kultur in der Bundesrepublik Deutschland, in: Funke, Manfred; Jacobsen, Hans-Adolf; Knütter, Hans-Helmuth; Schwarz, Hans-Peter (Hrsg.): Demokratie und Diktatur. Geist und Gestalt politischer

Herrschaft in Deutschland und Europa. Festschrift für Karl Dietrich Bracher, Düsseldorf 1987, S. 365-382.

Knütter, Hans-Helmuth: Antifaschismus und politische Kultur in Deutschland nach der Wiedervereinigung, APuZ, B9, 22.02.1991, S. 17-28.

Knütter, Hans-Helmuth: CDU/CSU und Antifaschismus. Eine Partei in Verlegenheit, Criticón 107, Mai/Juni 1988, S. 135-138.

Knütter, Hans-Helmuth: Die Faschismus-Keule. Das letzte Aufgebot der deutschen Linken, Frankfurt am Main-Berlin 1993.

Knütter, Hans-Helmuth: Gefahren des Linksextremismus, in: Schäfer, Joachim (Hrsg.): Kurswechsel. Stimme der Mehrheit, München 1998, S. 113-123.

Knütter, Hans-Helmuth: Internationale Antifaschismus-Kampagnen und ihre Rückwirkung auf die Bundesrepublik Deutschland, in: Bundesminister des Innern (Hrsg.): Bedeutung und Funktion des Antifaschismus, Bonn 1990, S. 83-111.

Koenen, Gerd: Rudi Dutschke, die „Neue Linke" und die Gewalt, in: Stiftung zur Aufarbeitung der SED-Diktatur (Hrsg.): Jahrbuch für Historische Kommunismusforschung, Berlin 2005, S. 324-338.

Kowalsky, Wolfgang; Schroeder, Wolfgang: Rechtsextremismus–Begriff, Methode, Analyse, in: Kowalsky, Wolfgang; Schroeder, Wolfgang: Rechtsextremismus. Einführung und Forschungsbilanz, Opladen 1994, S. 7-20.

Krause Landt, Andreas: Holocaust und deutsche Frage. Ein Volk will verschwinden, Merkur. Deutsche Zeitschrift für europäisches Denken, Stuttgart, Dezember 2005, S. 1113-1125.

Kreutz, Rüdiger: Antifaschismus im deutschen Linksextremismus: Konzepte, Funktionen und Träger, in: Schuh, Horst (Hrsg.): Buchenwald und der deutsche Antifaschismus, Schriftenreihe des Fachbereiches Öffentliche Sicherheit, Brühl/Rheinland 1997, S. 9-27.

Kroll, Frank-Lothar: Die kupierte Alternative. Konservatismus in Deutschland nach 1945, in: Kroll, Frank-Lothar (Hrsg.): Die kupierte Alternative. Konservatismus in Deutschland nach 1945, Berlin 2005, S. 3-24.

Kubitschek, Götz: 20 Jahre Junge Freiheit. Idee und Geschichte einer Zeitung, Schnellroda 2006.

Kunze, Klaus: Geheimsache Politprozesse. Systemwechsel durch Uminterpretation: Verfassungsschutz und Gerichtsbarkeit nach dem linken Marsch durch die Institutionen am Beispiel der Republikanerverfolgung, Uslar 1998.

Kürschners Volkshandbuch Deutscher Bundestag: 12. Wahlperiode 1990, Rheinbreitbach 1993.

Landesamt für Verfassungsschutz Baden-Württemberg (Hrsg.): Antifaschismus als Aktionsfeld von Linksextremisten, Stuttgart 2002.

Landesamt für Verfassungsschutz Baden-Württemberg (Hrsg.): Linksextremisten in der Bundesrepublik Deutschland. Allgemeine Entwicklung, Stuttgart 2003.

Landesamt für Verfassungsschutz Berlin (Hrsg.): „Antifa heißt Angriff". Antifaschismus als Deckmantel für Gewalt, Durchblicke Nr. 10, Berlin 1999.

Landesamt für Verfassungsschutz Berlin (Hrsg.): Deutscher gewaltorientierter Linksextremismus in Berlin. Die „militante autonome Bewegung", Durchblicke Nr. 5, Berlin 1995.

Landesamt für Verfassungsschutz Hessen (Hrsg.): Autonome, Wiesbaden 1999.

Lang, Jürgen P.: Ist die PDS eine demokratische Partei–Eine extremismustheoretische Untersuchung, Baden-Baden 2003.

Langguth, Gerd: Die PDS und der Linksextremismus. Wie demokratisch ist die PDS?, in: van Hüllen, Rudolf; Klein, Kurt J.; Klink, Manfred; Langguth, Gerd; Rupprecht, Reinhard: Linksextremismus–eine vernachlässigte Gefahr, Sankt Augustin 1997, S. 29-45.

Langguth, Gerd: Protestbewegung. Entwicklung–Niedergang–Renaissance. Die Neue Linke seit 1968, Köln 1983.

Le Bon, Gustave: Psychologie der Massen, Stuttgart 1982.

Leggewie, Claus; Meier, Horst: Republikschutz. Maßstäbe für die Verteidigung der Demokratie, Reinbek bei Hamburg 1995.

Lenk, Kurt: Rechts, wo die Mitte ist, Baden – Baden, 1994.

Lohmann, Hans Martin (Hrsg.): Extremismus der Mitte, Frankfurt 1994.

Lölhöffel, Helmut: Herzogin tankte, Baron putzte Scheiben, Horch und Guck, Band Nr. 2, Heft 5, Berlin 1993.

Lüdemann, Jörn: Edukatorisches Staatshandeln, Baden-Baden 2005 (Diss.).

Maegerle, Anton: Autorengeflecht in der Grauzone. Blätter zwischen Konservativismus und Rechtsextremismus, in: Braun, Stephan; Hörsch, Daniel (Hrsg.): Rechte Netzwerke – eine Gefahr, Wiesbaden 2004, S. 35-43.

Maier, Hans: „Totalitarismus" und „Politische Religionen". Konzepte des Diktaturvergleichs, in: Jesse, Eckhard (Hrsg.): Totalitarismus im 20. Jahrhundert. Eine Bilanz der internationalen Forschung, Bonn 1999, S. 118-134.

Mann, Gerald H.: Widerstand gegen die kulturrevolutionären Einflüsse in der evangelischen Kirche, in: Becker, Hartmuth; Dirsch, Felix; Winckler, Stefan (Hrsg.): Die 68er und ihre Gegner. Der Widerstand gegen die Kulturrevolution, Graz-Stuttgart 2004, S. 137-156.

Mann, Torsten: Rot-Grüne Lebenslügen. Wie die 68er Deutschland an die Wand gefahren haben, Rottenburg 2005.

Mantino, Susanne: Die „Neue Rechte" in der Grauzone zwischen Rechtsextremismus und Konservativismus, Frankfurt 1992.

Marxen, Klaus; Werle, Gerhard (Hrsg.): Strafjustiz und DDR-Unrecht, Band 4/1. Teilband, Berlin 2004.

Maschke, Günter: Freund und Feind. Kautilya und Álamos de Barrientos als Stichwortgeber Carl Schmitts, in: Stein, Dieter; Thaler, Thorsten (Hrsg.): Über den Tag hinaus. Festschrift für Günter Zehm, Berlin 2003, S. 200-217.

Matussek, Matthias: Wir Deutschen. Warum die anderen uns gern haben können, Frankfurt am Main 2006.

Maurer, Reinhart: Das Absolute in der Politik. Zur politischen Theologie des Holocaust, Merkur. Deutsche Zeitschrift für europäisches Denken, Stuttgart, September/Oktober 1999, S. 861-876.

Maurer, Reinhart: Grundprobleme Politischer Theologie. Jan Assmann und Carl Schmitt, in: Blumenwitz, Dieter et. al. (Hrsg.): Zeitschrift für Politik (ZfP), Heft 4, Dezember 2002, S. 453-460.

Meier, Horst: Rechtskolumne. Holocaustgedenken und Staatsräson, Merkur. Deutsche Zeitschrift für europäisches Denken, Stuttgart, Dezember 2005, S. 1167-1172.

Meyer, Thomas: Islamismus, Linksextremismus und der „Westen", in: Bundesministerium des Innern: Feindbilder und Radikalisierungsprozesse. Elemente und Instrumente im politischen Extremismus, Berlin 2005, S. 74-92.

Ministerium des Innern des Landes Brandenburg, Abteilung Verfassungsschutz (Hrsg.): Verfassungsschutzbericht Land Brandenburg 2004, Potsdam 2005.

Mohler, Armin: Der Nasenring. Die Vergangenheitsbewältigung vor und nach dem Fall der Mauer, München 1991.

Mohler, Armin: Die Konservative Revolution in Deutschland 1918-1932. Ein Handbuch, Graz 1999.

Mohler, Armin: Keine Fragen mehr: Der faschistische Stil, in Mohler, Armin: Das Gespräch. Über Linke, Rechte und Langweiler, Dresden 2001, S. 119-178.

Moreau, Patrick: Die neue Religion der Rasse. Der Biologismus und die kollektive Ethik der Neuen Rechten in Frankreich und Deutschland, in: Fetscher, Iring: Neokonservative und „Neue Rechte". Der Angriff gegen Sozialstaat und liberale Demokratie in den Vereinigten Staaten, Westeuropa und der Bundesrepublik, München 1983, S. 117-162.

Moreau, Patrick; Lang, Jürgen: Linksextremismus. Eine unterschätzte Gefahr, Bonn 1996.

Motschmann, Klaus: Späte Frucht der frühen Jahre. Vom langen Wachsen der 68er-Bewegung in der evangelischen Kirche, in: Knütter, Hans-Helmuth; Winckler, Stefan (Hrsg.): Handbuch des Linksextremismus. Die unterschätzte Gefahr, Graz-Stuttgart 2002, S. 57-69.

Münch, Ingo von: Der „Aufstand der Anständigen", NJW 10/2001, S. 728-733.

Murswiek, Dietrich: Der Verfassungsschutzbericht–das scharfe Schwert der streitbaren Demokratie. Zur Problematik der Verdachtsberichterstattung, NVwZ 7/2004, S. 769-778.

Murswiek, Dietrich: Neue Maßstäbe für den Verfassungsschutzbericht. Konsequenzen aus dem JF-Beschluß des BVerfG, NVwZ 2/2006, S. 121-128.

Noelle-Neumann, Elisabeth: Die Schweigespirale. Öffentliche Meinung–unsere soziale Haut, München 2001.

Nolte, Ernst: Der Faschismus in seiner Epoche, München 1990.

Nolte, Paul: Konservatismus in Deutschland. Geschichte–und Zukunft?, Merkur. Deutsche Zeitschrift für europäisches Denken, Stuttgart, Juli 2001, S. 559-571.

Nordbruch, Claus: Sind Gedanken noch frei? Zensur in Deutschland, München 1998.

Normann, Lars: Deutsche Sicherheitsstrukturen im 21. Jahrhundert. Streitbare Demokratie und ihre institutionelle Umsetzung durch den Verfassungsschutz, München 2006 (M.A.-Arbeit).

Olles Werner: Für Israel, die USA und die Aufklärung. Die „Antideutschen" und die Tragödie der Linken, neue Ordnung 4/05, Graz 2005, S. 20-21.

Oppolzer, Uri: Schuld, Macht und Geld. Geschichtspolitik in Deutschland, neue Ordnung 4/05, Graz 2005, S. 22-24.

O.V.: Schmitz wechselt in den vorwärts Verlag, politikszene, Nr. 55, 12.01.2005, S. 1-7 (2).

Peters, Tim: Der Antifaschismus der PDS, in: Backes, Uwe; Jesse, Eckhard (Hrsg.): Jahrbuch Extremismus & Demokratie, Baden-Baden 2003, S. 177-193.

Pfahl-Traughber, Arnim: Konservative Revolution und Neue Rechte. Rechtsextremistische Intellektuelle gegen den demokratischen Verfassungsstaat, Opladen 1998.

Pfahl-Traughber, Arnim: Politischer Extremismus–was ist das überhaupt? Zur Definition von und Kritik an einem Begriff, in: Bundesamt für Verfassungsschutz (Hrsg.): Bundesamt für Verfassungsschutz. 50 Jahre im Dienst der inneren Sicherheit, Köln-Berlin-Bonn-München 2000, S. 185-211.

Pommering, Ingo: Historische Entwicklung der Political Correctness in Amerika, freiheit der wissenschaft, März 2006, S. 4-11.

Rath, Peter (Hrsg.): Die Bannbulle aus Münster oder Erhielte Jesus heute Lehrverbot, PDI-konkret 3, München-Hamburg 1976.

Reimer Prüß, Jens: 1994 erlebte der „vorwärts", von nun an klein und rot geschrieben, seinen bisher letzten „Relaunch", vorwärts 10/2001.

Reuter, Dirk: Verbotene Symbole. Eine strafrechtsdogmatische Untersuchung zum Verbot verfassungswidriger Organisationen in § 86a StGB, Baden-Baden 2005 (Diss.).

Riegel; Klaus-Georg: Der Marxismus–Leninismus als politische Religion, in: Maier, Hans (Hrsg.): Totalitarismus und Politische Religionen. Konzepte des Diktaturvergleichs, Band II, Paderborn 1997, S. 75-128.

Roewer, Helmut: Antifaschismus: Zur Karriere eines politischen Kampfbegriffes, in: Schuh, Horst (Hrsg.): Buchenwald und der deutsche Antifaschismus, Schriftenreihe des Fachbereiches Öffentliche Sicherheit, Brühl/Rheinland 1997, S. 29-55.

Röhl, Bettina: So macht Kommunismus Spaß! Ulrike Meinhof, Klaus Rainer Röhl und die Akte Konkret, Hamburg 2006.

Röhl, Klaus Rainer: Deutsches Phrasenlexikon. Lehrbuch der Politischen Korrektheit für Anfänger und Fortgeschrittene, Berlin 1995.

Röhl, Klaus Rainer: Fünf Finger sind keine Faust, Köln 1974.

Roik, Michael: Die DKP und die demokratischen Parteien 1968-1984, Paderborn 2006 (Diss.).

Rudzio, Wolfgang: Antifaschismus als Volksfrontkitt, in: Bundesminister des Innern (Hrsg.): Bedeutung und Funktion des Antifaschismus, Bonn 1990, S. 65-82.

Rudzio, Wolfgang: Das politische System der Bundesrepublik Deutschland, Fernstudienbrief der FU Hagen, Hagen 2000.

Rudzio, Wolfgang: Die Erosion der Abgrenzung. Zum Verhältnis zwischen demokratischen Linken und Kommunisten in der Bundesrepublik Deutschland, Opladen 1988.

Rudzio, Wolfgang: Von der Antifa - Keule zum „Extremismus der Mitte"?, in: Backes, Uwe; Jesse, Eckhard (Hrsg.): Jahrbuch Extremismus & Demokratie, Baden-Baden 1995, S. 248-250.

Saage, Richard: Neokonservatives Denken in der Bundesrepublik, in: Fetscher, Iring: Neokonservative und „Neue Rechte". Der Angriff gegen Sozialstaat und liberale Demokratie in den Vereinigten Staaten, Westeuropa und der Bundesrepublik, München 1983, S. 66-116.

Schäfer, Michael: II. Die Denker des Totalen: Ernst Jünger – Carl Schmitt – Erich Ludendorff, in: Maier, Hans (Hrsg.): Totalitarismus und Politische Religionen. Konzepte des Diktaturvergleichs, Band III: Deutungsgeschichte und Theorie, Paderborn 2003, S. 121-127.

Schelsky, Helmut: Der Mensch in der wissenschaftlichen Zivilisation, Köln und Opladen 1961.

Schelsky, Helmut: Gedanken zur Rolle der Publizistik in der modernen Gesellschaft, in: Auf der Suche nach der Wirklichkeit, Düsseldorf-Köln 1965, S. 310-327.

Schelsky, Helmut: Herrschaft durch Sprache, in: Der selbstständige und der betreute Mensch. Politische Schriften und Kommentare, Stuttgart 1976, S. 116-120.

Schelsky, Helmut: Publizistik und Gewaltenteilung, in: Systemüberwindung, Demokratisierung und Gewaltenteilung. Grundsatzkonflikte der Bundesrepublik, München 1973, S. 83-108.

Schelsky, Helmut: Was heißt heute liberal?, in: Der selbstständige und der betreute Mensch. Politische Schriften und Kommentare, Stuttgart 1976, S. 188-209.

Schmidt, Friedemann: Die Neue Rechte und die Berliner Republik, Wiesbaden 2001 (Diss.).

Schmitt, Carl: Politische Theologie. Vier Kapitel zur Lehre von der Souveränität, Berlin 2004.

Schmitt, Carl: Politische Theologie II. Die Legende von der Erledigung jeder politischen Theologie, Berlin 1996.

Schönkäs, Klaus: III. Bundesrepublik Deutschland, in: Greß, Franz; Jaschke, Hans-Gerd; Schönkäs, Klaus: Neue Rechte und Rechtsextremismus in Europa, Opladen 1990, S. 218-335.

Schrenck-Notzing, Caspar von: Charakterwäsche. Die amerikanische Besatzung in Deutschland und ihre Folgen, Stuttgart 1965.

Schrenck-Notzing, Caspar von: Der Nachkriegskonservatismus in der Bundesrepublik Deutschland, in: Förderstiftung Konservative Bildung und Forschung (Hrsg.): Unsere Agenda, Nr. 3, August 2005, München 2005, S. 4-15.

Schrenck-Notzing, Caspar von: Zensur–einst und jetzt, in: Knütter, Hans-Helmuth; Winckler, Stefan (Hrsg.): Der Verfassungsschutz. Auf der Suche nach dem verlorenen Feind, S. 25-38.

Schröter, Ulrich: Das leitende Interesse des Schreibenden als Bedingungsmerkmal der Verschriftung–Schwierigkeiten bei der Auswertung von MfS-Akten, in: Henke, Klaus-Dietmar; Engelmann, Roger: Aktenlage. Die Bedeutung der Unterlagen des Staatssicherheitsdienstes für die Zeitgeschichtsforschung, Berlin 1995, S. 40-46.

Schubarth, Wilfried; Pschierer Ronald; Schmidt, Thomas: Verordneter Antifaschismus und die Folgen. Das Dilemma antifaschistischer Erziehung in der DDR, APuZ, B9, 22.02.1991, S. 3-16.

Schüßlburner, Josef: Demokratie-Sonderweg Bundesrepublik. Analyse der Herrschaftsordnung in Deutschland, Künzell 2004.

Schüßlburner, Josef: Der ventrokratische Mittismus. Vermutungen über Staatsziele und Staatszwecke bei Helmut Kohl, ETAPPE 13/September, Bonn 1997, S. 21-35.

Schüßlburner, Josef: Staatliche Transzendenz in der BRD, Teil 1: Religionsgeschichtliche Voraussetzungen, Etappe, Heft 17, Herbst 2003, S. 25-35.

Schüßlburner, Josef: Staatliche Transzendenz in der BRD, Teil 2: Bewältigungstheokratie, Etappe, Heft 18, 2004/2005, S. 25-41.

Schüßlburner, Josef; Knütter, Hans-Hellmuth: Was der Verfassungsschutz verschweigt. Bausteine für einen Alternativen Verfassungsschutz-Bericht, Schnellroda 2007.

Schumacher, Helmut; Dorsch, Klaus J.: A. Paul Weber. Leben und Werk in Texten und Bildern; Hamburg, Berlin, Bonn 2003.

Schwilk, Heimo: Rechte Demokraten oder Wer sind die 89er?, in: Schacht, Ulrich; Schwilk, Heimo: Für eine Berliner Republik. Streitschriften, Reden, Essays nach 1989, München 1997, S. 211-225.

Seitschek, Otto: Die Deutung des Totalitarismus als Religion, in: Maier, Hans (Hrsg.): Totalitarismus und Politische Religionen. Konzepte des Diktaturvergleichs, Band III: Deutungsgeschichte und Theorie, Paderborn 2003, S. 129-177.

Senatsverwaltung für Inneres, Abteilung Verfassungsschutz (Hrsg.): Verfassungsschutzbericht 2004, Berlin 2005.

Seubert, Harald: Erinnerung an den „Engagierten Beobachter" in veränderter Zeit. Über Raymond Aron als Theoretiker des Totalitarismus und der nuklearen Weltlage, in: Maier, Hans (Hrsg.): Totalitarismus und Politische Religionen. Konzepte des Diktaturvergleichs, Band II, Paderborn 1997, S. 311-361.

Sichrovsky, Peter: Der Antifa-Komplex. Das korrekte Weltbild, München 1999.

Sofsky, Wolfgang: Das Prinzip Sicherheit, Frankfurt am Main 2005.

Stahl, Alexander von: Kampf um die Pressefreiheit. Chronologie eines Skandals. Die Verfassungsbeschwerde der Wochenzeitung JUNGE FREIHEIT wegen Verletzung der Pressefreiheit durch Verfassungsschutzberichte des Landes NRW und der Sieg vor dem Bundesverfassungsgericht, Berlin 2005.

Stein, Dieter: Phantom „Neue Rechte". Die Geschichte eines politischen Begriffs und sein Mißbrauch durch den Verfassungsschutz, Berlin 2005.

Studentenbund Schlesien (Hrsg.): Nachrichten des Studentenbundes Schlesien, Nr. 3/90.

Suckut, Siegfried: Das Wörterbuch der Staatssicherheit. Definitionen zur „politisch-operativen Arbeit", Berlin 1996.

Ulrich, Bernd; Vollmer Antje: Für Demokratie–gegen Sicherheit und Sauberkeit, in: von Hellfeld, Matthias (Hrsg.): Dem Haß keine Chance. Der neue rechte Fundamentalismus, Köln 1989, S. 163-173.

Venner, Michael: Nationale Identität. Die Neue Rechte und die Grauzone zwischen Konservativismus und Rechtsextremismus, Köln 1994.

Voegelin, Eric: Wissenschaft, Politik und Gnosis, München 1959.

Vollnhals, Clemens: Der Totalitarismusbegriff im Wandel, APuZ, Nr. 39, 25.09.2006, S. 21-27.

Weißmann, Karlheinz: Die Neue Mitte–Aufstieg und Verfall, in: Institut für Staatspolitik (Hrsg.): Sezession 10, Juli, Albersroda 2005, S. 34-38.

Weißmann, Karlheinz: Gab es ein konservative Revolution? Zur Auseinandersetzung um das neue Buch von Stefan Breuer, Criticón, 138, Juli/August 1993, S. 173-176.

Weißmann, Karlheinz: Niederlage–Befreiung, in: Institut für Staatspolitik (Hrsg.): Sezession 8, Januar, Albersroda 2005, S. 8-14.

Weißmann, Karlheinz: Rückruf in die Geschichte. Die deutsche Herausforderung: Alte Gefahren – Neue Chancen, Berlin-Frankfurt/Main 1993.

Weißmann, Karlheinz: Unsere Zeit kommt, Schnellroda 2006.

Wiedmann, Roland: Die Organisationsstruktur des Ministeriums für Staatssicherheit 1989, in: Henke, Klaus-Dietmar; Suckut, Siegfried; Vollnhals, Clemens; Süß, Walter; Engelmann, Roger (Hrsg.): Anatomie der Staatssicherheit. Geschichte, Struktur und Methoden, Berlin 1995.

Wilke, Manfred: Antifaschismus als Legitimation staatlicher Herrschaft in der DDR, in: Bundesminister des Innern (Hrsg.): Bedeutung und Funktion des Antifaschismus, Bonn 1990, S. 52-64.

Wilke, Manfred: Die „antifaschistische" Republik, in: Agethen, Manfred; Jesse, Eckhard; Neubert, Erhart (Hrsg.): Der mißbrauchte Antifaschismus. DDR-Staatsdoktrin und Lebenslüge der deutschen Linken, Freiburg im Breisgau 2002, S. 420-426.

Winckler, Stefan: Die demokratische Rechte. Entstehung, Positionen und Wandlungen einer neuen konservativen Intelligenz, Frankfurt am Main 2005.

Winckler, Stefan: Konservative Intelligenz im vereinigten Deutschland, in: Kroll, Frank-Lothar (Hrsg.): Die kupierte Alternative. Konservatismus in Deutschland nach 1945, Berlin 2005, S. 323-347.

Wippermann, Wolfgang: Zur Analyse des Faschismus. Die sozialistischen und kommunistischen Faschismustheorien 1921-1945, Frankfurt am Main, Berlin, München 1981.

Wolfschlag, Claus-M.: Antifa ist Pop. Zur populärkulturellen Konstituierung einer radikalen Linken, in: Knütter, Hans-Helmuth; Winckler, Stefan (Hrsg.): Handbuch des Linksextremismus. Die unterstützte Gefahr, Graz-Stuttgart 2002, S. 98-118.

Wolfschlag, Claus-M.: Das „antifaschistische Milieu". Vom „Schwarzen Block" zur „Lichterkette"-Die politische Repression gegen „Rechtsextremismus" in der Bundesrepublik Deutschland, Graz-Stuttgart 2001, (Diss).

Wolfschlag, Claus-M.: Frust, Wut, Kontrolle. Von der „freiheitlich-demokratischen" zur „antifaschistisch-volksdemokratischen" Grundordnung seit 1989/1990, in: Knütter, Hans-Helmuth; Winckler, Stefan (Hrsg.): Handbuch des Linksextremismus. Die unterschätzte Gefahr, Graz-Stuttgart 2002, S. 83-97.

Woods, Roger: Nation ohne Selbstbewußtsein. Von der Konservativen Revolution zur Neuen Rechten, Baden-Baden 2001.

Wuttke, Roland: Nützliche und andere Idioten. Antifaschismus: Auf dem Weg in eine andere Republik, in: Opposition–Magazin für Deutschland, Heft 1/2001, 4. Jahrgang, Januar/Februar, S. 4-15.

Zellenberg, Ulrich E.: Verfassungsstaat und Wahrheit. Zur Aktualität neokonservativer Argumente zur Verteidigung der liberalen Demokratie, in: Becker, Hartmuth; Dirsch, Felix; Winckler, Stefan (Hrsg.): Die 68er und ihre Gegner. Der Widerstand gegen die Kulturrevolution, Graz-Stuttgart 2004, S. 12-36.

Zitelmann, Rainer: Position und Begriff. Über eine neue demokratische Rechte, in: Schwilk, Heimo; Schacht, Ulrich (Hrsg.): Die selbstbewußte Nation. „Anschwellender Bocksgesang" und weitere Beiträge zu einer deutschen Debatte, Frankfurt am Main-Berlin 1996, S. 163-181.

Zeitungsartikel/Wochenperiodika:

Bannas, Günter: SPD nominiert neue Schatzmeisterin, Frankfurter Allgemeine Zeitung, 24.04.2007.

Banse, Dirk; Behrendt, Michael: Stasi führte Bernt Engelmann als IM „Albers", Die Welt, 19.06.2004.

Bauch, Jost: Die manipulierte Masse, Junge Freiheit, 02.06.2006.

Berger, Henrik: Im Visier: die Neue Rechte. Der NRW-Verfassungsschutz sucht nach Definitionen für eine neue Gefahr, Die Welt, 14.10.2003.

Bernhardt, Markus: Rascheln im Blätterwald. Antifaschistische Zeitungen informieren über den rechten Rand. Ein Überblick, „antifa", Beilage der Tageszeitung „junge Welt", 05.07.2006.

Birthler, Marianne: Die Enthüllungen passen in eine Fußnote, Frankfurter Allgemeine Zeitung, 06.09.2006.

Birthler, Marianne: Unterwanderte Republik?, Frankfurter Allgemeine Zeitung, 28.06.2006.

Burger, Reiner: Eine Partei altbekannten Typs, Frankfurter Allgemeine Zeitung, 16.07.2005.

Busch, Oliver: Schuldflucht ist Fahnenflucht, Junge Freiheit, 16.12.2005.

de Benoist, Alain: Nur noch Opfer, Richter und Schuldige, Junge Freiheit, 17.02.2006.

DPA-Meldung: Münchener Journalist klagt beim Bundesverfassungsgericht, Frankfurter Rundschau, 14.01.1963.

DPA-Meldung: Rechtsradikale für Heß, Frankfurter Allgemeine Zeitung, 21.08.2006.

DPA-Meldung: Urteil entlastet Wallraff nicht vom Verdacht der IM-Tätigkeit, Berliner Morgenpost, 18.01.2006.

Goddar, Jeanette: Unbeugsame Botschafter der Toleranz, Das Parlament, 03.07.2006.

Greffrath, Mathias: Was heißt links?, Die Zeit, Nr. 29, 14.07.2005.

Hanfeld, Michael: Das Medienhaus. Die „Frankfurter Rundschau" will 2005 wieder Gewinn machen, Frankfurter Allgemeine Zeitung, 22.11.2005.

Hanfeld, Michael; Roßmann, Andreas: Ein Konzern entsteht, Frankfurter Allgemeine Zeitung, 19.07.2006.

Hansen, Claudia: Katzenjammer bei der Antifa, Preußische Allgemeine Zeitung, 24.01.2004.

Hauke, Frank: Die Augen rechts, Focus, 30.09.2000.

Hatzenbichler, Jürgen: Das unfeine Geschäft der Rechtsintellektuellen, Junge Freiheit, 11.04.1997.

Heide, Annett: Sammler und Jäger, Berliner Zeitung, 15.04.2002.

Heinen, Guido: Ausländerfreundlichkeit leicht gemacht, Die Welt, 30.03.2002.

Heinen, Guido: Das plötzliche Ende einer Gratwanderung, Die Welt, 27.02.2002.

Heinen, Guido: Panne im Innenministerium, Die Welt, 18.09.2004.

Helm, Jochen: Rasse oder Klasse, Die Welt 07.12.2005.

Herles, Helmut: Unscharfer Blick nach links, Frankfurter Allgemeine Zeitung, 16.03.1985.

Hirsch, Kurt: Die Figur ist zur Sache geworden, Fürstenfeldbrucker Neueste Nachrichten, 02.05.1980.

Hirsch, Kurt: Neonazi-Umtriebe auf fünf Metern Papier, die tat, 02.05.1980.

Jansen, Frank: „Das gilt doch nur für Latinos", Der Tagesspiegel, 16.02.2001.

Jesse, Eckhard: Amtstexte als Zeichen politischen Wandels. Die Verfassungsschutzberichte des Bundes und der Länder im Vergleich, Frankfurter Allgemeine Zeitung, 09.04.1997.

Jesse, Eckhard: Blick nach links mit geschlossenen Augen, Focus, 11.11.1996.

Jesse, Eckhard: Die Tabuisierung des Extremismusbegriffs, Die Welt, 04.02.2002.

Kaube, Jürgen: Das sind Zustände!, Frankfurter Allgemeine Zeitung, 16.12.2006.

Kässner, Frank: Bund weitet Programm gegen Extremismus aus, Die Welt, 21.11.2006.

Klarmann, Michael: Afrikaner beglückt NPD, die tageszeitung, NRW zwei, 15.11.2006.

Krach, Armin: Der Herr des DISS, Junge Freiheit, 07.04.2006.

Krause, Frank: Aktion gegen rechts mit dubiosen Linken, Stuttgarter Nachrichten, 17.05.2001.

Krause, Frank: Linksradikale aus dem Netz verbannt, Stuttgarter Nachrichten, 18.05.2001.

Krause, Frank: SPD-Infodienst weiterhin unterwandert, Stuttgarter Nachrichten, 25.08.2001.

Küpper, Mechthild: Gysi unterbindet Berghofer–Bericht, Frankfurter Allgemeine Zeitung, 13.04.2007.

Küpper, Mechthild: „Noch ein einziges Mal SED-Nachfolgepartei". Parteimitglieder von PDS und WASG stimmen der Fusion zu, Frankfurter Allgemeine Zeitung, 21.05.2007.

Leggewie, Claus: Wider das wachsende Mißtrauen, die tageszeitung, 30.01.2007.

Lehmann, Anna: Die Antifa kommt in der Mitte der SPD an, die tageszeitung, 31.03.2005.

Lepenies, Wolf: Gesetz der Schande, Die Welt 16.12.2005.

Leyendecker, Hans: DuMont am Zug. „Frankfurter Rundschau": Kaufverhandlungen abgeschlossen, Süddeutsche Zeitung, 13.07.2006.

Löwisch, Georg: Die Angstfreie, die tageszeitung, 05.12.2005.

Martenstein, Harald: Was heißt heute Links?, Die Zeit, Nr.19, 04.05.2006.

Maxeiner, Dirk; Miersch, Michael: Brot für die Welt – aber die Wurst bleibt hier, Frankfurter Allgemeine Sonntagszeitung, 21.08.2005.

Meier, Horst: Unser Weg ins Gesinnungsstrafrecht, Frankfurter Allgemeine Sonntagszeitung, 11.12.2005.

Mishani, Dror; Smotriez, Aurelia: Ein Progrom gegen die Republik, Die Welt, 10.12.2005.

Motschmann, Klaus: Mythos Antifaschismus, Junge Freiheit, 21.04.2006.

Mühlbauer, Robert: Desinformation als Kampfbegriff, Junge Freiheit, 10.10.2003.

Müller, Baal: Zitate gegen Rechts. Im Westdeutschen Verlag nichts Neues: Ein Buch über die Neue Rechte und die Berliner Republik, Junge Freiheit, 11.01.2002.

Neujahr, Doris: Die Antifa-Republik. Angela Merkel und die Union unterwerfen sich der Geschichtspolitik der Linken, Junge Freiheit, 25.11.2005.

Nowak, Peter: Angriffe auf „Blick nach Rechts", Frankfurter Rundschau, 21.12.2004.

Ochsenreiter, Manuel: Extremisten gegen Rechts, Junge Freiheit, 12.11.2004.

Ochsenreiter, Manuel: Klick nach links, Junge Freiheit, 08.10.2004.

O.V.: „Blick Nach Rechts" fürchtet „schiefes Licht", Junge Freiheit, 12.11.2004.

O.V.: Blick ins Web, Focus, 02.02.2004.

O.V.: Das deutsche Wort, Was veranlaßt Strauß, Gegner als „Ratten" zu diffamieren?, Der Spiegel, 25.02.1980.

O.V.: Frisch gepreßt, Junge Freiheit, 10.03.2006.

O.V.: Linkspartei frischt PDS auf, die tageszeitung, 17.07.2006.

O.V.: Umstrittene Studie zur Fremdenfeindlichkeit, Die Welt, 08.12.2003.

O.V.: Was macht eigentlich Helmut Lölhöffel?, die tageszeitung Berlin, 22.03.2003.

Pfeiffer, Georg: Asymmetrien des Gesetzes, Junge Freiheit, 05.05.2006.

Pott, Wolfgang: Arbeitet der Verfassungsschutz mit Linksextremisten?, Welt am Sonntag, 27.07.2003.

Renner, Kai-Hinrich: Die roten Retter, Die Zeit, 18.03.2004.

Sattar, Majid: „Sozialdemokraten, boykottiert Lafontaine", Frankfurter Allgemeine Zeitung, 17.06.2005.

Schneider, Christian: Deutsche Spezifik, Frankfurter Allgemeine Zeitung, 12.07.2006.

Schölgens, Gesa: Nicht immer sind die Nazis schuld, die tageszeitung, 19.05.2006.

Schroeder, Klaus: Der konstruierte Rechtsextremismus, Die Welt, 12.01.2007.

Schüßlburner, Josef: Ein sanfter Totalitarismus, Junge Freiheit, 06.11.1998 u. 13.11.1998.

Seils, Christoph: Förderung der guten Absicht, Die Zeit, 23.11.2006.

Siegler, Bernd: Verfassungsschützer als Journalist, die tageszeitung, 17.11.1994.

Soldt, Rüdiger: „Ute, da geht noch was!", Frankfurter Allgemeine Zeitung, 16.11.2005.

Staud, Toralf: Wer war „Arthur Kaufmann"?, Die Zeit, 08.02.2007.

Stiefel, Susanne: Der Mann der zu viel weiß, Sonntag Aktuell, 24.06.2001.

Stoldt, Till-R.: Die Kämpfe der Verfassungsschützer, Welt am Sonntag, 25.03.2007.

Stoldt, Till–R.: Wer kontrolliert in NRW die Kontrolleure? Politiker fürchten, der Verfassungsschutz beurteilt Meinungen der „Neuen Rechten" voreilig als rechtsextrem, Welt am Sonntag, 02.11.2003.

Übach, Siegfried: Gut für den sozialistischen Stallgeruch, Junge Freiheit, 07.06.2002.

Walther, Rudolf: Geschichte per Gesetz, die tageszeitung, 25.02.2006.

Weick, Curd-Torsten: Rhetorik des Verdachts, Junge Freiheit, 31.03.2006.

Weißmann, Karlheinz: Der lange Marsch der CDU nach links, Junge Freiheit, 18.08.2000.

Weißmann, Karlheinz: „Der nationale Sozialismus war eine genuin linke Idee", Junge Freiheit, 28.08.1998.

Wenz, Dieter: Zweifel in der baden-württembergischen SPD an der Spitzenkandidatin Ute Vogt, Frankfurter Allgemeine Zeitung, 04.11.2005.

Anmerkung: Die zitierten Beiträge aus Tageszeitungen und Wochenperiodika wurden zumeist im elektronischen Netz auf den entsprechenden Archivseiten der Publikationen recherchiert. Daher erfolgen ihre Angaben im Literaturverzeichnis und Fußnotenapparat-in den meisten Fällen-ohne Seitenangaben. Die publizierten Beiträge liegen dem Verfasser in ausgedruckter Form vor.

Parlamentarische Drucksachen:

Antwort der Bundesregierung auf die Kleine Anfrage der Abgeordneten Sylvia Bonitz et.al., Fraktion CDU/CSU: Aktuelle Entwicklungen im Bereich Linksextremismus, Drucksache 14/7968, 08.01.2002.

Antwort der Bundesregierung auf die Kleine Anfrage der Abgeordneten Ulla Jelpke, Petra Pau, Kersten Naumann, et.al. und der Fraktion Die Linke: Überwachung von Mitgliedern des Deutschen Bundestages durch den Verfassungsschutz (Nachfrage zu BT-D 16/1590), Drucksache 16/3964, 22.12.2006.

Antwort der Landesregierung auf die Große Anfrage 11 der Fraktion der CDU: Die PDS in der nordrhein–westfälischen Politik und ihre Vernetzung mit verfassungsfeindlichen Gruppierungen und der politischen Linken, Landtags Drucksache NRW 13/1686, 21.01.2002.

Beschlußempfehlung und Bericht des Innenausschusses: Drucksache 14/5695, 28.03.2001.

Gesetzentwurf der Abgeordneten Dr. Evelyn Kenzler et. al., Fraktion der PDS: Entwurf eines Gesetzes zur Änderung des Grundgesetzes (Artikel 26 Abs. 1, Antifaschistische Klausel), Drucksache 14/5127, 22.01.2001.

Kleine Anfrage der Abgeordneten E. von Klaeden et. al., Fraktion der CDU/CSU: Schirmherrschaft der Parlamentarischen Staatssekretärin beim Bundesminister des Innern, Ute Vogt, und finanzielle Förderung durch das Bundesminister des Innern für einen Informationsdienst mit Verknüpfungen zu linksextremistischen Gruppierungen, Drucksache 15/3875, 28.09.2004.

Antwort der Bundesregierung: Drucksache 15/4010, 22.10.2004.

Große Anfrage der Abgeordneten W. Bosbach et. al., Fraktion der CDU/CSU: Verdacht der finanziellen Förderung linksextremistisch beeinflußter Initiativen durch das „Bündnis für Demokratie und Toleranz–gegen Extremismus und Gewalt, Drucksache 15/4590, 14.12.2004.

Antwort der Bundesregierung: Drucksache 15/5535, 25.05.2005.

Kleine Anfrage der Abgeordneten Monika Lazar, et. al. und der Fraktion Bündnis 90/Die Grünen: Entwicklung der Neuen Rechten und ihr Gefahrenpotential für die freiheitlich-demokratische Grundordnung, Drucksache 16/2140.

Antwort der Bundesregierung: Drucksache 16/2269, 20.07.2006.

Schriftliche Frage des Abgeordneten Josef Hollerith und Antwort des Staatsekretärs Dr. Kurt Schelter: Drucksache 12/7633, 20.05.1994.

Schriftliche Frage der Abgeordneten Erika Steinbach und Antwort des Staatssekretärs Dr. Kurt Schelter: Drucksache 13/762, 10.03.1995.

Schriftliche Frage des Abgeordneten Jürgen Augustinowitz und Antwort des Staatssekretärs Dr. Walter Priesnitz: Drucksache 12/8372, 03.08.1994.

Internetdokumente:

Antifaschistische Nachrichten: Impressum, www.antifaschistische-nachrichten.de/impressum.php, 16.11.2006.

antifaschistisches pressearchiv und bildungszentrum berlin e.v. (apabiz): Netz: Publikationen, www.apabiz.de/netz/publikationen.htm, 08.02.2006.

Bärwald, Helmut: Günter Wallraff: Sozialist, Klassenkämpfer, Schriftsteller, Enthüller–Kumpanei mit dem SED-Staat, www.konservativ.de/gfsd/wallraff.htm, 25.11.2006.

BiFF...: Kratz, Peter: Blick zurück. Der antifaschistische Informationsdienst „blick nach rechts“ geriet ins Zwielicht, http://home.snafu.de/bifff/aktuell20.htm, 06.07.2005. (BiFF: Bonner Institut für Faschismus-Forschung und Antifaschistische Aktion).

bnr.de, blick nach rechts: Impressum, www.bnr.de/impressum/p/skin/print, 01.07.2005.

Bnr.de: bnr Aktuell, www.bnr.de/bnraktuell/?WWLAUTH=585570879f2feb3b859db3f8269de034, 23.03.2007.

Braun, Stephan: Autoren und Herausgeber, www.stephan-braun-mdl.de/persoenliches/publikationen/autoren_netzwerke.htm, 24.03.2007.

Braun, Stephan: Referenten der „Karlsruher Freitagsgespräche“, http://www.stephan-braun-mdl.de/landtag/rechtsextrem/freitagsgespraeche/freitagsgespraeche-referenten.htm#top, 11.03.2007.

Butenschön, Rainer: Wie Schily patzt...und die Union Skandale wittert, in: DRR. Informationen für AntifaschistInnen, www.nadir.org/nadir/periodika/drr/archiv/NR93/-93-1.html, 15.07.2005.

BüSo (Hrsg.): Die BüSo-Gegner, einige Drahtzieher, www.bueso.de/seiten/medien/0204.-htm, 15.07.2005.

BüSo (Hrsg.): Verleumdungen aus der Stasi-Küche, www.bueso.de/bw/stasi.html, 21.12.2005.

DDVG-Kritik: www.ddvg.de/dieddvginderkritik.print.html, 19.04.2006.

Empirica: www.empirica-institut.de/empirica/htm/wir/profil.htm, 23.02.2006.

Eurotopics: www.eurotopics.net, 19.04.2006.

Geschäftsbericht der DDVG von 2004: www.ddvg.de, 20.04.2006.

GNN-Verlag: Selbstdarstellung, www2.iisg.nl/Id/Systematik.asp?val=id-e-7&suche=optimal, 16.11.2006.

Haller, Michael: Die Medienbeteiligungen der SPD. Falsche Behauptungen, www.ddvg.de/ausgewaehltethemen/falschebehauptungen.print.html, 20.04.2006.

Innenministerium NRW: Verlage und Publikationen, www.im.nrw.de/sch/417.htm, 16.11.2006.

Kratz, Peter: Blick zurück, http://home.snafu.de/biff/aktuell20.htm, 25.11.2006.

Landespressestelle Berlin: Mitteilung vom 05.06.2002, www.berlin.de/landespressestelle/archiv/2002/06/05/06378/index.html, 23.03.2007.

Linksnet e.V. Köln: Impressum, www.linksnet.de/impressum.php, 24.11.2006.

O.V.: Ex-Neonazi soll stellvertretender Senatssprecher in Berlin werden, Oktober 2000, www.trend.infopartisan.net/trd1100/t301100.html, 23.03.2007.

Perlentaucher Medien GmbH: www.perlentaucher.de, 19.04.2006.

Pfahl-Traughber, Arnim: Keine Kulturrevolution von Rechts. Der „Kampf um die Köpfe" kann als gescheitert angesehen werden, Das Parlament, www.bundetag.de/cgibin/druck.pl?N=parlament, 29.11.2005.

Presse-Monitor Deutschland GmbH & Co. KG: www.pressemonitor.de, 19.04.2006.

Sozialdemokratische Partei Deutschlands: Grundsatzprogramm der SPD, Bad Godesberg 1959, www.spd.de/servlet/PB/menu/1588241/index.html, 22.04.2006.

Sozialdemokratische Partei Deutschlands: Grundsatzprogramm der SPD, Berlin 1989, Leipzig 1998, www.spd.de/servlet/PB/menu/1588241/index.html, 22.04.2006.

Verlagsprodukte der Berliner vorwärts Verlagsgesellschaft mbH: www.vorwaerts.de, 20.04.2006.

Vogt, Ute: Meine politische Arbeit, http://ute-vogt.sozi.info/index.php?mod=content&menu=1000&page_id=61, 23.03.2007.

VVN-BdA Nord: Informationen: www.kueste.vvn-bda.de/Seiten/links.html, 01.02.2006.

Weber, A. Paul: Rückgrat raus!, Lithographie 1951, www.weber-museum.de/graf/wvl/w2074.jpg; 19.05.2006.

wegewerk: blick nach rechts e.V., www.wegewerk.de/referenzen/medien/bnr/?skin=print, 01.07.2005.

Westphal, Thomas; Rünker, Reinhold: spw – Zeitschrift für sozialistische Politik und Wirtschaft. Das sind wir!, www.spw.on.spirito.de, 24.11.2006.

<u>Veröffentlichte und unveröffentlichte Dokumente im eigenen Archiv:</u>

BStU: MfS-Akte Kurt Hirsch.

E-Briefausdruck: Antwort von Dr. Knabe: Schriftliches Interview, 06.02.2007 u. 08.02.2007.

E-Briefausdruck: Antwort von Prof. Stöss: FU Berlin zum ehemaligen PDI-Archiv, 27.02.06.

Gedächtnisprotokoll des Telefoninterviews mit Dr. Eckart Strohmaier: Chefredakteur des bnr von 1986 bis 1992 am 28.04.2007.

Gedächtnisprotokoll des Telefoninterviews mit Frau Drost: Berliner vorwärts Verlagsgesellschaft mbH, am 01.07.2005.

Gedächtnisprotokoll des Telefoninterviews mit Frau Drost: Berliner vorwärts Verlagsgesellschaft mbH, am 28.11.2005.

Gedächtnisprotokoll des Telefoninterviews mit Frau Helga Kilanski: Freie Universität Berlin am 23.02.2006.

Hirsch, Kurt: Werbeschreiben für den PDI-Hintergrunddienst, ohne Datum.

Schmidt, Helmut G.: Brief des Geschäftsführers der Sozialdemokratischen Pressedienst GmbH an die Leser/Abonnenten des bnr, 03.09.1984.

Schmidt, Helmut G.: Brief des Geschäftsführers der Sozialdemokratischen Pressedienst GmbH an die Leser/Abonnenten des bnr, 02.01.1995.

Undatierter Brief der Verlagsleitung des Vorwärts Verlages: Dr. Ansgar Burghof an die Leser/Abonnenten des bnr (1.Quartal 1995).

Vereinsregisterakte, VR 4638 AG Bonn: Ablichtung, S. 1-70.

Vereinsregisterblatt des AG Bonn: Ausdruck vom 21.11.2005, VR 4638.

Gesprächspartner:

Dr. Hubertus Knabe (Leiter der Gedenkstätte Hohenschönhausen, Februar 2007)

Kristina Köhler (MdB, Juni 2006)

Dr. Siegwart Lönnendonker (ehem. FU Berlin, Februar 2006)

Gabriele Nandlinger (Verantwortliche Redakteurin des bnr, angefragt)

Klaus-Henning Rosen (Institut für Information und Dokumentation e.V., Juni 2007)

Prof. Dr. Richard Stöss (FU Berlin, Februar 2006)

Dr. Eckart Strohmaier (ehem. Chefredakteur des bnr, April 2007)

Dr. Hans-Peter Uhl (MdB, Juni 2006)

Dr. Klaus Wippermann (ehem. Leitender Redakteur der Zeitschrift „APuZ“, Februar 2006)

Alexander Wriedt (Geschäftsführung des „Seeheimer Kreises“ in der SPD, Mai 2007)

Anmerkung: Frau Nandlinger stand für ein Gespräch nicht zur Verfügung.

Abkürzungsverzeichnis:

A.A.	Anderer Ansicht
ACP	Arbeitskreis Christlicher Publizisten
AFF	Aktion Funk und Fernsehen e.V.
AIB	Antifaschistisches Info-Blatt
AN	Antifaschistische Nachrichten
ANR	Aktion Neue Rechte
APuZ	Aus Politik und Zeitgeschichte
AvS	Arbeitsgemeinschaft verfolgter Sozialdemokraten
BdV	Bund der Vertriebenen
BfB	Bund Freier Bürger
BHJ	Bund Heimattreuer Jugend – Der Freibund e.V.
Bnr	blick nach rechts
BoKIS	Katalog der Bonner Klinik-, Instituts- und Seminarbibliotheken
BStU	Bundesbeauftragte für die Unterlagen des Staatssicherheitsdienstes der ehemaligen Deutschen Demokratischen Republik
BVG/BVerfG	Bundesverfassungsgericht
BWK	Bund Westdeutscher Kommunisten
DA	Demokratische Aktion gegen Neonazismus und Restauration
DDVG	Deutsche Druck- und Verlagsgesellschaft mbH
DdZ	Dokumentation der Zeit
DISS	Duisburger Institut für Sprach- und Sozialforschung
DIZ	Deutsches Instituts für Zeitgeschichte
DKP	Deutsche Kommunistische Partei
DP	Deutsche Partei
DRR	Der Rechte Rand
DSU	Deutsche Soziale Union
ENID	Evangelische Notgemeinschaft in Deutschland e.V.
EV	Europa Vorn (später: Signal und danach: nation24.de)
fdGO	freiheitlich demokratische Grundordnung
FES	Friedrich-Ebert-Stiftung
FN	Fußnote
GdP	Gewerkschaft der Polizei

GNN	Gesellschaft für Nachrichtenerfassung und Nachrichtenverbreitung – Verlagsgesellschaft mbH
GRECE	Groupement de récherches et d´etudes pour la civilisation éuropéenne
HVA	Hauptverwaltung Aufklärung
IDGR	Informationsdienst gegen Rechtsextremismus
IfS	Institut für Staatspolitik
IfZ	Institut für Zeitgeschichte München
IM	Inoffizieller Mitarbeiter
iz3w	Info.zentrum 3. Welt
JF	Junge Freiheit
KJVÖ	Kommunistischen Jugendverband Österreich
KPD	Kommunistische Partei Deutschlands
KPÖ	Kommunistischen Partei Österreichs
KR	Konservative Revolution
MdB	Mitglied des Bundestages
MfS	Ministerium für Staatssicherheit
MLPD	Marxistisch-Leninistische Partei Deutschlands
NE	Nation Europa (später Nation & Europa)
NJW	Neue Juristische Wochenschrift
NS	Nationalsozialismus
NVwZ	Neue Zeitschrift für Verwaltungsrecht
PC	*political correctness*
PDA	Presseausschuß/-dienst Demokratische Aktion
PDI	Presseausschuß/-dienst Demokratische Initiative
PRO	Partei Rechtsstaatliche Offensive
RAF	Rote Armee Fraktion
REP	Die Republikaner
SRP	Sozialistische Reichspartei
SWP	Zeitschrift für sozialistische Politik und Wirtschaft
ULB	Universitäts- und Landesbibliothek Bonn
VS	Verband deutscher Schriftsteller
VVN	Vereinigung der Verfolgten des Naziregimes
VVN-BdA	Vereinigung der Verfolgten des Naziregimes-Bund der Antifaschisten
WASG	Partei „Arbeit & Soziale Gerechtigkeit–Die Wahlalternative“

ZFI	Zeitgeschichtlichen Forschungsstelle Ingolstadt e.V.
ZK	Zentralkomitee der SED

Sobald ich die Ausgangslage geschrieben habe, melde ich mich bei Ihnen. Vielleicht können wir uns dann noch einmal treffen, um unser Gespräch fortzusetzen und das Geschriebene zu besprechen.

Mit herzlichen Grüßen,

Ihr Lars Normann

Lars Normann
Schleidener Straße 19
53121 Bonn
☎ 02 28 / 242 22 56

K 6 - lin.

Sehr geehrter Herr Prof. Dr. Seubert, Bonn, 25.04.2008

anbei übersende ich Ihnen ein Exemplar meiner Doktorarbeit.

Vielleicht finden Sie Zeit den ein oder anderen Abschnitt zur Kenntnis zu nehmen. Über eine kurze Stellungnahme über das Buch von Ihnen würde mich sehr freuen.

Bezüglich meiner Habil.-Schrift kann ich Ihnen mitteilen, daß diese gute Fortschritte macht. Zur Zeit schreibe ich innerhalb der Ausgangslage (Einleitung) am Forschungsstand auf S. 9 der Arbeit. →

Personenregister: